통찰과 포용

Leading Minds
by Howard Gardner

Copyright ⓒ 1995 Howard Gardner
All rights reserved.
Korean Translation Copyright ⓒ 2007 BooksNUT

First published in the United States by Basic Books,
A member of the Perseus Books Group.

Korean language edition published by arrangement
with Basic Books and Duran Kim Agency.

이 책의 한국어판 저작권은
듀란김에이전시를 통해 베이직북스와 독점 계약한 북스넛에 있습니다.
저작권법으로 한국에서 보호받는 저작물이므로 무단 전재와 복제를 금합니다.

* 서평 이외의 목적으로 이 책의 내용이나 개념을 인용할 경우, 반드시 출판사와 저자의
서면동의를 얻어야 합니다. 서면동의 없는 인용은 저작권법에 저촉됨을 알려드립니다.

통찰과 포용

LEADING MINDS

| 하워드 가드너 지음·송기동 옮김·문용린 감역 |

북스넛

옮긴이 송기동

한양대학교 영어영문학과를 졸업하고, 〈시사영어연구〉 편집장 및 〈데이트라인〉 편집장을 지냈다. 한국판 〈내셔널지오그래픽〉의 부편집장을 지냈으며, 현재는 전문번역가로 활동하고 있다. 옮긴 책으로는 〈스위스 은행가가 가르쳐주는 돈의 원리〉, 〈방아쇠 법칙〉 등이 있다.

통찰과 포용

1판 1쇄 발행 ┃ 2007년 1월 10일
2판 1쇄 발행 ┃ 2018년 9월 20일

지은이 ┃ 하워드 가드너
옮긴이 ┃ 송기동
발행인 ┃ 이현숙
발행처 ┃ 북스넛
등 록 ┃ 제410-2016-000065호
주 소 ┃ 경기도 고양시 일산동구 호수로 662 삼성라끄빌 442호
전 화 ┃ 02-325-2505
팩 스 ┃ 02-325-2506
이메일 ┃ booksnut2505@naver.com

ISBN 978-89-91186-33-5 04180

■ 해제

하버드 심리학자, 리더의 마음을 엿보다

문 용 린(서울대 교육학과 교수)

가드너가 간추린 리더십의 본질

　많은 이들이 알고 있듯이 하워드 가드너는 다중지능이론으로 이미 필명을 크게 날리고 있는 미국 하버드 대학의 교육심리학과 교수이다. 이런 그가 왜 느닷없이 리더십 이야기를 내놓고 있는가. 아마도 의아해할 사람들이 많을 것이다. 리더십은 정치나 군사, 또는 경영학 분야의 주된 의제라고 간주해 온 관행 때문이다.
　그러나 가드너의 이 책은 리더십에 관한 그런 고정관념을 여지없이 깨부순다. 그에 따르면 리더십은 인간을 다루는 통솔력이나 신비로운 카리스마, 혹은 사람 다루는 기술이 아니다. 가드너가 보기에 리더십은 "타고난 재능이 적절한 사회문화적 조건 속에서 연습되고 다듬어진 훈련된 능력"이다. 이런 정의 속에서 가드너와 리더십을 연결시키는 고리가 태어난다. 어떤 재능이 어떤 조건 속에서 훈련되고 연습될 때 강력한 리더십이 발휘될 수 있는 것일까 하는 것이 가드너가 이 책을 통해 밝히고자 하는 주제이며, 독자들이 책을 세심하게 읽고 난 후에 얻을 수 있는 통찰이다.

가드너는 1960년대부터 인간이 지닌 재능의 본질에 관심을 갖고 예술 분야의 천재에 대한 연구에 매진했고, 뒤이어 천재성의 소재지인 인간의 두뇌에 대한 연구에 몰두하여 재능과 두뇌의 관련성 탐구로 일가를 이루었다. 1970년대에 들어서서 그의 연구는 비범한 인물을 가능하게 한 사회심리 및 문화적 조건에 관심을 쏟아, 마침내 그의 학문적 결산이라고 부를 수 있는 다중지능이론을 제안하기에 이른다. 예술적 천재 연구와 두뇌 연구, 그리고 비범한 인물 연구를 바탕으로 그는 인간의 재능에 대한 새로운 이론을 제시하게 된다. 이른바 다중지능이론이다.

그는 인간의 능력을 IQ로 가늠하는 것에 철저히 반대한다. IQ는 인간의 능력을 지나치게 과소평가하며, 그 기본 가정 자체가 오류덩어리라고 반박한다. 굳이 IQ의 몇 가지 가치를 인정한다면, 그것이 논리수학적 사고능력의 일부를 측정하고 있다는 점이라고 그는 말한다. 즉 과학자나 수학자의 주된 연구 도구인 논리적 사고와 수학적 추론 능력을 예측하는 데 IQ가 어느 정도 기여할 수 있는 점을 인정한다. 그러나 그 이외의 영역인 인문사회, 예술과 체육 그리고 일상적인 삶의 영역에서 IQ가 예측할 수 있는 능력은 지극히 미미하다고 단언한다. 그의 연구에 따르면 피카소와 모차르트, 간디와 마더 테레사, 마사 그레이엄과 이사도라 던컨, 버지니아 울프와 T. S. 엘리엇, 처칠과 루스벨트 등의 비범성과 위대함은 IQ로 설명되기가 어렵다는 것이다. 피카소와 모차르트의 비범성은 IQ로 설명되는 것이 아니라, 각자가 다르게 갖고 있는 능력과 그것의 발휘를 도운 사회문화적 조건의 특징으로 더 잘 설명될 수 있다고 말한다.

리더십도 마찬가지다. 우리가 찬탄하고 흠모해 마지않는 역사상의 위대한 영웅들의 리더십은 그들의 영특한 머리, 즉 높은 IQ로는 설명이 되지 않는다. 리더십은 뛰어난 머리에서 발휘된 일반적인 능력이 아니라, 음악 적성이 높은 사람이 음악 분야에서 리더십을 발휘할 가능성이 큰 것처럼, 자신의 특정한 능력 분야에서 발휘되는 영향력의 크기인 것이다. 나폴레옹은 군사 분야에서는 막강한 리더십을 발휘했지만, 음악이나 스포츠에서의 리더는 결코 아니었다. 그래서 가드너는 통념에 근거한 똑똑한 사람, 즉 IQ 높은 사람이 리더십을 발휘한다는 일반적 인식을 부인한다. 그렇다면 무엇으로 리더십을 설명할 수 있는가. 리더십과 관련된 능력은 무엇이며, 그 능력은 어떤 사회, 문화, 가정家庭의 조건에서 더 잘 훈련되고 다듬어 질 수 있는 것일까. 이것이 이 책의 주제이다.

이 책에 담긴 리더십 이론과 인물 분석

리더십 이론

이 책의 전개 구도는 아주 간단하다. 우선 제I부에서 가드너 자신의 리더십 이론 체계를 선명하게 제시한다(제1, 2, 3장). 제II부에서는 제I부에서 제시된 틀에 맞추어 11명의 분야별 리더들을 상세히 분석하고(제9~12장, 제14장), 다시 이런 분석의 타당성을 입증하기 위해서 정치, 군사 분야의 우리가 너무도 잘 아는 10명의 지도자들을 간단명료하게 시범적으로 분석한 후(제13장), 마지막 부분인 제III부의 제15

장에서는 결론 삼아 이런 사례연구를 통해서 얻을 수 있는 교훈이 무엇인지에 관해서 상세히 적고 있다.

이 책에 제시된 가드너의 리더십 이론의 특징은 무엇일까.

그의 이론은 독특한 리더십 개념의 정의로부터 구축된다. 그에 따르면 "리더십이란 다른 사람의 사고, 감정, 행동에 의미심장한 영향을 미치는 능력"이다. 따라서 누구에게나 리더십은 있다. 다만 그 영향력의 크기가 문제이다. 보다 많은 사람들에게 보다 많은 영향력을 행사할수록 그 리더십은 크고 위대한 것이다. 어느 작은 중소기업 사장의 리더십이 있는가 하면, 간디와 같이 수억의 민중을 이끄는 리더십이 있을 수 있다. 작은 동네에서 흑인 공동체를 인도하는 시골교회 목사의 리더십이 있는가 하면, 미국 전역의 흑인들 마음을 사로잡은 마틴 루터 킹 같은 리더십도 있다.

이렇게 리더십을 영향력의 크기로 규정하면서 가드너는 리더의 형태를 간접적인 것과 직접적인 것으로 유형화한다.

간접적인 리더 혹은 리더십이란 '창의성'을 발휘해서 많은 사람들의 삶에 심대한 영향을 미치는 사람을 뜻한다. 피카소, 모차르트, 아인슈타인 등이 이런 리더십의 전형이다. 그들은 사람들에게 직접적인 영향력을 행사하지 않았다. 그러나 그들의 창작물과 아이디어, 이론은 수많은 이들의 사고, 감정, 행동에 지대한 영향을 미쳤다. 따라서 이들도 명실상부한 리더들이다. 특출한 예술가와 과학자들이 바로 전형적인 간접적 리더들이다. 이런 부류의 사람들을 과거의 리더십 이론에서는 천재나 신동으로는 취급했으되, 리더나 리더십으로 간주하지는 않았다. 그러나 가드너는 이들을 분명히 리더십의 범주에 포함시킨다. 이들은 리더의 특징적 조건을 잘 갖추고 있다고 보기 때문이다.

직접적인 리더에는 알렉산더 대왕, 나폴레옹, 칭기즈칸 같은 군사 영웅 또는 처칠, 루스벨트, 간디 같은 정치적 지도자가 있다. 이들은 작품이나 이론으로 영향을 주는 것이 아니라, 수많은 사람(대중)에게 직접적으로 영향력을 행사한다. 주로 웅변(연설), 논쟁(토론), 가시적인 행동의 실천과 모범 제시 등으로 대중에게 영향을 미친다. 종래의 리더십 연구는 주로 이런 부류의 사람들을 다루었다. 특히 군사와 정치 분야의 위인들이 리더의 전형인 것처럼 말이다. 하지만 이처럼 직접적인 리더만을 리더로 간주한다면 사회와 조직의 변화를 가능하게 하고 선도하는 주체로서의 리더에 관한 연구는 지극히 제한될 수밖에 없으며, 많은 설명력을 잃게 될 것이라고 가드너는 생각한다.

오늘날, 특히 21세기에 접어들면서 리더십에 대한 관심이 사회 전반에 확산되고 있는 이유는 결코 정치, 군사 분야의 리더십에 대한 관심의 증대 때문만이 아니다. 오히려 온갖 종류의 단체와 조직(학교, 중소 및 대기업, 시민단체, 관료조직 등)의 생존 및 실패와 성공이 그 책임을 맡고 있는 리더의 자질과 역량에 달려있다는 인식의 증대 때문이다. 예컨대 종래에는 카리스마 있는 리더에 의해서 조직의 흥망이 상당부분 결정되었지만, 지식정보화 시대에는 카리스마를 갖춘 직접적인 지도자와 더불어 새로운 아이디어와 특허, 지식과 발명품을 만들어낼 수 있는 간접적인 리더의 역할이 매우 중요해졌다. 오늘날 국가와 기업의 생존이 연구와 개발을 관장하는 간접적인 리더의 역량에 더 크게 의존하고 있는 현실을 볼 때, 리더십 연구에 당연히 간접적인 리더도 포함되어야 한다는 가드너의 생각은 상당한 수긍을 자아낸다.

가드너가 보기에 직접적이든 간접적이든 리더십의 본질은 동일하다. 여기에 가드너가 밝혀낸 리더십 이론의 특징이 나타난다. 그렇다면 모든 부류의 리더들이 공통으로 구비하고 있는 능력의 특성과 특징은 무엇일까.

가드너는 '이야기'라는 개념을 등장시킨다. 리더와 리더가 아닌 평범한 사람의 중요한 차이는 그만의 독특한 '이야기가 있는가' 하는 점이다. 아인슈타인이 평범한 과학자와 다른 이유는 대중들에게 펼쳐놓을 물리 현상에 대한 자신만의 독특한 이야기가 있었기 때문이다. 이 점은 피카소나 모차르트에 있어서도 마찬가지다. 피카소에게는 다른 누구도 할 수 없는 시각표현의 기술과 아이디어라는 이야기가 있었고, 모차르트에게는 어느 누구도 갖지 못한 음악적 아이디어와 표현이라는 이야기가 있었다.

간디는 어떤가. 간디는 인도 민중의 미래에 대한 그만의 독특한 이야기가 있었고, 그 이야기가 많은 인도인들의 호응을 얻었기 때문에 다른 인도 사람과 구분되는 특출한 리더가 될 수 있었다. 우리나라에서도 이승만, 안창호, 김구가 그 당시에 리더일 수 있었던 것은 각자 한국의 미래에 대한 독특한 이야기가 있었고, 이야기에 공감하는 대중을 가장 많이 가지고 있었기 때문이다.

대중의 이목을 집중시킬 만한 특이성, 참신성, 혁신성, 유용성을 갖추지 못하면 리더로서 각광을 받기가 어렵다. 물론 이야기의 특성은 간접적 리더와 직접적 리더 사이에 차이가 난다.

그러나 독특한 이야기만으로 리더십의 필요하고도 충분한 조건이 구비되는 것은 아니다. 그 이야기를 실제로 당대의 사람들 속에 구현하는 능력 역시 리더십의 또 한 가지 중요한 조건이다. 예컨대 공자는 사람의 삶에 대한 '이야기'는 풍부하게 가지고 있었지만, 이것을 제후들에게 공감시켜 실제로 당시 사람들의 삶에 영향을 미치는 데는 미흡했다. 공자의 역할을 간디에 비교해 보라. 간디는 인도 민중의 삶에 대한 이야기가 있었고, 이를 인도 민중이 수용하여 당대에 그 꿈을 이루도록 하는 데 심대한 영향을 미쳤다. 우리가 공자를 리더라기보다는 학자로서 기억하고, 간디에게는 명실상부한 지도자의 꼬리표를 붙이는 이유가 여기에 있다.

그러나 리더가 가지고 있는 이야기와 그것의 실현을 위한 노력이 전부는 아니다. 일반대중도 나름대로의 이야기를 가지고 있기 때문이다. 대중이 가지고 있는 이야기 중에서 가드너는 특히 '교육받지 않은 마음'에 주목한다. 리더의 이야기가 일반대중들에게 광범위한 영향력을 행사할 수 있기 위해서는 그들의 교육받지 않은 마음의 저항을 격파해야 한다. 이 교육받지 않은 마음의 정체를 이해하기 위해서는 가드너의 또 한 권의 책 〈교육받지 않은 마음The Unschooled Minds〉을 읽어야 하겠지만, 간단히 말하면 "사람은 누구나 세상 모든 일에 대해서 나름대로의 관점과 지식과 이해, 즉 교육받지 않은 마음"을 가지고 있다는 것이다. 가드너의 연구에 따르면, 사람들은 특별한 교육이 없이도 세상의 중요한 일에 대해서 나름의 의견을 강력하게 형성하고 있어서, 그 의견이 새로운 의견의 수용을 무척 어렵게 한다.

예컨대 간디가 인도의 독립에 관한 참신하고 혁신적인 이야기를 가지고 그것을 인도 민중에게 전하려고 할 때 그들의 마음은 간디의 이야기를 쉽게 받아들이지 못하는데, 그 까닭은 바로 그들의 가슴 속에 이미 굳건하게 자리잡고 있는 '교육받지 않은 마음'이 있었기 때문이다. 이러한 교육받지 않은 마음의 저항을 이기고, 새로운 이야기를 자리 잡게하는 능력이 리더십의 중요한 조건인데, 간디는 그 능력을 갖추었기 때문에 인도 민중을 효과적으로 이끌 수 있었다는 게 가드너의 해석이다.

책의 내용

이 책의 제4장에서부터 제12장까지, 그리고 제14에서는 장별로 11명의 위인들이 가드너의 독특한 이론적 구도 속에서 상세하게 분석된다. 인류학자이며 여성학자인 마거릿 미드, 이론물리학자이며 맨하튼 프로젝트의 책임자인 로버트 오펜하이머, 교육학자이자 시카고 대학 총장인 로버트 메이너드 허친스, 제너럴모터스의 창업주 격인 기업가 알프레드 슬론 2세, 육군대장 출신의 미국 국무장관인 조지 마셜, 교황 요한 23세, 대통령 부인이자 여성운동가인 엘리너 루스벨트, 목사이자 흑인 운동가인 마틴 루터 킹 2세, 영국 총리였던 마거릿 대처, 경제학자이자 EU의 산파역인 장 모네, 인도 독립을 이끈 마하트마 간디 등이 이 책에서 핵심적으로 다룬 11명의 인물들이다.

가드너는 이 11명이 갖춘 리더십의 특징, 즉 대중에 대한 그들의 영향력의 본질과 규모를 심리적 조건과 사회문화적 조건으로 분석하고, 그들이 제시한 이야기가 무엇이며, 이것을 실천하기 위해 무슨 노력을 했는지 그들 각자의 삶의 여정을 따라가며 분석한다. 그리고 그들이 제시하는 이야기가 대중들의 교육받지 않은 마음과 어떻게 충돌하고 갈등했는지도 아울러 분석하고 있다.

이렇게 11명에 대한 분석이 끝난 후, 이런 분석의 틀을 바탕으로 우리가 흔히 리더십의 전형으로 삼는 제2차 세계대전 당시의 정치와 군대 분야의 지도자 10명을 재분석하는데, 그 이름은 다음과 같다. 중국 국민당의 총수 장제스, 중국 공산당 지도자 마오쩌둥, 일본의 전범 도조 히데키, 나치 총수 아돌프 히틀러, 파시즘의 총수 베니토 무솔리니, 소련 공산당의 율리아노프 레닌과 공산당 독재자 스탈린, 영국 수상 처칠, 프랑스 대통령 드골, 미국 대통령 루스벨트.

아마도 가드너는 자신의 리더십에 관한 이론적 분석의 틀이 일반인의 상식적인 견해와 상당 부분 일치한다는 점을 설득력 있게 보여주려고 했던 것 같다. 즉 그는 영구히 역사에 남을 만한 제2차 세계대전 당시의 인물들에 대한 리더십을 분석함으로써 자신의 이론적 타당성을 확인해 보고자 한 듯하며, 성공한 위인만이 아니라 실패한 사람들, 예컨대 유대인 학살자인 히틀러나 전범으로 교수형을 당한 도조 히데키를 분석함으로써 그들이 왜 실패한 리더들인지 파악하는 데도 그의 리더십 분석틀이 유용함을 보이려 한 것 같다.

이 책의 마지막 부분인 제15장은 이 책을 마무리하는 가드너의 결론 부분이다. 여기에서 그는 다섯 가지 테마를 이야기 하는데, 첫째 테마는 "이상적이고 가장 전형적인 리더의 모습은 어떻게 요약할 수 있는가"에 대한 가드너 자신의 결론을 제시한 것이고, 두 번째 테마는 "리더십을 결정하는 6가지 불변의 상수는 무엇인가"에 대한 해답이다. 그는 이야기, 청중, 조직, 실천, 직접적·간접적 리더십, 전문지식 등 여섯 개념을 제시한다. 셋째 테마는 "미래의 리더십 발휘와 관련해서 우리가 심각하게 고려해야 할 세계적 추세는 어떤 것들인가"에 대한 논의이다. 그는 지구 파괴 가능성, 사생활 침해, 의사소통의 단절, 국가를 초월하는 집단의 등장, 민족주의와 근본주의의 발호, 복잡한 전문 지식의 증대 등의 쟁점을 제시한다. 넷째 테마는 "효율적인 리더십을 발휘하기 위해서 우리는 어떤 점에 대한 준비와 경계를 해야 하는가"이다. 가드너는 간단하게 세 가지를 주문하는데, 리더십의 본질적 특성을 기억하라, 새로운 시대적 추세를 예측하고 대처하라, 리더십의 역기능, 부작용, 문제점에 대한 대비를 소홀히 말라고 적고 있다. 다섯 번째 테마는 "이 책에 제시된 리더십 이론과 사례분석에 대한 타당성과 적절성에 대한 비판적 검토와 평가는 계속 필요하다"는 것이다. 가드너는 세 가지 비판적 점검을 중요하게 보는데, 리더십 개념에 대한 검토, 이 책에 제시된 모든 연구결과에 대한 비판적 검토, 리더십의 도덕적 차원에 대한 검토가 그것이다.

책을 읽는 재미

이 책은 재미있다. 감수자로서 책을 너무 무겁게 해설한 것이 아닌가 걱정이 될 정도이다. 가드너 교수의 글은 간결하고 분명하기로 소문이 나 있다. 아울러 재미있는 사례를 다양하게 섞어서 비록 전문가가 아니더라도 쉽게 이해할 수 있는 글을 쓰는 것으로도 유명하다.

이 책도 그 범주에서 벗어나지 않는다. 이 책을 읽으며 내가 느낀 재미 몇 가지를 간략히 소개함으로써, 독자들이 흥미를 가져야 할 이유를 정당화해 보고자 한다.

첫째, 이 책은 리더십에 관한 그간의 무미건조했거나 사변적인, 또는 정치군사 쪽의 위인전 류의 리더십 이론과 판이하게 다른 리더십 이론 속으로 나를 끌어들여 무척 재미있었다. 사례 중심의 리더십론에 식상한 독자라면 이 책은 아주 신선할 수 있다. 이 책을 통해 가드너는 사실 야심만만한 리더십 이론을 구축해 보고자 했기 때문이다. 석사나 박사 수준의 학위논문을 가능하게 할 만한 개념과 아이디어가 너무도 간결하고 쉬운 용어로 책 속에 풍부하게 녹아 있음을 독자들은 금방 알아차릴 수 있을 것이다.

둘째로 이 책은 가드너의 다중지능이론에 관심을 가지고 있는 교육학, 심리학, 경영학, 아동학, HRD 전공학자나 학생들에게 종합적인 사고틀의 설정과 이해를 촉진할 수 있다는 점에서 대단히 흥미로운 책이다. 이 책이 집필된 시점은 1995년 초로서, 가드너가 그간 집필한 10여 권의 책에서 각기 독립적으로 주장된 이론과 개념들이 종합적으로 논의되고 있다. 예컨대 〈교육받지 않은 마음〉의 아이디어가 이 책 속에서 리더십과 관련되어 진지하게 응용되고 있다는 점이 그렇고, 창조적 천재를 다룬 〈열정과 기질 Creating Minds〉의 연구 흐름이 이 책에 이르러 리더십 연구의 큰 맥락으로 정리되고 있다는 것 등이 그 예이다.

셋째로 이 책의 큰 재미는 20세기 후반의 가장 흥미를 끄는 유명 인물 21명이 시대적인 유명한 사건이나 일화와 함께 드라마처럼 제시되고 있다는 점이다. 가드너가 집필한 어떤 책보다도 여기에는 분석된 위인이나 천재의 수가 많다. 그리고 먼 18~19세기의 사람들이 아니라 20세기를 주된 무대로 삼아 이 세상의 변화를 일으킨, 우리가 쉽게 그 이름과 사건을 기억하는 사람들에 대한 분석이라서 더욱 실감이 난다. 다른 책에서는 보기 드문 동양의 인물인 마오쩌둥, 장개석, 도조 히데키 등도 포함되고, 이들이 서양학자의 리더십 틀 안에서 분석되고 있는 것도 재미를 더한다.

넷째로 아마도 이 책을 읽는 가장 큰 재미는 인물 하나하나에 대한 가드너의 예리한 분석에 대한 감상일 것이다. 21편의 인물평전을 이 책을 통해 한꺼번에 접할 수 있는 것은 이 책만이 갖는 장점이다. 심리학과 교육학, 뇌생리학과 천재 연구의 최고 전문가가 이 시대의 유명인사 21명을 어떻게 이해하고 평가하는지를 읽어가는 것이 어찌 흥미를 끌지 않을 수가 있겠는가.

■ **이 책을 읽기 전에**
– 보급판 출간에 덧붙인 저자의 견해

나는 『통찰과 포용』에 대한 공식적이거나 비공식적인 반응에 대단히 만족하고 있다. 미국뿐 아니라 해외에서도 학자와 정치가, 일반 교양인들이 이 책을 읽고 다양한 의견을 내놓았다. 사실 내가 이런 반응에 기뻐하는 데는 특별한 이유가 있다. 이미 리더십에 관한 다양한 연구의 결과물들이 나와 있는 상황에서 나는 이 분야에 이제 막 첫발을 내디딘 입장이기 때문이다.

새로운 분야를 다루는 저자들은 자신의 의견을 충분히 전달하지 못하거나 잘못 전달할 위험성을 안고 있다. 『통찰과 포용』에 대한 반응을 살펴본 결과, 나 역시 몇몇 사안들을 명쾌하게 설명하지 못했음을 깨달았다. 그래서 이 지면을 통해 몇 가지 의문들을 짚어보고자 한다.

1. 이 책의 주장은 무엇인가?

리더란 많은 사람들의 사고와 감정, 행동에 의미심장한 영향을 미치는 개인을 말한다. 우리가 흔히 인식하는 리더는 직접적인 리더들로서, 그들은 대중 앞에서 직접적인 메시지를 전달함으로써 영향력을 발휘한다. 하지만 나는 눈에 잘 띄지 않는 간접적인 리더에 대해서도 관심을 기울였다. 리더십의 다양한 형태 중에서 주로 간접적인 리더십을 발휘하는 인물들은 대개 자신이 창조한 작품을 통해 영향력을 발휘한다.

직접적이든 간접적이든 리더는 대중 앞에서 '이야기'를 펼쳐놓는데, 그 이야기들은 주로 정체성에 관해 창조해낸 것들이다. 그래서 리더는 훌륭한 이야기 전달자storyteller가 되어야 하며, 자신의 삶에서 그 이야기를 실천하고 실현시키는 일이 대단히 중요하다. 리더가 전문가들에게 전달하는 이야기는 정교하게 구성된 것이어야 하지만, 이질적이고 다양한 사람들로 이루어진 대중을 상대할 경우의 이야기는 '교육받지 않은 마음'이 충분히 받아들일 수 있을 정도로 간단하고 명료해야 한다.

2. 이 책에서는 역사적으로 유명한 인물들을 다루었는데, 이것은 엘리트주의적 경향인가?

나는 비범한 인물들에 대해 기술했는데, 그 이유에는 행동과학 분야와 관련된 문헌의 불균형을 조금이라도 바로잡아 보려는 의도가 있었다. 실제로 평범한 형태의 창조성이나 리더십을 파악하면 최고의 업적을 더 잘 이해할 수 있다는 것이 지금까지의 통념이었다. 나는 이 주장의 앞뒤가 바뀌었다고 보는 입장인데, 오히려 강력한 리더십의 명료한 사례를 깊이 이해하면 평범한 형태의 리더십을 더 잘 이해할 수 있다고 생각한다.

한 가지 더 강조하고 싶은 점은 비범한 사람들은 우연의 산물일 수도 있지만, 그들의 업적이 긍정적이든 부정적이든 인류역사에 커다란 획을 그었다는 사실이다. 나폴레옹과 링컨이 없는 19세기를 상상할 수 있겠는가. 스탈린, 히틀러, 루스벨트 가문이 없는 20세기를 떠올릴 수 있겠는가. 리더의 역할과 비범한 자질을 의심하는 포스트모더니즘적 비판은 인류역사의 기본적이고 영속적인 사실을 은폐시킬 소지가 다분하다.

3. 이 책에서 다룬 리더들을 선택한 기준은 무엇인가?

이 책에 등장하는 리더들은 무작위로 선정하지 않았다. 나는 논지를 강화하기 위해 신중하면서도 전략적으로 인물들을 선택했다. 이들의 사례를 통해 나는 직접적 리더와 간접적 리더라는 절대적인 경계선이 존재할 수 없다는 사실을 강조하고 싶었다. 다시 말하면, 아인슈타인이나 울프 같은 간접적인 리더가 대처나 간디 같은 직접적인 리더로 조금씩 변화해 갈 수도 있다. 같은 맥락으로 리더의 '이야기'는 그것을 전달하는 대상에 따라 어떻게 달라져야 하는가를 보여주고 싶었다. 어떤 학문 분야 혹은 대학의 학자 집단처럼 비교적 동질적인 소규모 집단을 상대하는 경우와 한 국가의 국민이나 소외계층처럼 이질적인 사람들로 이루어진 대규모 집단을 상대하는 경우, 리더가 풀어놓을 이야기는 각기 다르게 구성되어야 한다. 물론 나는 동일한 범주 내에서 다른 인물들을 선택할 수도 있었다. 예를 들면, 기업 리더로서 알프레드 슬론 대신 헨리 포드를, 국가 리더로서 마거릿 대처 대신 로널드 레이건을 선택할 수도 있었다. 그렇지만 강조하고 싶은 것은 이 책에 제시한 사례들의 순서나 범주가 논지 전개에 매우 중요하다는 사실이다.

나는 11명의 리더들을 상세히 설명한 후, 20세기의 정치 및 군대 리더 10명을 개괄적으로 살펴보았다. 또 이들에 관한 정보를 부록으로 요약해 11명의 리더들과 10명의 '대조집단'을 비교해 볼 수 있도록 했다.

4. 이 책에 등장하는 리더들은 필자가 좋아하는 인물들인가? 세상 사람들이 경멸하는 인물을 포함시킨 이유는 무엇인가?

물론 내가 특별히 선호하는 리더가 있다. 그리고 어느 정도는 내가 존경하는 인물 위주로 선택한 것인지도 모른다. 그러나 연구에서 중요한 점은 사실과 기준을 혼동하지 않는 것이다. 리더와 리더의 정책에 대한 나의 선호 여부와 상관없이, 이 책의 목표는 효율적인 리더십의 특징을 찾아내는 것이었다. 만일 내가 긍정적으로 생각하는 인물들만을 분석 대상으로 삼았다면 이 연구 결과는 가치 있는 자료가 되지 못할 것이다.

5. 이 책에는 '교육받지 않은 마음의 힘'이 자주 언급되어 있다. 그것은 무얼 의미하는가?

실제로 나의 모든 연구는 어린아이의 마음속에 형성되는 인생 초기의 이론들이 강력하다는 사실과, 어른이 되어도 복잡하고 차별화된 사고방식을 받아들이기 어렵다는 사실을 뒷받침하는 것들이다. 정교함이 그렇게 쉽게 수용될 수 있는 것이라면 나의 연구 결과는 허위로 판명될 것이다.

하지만 인류역사의 수많은 공포와 끊임없는 변화 속에서도 도덕과 예절의 영역에서는 보다 정교한 사고방식이 출현하고 있음을 주목할 수 있다. 나의 영웅은 마하트마 간디나 장 모네 같은 인물이다. 이들은 수십 년 동안 자신이 상대하는 집단 속에서 인간관계에 관한 정교한 사고방식을 발전시키기 위해 노력했다. 나는 이렇게 적었던 프로이트에 동의한다.

> 지성의 목소리는 부드럽지만 청취될 때까지 쉬지 않는다. 수없는 퇴짜를 당한 끝에 그 목소리는 마침내 목적을 달성한다. 이것이 인류의 미래를 낙관할 수 있는 몇몇 요소들 중 하나이다.

6. 결과적으로 이러한 이론적 개념들은 리더십에 유용한가?

이 책을 쓴 일차적 목적은 효율적인 리더십의 특징을 제대로 이해하려는 것이다. 그리고 나는 이 책이 보통 사람을 리더로 만들어주거나 평범한 리더를 위대한 리더로 만들어주는 길잡이가 되리라고는 생각하지 않았다. 이 책에서 소개하는 인지적 관점은 리더십의 본질에 대한 시각을 제공하는 데 있다. 리더란 청중의 마음속에 자리한 이야기를 물리칠 수 있는 또 다른 이야기를 창조해내는 인물이라는 생각에 도달한다면, 우리는 리더의 역할을 개념화할 수 있는 강력한 수단을 얻은 셈이다. 리더는 자신의 이야기를 충분히 이해하고 그것을 효과적으로 전달하는 일을 해야 한다. 특히 경쟁적인 이야기에 더 솔깃해하는 청중의 마음을 사로잡아야 하며, 리더 자신의 이야기를 삶 속에서 몸소 실천하는 일도 중요하다.

이 책의 마지막 장에는 리더십이 지닌 6가지 불변의 상수와 오늘날의 리더십에 영향을 미칠 수 있는 6가지 추세를 제시했다. 이런 분석이 장차 리더십을 발휘하게 될 미래의 리더들에게 도움이 되기를 기대한다. 또한 이미 리더의 반열에 오른 사람들은 이 책을 통해 자신의 과업을 더 잘 이해하고 성공할 수 있는 새로운 대안을 찾을 수 있기를 바란다.

리더에 대해 환멸을 느끼는 시대에 우리가 살고 있다는 것은 그리 놀라운 일이 아니다. 우리가 기대를 걸었던 리더들은 번번이 실망을 안겨주고 있고, 사악한 리더가 저지르곤 하는 악의 모습은 우리 마음 속에 깊은 상처로 남아있다.

이러한 시기에는 원초적 탐색이 매우 중요해진다. 리더십에 대한 많은 추측은 피상적이고 입증되지 않은 것들이다. 리더는 여론을 반드시 정책의 방향으로 삼을 필요가 없으며, 모든 복잡한 아이디어들을 명쾌한 문구로 만들기 위해 애쓸 필요도 없다. 사람들은 통념을 거부하는 리더, 자신과 소수 추종자들이 신봉하는 사상을 추구하기 위해 실패와 좌절과 위험을 기꺼이 감수하는 리더로부터 영감을 얻는다. 간단히 말해서 리더란 앞장서서 사람들을 이끌어갈 수 있는 인물이다. 원로들이 사회에 기여할 수 있는 중요한 역할 중의 하나는 사람들이 배울 수 있고 본받을 수 있는 인물을 부각시키는 일이다. 전 세계의 리더들은 유럽통합주의자 장 모네의 다음과 같은 선언을 마음의 양식으로 삼아야 할 것이다. "나는 모든 패배를 기회로 본다." 이 책에 등장하는 인물들은 나름대로의 결함을 지니고 있다. 하지만 일반인을 비롯하여 야망을 지닌 미래의 리더들은 그들의 이야기와 삶에서 충분한 영감을 얻을 수 있을 것이다.

■ **머리말**

　최근에 나는 두 권의 책을 펴내면서 지금까지는 예상하지 못했던 방식으로 효율적인 리더십을 생각하게 되었다. 『열정과 기질』에서 나는 20세기 초엽에 탁월한 업적을 달성한 7명의 전형적인 창조적 인물들을 연구했다. 이들 창조가들 사이에는 놀랄 만한 차이점도 존재했지만 한편으로는 상당한 유사점도 발견되었다. 그런데 마하트마 간디만은 물리학과 회화, 시학 등 특정한 분야에서 리더로 성공했던 나머지 6명의 창조적 인물들과 본질적으로 다르다는 사실이 연구의 초기 단계부터 분명하게 드러났다. 간디는 하나의 국가를 이끌었지만 결국 전 인류를 지도한 인물이 되었던 것이다. 이 책 『통찰과 포용』을 통해 6명의 창조적 거장들과는 달리 다양한 분야에 걸쳐 리더십을 발휘했던 리더들의 특징적인 면면을 살펴보려고 한다.
　그리고 나의 다른 책 『교육받지 않은 마음 The Unschooled Mind』에서는 아이들이 아주 어린 시절에 다양한 경험을 쌓고 자질을 갖추지만 학교에 들어가면 교과과정을 따라가거나 학습능력을 습득하는 데 어려움을 느끼는 이유를 살펴보았다. 연구 결과, 사람은 5살 정도에 이르면 이미 마음과 물질에 관한 간단한 이론들로 구성된 '교육받지 않은 마음'을 구축한다는 사실을 알게 되었다. 그러나 그런 이론들이 매력적이긴 하지만 대개는 잘못 인도된 것이거나 허구인 경우가 많다. 정규교육 체제는 5살 난 아이를 보다 세련된 마음의 소유자로 바꾸기 위해 애쓰지만 대부분은 실패로 끝나고 만다. 특정한 분야에서 전문가가 되어 어린 시절과는 전혀 다른 방식으로 세상을 인식하는 사람들을 제외한 대부분의 성인들은 자신들이 아주 어렸을 때 갖게 된 잣대로 세상을 바라보게 된다.

이런 결론이 내포하는 의미는 과학적 관점에서 보자면 놀라운 것이고 사회적 관점에서 보면 매우 난감한 것이다. 리더가 한 국가의 다양한 대중과 분야를 아우르는 언어를 사용한다는 것은 곧 5살 난 아이의 마음에 호소하는 일이다. 리더는 어린아이의 마음을 있는 그대로 받아들이거나 혹은 확고한 의지를 가진 교육가가 되어 그러한 마음을 개조할 생각을 해야 한다. 『교육받지 않은 마음』에서 상세히 밝혔듯이 취학 전에 개인의 마음속에 자리 잡은 관점을 고치기는 엄청나게 어려운 일이다.

처음부터 의도한 바는 아니었지만 『열정과 기질』과 『교육받지 않은 마음』에서 동시에 추구했던 명확한 연구 방향들이 집합되어 이 책 『통찰과 포용』이 탄생했다. 하지만 이 책에는 나의 오랜 개인사도 내재되어 있다. 사실 나는 어릴 때부터 정치와 역사에 꽤 깊은 관심을 가지고 있었다. 또한 신문과 시사 잡지를 탐독했고 뉴스도 열심히 청취하곤 했다. 리더십에 관한 책을 쓰게 된 동기는 아마도 역사와 뉴스에 대한 오랜 관심 때문이었는지도 모른다. 그런 의미에서 나는 잠재의식 속에서 이 책을 수십 년 간 준비해 왔다고 할 수 있다.

이 책의 집필을 부추긴 동기는 또 하나가 있다. 세계는 급변하는 양상이지만 기업에서 국가에 이르기까지 어느 기관이나 조직에서든 리더십은 여전히 매우 중요하다. 장기적인 안목을 지닌 리더들이 세상에 많은 혜택을 가져다주었던 반면, 똑같은 능력을 타고났으면서도 그것을 악용한 리더들은 세상에 공포를 안겨주었다. 이 책은 심리학적 관점에서 리더십의 본질을 설명하면서 동시에 건설적이고 효과적인 리더십이 발현되기 어려운 이유도 가르쳐줄 것이다.

나에게 리더십에 관한 책을 써보라고 처음 권유했던 주디스 애딩턴Judith Addington과 제임스 맥그리거 번스James McGregor Burns에 감사를 드린다. 또한 벨라지오에 소재한 록펠러 재단 센터와 스탠퍼드의 행동과학 고등연구소에도 감사한다. 나는 목가적인 분위기가 피어나는 이 두 곳에서 집필에 전념할 수 있었다. 또한 집필 기금을 제공해 준 바우만재단, 맥아더재단, 스펜서재단에도 감사의 뜻을 전하고 싶다. 그 외에도 유익한 논평과 제의를 해 주신 다음 분들에게도 고마움을 전한다.

루돌프 아른하임Rudolf Arnheim, 메리 캐서린 베이트슨Mary Catherine Bateson, 에반 바이Evan Bayh, 데렉 복Derek Bok, 시슬러 복Sissela Bok, 고든 브라운Gordon Brown, 제롬 브루너Jerome Bruner, 알프레드 챈들러Alfred Chandler, 수디르 찬드라Sudhir Chandra, 어네스토 코르테스Ernesto Cortes, 빈센트 크라판자노Vincent Crapanzano, 미하이 칙센트미하이Mihaly Csikszentmihalyi, 존 드레이벨비스John Dreibelbis, 닐 플리그스타인Neil Fligstein, 베티 프리던Betty Friedan, 존 가드너John Gardner, 스티븐 게스너

Stephen Gessner, 피터 골드마크Peter Goldmark, 제럴드 그래프Gerald Graff, 더글러스 헤이그Douglas Hague, 로널드 하이페츠Ronald Heifetz, 제럴드 홀튼Gerald Holton, 니나 홀튼Nina Holton, 데이비드 키퍼David Kipper, 조지 클라인George Klein, 타니야 루어만Tanya Luhrmann, 지오프 멀건Geoff Mulghan, 니나 머레이Nina Murray, 모리스 오핏Morris Offit, 데이비드 리스먼David Riesman, 펠릭스 로하틴Felix Rohatyn, 밀튼 로젠버그Milton Rosenberg, 헨리 로소프스키Henry Rosovsky, 앨버트 생커Albert Shanker, 해리 데브샤마Hari Dev Sharma, 닐 스멜서Neil Smelser, 존 스토싱거John Stoessinger, 앤서니 스토르Anthony Storr, 로버트 서튼Robert Sutton, 셜리 윌리엄스Shirley Williams, 해리 울프Harry Woolf 그리고 나의 친구들인 톰 캐로더스Tom Carothers, 미하이 칙센트미하이, 빌 대면Bill Damon, 밥 오른스타인Bob Ornstein, 나의 아들 제이Jay, 아내 엘렌 위너Ellen Winner는 각자 원고 전체를 읽고 의견을 말해 주었다. 그들은 개인적으로 혹은 공동으로 내가 이 책의 주요 논점을 재구성하는 데 도움을 주었다.

또한 많은 전기작가들의 훌륭한 저작물이 없었다면 이 연구는 가능하지 못했을 것이다. 몇몇 저작물들은 이 책 대부분의 장에서 아주 유용하게 활용되었다. 나는 여기에 이름을 밝히는 것으로 그들에게 감사를 표하고 싶다. 해리 애시모어Harry Ashmore, 메리 캐서린 베이트슨, 테일러 브랜치Tayler Branch, 알프레드 챈들러, 블랜시 위센 쿡Blanche Wiesen Cook, 에드워드 크레이Edward Cray, 프랑수아 뒤센François Duchene, 메리 앤 주백Mary Ann Dzuback, 데이비드 개로David Garrow, 피터 굿차일드Peter Goodchild, 피터 헤블스웨이트Peter Hebblethwaite, 제인 하워드Jane Howard, 밀튼 메이어Milton Mayer, 레너드 모슬리Leonard Mosley, 포레스트 포그Forrest Pogue, 마크 스톨러Mark Stoler, 휴고 영Hugo Young, 지안카를로

지졸라Giancarlo Zizola.

『통찰과 포용』은 내가 베이식북스 출판사에서 출간하는 열 번째 책이다. 이 책의 출간을 도와준 편집자 조 앤 밀러Jo Ann Miller를 비롯하여 커미트 허멜Kermit Hummel, 마틴 케슬러Martin Kessler, 엘리엇 비어드Elliott Beard, 스티브 시프키Steve Csipke, 마이클 무엘러Michael Mueller, 줄리아나 녹커Juliana Nocker, 샤론 샤프Sharon에게 감사를 드린다. 또 표지를 멋지게 디자인해 준 데이비드 슬라토프David Slatoff와 타마르 코헨Tamar Cohen에게도 감사를 드린다.

마지막으로 이 책의 저작 과정에 대해 한 마디 하고 싶다. 엠마 라스킨Emma Laskin은 1992년부터 나의 연구조교로 함께 일해 왔다. 그녀는 여러 리더들에 대한 자료를 읽고 놀랄 만큼 예리한 논평을 해 준 열성적이고 협조적인 자료조사자였다. 덕분에 나는 책을 보다 짜임새 있게 구성할 수 있었다. 나는 그녀의 노력에 감사를 표하고 싶어 그녀를 나의 협력자로 밝히고 싶다. 논제의 구조와 문장 전개는 모두 내가 직접 손을 댔지만, 많은 개념과 아이디어는 몇 달 동안 그녀와 주고받은 수많은 메모와 대화를 통해 얻은 것이다.

캘리포니아 주, 스탠퍼드에서
하워드 가드너

■ 차례

해제 · 5
이 책을 읽기 전에 · 17
머리말 · 23

제1부 리더란 무엇인가

제1장 리더십의 인지적 접근법 35
  유레카와 아인슈타인 · 36
  11명 인물들의 연결고리 · 40
  이야기를 전달하고 실천하기 · 45
  전문 분야의 리더십과 사회의 리더십 · 48
  중심이야기 · 52
  리더십에 대한 인지적 접근 · 55
  이 책의 계획 · 60
  연구 방법 · 64

제2장 인간의 발달과 리더십 67
  영장류로서 인간의 위상 · 69
  초기의 사회화 : 자아의 확립과 집단 정체성 · 71
  5살 난 아이의 마음 · 74
  각 분야에서의 전문 지식 획득 · 79
  인간성에 관한 지식 · 81
  리더의 선례들 · 84

　　　　추종자의 선례들 · 88
　　　　고도의 리더십을 발휘하는 리더 · 91
　　　　상징과 의사소통 · 95

제3장　리더의 이야기들　99
　　　　인생에서 이야기의 변화 양상 · 103
　　　　서로 경쟁하는 이야기들 · 109
　　　　이야기의 주제와 내용 · 114
　　　　자아 · 117
　　　　집단 · 120
　　　　가치와 의미 · 125
　　　　다양한 주제들과 다양한 이야기들 · 126
　　　　문화적인 이야기들 · 129
　　　　미디어 : 이야기의 전달 수단 · 131
　　　　종합의 종류 · 133
　　　　이야기에 관한 여러 가지 논점 · 136

제2부　시대와 사람을 변화시킨 리더들

제4장　원시문화 속에서 미래를 발견한 인류학자　145
　　　　― 마거릿 미드

제5장　사려 깊은 리더십을 발휘한 물리학자　179
　　　　― 로버트 오펜하이머

제6장	고등교육에 새바람을 몰고 온 선구자　215
	– 로버트 메이너드 허친스
제7장	20년 앞을 내다본 기업가　249
	– 알프레드 슬론 2세
제8장	훌륭한 군인의 전형　273
	– 조지 마셜
제9장	교회 정신을 재발견한 지도자　301
	– 교황 요한 23세
제10장	대통령보다 더 대통령다웠던 퍼스트레이디　329
	– 엘리너 루스벨트
제11장	약자의 편에 서서 대중을 일깨운 리더　363
	– 마틴 루터 킹 2세
제12장	명확한 정체성으로 영국을 이끈 카리스마　401
	– 마거릿 대처
제13장	세계 지도자들의 시대　433

제3부 리더가 요구받는 자질

제14장 국가의 경계를 넘어선 리더십 471
— 장 모네와 마하트마 간디

제15장 과거의 교훈과 미래의 리더십 501
전형적인 리더 · 503
리더십의 6가지 상수 · 511
이 연구로 제기된 질문들 · 519
리더십에 영향을 미치는 6가지 추세 · 524
효율적인 리더십을 위한 교훈 · 531

부록 I 주요 영역별로 살펴본 11명의 리더들 · 539
부록 II 제2차 세계대전의 리더들 · 559
부록 III 참고문헌 · 575

제 1 부
리더란 무엇인가

제 1 장

리더십의 인지적 접근법

우리가 인간을 통치하는 도구는 언어이다.

— 벤자민 디즈레일리 Benjamin Disraeli

자신이 어떠한 지적 영향력도 받지 않는다고 믿는 실용주의자들은 대개 사라진 경제학자의 노예들이다.

— 존 메이너드 케인즈 John Maynard Keynes

유레카와 아인슈타인

1943년 11월 말, 이란의 수도 테헤란에서 이제는 이미 역사 속의 위인이 된 세 사람이 만났다. 그들은 영국 총리 윈스턴 처칠 Winston Churchill 과 미국 대통령 프랭클린 루스벨트 Franklin D. Roosevelt, 소련 수상 이오지프 스탈린 Josef Stalin 이었다. 제2차 세계대전이 연합국 측에 유리하게 전개되는 시점에서 세 사람은 세계의 주요 현안들을 논의하기 위해 모였다. 유레카 정상회담이라고 불리게 될 그 나흘간의 회담에서 세 정상들과 그들의 수행원들은 다음과 같은 의제를 놓고 설전을 벌였다. 독일에 대항하여 두 번째 서부전선을 형성하는 문제, 폴란드, 프랑스, 터키 그리고 중국에 대한 정책, 전후 독일 리더들의 처리 문제, 또 하나의 추축국 Axis*인 일본에 맞서기 위한 전쟁수행 방식 등이었다. 세 정상들은 이 회담을 통해 서로에 대해 더 잘 파악하게 되었고 연합국의 위상을 더욱 공고히 하게 되었다.

* 제2차 세계대전 당시 독일, 일본, 이탈리아가 연합국에 대항해 형성한 동맹 – 옮긴이

유레카 정상회담 당시 알베르트 아인슈타인Albert Einstein은 미국 뉴저지 주 프린스턴에서 지난 40년 동안 그래왔듯이 연구를 계속하면서 조용히 지내고 있었다. 그는 주로 물리적 현상에 대한 근본적인 질문을 연구 과제로 삼아왔다. 20세기 초 아인슈타인은 거의 혼자서 물리학계에 혁명을 일으켰는데, 1905년에 특수 상대성이론을 내놓았고 10년 후에는 일반 상대성이론을 발표했다. 아인슈타인의 이론이 처음 발표되었을 때, 그 이론은 단지 학자적인 관심의 수준에 머물렀다. 당시 그는 우주와 시간과 중력의 본질, 그리고 우주의 다른 근본적인 힘들에 대한 인식을 새롭게 하고 있었다. 하지만 다양한 의미를 내포하고 있던 그의 이론은 곧 실용적인 것으로 드러나게 되었고, 아인슈타인 본인도 그 사실을 깨닫게 되었다. 1939년 아인슈타인은 루스벨트 대통령에게 보낸 편지에서 우라늄에 연쇄 핵반응을 일으키면 엄청나게 강력한 폭발물을 제조할 수 있다는 사실을 밝혔다. 이러한 아인슈타인의 메시지는 핵무기제조 작업을 공식적으로 승인받는 결정적인 요인으로 작용했다. 1943년 말, 뉴멕시코 주 로스앨러모스에서 비밀리에 추진된 핵폭탄 개발 계획은 결정적인 단계까지 진척되었다. 이 작업은 물질과 에너지의 관계를 규명한 아인슈타인의 혁명적인 통찰이 없었다면 상상할 수도 없는 일이었다.

우리는 리더라고 하면 대개 한 시대의 정치적 혹은 군사적 거장들을 떠올리게 된다. 예를 들면 알렉산더 대왕Alexander the Great, 보나파르트 나폴레옹Napoléon Bonaparte, 에이브러햄 링컨Abraham Lincoln 그리고 남북전쟁의 장군들이 있다. 스탈린, 루스벨트, 처칠이 테헤란의 한 베란다에 나란히 앉아서 찍은 사진은 지도자 상像에 대한 통념을 함축적으로 표현해 주고 있다. 또한 유레카 정상회담에서 토의된 의제는 일반인들이 리더에게 바라는 전략의 성격을 잘 보여준다.

이렇듯 리더에 대한 일반적인 관념을 고려해 본다면 아인슈타인만큼 동떨어진 인물도 없을 것이다. 그는 평생 동안 난해한 연구에 매달렸고, 그의 이론은 오늘날까지도 완벽하게 이해하는 사람이 많지 않다. 게다가 그는 '상상의 실험실'에 묻혀 깊은 생각에 잠기는 것을 좋아했고, 자신의 이론들을 아주 가까운 한두 명의 동료들과 의논했을 뿐이었다. 제1차 세계대전 당시 아인슈타인은 평화주의자였다. 하지만 히틀러의 등장을 계기로 제2차 세계대전이 발발하기 직전 자신의 성향과 전혀 어울리지 않는 정치 문제에 개입하게 되었다. 이 관념적 성향의 사상가는 이스라엘의 초대 대통령직을 맡아달라는 제의를 받고 놀라면서도 한편으로는 흥미롭게 생각했다. 그가 제의를 즉시 거부하자 그는 물론이고 이스라엘 당국도 안도했다는 후문이 전해진다.

유레카 정상회담의 리더들과 아인슈타인 사이의 뚜렷한 차이점들을 고려해 볼 때, 이들 모두를 하나의 맥락으로 살펴본다는 게 과연 타당한지 의문이 생길지도 모르겠다. 즉 루스벨트나 처칠은 리더라고 쉽게 칭할 수 있지만, 아인슈타인에게는 좀 억지라는 생각이 들 수도 있다.('리더급의 물리학자'라면 모를까.)

나는 이 책을 통해 첫째 처칠과 아인슈타인의 유사점들을 살펴보고, 둘째 그 보다 더 중요한 사안으로 두 원형적 인물들 사이에 전략적 중간 지점을 고찰함으로써 그들의 업적을 더 잘 이해할 수 있다고 생각한다. 내가 주장하는 바를 우선 간단하게 설명하자면 나는 처칠과 아인슈타인을 모두 리더라고 본다는 점을 밝혀둔다. 즉 그들은 모두 '사람들의 생각, 태도, 감정 등에 커다란 영향력을 행사했던 인물'이었다. 처칠은 다양한 청중에게 자신의 이야기를 역설함으로써 그들에게 큰 영향을 미쳤던 인물이다. 그래서 나는 처칠 같은 인물을 '직접적인 리더 direct leader'라고 명명한다. 한편 아인슈타인은 대중들에게 간접적으로 영향력을 행사한 인물이다. 즉 많은 이론들과 논문에서 창조적 아이디어를 펼쳐내는 방식으로 영향력을 발휘했다. 따라서 그는 '간접적인 리더 indirect leader'의 자격이 충분하다고 할 수 있다.

한 개인이나 집단이 다른 사람들에게 영향력을 행사하는 능력을 나타내는 연속된 흐름이 있다면, 아인슈타인과 처칠은 양극단에 해당한다.(실제로 나는 이 연구를 '영향력에 관한 고찰'이라고 명명할 수도 있을 것이다. 하지만 이런 식의 어휘 변화는 리더십과 창조성이라는 목표의 방향을 설정하는 데 방해가 될 것이다.) 그 흐름을 이해하는 한 가지 방법은 어느 한 극단에 위치한 인물들을 집중적으로 검토하는 것이다. 실제로 나는 제13장에서 처칠을 비롯하여 그와 유사한 여러 리더들을 집중적으로 살펴보았다. 하지만 리더십이라는 중요한 현상을 보다 심도 있게 이해하려면 다양한 리더들을 폭넓게 검토해 보는 것이 더 유용하다. 즉 아인슈타인, 버지니아 울프 Virginia Woolf, 찰스 다윈 Charles Darwin 등 간접적인 리더들에서부터 이오지프 스탈린, 마거릿 대처 Margaret Thatcher, 에르빈 롬멜 Erwin Rommel 등 직접적인 리더에 이르기까지 리더십의 흐름 속에서 20세기의 인물들을 연구해 보는 것이다.

이 책에서 내가 선정한 리더들 중에는 널리 알려지지 않은 인물도 있다. 하지만 이들은 유레카 정상회담의 리더들과 아인슈타인을 대비시킬 때 발생하는 핵심 문제를 효과적으로 대변해 주는 인물들이다. 결국 어떤 인물이 더 큰 영향력을 발휘했을까? 유레카 회담에 참가했던 당대의 세 거인들일까, 아니면 간결한 물리학 방정식으로 무장한 고독한 사상가일까? 나는 다양한 리더들을 살펴보며 이 책 전체에 걸쳐 이런 흥미로운 의문을 지속적으로 제기할 것이다.

11명 인물들의 연결고리

내가 연구한 11명의 인물들은 전에는 어떤 측면에서든 서로 관련된 적이 없다. 낱말 맞추기 게임을 좋아하는 사람이나 이 책의 첫 페이지도 펼쳐보지 않은 사람들에게 아래에 설명해 놓은 인물들의 공통점을 찾아보라고 하면 아마 적잖이 당황할 것이다.

마거릿 미드(Margaret Mead, 1901~1978)
문화인류학자. 남태평양 섬 주민들의 청소년기에 관한 개척자적인 연구활동과 20세기의 변화하는 풍습에 대한 해박한 지식으로 유명해졌다. 50년간 강연과 저술 등 열정적인 활동을 통해 어린 시절, 가정생활, 사회생활 등에 대한 전 세계인들의 인식에 큰 영향을 미쳤다.

로버트 오펜하이머(J. Robert Oppenheimer, 1904~1967)
이론물리학자. 미국의 핵폭탄 제조 계획인 맨해튼 프로젝트의 책임자로 잘 알려져 있다. 1943부터 1945년까지 이 프로젝트를 위해 사상 최대 규모의 과학자 팀을 지휘하여 최초로 핵무기 개발에 성공했다. 제2차 세계대전 후에는 정계의 이념적 논란에 휩싸여 국가기밀을 취급할 자격이 없는 인물로 낙인찍힌다. 만년에는 프린스턴에 소재한 고등연구소 소장으로 재직하며 대중의 눈에 드러나지 않는 조용한 삶을 살았다.

로버트 메이너드 허친스(Robert Maynard Hutchins, 1899~1977)

30세에 시카고 대학 총장이 된 교육사상가. 고전 연구와 철학적 주제의 토론에 바탕을 둔 전통적 고등교육의 이념을 제안했다. 생전에 늘 논란이 되었던 인물로서 만년에는 한 재단의 이사로 재직하였고 민주제도연구소를 창립하여 소장 직을 역임했다.

알프레드 슬론 2세(Alfred P. Sloan Jr, 1875~1966)

현대적인 기업을 탄생시킨 인물들 중의 한 사람. 제너럴모터스의 사장으로 중앙집중화와 분권화의 장점을 충분히 살린 조직을 구축했다. 미국 기업계의 대변자라고 할 수 있는 인물이었던 그는 미국의 원동력이 자본주의 체제에서 생긴다는 신념을 강력히 피력했다. 만년에는 자선사업가로서 활발한 활동을 펼쳤다.

조지 마셜(George C. Marshall, 1880~1959)

제2차 세계대전 당시의 미 육군참모총장. 대전기간 중 탁월한 전략가였던 그는 전쟁 후에는 국무장관에 취임하여 서유럽 경제개발 프로그램을 주장하고 지원하는 노력을 기울였다. 마셜은 전 세계적으로 공평무사한 공인의 대명사였다. 하지만 1950년대에 공산주의자 색출에 앞장섰던 조셉 매카시 Joseph McCarthy 상원의원의 표적이 되기도 했었다.

교황 요한 23세(Pope John XXIII, 1881~1963)

본명은 안젤로 주세페 론칼리 Angelo Giuseppe Roncalli로 현대에 가장 중요하고 가장 대중적인 인기를 얻었던 교황. 77세에 잠정적인 교황으로 지명된 후, 즉시 현대 가톨릭교회의 역할을 점검하기 위한 바티칸 종교회의 계획을 발표하여 주변 동료들을 깜짝 놀라게 했다. 그는 현대 교회가 초기 교회의 소박한 메시지로 돌아가야 한다고 주장하였으며, 초강대국간의 긴장완화를 위해 노력하였고 많은 종파와 민족과 이데올로기의 가교를 놓는 데 힘을 기울였다.

엘리너 루스벨트(Eleanor Roosevelt, 1884~1962)

시어도어 루스벨트Theodore Roosevelt 대통령의 조카딸이자 프랭클린 루스벨트 대통령의 아내. 미국뿐 아니라 해외에서 진보적이고 인도주의적인 원칙을 열렬히 설파했던 인물이었다. 남편인 루스벨트 대통령의 정치적 비판가이기도 했던 그녀는 종종 힐난의 표적이 되었다. 많은 사람들에게 역할 모델이었고, 특히 미국 여성들이 우러러보는 여성상이었다. 오랫동안 '세계에서 가장 존경 받는 여성'으로 손꼽혀 오고 있다.

마틴 루터 킹 2세(Martin Luther King, Jr., 1929~1968)

원래 목사였으나 20세기 중반 미국 흑인들의 인권 회복을 위해 가장 성공적인 활동을 펼친 인권운동가. 1963년 3월, 그가 이끌었던 워싱턴 행진은 미국 인권운동사의 이정표가 되었다. 그러나 국내외 문제에 폭넓은 관심을 가지면서 흑인 지도자라는 그의 위상이 다소 약화되기도 한다. 광적인 흑백분리주의자에 의해 암살되면서 그가 남긴 리더십의 공백은 아직까지 메워지지 않고 있다.

마거릿 대처(Margret Thatcher, 1925~)

평범한 가정에서 태어나 영국 보수당 총리가 된 인물. 1979부터 1990년까지 총리로 재직하면서 영국의 사회, 경제, 정치 세력의 판도를 크게 바꾸어놓았다. 임기 중 가장 강력한 리더십을 발휘했던 기간은 1982년 발생한 포클랜드 전쟁 때였다. 서유럽과의 긴밀한 유대를 거부하고 동유럽권 국가들과의 새로운 관계를 형성하는 데 주력했다.

장 모네(Jean Monnet, 1888~1979)

프랑스 경제학자이자 외교관. 두 차례에 걸친 세계대전 후 프랑스 재건을 위해 막후에서 중요한 역할을 수행했다. 대서양 연안 국가들의 주요 정재계 인물들과 친분이 두터웠던 그는 샤를 드골 Charles de Gaulle의 민족주의적 경향에 맞서 세계주의자로서의 역할을 자처했다. 반세기에 걸쳐 민족들과 국가들을 단합시키고자 했던 노력 덕분에 그는 유럽공동체 건설의 주역으로 평가 받고 있다.

마하트마 간디(Mahatma Gandhi, 1869~1948)

인도의 정치 및 종교 지도자. 20세기 전반에 조국 인도를 독립시킨 인물이다. 그는 금욕주의적 생활 철학을 창안하여 몸소 실천하였으며, 많은 측근들이 그의 사상을 추종했다. 그가 갈등의 혁신적인 해결책으로 사용했던 '비폭력 저항'은 그의 암살 이후로는 거의 볼 수 없었으나, 전 세계의 정치운동가들이나 저항세력들에게 커다란 영감을 주었다.

이들 11명의 인물들은 국적도 사회적 배경도 직업도 제각각이지만 모두가 내가 생각하는 리더의 정의에 합당한 인물들이다. 여기서 리더의 개념을 다시 한 번 짚고 넘어가보자. 리더는 말과 개인적인 모범을 통해 상당히 많은 수의 사람들(이 책에서는 주로 추종자나 청중으로 지칭함)의 행동, 사상, 감정에 큰 영향을 미친 인물들을 일컫는다. 리더들의 목소리는 그들의 세계에도 영향을 미칠 뿐 아니라 궁극적으로 우리의 세계에도 영향을 미친다.

11명의 인물들을 서로 연계시키기 어려운 것은 이들이 활동한 분야가 서로 다르기 때문이다. 미드와 오펜하이머는 초기에 학자로 출발했고 자기 분야에서 탁월한 연구 업적을 통해 영향력을 발휘했다. 그들은 간접적인 리더로 활약했던 것이다. 허친스, 슬론, 마셜, 교황 요한 23세는 광범위한 제도권에서 활약했다. 즉 이들 리더들은 다양한 배경과 관점을 가진 수많은 개인들과 의사소통을 벌여야 했다. 하지만 이들은 대학, 기업, 군대, 교회 등 자신이 속한 제도권 내에서 대중의 공통된 이해관계를 파악할 수 있었다. 나머지 리더들은 더욱 폭넓은 대중을 상대로 활동했다. 엘리너 루스벨트는 미국을 비롯한 전 세계 곳곳에서 인권이 유린된 여성들의 지위 향상을 위해 노력했다. 킹 목사는 수 세기 동안 유례없는 학대를 받아온 흑인들 사이에서 리더십을 발휘했다. 또한 대처 같은 야망 있는 리더들은 한 국가의 방향을 제시하고자 했으며, 간디와 모네처럼 큰 비전을 가진 리더들은 전 세계의 모든 국가들은 아니더라도 여러 국가들을 통합하려는 의지를 보였다.

이쯤에서 이 책의 구성을 간략하게 살펴보자. 나는 특정 분야에서 국가로 범위를 확대하여 리더들을 고찰하고자 하는데, 제4장~제12

장에 걸쳐 미드, 오펜하이머, 허친스, 슬론, 마셜, 교황 요한 23세, 루스벨트, 킹, 대처를 살펴볼 것이다. 제11장 맨 뒤에서는 나의 논지를 간략하게 재검토해 볼 것이다. 제13장에서는 10명의 국가 지도자들의 활동을 개관하였는데, 이들은 20세기 전반에 세계무대에서 결정적인 역할을 했던 인물들이다. 제14장에서는 한 국가를 뛰어넘어 전 세계를 대상으로 리더십의 역량을 보여주었던 장 모네와 마하트마 간디의 업적을 살펴보겠다.

이야기를 전달하고 실천하기

리더들은 자신이 전달하는 '이야기'를 통해 효과를 얻는다. 나는 '이야기하다'는 의미로 tell('단순히 입으로 말한다'는 의미)이 아니라 relate('사상을 전한다'는 의미)라는 단어를 썼는데, 이는 이야기를 말로 전달하는 것은 여러 가지 의사소통 방식 가운데 한 가지에 불과하기 때문이다. 예술 분야의 리더들은 소나타 음악이나 춤의 동작 같은 예술적 표현수단을 사용하여 사람들에게 영감을 불러일으킨다. 과학자들도 그들 분야에서 통용되는 상징체계를 통해 다른 사람들을 지도한다. 이론물리학자라면 수학방정식을, 신경생리학자라면 해부학적 모델 등의 표현수단을 이용하는 것이다. 그런 점에서 이야기를 전달한다는 의미로는 '단순히 입으로 말한다tell'보다는 '사상을 전한다relate'라는 표현이 더 적당한 것 같다.

리더는 이야기를 전달하기도 하지만, 그 이야기를 자신이 솔선하여 실천하거나 구체화시키는 모습을 보여주어야 한다. 마셜 같은 리더들은 자신의 이야기를 수많은 단어나 상징물을 통해 전달하는 대신, 몸소 실천하는 삶을 보여줌으로써 추종자들에게 영감을 불러일으켰다.

직접적인 리더가 사람들에게 영향을 미치고자 한다면 자신이 실천하는 삶의 방식이 사람들에게 분명하게 인식될 수 있어야 한다. 만약 스탈린 같은 군사 리더가 자신의 군대가 용감해지길 원한다면 자신부터 용감해져야 한다. 마찬가지로 교황 요한 23세가 가톨릭 신자들이 다른 종교나 이념 집단에 대해 관대하게 처신하길 요구하려면 교황 자신부터 개신교 목사나 공산주의자들에게 관대한 행동을 보여주는 것이 우선이다. 그러므로 자신이 설파하는 것을 실천하지 않는 사람은 위선자이며, 위선은 그의 이야기를 무용지물로 만들어버린다.

대조적으로 간접적인 리더들의 개인적인 삶은 그들의 영향력과 직접적인 관계가 없다. 엄밀히 말해서 아인슈타인이 자신의 아내를 사랑했는지 자식들을 학대했는지 다른 사람들과 대화를 안 하려고 했는지는 동료 과학자들에게 중요하지 않다. 그럼에도 불구하고 간접적인 리더들의 '이야기' 실천도 매우 중요하다. 아인슈타인의 동료 물리학자들이 중시하는 것은 바로 그의 연구를 통해 구현된 특별한 과학적 접근법이었다. 후대 학자들은 아인슈타인이 이끌어낸 결론에 영향을 받기도 했지만, 그가 문제를 규정하고 접근법을 제시하고 해결책을 강구했던 방식에도 큰 영향을 받았다. 마찬가지로 이고르 스트라빈스키Igor Stravinsky와 마사 그레이엄Martha Graham이 창조한 개념과 방법도 후대의 작곡가들과 무용가들에게 많은 영향을 미쳤다. 만일 이런 창조자들이 자료의 날조나 표절 따위의 부정한 방법으로 업적을 달성했다면, 리더로서 그들의 위상은 크게 위협 받았을 것이다.

'이야기의 독창성'을 기준으로 리더들을 분류하는 방법은 아주 유용하다. '평범한' 리더, 즉 아주 흔히 볼 수 있는 그런 리더는 자신이 소속된 집단의 전통적인 이야기를 가능한 한 효율적으로 전달할 뿐이다. 평범한 리더의 예로는 미국의 제럴드 포드Gerald Ford 대통령, 프랑스의 조르주 퐁피두Georges Pompidou 대통령이 있으며, 재계에서는 제너럴모터스의 로저 스미스Roger Smith를 거론할 수 있다. 이들은 동시대인들이 갖고 있는 의식의 지평을 넓히려는 시도를 하지 않았다. 어떤 집단의 평범한 이야기에 대해 알고자 한다면, 그 집단의 평범한 리더들의 말과 행동을 살펴보면 답이 나온다. 이런 평범한 이야기로는 그 집단의 미래 향방을 가늠할 수가 없다. 따라서 나는 이 책에서 그런 평범한 리더들을 다루지 않았다.

'혁신적' 리더는 그의 전공 분야에 속한 구성원들과 대중에게 잠재해 있는 이야기를 파악하여 그것을 새롭게 조명하고 색다르게 구성한다. 최근의 세계사를 살펴보면 대처, 드골, 로널드 레이건이 완전히 새로운 이야기를 창조한 것은 아니었다. 그들은 자신들의 특별한 재능을 발휘하여 이미 기존의 문화 속에 존재했거나 수십 년 동안 묻혀 있었거나 혹은 무시되어 왔던 이야기나 주제를 발견해냈다. 예술 분야의 경우 신고전주의자, 신낭만주의자, 신모더니스트라고 자칭하는 예술가들은 이미 사용되지 않는 주제와 형식을 새롭게 부활시키려는 사람들이다. 이들 혁신적 리더들은 당대의 사상적 경향과 '반대이야기'에 맞서며 앞선 시대의 영광과 순수성을 되살려 시대의 방향을 재설정한다.

가장 보기 드문 리더는 '비전적' 리더이다. 그들은 현재나 과거에서 이끌어낸 이야기를 재생시키는 데 만족하지 않고, 지금까지 대부분의 사람들에게 알려져 있지 않은 완전히 새로운 이야기를 창조해낸다. 그리고 이런 이야기를 사람들에게 전달하는 데도 어느 정도 성공을 거둔다. 모세, 공자, 예수, 부처, 마호메트 같은 과거의 위대한 종교 지도자들은 분명히 비전적 리더로 부를 만하다. 그들보다 스케일이 좀 작긴 하지만 나는 간디나 모네 같은 인물들도 현대적인 비전적 리더들이라고 본다.

혁신적 리더와 비전적 리더를 구분 짓는 것은 쉬운 일이 아니며 이 책에서 중요한 사안도 아니다. 독자들 중에는 대처가 혁신적 리더이고 간디나 모네는 비전적 리더라는 나의 언급에 반발하는 사람들도 있으리라 생각된다. 또한 대부분의 추종자들에게 비전이 있는 것처럼 보이는 이야기가 소수의 전문가들에게는 그저 혁신적인 것에 불과할 수도 있다. 연구에 따르면 비전의 리더십은 사회 전체를 이끌어가는 영역보다는 예술이나 과학 같은 전문 분야 혹은 대학이나 기업 같은 특정 기관에서 더 흔하게 발현되는 것으로 드러났다. 사실 한 세기에 있어 진정한 비전을 가진 정치 및 종교 지도자는 출현해 보아야 한두 명에 지나지 않는다.

전문 분야의 리더십과 사회의 리더십

이 책 전체에서 탐구하고 있는 것, 즉 전문 분야의 리더십과 보다 넓은 사회적 리더십 간의 근본적인 차이를 논할 때도 비전의 리더라는 환영이 어른거린다. 전통적인 분야 혹은 학문 분야에서 리더십을 발휘하는 경우는 청중이 이야기, 이미지 그리고 그 분야에서 구현된 사안에 이미 정통해 있다는 사실을 염두에 두어야 한다. 다시 말해서 청중이 곧 전문가 집단인 것이다. 특히 새로운 것을 갈망하는 오늘날에는 대부분의 분야에서 비전이 중시되고 있다. 비전가가 되기는 쉽지 않지만, 그런 인물은 한 분야의 방향을 전환시키는 데 성공할 가능성이 높다.

앞서 출간된 『열정과 기질』에서 내가 연구했던 6명의 인물들은 실제로 새로운 이야기를 창조함으로써 자신의 소속 분야를 개혁했다. 지그문트 프로이트 Sigmund Freud는 자신의 소속 분야 전문가들뿐 아니라 전 세계인들에게 정상적인 사람과 신경증 환자를 이해하는 새로운 방법론을 제시했다. 아인슈타인은 대단히 생소하지만 창의적인 방식으로 시간과 공간의 개념을 창안했다. 스트라빈스키, 그레이엄, 파블로 피카소 Pablo Picasso, 엘리엇 T. S. Eliot도 기존의 예술형식을 새롭게 변화시켰는데, 초기에는 청중을 경악시켰지만 결국 후대의 수많은 사람들에게 강한 영향을 미치게 되었다.

실제로 그들이 창조한 작품과 창조 과정은 매우 영향력이 있었던 것으로 입증되었다. 아마 각 분야마다 청중은 그들의 출현을 받아들일 수 있을 만큼 만반의 준비가 되어 있었던 것 같다. 그리고 그들이 이루어낸 혁명적인 업적은 앞으로 나올 또 다른 비약적 업적을 위해 청중을 준비시키는 기능을 했다.

이렇게 전문성이 뚜렷한 분야의 리더들은 국가와 같은 정치적 실체의 노선을 바꾸거나 교회, 군대 같은 광범위한 조직의 방향을 변경하려는 리더들과는 명확히 구분될 필요가 있다. 후자에 해당하는 야심찬 리더는 전문가들을 상대해야 하는 것이 아니라, 교육받지 않는 평범한 마음을 가진 인물들을 상대해야 한다.(혹시 청중 가운데 어떤 분야의 전문가가 있다 치더라도, 그런 전문성은 국가나 조직의 구성원이라는 그의 인식에 별 영향을 미치지 못한다.) 예를 들면, 평범한 유권자인 자넷 퍼블릭 Janet Q. Public은 아마 정치 분야의 전문가는 아닐 것이다.

프로이트, 피카소, 그레이엄 역시 유권자인 경우에는 정치 전문가가 아니었다. 그러므로 어떤 조직의 방향 전환을 모색하는 리더라면 청중에게 이야기를 전달할 때, 최소한 한 사회에서 수년 동안 살아온 사람들에게 통하는 상식적이고 평범한 개념을 이용해야 한다.

　대체로 사회 구성원들은 위기의 시기가 아니라면 굳이 익숙하지 않은 이야기나 새로운 이해의 방식을 갈구하지 않는다. 그리고 실제 상황은 그보다 훨씬 심한 편이다. 리처드 닉슨Richard Nixon은 한때 이렇게 표현했다. "너무 반복해 들어서 토하고 싶을 정도가 되어야만 미국인들이 귀를 기울일 것이다." 이처럼 일반인들은 항상 새로운 해답과 특이한 질문을 추구하는 예술가나 과학자들과는 다르다. 희한하게도 비전적 리더들은 위기 때에도 자신이 원하는 목적을 달성해낸다. 따라서 간디, 부처, 예수와 같은 비전적 리더들에 대한 연구는 흥미진진한 것이긴 하지만, 사실 이들은 돌연변이 리더라고 불러야 할 정도로 대단히 희귀한 부류에 해당한다.

　『열정과 기질』에서 나는 그저 당대의 상황을 대변하는 인물이나, 진보를 위해 노력했으나 성공하지 못한 인물은 다루지 않았다. 오로지 20세기 예술과 과학 분야에서 획기적인 도약을 이뤄낸 인물들에만 초점을 맞췄다. 앞서 언급했듯이 이 책은 혁신적이거나 비전적이고 사람들에게 큰 영향을 미쳤던 리더들에게 초점을 맞추었다. 나는 하버드 대학의 나단 마시 푸시Nathan Marsh Pusey 대신에 허친스를, 제너럴모터스의 할로우 커티스Harlow Curtice 대신에 슬론을, 네빌 챔버레인Neville Chamberlain이나 제임스 캘러핸James Callaghan이나 존 메이저John Major 대신에 대처를 분석 대상으로 선정했다. 전통적인 분야에서 활동했건 다양한 대중을 상대했건, 이들의 차이는 분명히 마음과 개성과 야망에서 뚜렷이 드러난다. 하지만 청중의 바람과 요구, 그리고 시대적 특성 또한 유능한 리더를 결정짓는 중요한 요소이다.

일반적으로 창조적인 예술가나 과학자, 그리고 여러 학문 분야의 전문가들은 자신의 업적을 통해 간접적인 리더십을 발휘한다. 반면 조직이나 국가를 선도하는 유능한 리더들은 청중에게 이야기를 전달하거나 그것을 실천함으로써 직접적인 리더십을 발휘한다. 하지만 이런 구분이 확고부동한 것은 아니며, 국가 지도자도 간접적으로 청중에게 영향을 줄 수 있다. 이를 테면 드골의 글은 프랑스 국민의 마음을 움직이는 중요한 역할을 하기도 했다. 그리고 전문 분야의 리더도 자신의 청중을 직접적인 방식으로 이끌어갈 수 있다. 하지만 전문 분야의 리더는 소속 분야와 관련해 창조적인 성과를 거두거나 혁신을 이루지 못하면 동료들의 지지를 얻지 못하게 된다. 예를 들어, 인류학자인 마거릿 미드는 소속 분야에서 대단한 성과를 거두었기 때문에 미국 인류학회의 회장으로서도 원활한 리더십을 발휘할 수 있었다.

나는 혁신적인 메시지를 제시한 리더들에게 초점을 맞췄지만, 그들은 몇 가지 독특한 측면이 있다. 내가 연구한 리더들은 대개 민주주의 국가에서 강력한 설득력으로 그 지위를 얻었던 인물들이었다. 나는 그들을 '선택된 리더'라고 부른다. 더욱이 몇몇 예외적인 사례를 제외한다면, 그들의 청중에 대한 관점은 대체로 포용적이었다. 그들은 다른 사람들을 비난하거나 배척하기보다는 많은 사람들을 자신의 영역 안으로 끌어들이려고 노력했다. 또한 리더들이 권력을 추구하고 향유했을지는 모르지만, 그들의 의욕은 권력에 대한 갈망보다는 변화에 대한 열망에서 우러나온 것이었다. 내가 리더십에 대해 내린 결론들은 힘으로 권좌를 차지하거나 증오와 절대 권력에 대한 갈망으로 자리를 유지했던 인물들에게 똑같이 적용되지 않을 수도 있다. 제13장에 실린 제2차 세계대전의 리더들에 대한 검토는 11명의 인물들의 면면을 좀 더 심도 있는 시각으로 바라보는 데 도움이 될 것이다. 또한 거기에는 권력욕에 사로잡혀 있었거나 집단 사이를 이간질하여 이익을 취했던 리더들의 특성도 나와 있다.

『열정과 기질』에서도 그랬지만, 나는 이 책에서도 의도적으로 20세기 인물들에만 초점을 맞추었다. 내가 그런 인물들을 선택한 이유는 우선 그들에 대한 전기적인 사료들을 쉽게 구할 수 있고, 그들의 영향력에 대해 논란의 여지가 없으며, 그들의 성공과 실패가 어느 정도 먼 과거의 일이어서 충분한 객관성을 유지할 수 있기 때문이었다. 그들은 대체로 동시대에 살았기 때문에 나는 그들의 차이가 서로 상이한 역사적 환경 때문에 생긴 것은 아니라고 확신했다. 물론 이 연구에서 도출된 일반론이 올리버 크롬웰Oliver Cromwell이나 나폴레옹 보나파르트와 같은 보다 앞선 시대의 직접적인 리더들이나 알브레이트 뒤러Albrecht Durer와 제인 오스틴Jane Austen과 같은 간접적인 리더들에게도 적용될 수 있는지는 좀 더 연구해 보아야 할 것 같다.

중심이야기

리더의 궁극적인 영향력은 그가 전달하고 실천하는 특별한 이야기의 내용과 청중, 협력자들, 추종자들이 그 이야기에 대해 표출하는 반응에 달려 있다. 이 책에서 주요 리더로 선정된 11명의 인물들과 그 외 20세기의 다른 여러 리더들을 서로 연계시킬 수 있는 한 가지 사실은 그들 모두 자신과 다른 사람들에게 유용한 이야기를 찾아냈다는 점이다. 리더들은 자신과 자신의 집단에 대해, 그들이 어디서 왔고 어디로 향하는가에 대해, 무엇이 두렵고 무엇을 대상으로 싸워야 하는가에 대해, 무엇을 꿈꿔야 하는가에 대해 다수의 이야기를 전달했다. 따라서 나의 리더십 분석은 대표적인 리더들이 제시했던 이야기들에 초점을 맞춘 것이다.

하지만 청중의 마음이 최상의 이야기를 마냥 기다리고 있는 백지 상태라고는 할 수 없다. 오히려 그들은 가정, 사회, 소속 분야에 이미 수없이 들어오고 되풀이되었던 각종 이야기들을 품고 있다. 따라서 리더의 이야기는 새로운 것이든 구태의연한 것이든 현존하는 다른 많은 이야기들과 경쟁을 벌여야 한다. 또한 새로운 이야기가 성공하려면 반대이야기나 기존의 여러 이야기를 완전히 압도하거나 적어도 기존 이야기를 대체 혹은 보완할 수 있어야 한다. 진화론의 관점에서 보면 이야기라는 문화 유전자, 즉 '밈meme'＊은 지지를 얻기 위해 경쟁을 벌이는데, 그중 가장 강력한 이야기만이 최고의 지위를 차지할 수 있다. 이 책에서는 주로 성공적인 이야기에 중점을 두었지만, 그렇다고 해서 별 효과를 발휘하지 못했던 이야기를 소홀히 하지는 않았다.

나는 의도적으로 메시지message나 테마theme라는 용어보다는 이야기story나 담화narrative라는 용어를 사용했다. 이야기에 대해 설명할 때 리더는 추종자들에게 역동적인 시각을 제시한다. 리더는 헤드라인이나 스냅사진 같은 단순한 방식을 취하는 데 그치지 않고, 자신과 추종자들을 주인공과 영웅으로 등장시켜 서서히 전개되는 드라마를 보여주는 것이다. 그들은 모두가 뚜렷한 목표를 달성하기 위한 여정을 시

＊ 유전자처럼 재현과 모방을 되풀이하면서 전승되는 사상, 언어, 태도, 패션, 건축양식, 노래 등의 문화나 관습 - 옮긴이

작한다. 미래를 향해 나아가는 과정에서 그들은 여러 가지 장애와 저항을 극복해 나간다. 리더와 대중 사이에는 많은 이야기의 교류가 오가지만, 그 중에서도 가장 기본적인 이야기는 정체성과 관련된 것이어야 한다. 따라서 효율적인 리더란 특정 집단에게 새로운 이야기를 성공적으로 전달할 수 있는 인물을 말한다. 여기서 말하는 효율성은 곧 시의성과 관련이 있다. 즉 현재라는 역사적 시점에서 그들이 과거에 어디에 있었고 이제 어디로 가고 싶은가를 명확히 짚어주는 이야기를 풀어놓아야 청중을 납득시킬 수 있다. 외모는 평범했지만 배경이 특출했던 여성이 소외계층의 운명을 개선시킬 수 있다는 엘리너 루스벨트 이야기의 요약 버전을 한 번 생각해 보자. 그런 이야기는 20세기 중반에는 시의적절한 것이었다. 하지만 당시보다 50년 앞선 시기였다면 그런 이야기는 비현실적으로 여겨졌을 것이고, 50년 후였다면 그저 생색내기로 치부되었을 것이다.

전통적이든 비전적이든, 직접적이든 간접적이든, 포용적이든 배타적이든, 성공적이든 비효율적이든, 어떤 리더십의 개별 사례들을 면밀히 검토할 때는 이미 널리 퍼져 있는 리더의 이야기들을 고려해야 하지만, 동시에 그의 이야기들이 궁극적으로 차지하게 될 위상도 생각해 보아야 한다. 또한 리더가 삶에서 실천했던 것들이 청중들의 의식 속에 가득한 기존의 이미지나 고정관념들과 경쟁을 벌여야 한다는 사실도 잊어서는 안 된다. 엘리너 루스벨트는 자신이 내세운 존재의 방식을 매일 같이 실천함으로써 남성만이 리더십을 발휘한다거나, 특권층 사람들은 믿을 수 없다거나, 비범한 재능과 외모를 가진 사람만 혁명을 일으킬 수 있다는 고정관념을 타파해야 했다. 성공적인 이야기는 충분한 배경 및 세부사항과 짜임새를 갖춤으로써 청중이 그 틀

안에서 자유롭게 움직일 수 있어야 한다. 이렇게 이야기의 여러 특징들이 충분히 알려지게 되면 비로소 리더는 청중을 믿고 '본문을 완성할 수 있다.' 제3장에서는 리더들이 제시한 이야기들의 특성과 함께 이야기의 실천 및 실현에 대해 자세히 검토해 볼 것이다.

리더십에 대한 인지적 접근

지금까지 기술한 내용을 한마디로 요약하면 이렇다. 리더십이 발생하는 영역을 충분히 이해하면 리더십의 본질과 그 과정에 대해서도 보다 많은 것을 이해할 수 있다. 리더십의 영역이란 바로 '인간의 마음'을 말한다. 그런데 나는 리더의 마음과 그의 추종자들의 마음을 동시에 다뤄야 하기 때문에, 이 용어는 '인간의 마음들'이라는 복수 형태로 정의되어야 할 것이다. 나는 때로는 추종자들을 청중의 구성원들audience members이나 협력자들collaborators이라고도 표현할 것이다. 따라서 이 책이 지속적으로 검토할 내용은, 첫째 다양한 유형의 리더들이 마음속으로 삶의 중요한 문제들을 어떻게 규정했고 그 문제들을 해결하는 데 어느 정도 성공을 거두었는가와, 둘째 그런 과정과 동시적으로나 순차적으로 리더가 원하는 변화를 일으키기 위해 다양한 청중의 마음을 어떤 방식으로 움직였는가 하는 점이다.

나는 인간의 마음에 초점을 맞추고 '인지적cognitive'이라는 용어를 사용함으로써 지난 수십 년 동안 상당히 발전해 온 마음 연구의 접근법에 손을 대보고자 한다. 오로지 외적인 행동에만 관심을 쏟는 행동주의 심리학자나 주로 개성과 동기에만 집중하는 정신분석학자와는 대조적으로, 인지심리학자는 개념들(생각thoughts, 이미지images, 정신적 표상들mental representations)*의 발달 양상과 그런 개념들의 저장, 획득, 결합, 기억, 재배열, 왜곡 등을 실행시키는 정신작용을 연구한다. 인지과학계의 많은 학자들은 낱말이나 간단한 기하학적 형태 등의 단순한 자극을 연구해 왔다. 하지만 경험 많은 인지과학자들은 이야기, 시나리오, 꿈, 비전 같은 좀 더 복잡하고 의미 있는 정보의 형식을 설명하고자 한다.

　인지과학자가 리더십의 현상을 고찰하려고 한다면 다음과 같은 의문을 품게 될 것이다. 리더가 제시하는 개념 혹은 이야기는 무엇인가. 그런 이야기는 어떻게 발달하는가. 그 이야기는 어떻게 전달되고 이해되며 곡해되는가. 이미 청중의 의식 속에 깊숙이 뿌리내린 다른 이야기 혹은 반대이야기와는 어떻게 경쟁하는가. 핵심적인 개념이나 이야기는 어떻게 다른 사람들의 사고와 감정과 행동에 영향을 미치는가. 앞으로 우리는 이런 의문들을 탐구하게 될 것이다.

　나는 이 접근법을 편하게 '인지적'이라고 말하지만, 이에 대해 어떤 기대감을 불러일으키고 싶지는 않다. 나의 모델은 이야기의 발생과 이해(입력에서 출력에 이르기까지)가 단계별로 추적되는 정보처리 방식 같은 것은 아니다. 나의 접근법은 포괄적인 의미에서 인지적이다. 인간의 활발한 마음은 여러 이야기들을 서로 비교하면서 어떤 특징들은 중시하고 다른 특징들은 경시한다. 리더십에 관한 나의 인지적 접근법은 리더십에 관한 방대한 사회과학적 연구에서 찬밥 신세를 면치 못했던 여러 사항들을 강조한 것이다. 그런 기존의 많은 연구들은 4가지 범주로 분류할 수 있는데 각각 검토해 볼 만한 가치가 있으

---

* 인지과학자들 사이에서 자주 사용되는 이런 개념들은 뚜렷한 구분 없이 혼용되기도 한다.

며, 인지적 차원을 고려한다면 더욱 풍부한 성과를 거둘 수 있는 것들이다.

일련의 권위 있는 연구자들은 주로 권력의 획득이나 효용성 측면에서 리더십을 고찰한다. 모든 사회는 정치조직이 필요하며 어떤 인물들은 사회조직이나 정치조직의 리더 역할을 스스로 선택할 수도 있고 다른 사람들에 의해 그런 자리에 앉혀지기도 한다. 나는 동기나 힘의 원천으로서 권력의 중요성을 조금도 과소평가하지 않는다. 그러나 폭력과는 대조적인 것으로서의 권력 자체는 중대한 변화를 일으킬 수 없다고 본다. 권력을 어떻게 쟁취하든 권력자는 반드시 내부 집단이나 보다 광범위한 집단을 선도할 수 있는 특정한 메시지 내지 이야기를 창출해야 한다. 이런 원칙은 20세기에 가공할 만한 권력을 쟁취했던 스탈린, 히틀러, 마오쩌둥毛澤東과 같은 인물들에게도 적용된다.

권력과 관련된 또 하나의 관점을 가진 연구자들은 특정한 정책의 역할을 강조하기도 한다. 그들은 권력을 이용되어야 하는 무엇으로 생각하며, 정책의 결정과 결정된 정책을 성공시키기 위한 시행 과정에 초점을 맞춘다. 극단적인 경우 이런 정책 지향적인 관점은 특정한 정치 지도자의 역할을 과소평가한다. 이익단체들은 각기 선호하는 정책을 가지고 있으며 그들 스스로가 그런 정책을 수립하기 위한 방안이나 수단을 찾을 수 있다는 주장이다. 그리고 그 결정은 합리적 판단에 따라 이루어진다는 것이다.

나는 정책의 역할을 인정하지만 어떤 사회적 사건이나 이익단체가 장려하는 구상이나 방책은 '가능성'과는 아무런 상관이 없다는 점을 강조하고 싶다. 반면 리더가 정책적 대안을 분명히 제시하는 것은 궁극적으로 추진되는 일의 방향을 결정짓는 데 매우 중요한 요소이다.

예를 들면 레이건 대통령이 자신의 정치 입문을 지지해 준 부유한 남부 캘리포니아 사람들의 입장을 소리 높여 대변한 것은 당연지사였다. 하지만 특이한 재능과 정책의 우선순위 결정력 및 설득력 등으로 그는 20세기 말 미국에 커다란 족적을 남겼던 것이다. 레이건은 기업가 출신 정치가인 배리 골드워터Barry Goldwater나 배우 출신 정치가인 조지 머피George Murphy와는 분명히 다른 인물이었다.

리더의 중요성에 의문을 제기하는 또 다른 관점은 대중 혹은 청중에 관한 연구를 바탕으로 하고 있다. 정책이 자체적인 생명력을 지니고 있다는 사람들의 주장을 보완하는 이들의 관점은 일반 대중 혹은 특정 집단의 요구나 두려움 등에 초점을 맞추고 있다. 이런 분석에서는 다수의 대중이 정책, 불만, 목적, 근심과 관련 있는 가장 중요한 목표를 비교적 정확하게 파악하는 것으로 생각한다. 대중은 결국 중요한 인물을 중심으로 모여들지 모르지만, 그런 리더의 선택을 대개 우발적인 것이라고 본다. 그리고 성공한 리더란 대중이 바라는 것을 가장 잘 간파해서 충족시켜줄 수 있는 인물이라는 것이다.

나 역시 대중의 소망을 가장 예리하게 감지하는 인물이 때로는 성공적인 리더가 될 수 있다는 점에 동의한다. 그러나 이런 직관력을 갖추고 있는 리더라고 해서 메시지를 분명히 표명하거나 사회에 만연해 있는 상반된 메시지와 투쟁할 필요성을 면제받지는 않는다. 1920년대와 1930년대 초반에 독일은 새로운 구조 혹은 새롭게 구현된 체제를 절실히 원했을 것이다. 그런데 만일 히틀러가 아닌 다른 리더가 출현했다면 세계 역사의 향방은 분명히 달라졌을 것이다.

마지막으로 살펴볼 관점은 특히 심리학적인 것이다. 이 관점은 앞서 살펴본 다른 관점들과는 판이하게 다른데, 리더의 중심적 역할을 인정하고 있다는 점에서 내가 이 책에서 제시한 관점과 유사하다. 하지만 리더십을 심리학적 관점에서 고찰하는 이들은 리더의 개성에만 초점을 맞추고 있다. 즉 개인적인 필요사항, 정신역학적 기질, 어린 시절의 경험, 인간관계 등을 주로 다룬다. 이 글을 전개해 나가면서 나는 종종 이런 접근법을 통해 얻어진 통찰을 활용할 것이다. 하지만 다른 접근법과 마찬가지로 리더의 개성을 강조하는 것만으로는 리더가 주장하는 특별한 노선과 다양한 대중과의 교감을 통해 이루어낸 업적의 규모를 설명할 수 없다. 여기서 또 다시 리더와 청중의 활성화된 정신 구조, 즉 인지 작용이 리더십 분석에서 빠져 있는 퍼즐 조각임을 깨닫게 된다.

나는 이 책에서 다른 권위자들의 리더십에 대한 연구에 대해서는 많이 언급하지는 않았다. 한계가 있을 수밖에 없는 이 책의 논지는 많은 연구가 이루어진 이 분야에 공헌했던 앞선 연구자들의 업적을 결코 폄하하려는 것이 아니다. 이 책에 상당히 많이 실린 인용문을 통해서도 분명히 알 수 있지만, 나는 리더들의 개인적인 기질과 경험, 다양한 리더십 유형, 청중의 중요한 역할 등을 상세히 연구했던 권위자들에게서 많은 지식을 얻었다. 또한 여러 면에서 이 연구에 영감을 불어넣어 준 나의 스승이자 정신분석학자인 고故 에릭 에릭슨Erik Erikson에게서도 많은 것을 배웠다. 그리고 리더십에 관한 훌륭한 저작물이 많이 나와 있고, 이 책을 통해 리더십을 인지적 차원에서 고찰했으므로 굳이 이 분야의 다른 학문적 전통을 비판할 필요는 없다고 생각한다.

리더십 연구에 대해 한 가지만 더 언급하고자 하는데, 어떤 면에서 나의 연구는 보수적인 경향을 띠고 있다. 이 연구의 대전제는 이야기와 목표를 가지고 있고 그것들을 성취하기 위해 노력하며 때로는 성공을 거두는 리더라는 인물이 존재한다는 차원에 있다. 이런 입장은 보다 급진적인 경향을 지닌 사람들에게 당혹감을 불러일으킬 것이다. 그들은 리더가 실제로 사건에 영향을 미치는지, 그렇다면 그런 행위를 허용해야 하는지, 리더십의 개념이 존속할 가치가 있는 것인지 의구심을 품고 있기 때문이다. 그들의 주장은 어느 정도 눈길을 끌기는 하겠지만 인류의 생물학적·역사적 측면에서 볼 때는 설득력을 갖지 못한다고 생각한다. 나의 관점에 의심을 품고 있는 사람이 있다면 리더라는 개념을 배제한 채 맨해튼 프로젝트의 성공이나 초기 민권운동의 과정이나 인도의 독립에 대해 설명할 수 있을지 궁금하다.

이 책의 계획

제1부의 마지막 두 장에서는 리더십을 가능하게 만드는 요소들을 살펴본다. 두 장의 분석은 처음부터 서로 다른 방향으로 갈라진다. 제2장에서는 리더십 현상의 요인인 인간 발달의 특징을 검토한다. 제3장에서는 리더들의 이야기 창조의 특성을 살펴보고 수세기 동안 리더들이 만든 이야기들을 종류별로 개괄해 본다. 이렇게 인간 발달의 측면과 이야기 창조의 측면을 종합하면 영향력 있는 리더들의 삶에서 구현된 리더십의 탐구는 더욱 촉진될 것이다.

이 책에서 가장 많은 분량을 차지하는 제2부에서는 다양한 분야에서 발휘되는 리더십의 본질을 상세히 기술함으로써 내가 제시한 리더십의 기본 틀을 적용해 볼 것이다. 경계가 뚜렷한 전문 분야에서부터 광범위한 분야로 옮겨가며, 나는 각 분야에서 나타나는 리더십의 보편적인 사항들뿐 아니라 일련의 사례연구 결과들도 제시할 것이다.

먼저 전통적인 학문 분야의 리더십을 고찰하는데, 대표적인 인물로서 인류학자인 마거릿 미드(제4장)와 물리학자인 로버트 오펜하이머를 살펴본다. 이들은 경력 초기에는 피카소, 스트라빈스키, 그레이엄과 같은 위대한 예술가들이나 아인슈타인, 다윈과 같은 비범한 과학자들이 발휘했던 것과 유사한 리더십을 보여주었다. 하지만 이런 원형적인 간접적 리더들과는 달리 오펜하이머와 미드는 점차 영향력의 범위를 확대하고자 했다. 이들은 자신이 소속된 학문 분야 내에서는 간접적인 리더십을 발휘했지만, 나중에는 학문 분야를 초월하여 영향력을 행사하는 직접적인 리더가 되었다. 따라서 이들은 이 책에서 탐구하는 '아인슈타인-유레카'라는 리더십의 흐름을 긴장시킨 대표적인 사례들에 해당한다.

제6장에서는 특정한 사명을 안고 있으며 여러 집단들이 뒤섞여 있는 학교, 대학, 재단 등과 같은 제도권 기관에서 발휘된 리더십을 고찰한다. 내가 선택한 인물은 로버트 메이너드 허친스인데, 그는 대단한 야망을 품고 여러 기관들을 이끌었지만 자신의 핵심적인 구상을 실행하면서 극복하기 어려운 장애물에 부딪히곤 했다.

제7장~제9장에서도 여전히 경계가 정해져 있는 세 분야에 초점을 맞추는데 기업, 군대, 교회라는 전통적인 제도권 기관에 눈을 돌려본다. 많은 논평가들은 이런 기관을 입에 올리면 즉각적으로 리더십을 떠올린다. 하지만 이 세 기관들을 다른 기관들과 비교해 보면 좁은 차원에서나 광범위한 차원에서 유사점도 있고 차이점도 있다. 나는 알프레드 슬론(제7장), 조지 마셜(제8장), 교황 요한 23세(제9장)를 각각의 사례로 들었다.

제10장과 제11장에서는 지금까지 비주류, 주변적 혹은 역사학자

브루스 미로프Bruce Miroff가 창조한 용어인 저항적dissenting 등의 표현으로 지칭되어온 집단에서 발휘된 리더십을 고찰한다. 여기서 선정한 두 집단은 여성과 흑인이다. 두 집단에서는 적어도 한 세기 동안 유능한 리더들이 많이 배출되었지만, 20세기 중반까지 국민의 의식을 사로잡는 데 성공한 리더는 없었다. 여성운동계에서 중심적인 인물이 단 한 명도 없었던 상황에서 엘리너 루스벨트는 미국뿐 아니라 해외에서 여성의 역할에 대한 새로운 인식을 형성하는 데 대단히 중요한 역할을 했다(제10장). 마틴 루터 킹 2세가 미국 흑인사회에서 가장 중요한 리더였다는 것은 모든 이들이 인정하는 사실이다(제11장).

리더에 관한 나의 논지를 축약시켜 놓은 재현부에 이어 제12장에서는 일반적으로 리더십의 원형으로 인식되는 사례, 즉 국가 지도자의 리더십을 살펴본다. 이러한 리더십 영역에서 활동하는 정치적 리더는 특정한 정치적 실체를 지휘하는 동시에 수많은 이질적인 유권자층을 직접 상대하는 과정에서 큰 도전에 직면하게 된다. 나는 리더가 혁신적인 이야기를 창조하여 유권자들에게 전달해야 한다는 논지를 전개하기 위해 대처를 예로 들었다.

위기의 시대에 강대국을 통치했던 리더들은 정치적 리더십의 면면을 더욱 상징적으로 보여준다. 따라서 제2차 세계대전 당시에 활동한 국가 지도자들을 살펴보는 것은 막대한 이해관계가 얽혀 있는 시대에 발휘된 리더십을 평가해 볼 기회인 동시에, 가장 영웅적인 리더십 유형과 가장 사악한 리더십 유형을 알아볼 기회가 된다. 제13장에서는 유레카 정상회담에 참가했던 세 명의 연합국 리더들뿐 아니라 장제스 蔣介石, 드골, 히틀러, 블라디미르 레닌, 마오쩌둥, 베니토 무솔리니Benito Mussolini, 도조 히데키東條英機를 살펴본다. 이들에 대한 조사는 『열정과 기질』을 집필하면서 얻을 수 있었던 원형적인 간접적 리더들에 대한 지식에, 리더십의 흐름에서 또 다른 극단에 위치한 원형적인 직접적 리더들에 대한 지식을 추가하는 기회가 된다. 또한 과거 여러 심도 있는 사례연구에서 드러난 리더십에 관한 가설들을 재검토해 볼 기회가 될 수 있을 것이다.

제3부에서는 두 가지 방식으로 연구를 확대한다. 제14장에서는 가장 중요하고 희귀하며 파악하기 어려운 리더십 유형을 살펴본다. 즉 국가를 초월해 전 인류를 상대로 영향력을 발휘하는 리더십이다. 기록 역사 시대를 통틀어 그런 리더십이 발휘되었던 획기적인 시기는 여러 세계적인 종교들이 탄생되었던 2,000년 전쯤이다. 지난 몇 세기 동안에도 산발적으로 그런 리더십이 나타났지만 비교적 장기적인 영향을 미치지는 못했다. 이런 이유 때문에 간디의 사례는 특히 독보적이다. 그의 업적이 그렇게 돋보이는 것은 그가 당대에 즉각적인 성공을 거두었기 때문이 아니라, 앞으로 다가올 수세기 동안 모든 사람들을 위한 희망을 던져주었기 때문이다. 간디보다 활동 범위는 크지 않지만 모네의 사례는 국가 간의 경계와 경쟁을 초월하는 리더십이 존재할 수 있다는 가능성을 보여준다.

마지막으로 제15장에서는 이 연구에서 도출된 주요 결과들을 검토해 본다. 우선 전형적인 리더의 초상을 그려보고, 이 연구에서 밝혀진 리더십에 대한 일반론을 점검해 보며, 리더십 분야에서 불변의 상수들과 새로운 시대적 추세를 살펴본다. 그리고 결론적으로 효율적인 리더십을 촉진시킬 수 있는 몇 가지 방안을 제의하는 것으로 글을 맺을 것이다.

연구 방법

이 책에서 조명해 본 인물들을 연구하면서 이용했던 방법과 그에 따른 결론들에 대해 몇 마디 덧붙이고 싶다. 대체로 나는 이미 출간된 인물들의 전기와 당대의 개괄적인 역사에 상당히 의존했다. 특히 거의 모든 인물들이 남겼던 자서전은 매우 유용했다. 또 필요에 따라서는 리더들의 이야기가 담겨 있는 연설 원고, 대중적인 글, 오디오테이프, 비디오테이프를 참고했다. 히틀러의 『나의 투쟁 Mein Kampf』과 간디의 자서전 『나의 진리 실험 이야기 Autobiography: The Story of My Experiments with Truth』는 그 내용이 긍정적이든 부정적이든 부가 자료로 많이 활용되었다.

학술 보고서의 대부분은 대개 귀납적 연구 방식을 토대로 기술된다. 예를 들면, 많은 리더들의 전기를 읽고 나서 타당한 일반론을 도출해내는 식이다. 또한 학술보고서는 가설을 검증하는 방식으로 기술되기도 한다. 즉 리더의 모델을 정해 놓은 후 자료를 검토함으로써 체계적으로 그것을 검증해 보는 것이다. 두 방향 중 어느 한 쪽으로 치우치면 결국 올바른 연구가 되지 못한다. 나는 리더십에 대한 일반적인 개념들을 바탕으로 연구를 시작했다. 그 중에서도 중요한 것은 이야기가 모든 리더들에게 중요하다는 개념과, 광범위한 청중에게 영향을 미치고자 하는 리더는 간단한 이야기를 명확히 전달하는 것을 선호한다는 개념이다. 나는 이전의 창조자들에 대한 연구 방식을 참고하여 몇 가지 주시해야 할 요소들을 염두에 두었다. 예를 들면, 리더의 가정 배경, 리더의 인지능력 혹은 지능, 주변 협력자들의 중요한 역할, 새로운 개념을 창조하고 전파시키는 데 소요된 시간 등이다.

하지만 이 연구를 진행하면서 어떤 주제들은 별로 중요하지 않게 된 반면, 또 다른 주제들은 좀 더 상세히 고려해 볼 가치가 있는 것으로 드러났다. 가령 사례연구를 시작하기 전에는 젊은 시절의 여행, 권력자에 대한 도전적 성향, 어린 시절의 도덕적·영적 문제에 대한 큰 관심, 공인이 시간을 활용하는 방식 등이 효율적인 리더십에 크게 기여하는 요소라고는 생각하지 못했다.

이렇듯 연구를 하면서 기대와 놀라움이 반복되는 감정의 동요를 제어하는 것은 쉽지도 않고 그럴 필요도 없는 일이었지만, 나는 이 책에 새로운 발견의 과정이 어느 정도는 반영되어 있다고 믿는다. 나는 독자들이 나와 동일한 '마음의 틀 frame of mind'을 가지고 사례연구를 접할 수 있도록 이 장과 제1부의 나머지 장들에서 전반적인 나의 생각을 충분히 전개해 놓았다. 그리고 이 책의 결론 부분에서는 이 연구를 통해서 드러난 리더십의 패턴들과 일반론을 더욱 명료하게 밝힐 예정이다.

이번 장과 다음 두 장에서는 리더십의 인지적 접근법에 포함되는 여러 구분들을 소개한다. 예를 들면, 직접적·간접적 리더십, 전문 분야 내외에서의 리더십, 포용적·배타적 이야기, 정체성 이야기, 이야기의 실천이나 구현, 이야기에 대한 저항 및 반대이야기 등이 그것이다. 어떤 독자들은 이러한 구분을 심각하게 고려해 볼 것이고, 또 다른 독자들은 새로운 사회과학적 전문용어들을 부담스러워하거나 시시콜콜 따지는 것을 참지 못할지도 모른다. 나는 이런 두 부류의 독자들을 충분히 이해한다. 왜냐하면 나 역시 경우에 따라서 전자의 부류에 속할 때도 있고 후자의 부류에 속할 때도 있기 때문이다. 나는 어떤 경우에는 회계사가 원장에 모든 회계 사항을 자세히 기록하듯이 책을 아주 꼼꼼하게 읽는다. 그리고 또 다른 경우에는 마치 음악회에 참석한 사람처럼 분석적 주제들이 상상 속에서 제멋대로 작용하도록 내버려두면서 느긋하게 정보를 받아들인다.

  나는 두 가지 관점을 모두 수용하고자 했다. 제1부에서 나는 개념적인 범주들을 가능한 한 명료하게 설명했다. 하지만 그 이후로는 마치 음악가가 이따금씩 곡을 소개하며 효과적인 음악을 창작하듯이 글을 전개해 나갔다. 그리고 부분적으로 회계사 같은 성향을 지닌 나 자신은 물론이고, 그런 분석적인 성향을 지닌 독자들을 만족시키기 위해 동료 연구자와 함께 별도로 부록을 마련해 이 책에 등장하는 인물들의 주요 특징을 기술해 놓았다. 세계는 빠르게 변화하고 있지만 우리는 앞으로도 인간이라는 변함없는 존재로서 이 세계에서 활동할 것이다. 리더십에 대한 심리학적 논의는 리더와 추종자들을 모두 포괄하는 종種의 본질과 한계에 대한 고찰부터 시작되어야 한다.

제 2 장
인간의 발달과 리더십

> 리더는 다른 사람들이 원하지 않는 일을 하게 만들고 그 일을 좋아하게 만드는 능력을 가진 사람이다.
>
> — 해리 트루먼 Harry Truman

인간은 문화적 존재로서 수세기에 걸쳐 다른 인간들이 조직한 사회에서 성장하고, 오랜 기간에 걸쳐 발달해 온 여러 제도적 기관들에 열정적으로 참여한다. 나는 문화적 관점을 견지하면서 이 책의 내용을 기술하였는데, 인간은 적절한 사회화 과정을 거쳐 대부분은 추종자로서 그리고 특별한 경우는 리더로서 그런 기관들에 참여한다는 점을 가정했다.

제1장에서 밝힌 대로 나는 문화적 관점뿐 아니라 인지적 관점도 이용한다. 나는 리더십을 어떤 문화권에 거주하는 개인의 마음속에 일어나는 과정, 즉 이야기를 창조하고 이해하고 평가하며 이야기들 간의 경쟁을 파악하는 과정으로 본다. 궁극적으로 어떤 이야기는 다른 이야기들에 비해 우세한 위치를 점하게 된다. 특히 어떤 공동체나 제도권 안에 사는 사람들에게 합당하고 시의적절한 정체성을 제공하는 이야기가 득세할 가능성이 높다. 이야기에 대한 강조는 다음과 같은 사항들을 전제로 삼고 있다. 어떤 사람들은 이야기를 다른 사람들에게 전달해야 하는 입장에 있고, 다른 사람들은 그런 이야기와 공감할 수 있는 입장에 있으며, 이야기가 일단 확산되면 다양한 사람들이 소속감 혹은 소외감을 느낀다는 점이다.

왜 인간이라는 존재는 그런 공동체에 참여하고 이야기의 세계에 들어가 결국 추종자나 리더, 아니면 추종자이면서 리더라는 역할을 맡게 되는 것일까. 특정한 사람들이 제공하는 특정한 이야기로부터 위안을 얻으려면 어떤 마음이 필요할까. 나는 네 가지 주요 요소가 작용한다고 보는데 다음에 이어지는 소제목에서 각각 살펴보겠다. 그 중 두 가지는 간단하게 요약할 수 있지만 다른 두 가지는 보다 긴 설명이 필요할 것이다.

영장류로서 인간의 위상

첫 번째 요소는 영장류로서 물려받은 유산이다. 대부분의 다른 종들과는 달리 영장류 사회에는 구성원들 사이에 지배관계가 뚜렷한 계급체계가 구축되어 있다. 영장류에 속한 종은 이른 시기부터 서로를 의식하고 계급체계 내에서 지위 다툼을 벌이며, 궁극적으로 지배와 복종이라는 특수한 관계를 형성한다.

이런 과정은 사바나 지역에 사는 영장류 수컷들 사이에서 가장 두드러지게 나타난다. 우선 새끼 시절에는 거친 놀이를 통해 힘겨루기를 하며 좀 더 자라서는 집단의 지배, 자손의 보호, 가장 선호되는 암컷의 소유를 위해 치열한 경쟁을 벌인다. 지배와 피지배로 이루어진 계급체계는 영장류에 속한 다양한 종들의 암컷들 사이에서도 찾아볼 수 있다. 피지배층 수컷들과는 대조적으로 지배층 수컷들은 신경전달물질neuro-transmitter의 분비가 특이한 패턴으로 나타난다. 이를테면 지배층 수컷들은 몸에서 세로토닌이 왕성하게 분비되어 피지배층 수컷들보다 스트레스를 받는 정도가 훨씬 덜하다. 흥미로운 사실은 계급체계에서 수컷의 지위가 변동되면 이런 생리적 징후에도 변화가 일어난다는 점이다. 영장류는 종종 내부 집단을 조직하여 외부 집단과 구분한다. 아마 유전적으로 자신과 가장 가까운 집단에 속해 있는 것이 진화적으로 유리하기 때문인지도 모른다.

영장류로서의 유산으로 두 번째로 중요한 것은 모방 성향이다. 모방할 모델이나 모방의 시기를 결정하는 일은 매우 중요하다. 그리고 모방은 항상 일방적인데 종족 내에서 지위가 낮은 쪽이 높은 쪽의 행동을 모방한다. 하지만 모방할 행동을 결정하는 데 있어 선택지肢들의 범위는 그리 넓지 않다. 인간 이외의 영장류가 소속 집단에게 새로운 정체성 의식을 불어넣고 삶의 목적에 대한 새로운 개념의 이야기를 제시한다고 볼 수는 없다.

영장류로서의 유산은 이 책의 중심 주제와는 동떨어진 것 같지만 실제로 리더십에 대한 평가에서 가장 근본적인 사안이다. 예를 들면, 인간 이외의 영장류 집단에서 관찰할 수 있는 '지배 과정'은 취학 전 아이들 사이에서도 분명하게 나타나는 현상이다. 지배하는 아이들은 장난감을 독점하고 게임을 주도할 수 있으며 또래 집단을 단결시키는 역할을 수행한다. 반면 지배를 받는 아이들은 지배하는 아이들 쪽으로 관심을 집중하며 그들의 행동을 모방하거나 비위를 맞추기 위해 많은 시간을 할애한다. 계급체계가 구축되고 있는 사회에서 우월한 지위를 차지하는 데는 신장, 힘, 기술, 지능, 매력, 성性 등의 요소들이 모두 작용한다.

좀 더 일반적으로 말하자면 영장류로서 인간은 항상 리더십과 팔로우어십followership의 사회구조를 예상한다. 또한 지배적 지위를 놓고 투쟁이 벌어지리라는 것을 예상한다. 그리고 인간은 다양한 계급체계 내에서 종종 자신의 지위를 확인해 보곤 한다. 이런 관점이 우리가 종種에 얽매여 있는 노예들이라는 의미는 아니다. 지배가 없고 협력만으로 이루어진 집단의 존재도 가능하다. 하지만 그런 무형적인 집단이 쉽게 출현하고 도전을 받지 않으리라고 기대하는 사람들은 인류 역사와 인간의 생물학적 특성에 대해 무지하다고 볼 수밖에 없다.

초기의 사회화 : 자아의 확립과 집단 정체성

네 가지 요소 중 두 번째는 집단 정체성 의식의 근원에 대해 보다 유용한 단서들을 제공해 준다. 아이들의 초기 사회화 과정을 연구하는 학자들은 유아와 보호자 간의 강력하고 확고한 애착관계의 형성이 중요하다는 점을 입증했다. 이렇게 처음 구축되는 신뢰감 혹은 불신감은 개인이 권위에 대항하는 방식에 영향을 미친다. 다른 사람들의 관계에서 안락감을 느꼈거나 소외감을 느꼈던 초기의 감정은 훗날 자신의 집단과 좀 더 동떨어진 집단 중 어느 하나를 선택할 때 강력한 요인이 된다.

초기 사회화의 다른 두 가지 측면 또한 리더십의 과정과 현상을 이해하는 데 중요하다. 하나의 특징은 유아기에 자아의식을 갖게 된다는 것이다. 태어나서 18개월쯤 되면 아이는 자신이 독립적으로 존재하는 실체임을 인식하게 된다. 아이가 사람의 이름이나 개인과 관련된 명칭을 사용한다거나 거울을 들여다보고 얼굴에 뭔가 묻어 있으면 그것이 자신의 외모에 흠이 된다는 사실을 깨닫는 모습이 그런 인식의 증거이다.

초기 사회화 과정에서 대단히 중요한 또 하나의 특징은 다른 개인들과 자신의 유사성을 평가한다는 것이다. 아이들은 자연스럽게 주변 사람들의 행동을 보고 많은 것을 모방하는데, 이런 유사성에 대한 이해는 곧 순전한 모방의 차원을 넘어서게 된다. 실제로 프로이트의 시대 이래로 학자들은 '동일시identification'라는 복잡한 과정에 대해 언급하곤 했다. 즉 아이는 다른 사람과 공통된 특징을 인식하는 단계를 넘어서게 되고 자기보다 더 나이가 많은 인물이나 역할모델과 자신을 동일시하게 된다. 어린아이가 거리를 지나는 사람이나 텔레비전에 나오는 배우의 행동을 모방하는 것은 흔한 일이지만, 그런 차원을 넘어서서 나이가 많은 형제자매나 동성의 부모를 역할모델로 삼아 그들의 중요한 특질을 내면화시키면서 자신과 동일시한다. 하지만 유사한 방식으로 아이가 동년배와 자신을 동일시하는 경우는 아주 드물다.

어느 정도 동일시 과정이 뿌리를 내리면 아이는 역할모델의 모든 행동을 직접 주시하고 있을 필요가 없다. 대신 아이는 어떤 주어진 상황에서 역할모델이 어떻게 행동할 것인가를 상상하기 시작한다. 그리고 역할모델의 기대나 이상에 맞출 수 있느냐 없느냐에 따라 만족감을 얻기도 하고 부끄러움이나 죄의식을 느끼기도 한다. 결과적으로 효율적인 추종자가 되면 더 이상 리더의 정기적인 출현을 필요로 하지 않게 된다. 이제 그들은 리더의 이야기를 예견할 수 있으며 리더의 잠재적 청중에게도 영감을 불어넣을 수 있기 때문이다.

아이들은 일반적으로 자신이 직접 접촉하는 집단 내의 인물과 자신을 동일시한다. 따라서 아이가 정계나 종교계 리더처럼 자신과 동떨어진 인물과 자신을 동일시하는 경우는 매우 이례적이다. 많은 리더들이 어린 시절에 보여준 놀라운 한 가지 징표는 자신과 전혀 관계없는 어떤 권위자와 자신을 동일시하는 능력이다. 이런 동일시 과정은 목표로 삼은 인물과 경쟁하려는 노력에서, 혹은 기회가 주어진다면 그에게 적극적으로 도전하려는 경향에서도 분명하게 드러난다.

인생 초기에는 두 가지 사회화 과정이 병행된다. 아이는 자아에 대해 점차 복잡하고 차별화된 인식을 발달시킨다. 그리고 자신보다 나이가 많은 인물이나 하나 이상의 사회 집단에게 동질감을 느끼게 된다. 이런 과정은 어린 시절 내내 지속된다. 아니, 실제로 이 과정은 거의 평생 지속된다고 할 수 있다. 청춘기에는 흔히 그것이 정체성의 형성이라고 일컬어진다. 그리고 중년기에는 시민의 자질로, 노년기에는 후세에 대한 책임감으로 언급된다.

자아의 확립과 동일시라는 과정의 최종 산물은 바로 집단에 소속된 존재로서의 개인이다. 그 개인은 어떤 신념, 태도, 가치를 소유하고 특정한 방식으로 행동하게 된다. 다른 사람들이 개인적·사회적·도덕적 정체성을 결정하는 일을 도와주어야 한다는 것은 리더에게 상당한 부담이 아닐 수 없다. 그런데 사실 리더들은 자신의 정체성 문제를 해결하는 과정에서 다른 사람들에게 영감을 주기도 한다.

하지만 역할모델은 분명히 여러 면에서 영향을 미칠 수 있다. 성장기의 아이는 바람직한 사고나 행동을 발달시킬 수도 있고 그 반대의 경우도 있을 수 있다. 더욱이 경쟁할 만한 역할모델이 없거나 자신의 역할모델이 변덕스럽거나 파괴적인 행동을 보인다면 아이에게 악영향으로 작용할 것이다. 특히 후자의 경우 성장기의 아이는 일관성 있고 조화로운 자아의식을 형성하지 못하고 집단의식도 발달시키지 못할 것이다. 그래서 결국은 부도덕하고 반사회적인 행동을 저지를 가능성이 높다. 그리고 그런 개인들은 성인聖人보다는 선동정치가에게 현혹되기 쉽다.

5살 난 아이의 마음

인간의 영장류적 유산과 인생 초기의 예측할 만한 사건들을 살펴보면, 전형적인 5살 난 아이의 마음속에는 리더와 추종자의 관계 혹은 동료 간의 관계 형성에 필요한 기본 요소들이 충분히 갖추어져 있다는 사실을 짐작할 수 있다. 다시 말해서 5살 난 아이는 이미 개인으로서 혹은 집단의 구성원으로서 자기 자신이나 다른 사람들을 인식할 수 있다. 이 시기의 아이들은 간단한 이야기를 평가할 수 있으며 스스로 간단한 패턴의 이야기를 창조할 수도 있다. 아울러 그들은 이미 여러 가지 위계질서 내에서 (유동적이긴 하지만) 어떤 위치를 차지하며, 리더와 추종자 간에 벌어지는 현상이나 동료들 간의 상호작용을 파악하는 데도 능숙하다.

지그문트 프로이트와 그의 추종자들의 정신분석학 연구 덕분에 많은 사람들이 어린아이의 개성에 관한 한 가지 뚜렷한 견해를 갖게 되었다. 즉 어린아이는 강한 충동에 따라 움직이며, 자신이 원하는 것을 잘 알고 그것을 얻기 위해 애쓰며, 다른 사람들과 공감을 느끼는 데 한계가 있고, 형제자매들과는 경쟁의식을 표출하며, 어머니나 아버지와는 종종 모순성을 내포한 오이디푸스 콤플렉스를 가지고 있다는 것이다. 한편, 심리학자 장 피아제Jean Piaget와 인지심리학자들의 연구를 통해 사람들은 어린아이가 한 개인으로서 자신의 시각으로 세상을 바라보며 자신의 감각기관과 운동기관을 통해 세상을 인식한다는 개념을 갖게 되었다.

프로이트와 피아제는 리더십의 가장 중요한 기본요소들 중 세 번째에 해당하는 5살 난 아이의 마음에 대해 우리에게 가르쳐주었다. 하지만 이 저명한 학자들은 핵심적인 사항에 대해서는 의견을 달리하고 있다. 두 학자들은 아이들이 초기에 여러 단계를 거친다는 데에는 동의하지만 그런 단계의 특성에 대해서는 다른 관점을 보였다. 프로이트는 정서적 혹은 감정적 단계들이 누적되는 경향을 보인다고 주장한다. 즉 아이들은 성장하면서 오이디푸스 콤플렉스를 극복하지만 훗날 비슷한 상황에 처하게 되면 그런 감정이 되살아난다는 것이다. 예를 들면, 성인이 강압적인 상관이나 친절한 치료사를 만나면 어린 시절의 정서를 다시금 느끼게 된다는 의미이다.

이와는 대조적으로 피아제는 일단 아이가 보다 발달된 인지 단계에 도달하면 더 이상 그 이전 단계는 존속할 수 없다고 주장한다. 예를 들면, 아이가 질량보존의 원리를 이해할 수 있는 시기에 도달하면 아이는 어떤 용기에 담긴 일정 분량의 물을 크기가 전혀 다른 용기에 담아도 그 양에는 변함이 없다는 사실을 알게 된다. 피아제에 따르면 이제 아이는 용기가 더 높거나 폭이 넓으면 물의 양이 더 많은 것으로 판단하던 예전의 마음 상태를 이미 탈피했다. 사실, 아이는 그릇의 생김새에 따라 물의 양이 다르다고 생각했던 시절이 있었다는 사실조차 믿지 않는다는 것이다.

하지만 20세기의 인간 발달 연구에서 가장 위대한 업적을 세웠던 프로이트와 피아제 두 사람 모두 완벽하게 옳다고 할 수는 없다. 좀 더 긍정적으로 평가한다면 두 사람은 각자 자신들의 주요 관심사에 대해서만 옳았다고 할 수 있다. 프로이트의 생각대로 개인들은 어린 시절의 감정 상태나 갈등에서 완전히 벗어나지는 못한다. 따라서 세계적으로 유명하고 막강한 리더들조차도 유아 시절의 전지전능했던 감정이나 무기력했던 느낌을 다시 떠올리기도 하며, 자신의 추종자들이 어린 시절에 경험했던 행복감이나 적개심에 다시 불을 붙이거나 그것을 교묘히 이용하기도 한다.

피아제는 '보편적' 인지영역에서의 단계별 변화를 정확히 기술했다. 질량보존의 원리를 인용한 그의 설명은 영원히 설득력을 지닐 것이다. 그의 주장에 따르면 신경계에 이상이 오지 않는 한, 개인들은 보다 정교한 신념의 구조를 무한정 유지한다. 성인들은 자신이 한때 어떤 사물이나 세상에 대해 전혀 다른 견해를 가지고 있었다는 사실의 수긍을 상당히 어려워한다. 따라서 그들은 어린아이들처럼 세상을 바라볼 수가 없다.

하지만 어린아이의 마음을 탐구한 이 두 전문가들은 또 다른 몇몇 현상들에 대해서는 적절히 설명하지 못한 측면이 있다. 아주 어린 시절부터 아이들은 자신의 주변 세계를 이해하려고 노력한다는 사실이다. 즉 아이들은 원자, 자동차, 태양 등과 같은 물체들, 스스로의 신진대사로 움직이는 생명체들, 생각이나 꿈 등의 정신현상 혹은 기억과 상상 따위가 이루어지는 정신영역 등에 대해 지대한 관심을 가지고 있다.

아이들은 공식적인 교육을 받지 않고도 이런 다양한 존재의 영역들에 대해 소위 '이론'이라 칭할 만한 강력한 개념들을 스스로 발달시킨다. 예를 들면, 아이들은 '무거운 물건이 가벼운 물건보다 빨리 떨어진다', '움직이는 실체는 살아 있고 움직이지 않거나 움직일 수 없는 것은 죽어 있다', '모든 개인들이 마음을 가지고 있는데, 생김새가 비슷하고 같은 이름을 지녔고 같은 지역에서 살면 비슷한 마음을 가지고 있다'고 생각한다.

교육받지 않은 아이들이 이런 초기 이론을 발달시킨다는 사실을 일깨워준 것은 피아제의 공이 크다. 하지만 피아제가 미흡했던 부분은 그런 미숙한 이론은 아이가 성장하면서 반드시 사라진다고 가정했다는 점이다. 어린아이들이 초기에 형성하는 물리적·생물학적·심리적 세계에 대한 개념들은 대단히 뿌리 깊게 자리잡는다는 것이 이제는 통설이 되었다. 실제로 공식적인 교육을 받는 학생들조차 구체적인 사실이나 가르침을 받아들이지 않는 경향이 있다. 이를테면 물체의 질량이 가속을 결정한다든지, 진화를 통해 최적의 종이 탄생한다든지, 어떤 중요한 가치관이 가족이나 공동체의 구성원들을 연결시키는 데 필요한 매개체라는 예전의 믿음을 버리지 않는다. 아이들은 '세상에 대한 이론'을 발달시키는 동시에 일상적인 활동에 대해서도 일관된 개념들을 정립한다. 2~3살 정도의 어린아이들조차도 일련의 사건들에 대해 예리하면서도 믿을 만한 기억을 형성한다. 4~5살이 되면 대부분의 아이들이 다수의 각본, 고정관념, 시나리오 등을 구성한다. 이러한 인지의 틀은 생일파티, 슈퍼마켓 가기, 음식점에서 식사하기처럼 일상생활에서 되풀이되거나 선택적인 특징들을 포착해낸다. 그리고 많은 모순되는 증거들에 직면하면 그런 각본의 '사실들'도 변하게 된다. 따라서 아이스크림 케이크가 아니라 과일 디저트가 나오는 생일파티도 있을 수 있다는 사실, 식사 후 돈을 지불하는 것이 아니라 식사 전에 돈을 내는 식당도 있다는 사실 등을 수용하거나 예상할 수 있다. 하지만 아이들이 초기에 구성하는 각본, 고정관념, 시나리오는 좀처럼 변화하지 않는 것으로 입증되었다.

 여러 모로 볼 때 5살 난 아이의 마음은 경이로우며 놀랄 만큼 상상력이 풍부하다. 그 마음은 모험심과 새로운 가능성을 시도해 보려는 의욕, 그리고 흥미롭고 특이한 사례들을 수용하려는 개방적 태도를 드러낸다. 특히 이런 개방적 태도는 피카소나 아인슈타인 같은 인물들이 지녔던 사고방식과 비슷하며 성인들도 지향해야 할 것으로 보인다. 가끔씩 아이들은 편견을 지닌 성인들이 포착하지 못하는 문제의 본질을 정확히 간파하기도 한다. 그러나 많은 사례들에서 5살 난 아이는 이미 자신의 마음을 결정해 놓고 있다. 이론과 각본이 이미 확고히 짜여 있기 때문에 아이는 빈번하게 되풀이되는 상황이 발생하지 않는다면 좀처럼 변화를 일으키려고 하지 않는다.

　이런 심리상태는 리더십 탐구에 대단히 중요한 사실이다. 어떤 인물이 자신의 전문 분야에서 전문가들을 상대로 리더십을 발휘하고자 할 때는 대체로 연구 성과를 통해 그 목적을 이룰 수 있다. 이것이 소위 간접적인 리더십이다. 하지만 그 리더는 동료 전문가들에게 어떤 메시지를 정교한 방식으로 직접 전달함으로써 리더십을 발휘할 수도 있다. 어떤 물리학자가 동료 물리학자들에게 메시지를 전달할 때는 청중이 중력, 가속, 상대성 등에 관한 물리학의 원칙들을 이해한다는 것을 가정한다. 또 어떤 외교관이나 사회학자가 동일한 분야의 전문가들을 상대할 때는 자신의 청중이 다른 여러 집단들이 지니고 있는 고정관념들에서 벗어나 있다는 점을 염두에 두고 있는 것이다.

　하지만 다양한 분야의 사람들을 망라해 리더십을 발휘하고자 하는 인물의 사정은 전혀 다르다. 교회 등의 대규모 기관이나 국민 같은 이질적인 구성원들로 이루어진 집단을 상대하는 리더들은 자신의 청중이 확고한 5살 난 아이의 마음을 갖고 있다는 점을 가정해야만 한다. 5살 난 아이의 마음이 지닌 관점과 이론을 상대할 때 일으킬 수 있는 변화는 크지 않다. 어떤 정치 리더가 특정 집단을 지지해야 한다고 강조하고, 또 다른 정치 리더는 다른 집단을 도와주어야 한다고 강조할 때, 두 사람 모두 5살 난 아이의 마음에 호소하는 것이다. 하지만 어떤 리더가 더욱 정교한 이야기, 가령 어떤 사회 집단을 폭넓게 정의하는 이야기를 제시하고자 한다면 그는 청중의 교육받지 않은 마음을 교육시켜야 성공을 거둘 수 있다. 이 책에서 앞으로 빈번하게 사용하게 될 '교육받지 않은 마음'이라는 용어는 아이들이 인생의 초기에 발달시키는 개념들을 총칭한 것이다.

각 분야에서의 전문 지식 획득

5살 난 아이는 자신의 감각과 운동기관으로 쉽게 포착되는 정보나 상징체계를 사용하는 인간으로서 아주 쉽게 혹은 무의식적으로 파악할 수 있는 개념과 이론을 기초로 삼아 성장한다. 하지만 자가 교육은 여기까지가 한계이다. 따라서 대부분의 사회에서 대개 5살 이후부터 이른바 정규교육을 시작하는 것은 놀라운 일이 아니다. 이런 교육과정의 결과인 전문 지식의 획득은 리더십 분석에서 고려해 보아야 할 네 번째 요소이다.

문자 이전의 사회나 전통사회에서 선호되었던 교육은 도제방식이었다. 아이들은 '스승'의 문하생으로 들어가 모범 사례를 본받고 연습하고 때로는 시험을 거쳐 전문성을 요하는 방식이나 기술을 터득했다. 문자가 통용되는 사회에서는 사회에 나와 영향력 있는 지위에 오르고자 한다면 대체로 학교를 다녀야 한다. 학교에 다니면서 그들은 기초적인 문자 해독 능력을 갖추고 행동양식을 배우며 장차 사회에 나아가 직업을 얻기 위해 필요한 기술이나 지식을 익힌다. 스승이나 교사로부터 큰 무리 없이 생산적인 교육을 받는 아이들은 자신을 스승이나 교사와 동일시하고 그들에게 동질감을 느끼며 언젠가 자신도 그들처럼 될 수 있을 것이라는 기대를 품는다.

분야는 매우 광범위하다. 피아제는 모든 평범한 사람들이 시야에 들어오는 다양한 분야를 어떻게 인지하는지를 연구했다. 즉 인간들이 대상을 어떤 식으로 분류하고 특정한 장면이나 이야기로부터 어떻게 추론하는지 밝혀냈다. 한 문화권에서는 의무적으로 소기의 성과를 거두어야 하는 분야들이 있다. 예를 들면, 현대 산업사회에서는 모든 사람이 학교에 다녀야 하며 적어도 여러 기본적인 소양을 갖추도록 요구된다.

그리고 대부분의 문화권에는 보편적으로 혹은 문화적으로 성취하지 않아도 그다지 문제가 되지 않는 여러 분야가 존재한다. 현대 산업사회에는 생물학자, 변호사, 교육자와 같은 전문직업인이 되기 위한 선택 분야들이 즐비해 있다. 또한 체스나 장미 재배 같은 특이한 기술을 터득해야 하는 전문 분야들도 있다. 개인이 어떤 분야나 학문을 터득해야 하는가는 좀 복잡한 문제이다. 어떤 주류 문화권이나 하위 문화권에서는 개인이 특정 분야를 의무적으로 이수하도록 요구한다. 예를 들면, 중국에서는 대부분의 어린 학생들이 먹으로 산수화를 그릴 수 있다. 또 러시아의 유대계 소년들 대부분은 바이올린을 연주할 수 있거나 상당한 수준의 체스 실력을 갖추고 있다. 그러나 이 밖의 많은 분야들은 가족의 관심과 생활리듬, 태어난 시점의 현실, 개인의 적성과 흥미와 소질 등에 따라 선택할 수 있는 것들이다.

한편 생존력이 강한 사회 구성원이 되려면 전문 지식을 쌓기 위해 어떤 분야에 소속되어야만 한다. 과거에 대부분의 문화권에서는 태어나서부터 그 분야가 결정되거나, 부모 혹은 어떤 우두머리의 명령에 따라 정해지는 경우가 많았다. 하지만 현대 사회에서는 대체로 개인이 자신의 분야를 결정한다. 물론 자신이 동일시하는 윗사람에게 조언을 구하기도 하지만 개인의 의사가 중시된다. 개인이 어떤 분야의 전문가가 되면 그 분야의 판도를 바꿔놓은 획기적 성과들과 대가들의 업적들을 제대로 이해할 수 있게 된다. 이렇게 하여 개인은 5살 난 아이가 지닌 마음의 한계를 뛰어넘게 되는 것이다.

하지만 개인은 자신이 잘 모르는 분야나 교육받지 않는 마음으로 이루어진 이질적 집단의 구성원이 되었을 때는 자신의 전문 분야에서 보다 훨씬 간단한 메시지를 접하게 된다. 오늘날 대부분의 개인들은 매일 두 가지 대조되는 현실에 직면해야 한다. 즉 한편으로는 자신이 정통한 분야에서 발휘되고 있는 복잡한 간접적인 리더십을 숙지해야 하며, 다른 한편으로는 대규모 기관의 직접적인 리더들이 교육받지 않은 청중을 대상으로 전하는 간단한 메시지를 이해해야 한다.

인간성에 관한 지식

최근까지 연구자들은 두 분야에서 재능의 조기 징후를 탐색했다. 그중 한 분야에 해당하는 아이들은 장차 학교생활에서 탁월한 성취도를 보일 것으로 예상된다. 이 아이들은 문화적으로 적응력이 뛰어난 아이들인데, 교사에 의해 꼽힐 수도 있고 지능테스트나 학업적성평가를 통해 선별되기도 한다. 또 다른 분야의 아이들은 음악, 체스, 스포츠, 수학과 같은 특정 분야에서 천부적인 재능을 보인다. 이런 아이들은 패턴에 대한 특출한 지각력, 기억력, 신체적 유연성처럼 분야별로 특별한 재능이 있기 때문에 훌륭한 스승이나 부모의 지도를 받으면 장차 해당 분야에서 대단한 업적을 이룰 것이라는 기대감을 갖게 한다.

어떤 사회에서는 '인간성'이라는 영역에서 특별한 재능을 보이는 인물들에 관심이 모아지기도 한다. 이 책에서 나는 이런 능력을 일컬어 '대인지능personal intelligences'이라고 기술했다. 이들은 다른 사람들의 요구나 관심 사안에 굉장히 예민할 뿐 아니라, 자신이 가진 재능과 요구와 열망과 두려움 따위의 양상에 대해서도 민감하다. 어떤 사회가 종교, 군대, 정치 분야의 미래 지도자감을 소수의 특출한 아이들 집단에서 찾으려고 한다면 바로 그런 재능의 징후를 찾아보아야 할 것이다. 티베트의 정신적 지도자인 달라이 라마Dalai Lama가 어린 시절에 미래의 리더로 선발된 것이 그런 사례에 해당한다.

현대 사회의 많은 조직들에서는 장차 리더십을 발휘할 인물이 출현할 가능성이 다분하다. 그 리더십은 과학, 예술, 공예처럼 특정한 분야에 발휘되는 간접적인 유형이 될 수도 있고, 정치적 실체를 이끄는 리더십처럼 다양한 기술과 지식 분야를 아우르는 직접적인 유형이 될 수도 있다. 스포츠 팀, 보이(걸) 스카우트, 종교 단체, 과외활동 클럽 그리고 정규수업조차도 미래 리더들의 양성소라고 할 수 있다. 간혹 미래 리더를 찾기 위한 탐색을 노골적으로 드러내는 경우도 있다. 즉 리더들의 자연스런 출현을 유도하고 비공식적으로 그런 지위를 인정해 주는 것이다. 특히 영국에서는 엘리트 교육을 강조하는 독자적 기관들이 오래 전부터 스스로 미래 리더들의 양성소임을 자인해 왔다. 그래서 '워털루 전쟁의 승리는 이튼스쿨의 운동장에서 거둔 것'이라는 말이 전설처럼 전해지고 있는 것이다.

대부분의 개인들이 어떤 학문이나 분야에서 전문 지식을 획득하지는 않지만, 다른 사람들을 이해하는 데는 전문가가 되는 것 같다. 결국 우리 모두가 아주 어린 시절부터 서로 교류를 해왔기 때문에 인간이라는 영역에서는 상당한 지식을 획득한다. 그러므로 인간은 점차 성숙하면서 모순된 심리, 질투, 이타심 등의 인간성에 관한 복잡한 '각본'에 익숙해질 뿐 아니라, 다른 사람들의 마음이나 동기 등을 평가할 수 있는 능력을 발달시킨다고 보는 것이 타당하다. 그러나 많은 사회심리학자들의 연구에 따르면 우리들 대부분이 어떤 속임수나 행동의 기저 동기를 간파하는 데는 젬병인 것 같다. 더 안타까운 사실은 우리들 대부분이 스스로 생각하는 것보다 그런 능력이 훨씬 부족하다는 점이다. 인간의 사회성에 대한 지식도 철저히 연구해야 얻을 수 있다.

그러나 어떤 인물들은 인간의 사회성에 관한 전문 지식에 통달했던 것처럼 보인다. 피렌체의 르네상스 시대에 로렌초 메디치Lorenzo de Medici는 14살의 나이에 복잡한 외교 협상을 수행했다. 미국의 최근 역사에서도 쉽게 이해할 수 있는 사례가 린든 존슨Lyndon Johnson 대통령이다. 존슨 대통령은 '입법의 천재'로 불렸는데, 그는 거의 불가능할 것 같은 제휴를 이끌어내는 데 탁월한 수완을 발휘하여 많은 논란을 불러일으킨 여러 법안들을 통과시켰다. 그는 1964년의 민권운동 법안을 어떻게 통과시킬 수 있었느냐는 질문에 이렇게 대답했다. "나에게 주어진 도전은 관련자들 각자에게 중요한 문제가 무엇인지 아는 일이었는데, 어떤 문제들이 누구에게 왜 중요한지를 이해하는 것이었다. 그런 이해 없이는 아무것도 해낼 수 없다. 나는 리더들을 알고 그들의 조직을 잘 이해할 수 있었기 때문에 나의 요구와 그들의 요구가 서로 조화를 이룰 수 있는 입법안을 계획할 수 있었다." 하지만 불행히도 그의 이런 능력은 외교정책을 수행하는 데는 도움이 되지 못했다.

리더의 선례들

이 장의 앞부분에서 나는 인간 세계에서 다른 사람들을 선도하는 현상이나 리더에 대한 추종을 가능하게 만드는 네 가지 요소들을 살펴보았다. 하지만 내가 알기로는 지금까지 리더십의 초기 징후들을 짚어내려는 체계적인 연구가 실시된 적은 거의 없었다. 내가 연구한 리더들 중 일부는 확실히 어린 시절부터 동료들의 인기와 지지를 많이 얻었다. 그러나 다른 많은 리더들의 어린 시절은 고독감과 고립감, 그리고 범죄까지는 아니지만 반사회적 행동으로 얼룩져 있다는 사실을 발견할 수 있었다. 처칠은 어린 시절의 거의 대부분을 외롭게 보냈다. 무솔리니는 학교에서 동급생을 칼로 찔러 두 번이나 쫓겨났다. 전문 분야에서 살펴보면 프로이트를 포함한 몇몇 리더들은 초기에 권력이나 전략 등의 문제에 매료되기도 했지만, 아인슈타인 같은 인물들은 원래부터 다른 세상사에는 전혀 관심을 두지 않았다.

하지만 몇몇 유용한 공통적 특징들은 나와 있다. 리더들의 상당수는 이른 나이에 아버지를 잃었다. 연구에 따르면 영국의 주요 정치 지도자들 중 60퍼센트가 유년기에 부모 중 한 사람을 여의었는데, 특히 아버지를 잃은 경우가 많았다. 정상적인 부모의 슬하에서 성장하는 아이들은 어머니나 아버지의 행동과 태도를 본받으며 사회성을 익히는 반면, 일찍이 부모 중 한 사람을 잃은 아이들은 사회성이나 도덕성 면에서 자신의 규율이나 행동양식을 스스로 규정해야 한다는 자극이나 압박을 받게 된다. 이렇듯 어린 시절부터 자기 자신에게 의존하는 습관은 다른 사람들의 행동을 이끌어가는 데 유리한 자질이 되는 것 같다. 프랑스의 저명한 철학자이자 저술가인 장폴 사르트르Jean-Paul Sartre도 아버지를 잃은 개인은 스스로 선택을 할 수밖에 없다고 주장했다. 하지만 어린 시절의 상실감에 기인한 고통은 사라지지 않는 듯하다. 그래서 한때 그런 상처를 안고 있는 많은 리더들은 평생 고독감을 안고 살아간다.

리더들의 어린 시절에서 흔히 나타나는 또 다른 양상은 부모와의 관계에서 대조적인 측면이 있다는 사실이다. 역사가인 제임스 맥그리거 번스James McGregor Bunrs에 따르면 간디나 레닌이나 히틀러는 모두 부모 중 어느 한 쪽과는 사이가 좋았지만 다른 쪽과는 그렇지 못했다. 스탈린의 경우 어머니는 항상 그를 애지중지했던 반면, 주정뱅이였던 아버지는 그에게 가혹한 폭력을 휘둘렀다. 그 결과 그런 인물들에게는 모순된 감정이 자라났다. 권력을 휘둘러 상대를 제압하려는 그들의 충동은 고통의 원인이 되는 갈등을 해결하려는 시도인 것으로 추정된다. 빌 클린턴Bill Clinton 대통령도 여러 정황으로 볼 때 어린 시절에 부모와의 갈등이 적지 않았다. 그는 자신의 생부를 전혀 알지 못했고 항상 폭력을 휘두르는 양부와 사이가 좋지 않았다. 그리고 점차 자신이 가족 내 어른들 사이에서 발생하는 갈등을 중재하는 역할을 맡게 되었다. 그는 어린 학생 시절에 자신이 친구들 간의 충돌을 원만하게 해결할 수 있다는 사실을 깨닫고는 정치가의 꿈을 품었다고 한다.

어떤 리더들은 어린 시절부터 두드러진 생김새 때문에 사람들의 눈에 띄었다. 드골 대통령이나 케네디 대통령처럼 카리스마가 있는 리더들은 사람들을 매료시키는 인상적인 외모를 타고났다. 간디나 히틀러 같은 몇몇 리더들의 외모는 평범했거나 아니면 기이했다. 이들의 카리스마는 개성이나 태도, 그리고 드라마틱한 삶에서 비롯된 것들이다. 심리학자인 미하이 칙센트미하이는 일부 리더들이 두각을 나타낼 수 있었던 것은 자신의 목적을 달성하는 데 오랫동안 사회적으로 용인된 방식을 거부하고 마침내 보란 듯이 성공을 거두었기 때문이라고 지적한다. 사람들은 이런 인습타파주의자가 자신들을 미래로 인도해 줄 특별한 지식을 갖고 있다고 생각한다. 때로는 그의 이야기가 궁극적으로 자신들을 파멸의 길로 이끌 것이라는 사실을 깨닫지 못하고 말이다.

학자들은 리더들이 어린 시절부터 목적을 달성하기 위해서라면 모험을 거는 데 주저하지 않으며, 다른 사람들이나 권위자에게 과감히 도전하는 경향이 있음을 발견했다. 특정한 목표를 추구하기 위해서건 권력 자체를 획득하기 위해서건 이들에게는 권력을 쟁취하려는 동기가 항상 존재한다. 모험을 걸려는 이들의 적극성은 때때로 성공의 기회는 주어지기 마련이라는 확신에서 우러나온다. 또 반대자들에 직면했을 때 이들이 취하는 타협 불가의 태도는 오로지 자신만을 믿고 다른 사람들의 비판이나 의심에 절대로 굴복하지 않겠다는 의지를 반영한 것이다.

리더들이 이런 강경한 태도를 고수하려면 상당한 대가를 지불해야 하는 것 같다. 리더들은 종종 유년기의 상실감에 따른 상처를 드러내면서 사람들이 이해하기 어려운 고집과 냉혹한 기질을 표출한다. 윈스턴 처칠은 자신이 집필한 존 처칠John Churchill의 전기에서 이렇게 밝혔다.

유명한 인물들은 대체로 불행한 어린 시절의 산물이다. 어린 시절에 겪은 가혹한 환경, 역경의 고통, 멸시와 조롱의 아픔이 있었기에 그들의 끈질긴 지혜와 정해진 목표는 무자비할 정도의 불변성을 띄게 된다. 그리고 그런 것이 없다면 위대한 업적은 좀처럼 달성되기 힘들다.

내가 연구한 간접적인 리더들과 직접적인 리더들은 어린 시절부터 동시대인들과는 어느 정도 거리를 두고 있었다. 이들은 자신을 특별한 존재라고 인식했거나 적어도 평범한 사람들보다 더 뛰어난 업적을 이룰 수 있다는 자신감을 가졌다. 일찍부터 자신을 특별한 존재라고 인식하지 않았던 인물들의 경우는 훗날 자신이 선택받았다는 자각의 순간을 체험하게 된다. 마틴 루터의 경우는 교회의 횡포가 극에 달했을 때 그렇게 느꼈으며, 마틴 루터 킹 2세의 경우는 앨라배마 주 몽고메리의 버스 보이콧을 주도할 수 있다는 자신감을 가졌을 때 그렇게 느꼈다. 경계가 뚜렷한 전문 분야에서 활동하는 창조자들 혹은 간접적인 리더들은 이런 '차별성'을 인식하더라도 특별한 문제가 되지 않는다. 하지만 직접적인 리더들은 동시대인들과 계속 접촉을 하는 동시에 그들과 다르다는 거리감을 느껴야 한다.

나의 다중지능이론을 통해 지금까지 빠져 있던 중요한 퍼즐 조각 하나를 맞춰볼 수 있는데, 대부분의 리더들은 대인지능 영역에서 소질을 갖고 있다. 그들은 사람들에게 어떻게 접근해야 하고 영향을 미치려면 어떻게 해야 하는지 잘 알고 있다. 하지만 그런 지식은 표출될 수 있는 통로가 없다면 내면에 깊이 사장될 위험이 있다. 앞으로 계속될 장에서 설명하겠지만 거의 대부분의 리더들이 감동적인 연설을 할 수 있으며 그런 글을 쓸 수 있다. 그들은 전도유망한 이야기를 창조할 뿐 아니라, 그것을 설득력 있게 표현할 수 있다. 미래의 리더는 적절한 언어를 구사할 수 있는 능력과 경향, 즉 언어지능linguistic intelligence도 상당한 수준을 보여준다. 그런 언어지능과 훌륭한 대인지능을 동시에 갖추고 있는 인물은 효율적인 의사전달자로서 리더의 자질을 갖추고 있다고 볼 수 있다.

추종자의 선례들

훌륭한 리더십의 근원이 거의 연구되지 않았던 것과 마찬가지로, 추종자들의 특징 또한 수수께끼로 남아 있다. 물론 추종자라는 개념을 포괄적으로 정의한다면 공식적인 리더로 지명되지 않은 모든 사람들이라고 할 수 있다. 하지만 이런 개념에는 추종자들의 특질인 팔로우어십followership이라는 '문제' 자체의 의미가 없다. 따라서 두 집단을 구별할 필요가 있다. 즉 구체적인 목적을 적극적으로 추종하려는 사람들이 있는가 하면, 모든 인간에게 보편적으로 잠재해 있는 추종의 성향만을 드러내는 사람들도 있다.

모든 유명 리더들은 자신을 따르는 추종자들을 거느리고 있었다. 이런 추종자들 중에서는 리더가 주장한 이야기를 지지하기 위해 자신의 평생을 바치거나 심지어 목숨까지 내거는 개인들도 있었다. 나폴레옹은 장군으로서 자신이 지닌 천재성의 절반이 자신의 목표에 목숨을 내던질 수 있을 만큼 헌신하도록 개인들에게 영감을 불어넣을 수 있는 능력이었고, 나머지 절반은 파리에서 카이로까지 코끼리 떼를 이동시키는 데 걸리는 시간을 정확히 계산할 수 있는 능력이었다고 밝혔다.

팔로우어십의 자질로는 두 가지의 가능성을 고려해 볼 수 있다. 추종자는 리더와는 본질적으로 다른 면이 있는 것 같다. 예를 들면, 추종자들은 리더가 무시했던 어떤 권위 있는 인물을 계속 추구하려는 경향이 있다. 또 많은 '신봉자들'이 완벽한 공동체를 찾아서 한 집단에서 다른 집단으로 계속 옮겨 다니지만 거의 항상 실망하게 된다. 하지만 다른 한편으로 골수 추종자들은 리더들과 몇몇 중요한 특성들을 공유하고 있다. 나폴레옹은 자신이 뛰어난 추종자였기 때문에 큰 리더가 될 수 있었다고 밝혔다. 프랑스혁명의 한 리더도 비슷한 말을 했다. "아시다시피 난 사람들을 추종해야 합니다. 그들의 리더로서 당연하지 않습니까?" 조지 마셜이나 안젤로 론칼리(Angelo Roncalli; 교황이 되기 전의 교황 요한 23세의 이름) 같은 리더들은 한창 성숙해 가던 시절에 자신이 동일시했고 귀감으로 삼았던 리더들로부터 영감을 얻었다. '타고난' 리더와 '타고난' 추종자를 단단히 결속시키는 끈은 어떤 구조, 계급체계, 사명의 필요성에 대한 공감이다. 그리고 영장류로서의 유산에서 비롯된 이런 필요성은 집단에서 구성원으로 남느냐 마느냐를 쉽게 결정할 수 있는 사람들에게는 강한 결속력으로 작용하지 않는 것 같다.

추종자들이 권력을 대하는 태도도 서로 다르다. 젊은 시절의 스탈린이나 마오쩌둥 같은 추종자들은 의식적으로든 무의식적으로든 오로지 권력을 쟁취하고 행사하는 데에만 관심이 있었기 때문에 주로 강력한 리더의 특징에 해당하는 활동에 매료되었다. 반면 다른 추종자들은 리더가 소유한 권력의 영향력을 느끼거나 목격하는 데 만족했기 때문에 추종자의 역할을 선호했다. 물리학자였다가 인류학자가 된 리처드 모리스Richard Morris는 대부분의 사람들은 특정한 사회 집단에서 리더십을 행사하려고 애쓰지 않는다고 지적했다. "대부분의 개인들은 자신이 어떤 지위에 도달하든지 결국은 담담히 그것을 받아들인다. …… 그리고 일정한 연령에 이르면 상승하고자 하는 투쟁 욕구를 상실한다." 앞서 설명한 두 추종자 집단은 소위 '구조자들 rescuers'과도 다른 것 같다. 예를 들면, 원래 평범한 개인들이었지만 나치 시대에 가혹한 처벌의 위험을 무릅쓰고 박해 받는 이들을 도왔던 그런 구조자들 말이다.

골수 추종자들은 본질적으로 뚜렷이 구분되는 이런 저런 리더들에게 매료되는데, 잠재적 추종자들의 안목은 그들보다 더 차별화되어 있다. 리더를 매력적으로 보이게 하는 특징들을 살펴보자면 어린 아이들의 경우는 신장, 힘, 신체적 매력, 누구나 원하는 재원의 소유 같은 겉으로 드러나는 특징들에 매료된다. 그러다가 청소년기에 이르면 다른 여러 특징들이 더 중요해진다. 이를테면 인물이 주장하는 아이디어나 이야기의 힘, 일관성, 특정한 역사적 시점에서의 논지들의 타당성 등이 그런 것들이다. 그리고 리더의 개성에 해당하는 여러 특징들의 조화 또한 리더의 위상을 강화시켜 준다. 즉 카리스마, 영적인 힘, 평범함과 비범함의 불가사의한 조화 등을 보이는 리더들은 사람들의 마음을 보다 쉽게 사로잡을 수 있다.

마지막으로 팔로우어십에 관한 두 가지 논점을 제시해 본다. 첫째, 추종자들마다 끌리는 특징이 서로 다르다는 사실이다. 어떤 이들은 뚜렷하게 드러난 힘이나 권력 같은 특징에 끌리는가 하면, 또 다른 이들은 아이디어의 독창성이나 영적인 광휘에 끌린다. 물리적인 카리스마는 지적·영적인 카리스마와는 다르다. 둘째, 효율적인 리더들은 이런 특징들을 조화롭게 드러내거나 다양한 부류의 사람들을 동시에 매료시킬 수 있다는 점에서 두드러진다. 전자의 경우는 로버트 메이너드 허친스를 들 수 있는데, 그는 신체적인 매력뿐 아니라 지적인 총명함도 지니고 있었다. 후자의 대표적인 사례는 마거릿 미드로, 그녀의 삶의 방식은 일부 추종자들의 마음을 사로잡았을 뿐 아니라 비교문화 연구를 통해 보다 광범위한 대중에게 강력한 영향을 미쳤다.

고도의 리더십을 발휘하는 리더

추종자들이 매료되는 리더의 여러 특징들을 살펴보면서 나는 최고의 리더십, 즉 완벽한 리더 상이란 어떤 것일까 하는 질문을 던져보았다. 어떤 의미에서 이 질문은 너무 성급하다는 느낌이 들지도 모르겠다. 왜냐하면 나는 어차피 여러 리더들을 검토하면서 리더의 가장 중요한 특징들을 추출해낼 것이기 때문이다. 게다가 현실적으로 완벽한 리더십을 발휘하는 리더는 없다. 우리는 기껏해야 좀 더 뛰어난 능력이나 효율성을 발휘하는 과정에 있었던 인물들을 고찰할 뿐이다. 그럼에도 일단 이런 유보사항들을 염두에 두고 효율적인 리더십의 실천에 중요하게 보이는 네 가지 요소들을 파악해낼 수 있다.

1. 공동체 혹은 청중과의 관계 리더가 추종자들 없이 존재할 수 없다는 것은 자명한 사실이다. 강조되어야 할 사항은 리더와 추종자들 사이의 관계가 진행적이고 활동적이고 역동적이어야 한다는 점이다. 리더와 청중은 서로 정보를 교환하면서 영향을 주고받는다. 우리는 다양한 사례연구 과정에서 공동체 구성원들에게 활기를 불어넣는 관심사, 요구사항, 이야기의 종류를 살펴볼 수 있었다. 또한 리더가 이런 변화

하는 요소들을 자신의 이야기에 반영시키는 방식도 관찰할 수 있었다. 로버트 메이너드 허친스나 장 모네 같은 리더들은 어린 시절부터 이런 방식으로 하나 이상의 집단들의 구성원들과 상호교류를 유지해 왔다. 결국 리더와 추종자들이 영속적인 관계를 지속하려면 서로 힘을 모아 공통의 가치들을 실현할 수 있는 기관이나 조직을 구축해야 한다.

2. 특별한 생활 리듬 리더는 자신의 공동체와 정기적이고 지속적으로 접촉할 필요가 있다. 하지만 동시에 리더는 자신의 내면에서 변화하는 사고, 가치, 전략 등을 알아야 한다. 즉 자신의 마음을 충분히 알고 있어야 한다. 그렇기 때문에 리더는 투쟁이나 사명으로부터 어느 정도 거리를 두고 자신을 돌이켜볼 수 있는 시간과 방법을 찾아야 한다. 나는 이런 습관을 모세가 시내산에 올랐던 사실에 빗대어 '산 정상에 오르기'라고 표현하는데, 이는 매일 산책을 했던 드골의 경우처럼 리더가 갖는 성찰의 시간을 은유적으로 표현해 본 것이다. 리더의 삶에서 매일 혹은 수개월 혹은 수년간의 고립된 시기를 갖는 것은 대중에게 집중하는 일만큼 중요하다.

두 유형의 리더들에게서 고립과 몰두의 관계는 뚜렷이 다르게 나타난다. 자신의 분야에서 간접적인 리더십을 발휘하는 리더는 대부분의 시간을 혼자서 혹은 소규모 집단 안에서 보낸다. 물론 간접적인 리더도 아주 가끔씩은 보다 규모가 큰 다양한 청중의 반응에 대응할 필요가 있고 또 그런 처신이 바람직하다. 이와는 대조적으로 다양하고 변화가 심한 청중을 상대해야 하는 직접적인 리더들은 추종자들과 많은 시간을 함께 지내야만 한다. 하지만 이런 리더 역시 성찰의 시간과 장소가 필요하다. 클린턴처럼 혼자서 성찰의 기회를 가지려 하지 않는 리더는 자신의 마음을 알고 싶지 않다는 인상을 준다.

3. 이야기와 실천(실현) 사이의 연관성 나는 이 책 전체에서 리더들이 서로 대조되는 두 가지 방식으로 영향력을 행사한다고 주장했다. 그중 하나는 이야기나 메시지의 전파이고, 다른 하나는 리더들의 실천적 특질이다. 때때로 어떤 리더는 한 가지 방식을 선택했다가 나중에 다른 방식에 더 치중하기도 한다. 예를 들어, 처칠은 총리로서 처음에는 영국의 영광을 유지하는 데 필요한 이야기를 개발했지만, 브리튼 전투Battle of Britain 기간 동안에는 용기를 행동으로 보여주었다. 로버트 오펜하이머나 로널드 레이건과 같은 리더들은 자신이 주장하는 이야기에 중점을 두었다. 반면에 조지 마셜이나 교황 요한 23세는 확실하게 구축된 이야기보다는 그들이 보여준 실천적 특질 때문에 높은 평가를 받고 있다. 복잡한 현실이나 새로운 기회와 관련된 여러 요소들의 설명은 이야기로 전달하는 것이 효과적이지만, 용기나 혁신의 중요성 등은 실천을 통해 보다 잘 전달될 수 있다.

이야기와 실천 사이에서는 갈등이 생길 수도 있다. 실제로 많은 정치 리더들이 자신이 전달하고 있는 이야기와 자신이 겪고 있는 삶의 현실이 모순될 때 곤경에 빠지게 된다. 예를 들면, 리처드 닉슨 대통령은 불법 행위로 행정부가 공격을 받을 때 '법과 질서'라는 주제를 옹호할 수 없었다. 하지만 좀 더 바람직한 사례에서는 이야기와 실천이 서로를 보완해 준다. 예를 들어, 마틴 루터 킹 2세는 고통과 비판에 대한 적극적 저항이라는 이야기를 내세웠는데, 실제로 그는 그 이야기를 행동으로 실천했다. 시인 윌리엄 버틀러 예이츠William Butler Yeats의 말대로 춤꾼과 춤을 구별할 수 없듯이, 이야기와 실천이 서로 융화될 때는 리더십의 천재성이 번뜩이는 것처럼 보인다.

리더들의 인생 초기에 이야기와 실천의 상호작용이 어떤 식으로 이루어졌는지도 추정할 수밖에 없는 문제이다. 애석하게도 대부분의 전기물에서는 이런 종류의 정보가 제대로 실려 있지 않다. 나는 개인이 품게 되는 이야기는 대개 삶의 경험에서 우러나오는 것이고, 따라서 그 이야기는 자아의 표현으로 자연스럽게 구현된다고 예상한다. 만약 리더의 이야기가 그의 구체적인 행동과 충돌할 경우, 청중은 적대적인 반응을 보이며 그런 뻔뻔한 이중성을 용납하지 않을 것이다.

4. 선택의 중요성 영장류 무리 안에서는 한 개체가 폭력을 수단으로 무리를 지배할 수 있다. 인간 사회에서도 유사한 예가 발생할 수 있는데, 개인이 권력의 도구들을 완전히 장악하거나 폭력과 공포와 무자비함으로 자신의 지위를 유지한다면 가능한 일이다.

이 연구에서 나는 리더와 추종자들이 일종의 선택권을 가지고 있고, 공포를 불러일으킬 필요도 없으며, 그런 유혹도 없는 안정된 사회에서 리더의 지위에 오른 인물들에 초점을 맞췄다. 이야기, 실천 덕목, 설득과 실례를 통한 생각의 변화 등에 관한 논의는 단지 '선택에 의한 리더십'의 사례들을 통해서만 의미가 있기 때문이다. 그럼에도 불구하고 스탈린이나 사담 후세인과 비슷한 유형의 리더들을 살펴보는 것도 가치 있는 일이다. 왜냐하면 이들도 처음에는 어느 정도 정상적인 권력을 추구했기 때문이다. 이들 또한 자신이 이끌고자 하는 사람들의 편의와 근심에 따라서 설득하고 조정하고 미묘한 차이를 강조하거나 억제했다. 그러나 이들은 결국 절대 권력을 행사함으로써 멸망의 구렁텅이에 빠지고 말았다. 그리고 한시적인 직책이나 선출된 공직에 오른 인물들은 자신이 전지전능하다고 생각하고 그런 식으로 행동하기도 한다. 프랭클린 루스벨트 대통령은 연방대법원을 무력화시키려는 시도에서도 그랬지만, 정도가 지나치다 싶으면 물러설 줄 알았다. 하지만 마거릿 대처의 경우는 대중의 호응을 얻지 못했던 역누진 인두세 정책을 고집했던 경우에서도 드러났듯이, 결코 자신의 주장을 굽히는 법이 없었다.

상징과 의사소통

인생의 초기 몇 년 동안 개인은 주로 감각기관과 운동기관을 통해 지식을 얻는다. 인간 외의 영장류와 다른 유기체들도 이런 기관으로 사물을 인지한다. 인간이 다른 모든 생명체와 명백히 구별되는 사실은 다양한 상징들과 상징체계를 이용하고 이해하며 심지어 창조할 수 있다는 점이다. 정상적인 아이들은 보통 5살 정도가 되면 '상징화'의 전문가가 된다. 이 시기의 아이들은 자연 언어, 몸짓 언어, 음악이나 수리나 그림에 관련된 기호들, 사회에서 통용되는 여러 의사소통 수단과 같은 전반적인 상징체계를 터득하게 된다. 또 하나의 놀라운 사실은 이런 '제1차' 상징체계를 아무런 공식적인 교육을 받지 않고 습득한다는 사실이다. 종종 언급되는 이야기지만, 만일 우리가 아이들에게 말을 가르치기 위해 자연 언어의 본질과 작용을 이해해야 했다면 인류는 오래 전에 멸종했거나 벙어리로 남아 있을 것이다.

인생의 초기 몇 년이 지나면 인지능력의 발달이 곧 상징체계의 습득 과정이라고 해도 과언이 아니다. 더욱이 아이들이 입학을 하거나 어떤 교육 환경에 놓이게 되면 보다 활발해진 상징의 사용 과정은 퇴보하지 않고 지속된다. 현대의 어떤 사회에서나 학교의 첫 번째 의무는 제2차 상징체계를 가르치는 것이다. 제2차 상징체계란 구어체 언어나 수 체계와 같은 제1차 상징체계의 표기법을 말한다. 또 아이들은 물리학을 비롯해 음악, 무용, 축구 등의 분야에서 통용되는 심오한 상징체계도 익힐 수 있다. 그리고 정식 학교 교육을 받든 도제 훈련을 받든 아이들은 상징체계를 습득하기 위해 필요한 다양한 방법들을 배우게 된다.

상징체계는 인간이 생각하고 범주를 나누는 수단일 뿐 아니라 의사소통의 수단이기도 하다. 인간 이외의 영장류는 그런 수단을 갖고 있지 않기 때문에 주로 폭력을 사용하여 영향력을 행사한다. 이와는 대조적으로 인간은 리더십을 발휘하기 위한 다른 방안들을 가지고 있다. 나중에 다시 논의하겠지만, 언어의 상징체계를 완전히 터득하는 것은 대부분의 직접적인 리더에게 중요한 일이다. 왜냐하면 리더십은 이야기를 창조적으로 이용함으로써 유지될 수 있기 때문이다. 내가 '언어지능'이 뛰어나다고 보는 많은 리더들은 일찍부터 이야기 전달에 달통했다. 그리고 또 다른 리더들은 설득력 있는 웅변을 통해서든 정교하게 작성된 원고를 통해서든 유창한 이야기 전달을 우선적인 목표로 삼았다. 이와 관련하여 드골에 대한 이런 기록이 남아 있다.

그의 정치적 운명은 거의 항상 말로 좌우되었다. 그는 책을 출간하여 세상에 알려진 군인, 연설을 통해 국가 리더가 된 반골 인사, 몇 차례 언론과의 인터뷰 때문에 정치적으로 살아남은 반대파, 라디오와 텔레비전을 통해 통치하는 대통령, 마지막으로 변덕스러운 군중과 말로 접촉하는 고독한 인물이었다.

이와는 대조적으로 전통적인 학문이나 전문 분야에서 활동하는 개인들은 자연 언어와 이야기 전달에 달통할 필요가 없다. 아인슈타인이 독일어나 영어를 얼마나 잘 하는지는 중요하지 않았고, 피카소가 프랑스어나 스페인어로 글을 얼마나 잘 쓰는지도 문제가 되지 않았다. 간접적인 리더들에게 중요했던 것은 각자 20세기의 물리학과 미술의 상징체계를 통달하는 일이었다. 이런 개인들은 인물 됨됨이를 통해 언젠가는 세상에 알려지게 될 운명을 타고 났는지도 모른다. 하지만 그 전에 이들은 이미 다른 매개체를 통해 알려지게 되었는데, 즉 자신의 사고 과정과 경험을 여러 상징들이나 작품을 통해 전달할 수 있었던 것이다. 이들이 여러 가지 강력한 의사소통 방식이 발달해 온 문화권에서 살았다는 사실은 행운이었다고 할 수 있다.

리더들은 실천이라는 의사소통 방식을 이용하기도 한다. 그들은 때로 가장 품위 있고 단순한 상징을 이용하여 의사소통을 한다. 예를 들면, 정적들과 정면으로 맞섰던 간디, 승리하겠다는 단호한 의지를 표명한 처칠, 감옥에서도 결연한 태도를 보여준 마틴 루터 킹 2세가 그런 사례에 해당한다. 이런 상징적인 의사소통, 다시 말해 어떤 가치의 실천이 과연 리더가 전달해야 할 이야기로서 적절한지 의문을 제기할 수도 있다. 이런 의문에 대한 대답은 어느 정도 의미론적인 것이 될 수 있을 텐데, 나는 우선 가시적인 광경 자체만으로는 뚜렷한 메시지를 전달할 수 없다는 점을 밝혀둔다. 이들의 투쟁적인 이미지가 강력한 효과를 발휘할 수 있었던 것은 이들의 존재가 이미 널리 인식되었고 이들의 목표도 이해되었기 때문이다. 사전에 이야기가 널리 퍼져 있는 경우에 그것의 실천 사례가 충분한 효력을 발생시킨다고 할 수 있다.

연구 저작물을 출간하려는 학자라면 누구나 정도의 차이는 있지만 간접적인 리더십을 발휘하려는 의도를 가지고 있다고 할 수 있다. 나 역시 리더십 현상에 관해 동료 연구자들이나 일반 대중이 갖고 있는 사고방식에 영향을 주려는 생각이 없었다면 이 책을 쓰지 않았을 것이다. 특히 간접적인 리더십에서 직접적인 리더십의 흐름을 고찰하려는 나의 결정은 리더십의 개념을 바꾸고 질서정연한 사례연구를 통해 여러 이야기들과 실천 사례들을 밝혀내려는 노력이다. 아인슈타인이나 피카소의 업적에서부터 제1장의 첫머리에 소개한 케인즈의 명언을 입증했던 대처나 모네의 위업에 이르는 사례들 말이다.

나는 리더십의 모델을 제시하고 싶은 유혹을 뿌리치면서 내 생각의 지침이 되었던 많은 주제들을 소개했다. 이 장에서 나는 리더십을 이해하는 데 가장 필요하다고 여겨지는 인간 발달의 다양한 측면들을 검토해 보았다. 즉 영장류로서의 유산, 유년기에 발생한 자아와 다른 사람들에 대한 의식, 유년기에 형성된 세계에 대한 강력한 이론이나 '각본', 사회의 주요 분야에서 중시되는 전문 지식, 새로운 리더와 새로운 추종자들이 지닌 특징들의 조화 등을 살펴보았다. 우리는 이러한 요소들을 포괄적인 리더십 모델을 구성하기 위한 기초 요소로 삼을 수 있을 것이다.

인간과 다른 영장류들이 리더십의 여러 단면들을 공유할 수 있을지는 몰라도, 상징체계를 통한 의사소통은 오직 인간에게만 해당되는 현상이다. 오직 인간만이 상징들을 주고받으면서 많은 시간을 보낸다. 인간의 여러 문화권들은 다양한 상징체계와 메시지를 소유하면서 동시에 어휘들로 엮어진 이야기를 특별히 중요시하고 있다. 이 시점에서 '나의 이야기'는 리더십의 심장부를 차지하는 리더들의 강력한 이야기들에 초점을 맞추는 것이 적절할 것이다.

제3장
리더의 이야기들

> 모든 리더십은 다른 사람들의 마음에 아이디어를 전달함으로써 발생한다.
>
> – 찰스 쿨리 Charles Cooley

칠레의 작가 이사벨 알렌드Isabel Allende가 쓴 매우 감상적인 단편 소설에 아주 가난하지만 아름다운 젊은 여성인 벨리사 크레푸스쿨라리오Belisa Crepusculario의 이야기가 나온다. 글을 팔아 생계를 꾸려가는 벨리사는 암기한 시들을 5센타보에, 꿈 해몽을 7센타보에, 러브레터를 9센타보에 판다. 또 철천지원수에게 해 줄 모욕적인 말을 만들어주는 대가로 12센타보를 받는다.

벨리사는 단지 '대령'이라고만 알려진 난폭한 어느 용사의 포로가 되면서 극적인 운명을 맞게 된다. 대령의 부하들이 그녀를 거칠게 다루고 거의 죽이려고 할 때쯤, 대령은 그녀를 그렇게 함부로 대우했던 이유를 설명한다. 그는 이렇게 밝힌다. "나는 대통령이 되고 싶소." 더욱이 그는 힘으로 권력을 탈취하기보다는 국민투표를 통해 다수의 지지를 얻어 대통령이 되고자 했다. 말하자면 그는 국민의 선택으로 권좌에 오르는 리더가 되고 싶었던 것이다. 그는 이렇게 요청했다. "대통령 후보가 되려면 말을 잘 해야만 되지 않겠소? 그러니 내게 연설문을 파시오."

벨리사는 대령을 위해 남자들의 마음과 여성들의 직관에 호소하는 감동적인 말을 엮어낸다. 그리고 나서 대령에게 큰 소리로 세 번 그 연설문을 읽어주었다. 대령이 문맹이었기 때문에 연설문을 암기하여 실전에 대비하기 위한 방법이었다. 그 후 유세 기간 중 그는 국민의 표를 모으기 위해 수많은 연설을 한다. 소설에서 3인칭 서술자는 이렇게 설명했다. "청중은 대령의 제의에서 드러나는 명쾌함과 그의 주장에서 풍기는 시적인 명료함에 매료되었으며, 잘못된 역사를 바로잡겠다는 그의 강력한 의지에 감동을 받았다. 그리고 처음으로 삶의 행복을 느꼈다." 이야기는 대령이 결국 다수 유권자의 지지를 받아 당선되고, 벨리사는 그의 사랑을 얻는다는 전형적인 해피엔딩으로 끝난다.

이 짤막한 이야기는 이 장의 첫머리에 소개한 미국의 사회학자 찰스 쿨리의 명언을 충분히 설명해 줄 뿐 아니라, 언어와 리더십에 관한 중요한 진실을 담고 있다. 순전히 물리적인 힘만으로는 다른 사람들을 지배하는 권력을 쟁취하거나 유지할 수 있다. 이것은 과거에 대령이 취해 온 방식이다. 하지만 누구든 다른 사람들의 마음을 움직이려면 자신의 견해를 그들에게 납득시켜야 한다. 대령은 벨리사에게 자신이 아는 건 전쟁뿐이라고 털어놓았다. 그는 일자무식이었을 뿐 아니라, 자신의 의견을 분명히 표현하는 방법도 몰랐다. 따라서 그는 호소력 있는 문장을 창조해낼 수 있는 여성에게 의존해야만 했다. 그리하여 그는 그녀의 도움으로 합법성을 획득할 수 있었다. 호머Homer는 영웅적인 전사 아킬레스Achilles가 실천가와 연설문 작성자가 되기 위한 훈련을 받았다고 기술했는데, 이는 두 가지 자질의 보완성을 강조한 것이다.

최근 몇 년 동안 사회과학자들은 정치, 종교, 군대 분야의 인물들이 오랫동안 알고 있던 사안을 연구해 왔다. 그것은 담화, 신화, 우화와 같은 이야기들이 인간관계에서 강력한 감화력이 있다는 사실이다. 많은 학자들은 이야기의 본질이 자비로운 주인공의 존재인지, 계획과 목표의 설정인지, 해결해야 할 위기의 발생인지, 청중 사이에서 긴장감이 점차 고조되었다가 해소되는 형국인지, 서술자의 독특한 목소리인지를 분석했다. 또 많은 학자들이 영웅의 탐험, 먼 여행과 귀향, 선과 악의 투쟁 등과 같은 원형 설화의 특징을 파악하고자 했다. 어떤 학자들은 이야기 전달자가 이용했던 수단을 살펴보았다. 논리, 수사법, 성격묘사, 해학, 청중의 분위기와 기대감의 조율 등이 여기에 해당한다. 그리고 다른 학자들은 이야기의 주요 목적을 조사했다. 예를 들면 공동체의 결속, 근본적인 철학적·영적 문제의 탐구, 혼란에 휩싸일 수 있는 어떤 존재에 대한 의미부여 등이 있다.

이야기, 각본, 담화의 본질과 목적을 명확하게 설명하는 일은 쉽지 않은 것 같다. 영국 철학자 루드비히 비트겐슈타인Ludwig Wittgenstein이 '게임'의 개념을 분석하면서 밝힌 바와 같이, 많은 종류의 이야기들이 서로 '동족적인 유사성family resemblance'을 가지고 있다. 이런 시각은 이 책의 연구 목적과도 완전히 부합하는 것이다. 이 연구에서 나는 이야기라는 용어를 넓은 의미로 사용하고 있다. 나는 언어학 영역에 속하는 서술에 초점을 맞추고 있지만, 물리학의 새로운 해석이나 춤과 시의 색다른 표현양식처럼 특정한 상징체계로 창조된 것들도 이야기에 포함시켰다. 아울러 제2장에서 소개한 두 축의 거리를 가늠해 보았다. 즉 리더가 직접적으로 설명하는 명확한 제의라는 축과, 리더가 삶과 행동으로 보여주는 인생의 비전이라는 축 말이다. 사실 나는 여러 가지 변종 이야기들에 대해 각각 별도의 용어를 만들어 붙일 수도 있었다. 하지만 이 방식은 설명을 복잡하게 만들 뿐 아니라, 이야기가 우화나 체계적인 춤 양식과는 쉽게 구분된다거나 메시지가 실천, 비전, 꿈과 쉽게 구분될 수 있다는 오해를 불러일으킬 수 있다.

나는 그런 방식과 대조되는 개념을 강조하고자 한다. 리더들은 언어뿐 아니라 비언어적인 수단을 자유자재로 활용하여 사람들과 의사소통을 하고, 자신의 특별한 관점이나 삶의 뚜렷한 비전을 이해시키고자 한다. 이야기라는 용어는 이런 사실을 설명하는 데 가장 효과적이다. 나는 이야기가 인간의 기본적인 인지 형식이라고 본다. 이야기의 능숙한 창조와 명확한 전달은 리더의 근본적인 자질이다. 이야기는 인간 마음의 두 부분인 이성과 감정에 영향을 미친다. 그리고 리더의 병기고에서 가장 강력한 단 하나의 무기는 바로 정체성 이야기이다. 다시 말해서, 개인들이 자신이 누구이고 어디에서 왔으며 어디로 향하고 있는가에 대해 느끼고 생각하는 데 도움을 주는 이야기 말이다.

인생에서 이야기의 변화 양상

갓난아기와 유아들은 보호자와의 의사소통에서 그 방식이 때로는 놀랄 만큼 정교하다. 그들은 요구사항, 두려움, 놀라움, 후회, 만족감을 표현할 수 있다. 아이가 5살이 되면 이미 이야기의 창조자이자 소비자가 되어 있다. 그 이야기는 단 하나의 해프닝으로 이루어진 것일 수도 있고, 엉성하긴 하지만 연속적인 장면들로 구성되는 악당이 출현하는 것일 수도 있다. 이 시기의 이야기는 다양하긴 하지만 기본적으로 단순성이라는 공통된 특징을 가지고 있다. 내가 '스타워즈' 플롯이라고 규정하는 보편적인 이야기를 살펴보자. 영화에서도 그렇듯이 이런 종류의 이야기에는 서로 적대적인 두 세력이 존재한다. 그리고 두 세력은 기나긴 싸움을 벌이게 된다. 두 세력 중 하나는 선이고 다른 하나는 악이 되는데, 몇 차례 악이 승리할 때도 있지만 궁극적으로는 선이 승리를 거두게 된다. 거의 모든 아이들은 자신을 선의 세력과 동일시하며 그들의 목표를 지지한다.

이런 스타워즈 식의 시나리오는 아이들의 마음속에 아주 뿌리 깊게 자리 잡고 있어, 아이들의 의식 속에 침투한 다른 이야기를 변질시키는 경향이 있다. 서너 명의 주인공들이 등장하는 이야기가 있다고 치자. 여러 세력들 간의 싸움은 다양한 양상을 띠고 끊임없이 계속되며 쉽게 결판이 나지 않는다. 그런데 이런 이야기가 재창조되거나 각색되면 이야기는 보다 단순한 형태로 변하는 경향이 있다. 즉 여러 세력들은 두 세력이나 두 팀으로 축소되며 복잡하고 애매한 갈등 관계는 선과 악의 대결 구도로 전환되는 것이다.

아이들이 상상 놀이를 하거나 일상사에 대해 추론할 때도 이런 단순한 형식이 작동한다는 것을 관찰할 수 있다. 5살 아이들은 엄격한 이분법으로 세상을 보기 때문에 빛과 어둠의 세력이 충돌하는 동화나 환상적인 모험 이야기를 좋아한다. 그들은 어둠의 세력에 대해 이해하고 그것에 끌리기도 하지만 결국 빛의 세력과 자신을 동일시한다. 마찬가지로 일상생활에서 발생한 상황에 대한 질문을 받을 때도 아이들은 이분법적 사고를 적용하여 양자 충돌의 세계를 창조한다. 또한 우정에 대한 질문을 받을 때도 친구들이 모두 착하다고 생각하거나 아주 드문 경우지만 모두 나쁘다고 생각한다. 도덕적인 딜레마에 관한 문제도 단순하게 보려는 경향이 있다. 예를 들면, 누군가의 생명을 구하기 위해 약을 훔치는 것을 영웅적인 행동으로 보거나 가혹한 처벌을 받아야 할 비열한 행동으로 본다.

학계 리더나 국가 지도자의 이야기를 다루는 데 왜 갑자가 어린아이들의 이야기 특성에 관심을 두는 것일까. 이 질문에 대한 답은 이 연구의 목적을 달성하는 데 매우 중요하다. 그것은 어른들도 이런 기본적인 이야기에 대한 감각을 결코 잃지 않는다는 사실 때문이다. 자신의 프로그램, 정책, 계획의 장점에 대해 청중을 설득시키는 데 성공하는 리더는 대개 스타워즈 식 시나리오나 그림Grimm 형제의 동화에 대해 사람들이 보편적으로 가지고 있는 감수성을 끌어내거나 이용한다. 다시 말해서 교육받지 않은 마음에 직접 호소하는 것이다. 1980년대 중반 레이건 대통령이 소련의 핵공격으로부터 미국을 보호하기 위한 방어막을 구축하자는 취지로 제안한 전략방위구상이 순식간에 '스타워즈 프로그램Star Wars program'으로 알려지게 된 것도 우연은 아니다. 이 계획은 레이건의 정적들에 의해 유치하다는 비난을 받기도 했지만, 마거릿 대처는 레이건이 8년 간 대통령으로 재임하면서 결정한 사안들 중 가장 중요한 것이었다고 평가했다.

사람들은 다양한 분야에서 대개 교육받지 않은 상태로 남아 있지만, 개인에 따라서는 5살의 마음을 넘어서는 경우도 있으며 특히 담화의 영역에서는 많은 이들이 그런 경향을 보인다. 5살 아이가 흑백논리로 문제를 바라본다면, 10살 아이는 보다 신중하고 공명정대한 관점을 보여준다. 사실 10살 아이들은 극도로 공정하다. 10살 아이들은 두 인물을 평가할 때 각자 선과 악의 측면을 함께 가지고 있을 가능성을 염두에 둔다. 10살 아이들은 어떤 행동의 결과뿐 아니라, 그 이면에 숨어 있는 의도를 파악해내기도 한다.

5살 아이가 무자비할 정도로 엄격하고 10살 아이가 지나치게 공정하다면, 청소년은 다양한 관심과 시각을 평가하는 데 상당히 능숙하다. 여기에서 청소년은 15살로 지칭하기로 하자. 공식화된 용어를 쓰자면, 15살 아이들은 상대주의relativism를 즐긴다고 할 수 있다. 특별한 개성이나 위상이 아무리 중시되더라도 15살 아이들은 그런 시각에 약간 회의적이다. 말하자면 하나님도 결점이 있고 악마도 좋은 점이 있으며 항상 남의 떡이 커 보이기 마련이라고 생각한다. 어떤 실체가 일관되게 한 가지 경향만 보인다 하더라도, 그것은 완전히 다른 식으로 해석될 수 있다고 본다. 친구들도 다양한 방식의 행동을 보여주기도 하며 우정도 역동적이고 변화하는 관계라고 생각한다. 겉으로 보기에 도덕적인 행동도 악의 씨앗을 품고 있으며, 같은 맥락에서 명백히 비도덕적인 행동도 널리 인식되지 않은 원칙에 비춰볼 때 정당화될 수 있다고 생각한다.

하지만 모든 청소년들이 상대주의적 관점을 갖는 것은 아니다. 어떤 청소년들은 5살 아이의 자기중심적인 관점을 그대로 가지고 있으며, 상당수의 청소년들이 10살 아이의 전형적인 도덕성을 결코 초월하지 못하기도 한다. 현대 사회에서 대부분의 15살 청소년들은 상대주의 의식을 지니지만, 몇 년 지난 후에는 종종 어린 시절의 관점으로 회귀하기도 한다. 상대주의만큼 유연하지 않은 이해와 추론의 형식 말이다. 전통적인 사회나 전체주의 사회는 상대주의적 관점의 싹을 단호히 짓밟아버린다. 교육받지 않은 혹은 충분히 교육받지 않은 마음은 언제 어디서나 끊임없는 유혹의 손짓을 하고 있다.

하지만 이성적인 25살이나 성숙한 50살의 인물이 세상을 바라보는 잣대로 사용하는 섬세한 관점도 살펴볼 가치가 있다. 이런 인물들은 분명히 서로 적대적인 두 가지 생각을 통합할 수 있는 것으로 보인다. 그중 한 가지는 여러 가치들의 상대성을 인식하는 것이고, 다른 한 가지는 어떤 입장을 취해야 할 필요성이나 적어도 어떤 상황에 직면했을 때 특정한 입장이 더 적절하다고 공언할 필요성을 느끼는 것이다. 로마 최고의 웅변가이자 변론가인 키케로Cicero는 적대적인 입장들의 각각을 좀 더 순화시킨 관점을 제시하려고 했다. 하지만 궁극적으로 그는 언제나 논쟁의 어느 한 쪽을 정면으로 공격했다. 나는 이런 관점을 '개인적 통합personal integration'이라고 부른다.

지금까지 살펴본 네 가지 관점을 이사벨 알렌드의 소설에 등장하는 대령의 선거 유세에 적용시켜보자. 대령이 명성이 자자한 20개의 가문이 지배하는 한 남미 국가의 농민층을 대변한다고 가정해 보자. 대령은 벨리사에게 네 부류의 청중을 위해 각기 다른 연설문을 준비하도록 지시한다.

대령은 스타워즈 형식을 지닌 5살 마음에 호소하기 위해 국가적인 문제의 뿌리가 부유한 가문이라고 비난하면서 농민층을 미덕의 화신으로 묘사한다. 이렇게 단순하고 명확한 구도에서 유일한 해결책은 농민들이 금권정치가들을 축출하여 가혹한 과두제를 안락한 민주제나 농민독재로 대체하는 것이다. 20세기 역사를 관측했던 학자들은 이런 이야기는 좌익이든 우익이든 전체주의 리더들이 내세웠던 것으로 본다. 예를 들면, 마오쩌둥이나 히틀러 같은 독재자들의 이야기였던 것이다.

대령은 극도로 공명정대한 10살의 마음을 대할 때는 국가의 부는 공평하게 분배되어야 한다고 주장한다. 부자들의 재산은 분할하여 모든 농부들에게 공평하게 나눠주어야 한다. 동시에 부유한 가문들의 우선권과 의무를 고려하는 것도 중요하다고 역설한다. 따라서 앞으로 10년 동안 부자는 가난한 사람이 소유한 땅과 재산의 두 배를 유지하는 것을 허용한다. 이것은 개혁적 자유민주주의 색깔을 띠는 이야기로 프랭클린 루스벨트 대통령이나 존슨 대통령이 선호했던 정치적 타협 방안과도 닮아 있다.

이제 대령은 청소년의 마음에게 공화국의 중요성을 이해시키기 위해 상대주의적 책략을 쓰기로 한다. 우선 그는 국가에는 두 개 이상의 이익집단이 존재하며 그들 각각 나름대로의 입장을 가지고 있다는 점을 강조한다. 분명히 농민들은 자신들의 몫을 박탈당해 왔다. 하지만 농민들 중 많은 사람들이 시민으로서의 의무를 제대로 이행하지 않았고 심지어는 투표조차 하지 않았다. 그들 입장에서 보자면 많은 부자들은 이기적이고 자신들을 착취해 왔다. 그렇지만 그들 중 일부는 자비를 베풀기도 했고 국제 회담에서 국가의 대표자로서의 역할을 훌륭하게 수행하기도 했다. 아울러 교회, 교육기관, 대중매체와 같은 집단들도 부의 재분배 정책에서 고려해야 할 대상들이다.

이러한 사회 내부의 여러 세력들 사이를 중재하는 것은 매우 복잡한 과정이며 청중의 문제해결 능력으로도 벅찬 일이다. 그래서 대령은 매개변수들을 장황하게 설명한 후 상대주의적인 현명한 해결책을 제시한다. 즉 다양한 이익집단들의 관점들을 모두 인정해 주려는 목적으로 대령은 각 집단이 특히 중시하는 사안들에 영향을 미칠 수 있는 조치에 대해서 거부권을 갖도록 한 것이다. 마거릿 미드는 여러 사회의 성性과 기질을 연구하면서 그런 상대주의적 입장을 청중에게 소개하고자 했다. 여러 가지 관점들이 모두 인정될 수 있으며, 어떤 집단도 올바른 삶의 방식을 독점하고 있지 않다는 것이다.

마지막으로 대령은 27살부터 72살에 이르는 현명한 성인들에게 연설할 기회를 갖게 된다. 이제 그는 다중적인 목소리를 한꺼번에 내기 시작하는데 스타워즈 형식의 마음에 뚜렷이 새겨져 있는 부당함과 10살 마음을 자극하는 공명정대함의 필요성, 청소년의 사고를 지배하는 상대주의적 인식 등을 두루 다루게 된다. 그는 각각의 관점들이 지닌 장점을 인정하면서 사회에서 가장 성숙한 마음들을 움직일 수 있으리라는 희망을 품고 '개인적 통합'을 제시하고자 한다.

이 특별한 예에서 그는 유권자 층 각자의 요구가 합법적인 것으로 인정되는 대의정부 체제를 주장한다. 그러면서 동시에 행정부 시스템의 급진적 개혁을 내세운다. 이제부터 농민들의 요구는 우선적으로 고려될 것이다. 왜냐하면 그들은 수적으로 다수이고 수세기 동안 계속해서 차별을 받아온 집단이기 때문이다. 그리고 다른 모든 집단의 지위도 이와 유사한 기준으로 결정될 것이다. 이런 복잡한 진술을 하고 나서 결국 그는 선거정치판을 완전히 떠난다. 이제 그는 직접(혹은 대필작가를 통해) 연방헌법 문서를 작성하거나 자신의 사상이나 형평성의 원칙에 관한 글을 집필함으로써 한 분야의 간접적인 리더가 되려고 한다.

서로 경쟁하는 이야기들

우리가 한 번에 하나의 이야기만을 듣고 평가한다면 이 연구는 물론이고 일반적인 삶 자체도 훨씬 단순했을 것이다. 마음이 백지 상태라면, 마음이 하나의 이야기에만 초점을 맞출 수 있다면, 각각의 새로운 이야기가 이전의 모든 이야기나 경쟁이야기를 뒤엎거나 퇴치할 수 있다면 그런 시나리오가 가능할 것이다. 하지만 이런 조건들 중 어느 것도 현실적으로 타당하지 않다. 대부분의 4~5살 아이들은 일상의 경험을 기초로 수십 가지의 각본을 구성한다. 그리고 그들은 자신보다 나이 많은 형제자매들을 통해 여러 이야기들을 들으며 자라고, 대중매체를 통해 사회에 널리 알려진 이야기들도 접하게 된다. 그 후 해가 지날수록 이런 각본이나 이야기의 수는 계속해서 증가한다. 그리고 이미 언급했듯이 이런 이야기들의 내용은 더욱 복잡해지고 미묘해지며 까다로워진다. 서구 사회에서는 대부분의 성인들이 통상 100가지 이상의 각본을 머릿속에 담고 있으며, 살면서 수백 개의 이야기들을 수용해 왔다고 해도 과언이 아니다. 앞서 소개한 소설에서 벨리사와 대령이 사는 구전의 전통이 풍부한 나라의 국민들도 분명히 다양한 이야기들을 가지고 있을 것이다.

이야기 전달자는 아주 명백한 도전에 직면한다. 이야기가 익숙하고 공식화된 것일수록 청중과 쉽게 동화되기 마련이다. 이야기가 익숙하면 아무도 거기에 반대하지는 않겠지만 독창성과 영향력은 미약하다. 창조한 이야기가 혁신적인 것일수록 처음부터 주목을 끌게 된다. 이야기가 이전에 나왔던 것들과 전혀 다른 것이라면 과거 이야기의 재현이라며 무시당하지는 않을 것이다.

하지만 새로운 이야기를 창조하는 데는 상당한 모험이 따른다. 이야기는 잘못 해석될 수도 있고, 대비시키고자 했던 과거의 이야기에 오히려 동화되어버릴 수도 있으며, 부적절하거나 불경스럽게 여겨질 수도 있다. 예를 들면, 소설 속의 대령이 20개의 권문세가 사람들이 지역봉사 활동을 해야 한다고 최초로 주장했다면, 그의 제의는 언론인들뿐 아니라 권리를 박탈당했다고 느끼는 농민층의 관심을 끌었을 것이다. 하지만 그의 제의는 20개의 가문이 예전처럼 '특권층의 도의적 의무 noblesse oblige'를 계속 수행해야 한다는 의미로 곡해될 위험을 안고 있다. 또한 자신들이 통솔하던 군대에서 벼락출세한 대령이 왈시왈비 명령하는 것을 곱게 바라보지 않는 그런 가문의 사람들이 그를 비난하거나 물리적인 공격을 가할 수 있다.

서로 상반되는 수많은 이야기들이 다양한 청중들 사이에서 주목을 받으려고, 인정을 받으려고, 패권을 잡으려고 경쟁을 벌일 때 어떤 일이 벌어질까. 그러한 상황은 이 책에서도 다루고 있는 사례들도 마찬가지지만, 대부분의 현대 사회에서 일어나는 일상적인 사건들의 전개 양상과 유사하다. 모든 이야기는 반대이야기들과 충돌한다. 그리고 모든 새로운 이야기는 저항을 불러일으킨다. 또 인지적 관점을 택하느냐 감성적인 관점을 택하느냐에 따라 이야기들은 극적인 차이를 드러낸다. 과연 교육받은 마음과 교육받지 않은 마음 사이의 갈등은 어떤 식으로 발생하는 것일까.

합리적인 전통의 신봉자들인 인지과학자들은 정교한 이야기가 득세할 것이라고 믿는 경향이 있다. 다시 말해서 마음은 가장 발달된 형식으로 작용하는 것을 선호하기 때문에 기대나 설명이 원시적인 것보다는 더욱 복잡하고 미묘한 쪽으로 기운다고 생각한다. 같은 맥락에서 스타워즈 방식의 마음을 지닌 아이들은 '극도로 공명정대한' 형식으로 설명하는 사람의 주장을 따르는 경향이 있다는 것이다. 반대로 공명정대한 마음을 가진 아이들은 선과 악이라는 이분법적 형식에 기초한 주장을 믿지 않는다는 것이다.

인지과학자들의 주장은 실험 연구를 통해 확실히 입증되었다. 아이들은 성장하면서 점차 정교한 설명을 지지하고 아주 단순한 것을 무시하는 경향이 있다. 특히 수준 차이가 각기 다른 아이들이 어떤 문제를 놓고 논쟁을 벌일 때는 그 점이 극명하게 드러난다. 이때 수준 낮은 아이들은 수준 높은 아이들이 제시하는 정교한 설명을 인정하려는 경향이 있으며, 수준 높은 아이들은 수준 낮은 아이들의 상투적인 추론에 휘말리지 않는다.

하지만 합리적인 사고가 항상 승리하지는 않는다. 개인들이 어떤 관점을 택하는 데는 여러 가지 이유가 있으며, 그들이 취하는 태도 또한 많은 목표들에 의해 유발된 것이다. 가시적인 논쟁뿐 아니라 무언의 논쟁으로도 어떤 주장이 제기될 수 있으며, 의식적인 요소들뿐 아니라 무의식적인 요소들이 결론을 도출시키는 원동력이 될 수 있다. 이야기는 적어도 청중의 이성만큼이나 감정에도 강력한 작용을 미친다. 사회심리학자들은 합리적인 주장의 장점들보다는 연설자의 명성, 그의 친구나 적의 정체성, 향수나 불만 등의 감정 자극이 청중의 태도 변화에 큰 영향을 미친다는 사실을 입증해 왔다.

그러므로 어떤 쟁점에서 우위를 점할 수 있는 주장보다는 감성에 강한 자극을 줄 수 있는 주장이 승리할 수도 있는 것이다. 에이브러햄 링컨은 정적인 스티븐 더글러스Stephen Douglas보다 훨씬 논리적이고 짜임새 있는 연설로 대중을 사로잡았다. 그렇지만 독일 시민들의 가장 수준 낮은 마음에 호소했고 감정을 자극하여 이성을 용해시킬 수 있음을 깨달았던 아돌프 히틀러Adolf Hiter의 사례도 있다는 사실을 간과할 수는 없다.

논쟁의 합리성을 분석하는 데 한계가 있다는 사실은 1960년 민주당의 존 F. 케네디와 공화당의 리처드 닉슨이 벌였던 대통령 후보 토론에서도 극적으로 표출되었다. 당시 닉슨은 노련한 정치가이자 토론의 명수로서 케네디가 제시한 다양한 쟁점들을 조목조목 능숙하게 대답할 수 있었다. 라디오를 통해 토론을 경청했던 사람들은 닉슨이 당선될 것이라고 믿었다. 하지만 텔레비전 시청자들 사이에서는 매우 다른 결과가 나왔다. 그들은 케네디의 호감 있는 외모와 태도, 청중과의 원활한 의사소통, 뉴프런티어의 비전과 관련된 계획들을 전달하는 능력에 매료되었다. 반면에 시청자들은 닉슨의 초췌한 외모를 외면했고, 그가 케네디의 논지를 반박하면서 보여준 현학적인 태도에도 반감을 가졌다. 결과적으로 청중은 닉슨의 명확한 구상에 관심을 쏟지 않았다. 텔레비전을 통해 토론을 시청했던 많은 사람들은 케네디가 당선될 것이라고 생각했다. 결국 케네디는 근소한 차이로 대통령에 당선되었다.

나는 이야기들이 경쟁할 때 발생하는 여러 가지 대조적인 결과들을 설명해 왔다. 한편으로 인간 발달의 측면에서 드러난 뚜렷한 증거는 나이 든 사람들이 젊은 사람들보다 더 복잡하고 복합적인 관점의 이야기들을 이해할 수 있고 창조해낼 수 있다는 점이다. 이상적인 상황에서는 더욱 발달된 이야기와 교육받은 마음이 승리를 거두게 된다. 예를 들면, 마거릿 미드의 인류학 분야에서 논쟁이 벌어지면 상대주의적 관점과 개인적 통합이 권력이나 공명정대함에 근거한 관점을 압도할 것이다.

하지만 합리적인 사고는 홀로서기를 할 수 없다. 이야기가 매력적인 이유는 여러 가지 이유들이 있다. 청중 또한 이야기에 주의를 기울이고 이해하며 행동하는 수많은 동기들을 품고 있다. 특히 어떤 인물이 전문 분야나 학문을 넘어서거나 특정 기관이나 국가의 다양한 대중을 상대하게 되면 이야기 발달의 차원이 낮아지게 된다. 나치 이전의 바이마르 공화국 리더들은 사회 정상화를 위한 정교한 비전을 제시했을지도 모른다. 하지만 많은 독일 국민들에게 그 비전은 히틀러와 그의 추종자들이 주장한 아리아인의 우월성과 보복이라는 단순한 구도만큼 설득력을 갖지 못했다.

마지막 논점

지금까지 살펴본 바에 의하면 이야기들은 서로 경쟁을 벌이다가 궁극적으로 특정한 이야기가 승리를 한다. 능력이 뛰어난 일부 이야기 전달자들은 논쟁에 휘말려 있는 양 당사자들을 모두 만족시킬 수 있고, 여러 이야기 차원을 넘나들며 활동한다. 어떤 리더는 어휘나 사례를 신중히 선택하거나 비언어적 단서들을 활용함으로써 관점이 서로 다른 이들에게 자신이 그들과 같은 편이라는 인식을 심어줄 수 있다. 성서에 나오는 비유담처럼 어떤 이야기는 다중적인 목소리를 낼 수 있는 수단이 될 수 있는데, 이런 이야기는 세대, 신념, 수준 차이에 상관없이 모두를 만족시킬 수 있다. 실제로 프랭클린 루스벨트나 로널드 레이건 같은 탁월한 연설가나 장 모네와 마하트마 간디와 같은 뛰어난 협상가들은 이런 수완을 발휘했다.

이 논점에 대한 요지는 이것이다. 개인들은 평생 동안 이야기를 들으면서 의식적으로든 무의식적으로든 그것의 장단점을 평가하며 살아간다. 이야기 전달자가 유능하고 청중의 수준이 높을 때는 정교한 이야기가 득세할 가능성이 높다. 하지만 나의 연구 결과, 그리 정교하지 않은 이야기가 확고하게 뿌리를 내리는 사례가 더 보편적이다. 대개 교육받지 않은 마음이 승리를 거두는 것이다.

이야기의 주제와 내용

개인들은 상상할 수 있는 모든 주제뿐 아니라 거의 상상하기 힘든 주제에 관한 이야기를 창조한다. 타고난 혹은 훈련된 이야기 전달자는 어떤 주제에 대한 이야기가 존재하지 않으면 즉시 자신이 그것을 창조하고 싶은 유혹에 빠진다. 벨리사는 개인들의 특성과 요구에 따라 유일무이한 이야기를 맞춤 형식으로 제공하는 데 자부심을 느꼈다. 그녀는 동일한 이야기로 고객들을 기만할 생각이 없었다. 하지만 대령에게 마음에 드는 이야기를 창조해 주는 일은 다른 문제였다. 리더로서 그는 독창성보다는 설득력 있는 이야기가 필요했기 때문이다. 확고하게 자리 잡은 기존의 이야기에 편승하는 것은 대통령직이나 총리직에 오르는 효과적인 방안임이 입증되었다. 혁신적인 리더와는 대조적으로 평범한 리더는 이러한 책략으로 자신의 목적을 달성한다.

여기에서 가능한 이야기들을 전부 기술하는 것은 무익한 일이지만, 지금까지 리더들이 역설했던 주요 주제들과 이야기의 종류를 살펴보는 일은 매우 중요하다. 내가 분석한 바로는 이런 이야기들은 인간들이 제기한 가장 본질적인 의문들을 다루고 있으며, 그런 의문들에 대해 포괄적이고 만족할 만한 해답을 제공하고자 했다. 대체로 이야기의 기원은 아주 어린 시절로 거슬러 올라간다. 이야기는 그 시기에 발생했던 문제들에 초점을 맞추고 주인공의 존재 의식 속에서 생명력을 유지한다. 그 문제들이란 바로 자아, 정체성, 집단 소속감, 과거와 미래, 선과 악 등을 말한다. 약 30년 전 미국의 흑인 민권운동가 말콤 엑스Malcom X는 자신의 추종자들에게 이런 질문을 던짐으로써 이야기 전달자가 수행해야 할 사명을 밝혔다. "우리가 누구인지 알고 싶은가? 우리가 어떻게 지금의 우리가 되었는가? 우리는 어디에서 왔는가? 우리는 어떻게 거기에서 오게 되었는가? 우리는 뒤에 누구를 남겼는가? 우리가 그들을 뒤에 남긴 곳은 어디이고, 그들은 우리가 떠난 자리에서 무엇을 하는가?"

1992년 대통령 후보였던 로스 페로Ross Perot 역시 생기 넘치는 용어를 써가며 청중이 추구하는 대답이 무엇인지를 설명했다. "우리는 미국인들에게 우리가 어디에 있고 어디로 가고 있으며 무엇을 해야 하는가를 명쾌한 언어로 설명해야 할 의무가 있다. 그런 다음 그것을 실천하기 위해 합의를 이루어야 한다." 문학비평가인 다이애나 트릴링Diana Trilling은 이를 좀 색다른 시각으로 바라보았다. "전 세계 어느 곳에서나 상상력이 풍부한 사람들이 일상생활에서 매순간 마음속에 품고 있으면서도 해답을 얻지 못하는 의문은 바로 이것이다. 나는 어디에 속하는가? 그리고 내가 선택한 입장에 대해 어떤 대가를 치러야 할 것인가?"

앞으로 나는 이야기들을 세 가지 광범위한 범주로 나누어 설명하고자 한다. 즉 자아에 대한 이야기, 집단에 대한 이야기, 가치와 의미에 대한 이야기다. 나는 어떤 이야기가 정확히 단 하나의 범주에만 해당된다거나, 리더들이 말한 이야기들 모두가 이런 분류법으로 구분될 수 있다고 주장하는 것은 아니다. 하지만 나는 리더들이 말했던 대부분의 이야기들이 자기 자신, 소속 문화권 내부 혹은 외부에 존재하는 집단, 그리고 가치와 의미의 문제를 이해하려는 인간의 보편적인 욕구를 충족시키기 위해 창조되었다고 믿는다. 실제로 담화, 비전, 꿈, 실천 등과 같은 폭넓은 의미의 이야기들은 한편으로는 마음이나 이해에 자양분을 제공해 주면서, 동시에 한편으로는 소속감과 안정감을 느끼게 해 줄 때 가장 효과가 크다. 이런 점에서 이야기의 목적과 난이도에 관계없이 리더의 이야기는 아이가 보다 큰 공동체 안으로 첫걸음을 내디딜 때 직면하는 기본적인 과제를 되짚어보는 셈이 된다. 청중의 구성원들은 내가 검토한 여러 주제에 따라 정교성 수준이 다양한 여러 이야기들을 접한다. 이런 이야기들은 서로 경쟁을 벌이지만 교육 수준이 높지 않은 5살이나 10살 마음이 이해하는 이야기가 보다 수준 높은 이야기로 쉽게 대체되지는 않는다.

자아

인간은 삶의 초창기에 부모, 친척들, 지역사회의 종교단체나 사회단체의 대변자와 같은 자신의 주변 인물들이 제공하는 정보를 근거로 정체성의 단서들을 수집한다. 하지만 가정을 벗어나면서부터 개인들은 보다 폭넓은 사회의 인물들에게서 '나는 누구인가?'라는 영원한 화두의 단서들을 찾는다. 예를 들면, 교회의 수장이나 국가 지도자와 같은 사회적·정치적 실체의 리더들이나 스포츠나 언론계의 주요 인사들을 그 대상으로 삼는 것이다.

정체성을 규정하는 것은 그리 새로운 현상이 아니다. 아테네인들은 다음과 같은 맹세를 했다. "나는 나의 가족, 나의 도시, 나의 종족, 나의 국가, 여러 가지 부채debts, 상속, 정당한 기대, 의무를 유산으로 물려받았다. 이런 것들은 태어나면서부터 내 삶에 주어졌으며 나의 도덕적 출발점이 된다." 디오게네스Diogenes는 자국민에게 그보다 더 비전 있는 과제를 제시하기도 했다. "나는 아테네인도 그리스인도 아니고 세계의 시민이다."

타당성과 정교성의 수준이 다양한 이야기들을 접할 때 많은 개인들은 단순한 흑백논리에 기초한 이야기에서 더 안정감을 느끼게 된다. 우리는 개인의 정체성 질문에 대한 여러 종류의 대답을 제시하는 방법으로서 자아의식과 관련한 이야기들의 여러 수준을 고려해 볼 수 있을 것이다.

● 어린아이들 사이에서는 신체적인 특징과 단순한 심리적 성향이 정체성의 출발점이 된다. 5살 아이는 자기 자신을 키가 작거나 큰 사람으로, 피부가 희거나 검은 사람으로, 가족이나 공동체의 누군가와 닮았거나 닮지 않은 사람으로 파악한다. 그리고 인종이나 민족성에서 생겨난 고정관념을 쉽게 받아들인다. 이 시기의 아이들이나 5살 마음의 이야기를 선호하는 성인들 중에는 작은 키 따위의 신체적 약점을 보완하기 위해 자신을 강력한 영웅으로 인식하거나 정의가 힘에서 나온다는 신념을 품기도 한다.

● 10살 아이들의 정체성은 겉으로 뚜렷이 드러나는 신체적 특징을 넘어서서 정직성, 의무감, 공명정대함 같은 심리적 성향을 포괄하고 있다. 이 시기의 어린 학생들은 자신이 올바른 행동을 하고 남을 돕는 사람으로 인정받는 것을 중시한다. 이들은 '모범생'의 속성들을 경시하는 야심찬 리더나 개인을 외면한다. 대부분의 아이들은 자신이 나쁜 사람으로 인식되는 것을 몹시 꺼려한다. 하지만 예외도 있다. 무솔리니가 학창시절에 다른 학생을 칼로 찔렀던 사례처럼, 다른 사람들에게 부정적인 인상을 주는 파괴적인 행동을 통해 쾌감을 느끼는 아이도 있다.

● 청소년기의 아이들은 자아에 대해 더욱 차별화된 관점을 수용할 수 있다. 그들은 서로 충돌하는 여러 가지 성향들을 가지고 있기 때문에, 어떤 때는 관대하게 행동하다가도 다른 때는 인색한 태도를 보인다. 신체적으로 드러나는 표면상의 특징은 소심함이나 강인함 같은 내면의 심리적 성향으로 보강되거나 손상되는 경우도 있다. 이들은

서로 경쟁하는 여러 정체성 이야기들 사이에서 동요할 수도 있는데, 그 중에는 사회에서 긍정적으로 인식되는 것도 있고 반사회적이거나 기이하다고 인식되는 것도 있다. 청소년들은 미국 대통령이나 영국 여왕처럼 한 면으로만 비쳐지는 인물도 실제로 많은 모순들을 갖고 있다는 사실을 깨닫는다. 마찬가지로 이같은 모순이 청소년들이 지닌 정체성의 두드러진 특징이라고 할 수 있다. 장 모네의 과제는 한때 서로 적대적이었던 각국의 시민들에게 유럽이라는 통일된 실체의 일원이 될 수 있다는 확신을 심어주는 일이었다.

● 마지막으로, 성인의 시기에는 여러 가지 특징들이 결합되어 개인의 정체성을 형성하는 것으로 설명할 수 있다. 행복한 사례에 해당하는 개인은 자신이 성취해낸 것과 공동체 안에서의 위상에 대해 안정감을 느끼며 통합된 의식을 갖게 된다. 하지만 불행한 사례에 해당하는 개인은 좌절감이나 절박감을 느낀다. 그의 마음속에서는 이런 여러 가지 특징들이 결합되지 못하며, 그런 조화를 이루어낸 인물들과도 공감대를 형성할 수 없기 때문이다. 하지만 어떤 경우든 간에 통합된 정체성을 형성하려는 노력은 이루어진다. 야심찬 리더라면 광범위한 대중에게 그런 통합된 의식을 전파시켜 그들이 확고한 정체성을 형성하도록 도와주어야 한다. 스티븐 스코로넥 Stephen Skowronek은 미국 대통령에 관한 연구에서 "모든 성공적인 대통령은 자신의 역사적 위상에 대해 짜임새 있고 호소력 있는 이야기를 제시해야 한다"고 말했다.

자아의식을 창조하는 과정의 대부분이 개인에게 달려 있는 문제임은 분명하다. 그리고 특히 개인의 권리와 의무에 대한 인식이 매우 중시되고 있는 사회에서 정체성을 창조하는 일은 대부분의 사람들에게 중요하고 절실한 문제이다. 그렇다고 개인이 독자적인 노력을 기울일 필요는 없다. 리더가 개인이 정체성을 구축하는 데 중추적인 역할을 수행해 주기 때문이다. 레닌은 자신을 상아탑에 갇혀 있는 이론가보다는 역사연구가이자 추론가이자 실천가로 인식했을 때 비로소 추종자들에게 강력하고 설득력 있는 자아의식의 개념을 전달할 수 있었다. 마찬가지로 1992년 대선 유세에서 빌 클린턴이 자신은 과거 민주당 대통령 후보의 실패를 되풀이하지 않을 '새로운 민주당원'이라고 주장했을 때, 그는 많은 지지자들에게 단순히 라이벌인 공화당 유권자들보다 좀 더 진보적인 관점을 갖도록 주문한 것이 아니라 보다 새롭고 긍정적인 사고방식을 지향하라는 메시지를 던진 것이다. 가장 기억에 남는 사례로는 루스벨트 대통령이 초선 취임 연설에서 "우리가 두려워해야 할 것은 두려움 그 자체뿐이다"라고 했던 말이다. 그는 경제적·심리적 공황에 빠져 있던 수백만의 미국 국민들에게 새로운 희망을 안겨주었다.

집단

모든 개인들의 정체성 의식은 여러 집단들에 소속된 구성원으로서의 위상에 뿌리를 두고 있다. 거의 모든 개인들이 몇몇 집단에 속해 있는데 이런 집단들의 사명이나 구성원들은 서로 겹칠 수도 있고 그렇지 않을 수도 있다. 어린 시절 사회화 과정의 상당 부분이 자신이 소속된 집단들을 발견하고 다양한 집단들에 대해 평가하고, 궁극적으로 자신이 소속된 여러 집단들에 대한 인식을 하나로 통합시키는 과정이다.

이야기들 사이에서는 더 발달한 관점이 승리를 거둔다는 적자생존의 원칙이 반드시 적용되지 않는다는 사실을 염두에 두고 집단 소속에 대한 다양한 시각을 살펴보자.

- 5살 아이들은 자신이 다양한 집단들에 소속되어 있다는 사실을 막연하게나마 알고 있지만, 그런 집단들의 정체성이 내포하는 의미를 제대로 이해하지 못한다. 이 시기의 아이들은 자신을 소년, 소녀나 그린스펀 가의 자손이나 조지아 주에 사는 사람으로 생각할 뿐, 독립적이면서도 부분적으로 서로 겹치는 집합체들의 일원으로 여기지 않는다. 마찬가지로 이들은 집단 소속이나 집단의 리더를 틀에 박힌 단순한 관점으로 인식하는 경향이 있다. 예를 들면, 또래의 소년이나 소녀들은 모두 착하거나 모두 나쁘다는 것, 아버지는 절대로 잘못하지 않거나 드문 경우지만 항상 잘못한다고 생각하는 것, 조지아 주 사람들이 세상을 지배하거나 모두 망해버린다는 것 등이 여기에 해당한다. 18세기 팸플릿 저술가였던 톰 페인Tom Paine은 미국인들의 마음속에 이런 감정을 불러일으켰다. 그는 『상식Common Sense』이라는 유명한 에세이에서 영국인들을 폭군 집단이라고 묘사하면서 "미국의 목적은 전반적으로 인류의 목적이다"라고 주장했다. 사실 이런 '교육받지 않은' 마음에 호소하는 이야기를 내세운 정치적 인물은 페인만이 아니었다.

- 10살이 되면 아이들은 다른 집단들의 존재는 물론이고, 소속이 겹치거나 소속감이 서로 상충될 가능성이 있다는 점을 쉽게 깨달을

수 있다. 이 시기의 아이들은 이질적이고 적대적인 집단들과는 최소한의 관계만을 유지하기를 바라며, 자신이 소속된 집단들이 더 바람직하다는 믿음을 가지려고 한다. 미국 남북전쟁 초기에 남부인들은 두 가지 노선을 놓고 고민했다. 그중 하나는 자신이 미국의 애국자라는 믿음이었고 다른 하나는 충성스런 남부인이라는 사실이었다. 남부의 많은 애국자들은 에이브러햄 링컨과 제퍼슨 데이비스Jefferson Davis가 제시한 상반된 주장들을 절충하려고 노력했다. 하지만 안정을 되찾고 지적인 일관성을 유지하려 했던 많은 미국인들이 어느 한 쪽과의 관계를 단절함으로써 소속감의 갈등이라는 문제를 신속히 해결하고자 했다.

● 청소년들은 많은 집단들이 길고 복잡한 역사를 갖고 있으며, 어떤 집단이든 미덕이나 악덕을 독점하고 있지 않다는 사실을 알고 있다. 또한 자신이 다양한 집단들의 구성원이라는 사실을 인정하고 집단의 명백한 부조리나 모순으로부터 어느 정도 자극을 받기도 한다. 로버트 오펜하이머나 로버트 메이너드 허친스는 종종 집단의 그런 모순을 즐겼다. 청소년들은 또한 집단이 현재의 지위나 관행에서 일탈할 수 있다는 생각을 갖기도 한다. 그렇지만 어떤 관행이나 철학에 대한 근거 없는 이상화를 대가로 가설이나 비전을 창출하는 사고력이 획득되기도 한다. 청소년들은 어떤 목표를 위해 과감히 자신의 목숨을 걸기도 하는데, 이는 어린아이들이나 성인들의 사고방식으로는 이해할 수 없는 행동이다. 프랑스혁명이나 이란혁명에서 여러 당파들이 내세웠던 주장들을 받아들였던 청소년들과 마찬가지로, 이 시기에는 절대주의적 입장을 수용하기도 한다. 상대주의와 절대주의는 항상 서

로 배타적이지만은 않다. 테러리스트 집단의 유능한 리더는 이상주의와 냉소주의가 복합된 청소년들의 성향을 이용하기도 한다.

● 마지막으로 경험이 풍부한 성인들은 소속 집단들과 자신과의 거리를 가늠할 수 있으며, 자신이 과거에 다른 집단에 소속되었다면 상당히 다른 삶의 철학을 품고 살았을지 모른다는 생각을 하기도 한다. 하지만 이런 성인들은 집단들이 나름대로의 생존력을 갖고 있다는 상대주의자들의 입장에 동의하지 않으며, 자신이 운명적으로 속하게 된 특정한 집단들의 존재를 정당화하려고 한다.

만일 특정한 집단들에 소속되는 것이 의미가 없어지면 어떻게 될까. 생각이 깊은 개인이라면 집단 소속과 관련된 색다른 대안들을 제시하거나 새로운 집단을 창조하려는 리더를 찾을 것이다. 제1차 세계대전 후 패전국에게 책임을 묻는 유럽의 정세 속에서 독일 국민의 불운한 상황으로 인해 민주적인 바이마르 공화국에서부터 소련식 공산주의 체제, 그리고 히틀러가 만든 국가사회당에 이르기까지 많은 정치적 대안들이 탄생했음은 의심할 여지가 없는 사실이다. 그리고 개인의 선택은 다양한 관점을 수용하려는 의지, 즉 포용성의 정도를 반영하는 것이었다.

집단 소속의 긍정적인 측면을 강조하고 싶긴 하지만, 집단 정체성이 악용될 소지가 있다는 점도 간과해서는 안 된다. 냉전 이후의 시기를 돌이켜보면 민족주의와 종족주의가 강력한 정치 세력으로 재부상하면서 집단 정체성이 배타적인 양상으로 악용되어 왔다는 사실을 알 수 있다. 예를 들면, 과거 유고슬라비아 당국은 국영 텔레비전을 통해 선전용 신화를 널리 유포시켰다. 그 결과 세르비아인들은 자신들을 말살시키려는 음모가 치밀하게 계획되어 왔다는 믿음을 갖게 되었고, 그에 대한 보복조치로 경쟁 세력인 이슬람 집단을 전멸시키려고 했다. 미국 소설가 커트 보네거트Kurt Vonnegut는 자신의 소설에서 무자비한 외래 집단을 일컬어 '그랜팔룬Granfalloon'이라고 했는데, '진보주의자들'이나 '워싱턴 정부 요인들'이 여기에 해당되었다. 러시아의 저명한 시인 예프게니 예프투센코Yevgeny Yevtushenko는 구소련 시절 집단 소속에 내포된 모호성을 잘 포착해냈다. 그는 국가의 상징물에 경의를 표하는 이런 시를 썼다.

　　잘 가게나, 우리의 붉은 깃발이여,
　　자네는 우리의 형제였네.

하지만 이 구절에 이어 그는 구소련 사람들이 느꼈던 극도의 절망감을 이렇게 토로했다.

　　그러나 붉은 커튼처럼 자네는 뒤에
　　굴라그Gulag*를 숨기고 있었네.
　　우리의 붉은 깃발이여, 어찌하여 그랬는가?

두 초강대국 간의 갈등의 종식은 폭넓은 정체성을 형성시킨 것이 아니라, 오히려 집단들 사이의 긴장을 고조시켰다는 사실은 시대의 아이러니가 아닐 수 없다.

* 구소련의 강제노동수용소

가치와 의미

대부분의 개인들은 자신이나 소속 집단과 관련해 정규 지도를 받았든 받지 않았든 스스로 발달시켜 온 개념들에 가치와 의미를 부여한다. 실제로 자기 자신, 소속 집단 그리고 다른 사람들의 세계에 대해 생각하면서 아무런 의미를 두지 않는 것이 유별나다고는 볼 수 없겠지만, 의미를 부여하는 것보다 쉽지는 않은 일이다.

그런데 대부분의 인간들은 가치의 명확한 언명을 갈망한다. 진실한 것, 아름다운 것, 선한 것을 판별할 수 있는 관점을 필요로 하는 것이다. 전통적으로 이런 관점은 예술이나 종교에서 생겨났으나, 현대에는 철학, 과학, 새로운 사회집단에서도 출현한다. 안정된 시기에는 기존에 인정되어 온 기준들이 아무런 논란 없이 적용된다. 하지만 위기나 격변의 시기에 개인들은 보다 넓은 해석의 틀을 열망한다. 그들은 일의 목적, 기도의 가치, 보상과 처벌의 공정한 배분, 죽음을 비롯한 궁극적인 인간사에 직면해서 취해야 할 입장 등과 같은 본질적인 질문들에 대해 분명한 대답은 아니더라도 폭넓은 방향을 제시할 수 있는 인물들에게 지나치다 싶을 정도로 집중한다.

가치와 관련된 발달의 양상도 파악할 수 있다. 아주 어린 아이들은 선과 악의 대결이라는 확연한 구도를 마음속에 품고 있다. 그들은 모든 가치와 판단을 의심의 여지가 없는 가장 지배적인 지성에 의존한다. 좀 더 나이 든 아이들은 서로 경쟁하는 가치 체계를 인식하게 된다. 그들은 그런 상반된 가치들이 서로 절충되기를 희망한다. 청소년기에는 많은 의미 체계들이 자명해지며, 대부분의 청소년들은 어떤 식의 종합에도 좌절감을 느끼게 된다. 따라서 그들은 철학의 일관성을 믿지 않거나, 순간적으로 귀에 솔깃한 철학을 무비판적으로 수용하는 반응을 보이기도 한다.

한편으로는 개인적이고 다른 한편으로는 개인을 넘어서는 진정한 종합은 인생 후반부로 접어들면서 유망한 목표가 된다. 특히 인생의 종착역에 가까이 다가갈수록 더욱 그러하다. 대부분의 개인들이 이미 수립한 종합에 언제든지 개인적인 손질을 가할 수는 있지만, 결국에는 어떤 조직화된 종교나 철학 체계를 받아들인다. 비전적 리더가 직면한 가장 막중한 과제는 과거의 종합들 중 가장 신뢰할 만한 것들을 기반으로 하면서 그런 종합들을 현실적인 사안들에 비추어 재검토할 수 있고, 미래의 사건들을 위한 여지를 남겨놓으며, 집단 내에서 개인의 기여를 허용하는 이야기와 실천을 제공하는 일이다. 예를 들면, 마틴 루터의 사상이 엄청난 속도로 확산될 수 있었던 것은 그가 가톨릭교의 여러 가지 장점들을 바탕으로 이야기를 구성했고, 독실한 신자들의 입장에서 부당하게 여겨지는 사안들을 다루었으며, 개인의 생각과 요구를 인정해 주었기 때문이다. 로버트 오펜하이머, 교황 요한 23세, 마틴 루터 킹 2세 등과 같은 현대의 여러 리더들은 모두 혼란한 시대적 상황에 적절하면서도 고통받는 대중에게 의미 있는 세계관을 창조하려고 했다.

다양한 주제들과 다양한 이야기들

인간관계 영역도 항상 특별한 흥미를 끌지만, 인간은 주변의 다른 영역들에 대해서도 상당한 호기심을 가지고 있다. 이를테면 자연적으로 발생하는 물리의 세계, 인공적으로 만들어진 사물들의 세계, 동식

물의 세계, 시간과 공간의 세계, 꿈이나 두려움이나 기억처럼 수수께 끼 같은 내적 현실의 세계 등이 있다. 아장거리는 유아들은 종종 지칠 줄 모르고 이런 다양한 세계들을 상대로 유희를 즐긴다. 어린 학생들은 이런 실체들에 대해 이런 저런 질문들을 던지는데, 종종 불만족스럽거나 모순되는 대답을 듣고는 곰곰이 생각해 보기도 한다. 좀 더 나이든 학생들은 자신들이 소속된 문화권 내에서 창조된 해석의 시스템을 습득하고자 한다. 그리고 성인들은 자신들의 문화가 제공하는 해석과, 자신의 경험과 성찰을 통해 우러나온 개인적인 해답을 종합한다. 선사시대뿐 아니라 대부분의 기록 역사 시대에서 개인들이 표현하는 세상의 모습은 두 가지 주요 출처에서 나온 것이다. 그중 하나는 개인의 상상에 의한 구성이고 다른 하나는 소속된 사회의 예술이나 신화 속에 나타났던 이미지이다. 이런 해석 방식들은 반드시 서로 상충되지는 않더라도 각기 독립된 것으로 볼 수 있다. 상상에 의한 구성은 상식적인 관찰을 기초로 한다. 예를 들면, '세계는 평평하게 보인다', '자체적으로 움직이는 실체는 그렇지 않은 실체와는 다르게 보인다', '현실에서는 시간을 거꾸로 되돌릴 수는 없지만 꿈이나 영화에서는 가능하다' 등이 있다. 피아제는 그런 개념들이 나이가 들면서 점차 사라지는 경향이 있다고 생각했는데, 복잡한 현대사회를 살아가는 시민들 사이에서도 그런 개념들은 영속적으로 존재한다는 사실이 증명되었다.

예술적 혹은 신화적 해석은 고대인들의 생각과 경험의 결정체라고 할 수 있다. 고대 이집트인들은 지하에 사후 세계가 존재한다고 믿었고, 기독교 세계의 사람들도 사후에 행복한 천국이나 끔찍한 지옥에 영생이 있다고 믿었다. 고대 그리스인들은 인간을 유일무이한 창조물로 보았지만, 다른 다신교 지역에 살던 사람들은 인간과 자연 사이에 연속성이 있다고 생각했다.

지난 2,000년 동안 발전되어온 다양한 학문이나 전문 분야는 전문가 집단들에 의해 구축되고, 새로운 데이터나 이론에 비추어 계속 변화하고 수정되는 지식의 개념으로 자리를 잡았다. 이런 분야 내에 소속된 개인들은 우리가 살고 있는 다양한 세계와 미시적인 세계에 관한 현재의 지식 판도를 파악하기 위해 선구적인 전문가들에게 의존한다.

대부분의 개인들은 세계의 본질과 미래의 진로에 대해 심오한 의문을 품고 있다. 하지만 교육받은 마음을 가진 전문가들의 시각과 교육받지 않은 마음을 가진 대부분의 사람들이 가진 시각과는 격차가 있으며, 그 정도는 더욱 심해지고 있다. 이러한 상황 속에서 직접적인 리더들은 여러 대안들 중에서 선택을 해야만 한다. 스스로 전문가가 되어 전문적인 통찰력을 획득하거나, 아예 그런 분야를 전문가에게 일임하고 새로운 결과만을 앵무새처럼 되풀이하면서 자신의 의견은 제시하지 않을 수도 있다. 혹은 그런 분야 내에서 이루어진 진보를 무시하고, 단지 전통적이고 개인적인 철학만을 견지할 수도 있다.

이 중에서 마지막 대안은 주로 근본주의적인 신념을 가진 이들이 선택하는 방식이다. 예를 들면, 이들은 수천 년 동안 진화 과정이 진행되어 왔다는 명백한 과학적 증거들을 무시하고, 수천 년 혹은 수백만 년 전에 창조주가 한순간에 세계를 창조했다는 개념에 집착한다. 근본주의자들의 심기를 건드리고 싶지 않은 사람들은 이런 과학적 증거와 종교적 신념이 충돌할 때마다 입을 다물어버린다.

일반적으로 리더들은 전문 지식이 발달해 온 분야를 접하게 되면 여러 선택지들에 직면하게 된다. 개인의 정체성이든 집단의 정체성이든 관련 이야기는 본질적으로 주관적인 것이며, 학계의 전문가들이 특별히 기여할 만한 측면은 없다. 하지만 다양한 실체들과 세계의 진로에 관한 전통적인 이야기들은 수세기에 걸쳐 학자들이 쌓아온 업적을 통해 급격히 변화되어 왔다. 오펜하이머나 미드 같은 전문가들은 자신의 분야를 넘어서서 폭넓은 청중을 상대할 때 이러한 학문적인 이야기를 어느 정도나 제공해야 하는가를 결정해야만 한다. 그리고 여러 전문 분야들을 망라해 리더십을 발휘하는 리더들은 한편으로 전문가들의 관점을 고려해야 하고 다른 한편으로는 교육받지 않은 마음을 지닌 청중의 관점을 배려하여 자신의 입지를 세워야 한다.

문화적인 이야기들

멋진 경치를 자랑하는 사모아에 살든 농촌 풍경이 장관인 중국에 살든 많은 종족들이 어우러져 사는 아프리카에 살든 아니면 현대 서구의 산업국가에 살든, 개인은 어떤 식으로든 지금까지 살펴본 여러 문제들에 부딪히게 된다. 그렇지만 이런 주제들이 구체적인 형식을 갖추고 우리 눈앞에 등장하지는 않는 것 같다. 이를 테면 정체성, 집단 소속, 다양한 가치들, 세계의 존재론 같은 사안들을 놓고 적나라한 논쟁을 벌이는 형태로 나타나지는 않는다는 말이다. 대부분의 사람들은 추상적인 이론을 회피하며, 대부분의 이야기 전달자들도 현란한 장면들로 이루어진 독특한 설화나 극적인 삶에서 생생하게 드러난 미덕 같은 구체적인 이야기를 제공한다. 우리는 삶과 죽음의 주제들을 박학다식한 철학자나 신학자의 강의보다는 주로 텔레비전, 영화, 일간지를 통해 접하는 것이다.

수천 년 동안 리더들이나 이야기 전달자들은 인물, 배경, 사건 등을 창조함으로써 이런 이슈들을 구체화시켰고, 특정 문화권의 구성원들에게 효과적인 간단한 형식으로 이런 사안들에 대한 관점을 제공했다. 다른 초기 문명들과 마찬가지로 그리스와 로마인들은 거창한 신화를 구축했는데, 그 신화에는 삶과 죽음의 문제들, 육체적·영적 세계, 개인과 집단의 정체성 등이 생생하게 탐구되어 있다. 서구에서는 그리스도교가 거의 2,000년 동안 그와 똑같은 기능을 했으며, 동양에서는 불교, 이슬람, 유교 등이 지난 2,000년 간 비슷한 사명을 수행해왔다. 교황 요한 23세는 그리스도의 유산을 바탕으로 자신의 뜻을 펼쳤고, 간디는 여러 영적인 전통들을 융화시켰다.

나라마다 역사적으로 영웅의 집단도 있고 악당의 집단도 있다. 미국에서는 수많은 정치활동이 조지 워싱턴George Washington, 베네딕트 아놀드Benedict Arnold, 로버트 리Robet E. Lee와 같은 인물들에 비추어 해석된다. 독일에서는 오토 비스마르크Otto Bismarck, 아돌프 히틀러, 콘라드 아데나워Konrad Adenauer 등이 상징적인 존재들이며, 프랑스에서는 잔다르크Joan of Arc, 나폴레옹, 샤를 드골 등이 평가의 기준이 되는 인물들이다. 지적 분야에서는 셰익스피어Shakespeare, 아이작 뉴튼Issac Newton, 버지니아 울프Virginia Woolf, 마사 그레이엄과 같은 예술가, 작가, 사상가 등이 표상으로 대표되는 인물들이다. 이런 인물들은 존재 자체를 암시하는 것만으로도 이야기의 풍부한 짜임새가 고스란히 드러날 것 같다. 한 세기 전 미국에서는 보통 교육을 받은 사람도 성경과 셰익스피어 희곡에 나오는 장황한 문장을 인용할 수 있었다. 마틴 루터 킹 2세는 연설과 저작물에서 자신의 청중이 성경에 나오는 이야기나 미국 건국 초기의 문서들을 잘 알고 있으리라는 것을 전제로 삼았다.

최근에는 색다른 문화적인 이야기들이 점차 큰 영향력을 발휘하고 있다. 클린트 이스트우드Clint Eastwood와 마릴린 먼로Marilyn Monroe와 같은 배우들이 연기한 영화 속 등장인물처럼 대중매체가 탄생시킨 인물상이나 코카콜라나 나이키 운동화 같은 소비사회의 성공적인 제품들을 통해 많은 현대인들이 영웅주의, 아름다움, 안락한 삶에 대한 개념을 구체화시켰다. 사실 오늘날 많은 젊은이들은 고전 신화, 종교, 문학의 영역보다는 월트 디즈니Walt Disney나 조지 루카스George Lucas나 짐 헨슨Jim Henson이 만들어낸 세계에서 더 편안한 느낌을 갖는다.

대체로 전 세계 어디에서든 일상적인 상호교류에서 구현되는 가치들을 담고 있는 메시지들은 자기 집단의 미덕과 다른 집단의 악덕을 강조해 왔다. 이런 점 때문에 메시지들은 교육받지 않은 마음이 지닌 편견과 너무 쉽사리 융화되는 것이다. 그래서 특별히 관심을 끄는 것이 보다 온건한 세계관이다. 이런 관점을 지닌 사람들은 중용의 장점을 인식하고 흑백논리뿐 아니라 회색논리에도 가치를 두며, 절대적 진실과 불변의 거짓이라는 구도보다는 해석, 성찰, 자의식에 의존한다. 포용적인 정체성을 옹호하는 사람들은 뿌리 깊고 고루한 배타성을 앞세우는 사람들과 항상 충돌한다. 제14장에서 세계적인 문제를 다뤘던 리더들을 살펴볼 때, 뉘앙스가 풍부하고 다원론적이며 개방적인 시각의 중요성을 확실히 알 수 있을 것이다.

미디어 : 이야기의 전달 수단

전통적으로 이야기는 부모들이 벽난로 옆에 앉아서 아이들에게 들려주거나, 정치가나 종교 지도자들이 자신의 지지자들이나 청중에게 들려주는 것으로 여겨졌다. 오늘날의 정치 리더들은 유권자들을 비공식적으로 상대하는 방식으로 '방송 대담'이나 '공개 간담회'를 이용하거나 전국적으로 방송되는 기자와의 좌담회를 자청하여 그런 분위기를 되살리고자 한다.

최근 리더가 대중에게 이야기를 전하는 방식은 두 가지 요소들이 복합되어 상당히 복잡해졌다. 그 첫 번째는 기술 미디어들이 급증했다는 사실이다. 이제는 라디오, 공중파 텔레비전, 케이블 텔레비전, 이메일, 세계적인 초고속 인터넷 등 소통 수단이 다양해졌고, 예전에 등장한 확성기나 마이크는 가장 원시적인 수단으로 전락했다. 간디는 서구 문명의 이기를 경멸했을지 모르지만, 그의 저항운동 역시 전신 telegraph을 통해 전 세계에 즉시 알려지지 않았다면 결코 성공할 수 없었을 것이다. 마틴 루터 킹 2세는 자신이 인종차별주의자인 관료들과 대결하는 광경을 많은 사람들이 시청할 것이라는 사실을 염두에 두고 있었다. 독일 영화감독 레니 리펜슈탈 Leni Riefenstahl 은 섬세하게 연출한 다큐멘터리를 통해 히틀러와 나치의 신화 구축에 크게 기여했다. 현대의 순교자들이나 (종종 순교자로 자처하는) 테러리스트들이 자신들의 탈법적인 혹은 창의적인 메시지를 전 세계에 전파시켜줄 미디어에 쉽게 접근할 수 없었다면 과업의 추진은 생각조차 할 수 없었을 것이다. 시각미디어는 정보를 가장 자극적이고 함축적인 영상으로 축소시키려는 거의 충동에 가까운 경향을 갖고 있다. 따라서 이런 특성 때문에 시각미디어를 통해 복잡한 문제들을 진지하게 다루기는 매우 어려운 일이다. 그리고 긍정적이든 부정적이든 대부분의 인쇄미디어들이 시각적인 방송미디어를 따라가고 있는 실정이다.

두 번째 요소는 리더의 이미지를 창조하고 조작하는 것과 관련이 있다. 리더들은 항상 주변에 조언자들을 두고 있다. 성서에 등장하는 모세와 같은 특별한 리더들도 대변인을 두었던 것으로 알려져 있다. 그의 경우에는 달변가였던 동생 아론이 있었다. 하지만 오늘날에는 국가적 지도자가 발설하는 말 한마디 한마디를 만들어내고 그가 대중 앞에서 대중의 열망에 부합될 만한 뉘앙스를 던질 수 있도록 사전 작업을 진행하는 수십 명의 전문가들이 있다. 표적 집단focus group 시민들의 역할은 굉장히 중요해졌는데, 영향력 있는 공화당의 미디어 전략가인 로저 에일스Roger Alies는 이렇게 말했다. "나는 죽으면 다시 돌아와서 실질적인 권력을 얻고 싶다. 나는 표적 집단의 구성원으로 돌아오길 원한다."

따라서 청중의 구성원들은 리더가 하는 말이 실제로 자신의 생각에서 우러나온 것인지 아니면 미디어 전략가들이 만들어낸 것인지 분간하기가 어려워졌다. 많은 리더들은 처음부터 이미지 창조와 변형을 전문적으로 다루는 사람들이 만들어낸 가면을 쓰고 있다. 진정한 리더, 전혀 꾸밈이 없는 순수한 리더를 만나고 싶다는 열망은 긍정적인 것이라고 할 수 있다. 로스 페로 같은 정치가들이 대중에게 점수를 딸 수 있었던 것은 자신들이 미디어나 수많은 미디어 전략가들의 손길을 거치지 않았다는 사실을 강조했기 때문이다. 하지만 훌륭한 배우가 진실한 모습을 연기로 보여줄 수 있듯이 리더의 순수성도 만들어질 수 있다. 하지만 순수하다고 주장하면서도 조명 아래서 아마추어처럼 어색한 연기를 보여주는 이들도 적지 않다.

종합의 종류

개인들이 이야기와 이야기의 전달자, 그리고 그들 사회에 널리 알려진 메시지와 메시지의 실천 등을 접하게 되면 나름대로의 판단을 내리고 '종합'이라는 목표를 이루어내야 한다. 개인들은 인생 초기에는 모순을 안고도 무리 없이 살 수 있다. 왜냐하면 'A'에 대한 믿음과 'A가 아닌 것'에 대한 믿음 사이의 긴장감을 느끼지 못하기 때문이다. 혹은 그런 갈등을 느낀다 하더라도 아주 미약해서 한순간에 사라져버린다. 하지만 인지 수준이 높아지면서 대부분의 개인들은 서로 모순된 제의들이나 계획들 간의 상당한 긴장감을 경험하며 상반된 관점들을 절충하고 싶은 충동을 느끼게 된다.

종합의 범위는 개인에 따라 천차만별이다. 우선, 모든 주류 문화나 하위문화가 일관성이나 모순성에 반드시 예민한 것은 아니며, 모두가 그런 긴장을 해소하기 위한 노력에 큰 가치를 두고 있지도 않다. 데카르트식의 논리적인 일관성에 따른 통제를 중시하는 사회가 있는가 하면, 상이한 신념들이 혼재하거나 심지어 생산적인 방향으로 공존하는 것이 허용되는 사회도 있을 수 있다. 서로 상반된 신념들을 품고 있는 개인을 용납하지 않는 사회와, 일관성을 "어린 마음의 도깨비 hobgoblin of little minds"라고 경멸했던 랄프 왈도 에머슨 Ralph Waldo Emerson의 입장이 보편화된 사회의 차이는 너무도 극명하다.

하지만 상이한 문화적 규범들을 차치하고라도 한 사회 내의 개인들도 종합을 추구하는 범위나 모순을 수용하는 범위는 각기 다르다. 심리학 용어로 설명하자면 이러한 역치 threshold*의 차이들은 곧 '개인적인 차이'라고 할 수 있다. 그리스 시인 아르킬로코스 Archilochus가 여우라고 칭했던 사람들은 서로 경쟁하는 체계들이 뒤얽혀 있는 상태에

---

* 심리학에서 어떤 반응을 일으키는 데 필요한 최소한의 자극 강도를 나타내는 수치 – 옮긴이

잠입해 있는 것을 선호한다. 반면 그가 고슴도치라고 칭했던 사람들은 '거대한 하나 one big thing'만을 신봉한다. 또한 개인들이 모호성을 수용할 수 있는 범위도 제각각이다. 또 다시 심리학적 분석을 차용하여 두 집단을 대조해 볼 수 있다. 파시스트적 성향을 측정하는 심리테스트에서 높은 점수를 받은 사람들은 무엇보다도 질서와 조직을 갈망한다. 반면에 낮은 점수를 받은 사람들은 어느 정도의 혼란, 불일치, 미세한 모순 따위에서 편안함을 느끼거나 심지어는 그런 것들을 적극적으로 추구하기도 한다.

리더들 사이에도 이런 개인적 차이가 다양하게 나타난다. 그들 역시 종합에 대한 욕구가 서로 다르고 추종자들에게 제시하는 이야기의 일관성과 짜임새의 정도도 제각각이다. 레이건 대통령을 비롯한 미국의 몇몇 대통령들은 명백한 모순에 크게 개의치 않았다. 레이건 대통령은 균형예산에 대한 확고한 신념을 고수하면서도 적자를 증가시킨 법안에도 웃으면서 서명을 했다. 그와는 대조적으로 엔지니어 출신의 허버트 후버 Herbert Hoover 대통령과 지미 카터 Jimmy Carter 등 다른 대통령들은 명백한 모순을 의식했으며, 가능한 한 일관성을 유지하려고 애썼다. 그런 이유 때문에 그들은 이따금씩 부적절한 상황에 직면해야 했으며, 결국에는 대통령 재선에 도전해 실패하는 아픔을 겪어야만 했다.

앞에서 나는 이야기와 실천이 서로 일치하는 리더의 장점을 언급했다. 이런 종합은 많은 리더들과 추종자들의 심미안을 충족시켜 준다. 그러나 나는 그런 일관성이 반드시 성공에 필수적인 징표는 아니라는 사실을 밝혀두고 싶다. 대부분은 아닐지라도 많은 사람들이 A라는 이야기와 F라는 이야기 사이의 불일치에 집착하기보다는 여러 가지 흥미 있는 개별적인 이야기들에 큰 관심을 갖는다. 그리고 이야기가 그 자체만으로 충분한 매력을 갖고 있다면 이야기와 실천의 모순에 대해서는 주의를 기울이지 않을 것이다.

이야기에 관한 여러 가지 논점

잠시 요점을 간단히 정리해 보자. 나는 지금까지 리더십을 획득하고 추종자들을 확보할 수 있는 열쇠가 '이야기의 효과적인 소통'이라고 주장해 왔다. '이야기'에 대한 나의 정의는 그 범주가 넓긴 하지만, 많은 사람들이 안고 있는 핵심 사안에 초점을 맞추고 있다. 리더들이 창조하는 가장 기본적인 이야기는 개인의 정체성이나 집단의 정체성 문제들을 다룬다. 대규모적인 변화를 일으키려는 리더라면 어떤 식으로든 청중의 구성원들이 '나는 누구인가?' 혹은 '우리는 누구인가?'라는 질문의 해답을 추구하는 데 도움을 주어야 한다. 이런 분석을 고려해 볼 때, 리더들의 이야기들을 부각시켜 소개하는 것은 많은 깊이 있는 문제들을 야기하게 된다.

우선, 리더들의 이야기를 결정하는 일은 간단하게 처리될 수 있는 것이 아니다. 리더들은 많은 시기에 많은 사안들에 대해 언급한다. 그리고 언급한 모든 것이 이야기가 될 수는 없으며, 같은 레퍼토리에 해당하는 모든 이야기들이 항상 서로 부합되고 일관성이 있는 것도 아니다. 이 연구에서 나는 단지 한 차례 언급된 이야기나 진술은 거의 다루지 않았다. 그보다는 빈번하게 출현했고 특정한 역사적 시기에 특정한 인물을 규정지을 수 있는 이야기나 실천 사례를 찾았다. 그리고 구성 면에서 상당한 효과를 발휘했던 것처럼 보이는 이야기들에 관심을 두었다. 나는 역사적인 기록이나 전기를 검토하는 연구자들 또한 이와 비슷한 이야기들과 만나게 되리라고 본다. 또 누군가가 어떤 리더의 측근들과 인터뷰를 하더라도 그들 역시 내가 선별한 이야기나 실천 사례들을 언급하게 될 것이라고 생각한다.

두 번째 논점은 이야기의 특징을 기술하는 방법과 관련이 있다. 이 책에서 나는 이야기의 기초 요소를 중심으로 설명했다. 말하자면 리더들이 직접 전달한 말이나 이미지를 구구절절이 기술하기보다는 핵심사항만을 짚어낼 것이고, 특정한 사례를 상세히 설명하지는 않을 것이다. 각각의 이야기는 길이에 따라 혹은 등장인물, 에피소드, 위기의 수에 따라 장황하게 설명할 수도 있겠지만, 나는 그런 상세한 배경 지식을 얻는 일은 독자에게 맡기고자 한다. 그럼으로써 나는 이 장에서 소개한 리더십의 기본 틀이 적용되는 이야기를 논의하는 데에만 집중할 수 있을 것이다. 이를 테면 정체성이나 집단 소속 같은 특정한 주제, 선과 악의 투쟁 혹은 상대주의적 관점 등과 같은 이야기의 정교성 수준, 그리고 가치의 실천 등을 주로 다루게 될 것이다.

나의 접근법은 두 가지 비판적인 입장과 부딪히게 된다. 첫째, 이야기의 의미와 용도는 대개 개인이 받아들이기 나름이라는 주장이 제기될 수 있다. 어떤 개인의 정체성에 관한 이야기는 다른 개인의 가치나 집단 소속의 문제를 다룰 수도 있다. 또 어떤 사람이 단순하게 여기는 이야기를 다른 사람은 복잡한 것으로 생각할 수 있다. 이야기가 사용될 당시의 상황, 이야기를 전달하는 인물의 정체성, 그리고 그 이야기를 듣는 청중의 지위 등은 이야기의 내용 자체만큼이나 중요한 것으로 입증되었다.

나는 이런 맥락주의contextualism적 입장을 조심스럽게 수용하고자 한다. 이야기는 항상 전달자의 말과 청중의 귀 사이의 상호작용에 필요한 매개체가 되는데, 유능한 리더들은 명확한 단일 메시지가 다양한 청중들 사이에서 서로 다른 효과들이 동시에 발현되도록 소통의 애매모호한 특성을 이용한다. 분명히 마틴 루터 킹 2세도 주요 연설을 할 때 인종차별 문제를 인식하는 사람들에서부터 헌신적인 민권운동가들, 이념적으로 중도 노선을 취하는 정치가들이나 자금지원자들에 이르기까지 각기 다른 수많은 청중들을 염두에 두었다. 리더를 분석하려면 이런 다수의 목표들과 의미들을 무시하기보다는 이해하려는 노력을 기울여야 한다. 동시에 나는 포스트모더니즘적인 입장과 대조되는 결론을 내리고자 한다. 만일 우리가 접하는 이야기나 메시지들에서 특유의 맥락을 넘어서는 의미들을 찾을 수 없다면 인간성에 관한 연구는 중단될 수밖에 없을 것이다.

둘째, 이야기들에 관한 또 하나의 까다로운 논점은 발달주의에 관해 내가 취하고 있는 입장이다. 내가 말하는 발달주의적 입장이란 리더들과 추종자들의 발달을 고찰한다는 의미와, 정교성의 발달을 기준으로 이야기들을 기술한다는 의미를 담고 있다.

내 생각에 사회과학이 계속 진보할 수 있었던 것은 학자들이 유기체나 제도를 초기의 발생 과정부터 시작해 성숙 혹은 붕괴에 이르기까지의 연속성과 불연속성을 추적해 온 덕분이다. 누구에게나 인생의 초기에는 리더십이나 팔로우어십의 잠재성을 가지고 있다. 그렇지만 완벽한 리더십은 결코 달성될 수 없으며, 그것은 항상 '발달 상태'에 있을 뿐이다. 따라서 발달주의적 관점을 견지하고 있어야만 오랜 시간에 걸쳐 리더들과 추종자들 사이에 전개되고 있는 불변의 역학관계를 제대로 파악할 수 있다. 정교성의 수준을 기준으로 이야기들의 특성을 추출해내는 것은 더더욱 논란의 여지가 많다. 하지만 이 방식은 경험적 연구를 통해 이미 입증되었기 때문에 그 타당성을 인정할 수도 있다. 수십 가지의 연구에서 학자들은 5살, 10살, 15살 아이들이 가진 사고방식과 세계관의 일반적인 차이들을 분명하게 밝혀냈다. 하지만 공정성의 측면을 따져보자면 이런 연구들의 대부분이 현대 서구 사회에서 행해진 것이고, 자연스런 환경에서 시행된 민족지학ethnography적 탐구보다는 주로 실험적 환경에서 발생한 여러 딜레마에 근거하고 있다는 점을 지적하지 않을 수 없다.

하지만 내가 발달주의적 서술 구도를 이용하는 데는 다른 합리적 이유들이 있다. 이런 구도가 보편성을 드러낸다고 믿든 믿지 않든 그것은 이야기를 분석하는 편리한 도구가 된다. 예를 들어, 처음 발견된 어떤 사회에서 어린아이들은 상대주의자이며 노인들은 절대주의자라는 새로운 사실이 밝혀지더라도 그 구도를 적용할 수 있다. 또한 이 구도는 서로 경쟁하거나 충돌하는 이야기들을 서로 비교할 수 있는 방식도 제공해 준다. 왜냐하면 각각의 이야기는 목적과 내용이 서로 다를 뿐 아니라, 그것들의 이해 및 전달 과정에 수반되는 인지 매커니즘에서도 차이가 나기 때문이다.

하지만 이런 구도를 이용하려는 나의 주된 목적은 기존의 이론 수립 과정에 반기를 들고자 하는 것이다. 발달주의자들 사이에서는 개인들이 인생에서 여러 단계들을 거치며 나중 단계가 이전 단계를 포섭해버리고, 어떤 경쟁에서든 더 발달된 형태가 승리한다는 가정이 통념으로 되어 있다. 앞서 언급한 대로 나의 인습타파주의적 결론은 그런 통념을 뒤집는 것이다.

내 생각으로는 이야기들은 제각기 그 작용 방식이 다양하며, 의식적인 것이든 무의식적인 것이든 여러 수준에서 서로 경쟁을 벌인다. 특정한 기준에 따라서 정교성의 발달 수준이 하나의 경쟁 요소가 될 수는 있지만 그것이 유일한 것은 아니다. 게다가 대부분은 아닐지라도 다수의 사례들에서 정교성의 수준이 결정적인 요소가 되지 않는다. 전문가들 사이에서는 분명히 정교한 이야기일수록 득세할 가능성이 높다. 하지만 어떤 인물이 자신의 전문 분야를 넘어서거나 이질적인 공동체의 한 구성원이 되는 경우, 그는 백지상태에서 다시 시작해야 한다. 리더들은 청중의 구성원들이 이야기나 실천 사례에 매료되는 다양한 동기들에 관심을 기울여야 할 뿐 아니라, 동시에 교육받지 않은 마음의 영속적인 힘을 다룰 수 있어야만 한다. 현실이 이렇기 때문에 정체성에 관한 정교한 이야기가 훨씬 단순한 이야기의 공격에 패배하는 것이다.

나는 각각의 이야기와 반대이야기를 발달 단계별로 분류하지는 않을 것이다. 그것은 합리적이지도 않고 의미 있는 일도 아니다. 그 대신에 리더들이 제시한 이야기들의 정교성 수준을 서로 비교해 가며 설명할 것이다. 그리고 그런 이야기들이 문화권 내에서 다른 이야기들이나 반대이야기들과 경쟁하면서 맞게 될 운명을 기록할 것이다. 그 과정에서 정체성, 가치, 의미에 관한 정교한 이야기가 보다 광범위한 지지를 얻는 단순한 이야기에 의해 밀려나는 사례가 종종 되풀이된다는 사실이 드러날 것이다. 참고로 부록I에는 주요 이야기들과 반대이야기들의 내용을 요약해 놓았다.

서론은 이 정도면 충분하리라 여겨진다. 이제는 본격적으로 다양한 리더들을 살펴볼 차례이다. 제2부에서 우리는 특수한 시대적 상황에 처해 있던 특별한 리더들에게 관심을 기울이면서, 앞서 소개했던 기본형식에 들어맞는 다양한 이야기들이 작용하는 과정을 살펴볼 것이다. 또한 잠재적인 추종자들뿐 아니라 야망 있는 리더들의 마음속에서 이런 이야기들이 서로 갈등을 일으키는 양상도 관찰하게 될 것이다. 그리고 리더들이 창조한 이야기들의 규모와, 리더들과 추종자들이 개별적인 이야기들을 특정한 틀 안으로 통합시키고자 하는 충동의 범위도 살펴볼 기회를 갖게 될 것이다.

앞서 지적했듯이 이 특별한 연구는 전문 분야에서 변화의 바람을 일으켰던 창조적인 인물들에 관한 나의 이전 연구를 바탕으로 한 것이다. 따라서 이 연구는 각 분야에서 일찍이 창조적인 인물로 평가 받던 두 인물에서부터 출발하려고 한다. 마거릿 미드는 지그문트 프로이트에 필적할 정도는 아니지만, 인간 본성의 개념을 변화시키는 데 큰 기여를 했다. 로버트 오펜하이머 역시 알베르트 아인슈타인에 비길 수는 없어도 우리가 물리의 세계를 폭넓게 이해하는 데 공헌했던 인물이다.

미드나 오펜하이머는 소속 분야의 전문가들만을 상대하는 학자로 남아 있는 데에만 만족하지 않았다. 그들의 삶을 추적해 본 결과, 두 사람 모두 보다 광범위한 주제를 가지고 대규모 청중에게 다가갔다. 실제로 그들은 각자 경력의 말기에는 간접적인 리더에서 직접적인 리더로 변모해 있었다. 한창 공적인 활동을 벌일 때 그들은 인간 조건에 가장 깊은 영향을 미치는 정체성과 가치의 근본적인 문제들을 다루며 청중에게 자신의 견해를 직접 밝혔다. 그렇게 해서 그들은 전형적인 간접적인 리더에서 직접적인 리더에 이르기까지 리더십의 흐름을 두루 거쳐간 삶을 살았던 것이다.

제 2 부
시대와 사람을 변화시킨 리더들

제4장

마거릿 미드
원시문화 속에서 미래를 발견한 인류학자

Margaret Mead, 1901~1978

> 나는 평생의 대부분을 먼 곳에 사는 이민족들의 삶을 연구하였는데, 그 목적은 미국인들이 자기 자신을 보다 잘 이해할 수 있도록 하는 데 있었다.
>
> – 마거릿 미드

    1929년 9월, 20대 후반의 마거릿 미드는 두 번째 현장답사를 마치고 미국으로 돌아왔다. 그녀는 첫 번째 저서인 『사모아인의 성년 Coming of Age in Samoa』 덕분에 자신이 유명인사가 된 사실을 알고는 놀랐다. 그녀의 책은 과학적으로도 중요한 성과였지만 일반인들에게도 굉장한 관심을 불러일으켰다. 미드는 책의 인세로 돈을 벌면서 대공황 동안에도 젊은 학자로서는 드물게 자유롭게 활동할 수 있는 여건을 가질 수 있었다. 이 시점에서 그녀는 인류학 분야에서 다른 전문가들과 교류하며 순수 학문에 인생을 바칠 것인지, 아니면 지금보다 범위를 넓혀 대중을 상대로 활동할 것인지 운명적인 선택의 기로에 서게 된다.

    그 나이에 성공을 거둔 젊은이라면 성공에 안주하기보다는 더 큰 가능성을 꿈꾸는 게 당연한지도 모른다. 미드는 특히 커다란 업적을 이룰 수 있는 인물로 예견되어 있었던 듯하다. 미드 자신의 말이나 다른 사람들의 얘기를 들어보아도 그녀는 남다른 어린 시절을 보낸 것 같다. 모두 사회학자였던 그녀의 부모는 장녀인 미드에게 큰 관심을 쏟았다. 그들은 13권의 노트에 미드의 어린 시절을 상세히 기록해 놓고 있다. 또한 유아 시절부터 그녀를 어른으로 대접해 주었으며, 성장해서 훌륭한 일을 해낼 것이라는 기대감을 불어넣었다. 교사였던 미드의 친할머니는 사려 깊고 성실하며 균형 있는 삶의 역할모델이 되어 주었고 그녀를 적극적으로 후원해 주었다. 사실 미드는 사랑하는 할머니 슬하에서 대부분의 교육을 받았다. 미드는 사회적이고 예술적인 재능 뿐 아니라, 많은 기회를 부여받은 인물이었다. 한 친구는 미드를 어디로 발사될지 모르는 고성능 미사일에 비유했다. "그녀가 큰 인물이 되리라는 것은 분명했어요. 그래서 어떤 인물이 되느냐는 중요하지 않았죠."

일생 동안 미드가 제대로 적응하지 못했던 얼마 안 되는 시기 중의 한 때가 인디애나 주에 있는 드포De Pauw 대학 신입생 시절이었다. 조숙하고 지적인 젊은 미드에게 사교생활 위주의 대학 분위기는 적성에 맞지 않았고 적응하기가 어려웠다. 훗날 미드는 따돌림을 당하던 이 시절의 경험이 유익한 것이었다고 했지만, 당시에는 뉴욕에 있는 바나드Barnard 대학으로 전학할 기회가 생기자 매우 기뻐했다. 대도시 환경 속에서 미드는 다른 유능한 젊은이들과 마찬가지로 서로 마음과 성향이 맞는 지적인 여성 그룹 '애쉬캔캣츠Ash Can Cats'와 어울린다. 그리고 모닝사이드 하이츠와 이미 유명해진 그리니치 빌리지 같은 곳의 지적이고 예술적인 분위기에 흠씬 빠져든다. 그녀는 평생 전 세계를 돌아다니지만 언제나 뉴욕으로 다시 돌아오곤 했다.

평생 세 번 결혼했던 미드는 졸업하자마자 어린 시절 소꿉친구였던 루터 크레스먼Luther Cressman과 첫 번째 결혼을 한다. 하지만 그녀에게 결혼생활이 삶의 중심 무대가 될 기색은 보이지 않았다. 미드의 전 생애를 살펴보면 그녀에게 결혼이란 인생의 한 시점에서 다음 시점으로, 혹은 한 배우자에서 다른 배우자로 건너가기 위한 징검다리였다는 인상을 받는다.

젊었던 미드에게 굉장히 중요한 사건은 당시 명성이 자자하던 독일계 미국인 인류학자 프란츠 보아스 Franz Boas와의 만남이었다. 바나드 대학의 자매학교인 컬럼비아 대학 인류학과 학과장으로서 한창 전성기였던 보아스 교수는 인류학뿐 아니라 언어학, 고고학, 자연인류학 등 부차적인 여러 분야에서도 과학적 성과를 거두며 명성을 떨치고 있었다.

보아스는 수십 년간의 연구를 통해 인종과 문화에 관한 문제에 대해 점차 확고한 의견을 수립하고 있었다. 그는 인간성이 유전적 요인들에 의해 결정된다는 주장에 강한 이의를 제기하였고, 진화에 인위적으로 개입하려는 우생학 정책을 절대적으로 반대했다. 그는 인간의 본질을 역사적, 사회적, 경험적, 문화적 요인들에 의해 형성되는 것으로 보았다. 그리고 전 세계 토착사회들의 비교연구를 통해 자신의 관점을 입증할 자료를 수집하고자 했다.

미드는 초창기에 심리학에 관심을 가졌지만 훗날 생각을 바꾸어 인류학자가 되기로 결심했다. 20대 초반의 컬럼비아 대학원생이던 미드는 보아스와 함께 연구를 시작했다. 또한 그녀는 보아스와 친한 동료인 언어학자 에드워드 사피르 Edward Sapir와 문화인류학자 루스 베네딕트 Ruth Benedict와도 어울렸다. 미드는 이 유능한 세 학자들의 업적을 높이 평가했다. 그리고 세 학자들은 곧 그녀의 의지와 열정과 총명함에 매료되었다.

인류학에 입문한 미드는 현지탐사를 통해 자신의 일가견을 내세울 만한 '부족 people'이 없다면 훌륭한 인류학자가 될 수 없다는 사실을 점차 깨닫게 된다. 미국 인디언 연구자였던 보아스는 미드 역시 동일한 연구를 하길 희망했다. 하지만 누구보다도 의지가 단호했던 미드는 남태평양을 마음에 두고 있었다. 자신이 원하는 바가 있으면 반드시 이루어내고 마는 성격의 미드는 탐사 지역을 선택하는 데도 역시 자신의 뜻을 관철시켰고, 마침내 23세라는 젊은 나이에 사모아로 향했다.

미드의 연구과제는 사모아인들의 성장과정, 특히 사모아 여인들의 청소년기에 초점을 맞추고 있었다. 미드는 많은 정보제공자들과 인터뷰를 하고 수많은 사모아인들의 사례를 연구하면서 1년간 현지를 탐사했다. 그녀는 평생 그랬듯이 지칠 줄 모르는 열정으로 수많은 노트에 기록을 하고 항상 예리한 눈과 폭넓은 감수성으로 모든 것을 세밀하게 관찰했다.

보아스와의 인연으로 미드는 사모아에서 또 하나의 중요한 사명을 맡고 있었는데, 그것은 생물학적 결정론을 반박하기 위한 증거를 찾는 일이었다. 20세기 초반의 저술가들 중에서 특히 심리학자였던 스탠리 홀G. Stanley Hall 같은 사람은 청소년기는 생물학적으로 '폭풍과 스트레스storm and stress'라는 사춘기의 특징을 불가피하게 갖는 시기라고 주장했다. 이런 주장에 동의할 수 없었던 보아스는 서구 청소년들 사이에서 드러나는 반항 기질과 낭만적 성향이 '원시적인' 사회의 청소년들에게는 없을지도 모른다는 의문을 미드에게 제기했다. 그런 차원에서 그는 미드에게 사모아의 젊은 여성들의 경험을 주의 깊게 관찰해 볼 것을 제안했다.

현지탐사를 토대로 미드는 이렇게 결론을 내렸다. 사모아인들의 어린 시절과 청소년기는 복잡한 현대 서구사회의 청소년기와는 완전히 다르다. 사모아 아이들은 핵가족이 아닌 15~20명의 대가족 안에서 성장하며, 아이와 어른의 관계는 비공식적이고 확산적이며 복합적이다. 이는 한두 가지의 핵심적인 결합요소나 강한 열정으로 결집되어 있는 서구인들의 관계와는 상이한 것이다. 대체로 사모아인들의 인간관계에서는 서구인들의 마음을 괴롭히는 죄의식 따위가 없었다. 특히 흥미로운 사실은 사모아의 십대들은 휴식과 성적 유희를 즐겼고 골칫거리나 지속적인 정신적 쇼크 따위로 고통을 겪지 않았다. 그들에게 금욕에 대한 강요나 로맨스에 대한 꿈, 잠재적인 오이디푸스 콤플렉스 같은 부담은 별로 없었다. 미드는 사모아인들의 성적 관계에 대한 자유로운 태도를 예찬하였고, 청교도적 전통 속에서 자란 서구의 젊은이들을 괴롭히는 압박감과 후회를 대비시켰다. 미드는 청소년기가 폭풍 같은 시기라는 홀을 비롯한 여러 학자들의 주장을 반박하며, 사모아에서의 청소년기가 서구에서의 청소년기보다 훨씬 '더 자유롭고 느긋하고 덜 복잡한 것'이라고 밝혔다.

미국으로 돌아오자 미드는 연구생활의 관행을 만들고 이를 평생 실천하게 된다. 즉 새로운 현지탐사를 떠나기 전에 이전 탐사지에서 기록한 내용을 논문으로 저술하는 것이었다. 미드는 첫 번째 저술로 『사모아인의 성년』을 출간했는데, 이 책은 다른 인류학자들뿐 아니라 일반 대중에게도 큰 반향을 불러일으켰다. 미드의 원고는 처음에 하퍼스 출판사에 의해 거절당했으나 윌리엄모로 출판사가 받아들였다. 이 책의 편집자인 테이어 홉슨 Thayer Hobson은 미드에게 원고의 결론 부분에 두 개의 장을 더 추가해 달라는 운명적인 요청을 한다. 그녀가 발견한 인류학적 연구결과가 현대 미국인들의 양육 문제와 관련해 어떤 의미가 있는가를 제시해 보자는 것이었다.

이렇게 추가된 내용은 책의 독특한 맛과 무게를 더해 주었고, 그 덕분에 마거릿 미드는 30세가 되었을 때 교양 있는 미국인들 사이에서 이미 유명인사가 되어 있었다. 이 책의 마지막 페이지에서 미드는 남태평양 사람들의 삶을 20세기 미국인들의 삶보다 더 나은 것으로 평가하고 있다. 수많은 선택이 쌓여 있으며 다인종으로 이루어진 급변하는 사회에 살면서 미국인들은 범죄, 타락, 대인관계 갈등, 노이로제, 예술적 표현을 낳는 전통의 붕괴 따위의 양상으로 그 대가를 치르고 있다고 주장했다. 그녀는 남태평양의 낙원을 향수어린 눈으로 바라본다. 그곳의 생활은 공식화되어 있지 않고 서두를 일도 없으며 심리적 부적응 같은 것도 없다. 그녀는 그곳에서는 "눈물을 흘리는 가장 큰 이유가 있다면 죽음 말고는 친척이 다른 섬으로 여행을 떠날 때뿐"이라고 기술했다.

미드는 현대인들이 사모아인들의 삶의 방식을 따라야 한다고 주장하지는 않았다. 그녀는 그런 삶의 방식이 열정적인 그녀 자신은 물론 미국인들의 삶을 변화시킬 수 있는 대안이 될 수 없다는 것을 알고 있었다. 하지만 그녀는 미국인들이 다른 사람들의 삶의 방식에도 눈길을 돌려봄으로써 자신들의 삶과 교육 문제의 개선 방안을 찾아보라고 촉구했던 것이다.

35년 후 미드는 자신의 저서 『사모아인의 성년』을 돌이켜보면서 이렇게 적었다. "이것은 전문적인 인류학자가 교양 있는 일반인들을 위해 쓴 최초의 인류학 책이다. 이 책에는 동료 학자들을 납득시키면서 일반인들을 혼동시키기 위해 가미하는 학문적 치장 따위는 완전히 배제시켰다." 미드 자신이 의도했든 의도하지 않았든 그녀의 책은 서로 전혀 다른 두 부류의 독자층을 상대로 한 것이었다. 이 별개의 독자층은 이 책을 읽고 서로 다른 기대와 반응을 보였다.

다른 동료 인류학자들은 어떤 기대를 가지고 있었을까. 그들은 미드가 보아스의 제자이므로 그녀가 주도면밀하게 민족지학적 연구를 수행할 것으로 기대했다. 지금까지 연구되지 않은 사회를 세밀하게 관찰하여 충실하게 기록할 것이라고 생각했다. 또 보아스의 이론을 잘 알고 있었기 때문에 그녀가 사모아인들의 행동에서 유전적, 진화적, 인종적 혹은 다른 생물학적 요인들을 인정하는 결론을 내리지 않을 것이라고 예상했다.

그러나 미드는 학자들을 깜짝 놀라게 했다. 경험이 별로 없고 심지어 대학 사회의 거의 모든 동료들보다 나이가 어린 인류학자가 그렇게 예리하면서도 단호한 결론을 내릴 것이라고는 예상하지 못했기 때문이다. 게다가 그녀가 아직 소수에 불과한 여성학자라는 점을 고려해 볼 때, 그런 과감한 주장을 펼친다는 것은 굉장히 놀라운 일이었다. 학자란 보수적이고 유보적이며 선례를 중시하는 경향이 있다. 이런 전통적인 태도를 과감히 버리고 단 한 차례의 사모아 사례연구를 만천하에 발표함으로써 그녀는 청소년기를 생물학적인 관점에서 파악하려는 주장을 반박했다. 세월이 좀 흐른 뒤에 그녀는 이렇게 회고했다. "인류학에서는 문화가 인생의 한 시기를 쉽게 만들어줄 수 있다는 사실을 한 번 보여주면 된다. 하지만 다른 분야에서는 그런 주장을 하기가 쉽지 않다."

미드의 표현 방식도 동료들의 모범이 되었다. 미드의 말에 따르면 그녀는 자기가 연구한 결과들을 전문용어, 각주, 이론적 틀 등으로 치장된 학술용어로 기술하지 않았다. 오히려 자료를 있는 그대로 제시하고 쉬운 표현으로 결론을 내렸다. 미드의 책 첫 장은 '사모아에서의 하루 A Day in Samoa'라는 제목이 붙어 있는데, 전원적 분위기가 나는 다음과 같은 문장으로 시작된다.

하루 일과는 새벽에 시작된다. 여명까지 달이 하늘에 떠 있을 때는 남자 아이들의 외침이 새벽 전에 언덕 너머에서 들려오기도 한다. 귀신들이 우글거리는 밤에 불안에 떨던 그들은 일터로 서둘러 나가면서 힘차게 서로를 부르는 것이다.

미드는 돈벌이를 목적으로 책을 쓰지는 않았다. 인류학의 핵심적인 문제에 정통했던 그녀는 일상생활 속에서도 예리한 관찰자였다. 『사모아인의 성년』에서 그녀는 원주민의 춤을 아름답게 묘사했고, 그 춤이 사모아 아이들의 교육과 사회에 어떤 의미가 있는가를 자세히 설명해 놓았다. 노처녀가 동생들을 돌보는 방식을 설명한 부분에서는 책임과 권위에 대한 여러 측면을 생각하게 한다. 미드는 학계의 비판을 의식해서 그랬는지는 몰라도 연구의 방법론, 마을의 주택배치, 친족 구조, 정신 장애인 등을 설명해 놓은 5개의 부록을 책의 말미에 두었다.

이 책을 출간함으로써 미드는 창조자와 리더의 행동 특징을 잘 보여주었다. 즉 적극적으로 모험을 감수하고 권위에 맞서겠다는 의지를 표출했던 것이다. 인종적 요인으로 문화적 차이가 나타나고 생물학적 요인으로 청소년기의 문제가 발생한다는 당시의 인류학적 통설을 그녀는 과감히 공격했다. 그녀가 인류학계와 일반 대중을 상대로 그런 책을 출간할 수 있었던 것은 '해낼 수 있다'는 자신감과 의욕을 가졌기 때문이다. 간접적인 리더의 방식대로 미드는 청중과의 직접적인 대화보다는 자신의 저서를 통하여 도전에 나섰다. 그 시도가 실패했다면 그녀는 고리타분한 논문이나 쓰는 신세가 되었거나, 아니면 보다 강력한 도전을 감행했을지도 모르겠다. 그러나 그 책이 큰 성공을 거두면서 보다 큰 규모의 대중을 상대로 리더십을 발휘할 수 있는 방향이 설정되었다.

그 후 인류학계의 다른 학자들은 그녀의 대중적인 경향을 비판하고 나섰다. 『사모아인의 성년』의 탐사방법론과 마지막 결론 부분도 비판했다. 하지만 사실 책이 출간되었을 때 인류학계의 첫 반응은 아주 호의적이었다. 이 얇은 책은 흥미로운 한 사회를 조명하고 논쟁 중인 과학적 문제들을 건설적이고 연관성 있게 다루었다는 점에서 출간 즉시 중요한 저서로 평가받았다. 미국의 인류학자 알프레드 크로버Alfred Kroeber, 영국의 인류학자 브로니슬로 말리노프스키Bronislaw Malinowski, 영국의 의사 겸 과학자 해블록 엘리스Havelock Ellis 같은 학자들이 칭찬을 아끼지 않았다. 출간 당시 이 책이 얻은 대중적인 인기는 인류학계의 입장에서 일종의 보너스 같은 것이었다.

한편 이 책은 다른 측면에서 대중의 인기를 얻었다. 유려한 문체 덕분에 문장은 소설처럼 읽혔다. 따라서 지금까지 폴 고갱Paul Gauguin의 그림이나 서머셋 몸Somerset Maugham의 소설을 통해서만 알려졌던 먼 이국 사람들의 삶의 리듬을 생생하게 느낄 수 있었다. 열대 지역에서 뛰노는 아이, 얌과 타로와 바나나 등을 먹고 낚시를 즐기며 어망을 짜는 청소년, 느긋하고 편안하게 사는 십대들은 급격한 산업화를 겪고 있는 미국에서의 삶과 큰 대조가 되었다. 그곳 청소년들의 한가로운 생활은 당시 미국에서 주목을 끌었던 진보적 교육사상과도 일치하는 듯 보였다. (당시에 텔레비전 미니시리즈가 있었다면 미드의 저서를 각색해 그들의 모습을 더욱 생생히 전달할 수 있었을 것이다.)

미드의 이미지는 전형적인 학자의 이미지와도 상충되었다. 보수적인 독일계 교수도 아니고 수줍은 미혼 여성도 아니었다. 그녀는 열정적이고 매력적이며 모험을 좋아하는 용감한 젊은 여성이었다. 거리의 모퉁이 가게의 점원이나 학교 선생으로 보이기도 하고 영화배우의 꿈을 품고 있을 것 같은 평범해 보이기만 하는 여성이 홀로 지구 저편의 세계로 건너가 '야만인들'과 생활하며 그들의 언어를 배우고 답사 내용을 생생하게 기록한 것이다. 미드의 도발적인 저서는 다른 문화를 연구함으로써 우리의 문화를 더 잘 관찰할 수 있다는 전망을 제시했다.

그 후 10년 동안 미드는 첫 저서가 마련해 준 노선을 따라 연구를 계속했다. 남태평양을 여러 차례 여행하면서 마누스, 아라페시, 문두구모르, 발리 섬 등을 두루 돌아다니며 답사했다. 그녀는 원주민들의 가정생활과 아이의 발달과정을 관찰하면서 문화권별로 남녀의 행동도 살펴보았다. 이제 혼자서 여행할 필요가 없었다. 두 명의 다른 인류학자, 즉 두 번째 남편 레오 포천Leo Fortune과 세 번째 남편 그레고리 베이츤Gregory Bateson을 차례로 대동했다. 특히 베이츤과 함께 답사할 때는 후학을 위해 발리 섬 주민의 놀이문화와 예술작품을 사진과 필름에 담아 기록하는 새로운 민족지학 연구법을 개발했다.

미드는 지리적으로 가깝지만 관습이 뚜렷이 구분되는 여러 문화권을 자주 방문하여 문화유형을 상세히 분석했다. 그녀는 세련된 이론을 펼치기보다는 특정 문화권을 자세히 관찰한 후 그것을 생생하고 암시적으로 기술하는 데 재능이 있었다. 그렇지만 베이츤이나 포천과 공동 작업으로 여러 문화권의 유사한 점과 대조되는 점을 구조적으로 분석하기도 했다. 이 분석은 전 세계 어디서나 존재하는 두 가지 차원, 즉 성sex과 기질의 상호작용을 설명한 것이다. 모든 문화권에는 이 두 차원이 상호작용을 하고 있지만, 그 방식은 문화권별로 일정한 패턴이나 변형을 드러낸다고 미드는 주장했다.

미드와 베이츤은 여러 문화권을 연구하면서 각 문화권이 성과 기질이라는 핵심적 차원에 따라 어떻게 적응하는지 설명할 수 있었다. 그래서 그들은 존재할 수 있는 모든 패턴을 아우르는 구도를 작성했다. 미드의 주장에 따르면, 문두구모르 부족은 호전적이고 소유욕이 강한 남녀를 존중하고 아라페시 부족은 부드럽고 사려 깊은 사람을 인정해 주었다. 두 문화권은 이렇게 기질적 차이가 뚜렷하지만 남녀 구분 없이 유사한 행동양식을 요구했다. 하지만 다른 여러 문화권에서는 남녀에게 각기 다른 행동양식을 요구하고 있었다. 그런데 참불리 부족의 경우는 남녀의 역할이 다른 많은 현대 문화권에서 볼 수 있는 것과는 정반대였다. 활달하고 인정 많은 참불리 여성들은 주로 사업상의 일을 맡아서 하는 반면, 남성들은 명목상의 위세를 지녔을 뿐이고 하찮은 일에만 관심을 기울이고 있었다.

미드는 뉴기니 부족들의 자료를 기초로 남녀의 역할이 따로 정해져 있다는 통설에 강력히 반대했다. 다음은 가장 많이 인용되는 미드의 진술이다. "우리는 인간의 본성이 믿을 수 없을 만큼 유연해서 대조적인 문화적 전통들에 순응하기도 하고 반발하기도 한다는 결론을 내리지 않을 수 없다. …… 문화는 인간이 만드는 것이며, 인간의 재료로 구성되어 있다."

이러한 유형학typology은 한 사회 내에서 적응이나 갈등이 존재할 수 있음을 암시하는 것이다. 개인의 성적·기질적 경향이 그가 소속된 사회의 기대치와 부합하는 경우가 기대치와 충돌하는 경우보다는 아이 양육에 훨씬 수월할 것이다. 미드와 베이츤은 자신들이 소속 문화권에서 일탈한 변종들이라고 생각했다. 그리고 자신들이 사회 규범에 적응하지 못한 경위와 방식도 이해하게 되었다. 그들은 4가지 구도에 따라 연구한 뉴기니 부족들을 배열한 후, 이 구도를 재구성하여 서구사회에도 적용시켰다. 그럼으로써 자신들이 고안해낸 성과 기질의 조합을 완성시켰다. 원시사회뿐 아니라 서구사회에도 그러한 구도를 적용할 수 있다고 확신한 두 사람은 이 구도가 획기적인 발견이라고 생각했다. 그리고 미국에 있는 보아스에게 전보로 그 내용을 알렸다. 그들이 굳게 믿었던 성과 기질의 구도는 자신들이 몸소 실천했던 이야기이기도 했다. 이 구도가 두 창안자들의 특이한 삶을 잘 설명해 준다는 사실만으로도 이론의 타당성은 충분히 입증된 것이 아닐까?

그렇지만 사실 미드와 베이츤이 개발한 구도는 인류학계에 큰 영향을 주지는 못했다. 이들 부부의 딸이면서 역시 인류학자인 메리 캐서린 베이츤 Mary Catherine Bateson 도 이 이론이 논리적으로 완벽하지 않다고 지적했다. 하지만 이것은 미드가 향후 연구를 진행하는 데 기초가 되는 중요한 성과였다. 그녀는 상세히 관찰한 7개 부족들의 자료를 바탕으로 '마음속 서류함'에 서로 상이한 육아와 생활양식의 패턴을 갖게 된 것이다. 평생 동안 그녀는 이 서류함을 활용하여 다양한 후진국 문화권들을 비교 및 대조하면서 아무도 예견하지 못한 독특한 시각으로 서구문화를 조망했다.

한 가지 예를 들어보자. 미드는 발리 섬 주민의 최면상태에 대해 연구하였는데 그것이 유아기에 어머니와의 특별한 관계, 즉 어머니가 아이를 놀리는 행위에서 유발된 것임을 밝혀냈다. 처음에 아이는 이런 행위로 인해 발작적인 웃음이나 격렬한 울음을 터뜨린다. 이런 행위가 반복되면서 아이는 점차 아무런 반응을 보이지 않게 된다. 그러나 아이가 청년이 되면 내성적이고 고립적인 성격을 갖게 된다. 발리의 성인들은 다른 사람들과 친밀한 관계를 맺는 것을 꺼리며 감정 표현을 쉽게 통제하는 수단으로 의식儀式이나 예술을 이용하는 것을 좋아한다. 그러나 최면에 빠지면 어린 시절의 경험이 재현되고 그토록 갈망했던 감정의 해소가 다시 한 번 이루어지게 된다. 미드는 이런 구체적인 사례를 먼저 설명한 후, 유아기의 어머니와 자식 간의 상호작용과 성인에 되었을 때 나타나는 성적, 의식적 패턴 사이에 관계가 있음을 평이한 글로 제시했다. 이런 추론적인 분석은 다른 인류학자들에게 큰 자극이 되었으며, 미지의 사회에 대한 큰 관심을 불러일으켰다. 또한 이민족 사회에 대한 정보와 새로운 통찰을 목마르게 기다리던 일반 청중을 매료시켰다.

1930년대에 미드는 많은 업적을 달성했다. 개척적인 현장답사를 계속했고 진부한 학자들뿐 아니라 호기심 많은 대중을 위해 민족지학 관련 논문을 집필하였으며, 인류학 연구에 도움이 되는 이론적이고 방법론적인 아이디어를 많이 내놓았다. 그녀는 연구 과정에서 인류학자였던 두 남편들에게서도 많은 도움을 받았다. 특히 베이츤과의 공동 연구는 상당한 시너지 효과가 있었다. 하지만 미드의 열정적인 실천과 끈질긴 권유가 없었다면 두 남편들은 인류학 전문가이자 지성인으로 성장할 수 없었을 것이다. 그녀는 한때 이렇게 말했다. "레오는 나보다 귀가 밝았고 그레고리는 훨씬 더 귀가 밝았죠. 하지만 두 사람 모두 어느 집 돼지가 죽었는지 알아차리지 못했어요. 그 사실을 알아차린 것은 항상 나였어요."

미드의 삶이 이런 식으로 계속되었다면 그녀는 분명 두 마리 토끼를 다 잡는 셈이었을 것이다. 자신이 선택한 학문 분야에서 정상에 올라선 학자로 남아 있었을 테고, 점차 확산되는 지지자들과 계속 교류를 할 수 있었을 테니 말이다. 그리고 자신의 분야뿐 아니라 여러 전문 분야를 망라해 영향력을 발휘하는 간접적인 리더가 될 수 있었을 것이다. 사실 미드는 당시 대중적인 인기를 얻고 있던 그 어느 학자보다도 자기 분야에서 가장 영향력 있는 지위를 평생 유지했다.

그러나 1930년대 말, 여러 사건이 발생하면서 미드의 인류학적 탐사 작업은 중단될 수밖에 없었다. 미드는 오래 전에 이미 아이를 낳지 못할 것이라는 진단을 받았다. 하지만 예상과는 달리 1939년에 딸을 낳았는데, 그녀가 바로 메리 캐서린 베이츤이었다. 같은 해 유럽에서는 제2차 세계대전이 발발했고 2년 후에 미국도 참전하게 된다. 다른 동료들과 마찬가지로 그녀는 전쟁지원 계획에 참가하여 식량동원과 영양 문제에 신경을 집중했다. 이 책에서 소개하는 다른 인물들처럼 그녀도 전쟁 중에 워싱턴 행정부에서 근무했고, 그곳에서 영향력 있는 많은 정책 지도자들과 어울렸다. 그녀는 미국 사회를 예리하게 비판했지만 평생에 걸쳐 열렬하면서도 진정한 애국자로 살았다.

전쟁이 끝나갈 무렵, 미드는 세 번째이자 마지막 결혼생활을 청산했다. 당시 나이는 40대 중반에 불과했다. 하지만 비교적 어린 나이에 학자로서의 경력을 쌓아왔기 때문에 이 무렵 이미 인류학 분야에서는 원로 대접을 받았다. 그녀는 인류학자로서의 학문적인 활동에 적극적으로 참여했지만, 학술대회의 초청인사나 일찍이 답사한 적이 있던 문화권의 초청인사로 많이 불려다녔다. 또한 선풍적인 저작물을 내놓은 뒤 간접적인 영향력을 행사하면서 전문가 회의나 단체에서의 공식적인 활동으로 항상 유명인사라는 지위를 유지했다. 그녀에게는 평생 동안 저술가, 해설가, 미국 사회의 논평가라는 명칭이 따라다녔다. 공식적인 직함은 없었지만 마침내 그녀는 온 국민을 상대하는 직접적인 리더가 된 것이다.

중년 이후에 미드와 인류학계와의 관계는 일반 대중과의 관계와는 약간 상이한 방향으로 전개되었다. 학계의 전문가들은 어떤 학문에 적극 기여한 사람과 그 분야에 더 이상 기여하지 않거나 부차적인 형식으로 기여하는 사람을 명확히 구분한다. 남태평양 부족들에 대한 주요 논문들이 속속 발표되면서 미드는 정통파적인 현장답사가로 인정되지 않았고 언어학, 친족 구조, 신화 분석 등 도서관 자료에 근거한 부속 분야의 개척적인 연구에 기여하는 학자로도 인식되지 않았다. 그럼에도 불구하고 그녀가 인류학 발전을 위해 많은 역할을 수행했던 것은 자명한 사실이다.

첫째, 미드는 남성 중심의 인류학계가 거의 관심을 두지 않았던 주제들인 유년기, 가정생활, 성, 기타 문제들을 연구할 것을 강력히 주장했고, 실제로 이런 문제의 연구에 상당한 기여를 했다. 이런 문제를 다룬 대표적인 논문으로는 『세 원시사회의 성과 기질 Sex and Temperament in Three Primitive Societies』이 있으며, 보다 대중적인 책으로는 『남성과 여성 Male and Female』이 있다. 전쟁 후에는 예전에 방문했던 뉴기니, 사모아 등의 사회로 다시 돌아가 양육과 인간관계의 변화 양상에 대해 관심을 집중하기도 했다. 그녀는 또한 연구를 하면서 정신분석학의 개념과 분석법을 활용했다. 그러나 오이디푸스 콤플렉스의 보편성을 주장한 프로이트의 학설을 무조건 받아들이지는 않았다. 그녀는 인간이 지닌 가능성의 범위를 전체적으로 파악해내고자 했다. 그녀는 발달의 생물학적 기초가 "솔직하게 청산되어야 할 한계"를 만든다고 주장하면서도, 이런 생물학적 기초가 인간의 상상력이 완전히 미치지 못하는 가능성으로 보일 수 있다고 덧붙였다.

둘째, 미드는 여러 학문 분야와 연계하여 활동하는 데도 적극적이었으며, 연구과정에서 인류학이 중심에 서는 데 기여했다. 전쟁 지원 활동에 참여하며 많은 사례들을 학제적 interdisciplinary으로 연구했던 학자들은 전쟁이 끝난 후 여러 분야의 공조가 절실히 필요하다는 점을 인식하고 있었다. 미드 자신도 학제적 연구를 좋아했다. 학제적 학술대회에 참가한 미드를 본 어떤 학자는 그녀가 마치 여름 캠프에 온 어린아이처럼 즐거워했다고 말했다. 그녀는 다른 분야의 전문 용어를 쉽게 익혔고, 여러 개념들의 연관성을 짚어내어 폭넓은 관심사를 조명해 보는 데 일가견이 있었다. 또한 다른 분야의 학자들과 설전을 벌일 때도 생산적인 결과를 도출해내는 재능이 있었다. 물론 그 과정에서 독단적인 주장을 내세우는 경우도 있었다. 다양한 분야의 집단들과 협력하여 현대문화를 검토하는 새로운 방법론을 개발해냈다. 그리고 이들이 각 문화권 내에 살아가는 사람들의 한계를 넓히는 데 기여할 수 있다고 주장하면서, '우리/그들'이라는 심리를 초월하여 학문적 연구의 범위와 타당성을 확대시켰다. 특히 인간 발달이라는 분야에서 많은 협력을 이끌어내는 데 주도적 역할을 했다. 심지어 인공두뇌학이나 의사소통론처럼 약간 동떨어진 분야에까지 손을 댔다. 이런 여러 가지 측면을 살펴볼 때 미드는 다양한 분야를 넘나들며 리더십을 발휘했던 지식인 리더였다고 할 수 있다.

더욱 중요한 점은 미드가 인류학 분야를 널리 알리는 데 훌륭한 '외교관' 역할을 했다는 사실이다. 강력한 직접적인 리더였던 그녀는 인류학 분야를 넘나들며 인류학자의 정체성을 홍보하고 몸소 실천했다. 인쇄매체나 방송에 자주 등장하는 공인이 되면서 그녀는 광범위한 대중에게 인류학 분야에 대해 이해시키고, 멀리 떨어져 있지만 급변하거나 빠르게 사라지고 있는 문화의 중요성도 인식시켰다. (최근 희귀한 동식물의 멸종을 막기 위해 애쓰는 생물다양성 분야의 학자들도 미드와 유사한 데가 있다.) 미드는 보아스와 베네딕트의 연구에서 창출된 개념들을 대중화시키며 '문화' 혹은 '문화권' 등의 어휘를 미국의 일상 언어로 편입시켰다. 그리고 인류학자는 다양한 문화를 알고 있기 때문에 인간의 문제에 대해 특별한 시각을 가지고 발언할 수 있음을 밝혔다. 유명한 「내셔널지오그래픽 National Geographic」 잡지가 그렇듯이, 그녀는 미국인들에게 미국 사회와는 전혀 다른 생활양식의 진실성과 타당성을 인식시켰다.

이렇듯 미드는 인류학 분야에서 통용되는 이야기와 관점을 가지고 출발했으나 차츰 더욱 폭넓은 시각을 갖추기 시작했다. 그녀는 처음에는 문화의 결정적 역할을 주장하는 보아스 주장의 타당성을 다른 인류학자들에게 납득시키려고 했다. '문화론'을 지지하는 다른 학자들과 함께 그녀는 생물학적 관점이라는 '반대이야기'를 적절히 제압했고, 인간의 발달과 인간성이 단 하나의 잣대로 설명될 수 있다는 암시적 혹은 명시적인 주장을 반박했다. 그러고 나서 레오 포천이나 그레고리 베이츤과 함께 루스 베네딕트의 전통을 추구하며 성과 기질상의 요인들을 모두 망라하는 일련의 유형학을 개발했다. 그럼에도 불구하고 반대이야기들은 발달의 단일한 관점을 수용하면서 일정한 유형의 문화적 패턴을 구분짓는 데 대해 의문을 제기했다.

어쨌든 미드의 학문적인 성과는 인류학계에서 인정을 받았지만 시간이 흐르면서 점차 강한 비판을 받게 된다. (사실 모든 영향력 있는 입장은 비판을 받기 마련이다.) 1920년대 중반부터 1930년대 후반까지 초창기의 미드는 자신의 분야에 충실했던 학자였다. 그리고 비교적 복잡한 그녀의 '이야기'는 주로 그 분야에서 교육을 받은 사람들을 대상으로 한 것이었다.

이후 미드는 인류학계의 주류에서 벗어났다. 전에는 남태평양 문화권을 중심 주제로 삼고 비교 대상으로 미국 사회를 거론하였으나, 점차 저작물의 논조는 역방향으로 나아가기 시작했다. 이 장의 첫머리에 실은 미드의 인용구에서도 나와 있듯이, 그녀는 현지답사에서 얻은 정보를 배경자료나 비교자료로 삼아 현대 미국 사회에 대해 설명하기 시작했다. 이질적인 문화의 패턴을 파악하는 데 남다른 재주가 있었던 그녀는 점차 내용이 풍부해지고 있는 '마음속 서류함'을 적절히 활용하고 자신의 날카로운 직관력을 발휘하여 미국 사회를 진단했다. 사람들은 그녀의 진단이 매우 효과적인 것이라고 여겼다.

인류학자들도 그녀의 노력을 높이 평가했다. 그녀가 중요한 문제점을 잘 짚어내고 유용한 방법론을 제시했을 뿐 아니라, 인류학 분야에 대한 일반인들의 관심을 높여놓았기 때문이다. 미드는 인류학자를 위한 두 가지 '정체성 이야기'를 제시했다. 첫째, 비길 데 없이 많은 자료 덕분에 인류학은 대단히 중요한 학문이 될 것이고 둘째, 인류학자는 자신이 소속된 문화권의 문제들을 다룰 수 있는 유리한 고지를 점하고 있다는 사실이다.

그러나 일부 인류학자들은 교육받지 않은 일반 청중을 위해 이론을 단순화시키는 것을 못마땅하게 여겼고, 학자의 추정적 관점으로 모든 문제를 다루려는 미드의 시도에도 공감하지 않았다. 또한 그녀의 학제적 연구를 중시하는 태도에도 반발했다. 그들은 미드가 제시하는 그런 포용적인 이야기가 인류학의 순수성과 독자성을 위협하는 것으로 생각했다. 남태평양에서 인간의 발달과 성을 연구해 온 그녀는 자신이 인간의 본성과 여러 세상사에 대해 논평할 자격이 있다고 생각했다. 이 책에서 살펴볼 여러 리더들의 사례들을 보건대, 리더는 소속 분야에서 간접적인 리더십을 발휘하여 동료들의 인정을 받아야만 비로소 그 분야에서 직접적인 리더가 될 수 있다. 그리고 리더가 자신의 뿌리가 된 기반에서 너무 멀리 떨어지거나 그 분야의 중심적인 가치관을 위협하면 동료들의 지지를 잃게 된다.

폭넓은 집단을 상대로 활약했던 많은 직접적인 리더들과 마찬가지로, 미드는 인류학자가 되기 전부터 다방면에 해박한 인물이었다. 따라서 사회의 전반적인 문제를 논평할 수 있는 지성인의 역할을 맡게 된 것이다. 제2차 세계대전 시기와 그 후에 그녀는 점차 수월한 내용의 책을 저술하기 시작했다. 이런 책들은 인류학과 관련된 전문 서적이라기보다는 대중적인 사회학 쪽에 더 가까웠다.

한편 당시 미국은 많은 국가들과 긴밀한 유대를 맺고 있었으며 강대국으로서, 전 세계를 무대로 적절한 역할을 찾고 있었다. 미드는 이 과정에서 핵심적인 역할을 담당했는데, 그녀는 아직 검증되지 않은 많은 '진실들'에 효과적으로 맞섰고 대중에게 보다 세련된 관점을 제시하고자 노력했다. 그녀는 한때 이렇게 말했다.

나는 인류학자로서 경험을 쌓으면서 이런 생각을 하게 되었다. 우리는 물리적 세계의 법칙에 대해 많이 이해하게 되었는데, 특히 최근에 우리가 얻은 지식은 지금까지 인류가 획득하지 못했던 선택의 폭을 넓혀주었다. 이는 우리 자신에 대한 지식이자 인간의 본질에 대한 새로운 이해이다.

자신의 전문 분야를 도약의 발판으로 삼았던 미드는 여성 리더에서 남자 시중꾼에 이르는 다양한 남녀 역할을 기술했다. 먼 문화권에서는 청소년의 자유분방한 성생활이나 양성애bisexuality처럼 미국 사회에서 금지되고 있는 현상들이 인정되고 있다는 사실도 알려주었다. 청소년도 필요할 때는 책임을 져야 하며, 나이 많은 성인도 변화에 적응하고 새로운 것을 배울 수 있다는 점을 강조하면서 나이에 대한 고정관념을 타파했다. 교육문제에 대해서는 어린아이들의 폭넓은 유연성에 기초한 진보적 교육을 지지하였다. 또한 마법 같은 오랜 관습들도 여전히 유용하며, 원시문화권에서도 정신과의사를 통해서만 해결할 수 있는 복잡한 인간관계와 애정관계가 존재한다는 사실을 보여주었다.

미드는 일반인들이 갖고 있는 관념들을 다양화시켜 설명하려고 하면서 '인간이 소유한 잠재력의 10분의 9를 낭비시킬 수 있는 단일 기준으로의 후퇴'에 대한 경각심을 일깨웠다. 서구문화권에 '우리는 누구인가?'라는 정체성에 관한 보편적인 질문을 던지면서, 서구인들이 다른 문화권 사람들보다 우수한 존재라는 통념에 반기를 들었다. 그녀는 두 가지 사항을 근거로 들면서 그러한 통념에 반대했다. 첫째 서구문화권의 골칫거리들을 다른 문화권에서는 성공적으로 해결했고, 둘째 모든 인간은 호모 사피엔스라는 단일한 종種에 속하기 때문이라고 역설했다. "인간 집단은 타고나면서부터 서로 구별되는 것이 아니다. 각 집단이 경험을 조직화하고 영속화하는 방식, 그리고 또 다른 생존양식에 대한 접근 행태를 조직화하고 영속화하는 방식에 따라 구별되는 것이다." 또 그녀는 인간은 이혼이나 양성애 같은 자신의 생활 태도에 대해 죄의식을 느낄 필요가 없으며, 계약결혼이나 집단육아 등의 새로운 가정환경도 새롭게 구성해 볼 수 있다고 주장했다. 미국인들이 에드워드 스테이천Edward Steichen이 발간한 『인간 가족 The Family of Man』이라는 사진집을 통해 지구에 사는 인류에 대해 보편적인 시각적 이미지를 품게 되었던 시점에, 미드는 미국인들뿐 아니라 전 세계인들에 대한 새로운 텍스트를 제공했다.

미드가 전달한 이야기는 교육받지 않은 마음속에 자리 잡고 있던 믿음을 뛰어넘는 것이었다. 그녀는 상대주의적인 관점을 분명하게 제시했고, 때로는 상대주의적 관점을 넘어선 개인적 통합을 제시했다. 이러한 관점이 신뢰를 얻기 위해서는 단순한 반대이야기를 극복해야 했다. 즉 삶의 유일한 방식이 있고 그것을 미국인들(혹은 다른 집단)은 꿰뚫고 있다는 식의 반대이야기를 넘어서야만 했다. 그녀는 자신의 관점을 인식시키는 과정에서 인종과 문화의 우위를 내세운 나치즘에 대한 대중의 혐오감에서도 도움을 받았다. 그리고 자신이 제시한 타당한 증거들과 저서, 연설을 통해서도 설득력을 얻을 수 있었다.

미드는 일반 대중을 상대로 다양한 이야기와 이미지를 전달하는 한편, 자신이 던진 메시지를 몸소 실천했다. 열정과 의지와 지성을 두루 갖춘 이 미국 여성은 전 세계를 다니며 보고 들은 바를 사람들에게 생생하게 전달했다. 사회의 각계 계층의 사람들과 의사소통을 하면서 미드는 자신의 어린 시절, 현지답사, 친구들, 여행, 자신의 아이와 손자 등에 대해서도 언급하곤 했다. 그녀의 삶은 시대상을 반영하고 있었던 만큼 그녀가 전해주는 충고와 조언은 대단한 설득력이 있었고, 특히 중산층으로부터 큰 호응을 얻었다.

미드는 의사소통의 중요성을 강조하면서 그 어조는 강력해야 한다고 생각했다. 그녀는 자신의 저서를 통해서는 간접적인 리더십을, 크고 작은 많은 집단들과 교류하면서는 직접적인 리더십을 발휘했다. 그리고 수많은 강연과 수백 편의 논문을 통해 각양각색이면서도 본질적으로 통일된 인간성이라는 복음을 전파했다. 그녀는 많은 친구와 지인들을 사귀었으며 외로운 이단자에게는 특별한 동정심을 보여주었다. 성공한 사람들은 보통 어려운 시절의 친구들을 무시하는 경향이 있지만, 미드는 옛 친구들과도 친밀한 관계를 계속 유지했다. 그녀의 말로는 몇 달에 한 명씩 친구가 생겼고 그들과 결코 결별한 적이 없다고 했다. 그녀는 특정 사안에 대해 의견이 각기 다른 집단들을 연설로 설득시키는 재주가 뛰어났다. 그리고 그녀의 연설을 들은 사람들은 어느 쪽이나 그녀의 팬이 되었다. 자칫 적대적으로 돌변할 수 있는 사람들을 단합시키기 위한 적절한 아이디어를 제시할 줄 알았던 것이다.

그럼에도 불구하고 미드를 못마땅하게 평가하는 사람들도 있었다. 그들은 그녀가 항상 대화를 독점하려 들고 상대방을 바보로 만드는 독단적인 성격의 소유자였다고 말했다. 또한 아랫사람을 격려해 주고 권한을 위임하기보다는 그저 위압적으로 지시만을 내리는 감독관 같은 인상을 주었다고도 했다. 하지만 그녀는 항상 진정한 책임의식을 가지고 있었으며, 어려운 상황에서는 자진해서 도움을 주는 사람이었다. 적극적으로 나서서 일을 완수하는 것은 그녀가 지닌 제2의 천성이었다. 그녀의 가까운 동료였던 테드 슈워츠 Ted Schwartz 는 이렇게 말한 적이 있다. "일종의 맨해튼 계획을 수립하여 그녀의 에너지와 창조성, 그리고 수많은 인생의 복잡성을 포괄하는 지적 능력이 도대체 어디에서 기인하는지 조사해 보아야 한다." 아무튼 그녀는 자신이 품은 목적을 위해 전력을 다했고, 항상 친절하지는 않더라도 남을 배려하려고 애썼기 때문에 주변의 많은 사람들이 태양과 가장 가까운 자리를 그녀에게 내주었던 것이다.

사람들에게 직설적으로 보였을지 몰라도 미드는 내면에 여러 갈등 요인들을 안고 있었다. 만일 심약하고 신념이 굳지 못한 사람이라면 그런 갈등 때문에 벌써 무너지고 말았을 것이다. 다음 장에서 살펴볼 로버트 오펜하이머는 미드만큼 마음의 갈등을 극복할 수 없었다. 주변의 압박과 긴장에 예민했던 미드는 50대 초반에 자신이 일찍 죽을 경우에 대비해 사랑하는 사람들에게 전하는 편지를 남겼다. 편지에서 그녀는 이렇게 고백했다.

> 나는 인생이 조각조각 분할되어 있음을 자꾸 의식하게 됩니다. 각각의 조각은 다른 한 사람과 공유하고 있지요. 조각의 시간과 공간 속에서도 나는 그 특별한 관계에 나 자신과 온전한 자아의 존재를 느낍니다. …… 내 연구의 서로 다른 부분은 특별한 관심을 가진 서로 다른 부류들과 공유되고 있습니다. 결혼생활을 청산한 후로는 어느 한 사람과 삶을 공유한 적이 없으며, 그 대신에 다양하고 특별한 관계, 협조관계, 가벼운 유흥, 부분적인 집중력 등이 그 공백을 채우고 있지요. …… 스스로 삶의 실타래를 정리할 수 있었던 사람들과는 이제 거리감이 느껴집니다.

미드는 묘한 뉘앙스를 불러일으키는 이런 진술로 편지를 맺었다. "여러분 중에서 내게 아주 중요했던 삶의 일부에서 망각된 분이 있다면 내가 의도적으로 그런 선택을 했던 것이 아니랍니다." 프로이트는 인간은 자신에게 불리한 사안에 대해 부정하는 경향이 있음을 일깨워

주었다. 이것은 미드에게도 적용되었던 것 같다. 미드는 실제로 숨길 수밖에 없었던 인생의 여러 측면들이 있었다. 그 중에서도 가장 센세이셔널한 것은 그녀의 스승이자 친구였던 루스 베네딕트와의 사랑이었다. 그들의 관계는 미드가 아주 젊었을 때부터 시작되었고, 베이츤과의 결혼생활 동안에도 지속되었다. 미드에게는 그 외에도 다른 남성과 여성 연인들이 많이 있었다. 그리고 종교생활도 약간 불투명한 부분이 있었다. 미드는 기성 종교나 자신의 종교적 믿음에 대해 거의 언급하지 않았고 글을 쓴 적도 없다. 종교를 믿지 않는 부모에게서 태어난 이 이단아는 미국 성공회 신자로 주기적으로 예배에 참석했고 성직자의 의식을 중요하게 여겼다. 많은 사람들은 미드가 신념이 뚜렷한 합리적 사상가라고 생각했지만, 암 진단을 받은 후에는 그것을 믿지 않고 전통치료사를 찾아다녔다.

미드의 이런 행동이 알려졌다면 공인으로서의 미드의 신뢰성은 크게 훼손되었을 것이다. 대중 지향적인 동료 학자들뿐 아니라, 비판을 좋아하는 일반인들이 실망을 감출 수 없었을 테니까 말이다. 그녀의 딸은 이렇게 말했다.

> 내가 보기에 1955년에 어머니가 쓴 편지는 다음과 같은 우려 때문에 작성된 것 같다. 만일 어떤 사고가 발생해 그녀의 삶의 세세한 부분들이 추문이나 오명의 형태로 드러날 수도 있는데, 그럴 경우 가까운 사람들에게 해명하고 이해시키기에는 때가 늦으리라는 걱정이 앞섰던 것이다.

미드는 인간의 다양성에 대해 기술했고 자신의 삶에서 그것을 실천하고자 노력했다. 미드는 삶의 거의 모든 측면에서 통념에 도전할 필요성을 느끼면서, 처음에는 호기심과 실험정신으로 시작한 것이 점차 강박적 경향을 띤 것이 아닌가 하는 인상도 준다. 그렇지만 미드가 특정한 전통 관습들을 계속해서 고수했던 것을 보면, 항상 삶을 개혁하는 것에서만 만족감을 얻지는 않았던 것 같다. 그녀가 의무감에서 몸소 실천했던 사안들은 그만한 대가를 요구했다.

내가 이 책에서 밝힌 리더의 의미, 즉 '개인들의 사상, 행동, 감정에 영향을 준 사람'이라는 의미에서 미드는 의심의 여지없이 리더라고 볼 수 있다. 로버트 오펜하이머와 마찬가지로 그녀는 자신의 전공분야에서 중추적인 역할을 하다가, 보다 폭넓은 공동체를 상대로 리더십을 발휘한 전형적인 인물이다. 개척적인 현지답사와 함께 훌륭한 저서들 덕분에 미드는 35세의 나이에 선구적인 인류학자가 되었고, 1978년 사망할 때까지 그 지위를 잃지 않았다. 그녀의 리더십은 간접적이면서 직접적인 형태를 띠었으며, 활발하고 충실한 삶을 살면서 자신이 말하고 쓴 것을 몸소 실천했다.

인간의 발달 과정에서 문화의 중요성, 성과 기질의 작용에 따른 문화적 패턴, 학제적 협력의 필요성에 대해 미드는 많은 글을 써내면서 인류학계의 주류에 큰 영향을 주었다. 수십 년에 걸쳐 수많은 패널과 위원회 등에 참여하면서 발휘된 리더십은 60세 때 인류학계의 가장 영예로운 자리인 미국 인류학회 회장직에 선출됨으로써 절정에 달했다. 그리고 다른 분야들을 넘나들면서 청중을 감동시키는 미드의 능력은 학술지에 발표된 논문의 수에 따라 학자의 능력을 평가하던 동료 인류학자들에게 깊은 인상을 남겼다. 현대 인류학자의 정체성 이야기를 제시한 미드에게 영향을 받은 다른 인류학자들도 다른 분야에 손을 대고 보다 광범위한 공동체와 가까워지려는 노력을 시도했지만 미드만큼 성공을 거두지는 못했다.

    미드는 여러 학계에 걸쳐서뿐만 아니라, 보다 폭넓은 사회에서도 걸출한 리더였다. 제2차 대전 이후 사회과학 분야의 리더십에 대해 얘기하자면, 미드는 반드시 10여 명 안에 손꼽히는 인물이다. 그녀는 인간 본성 연구에 좀 더 포괄적이면서 학제적인 접근 방식을 제의하였으며, 또 그런 측면에서 어느 정도 성공을 거두기도 했다. 미국인들에게 여성, 아이, 가정생활을 선택하는 문제에 있어서 미드만큼 영향력 있는 인물은 거의 없었다. 1962년부터 1979년까지 월간지 『레드북Redbook』에 미드가 기고한 칼럼은 수백만 독자의 인기를 얻었다. 남태평양 주민들의 삶에 대한 초기의 저서에서부터 자서전 『블랙베리 겨울 - 나의 초년기Blackberry Winter - My Earlier Years』에 이르기까지 그녀의 책들은 널리 읽혀졌고 토론되었다. 그녀는 미국뿐 아니라 전 세계 곳곳의 수많은 교양 있는 청중을 상대로 연설했다. 미국에서 텔레비전이 주요 통신 수단이 되면서 미드는 토크쇼나 시사토론의 단골 초청인사가 되었다. 칵테일파티 같은 데서 사람들은 "마거릿 미드의 얘기로는……." 하는 식으로 화제의 서두를 시작하곤 했다. 미드는 학계 인사로 사람들의 입에 가장 많이 인용되던 그야말로 '미국 여성 사상가의 상징'이었다. 요즘은 당연하게 여겨지는 성과 생활양식에 관한 토론회에서 제기되는 다양한 입장들은 미드가 최초로 일반인들에게 소개한 것들이다. 이제는 미드의 이름조차 들어본 적이 없는 사람들이 그런 입장들을 지지하거나 반박하고 있다.

    그렇다면 미드가 일반 대중을 상대로 전달했던 근본적인 이야기는 무엇이었을까. 미드의 메시지는 처음에 다른 민족들에 관한 연구에서 비롯되었지만 점차 그 초점이 미국 사회로 맞춰졌다. 그녀는 인간의 본성은 여러 가지 한계 요소들을 가지고 있지만 다양한 문화를 창출할 수 있다고 보았다. 그리고 어떠한 문화라도 지혜를 독점하지 못한다. 또 모든 차원에서 다른 문화보다 우월적인 문화라는 것은 없다. 우리 사회는 다른 사회로부터 배워야 하고 다른 사회는 우리로부터 배워야 한다. 미드는 그런 방식으로 상호 이해를 증진시키면 세계의 갈등은 점차 줄어들 수 있다고 낙관적으로 생각했다.

 이런 메시지는 순수하고 포용적인 시각에서 나온 것처럼 보이는데, 당시의 시대 상황 속에서는 대단히 혁신적인 것이었다. 왜냐하면 이런 메시지는 한편에선 가장 뛰어난 단 하나의 생존방식이 있다는 개념과 충돌했고, 다른 한편으로는 존재하는 어떤 문화적 행태가 또 다른 문화적 행태와 반드시 동등한 가치를 가진다는 일종의 무분별한 상대주의와도 갈등을 일으켰기 때문이다. 실제로 나치 시대의 그늘 속에 살던 그 누구도 문화적으로 철저히 상대주의적인 입장을 지지하지는 않았다. 또한 성, 기질, 친족, 육아 등과 관련하여 인간 본성의 상수들이나 한계 요소들을 인정해야 하며, 이런 요소들 때문에 어쩔 수 없이 인간성의 다양화가 발생한다고 주장했다. 문화의 다양성과 한계 요소들을 포용한다는 개념은 대단히 복잡한 것이다. 왜냐하면 명백히 이율배반적 사안들을 통합해야 하기 때문이다. 이런 개념은 여러 차원으로 해석될 수 있으며, 교육받지 않은 마음의 범위를 넘어설 수 있는 것이다.

 미드는 이 책에서 서술된 모든 리더들 가운데 한 가지 측면에서 특히 뛰어났다. 즉 여러 분야에 걸쳐서 직접적인 리더십과 간접적인 리더십을 모두 발휘했다는 사실이다. 이는 인간성과 문화에 대한 그녀의 메시지가 서구문화에서 폭넓게 확산되는 경향과 맞아떨어졌기 때문이다. 그리고 그녀의 정체성 이야기가 인류학 외의 다른 분야의 사람들에게도 쉽게 전달된 것도 도움이 되었다. 이렇게 쉽게 전파될 수 있는 메시지는 좀 더 심오한 분야, 예를 들면 오펜하이머가 일했던 양자물리학 같은 분야에서는 나오기 힘들었을 것이다. 하지만 또 한 가지 지적하고 싶은 사실은 능수능란한 화술과 의사소통 능력, 문화 유형의 발견 등과 같은 미드의 비범한 재능이 다양한 분야를 넘나들며 발휘한 리더십에 큰 원동력이 되었다는 점이다.

미드는 다른 사람들에게 영향을 미친 많은 아이디어를 내놓았다. 리더십에는 어떤 프로그램을 계획하고 그것을 실현하기 위한 구조와 조직을 구성하는 것도 포함되어 있다. 하지만 미드는 그런 일을 하지 않았고, 아마 할 수도 없었던 것 같다. 수많은 사람들과 의미 있는 관계를 형성했지만 폭넓게 일을 수행하기 위해 그들을 조직화시키지는 않았다. 미드는 주의를 기울이는 시간이 짧았고 관심 분야도 이리저리 옮기곤 했다. 참을성도 부족했던 그녀는 처음에 기막힌 아이디어를 내놓는 데는 재주가 있었지만, 그것을 끈기 있게 밀어붙이는 뒷심이 약했다. 매 순간을 최대한 효과적으로 이용해야 한다는 강박 관념 때문에 다른 사람들에게 참여감과 책임감을 느낄 수 있는 기회를 부여하지 않았다. 그녀는 초기에 불꽃을 지피는 데는 능숙했지만 조직이나 집단을 이끌고 장기적인 일을 추진하지는 못했으며, 그런 일 자체도 불신했다. (미국 인류학회에 관여한 것이 아마 특정 집단과 가장 오래 일했던 사례일 것이다.) 한때 그녀는 자신이 여자라서 행정직을 맡아달라는 요구를 덜 받는 것 같다며 안도감을 표시하기도 했다. 그녀의 성향을 보건대 특정한 조직 내에서 장기적으로 헌신해야 하는 리더십보다는 일시적이며 비공식적인 리더십을 선호했다. 실제로 그녀는 마음속으로 미국인들이 리더들을 동경하지 않는다고 생각했다. 따라서 자신에게 추종자들이 있다는 것을 끔찍하게 여겼을지도 모른다.

이처럼 조직에 대한 개념이 없었던 미드는 실행 가능한 프로그램을 제대로 제시하지도 못했다. 이성reason, 협력, 문화적 상대주의, 다양성에 대한 상호 존중과 같은 (칭찬할 만한) 보편적인 메시지를 전하기는 했지만, 사람들을 상대로 어떤 개혁운동에 참여해 달라고 요구하지는 않았다. 동료들이 건강, 환경, 민권, 핵무장 해제 등과 같은 어떤 하나의 사안을 가지고 평생 동안 헌신적인 노력을 하고 있었지만, 미드의 관심은 한 달 혹은 한 해를 넘기지 못하고 다른 주제로 이동했다. 그녀가 던지는 메시지는 특정한 사안에 집중된 전문적인 것이 아니라, 세계 여행가이자 논평가로서 세상사에 대한 관심의 표명이었다. 나이가 들고 몸이 병들자 그녀의 집중력도 점차 떨어졌다. 그러면서 논평의 시간도 차츰 줄어들었고 늦기 전에 모든 것을 마무리지어야겠다는 초조감이 생겼다. 그 결과 구체적인 사안들에 대한 영향력을 미치기보다는 대중의 의식을 일깨우는 그녀의 일반적인 역할이 보다 뚜렷이 드러나게 되었다.

미드가 사망한 5년 후, 1983년 1월 31일자 「뉴욕타임스New York Times」의 1면에는 놀랍게도 그녀의 이름이 거대한 볼드체로 실렸다. 하지만 그 기사 내용은 더욱 놀라운 것이었다. 호주의 인류학자 데렉 프리맨Derek Freeman은 1940년대 초에 사모아를 처음 방문했고, 그 뒤 1960년대에도 그곳을 다시 찾아가 상당 기간 머물렀다. 그는 『마거릿 미드와 사모아Magaret Mead and Samoa』라는 책을 출간하여 미드의 초창기 현지답사에 대해 강하게 비판했다.

프리맨은 미드가 사모아를 완전히 엉뚱하게 파악했다고 밝혔다. 사모아는 그녀가 묘사한 것처럼 열대의 천국과는 거리가 먼 곳으로 갈등과 불안으로 황폐화된 사회라고 했다. 미드의 주장을 조목조목 반박했던 프리맨은 지위, 협동, 공격, 종교, 양육, 성풍속, 청소년기, 사모아의 정신 등 어떤 주제에 대해서든 미드와는 정반대의 결론을 제시했다. 프리맨은 미드의 답사 결과를 비판하는 것에 그치지 않고, 그녀의 방법론과 동기에 대해서도 의문을 제기했다. (그는 미드가 현지답사 방법에 대해서도 무지했다고 지적했다.) 그가 기술한 바에 따르면, 그나마 조금이라도 개방적인 태도를 지녔던 보아스가 유전적 결정론자들에게 공세를 펼치기 위해 미드를 현지로 보낸 것이라고 주장했다. 조롱과 풍자로 넘쳐나는 책의 한 장에서 그는 이렇게 말했다. "미드는 보아스를 신탁인양 떠받들고 있다." 이렇게 하여 한 인류학자의 신화는 산산조각이 나고 말았다.

이렇게 프리맨이 미드를 공격하자 곧 그녀를 옹호하는 분위기가 조성되었다. 많은 유명 학자들이 미드의 초기 연구가 한 쪽으로 치우친 경향이 있지만, 그에 못지않게 프리맨의 자료와 정보 역시 다른 한 쪽으로 치우쳐 있다고 반박했다. 즉 부드러운 젊은 여성학자와 마찬가지로 무섭고 권위적인 남성학자 역시 현지 정보제공자들에 의해 오도되었을 것이라는 주장이었다. 사모아 사회에 대한 프리맨의 일관된 비관론은 미드의 지나친 낙관론만큼이나 일방적인 것이라는 의미였다. 어쨌든 오랜 세월 변함이 없었던 미드의 권위는 어느 정도 약화된 것으로 일반 대중의 눈에 비쳐졌다. 미드의 인류학적 신화에 대한 수정을 부채질한 계기가 된 것은 1980년 대 초반에 나온 베이츤의 연구 논문과 제인 하워드Jane Howard의 전기였다. 특히 하워드는 지구 곳곳을 오가며 사람들의 마음을 사로잡았던 '우리 모두의 할머니'라는 미드의 이미지보다는 한 개인으로서 훨씬 복잡하고 고통스러웠던 미드의 모습을 보여주었다. 책에는 미드가 많은 측면에서 찬사를 받을 만한 인물이지만 다른 한편으로는 사람들에게 강압적이고 절친한 사람들에게조차 자신의 비밀을 털어놓지 않았으며, 자신에 관한 진실에 대해서 인정하기를 꺼려했다고 기술되어 있다.

한때 전 세계를 무대로 전달했던 메시지들도 그녀의 사후에는 공감을 얻지 못하고 있다. 미드가 한때 발 벗고 나서서 다뤘던 이슈들이 점차 악화되면서 그녀가 제시한 비전은 빛을 잃게 되었다. 즉 계속 약화되고 있는 핵가족 체제, 미국의 많은 기관들의 수행능력 저하, 거리 폭력 증가, 전 세계적으로 추악한 민족주의의 재등장 등으로 미드가 제시한 낙관적이고 개혁적이며 진보적인 비전, 그리고 '많은 민족들과 하나의 세계'라는 방향 제시에 의문을 던지지 않을 수 없게 되었다. 물론 미드의 비전을 무조건 바람직하지 않은 것으로 볼 수는 없다. (사실 그녀의 비전은 종종 보수적인 논객들에 의해 비판을 받아왔다.) 그보다는 그녀의 비전이 비현실적이고 실제로 성취하거나 지속적인 유지가 거의 불가능하다는 사실이 자주 거론되었다. 그리고 여성학자로서 미드가 보여준 활동 사례는 계속 칭송되고 있지만, 그녀의 글은 개인주의적인 성향이 강하고 '여성의 신비'를 지나치게 강조하는 측면이 있다고 인식되었다. 또한 후대의 많은 페미니스트들의 생각과는 달리 생물학적으로 너무 편향되어 있다는 점도 지적되었다.

최근 우리는 미드의 메시지와 활동 사례에 한계가 있음을 인식하게 되었다. 하지만 내가 볼 때 그녀의 리더십이 미친 영향은 뚜렷하게 남아 있다. 미드는 한 시대에 그 누구보다도 강한 목소리로 유년기와 청소년기의 문제를 다루었다. 그리고 이 시기를 거치는 데 단 하나의 방식만이 존재한다는 신념에 문제가 있음을 전문가들과 일반인들을 상대로 표출했다. 그녀는 인간문화의 다양성을 구체적으로 설명하면서 그 어떤 집단도 모든 해답을 가지고 있지는 않으며, 그런 다양성은 인간성의 여러 근본적 차원에서 기인한다고 주장했다. 미드는 여성 행동학자로서 광범위한 대중을 상대하면서 그들의 심금을 울리고, 해답은 아니더라도 문제를 지속적으로 제시하는 능력이 당대의 그 누구보다도 탁월했다. 미드의 학자적인 메시지와 개인적인 메시지가 기본적으로 호응했다는 사실은 그녀의 지적인 힘과 의사소통의 힘이 얼마나 강력한가를 보여주는 영속적인 징표가 되었다. 그 결과 그녀의 아이디어와 활동 사례는 지속적인 영향력을 갖게 된 것이다.

제 5 장

로버트 오펜하이머
사려 깊은 리더십을 발휘한 물리학자

J. Robert Oppenheimer, 1904~1967

> 모든 시인은 다소 독재적 성향을 지닌다. 시인은 자신이 남들보다 더 잘 안다고 생각하는 경향을 지니고 다른 사람들의 마음을 다스리려 한다.
>
> – 조지프 브로드스키 Joseph Brodsky

1949년 10월 10일자 「라이프Life」지는 당시 미국인들에게 널리 알려진 물리학자 로버트 오펜하이머의 기사를 커버스토리로 실었다. 표지 사진에서 오펜하이머는 책과 서류에 둘러싸인 채 우아한 자세로 손에 담배를 쥐고 날카로우면서도 고요한 눈길로 독자를 응시하고 있었다. '오피Oppie' 혹은 '오프제Opje'(더 많이 알려진 별명)는 전 세계의 새로운 상징, 즉 공적인 일에 몰두하는 이론과학자의 상징이 되었다.

오펜하이머는 인류 역사상 가장 큰 규모의 과학사업인 맨해튼 프로젝트Manhattan Project, 즉 핵폭탄 제조 계획을 총괄 지휘했던 마법사 같은 인물이었다. 이제 그는 각종 위원회의 고위직을 맡고 있는 주요 과학자들이나 정치가들과 함께 전시戰時나 평화 시에 사용 가능한 핵에너지의 여러 측면들을 검토하고 있었다. 아직 젊고 미남인데다 가정적으로 보이는 오펜하이머는 당시 뉴저지 주 프린스턴에 있는 명성 있는 고등연구소의 소장직을 맡은 지 얼마 되지 않은 시점이었다. 「라이프」지는 그 기사에서 이렇게 밝혔다. "다빈치의 지성을 가진 이 사람은 지적인 힘과 개인적 매력으로 가장 유명한 물리학자인 아인슈타인을 포함한 유수의 과학자들을 지휘하였다."

그러나 그로부터 5년 후, 지난 10년 간 전 세계에서 가장 영향력 있는 과학자였던 오펜하이머는 국가에 대한 반역죄 혐의를 받게 된다. 과학자 팀을 이끌어 연합국의 승리에 결정적인 역할을 했던 그였지만, 이제 더 이상 국가의 기밀을 맡겨서는 안 되는 위험인물로 지목된 것이다. 희한한 준사법적 절차를 거친 후 오펜하이머의 기밀취급 인가도 취소되었다. 이것은 국가적으로 중요한 공직을 맡을 수 있는 자격을 상실했다는 의미였다. 이때 오펜하이머는 또 다시 전국 주요 언론매체의 집중 조명을 받았으나,「라이프」에 실렸을 때처럼 기분 좋은 상황은 아니었다.

권력을 상실한 후 암으로 사망할 때까지 오펜하이머는 고등연구소 소장으로 계속 재직했다. 그는 자신이 관여하는 문제들을 놓고 다양한 대중을 상대로 연설을 했지만, 예전처럼 확신과 영향력을 갖지는 못했다. 1963년 12월, 케네디 대통령의 암살 직후에 오펜하이머는 어느 정도 명예를 회복했다. 새로 취임한 린든 존슨 대통령이 원자력에너지위원회가 매년 선정하는 엔리코페르미 상 Enrico Fermi Award을 그에게 수여했던 것이다. 1967년 2월, 오펜하이머가 사망하자 그의 친구들과 추종자들은 그가 억울한 희생양이 되었던 영웅이었다고 논평했다. 하지만 많은 관찰자들과 과학계 인사들은 오펜하이머가 자신의 몰락을 자초한 애매모호하고 모순된 성향의 인물이었다고 평했다. 또한 골수 반공주의자들은 그가 사형당한 스파이였던 줄리우스 로젠버그와 에델 로젠버그 Julius and Ethel Rosenberg 부부 정도는 아니었더라도, 위증죄를 범한 알저 히스 Alger Hiss 와 비슷한 정도로 냉전기간 동안의 악당이었다고 생각했다.

1904년, 뉴욕의 독일계 유태인 가정에서 태어난 오펜하이머는 마거릿 미드만큼 장래가 유망하고 유복한 유년시절을 보냈다. 부유했던 그의 집안 분위기는 교양 있고 도덕적이었으며, 부모는 첫아들인 그를 애지중지 키웠다. 오펜하이머는 윤리문화협회의 부설 학교인 필드스턴에 다녔다. 협회의 원칙에 따른 학교의 가르침과 가정교육에 충실했던 그는 비당파적이고 이상주의적이며 인문주의적인 소양을 갖추게 된다.

어린 오펜하이머는 총명하고 조숙했으며 늘 반에서 1등을 놓치지 않았다. 대단한 책벌레였으며 한 번 읽은 내용은 반드시 기억했다. 하버드 대학에 들어가서는 필수과목의 두 배를 신청해 들었으며, 거의 모든 과목에서 뛰어난 성적을 받았다. 그는 언어를 굉장히 쉽게 배웠는데 산스크리트어 원서를 읽을 수 있었다. 나중에 네덜란드를 방문했을 때는 불과 6주 만에 말을 익혀서 물리학 강의를 할 수 있었다. 그의 학자적 관심은 주로 과학 분야에 집중되었는데, 처음에는 화학을 공부했고 나중에는 물리학을 공부했다. 하지만 다양한 분야에 대한 관심을 버리지 않았고 심지어는 시에 대한 애착도 남달랐다.

젊은 오펜하이머의 영혼을 감지한다는 건 쉬운 일이 아니다. 다만 그가 젊을 때나 나이가 들어서나 대단히 복잡한 성격의 소유자였다는 사실은 분명하다. 그것은 아마도 부모로부터 물려받은 듯한데, 그의 부모는 표면적으로는 우아한 모습을 보였지만 내면적으로는 항상 긴장과 갈등을 안고 살았던 사람들이었다. 아버지는 늘 쾌활하게 보이려고 애썼고 어머니는 감정적인 과잉반응으로 내면의 우울한 성벽을 감추면서 살았다. 오펜하이머는 자신이 '아주 상냥하고 착한 아이'였다고 회고했다. 많은 영재들과 마찬가지로 그도 항상 고독하고 병약했던 것 같다. 하지만 몇몇 좋은 친구들을 사귀었고 나중에 역시 물리학자가 된 동생 프랭크와도 가깝게 지냈다.

오펜하이머는 고통스런 청소년기를 보냈다. 허약한 신체와 우울증으로 집에서 1년을 쉬었고, 또 한 번의 여름을 집에서 멀리 떨어진 곳에서 보낸 후 간신히 대학에 입학했다. 한 번은 자살 직전까지 간 적도 있으며, 친한 친구였던 프랜시스 퍼거슨Francis Fergusson을 목 졸라 죽이려고 한 적도 있었다. 그는 자신에게 고질적인 자살 충동이 있다고 밝히기도 했다. 그는 차를 몰거나 배를 타면 희한한 행동이나 위험한 짓을 했으며, 가끔씩 말도 안 되는 허풍으로 곤란한 입장에 처하기도 했다. 그리고 동년배들과 잘 어울리지 못했으며 거만하고 독단적이라는 인상을 주었다. 만년에 그는 이렇게 고백했다.

> 거의 무한정 계속될 것 같은 청소년기에 나는 행동에 미숙했고 매사를 제대로 처리하지 못했다. 물리학 논문을 쓰든 강의를 하든 책을 읽든 친구와 대화하든 이성을 사랑하든, 나의 마음속에는 항상 커다란 혐오감과 후회감이 밀려왔다.

1931년 어머니가 사망했을 때 그는 옛 친구에게 보낸 편지에서 자신이 세상에서 가장 외로운 사람이라고 했다. 하버드 대학 졸업 후 영국 케임브리지에 있는 캐번디시Cavendish 연구소에 재직할 때 오펜하이머는 정신과 의사의 진찰을 받았다. 의사는 이 젊고 총명한 미국 과학자가 정신분열증을 앓고 있다고 진단했다. 이 진단은 잘못되었거나 별로 신빙성이 없어 보이지만, 그것은 그의 내향적인 성향에 기인된 결과임을 짐작할 수 있다. 그는 정상적인 인관관계를 유지하지 못했고 상황을 충동적으로 제어하려는 성향이 있었으며, 관심사에 대해서는 거의 초인적인 집중력과 능력을 발휘했다. 만년에 그는 여러 차례 신경쇠약 증세를 보였다. 사실 그의 집안에는 거의 정신병에 가까운 노이로제를 앓은 사람들이 있었다. 마거릿 미드나 로버트 메이너드 허친스 같이 강인한 성격을 지닌 인물들과 비교해 볼 때(물론 이들도 문제가 없지는 않았다), 오펜하이머는 평생 동안 우울증과 싸웠고 정신적 안정을 유지하기 위해 많은 에너지를 소모해야 했다.

오펜하이머는 물리학에 심취하면서 자신의 불안한 장래에 대한 걱정과 우울한 개인생활로부터 벗어날 수 있었다. 물리학 분야는 20세기 초에 아인슈타인의 연구로 과학계의 중심 위치를 차지하게 되었다. 또한 상보성 원리, 불확정성 원리, 기타 양자역학 현상 등의 이론들이 나오면서 뛰어난 인재들이 이 분야로 몰려들었다. 오펜하이머는 이런 인재들 중 단연 중심에 서 있었다. 그가 초창기에 교류했던 인물들을 살펴보면 그의 위상을 분명히 알 수 있다. 하버드의 퍼시 브리지맨Percy Bridgman, 케임브리지 캐번디시의 톰슨J. J. Thomson, 괴팅겐의 막스 보른Max Born 그리고 워너 하이젠버그Werner Heisenberg, 볼프강 파울리Wolfgang Pauli, 유진 위그너Eugene Wigner, 헤르만 베일Herman Weyl, 존 폰 노이만John von Neumann(후에 이들 중 여럿이 고등연구소 연구원이 되었다) 등의 대학자들과 친분을 유지했다.

오펜하이머는 소장학자 시절에 상대성이론과 양자역학에 대한 중요한 논문을 발표하여 양자역학의 관점을 지금까지 알려지지 않은 영역으로 확대시켰다. 유럽에서 귀국한 후에는 하버드 대학, 캘리포니아 공과대학, 캘리포니아 대학 버클리교로부터 교수 자리를 제의받았다. 그는 캘리포니아 공과대학과 캘리포니아 대학 버클리교의 제의를 받아들였고, 1930년대 내내 북 캘리포니아와 남 캘리포니아를 오가며 강의를 했다.

그는 버클리에서 마음에 드는 지식인 공동체를 발견했고 그곳에서 편안한 기분을 느꼈다. 그는 이론물리학자이자 폭넓은 식견을 갖춘 학자, 다른 사람의 아이디어에 대한 뛰어난 해석가 그리고 훌륭한 교수로서 존경을 받았다. 한편으로는 좀 아둔한 사람들에 대해 참지 못했고 거만함과 속물근성을 드러내기도 했지만, 총명한 학생에게는 어려운 물리학 개념을 쉽게 설명하고 흥미를 유발시켜 창의적인 연구 활동을 하도록 도와주었다.

  이 시기에 오펜하이머는 다른 사람들, 특히 학생들에게 강한 영향을 줄 수 있다는 사실이 드러나기 시작했다. 그의 편지들을 살펴보면 사회생활의 여러 정황을 처리하는 그의 능력이 뚜렷이 향상되었음을 알 수 있다. 여러 편지에서 그는 자신의 상사, 친구, 학생 등에 대한 공감을 표시했다. 그리고 다른 입장이나 관점을 지닌 사람들과 돈독한 관계를 유지하는 데 필요한 예리한 안목을 보여주었다. 이는 프로이트나 엘리엇 같은 젊은 창조자들의 사교술을 떠올리게 하는 것이다. 이제 그는 주변 사람들의 요구와 희망을 잘 이해하게 된 것처럼 보였다. 아마 그는 인간사회에 늘 관심이 있었지만 인생의 초기에는 그런 감수성이 수줍음과 개인적 고통 속에 숨겨져 있었는지도 모른다. 아니면 필요성 때문에 스스로 새로운 사교술을 개발하고 있었는지도 모른다.

  오펜하이머는 큰 야망을 가지고 있고 또 그만한 업적을 이루어냈지만, 그에게는 위대한 과학자에게 필요한 중요한 자질이 결여되어 있었다. 명석함과 이해력 면에서는 동료들 가운데 단연 뛰어났지만, 물리학계의 국제적 스타가 되기에는 역부족이었다. 그는 노벨상의 재목이 아니었던 것이다. 하지만 아무도 그 이유를 딱 꼬집어 지적하지는 못했다. 그것은 타이밍이나 운 따위의 흔한 요소 때문일 수도 있고,

상대적으로 빈약한 실험과 연구 활동 때문일지도 몰랐다. 아니면 우울증이나 회의적 기질 때문일 수도 있고, 한 분야에 깊이 매달리기보다는 여러 분야를 두루 섭렵하고자 하는 현학적인 성향 때문일 수도 있다.

나는 오펜하이머가 순수 과학자로서 불멸의 이름을 남기지 못했던 큰 이유가 과학자로서의 용기 부족 때문이라고 생각한다. 그는 과감한 모험을 걸지 않았고 논쟁이 되는 사안에 대해 애매모호한 태도를 취해 결국은 리더적 역량에 타격을 입었다. 위험을 감수하고 자신만의 이론적 영역을 더욱 확장해 나가기보다는 편하게 대화를 나누고 번역이나 강의를 하고 다른 이들의 아이디어를 이해하는 일에 만족했다. 한때 고독하게 살았던 이 인물은 점점 사회적 동물이 되어가고 있었다. 그는 어떤 사안을 해결하기 위해 전력을 다하고 자신의 경력을 걸기보다는 문제만을 제기할 뿐이었다. 그의 친구이자 동료인 노벨 물리학상 수상자 래비 I. I. Rabi는 오펜하이머가 명석한 사람이었지만, 결론이야 어떻게 나든 여러 문제들이 걸린 과학적 사안을 끈질기게 추구하려는 기질이 부족했다고 말했다. 또한 이렇게 지적하기도 했다. "그는 독창성이 부족했어요. 대부분의 아이디어는 남에게 빌려온 것이지만, 그런 것을 거리낌 없이 수용하고 제시하는 일은 참 잘했죠." 그리고 신비한 문제에 직면하면 그것을 해결하려고 하기보다는 그것을 낭만적으로 보려는 경향이 있었다고 말했다.

기록만으로는 오펜하이머가 획기적인 과학적 성과를 이루어내지 못한 자신의 무능으로 고민했는지는 알 수 없다. 하지만 미드가 과학적 이정표를 세우고 있었던 1930년대에 오펜하이머가 순수 과학 너머의 세상을 발견했다는 것은 분명하다. 어린 시절 여자 친구인 진 태트록Jean Tatlock, 그의 남동생 프랭크 그리고 그의 아내 키티Kitty는 1930년대에 좌파 정치에 깊이 관여하고 있었으며, 오펜하이머는 그들의 관심사를 공유하게 되었다. 나중에 그는 이렇게 회고했다.

> 패서디나와 버클리에 있는 내 친구들은 대부분 대학교수, 과학자, 고전학자, 예술가였다. 나는 아더 라이더Arthur Ryder와 함께 산스크리트어를 공부하고 원서를 읽곤 했다. 독서량이 많았는데 대부분은 고전, 소설, 희곡, 시 등이었으며, 다른 과학 분야 책들도 읽었다. 하지만 정치와 경제 분야는 흥미가 없었고 책도 전혀 읽지 않았다. 나는 미국의 현대 상황과는 완전히 동떨어져 있었다. 신문도 읽지 않았고 「타임Time」이나 「하퍼스Harper's」 같은 시사 잡지에도 손을 대지 않았다. 나는 인간과 경험에 대해서는 관심이 있었지만, 인간과 사회와의 관계에 대해서는 무지했다.

그러나 1936년 후반부터 자신의 관심사가 바뀌기 시작했다고 오펜하이머는 회고했다. 1930년대 말에 오펜하이머는 완전히 딴 사람이 되어 있었다. 물리학자로서의 명석함에 덧붙여 사회적·정치적 문제에 대한 감각도 갖추게 된다. 그는 사회적으로 소외된 사람들을 의식하기 시작했고 현대 미국과 세계의 정치를 완벽하게 파악하게 되었다. 그의 언어와 논리적 능력은 대인지능이 활성화되면서 더욱 무르익었다. 어린 시절에 받았던 윤리문화협회의 가르침과 불안정한 세계적 상황에 대한 우려를 결합시키며 그는 점차 좌파적 인물이 되어갔다. 마르크스주의 저서들을 탐독하고 사회주의의 이상을 수용했다. 그리고 사회적 불공평에 대한 반감을 드러내면서 급진적 주장을 지지하였고 더 나은 사회 건설을 꿈꿨다.

오펜하이머는 주변 사람들에게 항상 특별한 존재로 인식되었고 그의 명성은 과학계를 넘어서 널리 알려졌다. 물리학 분야에서 직접적인 리더십과 간접적인 리더십을 발휘한 그는 이제 미국뿐 아니라 해외에서 정치에 관심을 가진 사람들의 사고와 신념에도 영향을 미치기 시작했다.

제2차 세계대전이 발발하기 전부터 이미 물리학자들은 핵에너지를 방출시켜 강력한 무기를 제조할 수 있는 가능성을 생각하고 있었다. 지금은 유명해진 1939년의 편지(실제로는 물리학자 레오 질라드 Leo Szilard가 작성함)에서, 아인슈타인은 루스벨트 대통령에게 그 가능성을 일깨워주었다. 그렇게 해서 곧 핵폭탄 제조를 위한 다양한 절차가 시작되었고, 오펜하이머는 버클리에서 고속 중성자 반응 연구팀의 책임자로 임명되었다. 그의 임무 중의 하나는 기본적인 핵반응에 대한 이론적 계산과 실험 데이터를 조정하는 일이었다. 또한 핵분열에 필요한 원료의 임계질량을 산정하고 핵무기의 효율성을 평가하는 일도 주어졌다. 핵무기 개발 초기 단계에 관여한 과학계 리더들, 예를 들면 시카고 대학의 아더 콤튼 Arthur Compton, 하버드 대학의 제임스 코난트 James Conant, 오펜하이머의 버클리 대학 동료인 어니스트 로렌스 Ernest Lawrence 등은 오펜하이머의 과학적 재능과 어려운 과제를 신속하게 처리하는 능력에 주목했다.

하지만 미국 서부 지역 학계의 중요한 과학자인 오펜하이머와, 인류 역사상 가장 중요한 과학적·군사적 프로젝트의 책임자로서의 오펜하이머는 상당한 격차가 있었다. 오펜하이머가 처음부터 맨해튼 프로젝트의 과학적 임무를 이끄는 적임자로 내정된 것은 아니었다. 그가 핵폭탄 제조와 관련된 기술적 사안들에 대해 충분히 알고 있고, 동료 과학자들의 존경을 받고 있으며 맨해튼 프로젝트를 위해 전임으로 근무할 각오가 되어 있었다는 것은 사실이었다. 하지만 결점도 적지 않았다. 아직 40살이 채 되지 않아 비교적 나이가 젊다는 점, 어떤 기관을 이끌어본 경험이 없다는 점, 실험가가 아니라 이론가로 알려져 있다는 점, 최고 과학자로 보기엔 약간 미흡하다는 점 등이 자격 미달의 요인이 될 수 있었다. 또한 오펜하이머가 좌파 성향의 학자로 알려져 있다는 것도 군부가 망설이는 점이었다. 이 프로젝트의 총괄 책임자인 레슬리 그로브스Leslie Groves 장군은 20년 후 이렇게 회고했다. "내가 얘기를 나눠 본 사람들 중에 오펜하이머가 과학팀 책임자를 맡는 것에 적극 찬성한 사람은 없었다." 그로브스는 오펜하이머의 좌파 성향에 대해서도 언급하면서, "여러 면에서 그는 우리 마음에 들지 않았다"고 밝혔다.

1943년 초, 우여곡절 끝에 오펜하이머는 맨해튼 프로젝트의 과학팀 책임자로 임명되었다. 그로브스 장군은 처음에는 오펜하이머에 대한 의혹을 품었고 여러 자문위원들의 반응이 신통치 않아 주저하긴 했지만, 결국 여러 후보들 중에서 성품이나 재능 면에서 그가 가장 적합한 인물이라고 확신하게 되었다. 그로브스는 더 나아가 오펜하이머를 단연 독보적인 과학의 천재라고 생각하고 개인적으로도 그를 좋아하게 되었다. 다른 후보들을 검토한 결과, 그는 오펜하이머만큼 다양한 과학자와 기술자 집단을 지휘하여 효율적으로 일을 추진할 수 있는 인물이 없다고 판단했다. 이렇게 해서 그때까지 기존 분야에서 주로 간접적인 리더로 활약해 온 오펜하이머는 훨씬 규모가 큰 분야의 직접적인 리더로 부상하게 된다.

오펜하이머가 맨해튼 프로젝트의 과학팀 책임자로서 탁월한 능력을 발휘했다는 것은 모두가 인정하는 사실이다. 그는 그 직책에 적합한 모든 덕목을 갖추고 있었다. 기술 자료를 완벽히 이해했고 새로운 연구결과를 즉시 수용하였으며, 핵심 사안들을 서로 다른 분야의 개인들에게 적절히 설명할 수 있었다. 또 쉴 새 없이 열심히 일했다. 그는 샌타페이와 로스앨러모스의 외딴 지역에서 과학자들의 봉급, 사회활동, 식사 문제 등의 생활조건을 꼼꼼히 챙기는 것을 일과로 삼았다. 그리고 전국에서 평균 25~40살의 유능한 인재들을 데려왔는데(주로 합류하길 꺼려하는 사람을 간신히 설득해서 데려오는 경우가 많았다), 이산가족이 된 그들의 가족들과 친밀한 관계를 유지하며 세심하게 배려했다. 또한 과학자들을 보조하는 직원들의 복지에도 신경을 많이 썼다. 또 다른 뛰어난 물리학자였던 한스 베더Hans Bethe는 이렇게 기술했다.

로스앨러모스의 성공은 대체로 팀워크와 책임자의 리더십 덕분이었다. 과학팀 책임자의 주요 임무는 과학적인 기여가 아니었다. 당시 로스앨러모스에서 과학팀 책임자가 해야 할 일은 다양한 분야의 인재들이 공동 작업을 원활하게 진행하도록 통솔하고 그들에게 모든 기술적인 일을 이해시키며, 그것을 종합하고 여러 발전 방향들 중에서 선택을 하고 결정을 내리는 것이었다. 나는 이런 일을 오펜하이머만큼 훌륭히 처리해내는 사람을 본 적이 없다.

이런 긍정적인 평가는 거의 모든 관찰자들의 공통된 견해이다. 물리학자 빅터 웨이스코프Victor Weisskopf는 "오펜하이머의 지속적이고 강력한 힘이 모든 과학자들에게 참여의식을 불러일으켰다"고 말했다. 오펜하이머의 오랜 친구인 폴 호건Paul Horgan은 그가 "상상력의 뛰어난 조종가이자 해석가"라고 말했다. 래비Rabi는 "맨해튼 프로젝트를 진행할 때 오펜하이머는 흥분과 열정과 고도의 지적·도덕적 목적의식의 분위기를 조성하는 타고난 리더였으며, 당시 그 프로젝트에 참가했던 사람들은 그 시절을 일생의 가장 멋진 기억으로 간직하게 되었다"고 말했다. 또 물리학자 에드워드 텔러Edward Teller는 "오펜하이머가 능숙하게 사람 다루는 법을 어디서 배웠는지 궁금했다"고 회고했다. 그런 궁금증에 대한 답은 또 다른 친구이자 작가인 하콘 슈발리에Haakon Chevalier의 진술에서 찾을 수 있을지 모른다.

> 내 생각에 그는 아주 어린 시절부터 뛰어난 인물이 되어야겠다는 생각을 확고히 가지고 있었다. 아마 오랫동안 그는 학교와 대학에서 주어진 리더의 지위를 자신의 당연한 몫으로 여겼을 것이다. 그가 동료들보다 훨씬 뛰어났다는 것은 자명해서 아무도 그의 리더십에 반기를 들지 않았고, 그는 이런 현실을 당연히 자신이 짊어져야 할 몫으로 여기게 되었다.

로스앨러모스에서 오펜하이머는 유례없는 도전에 직면하게 된다. 원료가 입수되는 즉시 핵폭탄을 제조하려면 엄청난 규모의 과학 및 기술 조직을 구성해야 했고, 4,500명에 달하는 직원들의 관심, 협력, 사기를 지속시켜야만 했다. 더군다나 극도의 보안을 유지한 채 최단 시간 내에 폭탄을 제조하라는 군부의 요구를 충족시켜야 했다. 하지만 대부분의 과학자들의 입장에서 자신들과 직접적인 관계가 없는 프로젝트를 위해 비밀리에 작업하는 방식은 자유롭게 자기중심적으로 연구하는 통상적인 그들의 방식과는 거리가 먼 것이었다.

오펜하이머는 보안 규정에 어긋나지 않는 범위에서 가능한 한 로스앨러모스에 개방적인 분위기를 조성하고자 했다. 그는 그 프로젝트에 대해 개인이 얻을 수 있는 정보를 제한하려는 군부의 시도에 반발했다. 또한 프로젝트에 참여한 과학자들이 국내 혹은 유럽의 다른 과학자들과 정기적인 모임을 갖도록 주선했다. 과학자들이 함께 모여 휴식을 취하거나 활발한 사교생활을 할 수 있는 기회도 많이 제공했다. 자신도 그런 모임에 참석해 토론을 장려하거나 직접 논쟁에 참가했다. 오펜하이머는 텔러와 같은 까다롭고 경쟁심 많은 동료와 부딪칠 때는 유연성과 상상력을 발휘했다. 텔러가 사사건건 따지고 드는 것도 허용했고 '슈퍼폭탄superbomb(수소폭탄 따위)'에 대한 자신의 아이디어를 추구하는 것도 말리지 않았는데, 그런 과정에서 텔러가 지적으로 성숙해지도록 유도했다. 하지만 오펜하이머는 텔러가 다른 과학자들의 일에 간섭하는 것을 막았고, 연구의 주요 임무가 그 궤도를 벗어나지 않도록 애썼다.

오펜하이머는 놀라울 정도로 자신의 성격을 억제했고, 지금까지 거침없이 드러냈던 오만하고 독단적인 기질도 자제하며 생활했다. 그는 세련되고 교묘한 수완을 발휘해 과학 연구팀의 명실상부한 리더가 되었다. 또한 직권을 남용하거나 남을 무시하는 행동을 하지 않았고, 기꺼이 책임과 부담을 함께 짊어지는 과학자들의 믿음직한 동료가 되어주었다.

이 프로젝트를 수행하면서 오펜하이머는 물리학이라는 좁은 분야의 간접적인 리더에서 이질적인 과학자들로 구성된 대규모 집단의 직접적인 리더로 부상했다. 과학자로서 그는 전문가들을 능숙하게 상대하며 핵물리학과 관련된 복잡한 과학적 사안들을 논의할 수 있었다. 동시에 남녀 과학자 집단을 거느린 직접적인 리더로서 이런 근본적인 '정체성 이야기'를 제시했다. "우리 과학자와 기술자들은 특별한 지식과 능력을 가지고 있다. 우리는 애국자로서 연합국이 전쟁에서 승리하는 데 필요한 무기를 제조하기 위해 이기심을 버리고 효율적으로 협력해야 한다."

여러 면에서 볼 때 오펜하이머는 이 이야기를 전적으로 신봉했고, 자신의 신념을 행동으로 실천했다. 매우 중요한 과학적 사명을 맡았던 리더로서 오펜하이머보다 더 효율적인 인물은 떠올리기 힘들다.

하지만 전쟁 중 과학적인 협력 작업이라는 이야기도 저항에 부딪혔다. 오펜하이머가 직면한 반대이야기는 '순수과학'과 '과학의 실용화', 혹은 '순수과학'과 '정치화된 과학'의 구분을 강조했다. 또한 보안 유지 정책도 무제한적인 지식의 공유를 강조하는 과학적 신념과 어긋나는 것이었다. 무시무시한 핵무기의 출현이 현실로 다가오자 과학자들은 그 용도에 대해서도 많은 의구심을 나타냈다. 능력이 부족한 리더라면 아마 자신의 이야기가 이런 반대이야기에 의해 제압당하는 것을 허용했을지도 모른다.

로스앨러모스를 지휘하면서 오펜하이머는 그만한 대가를 치러야 했다. 지나치게 과로하여 수척해졌고 건강도 나빠졌으며 담배를 많이 피워 계속 기침을 했다. 그리고 과거의 좌파 친구들과의 사소한 만남 때문에 보안부대는 국가에 대한 그의 충성심을 의심했다. 조사자들은 하루 일과를 마치고 녹초가 된 그를 집요하게 취조하기도 했다. 그는 일을 처리하거나 리더십을 발휘하는 능력 면에서 자신의 자질을 의심한 적이 한두 번이 아니었다. 1943년과 1944년에는 여러 차례 더 이상 그 일을 계속할 수 없다고 선언하기도 했다. 그런 여러 번의 위기에도 불구하고 오펜하이머는 계속 사령탑을 맡았고 능력과 업적도 더욱 향상되었다. 그리하여 1945년 여름, 마침내 그 대단한 과업을 극적으로 완수했다.

첫 번째 핵폭탄이 뉴멕시코 주의 알라모고르도 인근 사막에서 시험 폭발되고 일본의 히로시마와 나가사키에 치명타를 가했을 때, 오펜하이머는 경력 상 가장 절정의 순간을 맞이했다. 그는 비길 데 없이 복잡하고 중요한 과업을 성공적으로 완수했고, 그 과정에서 동료들과 부하들의 존경을 받았다. 또한 전문적인 과학 지식과 조직의 리더십 사이의 엄청난 격차를 좁히는 데도 성공했다. 미드가 두 번째 현지답사에서 돌아와 예기치 않았던 선택지들에 직면했던 것과 마찬가지로, 오펜하이머 역시 물리학계로 돌아갈 것인가 정계로 뛰어들 것인가 하는 선택의 갈림길에 서게 되었다.

대부분의 동료 과학자들이 안도의 한숨을 내쉬며 대학이나 연구소로 돌아갔지만, 오펜하이머는 국가정책 분야에 계속 남아 있기로 했다. 원자력에 대해 해박할 뿐 아니라 현실 정치에 어느 정도 눈을 떴고, 많은 리더들이나 정책입안자들과 친분을 쌓았기 때문에 그는 영향력 있는 위치로 쉽게 이동할 수 있었다. 그는 전쟁 직후 여러 해 동안 유엔 원자력에너지위원회 산하 과학위원회 위원, 미국 원자력에너지위원회의 일반자문위원회 위원장, 국방동원국의 과학자문위원회 위원 등 여러 직책을 맡아 활동했다. 당시 그와 함께 일했던 한 동료는 이렇게 말했다. "그는 당연히 우리 그룹의 리더였기 때문에 그가 위원장을 맡지 않는다는 것은 상상할 수도 없는 일이었다." 앨리스 킴볼 스미스Alice Kimball Smith와 찰스 웨이너Charles Weiner는 이렇게 기술했다.

> 사실 오펜하이머는 명실공히 원자력 분야의 대가가 되었다. 그는 토론 내용을 아주 간단명료하게 요약했고 다음 날 또 다른 회의에 참석하기 위해 워싱턴에 머물러 있는 경우가 종종 있었기 때문에 다른 패널 위원들은 그에게 보고서 작성을 위임하곤 했다. 어떤 때는 이런 관행이 오펜하이머가 자신에게 보고서를 쓰는 셈이 되었다.

1949년 가을, 「라이프」지에 실렸던 오펜하이머는 바로 권력과 영향력이 절정에 달했던 때의 모습이었다. 그러나 오펜하이머는 마음 한 구석에 골칫거리를 안고 있었다. 핵폭탄이 제조되어 폭발되기 전에도 오펜하이머를 비롯한 과학자들은 폭탄 투하로 초래될 무시무시한 결과를 인식하고 있었다. 과학계의 많은 사람들은 핵폭탄을 사용해서는 안 된다고 생각했다. 또는 적 앞에서 '시범 폭탄'을 터뜨려 위협만 가하거나 핵폭탄을 국제적으로 여론화시켜 금지해야 한다는 의견을 가지고 있었다. 오펜하이머는 이처럼 일본에 핵폭탄을 사용하는 것에 유보적인 입장을 가진 듯이 보였으나, 일부 동료 과학자들이 희망했던 것처럼 양심의 가책에 근거한 노골적인 반대 입장을 주도한 적이 없었다. 실제로 그는 시범 폭탄에 관한 건의를 묵살했다. 하지만 비극적인 상황에 경악할 정도는 아니었지만 어느 정도 충격을 받은 것 같았다. 그리고 결정적인 순간에 바가바드기타Bhagavad Gita*의 한

* BC 1세기 무렵에 나온 인도의 고전시 - 옮긴이

구절을 인용했다. "1,000개의 태양들이 쏟아내는 빛이 하늘을 향해 일시에 폭발한다면 그것은 조물주의 광채처럼 보일 것이다. …… 나는 세상의 파괴자인 죽음이 되리라." 그리고 자신의 견해를 이렇게 피력했다. "어떤 상스런 말로도 어떤 유머로도 어떤 과장으로도 소멸시킬 수 없는 진정한 의미에서 물리학자들은 죄를 알게 되었다. 그리고 이것은 그들이 잃을 수 없는 지식이 되었다."

제2차 세계대전 후에 오펜하이머는 영향력 있는 집단 내에서 합리적인 목소리를 내려고 많은 노력을 기울였다. 그는 원자력의 국제적인 통제, 핵에너지의 평화적인 사용, 점진적인 무장해제 등을 지지했다. 그는 원자력에 대한 경각심을 촉구했고 수소폭탄 같은 보다 강력한 무기의 제조에 대해 회의적인 입장을 표명했다. 하지만 오펜하이머는 군부 인사들 사이에 둘러싸여 있을 때 자신의 견해에 동의하는 이가 극소수에 불과하다는 사실을 알게 되었고, 미국의 정치판이 점점 보수주의와 맹목적인 애국주의로 향하고 있음을 목격했다.

이제 오펜하이머는 곤경에 처하게 되었다. 권력의 중심부에서 영향력을 유지하기 위해서는 개인적 신념을 억누르고 호전적인 다수파와 어깨를 나란히 해야만 했기 때문이다. 이제 오펜하이머는 핵폭탄 제조를 주도했다는 죄의식, 안보문제에 대한 영향력 약화로 인한 불안감, 권력의 중심부에 머물고자 하는 강한 욕망 등이 복잡하게 얽히며 심적으로 많은 고통을 느꼈다. 이 시점의 오펜하이머는 1940년대 초반의 확신에 찬 리더의 모습이 아니라, 그의 젊은 시절 모습을 떠올리게 하는 것이었다.

자신의 이름이 방방곡곡에 알려졌음에도 오펜하이머는 다양한 부류의 사람들이 모인 일반 대중을 상대로 하는 연설을 부담스러워했다. 언론 매체에 등장하는 것을 좋아했던 미드와는 달리, 오펜하이머는 본질적으로 내성적인 학자였고 지식인 리더였다. 그는 기술적인 지식과 문화적 가치를 공유했던 사람들 앞에서의 연설을 더 편안하게 여겼다. 그러나 20세기 중반의 미국에서 오펜하이머가 미치는 영향력이 상당히 확대되었던 만큼, 그는 서로 다른 네 부류의 공동체 혹은 청중을 상대로 리더십을 발휘해야만 했다.

첫째, 오펜하이머는 물리학의 기술적인 측면을 다루는 전문가로 계속 활동했다. 다양한 분야에 대한 해박한 지식, 새로운 결과를 수용하는 능력, 나중에 고등연구소에서도 발휘되었던 독창적인 연구방향의 제시 등의 차원에서 당대에 오펜하이머에 필적할 만한 인물은 없었다. 고등연구소에서 그가 관심을 갖고 수행한 일은 주로 존재에 대한 근본적인 질문들에 관한 것이었다. 우주는 무엇으로 만들어졌는가? 물질과 우주에 대한 최선의 생각은 어떤 것일까? 우주는 어떻게 기원했고 앞으로 어떻게 될 것인가?

오펜하이머는 동료 과학자들에게 영감의 원천이었다. 로스앨러모스에서의 마지막 날, 그는 인상적인 프레젠테이션을 했고 그것은 지금 읽어도 감동을 준다. 특히 동료 물리학자들이 '보다 큰 크림'을 보게 하는 데 뛰어난 능력을 보여주었다. 예를 들면, 하나의 물리학적 문제가 다른 분야와 어떻게 연계되는지, 물리학이 다른 과학이나 지식 분야 그리고 개인적인 선택의 세계와는 어떻게 관련되는지 인식하게 해 주었다. 과학자들 사이에 존재하는 강력한 유대감을 인지한 그는 그것을 보다 합리적인 세계 건설을 위한 기반으로 삼을 수 있다고 생각했다. 합리적 세계란 지식을 함께 추구하고 공유하고 이용하여 훌륭한 목표를 달성할 수 있는 곳을 의미했다.

오펜하이머는 자신의 전문 분야에 해당하는 이 1차적인 집단 외에도 다른 세 집단을 상대했다. 그는 학계를 폭넓게 상대하는 일을 편하게 여겼는데, 고등연구소에서도 다른 분야를 대표하는 학자들이나 다른 연구기관의 주요 인물들과 활발하게 교류했다. 학자들에게 오펜하이머는 과학 연구소뿐 아니라 미술가의 화실이나 역사나 문학 관련 도서관에도 눈길을 돌리는 박학다식한 학제적 인물이었다. 이런 점에서 오펜하이머는 미드보다 훨씬 더 골수 지성인이라고 할 수 있다. 그는 여러 학문 분야를 넘나들며 앎과 무지의 본질에 대해서도 깊은 관심을 가졌다. 또한 마음과 우주의 신비에 대해 이야기하는 것도 좋아했다. 학자들이 내놓은 해결책을 곰곰이 생각해 보는 것뿐만 아니라, 포괄적인 질문(예를 들면 '인간의 도덕성은 DNA 가닥에 어떻게 입력되는가?')을 던지는 일도 즐겼다. 그는 1차적 집단인 물리학자들을 상대할 때와 마찬가지로 다른 분야의 전문가 집단을 상대할 때도 어느 정도의 전문 지식에 대응하면서 자신의 창의적 계획에 대한 근본적인 호응도를 예견할 수 있었다.

그러나 정책입안자들과 함께 일하는 것은 좀 어려운 문제였다. 그들은 오펜하이머에게 원자력의 미묘한 사안들을 설명해 달라고 요구했고, 이 대량살상무기로 해야 할 일이 무엇인지 조언을 구했다. 그들은 좋은 목적이든 나쁜 목적이든 새 무기의 잠재성에 대해 알고 싶어 했다. 어떤 때는 기술적인 통찰을 갈망했고 어떤 때는 도덕적 리더십을 구하고자 했다. 일부 인사들은 오펜하이머의 복잡한 심경을 긍정적으로 여겼지만, 많은 사람들이 해답보다는 질문만을 제기하는 그의 태도를 답답하게 느꼈다. 불행히도 오펜하이머는 트루먼 대통령과도 사이가 좋지 않았다. 트루먼은 만날 때마다 칭얼대는 소리를 하는 오펜하이머에게 점점 짜증이 났다. 그는 당시 국무장관인 딘 애치슨 Dean Acheson에게 이렇게 불평했다. "저 친구 다시는 내 앞에 데려오지 마시오. 그가 한 일이라고는 폭탄을 만든 거밖에 더 있소. 그것을 터뜨린 건 나잖소." 오펜하이머가 상대한 네 번째 집단은 일반 대중이다. 개인적으로는 불편하게 여겼음에도 그는 대중을 교육시키는 일을 마다하지는 않았다. 그는 전문 과학자들과 호기심 많은 일반인들 사이에 큰 격차가 있다는 사실을 인식하고, 일반 대중에게 과학의 세계를 정당화시키고 설명하는 데 열의를 보였다. 이제는 재창조라는 게 힘들어졌다는 측면에서(원자력 시대에 성장한 사람들은 모두 그렇게 생각했다), 오펜하이머는 과학자들이 신에 맞먹는 막강한 힘의 창조자이자 실행자 역할을 맡게 되면서 발생하는 문제들을 놓고 공개적인 논쟁을 벌였다.

오펜하이머는 정책입안자들이나 일반 대중을 상대할 때 문제를 왜곡시키지 않고 단순화시키려고 애썼다. 그럼으로써 끊임없이 모순에 휩싸였고 그것을 해명하기 위해 많은 노력을 기울였다. 어떻게 과학자들이 서로 자유롭게 교류하면서 극비 연구에 참여할 수 있을까? 어떻게 과학자는 진리를 찾기 위해 애쓰다가 지구를 파괴시킬 수도 있는 해답을 발견했다는 사실에 기뻐할 수 있을까? 적들과 기술 노하우를 공유하면 어떤 결과가 초래될 것이며, 그런 기술 노하우를 공유하지 않았을 때 벌어질 무기경쟁의 결과는 어떻게 될 것일까? 핵폭탄이라는 가공의 무기 안에 평화 시 이용할 수 있는 어떤 힘이 있다는 것일까? 이제 오펜하이머는 물질의 본질을 규명하는 학문적 질문을 던지는 대신 인간의 본성과 인간의 정체성에 관한 보편적이고 근본적인 문제로 옮겨가 그 해답을 찾는 데 주력했다. 아울러 군사적 목적의 단순하고 배타적인 정치적 관점(예를 들어, 연합국 대 추축국)에서 전 인류와 관련된 좀 더 포용적인 관점으로 방향을 바꾸었다.

오펜하이머는 보다 폭넓은 세계를 상대로 이렇게 어려운 이슈들을 설명하기 위해 근본적인 물리학적 통찰력을 이용했다. 오펜하이머는 네덜란드의 물리학자인 닐스 보어Niels Bohr의 상보성相補性 원리를 근거로 이렇게 평했다.

> 우리는 점차 진리를 말하는 것이 생각보다 쉽지 않다는 사실을 절실히 깨닫게 되었다. 또 대화의 주제에 관하여 방대한 경험과 지식을 갖추고 있지 않으면 솔직해지는 것조차 쉽지 않게 되었다. 정치학에서는 표면적으로 서로 양립하지 않거나 관련 없는 여러 관점, 일반론, 이상 등을 서로 연결시키고 조화시키는 인물이 위대한 인물이며 그런 정책이 훌륭한 정책이다. 개인이 사회의 도구든 목적이든 간에, 오늘날의 사회에서 개인의 역할 문제를 다룰 때는 그런 정책이나 인물이 반드시 필요하다. 인간의 영혼이 구제되어야 한다는 것과 인간이 사회의 구성원이라는 것, 둘 중 어느 하나도 간과해서는 안 된다. 이 두 개념을 이해하기 위해서는 두 개념이 상호보완적이라는 사실을 인식해야 한다. 우리는 과학 경험에 의해 이런 이원성에 눈을 뜨게 되었다.

오펜하이머는 인생 경험을 쌓아오며 부딪쳤던 역설과 모순을 폭넓은 청중과 공유하면서 20세기의 다른 많은 리더들, 특히 이념의 세계에서 리더십을 발휘했던 사람들을 괴롭힌 여러 주제들을 다루었다.

오펜하이머는 세계인들에게 지식, 권력, 개방성의 상호관계를 규명하려는 자신의 노력에 동참해 달라고 호소했다. 순수와 오염의 균형을 잡는 문제, 표현의 자유가 보장되어 있는 사회에서 비밀 유지와 개방성의 비율을 조정하는 문제, 그리고 현대의 수많은 지식이 너무 기술적으로 치우쳐 오직 해당 분야의 전문가들만이 그 해결책을 알고 있는 까닭에 인간의 삶에 대해 현명한 결정을 내리기 어려운 상황 등을 다루고자 했다.

앞서 언급했듯이 오펜하이머는 수수께끼나 신비한 것을 좋아했다. 그가 전달하고자 했던 '중심이야기'는 과학 지식, 역사적 상황, 인간의 취약성 등을 개인적으로 통합한 것이었다. 오펜하이머는 다음과 같은 수수께끼나 역설적인 것에 빠져 있을 때 자신의 본성에 충실할 수 있었다.

- 어떤 주제는 아무도 그것을 이해하지 못할 때 훨씬 이해하기 어렵다.
- 이 세계의 많은 민족들은 단결이나 멸망, 둘 중 하나를 택해야 한다. 지구의 많은 지역을 파괴시킨 전쟁은 이 메시지를 분명히 보여주었다. 핵폭탄은 우리 모두가 이해하기 쉽도록 그 메시지를 분명하게 드러내주었다.
- 우리는 군사적인 안보를 위해 노력, 연구, 사상, 재물을 바쳤다. …… 그런데 우리는 역사상 가장 끔찍한 불안을 가져오고 말았다.
- 누구든 자신의 잘못이 아니라 상황의 본질 때문에 자신이 무지한 사람이 될 것이며, 다른 사람들도 그렇게 될 것이라는 사실

을 깨달은 후에 대학을 떠나야 한다.
- 우리는 아주 끔찍한 무기를 만들었다. …… 그렇게 함으로써 …… 우리는 과학이 인간에게 유익한 것인가, 혹은 세계에 대해 이해하려는 시도가 바람직한 일인가 따위의 문제를 제기하게 되었다.
- 핵폭탄은 …… 공개적인 토론과 자유로운 연구의 가능성이 있었기 때문에 성공했고 존재할 수 있었다. 하지만 역설적으로 그것은 비밀스럽고 전례 없이 강제적인 기관에서 탄생했다.

오펜하이머는 세계에 대해 이런 견해를 제시하면서 자신의 통찰력 있는 관점을 다양한 청중과 공유하고자 했다. 물리학자들을 포함한 다양한 분야의 학자들은 물리학의 모순을 현대적인 삶의 수수께끼로 확대시키려는 오펜하이머의 노력을 이해하고 공감했다. 하지만 그의 메시지들은 교육받지 않은 마음이 쉽게 받아들일 수 있는 것은 아니었다. 그의 메시지들은 옳거나 그르다는 식의 단순한 흑백논리가 아니라 물리적 혹은 문화적 상대성에 대한 깊은 인식이었고 개인적 통합을 시도한 것이었다. 그렇기 때문에 일반인, 정치가, 군인 등의 비전문적인 집단은 오펜하이머가 전달하려는 복잡한 사안들을 접하고는 당황하고 좌절했으며 소외감마저 느꼈다.

1940년대 후반과 1950년대 초, 미국 정계는 위스콘신 출신의 상원의원인 조셉 매카시가 주도한 반공산주의 운동으로 격렬한 몸살을 앓는다. 당시 사회주의나 공산주의와 조금이라도 관련 있는 인사들은 이 현대판 마녀사냥의 표적이 되었다. 오래 전부터 오펜하이머는 좌파적 성향이나 공산주의 이념에 대한 동조와 관련해 여러 소문과 구설수에 시달려왔다. 앞에서도 언급했지만 이런 의심을 받고 있었기 때문에 그는 세계대전 중반 이후로 계속 당국의 감시를 받아오고 있었다. 그의 비밀취급 인가를 갱신할 시기가 다가오자 반대파들은 그를 격렬하게 공격하기 시작했으며, 반전反戰과 관련된 그의 사상도 비판을 받았다. 1953년 12월, 원자력에너지위원회 위원들은 그가 자발적으로 청문회에 나가지 않으면 비밀취급 인가가 갱신되지 않을 것이라는 점을 개인적으로 통보했다.

오명에서 벗어나고 국가에 대한 반역이라는 의심을 불식시키고자 그는 청문회를 자청했고, 마침내 1954년 4월과 5월에 청문회가 열렸다. '오펜하이머 문제 In the Matter of J. Robert Oppenheimer'라는 명칭이 붙은 이 청문회는 그가 성인으로서 살아온 생애 중 가장 고통스러운 경험이었다. 오펜하이머는 거의 범죄 피의자가 심문을 받는 것과 다름없는 수모를 겪었다. 그와 그의 자문단에게는 공식적인 사법절차에서 보장되는 권리와 안전조치가 허용되지 않았다.

오펜하이머는 그의 행동과 동기에 대한 인신공격에 너무 충격을 받아 자신을 적절하게 변호하지 못했다. 회피적인 태도를 보이거나 모순된 답변이 이어졌다. 그가 제대로 대처하지 못하자 그의 반대파들은 더욱 기세를 올려 비난의 강도를 높였다. 그들은 전쟁 기간 중에 그가 반역 행위를 하지는 않았지만 분별없이 처신했고, 전쟁 후에는 경솔하게도 수소폭탄 개발에 반대했으며, 친구나 가족의 사상 문제가 제기되었을 때 증인으로 나서지 않았다는 점을 비난했다. 당시의 혼란한 시대적 상황이나 사법재판 같은 청문회의 분위기를 목격한 이들은 1945년 6월 28일 원자력에너지위원회가 오펜하이머의 비밀취급 인가를 공식적으로 취소했을 때 별로 놀라지 않았다.

최근의 미국 정치 및 지성사에서 오펜하이머 사건만큼 면밀히 재검토된 사건도 없었다. 오펜하이머 개인과 당대의 중심 주제들인 과학, 지식, 개방성에 관해 문제를 제기하는 역사책, 소설, 연극, 심지어는 텔레비전 영화가 무수히 쏟아져 나왔다. 이것은 오펜하이머 자신도 어쩔 수 없었던 현실이었을 것이다. 그 자신이 '광대극farce'이라고 칭했던 이런 현상은 당사자뿐만 아니라 그 누구의 언사로도 막을 수 없었다.

나는 오펜하이머가 자신도 의식하지 못한 상태에서 정치적 몰락을 자초했다고 생각한다. 역설과 애매모호함을 좋아하고 복잡미묘한 타입이었던 오펜하이머는 이런 청문회에서 승리하는 데 필요한 역할을 감당할 수 없었다. 전술적인 관점에서 오펜하이머에게는 두 가지 선택지가 있었다. 우선 비난에 대해 분개하거나 비꼬는 태도를 취함으로써 반대파들의 동기에 의심을 던지는 것이다. 그리고 두 번째는 다른 사람들과 마찬가지로 자신도 한때 잘못된 판단을 내렸다고(사실 그는 판단을 잘못했다) 시인하는 것이다. 자신의 행동은 친척과 친구들을 보호하기 위한 선의에서 우러나온 것이며, 그것은 이미 오래 전의 일이고 자신의 애국심과 충성심은 여전히 변함이 없다고 주장하는 것이다.

하지만 두 선택지 모두 오펜하이머의 기질과는 맞지 않았다. 그는 매우 까다로운 이론적 문제를 다룰 수 있는 비범한 인물이었다. 또한 위험한 시대적 상황 속에서도 옳다고 확신하는 일에는 적극적으로 나설 수 있는 인물이었다. 그렇지만 마음이 단순한 평범한 사람, 미세한 회색 빛깔을 보지 못하고 흑백논리로만 문제를 파악하려는 사람과는 공감하는 능력이 부족했다. 한때 고등연구소에서 오펜하이머의 동료였고 역사학자였던 조지 케난Geroge Kennan은 이렇게 말했다. "오펜하이머는 과학자, 고전학자, 심미가적 기질이 묘하게 섞여 있는 인물로서, 관료사회의 이전투구에는 적절히 대처할 수 있는 무기가 없었다."

여기서 오펜하이머와 그의 동료들을 비교해 보면 그 차이가 뚜렷하게 드러난다. 청문회에서 그를 가장 강력하게 옹호했던 사람은 그의 옛 친구인 래비였다. 뉴욕 출신으로 세상 물정에 밝았던 래비는 반대파들을 조롱하며 그들을 궁지로 몰아붙였다. 그는 자신과 친구들을 보호하기 위해 모험을 감행하려는 기질을 가지고 있었다. 오펜하이머에게 가장 치명타를 가했던 인물은 친구였다가 적이 된 텔러였다. '수소폭탄의 아버지'라고 자칭했던 텔러는 오래 전부터 오펜하이머를 신뢰하지 않았다. 40년에 걸쳐 미국 국방 정책에 영향력을 행사했던 그는 정치인들과 장군들을 상대하면서 그들의 언어로 대화하는 능력을 보여주었다. 텔러는 어휘를 신중하게 선택하면서 미국의 운명을 오펜하이머처럼 불투명하고 신뢰할 수 없는 인물에게 맡겨서는 안 된다는 점을 분명히 밝혔다. 미국을 선善으로 소련을 악惡으로 간주하는 이분법적 관점은 효과적인 반대이야기로 작용했다. 이런 반대이야기는 대화를 추구하면서 호전적인 수사나 고정관념을 배척하는 관점, 즉 뉘앙스가 풍부한 이야기를 압도했다.

나는 오펜하이머에 대한 혐의가 근거 있는 것이라고 믿지 않는다. 하지만 오펜하이머가 과연 마음속으로 자신이 절대 결백하다고 생각했을 것이라고도 보지 않는다. 이런 상반된 측면 때문에 그는 큰 대가를 치러야만 했다. 나는 오펜하이머가 깊은 공감대를 공유했던 지식인들이나 과학자들에 둘러싸여 있지 않은 상황에서 과연 편안한 마음을 유지했을지 의심스럽다. 오펜하이머는 맨해튼 프로젝트를 수행한 2년의 기간 외에는 개인적인 친분을 쌓는 데 어려움을 느꼈다. 젊은 시절에 이런 사교상의 문제는 오만함이 배어 있는 비난으로 표출되었고, '거물들조차 바퀴벌레처럼 느끼게 만들었다'고 한다. 그는 한때 「워싱턴 포스트 Washington Post」와 「뉴스위크 Newsweek」지의 영향력 있는 발행인이었던 필립 그레이엄 Philip Graham이 산스크리트어 원서를 읽지 못한다고 말하면서 그를 경멸했다. 하지만 그는 자신에 대한 지지를 얻으려 할 때는 강력한 정치인이나 군부 리더 앞에서 노예처럼 아첨을 떨기도 했다. 가정생활도 문제가 많았다. 그의 아내는 지독한 술꾼이었고 그의 딸 토니는 자살했으며 아들은 공식적인 무대에서 완전히 자취를 감추었다. 내가 보기에 그는 자신의 소속 집단 내에서는 다른 사람들의 마음에는 민감하게 반응했지만, 비판가나 중립적인 입장에 있는 관찰자들의 마음은 이해하지 못했다. 즉 그들에게는 어떤 논리가 설득력이 있고 어떤 언사가 그들을 화나게 하는지 인식하지 못했다.

   오펜하이머는 많은 학계 인사들의 존경과 찬사를 받았다. 그는 명석하고 다재다능했으며 말솜씨가 좋았고 학계의 기본 원칙을 충실히 수호했다. 그러나 학계 동료들 사이에서 그는 학자적인 조용한 이미지보다는 스벤갈리 Svengali* 같은 인물로 비쳐졌다. 날카로운 눈, 믿기지 않을 만큼 폭넓고 깊은 지식, 역설을 자유자재로 다루는 감각, 상대방이 관심을 두고 있는 문제나 이슈에 대한 완벽한 이해 등으로 학자들이나 지식인들의 마음을 완전히 사로잡았던 것이다. 대

---

* 조르주 마리에 George du Maurier의 1894년 소설 『중절모 Trilby』에서 최면으로 남을 조종하는 최면술사로 등장하는 인물 – 옮긴이

부분의 학자들은 한편으로는 오펜하이머 같은 사람을 결코 만난 적이 없다고 느끼면서도, 다른 한편으로는 그의 마술에 빠져버리지 않을까 하는 막연한 불안감을 가지고 있었다. 버클리의 동료 교수였던 웬델 래티머Wendell Latimer는 다른 사람을 압도하는 오펜하이머의 힘을 '신비주의적인 기질' 덕분이라고 했다. 래비는 그것을 아직 드러나지 않는 '깊은 통찰력과 감수성을 담은 정신' 때문이라고 했다. 걸출한 문학비평가인 존 메이슨 브라운John Mason Brown은 이렇게 말했다. "그가 지닌 개성의 힘은 허약함 때문에 더욱 강력해진 것이다. 말을 할 때 그의 존재는 점차 크게 보이는데, 이는 열정적 기질이 너무도 분명히 드러나 신체의 왜소함은 눈에 들어오지 않기 때문이다." 하지만 이런 매력은 장군들이나 정치가들에게는 먹혀들지 않았다. 왜냐하면 그들은 열정, 미묘함, 마음의 신비 따위보다는 신체의 크기나 권력 따위의 가시적인 힘을 더 높게 평가하는 경향이 있기 때문이다.

여기에는 하나의 역설이 있다. 오펜하이머는 다른 사람들의 관점을 이해할 수 없는 사람이 아니었다. 사실 여러 상황에서, 특히 맨해튼 프로젝트를 수행하는 동안 그는 그런 측면에서 매우 뛰어난 재주가 있었다. 하지만 그가 보여준 대인지능은 (프랭클린 루스벨트 대통령처럼) 후천적으로 획득한 것이지만 완전히 몸에 밴 제2의 천성이라고 볼 수는 없었다. 또 남을 설득시키는 본능적 감각이 아니라 억지로 배운 예의나 친절 정도에 불과했을 것이다. 오펜하이머에게는 기질적으로 자신이 소속된 좁은 집단 이외의 사람들에게는 공감을 얻지 못하는 면이 있었다. 그것은 아마 상황을 통제하려는 강한 동기였는지도 모르고, 차별성에 대한 타고난 감각, 우월감, 부적응 같은 것일 수도 있다. 허친스(제6장 참조)와 마찬가지로 일반 대중과 제대로 공감하지 못하는 것은 불운한 결과를 자초하게 된다.

어떤 면에서 오펜하이머는 타이밍의 희생자였을지도 모른다. 핵폭탄 투하 직후 미국 내에서는 막강한 힘의 억제와 핵무기에 대한 국제적 통제 시스템의 필요성이 제기되고 있었다. 이 시기에 오펜하이머가 자신을 변호할 입장에 처했더라면 보다 많은 청중의 지지를 얻었을 것이다. 하지만 1950년대 초 소련이 수소폭탄 실험에 성공하자 대부분의 미국인들은 미국과 소련의 경쟁에서 어떤 타협점을 찾을 수 없다고 믿게 되었다. 그래서 오펜하이머의 절제된 어조는 점차 마이동풍이 되어가고 말았다.

청문회와 그 치명적인 판결에 심한 충격을 받은 오펜하이머는 다시는 공직에 눈길을 돌리지 않았다. 고등연구소 소장직은 계속해서 충실히 수행했다. 훌륭한 사상가들을 상임연구원으로 선발했고 단기간 방문한 젊은 학자들을 잘 보살펴주었으며 방문객들과 연구원들을 모아놓고 세계 최고 수준의 대화의 장을 마련했다. 또 학술단체에 나가 연설도 자주 했다. 당대의 과학적, 윤리적 사안들과 지식의 성장과 딜레마 그리고 수수께끼 같은 인생 문제들을 주제로 삼아 자신의 견해를 제시하며 통찰력과 겸손과 날카로운 지성을 드러냈다. 1950년대와 1960년대에 이런 주제들을 가지고 그만큼 훌륭하게 연설했던 사람은 거의 없었다.

오펜하이머는 대단한 자제력을 발휘해 청문회에 대해 일체 공식적인 언급을 피했다. 그의 측근들은 그런 고통스러운 경험이 그를 더욱 강하게 만들었으며 자신의 힘을 발휘할 수 있는 영역에 더욱 집중하게 했고 인간의 약점에 대해 더욱 예민하게 만들었다고 밝혔다. 나중에 그는 엔리코페르미 상을 받는데, 이는 공식적인 권리 회복의 의미로 볼 수 있는 것이었다. 하지만 그는 수상 소감을 간단하고 담백한 어조로 표현했을 뿐이었다. "대통령 각하, 저는 오늘 각하의 관용과 용기 덕분에 이 상을 받게 되었다고 생각합니다. 그리고 이는 우리의 미래가 더욱 밝아질 조짐으로 보입니다."

동상이몽을 꾸는 인물들처럼 보이는 오펜하이머와 미드는 어떤 점에서는 유사하지만 또 다른 점에서는 명백한 차이가 있다. 우선 한 쪽은 남자이고 독일계 2세인 이론물리학자로서 비관적이고 내성적 성향이 강하며 절제된 논평가로서 엘리트적인 전문성을 추구했다. 다른 한 쪽은 여자이고 애국심이 강한 미국 토박이 문화인류학자이며 낙관적이고 외향적 성향을 지녔고 본능적인 활동가, 타고난 공인, 대중문화 전문가였다. 그들은 동일한 경험을 추구하지 않았을 것이고 기회가 있었다 하더라도 오랫동안 상대방과 교분을 쌓기를 원하지도 않았을 것이다.

그럼에도 리더십에 관해서라면 미드와 오펜하이머는 전형적이면서 유사한 여러 측면을 보여준다. 젊은 시절에 두 사람 모두 굉장한 지적 재능, 감수성, 호기심을 드러냈고 동료들 사이에서 단연 두각을 나타냈다. 대학에 다닐 때는 어떤 분야에 관심을 가져야 하는지 깨닫지 못했지만, 어떤 학문 분야를 선택하든 어떤 직업을 선택하든 결국 그들은 성공을 거두었을 것이다.

각자의 분야를 선택한 후 그들은 손쉽게 정상에 올랐다. 오늘날 35살의 물리학자나 인류학자가 오펜하이머나 미드만큼 성공하는 것은 결코 쉽지 않다. 게다가 두 사람은 각자의 분야에서 직접적으로나 간접적으로 리더십의 능력을 쌓았다. 오펜하이머는 교육가이자 사상 종합가로, 미드는 현지답사가, 저술가, 조직가로서의 수완을 발휘했다. 제2차 세계대전의 여러 사건들은 또 다른 방식으로 그들이 더 넓은 영역으로 진출할 수 있는 발판이 되었다. 오펜하이머는 막중한 프로젝트의 책임자가 되었고, 미드는 미국 사회의 관습을 이해하는 데 전념하면서 세상 물정에 점차 눈을 뜨고 있는 일반 대중에게 새로운 통찰을 제시했다.

전쟁 후 오펜하이머와 미드는 각자 여러 계층의 대중들을 상대로 연설하고 그들의 욕구를 충족시켜야 했다. 전문 언어로 소통하는 학자들, 어느 정도 정보는 갖고 있지만 전문 지식이 부족한 이들, 그리고 보다 광범위한 일반 대중 등 다양한 사람들을 상대했다. 학자 겸 리더였던 두 사람은 각기 다른 방식으로 이런 도전에 나섰다. 미드는 문화인류학의 주류에서 벗어났고 사후에는 결국 사모아 문화의 믿을 만한 권위자라는 명성에 해를 입었다. 그녀는 공식 기관과의 관계를 피했고 학파를 만들지도 않았다. 궁극적으로 미드가 상대한 청중은 미국의 독자나 시청자들이었으며, 그들은 그녀로부터 이국 문화에 대한 정보나 자신들의 일상생활에 대한 지침을 얻고자 했다. 그녀는 광범위한 대중을 편하게 상대할 수 있는 학자이자 지성인이 되었다. 오늘날의 관점에서 그녀가 제시한 해결책 중에는 시대에 뒤떨어진 것이 있을지 몰라도, 그녀는 수십 년에 걸쳐 문화적 사안들을 규정하는 데 기여했다.

오펜하이머는 연구 과학자보다는 해설가나 교수로서 활동했지만 물리학의 중심 영역을 벗어나지 않았다. 하지만 점차 폭넓은 대중을 상대하지 않을 수 없었다. 그는 여러 분야의 학자들이나 강한 지적 호기심과 배경을 지닌 사람들을 능숙하게 다뤘다. 하지만 보다 광범위한 대중과 직접적인 교류를 할 수 없었고 그런 희망도 갖고 있지 않았던 것 같다. 자신의 비밀취급 문제와 점차 양극화되고 있는 시대적 상황 때문에 오펜하이머는 미드와 대조적으로 정치 리더들과 대중을 상대하는 데 별 성과를 거두지 못했다. 항상 복잡하고 미묘한 전문적인 사안들을 다루는 일에만 전념했기 때문에 학계에서는 인정을 받았지만 대중에게는 매력을 끌지 못했던 것이다. 그의 동료이자 숙적인 텔러는 매우 단순하면서 덜 포용적인 이야기를 만들어냄으로써 정치 및 군사 리더들과 직접적으로 혹은 간접적으로 일하며 장기적인 성공을 거둘 수 있었다. 미드와 오펜하이머는 자신들의 메시지를 각자의 방식으로 실천했다. 미드는 사람들을 향해 손을 뻗었고 그들로부터 반응을 얻었다. 미드의 중심 주제는 의사소통이었고 그것에 탁월한 수완을 발휘했다. 내향적이고 자제력이 강한 오펜하이머는 남의 등을 토닥거리며 격려하거나 청중 속으로 뛰어 들어 자신이 '공동의 담론common discourse'이라고 칭했던 활동에서 성공을 거두지 못했다. 1960년 베를린에서 했던 연설에서 그는 이 사안에 대해 이렇게 언급했다.

나는 오늘날 우리가 대화의 능력을 잃어버렸다는 사실을 크게 우려합니다. 계속해서 심오한 발견들이 나오면서 우리는 전통에서, 그리고 어느 정도는 언어에서도 서로 멀어지게 되었습니다. 우리는 획득한 지식을 서로에게 알려줄 시간도 기술도 열정도 갖고 있지 않습니다. 또한 남의 말을 경청하지도 않으며 그런 지식이 공동의 문화를 풍성하게 하고 이해의 폭을 넓혀준다는 것을 받아들이지 못하고 있습니다. 그럼에도 우리는 고상한 것을 갈망합니다. 단순성과 진실을 조화시키는 희귀한 말이나 행동 따위 말입니다.

오늘날 리더들이 직면한 가장 근본적인 과제는 복잡한 세상을 이해하고 그것을 비전문적인 많은 개인들에게 직접 전달하는 일이다. 오펜하이머와 미드는 각자의 방식대로 이 과제를 다루었고, 다른 학자들이 자신들의 전문 분야를 뛰어넘을 수 있는 모델을 제시해 주었다. 그 모델은 문제를 일으켰지만 영감을 제시해 주는 것이었다. 미드는 상식의 범위를 확장시켰다. 오펜하이머는 자신의 성격답게 「비상식Uncommon Sense」이라는 논문 모음집을 출간했다. 고통스런 시적 영혼의 소유자인 오펜하이머가 당대의 의사소통의 딜레마를 웅변적으로 표현했다면, 굳건한 정신의 소유자인 미드는 효율적인 의사소통 방법을 능숙하게 제시했다.

   나는 리더십의 흐름을 살펴보기 시작하면서 미드와 오펜하이머를 제일 먼저 다루었다. 두 사람은 초창기 자신들의 사상과 저서를 통해 영향력을 발휘했다. 이때만 해도 이들은 리더십의 전체 흐름 중 한 쪽 극단에 위치한 알베르트 아인슈타인 같은 인물들이었다. 직접적인 리더십에 별 관심이 없었던 외로운 학자나 예술가 타입이었던 것이다. 하지만 각자의 전문 분야 내에서 확실한 리더십을 발휘해 온 이들은 자신의 분야를 뛰어넘으면서 두 가지 중요한 변화를 겪는다. 하나는 간접적인 리더에서 직접적인 리더가 된 것이고, 다른 하나는 특정 분야로부터 보다 광범위한 교육받지 않은 사회로 옮겨가 리더십을 발휘하게 되었다는 사실이다. 그렇지만 리더십의 흐름 속에서 이들의 위상은 또 다른 극단에 위치한 정치 리더들, 예를 들어 유레카 정상회담과 같은 국제회의에서 한 국가를 대표하는 인물들과는 여전히 멀리 떨어진 것이었다.

  리더십 고찰을 계속해 갈 다음 4개의 장에서는 특정 기관을 이끌었던 리더들을 다루게 될 것이다. 우선 비교적 소규모 기관인 미국 대학의 총장을, 그 다음은 좀 더 규모가 크고 복잡한 세계적 기업의 총수를, 그리고 마지막으로 미 육군과 가톨릭교회의 수장을 다룰 것이다.

제 6 장

로버트 메이너드 허친스
고등교육에 새바람을 몰고 온 선구자

Robert Maynard Hutchins, 1899~1977

대통령의 힘은 설득의 힘이다.

– 리처드 노이슈타트 Richard Neustadt

교육받은 사람이라면 어떤 인물이든 '대학의 목표'라는 주제로 강연할 수 있다. 누구도 그 강연을 자발적으로 들으려고 하지는 않겠지만 말이다. 대체로 그런 강연이나 관련된 글은 사교를 위한 선의의 활동일 뿐, 실행 가능한 내용이 별로 없다. 대학의 미래에 대한 논의는 대개 무의미하거나 달성하기 어려운 목표만을 제시하는 경향이 있다.

– 마이클 코헨과 제임스 마치 Michael Cohen and James March

제2차 세계대전이 한창일 무렵, 미국에서는 고등교육 기관의 정신을 개혁하려는 작은 투쟁이 전개되었다. 시카고 대학에서 오랫동안 총장을 지내온 로버트 메이너드 허친스는 같은 대학의 다른 많은 교수들과 갈등 관계에 있었다. 허친스와 그를 지지하는 몇 안 되는 동료 교수들은 학생들을 위한 가장 적절한 교육을 위해 분투하고 있었다. 허친스와 그가 직접 선발한 대학 행정관 및 소수의 교수들이 내세우는 주장은 학부생들에게 정규과목만을 이수하게 하자는 순수한 차원에 기반을 둔 견해를 갖고 있었다. 그레이트북스 great books▪의 고전을 공부하여 웬만큼의 지적 수준에 도달해 있는 학생들에게는 문학사 학위를 수여하자는 취지였다. 이 견해에 반대하는 입장에 선 교수들은 다소 실용적인 의견을 내세우면서 다원적이고 다양한 커리큘럼을 만들어야 한다며 맞섰다. 다원적 입장을 지지하는 사람들은 다양한 커

▪ 1920년대와 1930년대에 서구 인문교육의 전통을 되살리고자 허친스를 비롯한 여러 교육학자들이 협의하여 내놓은 도서목록과 커리큘럼 – 옮긴이

리큘럼으로 다양한 학위를 수여할 것을 주장했다. 다시 말해 누군가는 과학을 전공하고 누군가는 인문학을 전공해야 하며, 또 다른 누군가는 사회학을 전공하는 방식이 바람직하다는 주장이었다.

1940년대 초엽, 서른도 채 안 되어 시카고 대학의 총장이 된 허친스는 이미 미국 교육계에 널리 알려진 존경받는 유명 인사였고, 여러 대학을 돌아다니며 국가적 차원의 문제들을 토론하는 전문가였다. 그는 고매한 지적 수준과 철학에 바탕을 둔 진보적 교육자로서 널리 존경을 받고 있었다. 그러나 허친스는 자신의 주장에 반대하는 교수들과의 싸움에서 불만족스러운 타협을 하게 되었고, 시도했던 다른 개혁에서도 실패를 맛보았다. 그 뒤 시카고 대학을 떠나 다른 기관에서 지휘했던 정책에서도 실패는 계속되었다.

한 대학의 총장이 자신의 아이디어를 동료 교수들에게 어필하지 못한다는 점이 다소 생소하게 여겨질 것이다. 더욱이 그 아이디어가 다른 대학에서는 호의적으로 받아들여지고 또 다른 일부 대학에서는 이미 시행되고 있는 상황이라면 더욱 그럴 것이다. 문제의 일부 원인은 시카고 대학의 특수한 상황 때문이기도 했지만, 특히 허친스의 지나친 통제 스타일과 고압적인 성격 때문이었다. 그러나 보다 근본적인 문제는 제한된 권한밖에 갖지 않은 기관을 완전히 장악하여 지휘하려는 의욕 때문이 아닌가 싶다.

대학에서 일하는 이른바 교수라는 호칭으로 널리 알려진 사람들은 주로 교육이라는 한 분야에만 평생 종사하는 경향이 있다. 문화인류학자가 다른 문화인류학자를 상대한다거나 물리학자가 다른 물리학자와 어울리는 것과는 다르게, 대학 총장은 여러 분야에서 모인 융통성 없는 집단을 설득해야만 한다. 교수들은 저마다 전공이 다르고 관심사도 다르며 교육 목표도 다른 사람들이다. 개중에는 심지어 노골적으로 반항하는 교수들도 존재한다. 교수들이란 훌륭한 교육을 받은 전문가들이지만 그것은 해당 분야에서만 통용되는 논리이다. 교육이라는 일반적이면서도 광범위한 차원의 문제가 제기되면 이러한 교수들도 일반인들에 비해 특별히 많은 지식을 갖고 있다거나 신뢰할 수 있다고 말할 수는 없다. 사람들이 특정한 교수를 가장 현명한 사람이라고 지목하더라도 문제의 해결에 별로 도움이 되지는 않는다.

허친스는 자신의 지성과 두드러진 외모 덕분에 상당히 젊은 나이임에도 대학 총장으로 임명되었고, 다른 연구기관의 책임자로 부임되기도 했다. 하지만 그는 승리한 전투보다 패배한 전투가 더 많았으며, 그래서 종종 선망이 아닌 동정의 대상이 되곤 했다. 그의 우여곡절이 얽힌 인생행로와 궁극적인 곤경을 들여다보면 기업, 군대, 교회, 국가보다는 훨씬 부담이 덜한 비교적 소규모의 기관을 이끄는 데도 적지 않은 도전들이 도사리고 있음을 알 수 있다.

당시 미래의 리더로 지목된 미국의 젊은이가 있다면 그가 바로 허친스였을 것이다. 뉴잉글랜드 지역의 유서 깊은 가문(허친스의 부친은 장로교 목사였고 대학 학장과 이사장을 지낸 인물이다)에서 출생한 허친스는 키가 훤칠하고 야심이 있었으며 적극적이고 총명한 소년이었다. 그의 집안은 미드와 오펜하이머의 가정처럼 사랑이 넘쳤고 자식에 대한 지원을 아끼지 않았으며 근면성과 윤리적 기준과 엄격한 자기반성 등을 가르쳤다. 어린 허친스는 교회활동에 전념하지는 않았지만 자주 접하는 종교적 수사 rhetoric 에 많은 영향을 받아 한때는 목회자가 되겠다는 생각까지 품고 있었다.

허친스는 먼저 복음을 가르치는 개신교 기관인 오벌린 대학Oberlin College에서 2년간 공부했다. 오벌린은 지식을 추구하는 것과 공적인 기관에서의 그 지식의 활용이 서로 연계되어야 한다고 가르쳤는데, 허친스는 이러한 교육철학의 영향을 많이 받았다. 그 후 잠시 군대에 소속되어 있었다. 그리고 예일 대학에서 학부를 마쳤는데, 체육을 제외한 모든 과목에서 우수한 학점을 취득하여 캠퍼스 내에서 유명인으로 통했다. 예일의 동창생으로는 훗날 출판으로 명성을 얻은 헨리 루스Henry Luce와 윌리엄 벤튼William Benton, 그리고 허친스의 평생 친구였던 극작가 손튼 와일더Thornton Wilder가 있다.

대학 시절 허친스는 특히 웅변과 토론에서 두드러진 재능을 보였다. 목사로서 연설에 능숙했던 아버지의 영향 때문이었는지 불필요한 감정의 남발 없이 꾸밈없고 분명하게 말할 줄 아는 재능이 있었고, 구체적이고도 생생한 사실들을 필요할 때마다 적절하게 인용해내는 뛰어난 기억력의 소유자였다. 게다가 놀라우리만치 기발한 위트와 상대방을 자극하지 않으면서도 흥미를 불러일으키는 화술, 아이러니의 침착한 활용 등으로 순식간에 많은 청중의 호응을 얻어내곤 했다.

그 후 잠깐 동안 별로 흥미를 느끼지 못하던 고등학교 교사를 지냈는데, 이때 그의 인생을 바꿀 한 장의 초대장을 받게 된다. 당시 예일의 총장이던 제임스 앤젤James Angell이 대학의 운영진인 예일 재단의 서기를 맡아달라고 허친스에게 부탁했던 것이다. 허친스의 주요 업무는 예일 대학을 위한 기부금 모금과 홍보였다. 허친스의 전기 작가인 해리 애시모어Harry Ashmore는 이렇게 말했다. "홍보업무를 하며 허친스는 회의적이면서도 자유분방한 재능을 마음껏 발휘했다. 그는 자신의 은근한 위트와 매력 덕분에 가끔씩 던진 신랄한 발언에도 아무런 항의를 받지 않았다. 그는 홍보담당자로서 큰 성공을 거두었다."

허친스는 예일 대학의 학부시절부터 법학을 공부하기 시작했다. 예일 재단에 근무하면서도 예일의 로스쿨에서 공부를 계속했고 거기에서도 단연 두각을 나타냈다. 허친스는 장래의 출세를 위해서는 로스쿨이 가장 적합하다는 생각을 가지고 있었다. 로스쿨에서 동료들에게 가장 확실하게 성공할 학생으로 꼽힌 허친스는 차석으로magna cum laude 로스쿨을 졸업했으며, 곧 예일의 로스쿨로부터 교수직을 제의받았다. 로스쿨에서 허친스는 소송절차와 행정법을 강의했고, 법학 교육의 일부를 개혁했던 예일 대학 로스쿨 학장인 찰스 클라크Charles Clark의 일을 도왔다.

허친스는 교수로서 채 자리를 잡기도 전에 또 다른 기회를 얻게 된다. 클라크가 항소법원의 법관으로 이직하면서 로스쿨 학장의 자리가 공석이 된 것이다. 허친스는 로스쿨 학장 서리로 임명되었고 거기에서도 그는 많은 일을 해냈다. 중요한 안건에 대한 성명서position paper도 여러 번 작성했고 많은 사람들을 임용했으며, 예산집행이나 교과목 선정, 교수회의 참석 등 모든 업무를 원활하게 수행했다. (예일 재단에서의 경험은 그에게 큰 도움이 되었다.) 또한 증거법과 관련된 심리학적 연구의 권장과 소송절차 연구소의 설립을 위한 지원자금의 확보라는 그가 평소부터 염두에 두던 두 가지 프로젝트도 진행시켰다. 1927년 12월, 예일 재단은 표결을 통해 허친스를 로스쿨의 정식 학장으로 임명했다.

천재라고 하면 보통 음악, 수학, 체스 등 특정한 분야에서 탁월한 재능을 발휘한 인물을 떠올리게 된다. 그러나 이러한 분야들은 계산이나 알고리즘algorithm을 가지고 있는 만큼, 젊은이들이 그 패턴만 제대로 이해한다면 그 분야에서 빠른 진전을 이룰 수도 있다. 한 분야의 천재들은 다른 분야의 사람들과 자주 접하는 경험이 절대적으로 필요하지는 않다. 즉 그들이 더 넓은 분야에서 활약을 펼치겠다는 야망이 없는 한, 당분간 자기 분야의 재능만으로도 그들은 충분히 천재로 통할 수 있다.

그러나 젊은이들을 관심 있게 지켜보고 우대하는 사회에서조차 허친스처럼 젊은 나이에 직접적인 리더(사실상 제도권 리더)가 된다는 것은 매우 드문 일이다. 허친스 집안의 명망과 그의 개인적인 능력을 감안하더라도 허친스의 임명은 예외적인 경우였고, 그러한 고위직이 예일의 다른 사람에게 주어지더라도 무난히 수행해낼 사람은 얼마든지 있었다. 허친스가 젊은 나이에 그토록 높은 지위에 오를 수 있었던 것은 총장이었던 앤젤과 깊은 교분을 나누었기 때문이다. 이런 일은 대학 사회에서 종종 벌어지는 일이기도 하다. 심지어 오늘날에도 유명한 대학의 총장은 학내 고위직 인사에 무시하지 못할 영향력을 행사하곤 한다. 물론 허친스의 매력적인 풍모와 멋지고 귀족스러운 매너가 긍정적 요인으로 작용하기도 했다. 그러나 이러한 급작스런 출세의 핵심적인 요인은 그가 행정업무를 너무나도 빨리 터득했다는 데에 있다. 대부분의 사람들이 몇 년에 걸쳐 배우고 실수를 거듭하며 몇 달에 걸쳐 수습해야 하는 일을 허친스는 놀라운 스피드로 달성해냈다. 노련한 베테랑들도 해내기 어려운 일을 10년도 채 안 된 사람이 빠르게 성취해냈던 것이다.

허친스는 임명되는 그 순간부터 로스쿨 학장의 적임자로 여겨졌으며, 필요한 것을 재빨리 알아냈고 다른 사람들에게 그 목적에 대해서도 잘 설득했다. 이 책에서 다룬 타고난 리더들처럼 그는 다양하고도 놀라운 재능을 겸비하고 있었다. 대안을 물색하는 논리적인 능력에서부터 다른 사람을 말과 글로 설득하는 언어능력, 특정한 상황에서 특정한 사람들을 만나 일을 성사시키는 대인지능이 탁월했다.

이것은 허친스가 흠잡을 데 없이 완벽한 재단 간사이자 교수이며 학장이었다는 의미는 아니다. 오히려 그 반대였다. 허친스는 많은 실수를 저질렀고 실천보다는 약속을 남발했으며, 실무 지식을 갖췄다기보다는 열의에 가득한 의욕이 앞섰고 이미 채택된 정책을 실행하기 위한 적절한 조처를 제대로 취하지 못했다. 게다가 젊은이가 흔히 내보이기 쉬운 순진함과 성급한 면이 있었고, 일관된 철학이나 절차상 신뢰할 만한 방법론이 부족했다.

그러나 허친스의 리더십으로 예일의 로스쿨은 열정이 넘쳐났고 뭔가 일이 되어가고 있다는 느낌을 주었으며, 이곳이야말로 모두가 원하는 학교라는 확신을 주었다. 어느 날 그는 장학생 프로그램을 마련했고 다음날 그 프로그램을 메디컬스쿨에까지 연계시켰는데, 합법적 현실주의에 입각한 이 프로그램은 그 자취가 오늘날까지 남아 있다. "우리의 실험이 모두 성공해야 하는 것은 아닙니다." 허친스는 자신에게 걸맞은 표현으로 이렇게 말했다. "다른 로스쿨들이 우리가 실험하면서 겪었던 실수들을 되풀이하지 않는 것만으로도 우리는 만족합니다. 대학이 위대해질 수 있다는 것은 실험정신이 살아 있기 때문입니다." 그는 권위와 독단에 도전했지만 때에 따라서 겸손을 드러내거나 재치를 발휘할 줄도 알았다. 그러나 유감스럽게도 설득력이 있는 이러한 겸손한 태도는 시간이 지날수록 차츰 사라져갔다.

예일의 로스쿨에 재직하던 당시의 허친스에게는 한 가지 주목할 만한 특징이 있었다. 그는 진보적 성향의 교수들과 뜻을 같이 했다. 그는 학생들이 스스로 선택하기를 바랐고 더 큰 공동체에 참여할 것을 권유했다. 그는 무미건조하고 누구나 예측할 수 있는 변론 방식의 문제점과 로스쿨의 비지성적인 직업학교화, 대학 내에서 로스쿨의 고립 등을 비판했다. 새롭게 발전하기 시작한 행동과학과 사회과학에 공감했던 허친스는 사회과학의 새로운 발견들이 법률적 결정의 근거로 활용될 수 있다고 믿었다. 예를 들어, 증거의 신빙성이나 규칙의 효율성, 징벌의 타당성을 검증하기 위해 심리학적 방법론을 활용해야 한다고 생각했다. 그러면서 법률과 경험적 연구자료를 함께 연구할 연구소의 설립을 장려하고 그 자금을 조성하기 위해 노력했다.

그럼으로써 미래지향적이고 현실적이며 진보적인 개혁가로서 법조계와 대학사회에서 허친스의 명성은 높아져갔다. 1920년대 후반의 허친스에게서는 그 후 전국적인 무대에서 선보이는 보수적인 교육사상가의 면모를 찾아보기가 어려웠다.

그리고 다시 한 번 허친스에게 기회가 찾아왔다. 미국의 가장 명성 있는 교육기관 중의 하나인 시카고 대학이 새로운 총장을 찾고 있었다. 20세기 초엽, 이 대학의 기반을 닦았던 윌리엄 레이너 하퍼 William Rainer Harper 총장은 시카고 대학의 명성을 드높였고 학문지원을 아끼지 않았으며, 지적인 힘이 넘치게 하였고 특히 대학원을 활성화시킨 개혁적인 젊은 교육 지도자였다. 그러나 그의 후임 총장들은 하나같이 실망스러웠다. 시카고 대학의 이사들은 하퍼 시대를 다시 한 번 돌이켜 학부 교육을 활성화시키는 데 능력을 발휘할 수 있는 인물을 찾는 데 혼신의 노력을 기울였다.

1929년 4월, 허친스가 이 대학의 인사위원회 앞에 나타났다. 다소 젊고 행정 경험이 적었지만 허친스는 인사위원들에게 매우 강한 인상을 심어주었는데, 유명한 포장육 회사의 후계자로서 인사위원회에서 가장 영향력 있는 이사였던 해롤드 스위프트Harold Swift에게 특히 그러했다. 예일의 동료 교수들로부터 시카고 대학의 총장직에 대한 다소 유보적이지만 긍정적인 평가를 들은 젊은 허친스는 위원회로부터 제의를 받고 미국 최고 수준의 메이저 교육기관의 총장직을 정식으로 수락하게 된다. 시카고 대학은 학생수 1만 4,000명에 교직원 780명, 연간예산 740만 달러로서 당시 몇 안 되는 대규모 대학 중의 하나였다.

허친스는 예일 대학에 근무하던 시절의 흥분과 활력을 송두리째 시카고 대학으로 가져갔다. 취임 후 몇 년의 밀월 기간 동안 그는 (자금 지원자들을 포함해) 고등교육에 관심이 있는 사람들의 상상력을 사로잡는 대대적인 개혁을 단행했다. 교직원들을 단과대학별로 임명했고 고교 2년생에게 입학허가를 내주었으며, 4년제와 동등한 2년제 단과대학 프로그램을 개발했다. 각 학과들을 네 개의 주요 단과대학으로 그룹지어 편성했고, 비전문가들을 위한 학제적인 강좌를 대거 개설했다. 허친스는 논쟁을 좋아하여 토론을 적극적으로 권장했으며, 자신의 신념을 추진하는 데 상당한 능력을 보였다. 그의 전기 작가 중의 한 사람인 메리 앤 주백Mary Ann Dzuback은 이렇게 요약한다. "학부 강좌가 대학의 주변부에서 중심부로 이동했다. 세 개의 학사학위가 수여되던 선택적 프로그램에서 하나의 학위만 제공되는 충실한 프로그램으로 바뀌었다. 10주간의 개별 강좌들은 커리큘럼을 상호 보완하고 통합하는 1년에 걸친 학제적 강좌로 바뀌었다."

논란을 불러일으키긴 했지만 조직변화는 허친스의 개혁 프로그램의 중요한 부분이었고, 그의 교육철학은 대학의 사명을 정립하려는 논쟁에 핵심적으로 기여했다. 이와 관련된 그의 이야기는 모티머 제롬 애들러Mortimer Jerome Adler를 거론하지 않고서는 얘기할 수가 없다. 애들러는 컬럼비아 대학에서 철학과 심리학을 공부했고 존 어스카인John Erskine의 유명한 그레이트북스 세미나에도 참여했던 뉴욕 출신의 유대인이었다. 애들러는 현대에는 당연한 규범으로 간주되는 서구 사상과 문학에 관한 대표적인 저서들을 소수의 학생들이 면밀히 읽고 토론하는 그레이트북스 세미나에서 지대한 영향을 받았다. 독학자 같고 이단적 성향을 지녔던 애들러는 당대의 지성적, 문화적 경향을 매우 못마땅하게 여겼다. 그는 문명의 기초적인 아이디어들을 얻기 위해 그리스와 로마의 고대를 돌이켜보았으며, 자신의 사회적 비전을 얻기 위해 중세의 제도와 지식체계의 연관성을 조사했다.

허친스와 애들러는 1920년대 후반 예일에서 처음 만났다. 심리학과 법학에 공통적인 관심을 가지고 있었던 두 사람은 곧 서로에게 매력을 느꼈다. 사실 두 사람은 성격이 전혀 달랐다. 허친스는 우아하고 신중하고 적어도 겉으로 보기에 사교적인 데 반해, 애들러는 성급하고 잘난 척하는 싸움꾼이었다. 이렇듯 성격과 성장배경이 달랐지만 두 사람은 곧 의기투합했고, 그 후 반세기 동안 절친한 동료로 지내게 된다. 실제로 두 사람은 시카고 대학에서 그레이트북스 세미나를 18년 동안 함께 이끌었다. 허친스의 교육사상에 누구보다도 큰 영향을 준 사람이 바로 애들러였다. 애들러 교육철학의 핵심은 고전을 읽고 대화 형식으로 토론하면서 고전 속에 녹아 있는 주요 사상을 실제 생활 속에서 실천해야 한다는 것이었다.

1936년, 허친스는 『미국의 고등교육The Higher Learning in America』을 집필했다. 이 책은 광범위한 대중을 상대로 자신의 교육철학을 강연한 내용들을 묶은 것이다. 이 책에서 그의 철학은 주로 제도적 기관을 새롭게 정비하고 미국 고등교육의 가치를 재정립해야 한다는 것이었는데, 내용은 보수적이었지만 논조는 급진적이었다.

이 책은 미국의 대학들이 어떠한 이상이나 일관성도 찾아볼 수 없는 공동空洞 상태에 처해 있다는 공격으로 시작된다. 그는 이렇게 선언했다. "미국의 고등교육에서 가장 두드러진 사실은 엄청난 혼란에 빠져있다는 점이다." 그는 흥미위주의 교육과 직업중심주의, 진보와 실용의 오도된 개념, 인격을 함양시키겠다는 어설픈 시도 등을 신랄하게 비판했다. 더욱이 규범의 부재와 금전만능주의, 스포츠 우선주의, 널리 퍼진 반지성주의를 개탄했으며, 개인의 의지와 상관없이 모든 사람이 교육받을 권리가 있다는 주장을 검증되지 않은 억측이라고 일축했다.

애들러의 사상적 지지를 받은 허친스는 이러한 허구적 우상을 타파하고 그것을 대신할 수 있는 정신을 육성하는 교육을 실시해야 한다고 주장했다. "적절하게 훈련되고 적절하게 습관화된 지성은 어떠한 분야에서든 제몫을 충분히 해낼 수 있다"고 허친스는 강조했다. 거기에 그치지 않았다. "대학들의 통일된 원칙은 오로지 진리를 위한 진리의 추구다"라고 역설했다. 그는 계속해서 확신에 찬 장중한 문체를 구사하며 이렇게 외쳤다.

"교육은 가르침을 의미한다. 가르침은 지식을 의미한다. 지식은 진리다. 진리는 어디에서든 동일하다. 그러므로 교육은 어디에서나 동일해야 한다. 나는 조직이나 행정, 지역적 관습에 따른 차이의 가능성을 무시하지는 않는다. 하지만 그런 것들은 어디까지나 세부항목일 따름이다."

허친스는 그레이트북스의 커리큘럼에 기초하여 읽기와 쓰기, 사고훈련, 말하기, 수학 등의 자질을 키워줄 교과목을 가르쳐야 한다고 강조했다. 허친스는 이러한 교과목이 아이디어의 공통된 축적과 아이디어를 응용하는 공통된 방법을 가르쳐줄 것이라고 생각했다. 가령 아리스토텔레스Aristotle나 토마스 아퀴나스Thomas Aquinas와 같은 과거의 체계적인 사상가들이 이러한 교육철학의 인도자가 되어야 한다는 것이었다.

더욱 흥미롭고 논란의 소지가 많은 허친스의 주장은, 커리큘럼은 일관성이 있어야 하는데 그 일관성의 기반은 형이상학이어야 한다는 논지였다. 허친스가 의미하는 형이상학은 우리의 세계와 우리의 존재와 우리의 개성의 근간이 되는 기본 원리들을 추출해내는 지식 분야를 가리키는 것이었다. 그는 거창하게 이렇게 지적했다. "신학이 중세 사람들의 사상을 정리한 것이라면, 형이상학은 그리스인들의 사상이 집대성된 최고의 학문이다. …… 형이상학과 신학이 부재한 일체화된 대학은 존재할 수가 없다." 좀 더 구체적으로 말하면 학생들은 형이상학에 몰두하여 다양한 학문의 본질과 서로의 관련성을 이해해야 한다는 말이었다.

다시 말해 물리학이나 정치학, 시학 등을 공부하더라도 이들 학문의 개념과 실천성을 뒷받침하는 원리를 깨달아야 한다는 것이다. 그럼으로써 과학적 관점과 인문학적 관점 사이의 유사성과 상이성을 구별할 수 있다고 말했다. 마찬가지로 자연과학과 사회과학, 그리고 형이상학을 서로 비교함으로써 학생들은 이 분야들이 "동일한 명제와 사실을 다루며, 오직 참고 문헌에서만 궁극적인 차이가 날 따름"이라는 점을 배우게 된다는 것이다. 허친스는 이렇게 결론을 내렸다. "형이상학, 사회과학, 자연과학의 근본적인 문제는 고등교육이 해결해야 할 절대 과제이다."

　허친스의 교육철학은 미국이 대공황의 수렁에 빠져 있을 때였지만 기대 이상으로 교양 있는 일반인들의 관심을 끌어냈다. 많은 사람들이 그의 사상을 논의하며 토론의 주제로 삼았다. 명성 있는 대학의 총장 중에 가장 나이가 적었던 허친스는 의도적으로 도전적인 태도를 취하며 대학의 본질에 대한 논쟁을 불러일으켰다. 그의 도발적인 태도에 호감을 느끼는 사람들과 과거의 간단한 학문 제도를 동경하는 사람들은 허친스의 교육철학을 열렬히 지지했다. 그리고 이러한 지적 활동의 메아리는 시카고 대학의 교수이며 고전주의를 신봉한 철학자 앨런 블룸 Allan Bloom이 『미국 지성의 종말 The Closing of American Mind』이라는 책을 통해 허친스의 사상을 재조명해냈던 50년 후까지 울려 퍼졌다. 블룸의 진단과 처방은 허친스의 그것과는 달랐지만 모두 비슷한 부류의 청중을 상대로 한 것이었고, 그런 이유 때문에 유사한 논쟁을 불러일으켰다.

　모든 사람이 허친스의 교육철학에 만족해하지는 않았다. 어떤 사람들은 현재 상태의 유지를 희망하며 종래의 관습을 급격하게 바꾸는 조치를 반대했다. 또 어떤 사람들은 허친스의 사상은 추상적인 비전으로서는 손색이 없지만, 현실적이지 못하고 실행하려면 재정상의 어려움도 많이 따를 것이라고 우려했다. 특히 허친스의 사상에 근본적으로 동조할 수 없는 사람들이 가장 크게 반대했는데, 그들은 나름대로의 반대 명분을 내세웠다. 반대 그룹의 가장 주도적인 인물은 허친스가 교육철학을 발표한 지 1년도 안 되어 『민주사회의 고등교육 The Higher Learning in a Democracy』이라는 책을 펴낸 같은 시카고 대학 교수이며 경제학자였던 해리 기든스Harry D. Gideonse였다. 기든스는 민주주의라는 어휘를 강조함으로써 반대의 가장 큰 이유를 제시했다. 그는 허친스가 표방하는 것은 모호하고 비현실적이라고 공격한 뒤, "오늘날에 형이상학이란 도대체 무엇이며, 얼마나 상이한 형이상학들이 존재하는가?"라고 지적하며, 허친스의 사상은 근본적으로 엘리트주의적이며 시대에 역행하고 반민주적이라고 비난했다. 그는 과학이 많은 기존의 진리를 파괴했고 지식이 난무하고 있으며 불확실하고 가변성이 농후한 지식이 범람하는 시대에 미국인들이 살고 있다고 주장했다. 따라서 세계를 연구하고 지식들을 정리하여 체계화할 여러 방법들을 모색해야 한다는 것이었다. "권위에 의한 통일성의 강요는 단지 획일성의 다른 표현일 뿐이다." 기든스는 이렇게 공박했다. 그는 교육의 목적은 한 가지가 아닌 여러 가지라고 주장했는데, 현대의 사상이나 사회적인 문제들, 인간의 삶의 조건 등을 다양하게 이해시켜 완전한 인간을 만들어내는 것도 어떠한 하나의 원칙에 따라 개인을 교육시키는 일 못지않게 중요하다고 역설했다. 예일 시절의 개혁적인 허친스라면 그러한 주장을 받아들였겠지만, 전통주의자가 된 시카고의 허친스에게 그것은 가당찮은 이단으로 여겨졌다.

기든스는 허친스의 일원론monism에 반대하면서 좀 더 역동적이고 실용적인 노선을 견지한 존경받는 교육철학자 존 듀이John Dewey의 사상을 신봉했다. 1930년대에 이미 전설적인 존재였던 듀이는 미국의 중등교육에 지대한 영향을 끼친 진보적인 교육사상가였다. 듀이는 허친스와 애들러, 그리고 그의 동료들이 품고 있는 전통적 학풍을 존중하는 철학에 대항할 강력하고 신뢰할 만한 논거를 지니고 있었다. 기든스는 듀이의 기포드 강연을 인용했다. "[그러한 진보적인 관점은]

…… 행동을 지식보다 본질적으로 열등한 것으로 간주하고, 적극적인 통제로 유지되는 안정을 이론적 확신보다 더 소중히 여기며, 변화보다는 안정을 선호하는 전통적인 사상을 거부한다." 그리고 결국 듀이 자신도 이 논쟁에 뛰어들었다.

> 나의 주장은 허친스가 파시즘을 동경한다는 의미는 아니다. 그러나 따라야 할 노선으로서의 그의 사상은 기본적으로 자유를 불신하는 것이며, 현재 세상을 휘젓고 있는 기만적인 권위에 호소하는 셈이다. …… 내 생각에, 허친스 총장은 이런 위계체제를 구성하는 명백한 진리들을 누가 결정하느냐 하는 문제를 완전히 회피하고 있다.

이렇게 하여 교육적 논쟁의 틀이 마련되었는데, 그 파급효과는 오늘날까지 거의 방해받지 않고 이어져오고 있다. 교육사상가들 사이에서 지엽적인 논쟁으로 끝날 수도 있었던 문제가 이제는 커다란 이슈가 되었다. 허친스는 현재의 대학 체제를 비판했고 교육이란 어떻게 이루어져야 하는가에 대해 정의를 내렸다. 그의 비판은 폭넓은 지지를 얻기도 했지만 그가 내린 정의는 많은 비난을 받았다. 그런 경쟁을 충분히 인식하고 있던 허친스는 미국 고등교육을 선도하는 역할을 하고자 했다. 우리는 그와 관련된 허친스의 메시지와 그 메시지를 받아들이는 청중, 그리고 그 메시지의 궁극적인 운명 등을 좀 더 살펴볼 필요가 있다.

동료 교수들과 폭넓은 공동체를 상대로 한 허친스의 개혁적인 이야기는 미국의 고등교육이 방향을 잃어버렸다는 데서 출발했다. 교육계는 스포츠와 직업중심주의 교육, 잡다한 커리큘럼 따위의 허구적 우상들을 추종하면서 일견 성공한 것처럼 보이지만, 결과적으로는 공허한 존재만을 만들어내고 있다는 것이다. 그는 지금 필요한 것은 일관성 있는 새로운 비전, 즉 고전교육으로의 회귀라고 주장했다. 허친스는 인간 정신의 육성에 초점을 둔 교육을 주장했다. 그래서 그레이트 북스를 읽고 토론하는 교육 과정이 바람직하며, 그러한 일반적인 교육은 오벌린 대학의 교육철학처럼 공공의 선에 이바지할 수 있는 교양 있는 시민을 길러낼 수 있다는 취지였다.

앞서 언급했듯이 허친스의 사상은 여러 반대이야기들과 갈등을 겪었다. 반대이야기들 중 어떤 것들은 대안이 될 만한 적극적인 비전을 제시하지는 못했다. 반대이야기 지지자들 중에는 현상이 잘못되었더라도 그것을 변화시키려면 너무 힘이 들기 때문에 그대로 유지하는 게 낫다는 자가당착의 수렁에 빠져 있었다. 그러나 듀이를 비롯한 진보적인 교육가들의 반대이야기는 명백히 다른 교육철학을 지니고 있었다. 그들은 지식이란 유동적이고 다원적이며 역동적이고 항상 변화하는 것이라고 생각했다. 수백 년 전이나 수천 년 전에 쓰인 고전을 통해 지식을 얻을 수도 있겠지만, 자연의 관찰이나 인간이 만든 세계 혹은 다양한 개인들 사이의 상호작용으로부터도 지식은 생겨난다는 것이 진보적인 학자들의 입장이었다. 이들은 시카고 교육철학자들과는 달리 교육에는 하나의 길만 있는 것이 아니라 많은 가치 있는 여지가 존재한다고 보았다. 그러나 어느 쪽의 사상도 완전한 승리를 얻지는 못했다. 지극히 소수의 미국 교육자들만이 허친스의 주장에 동조하였는데, 이러한 상황은 지금까지도 계속되고 있다.

어느 이야기가 보다 정교하고 타당한 것인지에 관한 문제는 아직도

까다로운 논쟁거리로 남아 있다. 언뜻 보기에 허친스의 이야기가 옳은 것, 중요한 것, 추구할 가치가 있는 것에 대한 분명한 관점이 실려 있는 직설적인 것으로 보이기도 한다. 진보적인 듀이의 이야기는 지식에 대한 보다 다원적이고 상대적인 관점을 제시한다. 그러나 현실적으로 실행의 차원에서 보자면, 고도로 지적인 내용과 세련된 논쟁을 다루는 허친스의 프로그램은 학생들과 교수들 모두에게 상당한 부담을 요구한다. 반면 진보적인 듀이의 프로그램은 방관적인 분위기나 수준 미달을 은폐시키는 구실로 이용되기 쉽고 실행하는 데도 지나치게 수월하다는 측면이 있었다. 이와 같이 두 사상에 내포된 복잡성과 단순성은 수십 년 동안 서로 갈등하면서도 어느 한 쪽이 궁극적인 승리를 거두지 못하는 원인이 되어 왔다.

　허친스가 옹호한 입장은 아주 분명한 것이었지만, 그 입장을 구체화하기 위해 그가 수행했던 역할은 다소 모호한 데가 있었다. 원형적인 간접적 리더답게 듀이가 강의하고 집필하는 데 몰두하며 가능한 한 공개적인 토론을 삼갔던 데 반해, 허친스는 타고난 공인으로서 대중 앞에 나서기를 좋아했다. 매력적이고 우아하고 말 잘하고 설득력이 있었던 허친스는 자신을 괴짜나 은둔자라고 생각했던 사람들의 마음을 돌려놓았다. 10여 년 전의 허친스답게 그는 여전히 실험과 토론에 가치를 두고 있었다. 그런 의미에서 그는 행동주의자였고 의식이 젊은 사람들의 존경을 받았다. 그러나 이제 허친스는 예일 대학 로스쿨 시절에 옹호했던 실제적이면서 사회과학적인 성향과는 다른 양상을 견지하고 있었다. 그의 오랜 친구이자 전기 작가인 밀턴 메이어 Milton Mayer는 이렇게 말한다. "법률에도 과학적인 접근법을 도입해야 한다고 맹렬히 주장하던 사람이 거의 하룻밤 만에 과학의 무자비한

적으로 바뀌었다."

 허친스의 매력의 일부는 그의 명료한 메시지에 있었고 다른 일부는 귀족적인 태도와 품위에 있었다. 그는 자신의 이런저런 매력에 이끌렸던 개인들의 우상이었으며, 미국 보수주의의 대변인이었던 윌리엄 버클리William F. Buckley 나 조지 윌George Will처럼 그의 두 가지 특징 모두에 매력을 느낀 사람들, 즉 전통에서 위안을 찾았던 사람들의 우상이기도 했다. 매력적이고 쾌활한 인물들이 흔히 그렇듯이 허친스는 그의 대학에 소속된 사람들보다는 거기에서 멀리 떨어진 사람들로부터 더 존경을 받았다. 허친스와 교수들과의 불화는 영역 다툼 이상의 것이었다. 많은 교수들이 허친스가 사태를 지나치게 단순화시키는 우를 범했으며, 심지어는 그의 분석도 완전히 틀렸다고 생각했다. 교수들의 관점에서 볼 때 경험 없고 설득의 뉘앙스도 부족한 쪽은 오히려 허친스였다. 아마도 이런 이유 때문에 허친스는 교수들보다는 대학의 일상적 규범과 학문적 관행과 관련 없는 사람들 사이에서 더 인기를 끌었던 듯하다.

 한때 자유분방했던 허친스가 냉소적인 애들러와 그의 동료들이었던 문학비평가인 리처드 맥키언Richard McKeon, 역사가인 스트링펠로바Stringfellow Barr, 철학자 스코트 뷰캐넌Scott Buchanan 등의 영향으로 고전주의적인 교육철학 쪽으로 방향을 틀었다고 결론을 내릴 수도 있을 것이다. 무엇보다도 허친스는 애들러의 우상타파주의적인 기질을 좋아했다. 하지만 아이러니는 허친스의 집안분위기와 어린 시절의 교육은 보수적인 경향이 강했고, 그 때문인지 허친스는 애들러처럼 문화적 저항의식의 소유자라기보다는 오히려 본능적으로 제도를 옹호하는 쪽에 가까웠다는 사실이다. 그런 자신의 역설적 상황을 잘 알고 있던 허친스는 한때 애들러에게 한 대학 총장이 교육철학자가 된다는 일이 얼마나 어려운 것인지를 털어놓기도 했다.

　허친스의 성실하지 못한 면을 부각시켜 비난하지는 않더라도, 그가 자신의 '효과적인 이야기'를 찾는 데 골몰하다가 기회주의적인 함정에 걸려들었다는 점은 지적해 둘 필요가 있다. 허친스는 자신의 기관인 대학의 명분을 재정립하려고 시도하면서도, 한편으로는 일반 대중의 마음에 깊은 인상을 심어주려는 욕망을 지니고 있었다. 예일에 소속되어 있을 때에는 법률적 사실주의를 내세워 자신을 부각시키려고 했고, 시카고에서는 명료하게 정의된 일반교육을 주장했다. 허친스의 내면에 존재하는 복음주의자는 설교의 근거가 될 만한 명확한 강령이 필요했을 것이다. 그가 애들러의 확신에 찬 태도에 매료되었던 것도 그런 이유 때문으로 보인다. 허친스의 말과 태도가 항상 서로 일치했던 것은 아니었다. 예일 시절의 적극적이고 낙관적인 실험주의자와 시카고 대학의 보수주의적인 총장 사이에서 종종 불일치의 양상을 드러냈던 것 같다. 나는 허친스가 자신의 메시지에 대한 청중의 반향을 전혀 의식하지 않고 확고한 교육철학을 견지한 것으로 보지는 않는다. 오히려 그는 강한 입장에 서기를 즐기는 실용주의적 색채가 강한 이상주의자였으며, 가능한 한 많은 이야기를 옹호하려는 인물이었다.

　교육문제에 관하여 처음에는 설득력을 지닌 대변인 정도로 알려졌던 허친스는 곧 대중의 다채로운 관심사에 관해 논평하는 미국의 저명인사들에게 전형적으로 부여되는 역할을 감당하기 시작했다. 총장으로서 활발한 활동을 펼치던 시기에는 1,000여 건이 넘게 쇄도하는 연설 요청 중 1년에 약 100여 건만을 수락했고, 〈시카고 원탁 좌담회

The Chicago Roundtable〉라는 주간 라디오 프로그램에도 패널로 출연했다. 허친스는 대학의 총장이라기보다는 정치가의 면모가 더 강한 사람이었고, 간접적인 리더보다는 직접적인 리더 쪽에 더 가까웠다. 허친스는 시민의 자유에서부터 민주주의의 본질 및 전쟁과 평화에 관한 문제에 이르기까지 당시의 주요 화제들에 대해 폭넓은 논평을 내놓았다. 자신의 보수적인 교육관에도 불구하고 공식적인 토론의 장에서는 대개 자유주의적이고 민주적인 입장에 섰다. 허친스는 헌법 수정조항 제1조인 언론의 자유를 적극적으로 지지했고, 다양한 소수 집단의 시민적 권리를 보장해 주어야 한다고 역설했다. 그는 헌법의 수호자이자 해석자였고 공산주의 타도라는 마녀사냥을 반대했던 인물이었다.

큰 호응을 불러일으켰던 1932년의 연설로 허친스는 젊은 민주당원들에게 깊은 인상을 주었고, 대법관이나 부통령으로 지명될 가능성도 있다는 소문이 나돌았다. 허친스도 그러한 소문을 굳이 부인하지는 않았지만, 그가 지닌 강한 고립주의적 관점 때문에 선출직이나 임명직에 등용되리는 전망은 이내 무산되고 말았다. 제2차 세계대전이 발발하기 전 몇 해 동안, 심지어 전쟁 발발 몇 달 전까지도 허친스는 미국이 유럽의 전쟁에 개입해서는 안 된다고 주장했다.

허친스는 호전적인 수사학의 영향력은 일시적인 것에 지나지 않으며, 반전反戰이 미국의 장기적인 이익에 훨씬 도움이 될 것이라고 역설했다. 또 미국은 민주주의를 수출하기에 앞서 자국 내에서 먼저 완성시켜야 한다고 논평했다. "전쟁의 길은 자유에 도달할 수 없는 허구의 길"이라고 말하며 '정당한 전쟁just war'이라는 용어를 사용하여 높은 기준을 설정했다. 그는 미국에 새로운 질서를 창조하자고 부르짖었다. '히틀러가 옳았던 부분'이라는 칼럼을 써야겠다는 생각을 하기도 했다. 국민들에게 안락함보다는 더 높은 이상을 추구할 것을 요구한 히틀러도 '절반은 옳았다'고 평가했는데, 그는 자신의 이 문구 때문에 두고두고 후회를 하게 된다.

진주만이 공격을 당하자 허친스의 반전 활동은 의심스런 것이 되어버렸다. "전쟁 승리라는 단기적인 목표를 위해 장기적인 행동은 희생되어야 한다. …… 우리는 국가에 필요한 것을 제공해야 한다." 허친스는 약간의 태도 변화를 보였다. 그리고 시카고 대학의 과학연구소는 미국의 전쟁수행 노력에 상당한 기여를 한다. 허친스는 모든 자원이 국익을 위해 쓰여야 한다고 이야기했다. 그는 시카고 대학의 과학자들이 1942년 12월 2일 최초로 핵연쇄반응을 제어하는 개가를 올린 데에 자부심을 느꼈다. 또한 다른 어느 연구 기관보다도 시카고 대학이 더 많은 군사적 프로젝트를 수행한 것을 자랑스럽게 생각했다.

전쟁의 소용돌이 속에서도 허친스는 교육개혁을 위한 캠페인을 지속했다. 그는 1944년 1월에 행한 한 연설에서 교수들의 종신 재직권을 폐지해야 하며, 연공서열보다는 실적에 따라 급여를 지급해야 한다고 주장하여 교육계를 발칵 뒤집어놓았다. 허친스는 자신의 연설 내용에 대한 엄청난 반발에 적잖이 놀랐다고 이야기했지만, 교수들이 가장 민감하게 받아들이는 직업안정과 급여안정을 공격했다는 점은 부인할 수 없는 사실이었다. 허친스가 놀라워했다는 사실이 순진함의 표현인지 솔직하지 못해서인지, 혹은 그 모두인지는 분명하지 않다.

전쟁이 끝나자 허친스는 다시 학내 문제로 관심을 돌렸는데, 특히

1930년대에 제기했던 커리큘럼의 개편 문제를 완결지으려 했다. 그러나 더 이상 시대가 그의 편에 서주지 않았다. 교수들은 자신들의 고유 업무로 여기던 교직원 인사와 커리큘럼 구성에 대해 그토록 오랜 기간 동안 강경한 태도를 보이는 허친스에 대해 지겹다고 느꼈다. 철학 교수들은 편협한 애들러 철학에 도전했고, 사회학 교수들은 경험적 연구에 대한 허친스의 경멸에 분개했으며, 자연과학 교수들은 지식의 본질에 대한 허친스의 절대주의적 관점을 거부했다. 학문적, 이념적 입장을 떠나 거의 대부분의 교수들이 고용의 규정을 바꾸겠다는 허친스의 산발적인 으름장에 강하게 반발했다. 전쟁 참전 후 학교로 돌아온 복학생들은 다소 나이가 들어 있었고, 장래의 전문가로서의 출세와 개인적인 발전에 더 관심이 많았다. 철학을 위주로 한 상아탑 교육은 이들에게 큰 매력을 주지 못했다. 그들은 더 큰 사회에 적응하고 진출하는 데 도움을 주는 대학 쪽으로 몰려들었다. 이처럼 민감한 시기에 허친스는 대체적으로 공손한 언행을 보이며 극단적인 대결은 가능한 한 삼갔다. 허친스는 적나라한 패배를 피하기 위해 그동안 가장 중요하게 여기던 문제들에서 한 발 물러섰다. 하지만 개신교의 복음주의적 성격을 지닌 이 인물은 절반의 빵만으로는 만족하지 못했다.

허친스 역시 개인적으로 지쳐있었다. 그는 행정적인 책임으로부터 자유로운 명예총장직을 요구했다. 1946년과 1947년 사이에 그는 파경 직전의 가정을 추스르기 위해 잠시 휴직을 했지만 파경을 피할 순 없었다. 1940년대 중반, 허친스는 대학에 사표를 제출했지만 수리되지 않았다. 브리태니커 백과사전의 출판 고문 활동이나 교육받지 못한 사회의 중간계층을 위해 그레이트북스를 홍보하는 등, 그는 많은 시간을 외부활동에 할애했다. 대중을 상대하는 허친스는 시카고 교수들의 교육적 관점보다는 애들러의 철학을 더 중시했다. 전쟁이 끝난 후 그는 한 친구에게 고백하듯이 이렇게 말했다. "생명의 과즙은 말라버렸고 정신은 저조하다. 나는 자신을 위한 온갖 구실을 만들어내고 있다." 1951년, 20년 동안 총장직을 역임해 온 허친스는 결국 사임을 한다.

허친스의 시카고 대학 재임기간을 성공으로 보아야 할지 실패로 보아야 할지는 평가하는 사람에 따라 다를 수 있다. 그 시기에 허친스가 제안한 몇몇 프로그램과 정책은 채택되어 실행되었고, 개중에 어떤 것은 그가 사임한 후에도 존속되어 오늘날까지 이어져오고 있다. 당시 공산주의자로 지목되어 비난받던 교수들을 포용한 그의 용기는 널리 존경을 받아왔으며, 자신의 철학에 동조하지 않더라도 능력 있는 사람을 교수로 임명한 것도 역시 평가를 받는 대목이다. 허친스는 과학을 응용한 활동 자체가 지닌 가치에 대해서는 의문을 품고 있었지만, 1940년대에 시카고 대학이 세계적인 과학 중심 대학으로 자리 잡는 데 크게 기여한 것은 분명했다.

허친스는 시카고 대학을 교육의 중심이자 젊은이들을 위한 진정한 교육의 장으로 만든 사람이며, 그레이트북스와 학제적 과정, 형이상학적인 주제 등을 중요시하는 대학으로 만든 사람이라고 평가받고 있다. 그의 재임기간 동안 사실 시카고 대학은 특별한 대학으로 인정받았고, 진지하면서도 아이디어가 넘치고 사명감이 투철한 교수와 학생들의 마음을 사로잡았다. 허친스의 말대로 "시카고 대학은 특별하지 않은 사람들을 위한 특별한 기관이었다. …… 개인적인 흥미와 공동체의 필요에 따라 이 전공에서 저 전공으로 손쉽게 옮겨갈 수 있는 그런 대학"이었다. 1933년 미국 전역의 300개 고등교육 기관 중 경솔한 홍밋거리가 가장 적은 대학으로 시카고 대학이 꼽힌 것은 허친스의 영혼이 시카고의 교정을 훤히 비추고 있었기 때문이다.

다양한 문제에 대한 폭넓은 철학을 지닌 덕에 허친스는 사회로부터 독특한 지위를 부여받을 수 있었다. 개인의 권위와 비전으로 캠퍼스를 지배하는 리더이자 전 국민을 설득할 수 있는 리더였던 허친스는 20세기 초엽 미국의 고등교육 전문가 중의 '마지막 거장'이라는 칭호로 불렸다. 고등교육 문제에 관해 명쾌하고도 강한 설득력을 갖춘 연설을 할 수 있었던 명사로 존경받았다. 허친스가 표방한 구체적인 프로그램이 무엇이었든 시카고 대학은 우수한 교육을 실천하는 대학이며 일시적인 지적 유행을 지양하는 대학으로 인정받았다. 허친스의 재임기간 및 사임 직후의 시카고 대학 졸업생들의 면면은 상당히 인상적이다. 본격적으로 허친스-애들러 방식의 교육을 시도하려는 사람들에게 허친스는 흔쾌히 자신의 명성을 빌려주었다. 전국의 여러 고등학교와 대학에서 그레이트북스와 파이데이아 Paideia 프로그램을 실행했다. 메릴랜드 주의 세인트존스 대학은 4년 내내 그레이트북스를 읽고 토론하는 커리큘럼을 편성했으며, 뉴멕시코 주의 자매대학 역시 이 프로그램을 그대로 시행했다.

1951년 총장직을 사임한 후, 허친스는 일련의 영향력 있는 지위를 맡는다. 1951년부터 1954년까지 풍부한 재원으로 운영되던 포드재단의 이사로 재직하면서 출판과 교육 및 기술 분야의 프로젝트를 담당했다. 1954년부터 1977년까지는 시민의 권리와 자유를 위해 자금을 출원하는 포드재단이 설립한 '공화국 기금 Fund for the Republic'에서 일했다. 그리고 1959년부터 1973년까지와 1975년부터 1977년까지 저명한 교수와 방문객들이 당대의 주요 현안을 논의하고 집필 활동을 펼쳤던 캘리포니아 주 산타바버라에 위치한 주거가 가능한 시설이었던 '민주제도 연구소'의 소장으로도 재직했다. 1947년부터 1977년까지 간간히 여유 시간들을 활용하여 허친스는 브리태니커 백과사전의 고문으로도 활동하며 좌담회와 출판 관련 행사와 세미나를 수시로 주도했는데, 개중에는 교황 요한 23세의 영향력 있는 회칙에 고무되어 네 차례에 걸쳐 진행한 「이 땅에 평화를 Pacem in Terris」이라는 총회도 포함되어 있다. 대학 운영과 기금모금, 반대파 교수들과의 싸움이라는 부담에서 벗어난 허친스가 편안한 시간을 보냈을 것이라고 생각하기 쉽다. 그러나 시카고 대학의 사회학자인 에드워드 실스 Edward Shils가 언급한 것처럼 1951년 이후의 허친스는 마치 도피처를 찾아 '망명한 왕자' 같았다. 허친스는 여전히 카리스마를 지닌 흥미진진한 인물 행세를 하면서, 충성심을 자극하고 반짝이는 아이디어를 제시하고 세계적인 이슈들에 관해 거창하게 논평하고 글을 썼다. 전통주의적인 대학 총장이라기보다는 모험심에 가득 찬 로스쿨 학장을 떠올리게 하는 태도를 취하며 일련의 진보적인 원칙들을 지지했다.

    시카고 시대 이후 허친스가 제시한 아이디어들은 진보적 인사들의 마음속에 새겨질 정도로 분명하면서도 적절했다. 그러나 그의 교육적 아이디어를 제외한 사회적 이슈에 대한 논평과 의견은 아들레이 스티븐슨 Adlai Stevenson이나 목사인 시어도어 헤스버그 Theodore Hesburgh, 마거릿 미드, 엘리너 루스벨트 등 여타의 지식인이나 정치적 리더들과 별반 다르지 않았다. 공인으로서의 허친스는 특별히 혁신적이지는 않았는데, 1960년대에서 1970년대로 넘어가면서 그의 아이디어들은 더욱 강력한 저항을 받았고 1977년 사망하기 전에는 상당히 시대에 뒤떨어진 인물이 되고 말았다.

나이가 들어감에 따라 허친스는 일관성 있는 견해를 내놓기보다는 대중적인 논쟁을 부추기는 데 더 많은 흥미를 느낀 듯한 증거가 여기저기서 드러난다. 가령 핵폭탄이 처음으로 사용되었을 때 허친스는 세계 몰락의 가능성을 경고하면서 세계 정부가 만들어져야 한다고 앞장서서 외쳤다. 하지만 동시에 원자력의 경이로움에 대해서도 언급했는데 "그것은 현재 알려져 있는 그 어느 것보다도 강력한 비료와 토양의 균형을 보장해 줄 것"이라고 말했고, "핵에너지는 평화롭고 풍요로운 새로운 세상을 열어줄 것"이라고도 주장했다. 그러나 허친스는 그러한 새로운 부 wealth가 "권태와 자살의 경향"을 부추길지도 모른다는 우려도 뒤섞어 내놓았다. 그리고 모두의 예상대로 그러한 많은 문제들의 해결책으로서 교육을 언급했다.

그러나 너무나도 당연한 관점에서부터 외견상 모순적인 것에 이르기까지 그야말로 다양한 견해를 가진 악동에게 허용되는 세계는 이미 상당히 축소되어 있었다. 허친스는 자선기관이 그에게 자유로운 권한을 허락해 줄 것으로 생각했다. 그러나 곧 포드재단과 같은 대형 재단마저도 그들만의 고유한 아젠다를 가지고 있었으며, 어떤 논쟁에 대해서도 반사적인 두려움을 갖고 있음을 깨달았다. 그는 재단의 운영진 및 이사회와 끊임없이 갈등하는 자신을 발견했다. 새로운 기관을 출범시키는 데는 많은 자금이 필요했는데, 허친스의 명성도 예전 같지 않아 기금 모금은 지지부진했고 부자들에게 자주 손을 내밀어야 했다. 마침내 허친스는 스스로를 실패자로 여기며 빈정거리듯이 내뱉곤 했다. "허친스와 함께 내리막으로."

아마도 가장 비극적인 것은 허친스가 모두에게 이로운 효과적인 교육환경을 마련하지 못했다는 점일 것이다. 캘리포니아 남부의 울창한 숲속에 위치한 그의 연구소는 엄청난 약속을 내걸었다. 고대 그리스인들에게 어울릴 만한 그 표방에 많은 위인들이 모여들어 중대한 토론이 벌어질 것이고, 카리스마적인 허친스의 지휘 하에 훌륭한 제안들이 쏟아져 나올 것으로 기대되었다. 그러나 허친스는 수준 높은 종신직 교수들을 끌어들이지 못했고, 그곳을 방문하는 저명인사들 역시 허친스의 비전이나 말과 행동에 공감을 느끼지 못했다. 게다가 행정적인 파행이 꼬리에 꼬리를 물고 계속되었다.

애석하게도 이 연구소에서 발간하는 간행물들은 이 장의 서두에서 인용된 마이클 코헨과 제임스 마치가 풍자한 대통령 연설처럼 국가적 차원의 토론에 어울릴 만한 중요한 자료가 되지 못했으며, 그저 연구소의 홍보용 자료 정도의 수준에 머물렀다.

허친스 이후의 시카고 대학이 여러 방면에서 실책을 범했듯이 허친스가 병들어 사망한 후인 1970년대 후반쯤에 이 연구소는 존속의 의미를 거의 상실하고 말았다. 전기 작가인 주백은 이렇게 단언한다. "결과적으로 허친스는 연구소를 운영하면서 학자적인 삶, 고등교육기관의 조직, 그리고 그 구성원들의 요구에 부응할 수 없었기 때문에 자신도 모르게 연구소의 몰락을 자초했다."

죽는 날까지도 허친스는 자신의 의지와 포부를 실행하는 데 시대와 상황이 따라주지 못하다고 생각했을 것이다. 그러나 우리는 허친스 자신이 온당한 인물이 아니었을 가능성도 직시해야 한다. 허친스는 지적이고 영감을 자아내는 인물이긴 했지만 분석가나 학자는 아니었다. 그는 주제를 깊숙이 파고들어 전문가 수준으로 지식을 터득하고, 거기에서 다시 새롭고 지속 가능한 지식의 틀을 창조해내지는 못했다. 자신의 저서 『미국의 고등교육』에서도 암시하고 있듯이 그는 전반적인 그림을 그리는 사람이었지 세부적인 것을 파고드는 인물이 아니었다. 그리고 대중의 인식과는 달리 기관을 조직하고 키워가는 인물도 아니었다. 그는 사람들을 자극하여 끌어들이기는 했지만 마거릿 미드처럼 끈질기지 못했고, 이내 새로운 프로젝트와 새로운 아이디어로 옮겨가길 좋아했다. 비전을 현실화시키는 데 필요한 많은 단계들을 터득하지 못한 것을 보면 아마 그의 출세가 나이에 비해 너무 빠르지 않았나 싶다.

가장 치명적인 것은 허친스가 지나치게 자신의 세계에만 빠져 있었다는 점이다. 탁월한 리더 연구가이며 유명한 공직자였던 존 가드너John Gardner가 기술했듯이 허친스는 너무 총명했지만 너무 오만했다. 다른 사람의 아이디어를 좋아했지만 자신의 것만큼은 좋아하지 않았으며, 토론을 좋아했지만 자신이 제시한 조건들 내에서만 허용했다. 그는 가끔은 카리스마를 드러내며 피상적으로는 다른 이들의 의견을 들었지만 남들이 자기 말을 들어주길 더 원했다. 실스는 이렇게 말했다. "그는 누구나 알고 있는 명백한 사실을 이야기하면서 마치 멍청한 사람에게 합리적으로 설명해 주는 듯한 태도로 논쟁을 벌였다." 합리성에 너무나 치중한 나머지 인간관계에 내재된 어쩔 수 없는 비합리적이거나 영적인 차원을 포착하는 감수성이 부족했다. 자신의 목적이 결과적으로 위태로울 수 있는 상황에서도 그는 상식을 뒤엎는 언동을 통해 쾌감을 느꼈다. 대화와 논쟁, 토론, 타협 등에 대해 언급했지만 실제 행동은 달랐다. 처음에는 권위주의적이었다가 해가 갈수록 독재자가 되어갔다.

그러나 어떠한 이유를 달더라도 허친스는 리더로 평가받을 만한 충분한 자격을 갖춘 인물이다. 20년 동안 미국의 명문 대학을 전력을 다해 이끌었고, 그보다도 더 많은 세월을 교육과 공공정책 분야에서 미국인들의 의식을 일깨워주었다. 그의 리더십은 두 가지 조건을 전제로 할 때 가장 효과적으로 발휘되었는데, 하나는 그의 리더십을 인정할 준비가 되어 있는 청중을 상대로 할 때였고 다른 하나는 그가 내세우는 메시지가 그의 성향과 행동을 통해 실행으로 옮겨질 때 그러했다. 허친스를 인정해 주는 청중은 많은 교육을 받은 사람들이나 과도하게 비판적인 교수들보다는 깨어있는 의식을 지닌 중산층 시민들이었다.

그레이트북스의 연구가로서, 그리고 시민 권리의 옹호자로서 허친스는 자신의 삶 속에서 그러한 원칙들을 고수함으로써 설득력을 가지고 있었다. 그러나 논쟁이나 합의 도출, 민주적인 절차 등의 문제에 있어서는 항상 모호한 태도를 취해 설득력이 약했다. 이 모든 것의 이면을 들여다보면 그는 대중과는 다소 간격을 두고 서 있는 인물로서 민주주의라는 옷을 입은 엘리트주의자였다.

이 책에서 지금까지 다루어 온 세 명의 인물에서 나는 폭넓은 청중을 상대하는 뚜렷한 세 가지 스타일을 식별해낼 수 있었다. 미드는 하나의 통일된 주제 아래에 사람들을 규합하려고 시도하는 지휘자이자 축적가이며 단순화 경향을 띤 지시자였다. 오펜하이머는 하나의 수수께끼를 단호히 파헤치기보다는 그것을 표현하고 즐기는 데 더 흥미를 느낀 복잡화 경향의 인물이었다. 한편 허친스는 인간적인 매력과 리더의 자질에도 불구하고 근본적으로는 분할가였다. 그는 대조 사항들을 강조하면서 지극히 배타적인 태도로 자신에게 동조하는 사람을 천사로 부르고 반대자를 악마로 정의했다. 이 점에 관해 허친스는 자신의 확고한 철학을 표명한 바 있다.

> 나는 교육자들이 원칙을 상실한 존재라고 생각한다. 나에게 주어진 단 하나의 기회는 그런 교육자들이 끔찍이 두려워하는 대중에게 호소하는 것이다. 내가 유화적이면 아무도 신경을 쓰지 않는다. …… 그러나 교사들은 적어도 그들의 지지 세력에 관한 질문들에 대답할 수 있어야 한다.

허친스는 과학의 장점이나 원자력의 용도에 관해 언급할 때 종종 모순된 입장을 드러내곤 했다. 대학과 같이 비교적 규모가 작은 한정된 기관일지라도 하나의 연구기관을 설립하고 그것을 이끄는 일은 매우 복잡하고 힘들다. 공동체의 구성원들이 모두 학자일지라도 그들의 학자적 성향과 교육자적 관점이 반드시 순조롭게 일치하지는 않기 때문이다. 더구나 미국의 고등교육 기관은 20세기 동안 끊임없는 변화를 거쳐온 만큼, 그런 기관을 이끄는 일은 더욱 어려워지고 있다. 한동안 대학은 부유층 자손들이 특권을 누리는 곳이자 미래의 전문가들을 위한 안식처이며 도시의 골칫거리로부터 차단된 오아시스 정도로 인식되던 시절이 있었다. 그러나 이제 대학은 이른바 멀티버시티 multiversity 로서 전 국민을 상대해야 하고 다양한 집단들 사이의 오류를 바로잡아야 하며 보편적인 고등교육을 제공해야 한다.

이러한 역사적 맥락에서 관찰해 보면 특히 몇몇 인물들이 두드러진다. 그러한 거장의 첫 세대로는 대학에 선거제도를 도입하고 단과대학에서 종합대학으로의 전환을 모색한 하버드 대학의 찰스 엘리엇 Charles Eliot 총장을 들 수 있다. 실험가로는 문과대학 커리큘럼에 미술

과정과 실기를 도입한 사라 로렌스Sarah Lawrence 대학의 해롤드 테일러Harold Taylor가 있다. 학생들 개개인을 위한 개별 교수제를 도입해 소규모지만 의미 있는 개혁을 시도한 인물로는 스워드모어Swarthmore 대학의 프랭크 에이델로트Frank Aydellote가 있다. 오늘날의 전국적인 규모의 대학과 멀티버시티를 구축한 인물로는 인디애나 주립대학의 헤르만 웰스Herman Wells와 미시건 주립대학의 존 한나John Hannah, 그리고 누구보다도 캘리포니아 주립대학의 클라크 커Clark Kerr를 들 수 있다.

　이 모든 인물들도 결국 그들이 만족할 만한 수준으로 문제를 해결해내지는 못했는데, 이는 아마도 모든 혁신적인 리더들의 운명이 아닌가 싶다. 그러나 뛰어난 성과를 달성하던 시기에 그들은 중요한 두 가지 과업을 성공적으로 수행해냈다. 첫째, 냉정하고 무뚝뚝한 재단 이사진에서부터 감수성이 예민한 대학생들에 이르기까지 다양한 구성원들의 구미에 맞는 이야기를 창조해냈다. 둘째, 대학이 하루 단위나 연간 단위로 효율적으로 운영될 수 있도록 그들 휘하의 직원들에게 충분한 지원을 하고 방향을 제시했다는 점이다. 이 중 첫 번째 과업은 뚜렷한 목적의식을 지닌 공인만이 달성할 수 있는 일이고, 두 번째 과업은 리더가 앞에 나서지 않더라도 적절한 포상과 징계 조치를 이용하여 구성원들의 충성심을 이끌어내는 능력이 요구된다.

　인생의 대부분의 기간 동안 허친스는 연구소에서 함께 일했던 동료들과 전국의 많은 사람들에게 효과적인 이야기를 제시했다. 그러나 장기적인 안목으로 보면 그는 자신의 사명을 열성적으로 수행해낼 기관을 만드는 일에서는 그다지 성공을 거두지 못했다. 엘리엇의 하버드 대학이나 에이델로트의 스워드모어 대학은 허친스의 시카고 대학에 비해 큰 변화 없이 그들의 재임시절의 방식대로 운영되었다. 그러나 허친스는 보다 중요한 성과를 이루어낸 건지도 모른다. 민주사회의 진지한 시민들에게 수준 높고 폭넓은 일반교육을 제공하겠다는 그의 강력한 교육관은 수용되기보다는 비판받는 경우가 많았지만, 충분히 세련되고 호소력 있는 철학으로서 오늘날에도 강력한 논쟁거리로 등장하곤 한다.

제 7 장

알프레드 슬론 2세
20년 앞을 내다본 기업가

Alfred P. Sloan Jr, 1875~1966

> 오늘날 남성, 여성, 아이 그리고 앞으로 태어날 세대 등 모두가 제너럴모터스의 힘에 개입되어 있음이 분명하다.
>
> – 알프레드 슬론 2세

13세기 유럽에서는 확고했던 봉건체제가 몰락하면서 사회의 여러 신분계층이 점차 그 자리를 대신하게 되었다. 그 중에서도 귀족, 성직자, (상인을 포함한) 평민의 세 계급이 전면에 등장했다. 초기에 이 세 계급은 국왕의 자문 역할만 했으나 점차 영향력을 강화시켜 나갔다. 농노는 말할 것도 없이 태어나면서부터 특정 계층에 소속되는 '신분'은 개인의 자유의사에 따라 선택할 수 있는 것이 아니었지만, 이들의 후손들은 점차 자신의 사회적 계급을 선택할 수 있게 되었다. 그래서 아들이 여럿 있는 가정에서는 어떤 아들은 성직자가 되었고 또 다른 아들은 상인이 되기도 했다.

오늘날 우리는 계급이라는 말에 익숙하지 않지만, 여러 전문 직종에 따른 계층 분류를 의식하고 있다. 지금까지 이 연구에서 우리는 학자라는 직종을 선택한 세 사람을 살펴보았다. 이들은 물리학과 인류학이라는 특정 학문 분야에 종사한 학자들과 고등교육 기관의 책임자였다. 이들은 특정 분야에서 간접적인 리더십을 발휘한 것을 시작으로 확고한 신념을 가지고 동료 학자들을 선도하는 직접적인 리더가 되었으며, 결국에는 특정 분야의 경계선을 넘어 자신들이 창조한 이야기들을 교육받은 대중에게 전파하기 시작했다.

이 장에서는 오늘날 기업이라는 '계급'의 리더였던 알프레드 슬론 2세에 대해 조명해 보겠다. 이어 다음 두 장에서는 현대사회의 또 다른 계급의 리더들인 군대의 조지 마셜과 가톨릭교회의 교황 요한 23세를 다룰 것이다. 이 세 리더들에게는 흥미로운 눈길을 끄는 유사점들이 발견된다. 이들은 모두 19세기 말에 평범한 가정에서 태어났으며 초기에는 혈기왕성했지만 인내심을 가지고 때를 기다린 끝에 기존 제도권 내에서 여러 중요한 직책을 맡게 되었다. 그리고 기질상 자제력도 강한 편이었지만 중요한 사안에 직면했을 때는 보다 강력한 권한을 가진 리더들과의 대립도 주저하지 않았다. 이들은 각자 활동한 제도권을 현대화시키는 데 기여했다. 또 추종자들이 소속 제도권의 발전적 방향을 이해하는 데 도움을 주었다. 이 세 제도권은 모두 위계질서가 엄격하고 뚜렷하게 세워져 있었지만, 세 리더들은 권위보다는 주로 설득을 통해 지도력을 발휘했으며 항상 다른 사람들을 포용하는 태도를 취했다. 하지만 이들조차도 경쟁적인 분위기에서 벗어날 수는 없었다. 결국 기업이든 군대든 심지어는 교회조차도 제도권 내에서는 서로 경쟁을 벌여야만 한다.

　세 제도권의 인물들은 구성원들의 생활 중 일부분만을 지배하지만 학계보다는 훨씬 포괄적인 영향력을 행사하려고 했다. 특정 분야의 리더들과는 달리 이 세 인물들은 폭넓은 여러 부류의 청중을 상대해야 했고, 따라서 비전문가들도 이해할 수 있는 메시지를 제시해야 했다. 이들이 여기에 실린 순서는 영향력의 범위에 따른 것으로, 우선 그 범위가 협소한 기업계를 먼저 다루고 마지막으로 인간 존재의 가장 깊고 (적어도 잠재성 면에서) 가장 광범위한 영역을 관장하는 종교계를 살펴본다.

　자동차 산업의 초창기 역사는 거의 대부분 헨리 포드Henry Ford의 전설로 이루어져 있다. 뛰어난 발명가이자 기업가였던 포드는 T-모델 포드차를 고안해냈다. 값싸고 실용적인 이 차는 1900년대 초에 경쟁사의 차들보다 훨씬 많이 팔렸다. 사실 1920년대 초만 해도 포드자동차 회사는 미국에서 제조되는 모든 자동차의 50~60퍼센트를 생산했다.

정규교육을 거의 받지 못했던 포드는 자신의 경험을 통해 모든 동의를 이끌어냈다. 그는 정치에서 디자인, 회사생활에 이르기까지 모든 주제에 대해 독특하고 때로는 기이한 아이디어를 내놓곤 했으며, 보통 사람이면 누구든 탈 수 있는 자동차를 만들고자 했다. 그리고 노조 설립을 강하게 반대했다. 종업원들에게는 후한 봉급을 주었지만 가부장적인 스타일로 회사를 운영했다. 그는 다른 사람들을 다루는 방식에서 자신의 관점을 실천했다. 그리고 회사에 조직적 전략을 도입하려는 경쟁사들을 노골적으로 경멸하며 이렇게 말했다.

> 내가 보기에는, '조직력의 천재성'이라는 생각만큼 위험한 것도 없다. 이런 개념은 대체로 커다란 조직도를 탄생시키는데 …… 그 조직도의 맨 왼쪽 밑바닥에 있는 사람의 메시지가 대표이사나 회장에게 전달되는 데는 약 6주가 걸린다.

굳건한 신념과 카리스마에도 불구하고 포드는 소비자나 기업에 대한 잘못된 개념에 승부를 걸었다. 그러나 1920년대 말경, 포드자동차의 시장지배력은 약화되기 시작했다. 제2차 세계대전 당시 포드의 시장점유율은 60퍼센트에서 20퍼센트로 줄어든 반면, 경쟁사인 제너럴모터스GM의 점유율은 12퍼센트에서 50퍼센트로 폭등했다. 1950년대에 제너럴모터스는 세계에서 가장 규모가 크고 부유한 기업이 되었다. 이러한 급격하고도 운명적인 변화는 많은 사람들의 노력과 다양한 요인들이 복합되어 초래된 결과였지만, 그 중심에 서 있는 인물은 알프레드 슬론 2세라고 해야 할 것이다. 그는 1923년부터 1946년까지 제너럴모터스를 총지휘했고 1956년까지 이사회 회장직을 역임했다.

슬론은 1875년 미국 뉴헤이븐에서 태어났다. 그의 조상은 주로 목사나 교사였고 그의 아버지는 차, 커피, 담배를 취급하는 도매상이었다. 앞서 살펴본 3명의 조숙했던 학자들과는 대조적으로, 슬론의 어린 시절과 초기 성인 시절은 특출한 면을 발견할 수 없는 것 같다. 그는 매사추세츠 공과대학 전기공학 학위를 받은 후에는 뉴저지에 있는 하얏트롤러베어링이라는 회사에 들어갔다. 그가 입사한 후 회사에서 개발한 마찰이 적은 베어링은 자동차의 필수 부품이 되었다. 슬론이 입사했을 때만 해도 하얏트는 직원이 25명에 불과한 작은 회사였다. 슬론은 곧 이 회사의 사장이 되었고, 기업계의 생리를 빠르게 익혀가며 폭발적으로 성장하는 자동차 산업에 대해서도 해박하게 되었다. 슬론의 기민하고 저돌적인 리더십 덕분에 하얏트는 빠르게 성장했고, 곧 여러 자동차 제조업체들에게 부품을 공급하면서 컨설팅 정보도 제공해 주었다. 실제로 얼마 지나지 않아 하얏트는 포드에게 베어링을 독점 공급하는 업체가 되었다.

1916년 제너럴모터스 사장인 윌리엄 듀란트William C. Durant가 슬론에게 다가와 하얏트 사를 팔 생각이 없느냐고 물었다. 슬론은 자신의 회사가 이익을 내고 있긴 하지만 장기적으로 볼 때 당시의 규모나 형태를 유지하기 힘들다고 결론지었다. 또한 그는 베어링 수요가 시즌에 따라 큰 격차로 오르락내리락 하는 상황도 불안하게 여겼다. 망설

임과 협상 끝에 슬론은 하얏트를 GM에게 1,350만 달러에 매각했다. 그 후 듀란트는 슬론에게 유나이티드모터스 United Motors라는 회사를 맡겼고, 몇 년 후 슬론은 GM을 운영하는 경영위원회 위원이 되었다.

슬론이 GM으로 옮겨가던 시점에 자동차 산업은 물론이고 미국 산업계 전체는 엄청난 변화가 일어나고 있었다. 19세기 말까지만 해도 대부분의 미국 기업들은 개인들이나 가족 구성원들이 소유하고 운영해 왔다. 기계 공장이나 대규모 농장 같은 몇몇 기업들만이 여러 하부조직으로 나뉘어 있었고, 그런 기업들조차도 한 명의 감독관이나 기껏해야 소규모 집단에 의해 관리되고 있었다.

이런 경영방식에 획기적인 변화가 일어났다. 이 변화의 요인으로는 철도 부설, 유례없는 상품 수요에 따른 도시 경제의 성장, 석탄이나 석유 따위의 새로운 에너지 자원 및 합성염료 같은 신상품의 등장, 수공업 등을 들 수 있다. 그리하여 20세기 초에는 스탠더드 정유회사, 미국 철강회사, 미국 담배회사 등 몇몇 대기업과 독점기업들이 미국 경제를 좌지우지하게 되었다. 이들 기업들은 여러 기능적 업무를 처리하는 데 외부 인력에 의존하지 않았고, 원자재 관리부터 상품 판매에 이르는 사업의 전 분야를 장악하고자 했다. 그들은 회계, 판매, 생산 등의 기능을 담당할 전문가들을 고용했다. 그리고 미국인들 특유의 시행착오를 통한 숙달이라는 전통에 따라 기능별 조직분화, 위원회 경영방식, 중앙집권화와 분권화 등의 여러 조직도를 실험해 보았다. 미국기업사 연구가인 알프레드 챈들러는 이렇게 말했다. "1880년대와 20세기 초 사이에 미국 경제의 주요 혁신이라면 미국 산업계에 거대 기업이 등장했다는 것이다." 실제로 1900년대에는 원자재나 부품의 구매와 생산, 회계와 마케팅이 동시에 가능한 회사가 산업의 기본 단위가 되었다.

　석유, 철강, 담배 산업과 비교해 볼 때 이제 막 걸음마 단계를 벗어나기 시작한 자동차 산업의 앞길은 훤히 뚫려 있었다. 1900년에 자동차는 500대가 팔렸을 뿐이다. 1907년에 그 수는 6만 5,000대로 늘어났다. 그리고 1915년에는 거의 100만 대로 증가했다. 당시 자동차 시장은 여러 기업들이 경쟁하고 있었다. 그 중에는 포드나 뷰익처럼 아직 살아남은 것도 있고, 맥스웰이나 오클랜드처럼 이미 오래 전에 역사의 뒤안길로 향했던 것도 있다. 이런 기업들과 관련 있는 사람들 가운데는 산업계나 기업계의 거물들도 있었지만 아마추어, 투기꾼, 괴짜 발명가 등 다양한 개인들도 있었다. 자동차 산업의 금융은 기형적이고 오합지졸 같았다. 당시만 해도 월스트리트의 금융가들은 아직 이 분야에 적극적으로 손을 대지 않고 있었다.

　듀란트는 초기 자동차 업계 거물들 중에서 가장 정력적이고 혜안을 지닌 사람이었다. 성공가도를 달리던 뷰익에서 출발했던 그는 여러 회사들을 통합하는 데 뛰어난 수완을 발휘했다. 또 대담하게 모험을 감행하여 큰 성과를 올리기도 했다. 그가 설립한 제너럴모터스(후에 제너럴코퍼레이션으로 개명됨)는 뷰익, 캐딜락, 올즈모빌, 오클랜드 등과 같은 여러 자동차 제작사를 합병하여 탄생한 것이다.

　극도의 중앙집권화를 추구했던 포드와는 달리 듀란트는 분권화를 선호했다. 그는 GM 산하의 여러 회사들에게 자율권을 부여했다. 포드가 조립라인을 완벽하게 정비하고 생산과정을 합리적으로 조정하는 등 내부적인 확장에 주력했다면, 듀란트는 자동차 제작에 필요한 부품들을 외부에서 조달하는 데 더 많은 신경을 썼다. GM에 새로 들어와 듀란트의 경영방식을 관찰한 슬론은 이렇게 결론을 내렸다.

나는 듀란트에 대해 두 가지 관점을 가지고 있다. 우선 나는 자동차에 대한 그의 천부적 감각을 높이 평가한다. …… 그리고 기업에 대한 그의 충성심은 절대적인 것이다. …… 하지만 그는 행정적인 일을 처리할 때 너무 즉흥적이고 혼자서 무리하게 일을 감당하려고 했다. 특히 1918년과 1920년 사이에 조직의 다양한 부문을 관리할 뚜렷한 정책이 없는 상태에서 GM을 확장시키려는 그의 조치를 나는 매우 우려했다.

슬론은 듀란트의 경영방식에 자신의 입김을 불어넣으려 했다. 천성적으로 남에게 대항하는 것을 좋아하지는 않았지만, 그는 회사 정책이나 듀란트의 판단이 마음에 들지 않을 때는 서슴없이 비판했다. 듀란트는 이 젊은 친구의 능력을 인정했지만, 다른 사람의 조언보다는 자신의 직관을 더 믿는 스타일이었다.

제1차 세계대전의 여파 속에서 GM은 확장일변도 정책 탓에 거의 도산 위기에 처했었다. GM은 손실액으로 약 1억 달러를 부담해야 했고 듀란트도 개인적으로 브로커들에게 약 4,000만 달러의 빚을 지고 있었다. 뭔가 결정적인 조치가 취해져야만 했다. 1920년 가을, 수 주 동안의 팽팽한 협상이 진행된 결과 1억 달러가 넘는 재산을 잃은 듀란트는 회사를 떠나야만 했다. 그리하여 GM뿐만 아니라 궁극적으로는 미국의 기업문화를 개편하게 될 새로운 노선이 설정되었다.

GM 초창기에 듀란트는 뉴욕 금융계 외에도 여러 곳에서 자금 지원을 받았는데, 델라웨어 주의 듀폰 가※에도 손을 내밀었다. 화학 및 폭약제품 분야에서 성공한 듀폰 가는 곧 GM의 주요 투자가가 되었고, 1919년 경에는 29퍼센트의 지분을 소유했다. 그리고 이런 대규모

투자로 듀폰 사의 사장인 피에르 듀폰Pierre du Pont은 GM 이사회에서 영향력 있는 인물이 되었다.

듀폰은 가족 사업을 유나이티드모터스나 GM의 규모로 바꾸어놓은 인물이었다. 슬론과 마찬가지로 듀폰은 매사추세츠 공과대학을 나왔고 과학 및 공학 프로세스에 관한 지식을 조직구조에 접목시켰다. 두 사람 모두 포드나 듀란트 같은 괴팍한 천재들이 아니라 조직 구축가였다. 슬론 자신의 말처럼 두 사람은 "시간을 두고 입수 가능한 모든 정보들을 얻은 후, 그것들을 경험과 능력이 미치는 범위까지 철저히 분석하여 진로를 결정하는 방식"을 선호했다. 당시의 문제는 누구 스타일이 GM에서, 더 나아가 미래 자동차 산업에서 더 바람직한 것이 될 수 있을까 하는 점이었다.

외부적인 경제 환경 악화와 내부적인 부실경영으로 초래된 위기 속에서 유능한 인재가 GM을 이끌어야 한다는 점은 분명해졌다. "피에르 듀폰은 명성도 있었고 존경도 받고 있었기 때문에 조직, 대중, 은행에게 신뢰를 줄 수 있는 GM 내의 유일한 인물이었다"고 슬론은 회고했다. 그 후 3년 동안 듀폰, 슬론, 다른 두 이사들 그리고 몇몇 고문들은 GM을 정상화시키기 위해 하루하루 최선의 노력을 기울였다. 1921년 한 해 동안에 이사회는 101번이나 열렸다. 듀폰과 슬론은 대체로 의견이 일치했지만, 논쟁이 일어날 때는 슬론이 자신의 주장을 관철시키곤 했다.

GM을 개편하는 주요 아이디어는 슬론으로부터 나왔는데, 1919년에 회람을 통해 자신의 제안을 직원들에게 알렸다. 당시 GM의 상황에 적잖게 당황했던 그는 리히긴슨Lee Higginson 은행으로 전직을 심각하게 고려하기도 했다. 어쨌든 새롭게 구성된 이사회가 제일 먼저 한 일은 슬론의 제안을 그대로 받아들인 것이다. 그러면서 이사회는 이렇게 발표했다. "회사의 광범위한 활동분야의 지휘체계를 확실히 정립하고, 지금까지 유지해 온 효율성을 손상시키지 않으면서 각 서비스 부문을 재조정하기 위한 새로운 제너럴모터스코퍼레이션 조직을 창출하고자 한다."

슬론이 파악한 대로 GM 산하의 기업들이나 각종 업체들은 심각한 도전에 직면해 있는 상태였다. 그것은 중앙집중적인 통제와 분권화를 적절히 조화시키는 문제로 귀착되었다. 슬론은 특히 자체 브랜드로 차를 생산하거나 특정 부품과 부속물을 만드는 산하 업체들을 통제해야 한다고 생각했다. 그의 해결책은 개별 업체들의 사장들에게 회사 운영의 상당한 자율권을 부여하면서, 동시에 (사장, 운영담당 부사장, 재정담당 부사장, 몇몇 중역들로 구성된) 경영진과 사내전문가 역할을 하는 참모들로 구성된 중앙본부를 설치하는 것이었다. 또한 각 업체는 독립채산제를 시행하도록 하여 그룹 전체에 대한 기여도를 파악할 수 있도록 했다. 복잡하게 꼬인 문제를 쾌도난마식으로 풀어버린 이 조치는 놀라움 정도가 아니라 기업계에 가히 혁명을 몰고 온 것이었다. 이 방식은 GM에 지속적으로 뿌리를 내렸을 뿐 아니라, 크고 작은 많은 기업들에서 채택되었다. 슬론은 실용적인 조직도를 창조함으로써 전국적인 반향을 불러일으킨 훌륭한 간접적인 리더십을 보여준 것이다.

1920년대는 미국 경제가 지나칠 정도로 팽창하고 자동차 산업도 빠르게 성장해 가던 시기였다. GM은 이 두 추세 속에서 중심적인 역할을 했다. 듀폰은 GM을 정상화시키겠다는 목적이 이루어지자 1923년 초 사장직에서 물러나고 슬론에게 자리를 넘겨주었다. 이어 한창 전성기를 맞이한 슬론은 GM을 더욱 새롭고 효과적인 조직으로 만들었다.

더욱 중요한 점은 슬론과 그의 측근들이 '최고의 자동차'란 존재할 수 없다는 사실을 깨닫게 된 것이다. 그래서 그들은 시장을 보다 철저히 연구하고 고객 전체의 기호와 욕구를 만족시킬 차종을 개발하는 쪽으로 방향을 틀었다. '비용과 목적을 한꺼번에 충족시키는 차를!'이라는 문구가 회사 구호가 되었는데, 이는 일반인과 특별한 계층 모두를 만족시키겠다는 의도가 담겨 있었다. 게다가 그들은 시장별로 다른 제품을 생산해야 한다는 점도 깨달았고, 어떤 시장에서는 몇 백 달러의 비용이 더 들더라도 품질을 우선해야 한다는 점도 인식하게 되었다. 이는 '고급 시장'을 겨냥한 것이었다. 슬론은 이렇게 설명했다. "마치 야전 사령관이 모든 전선에 병력을 배치하여 방어벽에 구멍이 뚫리지 않게 하려는 전략과 마찬가지로, 이것은 가격대별로 다양한 제품을 시장에 내놓으려는 포괄적인 계획이다."

이와는 대조적으로 포드는 무엇보다도 경제성에 목표를 두었고, 소비자들이 어떤 색의 차를 원하든 "검은색 차라면 영원할 것"이라는 오만한 농담을 했다. 포드는 자신의 직관에 충실했고 그것이 일반 소비자들의 공감을 얻을 것이라고 생각했다. 반면 슬론과 그의 동료들은 시장을 주도면밀하게 조사하고 정책 대안을 연구했다. 역사학자 알프레드 챈들러는 포드의 정책이 "미국의 기업 역사상 가장 값비싼 실수였다"고 말했다.

GM을 미국의 대표 기업으로 빠르게 성장시키는 데 앞장섰던 슬론의 업적에는 서로 다른 여러 측면들이 있었다. GM은 변덕스러운 대규모 시장을 장악하기 위해 광고와 세일즈 기법을 개발하는 데 많은 노력을 기울였다. 이런 전략에는 선량하고 충성스런 딜러들의 양성이 매우 중요했다. 중고차의 역할은 일찍부터 인식되었고 자동차 산업에서 이 분야에 관심을 갖는 것은 시장에 여러 대안을 제시할 수 있는 효과적인 방안이 되었다. 구매자 수가 무한정 증가할 수 없기 때문에 성장은 업계 내부에서의 경쟁을 통해 도모해야 했다. 따라서 GM은 매년 새롭고 독특한 모델을 개발해 출시했고, 사람들이 구형차를 새 차로 바꾸도록 유도하였으며 애프터서비스에서 명성을 쌓았다.

기업 발전을 위한 아이디어도 넘쳐났다. 자동차 구매를 위한 금융 지원(선수금을 조금만 내거나 전혀 안 내는 방식의 융자 등), 회사 중역들 간의 유대 강화, 딜러들 사이의 원활한 교류 등을 위한 별도의 조직이 만들어졌다. 매년 시장동향을 예측하여 변화에 빠르게 대응했다. 또한 강력하고 독립적인 연구소를 설립하고 지원했다. 하지만 이 연구소가 내놓은 제안이 여러 차례 큰돈만 낭비한 셈이 되자 슬론은 연구소의 제안이 회사에 직접 반영되는 관행에 제동을 걸기도 했다. GM은 포드보다 훨씬 앞서서 자동차 연합 노조를 비롯한 노동조합과 평화로운 관계를 유지했다. 이후 수십 년에 걸쳐 슬론의 여러 혁명적인 조치들은 자동차 업계의 전형이 되었다.

이제 우리는 리더, 즉 다른 사람들의 생각, 행동, 감정에 영향을 주는 개인으로서의 슬론에 대해 살펴보아야 한다. 어떤 관점에서(예를 들면 포드의 관점) 보면 슬론은 쉬운 일을 맡은 셈이었다. 그에게는 그만한 권한이 있었다. 이사진, 특히 경영위원회를 주도했고 대부분의 경우 자신의 의사를 관철시켰다. 듀란트 같은 인물이 이런 위원회를 맡았다면 그것은 금세 독재적인 성격을 띠었을 것이다. 실제로 슬론이 사장직에 오르면서 가장 먼저 취했던 조치 가운데 하나는 최고운영책임자 COO; Chief Operating Officer 의 권한을 크게 강화한 것이었다.

슬론은 자신의 지위를 보다 현대적이고 다른 사람들과는 다른 방식으로 인식했다. 그는 위압적인 기업운영 방식이 바람직하지 않다고 생각했다. 훗날 그는 이렇게 회상했다. "CEO 자리에 있었을 때 기본적으로 나는 CEO의 행정적인 권한을 축소시키지는 않았다. 다만 신중하게 그 권한을 행사했을 뿐이다. 나는 다른 사람에게 무엇을 하라고 지시했을 때보다는 나의 아이디어를 설득시켰을 때 훨씬 좋은 결과를 얻었다." 슬론은 아주 유능한 경력자들을 끌어들여 책임자의 자리에 앉혔고, 그들을 공정하게 대우하면서 후한 급여를 제공했다. 또한 그들을 중심으로 위원회를 구성하여 여러 문제들을 깊이 논의하고 결론을 이끌어내도록 했다. 슬론은 "우리의 경영 정책은 여러 위원회나 정책 그룹들이 토론을 거쳐 나온 결론"이라고 밝혔다. 이런 식으로 GM은 위원회의 행정적 절차와 합의에 의한 결정을 통해 운영되었다.

물론 끊임없이 만나서 회의만 하고 아무런 결정도 내리지 못하는 형식적인 위원회만큼 회사를 무기력하게 만드는 것도 없다. 1920년대 초 헨리 포드는 GM의 경영방식을 노골적으로 비웃었다. "포드의 공장과 사업체에는 조직도 없고 지위에 따른 특정한 임무도 없으며 직위나 직급도 없고 회의도 없다."(최근에도 위원회 중심의 운영방식이 IBM이나 GM 등 대기업의 경쟁력을 약화시키는 요인으로 지적되고 있다.) 슬론은 위원회의 기능이 마비되지 않도록 많은 신경을 썼다. 위원회의 목표와 구성원을 촘촘히 관리하고 특정한 임무를 부여한 후, 그것의 진척 과정을 감독하면서 어느 시점에 결론을 도출하도록 유도

했다. 그는 이렇게 말했다. "나는 GM에 있는 동안 업무 중 상당 부분을 이러한 경영 그룹의 개발, 조직화, 주기적인 조직개편 등에 할애했다." 마거릿 미드가 다양한 현대 문화에 접근했던 방식처럼, GM 내부의 여러 위원회들은 서로 다른 부서나 분야의 출신들로 구성되었다. 그럼으로써 세일즈 책임자의 열정은 통계분석가의 객관성과 균형을 맞출 수 있었다. 아울러 위원회 구성원들은 서로 다른 분야에 대해 배우고 서로의 문제, 견해, 개인적 혹은 집단적 기회 등을 잘 이해할 수 있었다. 슬론은 이런 절차를 감독하면서 필요할 때는 직접 개입하기도 했다. 그는 종종 수수께끼 같은 문제를 언급했다. "어떻게 하면 조직의 분권화 계획에서 벗어나지 않으면서 기업 전체를 지속적으로 통제할 수 있을 것인가? 우리는 끊임없이 이 역설을 공략했다." 리더십에는 중요하고 불가결한 인간적 차원이 있다. 슬론은 조직도를 창안했던 개척적인 인물이자 그런 면에 있어서 천재였다. 하지만 그런 '전문 지식'이 그의 성공에 있어서 주요 요인은 아니었다. 슬론은 동료들에게 요구했던 덕목을 몸소 실천했다. 일벌레였던 그는 항상 모든 정보를 꿰고 있었다. 주요 사안에 대해서는 철저히 조사했고 데이터나 세부사항들을 이해했으며 그것들을 바탕으로 결정을 내렸다. 그는 그룹 미팅에 참석하여 고려해야 할 주요 사항들을 명확하게 제시하고 자신의 결정 방식을 보여주었다. 한때 그는 오랫동안 GM의 연차보고서를 자신이 직접 작성하기도 했다.

그는 회사 고위직 동료들과도 돈독한 관계를 유지했다. 최고 중역들뿐 아니라 회사의 다른 분야 책임자들을 초대하거나 직접 방문하여 대화를 나누었고, 수많은 메모를 주고받으며 긴밀한 관계를 유지했다.

나는 1920년대와 1930년대 초 내내 딜러들을 직접 방문하는 것을 원칙으로 삼았다. 개인 철도차량을 사무실로 개조하여 여러 명의 중역들과 함께 미국 전역의 거의 모든 도시들을 방문했고, 하루 5~6명의 딜러들을 만났다. 그들의 사업 현장에서 나는 GM과의 관계, 제품의 특성, 회사의 정책, 소비자 트렌드, 향후의 경기전망, 기타 여러 사항들과 관련하여 제안이나 비판을 물어보았다. 그리고 그 내용을 자세히 메모해 두었다가 나중에 돌아와 철저히 검토했다.

이러한 슬론의 배려와 관심은 훗날 보답을 받게 된다. 슬론이 은퇴했을 때 딜러들은 150만 달러를 모아 그의 이름으로 암 연구에 기부했던 것이다. 지금까지 살펴본 다른 리더들과 마찬가지로 슬론은 두 가지 맥락으로 검토할 수 있다. 우선 그는 한 분야의 전문가였다. 당시 가장 복잡한 것으로 여겨졌던 산업조직을 구성하고 통솔하는 분야에서 단연 돋보였던 리더였다. 그의 전문 지식은 한편으로는 정규 대학교육을 통해, 다른 한편으로는 하얏트, 유나이티드모터스, GM코퍼레이션과 같은 회사 경력을 통해 얻어진 것이다. 슬론은 이런 일을 해내는 전문가로서 손색이 없었다. 따라서 그에게는 이 분야의 다른 구성원들이 그의 메시지나 이야기를 이해하고 제대로 평가해 주는 일이 무엇보다 중요했다. 이런 식의 간접적인 리더십의 경우 슬론의 개인적인 면면은 중요하지 않다. 슬론의 능력이라면 막후에서도 자신의 역량을 발휘할 수 있었을 테고, 저작물(기업 컨설턴트이자 저술가인 피터 드러커처럼) 등을 통해 영향력을 행사할 수 있었을 것이다.

둘째, 그는 GM의 사령탑을 맡았던 직접적인 리더였다. 그는 수천 명의 직원들을 거느리면서 그들에게 뚜렷한 정체성 이야기를 전달했다. 그 이야기의 일부는 일반적인 것인데 모든 GM 직원들이 미국뿐만 아니라 세계에서 가장 중요하고 역동적인 산업계의 일원이라는 점을 강조했다. 이야기의 또 다른 일부는 특별한 것으로서 GM은 보통 회사가 아니라 평직원과 간부 모두가 세계에서 가장 진보적이고 가장 강력한 조직의 구성원들이라는 점이다. GM은 지위고하를 막론하고 전 직원의 참여를 유도하여 지속적으로 뛰어난 제품을 생산하고자 했다. 이를테면 GM은 슬론이라는 인자한 가장이 꾸려가는 한 가족이라고 할 수 있었다. 그는 회사를 위해 전력투구하면서 자신이 추구하는 덕목을 몸소 실천하였고, 그의 직원들도 똑같이 따라주기를 원했다.

또한 슬론은 기업계에 종사하는 수백만 미국인들에게는 직접적인 리더였다. 그는 실질적으로 수십만 종업원들과 100만 명 이상의 주주를 가진 공개 기업의 총수였다. 그리고 (제2차 세계대전과 같은) 어려운 시기에 미국 산업계의 모범적인 인물로서 많은 경영인들의 찬사와 기대를 받았으며 다른 기업가, 작가, 정치인, 일반인들로부터 강한 비판을 받기도 했다. 그의 후계자였던 찰리 윌슨 Charlie Wilson은 아예 노골적으로 이렇게 선언했다고 전해진다. "GM에게 좋은 것은 국가에게도 좋은 것이다."• 슬론은 이렇게 거창한 말은 하지 않았지만 GM이 미국에서 차지하게 될 독보적인 위치에 대해 의식하고 있었으며 또 그것을 자랑스러워했다.

그렇다면 알프레드 슬론 2세가 다른 미국인들에게 전달했던 이야

• 윌슨이 실제로 한 표현은 이러했다. "우리 제너럴모터스 사람들은 국가에게 좋은 것은 제너럴모터스에게도 좋은 것이라고 느꼈다." 이 말이 와전되어 미국인들의 신화가 되었다는 사실은 의미하는 바가 크다.

기는 무엇이었을까? 첫째, 기업이 적어도 정치에 견줄 만한 세력이며, 현대의 여러 '계급' 가운데 핵심 세력이 될 수 있다는 점이었다. 존 록펠러John D. Rockefeller를 비롯한 신흥 기업가들은 미국 기업들의 위력을 보여주었다. 그리고 슬론과 그의 동료들은 기업이 철저히 조직화되고 책임 있게 운영될 수 있으며, 공적 책임을 지면서 위기시에는 리더십을 발휘할 수 있고 근로자들의 복지를 증진시킬 수 있음을 보여주었다. 그들에게 자본주의 비판가들은 잘못된 지식을 가지고 있거나 악의적인 사람들이었다. GM은 대공황을 헤쳐 나왔고 제2차 세계대전 동안에는 미국의 전쟁 물자를 생산했던 핵심 기업이었다. 기업가들은 지역사회의 횃불 같은 존재였고 자비심이 많은 사람들이었다. 슬론은 이런 면에서 실천적인 모습을 보여주었으며, 실제로 자신의 재산을 자선사업에 기증했다. 그는 이렇게 단언했다. "제너럴모터스의 재무에 관한 이야기는 성장이야기다. 우리는 직원, 고객, 딜러, 납품업체, 지역사회에 대한 책임을 소홀히 하지 않으면서 주주들에게 이익이 되는 일을 해 왔다."

슬론은 역사상 처음으로 기업적인 측면과 거대한 국제적 측면에서 국가의 위상을 정의했던 인물이었다고 볼 수 있다. 그는 미국인들이 기업을 신뢰하고 육성하는 사회에 살고 있다고 말하면서, 기업의 규모가 부담이 아니라 장점이 될 수 있으며 기업의 발전이 국가 전체의 발전과 병행될 수 있다고 덧붙였다. 개인이 자동차를 프라이버시와 이동의 주요 수단으로 보는 것과 마찬가지로, 자동차 산업을 개인적인 번영의 주요 수단이라고 볼 수 있다고도 했다. 그리고 매년 가을 새 자동차 모델이 나올 때마다 전 국민의 시선이 디트로이트로 쏠리는 것도 이상한 일이 아니라고 밝혔다.

슬론의 이런 인상적인 메시지는 광범위하게 확산되었다. 그의 청중은 한 기업에서 전 산업으로, 그리고 전국적 규모로 불어났다. 그의 메시지 범위도 더욱 커져서 기업체에 소속된 근로자라는 작은 주제로 시작해 미국 기업이 유복한 삶을 제공한다는 차원의 폭넓은 주제를 언급했다. 이런 메시지가 삶의 모든 측면을 다루고 있진 않았지만(예를 들면 정치적, 종교적 차원을 고려하지는 않았다), 현대인들의 정체성에 대한 비전을 제시해 주었다. 그것은 혁신적인 이야기였지만 모든 사람들이 자본주의의 혜택을 누릴 수 있음을 암시했던 만큼 어떤 위협도 느껴지지 않았다.

실제로 슬론의 가장 설득력 있는 메시지는 자본주의의 위력에 관한 것이었다. 그는 "산업 발달이 그 무엇보다도 인간의 경제적·사회적 지위를 향상시킬 수 있다"고 역설했다. 자동차 산업에 대해서 그는 "지금까지 인간이 자동차만큼 절실히 원했던 기계는 없었다"고 했다. 그리고 다음과 같이 자본주의적 생활양식을 찬양했다. "물질적 성공이 중시되는 세계에서 야망은 매우 가치 있는 목표이다. 최근까지 그것이 중요하게 인식되고 있는 점은 미국의 발전과 생활수준 향상에 크게 기여하는 요소이다." 그는 이런 질문도 던졌다. "비상한 개인의 천부적 능력과 노력을 자본화하도록 허용하고 고무시키는 과정에서 공공의 이익에 반하거나 바람직하지 않은 것으로 어떤 것이 있단 말인가?" 슬론은 다음과 같은 얘기로 자신의 메시지와 회사의 이야기를 결합시켰다.

> 내가 제너럴모터스 사장이 되었을 때, 산업계에서 나만큼 큰 성취의 기회를 부여받은 개인도 없었다. …… 제너럴모터스 사장으로

서 나는 우리의 사고가 수십만 사람들의 삶에 직접적인 영향을 미치고 많은 주요 공동체들의 경제적 복지에도 영향을 준다는 사실을 깨달았다.

슬론은 기업과 자동차에 대해 말할 때 포용적인 수사법을 동원했다. (이는 GM의 동료들이나 후계자들도 마찬가지였다.) 그는 자동차 산업과 기업계 전체가 무한정 성장할 수 있다고 주장했다. 슬론이 홈그라운드인 기업 내부에서 역설했던 이야기는 전국의 청중들에게 쉽게 전파되었는데, 이는 리더로서 매우 유리한 점이었다. 하지만 자동차 산업에서도 분명히 경쟁적인 차원이 존재했다. GM의 성공은 다른 경쟁자들의 희생을 바탕으로 한 것이었다. 소리 소문 없이 사라진 일차적인 희생자들은 GM이 사들였거나 자연 도태시킨 소규모 업체들이었다. 이는 노골적으로 드러난 독점자본주의의 양상이라고 할 수 있다. 가장 두드러진 희생자는 포드자동차 회사였다. 포드는 순식간에 최고 중역들뿐 아니라 최대 시장점유율을 GM에게 빼앗겼다. 노동조합은 슬론이 이끄는 경영진과 주기적으로 마찰을 일으켰다. 국가가 이익을 내는 (혹은 별 이익을 내지 못하는) 기업들의 집합체라는 개념의 등장으로 눈에 띄지는 않지만 이런 손실이 적지 않았을 것으로 짐작된다.

GM의 위력에 눌려 희생당한 이들이 있었던 것처럼 '크고 자비심 많은 기업'이라는 전설이 풍미하던 그 시절에 타격을 받았던 또 다른 측면이 있었다. 예전의 미국인들은 돈이나 물질적 성공보다는 이타심, 정신적인 것, 불행한 사람 도와주기, 개인적인 혹은 공동체적인 소박한 삶의 추구 등에 큰 의미를 두었다. 슬론은 이런 정체성 요소들을 직접적으로 공격하지는 않으면서 규모, 힘, 지배 등에 뿌리를 둔 비전을 제시했다. 슬론은 자선활동과 관련된 사안에도 손대려 했고 개인적으로 기부도 했다. 하지만 자본주의적 경쟁에 기초한 그의 관점은 자기과시로 기우는 경향이 있었다. 아마도 그의 물질주의적인 '이야기'는 매우 단순하고 이기적인 것이었기 때문에 오랫동안 득세할 수 있었던 것 같다. 번영의 시기에는 모두가 그 혜택을 볼 수 있을 것처럼 여겨진다. 하지만 불경기에 개인이나 회사가 성공하려면 남을 희생시켜야 하는 경우가 많다.

슬론은 1956년 GM 이사회 회장직에서 물러났고, 그 후 10년을 더 살았다. 그는 은퇴 후에 자서전 『제너럴모터스에서 보낸 세월 My Years with General Motors』을 집필했다. 흥미진진하고 영향력 있는 그의 자서전은 그 이후 나왔던 GM에 관한 자료의 주요 출처가 되었다. 이 두꺼운 책에는 성공에 관한 그의 생생한 기록이 담겨 있으며, 미국의 기업 체계에 대한 찬사로 매워져 있다. (이 책에서 나에게 흥미를 끌었던 대목은 19페이지짜리 인덱스에 '일본'에 관한 항목이 하나도 나오지 않았다는 점이다).

슬론이 활동한 시대 이후로 국가적, 국제적 기업 환경은 완전히 바뀌었다. 미국에서는 철도가 등한시되고 비행기가 주요 운송수단이 되었다. 중공업이나 제조업보다는 서비스업과 정보산업이 미래의 산업으로 인식되었다. 일본을 비롯한 여러 나라에서 막강한 경쟁력을 갖춘 자동차를 생산하면서 미국의 자동차 산업은 여러 차례 침체기를 겪어야 했다. GM은 세계적인 변화를 인식하지 못해 제자리에 주저앉은 거인 꼴이 되고 말았다. (이는 IBM을 비롯한 여러 기업들도 마찬가지다.) 애플의 스티브 잡스 Steve Jobs, 마이크로소프트의 빌 게이츠

William Gates, 로터스의 미치 캐퍼Mitch Kapor 같은 컴퓨터 업계의 귀재들이 미국의 새로운 경쟁력을 창출하는 인물들로 손꼽히고 있다. 슬론은 생존시 경외심을 불러일으킬 만한 존경을 받았던 반면, 그의 후계자들 중 한 사람인 로저 스미스Roger B. Smith는 〈로저와 나Roger and Me〉라는 장편영화에서 웃음거리가 되었다.

슬론이나 당대의 기업가들이 오늘날까지도 GM이 승승장구할 것이라고 예측했는지는 알 수 없는 일이다. 그러나 인간의 인지발달 측면에서 보자면 1930년이나 1950년에 GM을 철저히 신봉하던 노인이 기업 내부에서 파괴의 씨앗을 감지하고 그에 대비할 계획을 세웠다고 보기는 어렵다. 이 경우에 적절한 계획이라면 단기간의 금융시장과 향후 10~20년 후의 조직 운영 및 활동에 관한 전략도 포함시켜야 한다. 슬론의 시대에 GM은 군대나 정부처럼 운영되었다. 수많은 견제와 균형이 이루어지는 관료적 체제 하에서 막대한 양의 정보들이 오르내렸다. 이는 헨리 포드나 토머스 에디슨의 직관적 경영방식과 철저히 다른 것이었다. 물론 젊은 슬론은 듀란트가 대강 꿰어 맞춘 조직의 약점을 간파했다. 하지만 MIT에서 받은 교육과 하얏트와 유나이티드모터스에서의 경험이 경력의 전부였던 그가 세기말까지 번영할 수 있는 기업을 구상했다고 보기에는 무리가 있다. 활동적인 회사생활을 마감하는 시점에 슬론의 가장 큰 관심은 다음 해의 신차 모델에 집중되어 있었다. 이제는 월스트리트에서 정크본드를 취급했거나 1980년대에 기업합병을 경험했거나 대학 시절 오랫동안 컴퓨터 해커였던 인물이 현재 혹은 미래의 CEO가 될 가능성이 높다.

실제로 현대 기업세계에서는 '이야기의 효용성'에 대한 의문이 제기되고 있다. 1990년대 초 전문경영인 루 거스너Louis Gerstner는 IBM을 살리기 위해 입사했을 때 이렇게 선언했다. "지금 IBM에 필요 없는 것은 바로 비전이다. IBM에게 필요한 것은 비용절감과 모든 부문에서의 시장집중력이다." 마이크로소프트의 빌 게이츠도 이와 비슷한 말을 했다. "비전 있는 사람이 되기란 쉬운 일이다. 하지만 CEO가 되는 것은 어렵다." 혹자는 거스너가 비전의 중요성을 부인한 것 자체가 아마 포스트모던적인 기업 이야기로 볼 수 있지 않겠느냐고 반박할지도 모른다. 그러나 취임 1년 후의 거스너의 말을 다시 한 번 경청해 볼 필요가 있다. "문화를 바꾸는 것은 메모를 한다고 되는 일이 아니다. 사람들의 감정에 호소해야만 한다. 그리고 사람들은 단지 머리가 아니라 그것을 마음과 믿음으로 받아들여야 한다." 그리고 '시장, 실행, 팀워크'에 대한 새로운 이야기로 무장한 채 거스너는 전국을 돌아다니며 직원들에게 "나는 지금 우리들 중 한 사람이다"라는 새로운 정체성 이야기를 제시했다.

슬론의 개인사를 살펴보면 올바른 환경에서 펼쳐지는 올바른 능력의 중요성을 잘 알 수 있다. 1920년에 GM은 조직 개편과 의욕을 필요로 했고 듀폰과 슬론이 그것을 제공해 줄 수 있었다. 그 후 30년 간 농경생활이 쇠퇴했고 기업계와 국가는 현대 세계를 국민에게 설명해 줄 수 있는 이야기를 갈망했다. 이 시기는 대중교통과 매스컴의 세계였으며 전쟁, 불황, 번영이 되풀이되었던 세계였다. 미국 역사상 비교적 짧았던 이 시기에 기업과 자동차 산업과 GM에 관한 이야기는 모든 시민들이 듣고 싶어 했던 것이었다. 그리고 그 이야기는 다른 사람들이나 기업들이 말하고 실천했던 것이며, 실제로 포드, 듀폰, 록펠러 일가는 나름대로의 효율적인 브랜드를 가지고 기업의 횃불을 높이 치켜들었다.

이 장에서 기술한 여러 상황이 복합되어 슬론과 그의 기업은 20세기 중반에 가장 영향력 있는 이야기를 만들어냈다. 하지만 파시즘과 공산주의의 위협, 아시아와 제3세계의 부상, 미국 경제와 정신적인 문제에 대한 인식처럼 기업이 통제할 수 없는 세력이 등장하자 미국 기업의 역할이 단순한 기업 활동의 차원에만 머물러 있을 수 없다는 사실이 분명해지게 되었다.

제 8 장

조지 마셜
훌륭한 군인의 전형

George C. Marshall, 1880~1959

> 나는 리더십을 이렇게 정의한다. 리더십은 공통된 목적을 가지고 사람들을 끌어
> 모을 수 있는 능력과 의지이며 신뢰감을 줄 있는 인품이다
>
> – 육군 원수 버나드 몽고메리 Bernard Montgomery

중령 조지 마셜은 자제력을 갖춘 침착한 사람으로 알려져 있었다. 그의 정신적 영웅은 제1차 세계대전 중 유럽에 파견된 미국 원정군 지휘관이었던 존 '블랙잭' 퍼싱(John J. 'Black Jack' Pershing) 장군이었다. 하지만 1917년 10월, 이 무시무시한 장군과 처음 대면한 마셜은 그와 정면으로 대립했다. 당시 군사훈련을 참관하러 왔던 퍼싱은 그 결과에 만족스러워하지 않았다. 그는 지휘관과 그의 참모장을 심하게 꾸짖었는데, 마셜은 전선에서의 상황을 고려해 볼 때 퍼싱 장군의 질책이 부당하다고 여겨 공개적으로 그에게 항변했다. 마셜은 많은 정보를 털어놓았고 깜짝 놀란 퍼싱은 지휘본부가 직면한 여러 가지 문제들을 언급했다. 그러자 마셜은 이렇게 반박했다. "그렇습니다, 장군님. 하지만 우리는 매일 같이 그런 문제들을 안고 있으며, 그것들을 날이 어두워지기 전에 해결해야 합니다."

그 후 20년이 흐른 1938년 11월, 마셜은 퍼싱보다 훨씬 높은 상관이자 군 최고통수권자인 프랭클린 루스벨트 대통령과 마주하게 된다. 루스벨트는 1만대의 전투기를 제작하겠다는 야심찬 계획을 내놓았다. 루스벨트가 그것에 필요한 인력과 정비체계를 갖고 있지 않다는 사실을 알고 있던 마셜은 충격을 받았다. 루스벨트는 그런 계획에 대해 설명한 후 참석자들에게 차례대로 의견을 물었고 마셜 차례가 되자 자신의 계획이 괜찮지 않느냐고 운을 띄웠다. 그러자 마셜은 즉시

이렇게 말했다. "대통령 각하, 죄송합니다만 저는 그 계획에 찬성하지 않습니다." 당시 참석한 모든 사람들은 깜짝 놀랐다. 왜냐하면 마셜은 그 전에 대통령과 만난 적이 전혀 없었기 때문이었다. 회의가 끝난 후 재무장관 헨리 모겐소Henry Morgenthau는 마셜에게 다가가, "당신을 만나서 반가웠습니다"라고 자신을 소개했다.

1940년 5월, 세 번째 사건이 발생하는데 당시 육군참모총장이었던 마셜은 또 다시 자신의 상관과 공개적으로 대립했다. 논란은 유럽에서 벌어지는 전쟁에 참전할 때를 대비해 인력과 비행기를 동원하는 문제 때문이었다. 마셜이 언급하는 내용에 대해 루스벨트가 별 관심을 보이지 않자 회의는 결론이 나지 않은 채 진행되었다. 자제력이 강했던 마셜의 마음속에서 뭔가가 치밀어 올라왔다. 그는 3분간의 발언 시간을 요청했다. 당시의 상황을 전기 작가 에드 크레이Ed Cray는 이렇게 기술했다.

> 20년 전 그는 공드르쿠르 진흙 벌판에서 퍼싱 장군과 대결했다. 이제는 미국 대통령에게 맞서려 한다. …… 처음에는 또렷한 어조로 시작하다가 곧 좌절감에서 우러나온 말을 마구 쏟아내었다. 병영, 군량, 무기 등 모든 것이 부족하다. 새 대포와 대공포가 설계되었으나 아직 생산되지 않았으며, …… 독일군은 서부전선에 140개 사단 100만 명의 병력을 집결시켰다. 그런 대군에게 5개 사단은 말이 안 된다. 요청한 발언시간 3분을 훨씬 넘어서며 참모총장은 육군의 부족한 항목들을 전부 털어놓았던 것이다.

모겐소 장관은 이런 상황을 약간 다르게 표현했다. 그는 자신의 일기에 이렇게 적었다. "마셜은 대통령에게 정면으로 대들었다." 평소에 조심스럽게 행동하고 과묵한 사람이 조심성을 던져버리고 상관에게 공개적으로 항의하는 것은 무엇을 의미할까? 잘못하면 강등되거나 해임을 당할 수도 있다는 것을 뻔히 아는 사람이라면 그렇게 자신의 경력을 무너뜨릴 수 있는 행동을 섣불리 하지는 않을 것이다. 또 그런 사람은 상황을 잘못 이해하지도 않을 것이고, 그렇게 긴장된 상황 속에서 다른 참석자들이 자신의 공개적인 반발에 동조하리라는 기대도 갖지 않을 것이다.

마셜은 모든 정보를 파악하고 있었고 자신이 옳다는 확신에 차 있는 상태에서 아무도 자신의 입장을 이해할 수 없었기 때문에 직접 나선 것 같다. 이 세 사건 모두에서 마셜은 상관이 올바른 판단을 내릴 수 있을 만한 사람인데 잘못된 방향으로 가고 있다고 생각했다. 그리고 자신이 제동을 걸지 않으면 그 길에서 벗어나지 못할 것이라고 보았다. 마셜은 사실과 수치에 근거한 자신의 분명한 주장이 결정에 영향을 미칠 수 있고, 적어도 상관이 전반적인 상황에 따라 판단을 내리는 데 도움이 될 것이라고 생각했다. 그의 발언은 개인적 관심에서 우러나온 것일 수도 있고 대조적인 관점이 필요하다는 신념, 즉 공정한 마음에서 발현된 것이라고 볼 수도 있다.

여기에는 살펴보아야 할 또 한 가지 심리가 있다. 그런 주장을 펼침으로써 마셜은 명목상의 상관을 포함한 회의 참석자들과 자신이 동등한 위치의 인물임을 선언하고 있었던 것이다. 또한 지식을 갖춘 책임 있는 사람들로 구성된 새로운 '우리', 즉 새로운 집단적 정체성을 선언했던 셈이었다. 좀 더 유리한 위치로 이동하여 자신이 리더십의 지위를 거머쥘 능력이 있으며, 말과 행동으로 리더십을 실천할 수 있다는 것을 보여주고 있었다. 그는 상관에게 리더십의 범위를 넓혀 침입자인 자신을 포함시키라는 선택지를 제시한 것이다. 그리고 퍼싱과 루스벨트는 마셜의 그런 제의를 받아들였다.

우리가 뛰어나다고 생각하는 개인들의 흥미로운 특징들 중의 하나는 그들은 자신들이 유별나다고 느끼지 않았다는 점이다. 발달심리학자 앤 콜비Anne Colby와 윌리엄 대먼William Damon은 그런 사람들은 자신이 하는 일이 특이하다고 생각하지 않는다고 말한다. 예를 들면, 가난하면서도 도덕적 책임감이 강한 어떤 여성은 남들도 자신처럼 12명의 아이를 입양할 수 있다고 생각한다. 나는 창조자들을 연구하면서 이와 유사한 면을 발견했다. 그들은 자신들처럼 다른 사람들도 특정 분야에서 독창성을 발휘하고 싶어 하고 현재의 관습에 도전하려고 하며 오랫동안 기억될 진술을 할 것이라고 생각한다. 또한 다른 사람들도 어떤 분야에서 적극적으로 자신과 타인의 삶을 조직하여 불멸의 명성을 얻고자 한다고 생각한다.

이 연구를 하면서 나는 여러 리더들이 어린 시절부터 자신들이 엘리트 그룹에 속한다는 의식을 가졌다는 데 주목했다. 이들은 종종 서열상 최고 자리에 있는 인물과도 거리낌 없이 대화를 나누었다. 항상 자신감이 있던 이들은 말재주와 설득력이 있었다. 예를 들어, 마거릿 미드나 로버트 오펜하이머는 당대의 최고 인류학자나 최고 물리학자들과 토론을 벌이는 것을 주저하지 않았다. 로버트 메이너드 허친스는 젊은 시절에도 대학의 행정책임자들과 자유롭게 교류했다. 알프레드 슬론 2세는 윌리엄 듀란트나 피에르 듀폰을 상대할 때 서슴없이 자신의 의견을 피력했다. 또한 마셜은 자신이 군부나 정계의 윗사람에게 반대 의견을 내놓을 수 있는 자격이 충분하다고 생각했다. 훗날 교황으로 등극하는 안젤로 론칼리 역시 말을 할 때 용의주도했던 인물이었다. 하지만 경력을 살펴보면 그는 생각이 뚜렷했고 자신이 찬성하지 않는 정책이나 다른 사람들에 의해 위축되지 않겠다는(자신의 일기에 그렇게 적어놓았다) 의지를 갖고 있었다.(제9장 참조) 장래의 리더들은 자신들이 하는 일을 당연한 것으로 여겼고, 자신들이 얼마나 대담했는가를 잘 몰랐다. 설사 알더라도 나중에 알게 된다.

마셜은 성장배경이나 유년시절에 특기할 만한 점이 없었던 만큼 장래의 리더감으로 보이진 않았다. 1880년 12월 31일, 펜실베이니아 주 유니언타운에서 태어난 마셜은 비교적 부유한 가정의 셋째 아이였다. 안타깝게도 그는 손위 형이나 누나보다 재능이 떨어지고 어수룩했다. 그는 항상 환경에 잘 적응하지 못했고 학업에 뒤처지며 열등감을 안고 살았다. 코크스 용광로 회사를 운영했던 그의 아버지는 마셜의 형을 편애했고, 마셜은 아버지의 분노와 매질로부터 보호를 받기 위해 어머니에게 의존해야만 했다. 마셜은 아버지와 가까워지려고 애를 많이 썼다. 하지만 그의 야망을 자극하고 극도의 성실성을 키워준 것은 어머니였다. 마셜이 10살이었을 때 그의 가족은 심한 재정적인 타격을 입었다. 예기치 않게 변한 가정환경은 마셜이 매우 신중하고 검약한 젊은이가 되는 계기가 되었다.

마셜에게는 힘들었던 어린 시절이 큰 자극이었는데 그는 패배나 실패로 무너지는 것을 용납할 수 없었다. 형제나 이웃 아이들이 그를 이용하려고 할 때 그는 계획을 짜서 자신을 방어했다. 성인들은 종종 어린 시절의 특별한 경험을 되새겨보곤 하는데 마셜에게도 그런 경험이 있었다. 그는 어린 시절 뗏목을 태워주면 돈을 주기로 했던 여자아이들이 약속을 어기자 뗏목을 가라앉혀 복수했던 얘기를 종종 하곤 했다. "나는 그 일을 결코 잊지 못한다. 신중히 생각해서 대처해야 했는데, 결국 순간적인 판단으로 상황의 주도권을 잡은 셈이 되었다."

마셜은 일찍부터 직업군인이 되길 원했다. 학업 능력도 뛰어나지 않고 인맥도 변변치 않았기 때문에 그는 웨스트포인트West Point에는 아예 지원을 하지 않았다. 대신 버지니아 군사학교에 들어가 사관후보생이 되었다. 그곳에서 그는 역사과목 외에는 학과목에서 좋은 성적을 거두지 못했던 평범한 학생이었다. 하지만 곧 군인으로서 갖춰야 할 덕목에서 두각을 나타내기 시작했고 훈련, 군기, 의사결정, 리더십에서 매우 우수한 평가를 받았다. 그는 반에서 항상 선임 후보생 역할을 했다. 특히 동기생 때문에 매우 힘들고 고통스런 벌을 받은 후에도 끝까지 침착성을 잃지 않고 당사자를 지목하지 않아서 생도들뿐 아니라 교관들의 신임을 얻기도 했다.

마셜은 이미 성숙한 성인다운 면모를 나타내기 시작했다. 그는 확실히 학자나 지식인으로서의 재목은 아니었고 어떤 분야를 깊이 연구할 만큼 총명하지도 않았다. 그의 장점은 바로 사람이나 사건에 대해 잘 파악하는 '대인지능'에 있었다. 그는 굉장한 일벌레였을 뿐 아니라 규율을 철저히 지키고 반성하는 생활을 했으며 다른 사람들도 그러기를 바랐다. 그는 통솔 방법을 배웠으며 자신의 명령을 따라야 하는 부하들과, 군기가 해이해졌거나 인사 조치를 받아야 하는 이들과 가까이 지내서는 안 된다는 신조로 생활했다.

마셜은 원래 순간적으로 폭발하는 성격의 소유자였지만, 곧 자제심을 잃지 않는 자기만의 방법을 터득했다. 그는 다른 사람들, 특히 여성들에게 매력적이고 재치가 있고 설득력 있는 사람으로 비쳐졌다. 또 겸손하면서도 자신의 이익을 추구하는 것을 부끄러워하지 않았다.

예를 들면, 1901년 4월 버지니아 군사학교를 졸업하기 직전에 그는 사전 약속도 없이 윌리엄 맥킨리 William McKinley 대통령 집무실로 불쑥 찾아가(당시에는 특별한 제제가 없었다) 소위 임관을 위한 특별시험을 치르게 해달라고 요청했다. 사람들은 마셜이 절제가 몸에 배어 있고 아주 명확한 어조로 말했기 때문에 그를 높이 평가했던 것 같다. 자제력이 강한 마셜은 말할 때 한 마디 한 마디를 아주 신중하게 했으며, 어떤 문제의 사실들을 전부 알지 못하면 그것에 대해 언급하지 않는 사람이라는 인상을 주었다.

마셜은 1901년 6월 군사학교를 졸업했고, 그 다음 해 엘리자베스 카터 Elizabeth Carter 와 결혼했다. 그 후 30년 동안 세계 여러 지역에서 다양한 보직을 맡았다. (이런 면에서 그는 또 다른 제도권 인물인 미래 교황 요한 23세와 유사한 점이 많다.) 1902년에 그는 필리핀 주둔 보병부대의 소위로 임관되었다. 1906년부터 1908년까지는 캔자스 주 포트레번워스에 있는 기병학교와 육군참모 대학을 다녔다. 그곳에서 그는 군사전략을 열심히 공부했으며 남을 가르치고 지도하는 기회도 가지며, 마침내 반에서 최고 성적으로 졸업했다. 1913년에서 1916년 사이에는 미국 내에서 교관으로 활동하다가 다시 필리핀으로 돌아왔다. 그때 그는 대위로 승진했고 제1차 세계대전이 발발하자 프랑스의 미국 원정군에 파견되었다.

한 가지 관점에서 본다면 마셜은 군인으로서 성공적인 경력을 쌓아가고 있었다. 이 젊은 장교는 꾸준히 진급해 왔고 훌륭한 교관이자 유능한 지휘관으로 널리 인정을 받고 있었다. 그는 적재적소에 사람을 배치하고 팀워크를 이루는 데 뛰어났으며, 필요할 때는 권한을 단호히 행사하거나 위임하는 법도 잘 알았다. 또 브리핑에도 능숙했으며 군인뿐 아니라 민간인들과도 일을 무리 없이 수행해냈다. 하지만 마셜은 널리 알려진 자신의 재능과 특별한 능력, 뛰어난 이해력 등에 대해 의식하게 되면서 현재의 경력에 대해 좌절감을 느끼게 되었다. 예를 들면, 그는 대규모 작전계획을 세울 자신이 있었지만 필리핀에서 100명도 채 안 되는 병력을 거느리고 있었다. 1916년 경, 그는 빠르게 진급되지 못하는 자신의 처지를 이렇게 토로했다.

> 보병 내의 고질적인 진급 적체 때문에 나는 경기가 좋아지면 제대할 잠정적인 계획을 세워놓았다. …… 육군에서 진급 적체는 법적인 제한뿐 아니라 같은 계급을 가진 비슷한 연령대의 사람들이 너무 많은 것도 원인이다. 나는 이렇게 넘을 수 없는 장벽 앞에서 헛되이 청춘을 낭비하는 것이 옳다고 생각되지 않는다.

전쟁은 많은 위험이 존재하지만 야망 있는 군인들이 기다리던 기회를 제공해 주었다. 실제로 마셜은 제1차 세계대전 발발 후에 고속 진급을 했다. 그는 소령이 되었고 곧 중령이 되었다. 그러나 가벼운 부상을 입었고 아직 부대를 지휘할 위치에 있지 않았기 때문에 더글러스 맥아더Douglas MacArthur 같은 다른 이들이 계급과 임무에서 자신을 앞질러가는 것을 지켜보아야만 했다. 마셜은 유럽 전선으로 보내달라는 전보 신청을 했으나 상부에서는 그가 없어서는 안 될 매우 중요한 인재라는 이유를 들어 그의 요청을 거부했다. "마셜 소령의 특기는 참모직이다"라고 사단장 로버트 리 불라드Lobert Lee Bullard 장군은 단언하면서 이렇게 덧붙였다. "참모로서 교육이나 실무를 처리하는 데 있어 육군에 그만한 인물이 있는지 의심스럽다."

1918년 가을, 참모직에 있던 마셜은 매우 까다로운 메스 아르곤Meuse-Argonne 공격 작전을 세우는 데 큰 역할을 했다. 이 작전에서 2주가 채 안 되는 기간에 50만 명의 병력과 2,700문의 대포가 이동했다. 그는 '전쟁에서 참모 역할을 가장 훌륭하게 수행하는 마법사'라는 별명을 얻었다. 하지만 그는 여전히 전선의 포연은 구경조차 하지 못했다. 그 결과 뛰어난 능력을 보여주었으면서도 제1차 세계대전 후 장군으로 진급한 그룹에 들지 못했다.

퍼싱 장군과 대립했음에도 불구하고 (혹은 그 때문에) 마셜은 퍼싱 장군이 1920년대 초 워싱턴에서 육군참모총장이 되자 그의 핵심 참모로 임명되었다. 집안배경, 기질, 장단점이 비슷했던 두 사람은 서로 깊고 지속적인 우정을 나누게 된다. 퍼싱은 마셜에게 부족했던 부성애를 느끼게 해 주었다. 또한 마셜은 그에게서 효율적인 리더십에 대해 많은 것을 배웠다고 밝혔다.

> 나는 그렇게 비판을 잘 들어주는 사람을 본 적이 없다. …… 솔직하고 건설적인 비판이라면 그는 모두 받아주었다. …… 퍼싱 장군은 리더로서 항상 가는 곳마다 좌중을 압도했다. 필요할 때는 굉장한 추진력을 발휘했던 그는 근무시간 외에는 아주 친절하고 너그러웠으나 근무 중에는 상당히 엄격했다.

퍼싱 장군과 5년을 함께 지낸 후 마셜은 1920년대 중반 중국 텐진에 주둔하던 보병 15연대로 파견되었다. 그 후 대공황 초기에 미국의 여러 보직을 거쳤다. 1930년대 초에는 조지아 주 포트베닝에 있는 보병학교 교장직을 맡아 상당한 역량을 발휘하기도 했다. 1933년에는 대령으로 진급했고, 1930년대 중반에는 시카고에 있는 33사단의 참모장으로 임명되었다. 그리고 워싱턴의 보직을 맡기 전인 1936년부터 1938년까지는 밴쿠버에 있는 제5여단의 여단장으로 복무했다.

하지만 마셜은 (다른 사람들도 그렇게 생각했지만) 자신이 마땅히 받아야 할 대우를 받지 못하고 있다고 느꼈다. 더욱이 1927년에는 사랑하는 아내의 죽음을 비롯해 여러 가지 개인적인 고통을 겪어야만 했다. 오랫동안 지속된 교관생활을 할 때는 복잡한 전투를 몇 줄의 간단한 문장으로 요약해내는 데 그만큼 뛰어난 인물은 없었다. 또한 그는 신병들을 교육시키고 훈련시키는 절차를 현대화하고 단순화시키는 작업에도 기여했다. 그리고 유망한 젊은 장교들을 발굴하여 자신의 유명한 '검은 수첩 Black Book'에 적어놓고 그들의 경력사항을 기록하면서 관심을 기울여주었다. 하지만 예기치 않은 국내의 경제상황과 재원부족의 시기였던 당시, 군 지휘부 내에서 진급체계에 대한 압박감 같은 건 전혀 없었다.

결국 마셜은 그토록 열망했던 진급을 하게 된다. 역설적인 것은 그의 진급을 가로막고 있던 정치가 이제는 그의 진급에 결정적으로 작용했다는 점이다. 맥아더를 지지하는 사람들에 의해 인사문제가 좌우될 때 마셜은 항상 두 번째 서열로 밀려나 있었다. 두 사람 모두 인정하지는 않겠지만 그들은 오랫동안 서로에 대한 경쟁의식을 지니고 있었다. (한국전쟁 기간 중 맥아더는 해임되고 나서 마셜을 신랄하게 비난했다. 하지만 당시 국방장관이었던 마셜은 맥아더의 해임을 반대했었다.) 1935년 말, '퍼싱 사람'이었던 말린 크레이그 Malin Craig 가 맥아더의 뒤를 이어 육군참모총장이 되면서 곧 마셜은 준장으로 진급했다. 이로써 마셜은 그토록 원하던 별을 달게 되었다.

때로는 끈기 있게 때로는 초조하게 고대하던 운명의 변화가 일어났다. 이제 50대 중반으로 은퇴를 10년 정도 앞두고 있는 마셜은 마침내 권력의 중심부로 진입하게 되었다. 1938년 7월 그는 참모차장보로 임명되었고, 1938년 10월에 참모차장이 되었다. 마셜이 원로 장군들의 반열에 깊숙이 들어서자, 1939년 4월 루스벨트 대통령은 드디어 그를 차기 육군참모총장으로 임명했다. 이제 그는 어깨에 무거운 짐을 짊어지게 되었다. 인류 역사상 가장 규모가 큰 군사작전을 수행하고 추축국의 적들을 물리쳐야 할 막중한 책무가 주어진 것이다. 실제로 1929년 20만 명이던 육군 병력은(세계에서 17번째 규모) 1945년에 833만 명으로 늘어났다. 1944년 12월, 마셜이 육군원수로 임명되었을 때는 아무도 놀라지 않았다.

전통적인 해석의 한계를 뛰어넘고 그 범위를 넓히려는 현대 역사학자들의 선의의 노력에도 불구하고 역사는 여전히 승리자들에 관한 기록으로 남아 있다. 다른 연합국들과 함께 미국은 제2차 세계대전에서 승리했다. 그리하여 프랭클린 루스벨트, 해리 트루먼, 더글러스 맥아더, 드와이트 아이젠하워Dwight Eisenhower, 조지 패튼George Patton 그리고 조지 마셜 등의 이름들이 평화 시에는 발하지 못했을 광채를 띠게 되었다. 이들 한 사람 한 사람은 분명히 리더였고 연합국의 승리에 나름대로 큰 역할을 했다. 하지만 명목상 군통수권자인 대통령과 전투에서 중요한 승리를 거뒀던 야전 지휘관들을 제외하고 연합국 승리에 가장 크게 기여했던 미국인은 마셜이었다. 그래서 처칠은 마셜을 가리켜 '승리의 진정한 공헌가'라고 치켜세웠던 것이다.

참모총장으로 재직하던 초기에 마셜의 임무는 주로 미국인들에게 나치 세력의 위험성을 일깨워 신속한 전시동원 체제의 필요성을 강조하는 일이었다. 그의 인생에서 '이야기'의 창조와 발표가 가장 중요 시되던 시기가 바로 이때였다. 당시 미국인들은 해외에서 발생하고 있는 충돌에 별 관심이 없었으며, 의회에서나 일반 대중 사이에서는 고립주의적인 태도가 만연해 있었다. 게다가 미국은 공식적으로 그런 충돌에 중립적인 입장을 취하고 있었다.

마셜은 국민의 지지를 모으는 데 적임자였다. 그는 막후에서나 의회에서의 공개적인 증언을 통해 군비 증강의 필요성, 신병교육체제 마련, 비행기와 탱크 생산의 증대, 나치에 대항하는 해외 국가들에 대한 지원 등을 역설함으로써 대다수 국민들에게 강한 인상을 심어주었다. 동시에 분별없는 정책을 철회시키면서 그 이유를 설명했다. 한때 그는 이렇게 선언했다. "나는 단 한 가지 목적, 한 가지 임무를 가지고 있다. 그것은 세상에서 가장 효율적인 군대를 양성하는 것이다."

강한 국방력의 필요성을 제시하는 이야기는 신선한 것은 아니었지만 신세대 미국인들은 그것을 알아야만 했다. 완벽하게 숙지한 정보들과 명확한 진술, 전시동원 체제의 필요성에 대한 그의 확신은 한데 어우러져 미국인들에게 전례 없이 강력한 효과를 발휘했다. 초당파적으로 비쳐진 마셜은 미국의 무기 부족 문제를 적극적으로 설명하면서 이를 해결할 방안을 뚜렷하게 제시했다. 그는 의회의원들의 이상주의에도 호소했다. 그러면서 국가의 목표보다는 개인 혹은 지역구의 작은 이해관계에 얽매여 있는 의원들을 비난하고 당파를 초월한 범국가적 시각을 가진 의원들을 칭찬했다. 실제로 마셜은 전시동원 체제를 호소하는 데 있어서 루스벨트 대통령보다 더 효과적인 인물이었다.

1940년 봄, 히틀러의 전면전이 시작되자 '허튼소리'라고 풍문이 떠돌던 전쟁이 진짜가 되어버렸다. 그리고 1941년 12월, 일본이 진주만을 공격하자 미국은 제2차 세계대전에 발을 들여놓게 되었고 마셜은 전쟁 수행의 총 책임을 맡았다. 그는 여러 전선의 상황을 정확히 파악하고 필요한 인력과 물자를 계산하여 가능한 한 효율적이고 합리적으로 조달할 수 있도록 했다. 또한 전략과 전술에 관한 회의에 적극적으로 참여하고 미국 지휘관들 사이에 벌어지는 불가피한 논란을 원활하게 조정했다. 아울러 다른 연합국 리더들과 협상을 벌일 때는 미국의 입장을 강력히 밀어붙였다. 1943년을 몇 달 남겨놓지 않은 시점에 승리가 거의 확실해지자 마셜은 '마무리 게임'을 위한 계획과 전후 위태로운 시기에 대비한 방안을 마련하는 어려운 과업에 참여했다.

물론 마셜은 이런 노력의 과정에서 수십 명의 동료들, 수천 명의 참모들 그리고 국가를 위해 싸운 수백만 명의 남녀 장병들의 도움을 받았다. 많은 동료들이 정보를 정리하고 복잡한 계획을 세우는 일을 도와주었다. 이런 팀을 운영하는 것은 엄청나게 힘든 일이었다. 하지만 대통령의 경우와 마찬가지로 마셜에게도 '패buck'는 어디선가 멈춰야 했다. 제2차 세계대전에 미국이 개입한 이상 그 패가 멈춰야 할 곳은 마셜의 잘 정돈된 책상이었다.

리더들은 자신이 말한 이야기와 그것을 실천하는 방식을 통해 영향력을 행사한다. 마셜의 경우 그의 이야기는 청중들의 귀에 익은 것으로서 완전히 독창적인 것이 아니었다. 그는 군인들과 국민에게 왜 동원 체제가 필요하고 왜 전쟁을 수행해야 하는지 설명했다. 육군 내부에서 마셜은 그의 부하들에게 사심 없는 전문가가 되어야 하며 정치가가 되어서는 안 된다고 말했다. 군인은 오로지 군사적인 상황에만 대비를 해야 한다는 의미였다. 마셜은 20세기 민주국가에서의 군부의 역할을 설명했고, 군부가 국가의 민주적 가치를 수호하는 방향으로 승리를 추구해야 한다고 강조했다.

　이러한 이야기들 모두 생소한 것들은 아니었지만, 다양한 청중에게 어필하는 단순한 반대이야기들과 경쟁해야만 했다. 미국의 고립주의자들은 유럽에서 벌어지는 전쟁이 남의 일이며 미국의 이익과는 상관없는 것이라고 주장했다. 그들은 유럽이나 아시아 국가들이 서로 싸우든 말든 관여하지 않은 것이 현명하다고 보았다. 많은 군 관계자들은 전쟁터에 나가 목숨을 거는 것은 자신들이므로 정치 과정에 참여할 자격이 있으며, 이념적으로 자신들과 다른 의견에 반대할 권리가 있다고 생각했다. 하지만 일단 전쟁이 발발하자 시민들과 정치가들은 어떤 대가를 치르더라도 승리해야 한다는 쪽으로 기울어지게 되었다. 마셜은 자신의 이야기들을 조리 있게 설득해 왔고, 삶 속에서 자신의 주장을 실천하는 모습을 보여줌으로써 미국의 여론에 큰 영향력을 발휘할 수 있었다.

　전쟁이 발발할 경우 강력한 군사력이 필요하다는 것을 국민들이 인식하자 마셜은 보다 정교한 뉘앙스가 내포된 이야기를 제시해야 했다. 그 중 한 가지는 군대의 특성에 관한 것이었다. 군대는 더 이상 여기저기서 젊은이들을 끌어 모아 만든 오합지졸이 되어서는 안 된다고 주장했다. 군대는 미국인들의 삶의 다양성을 대변해야 한다. 장교들은 훌륭한 교육을 받아야 하며, 군인 정신에 따라 병사들을 지휘해야 한다. 군대의 기술 수준은 최신식이어야 하고 가장 우수한 인재들을 등용하여 미래의 군사 활동을 계획해야 한다. 시대에 뒤떨어진 장교들은 서둘러 도태시키고 보다 젊고 현대적인 사고방식과 행동을 지향하는 이들로 대체해야 한다. 혼란스런 규정들, 낡은 관료적 태도, 창의성을 억누르고 복종만을 요구하는 단조로운 군사훈련 따위를 철폐하여 새로운 군대로 거듭나야 한다고 했다.

또 다른 이야기는 진정한 군 복무에 관한 것이었다. 모름지기 군인이라면 자국의 리더와 국민을 위해 사심 없이 봉사해야 하며, 정치적 분란에 개입해서는 안 된다고 역설했다. 그리고 참모총장인 자신도 사실들을 공정하게 제시하고 필요할 때는 의견을 내놓겠지만 당파주의는 멀리하겠다고 밝혔다.

마셜은 가장 단순하고 효과적인 방식으로 이런 이야기들을 실천했다. 그는 미국의 최고 군인, 이상적인 군인이 되었다. 많은 정보들을 속속들이 꿰고 있었기 때문에 그는 자신의 부하 장교들과 직원들에 대해 잘 알았고 군사적 필요사항들도 자세히 파악하고 있었다. 알프레드 슬론 2세와 마찬가지로 그는 자신의 소속 기관인 엄청나게 복잡한 군 조직에 대한 어떤 질문에도 대답할 수 있었다. 만일 질문에 즉시 대답할 수 없으면 그는 즉시 조사를 지시하여 답을 찾으려고 했다. 그는 각종 임무나 인력에 대해 상세히 점검하면서도 세계적인 규모로 벌어지는 전쟁의 복잡성을 충분히 이해했다. 그의 '검은 수첩'에는 그가 만났던 모든 유능한 장교들에 대한 정보가 적혀 있었고, 비길 데 없이 광범위한 지식은 그가 지휘한 군사작전에서 필수적인 것으로 증명되었다. 1930년대 초 포트베닝에서 얻은 직접적인 지식에 근거한 마셜의 고위직 장교 선발은 본질적으로 실수가 없었다. 그는 자신이 단행한 인사발령에 대해 후회한 적이 없었다. (이는 최근 미국의 정치적 인사발령이 수시로 변경되는 것과는 대조적이다.)

마셜은 성실성의 전형이라 할 수 있었고 투철한 정직성과 명예심의 소유자였음은 의심의 여지가 없었다. 그는 자만심이나 자기 연민을 드러내지 않는 공정한 인물로 널리 알려졌다. 자신은 물론이고 자신과 관련된 사람에게 어떤 식으로든 특혜가 주어지는 것을 용납하지 않았다. 두 번째 아내와 낳은 자식에 대해 특별 배려를 해 주어야 하지 않느냐는 권유를 단호히 물리쳤으며, 실제로 자식들 중 한 명은 전사하기도 했다. 그리고 드와이트 아이젠하워 장군의 운전사였으며 애인으로 알려진 케이 서머스비Kay Summersby에게 특혜를 주라는 요청을 받았을 때도 그의 원칙은 흔들림이 없었다.

마셜은 언어능력을 갈고 닦아서 브리핑을 할 때 뛰어난 말솜씨를 보여주었다. 그는 어떤 청중이든 효과적으로 내용을 전달했을 뿐 아니라 그들의 질문에 능숙하게 대답했으며, 그들의 궁금증을 미리 간파하면서 청중의 관심을 주요 이슈에 집중시켰다. 브리핑할 때 그는 메모장을 거의 사용하지 않고 오로지 탁월한 기억력에 의존하여 몇 시간 동안 연설할 수 있었다. 그는 의회에서 가장 많이 찾는 증인이 되기도 했다. 의심 많은 의원들이 모여 있는 위원회에 참석하여 그들을 설득시키는 횟수가 거듭되면서 그의 증언은 전설적인 것이 되었다. 마셜은 콧대 높은 의원들을 동등한 입장에 놓고 상대했다. 결코 그들의 비위를 맞추려고 하지 않았지만 의견을 진지하게 들었고, 항상 자신의 입장을 철저히 고수했다. 의원들에게 그는 진정한 리더의 모습으로 비쳐졌다. 역대 대통령들의 의회 연설을 들었던 한 관찰자는 이렇게 말했다. "사람들을 설득하는 능력 면에서 조지 마셜에 필적할 만한 대통령은 없었다."

만일 마셜이 정치적 당파성을 가진 인물로 비쳐졌다면 그렇게 효율적인 리더가 되지는 못했을 것이다. 그는 초당파적 입장이라는 원칙에 따라 투표도 하지 않았다. 그리고 군인들이 공직에 출마하거나 정치판에 뛰어드는 것을 못마땅하게 여겼다. 그는 현 정부 정책이 마음에 들지 않으면 공손하게 반대 의사를 표명했다. 그러면서도 잘 알려져 있지 않은 소수의 의견에 공감을 표하기도 했다. 하원의장 샘 레이번 Sam Rayburn은 마셜을 가리켜 자신에게 불리한 상황에 처할 수 있는데도 항상 진실만을 말하는 사람이라고 평했다.

마셜은 상관인 루스벨트 대통령과도 잘 지내야만 했다. 초기에 서로 대립했던 사이라서 두 사람 사이에는 긴장감이 흐르고 있었다. 루스벨트가 그에게 참모총장직을 제의했을 때 그는 옛 기억을 이렇게 상기시켰다. "각하, 저는 생각한 바를 정확하게 말하는 습관이 있습니다. 잘 아시겠지만 그것은 종종 불쾌하게 느껴지실 수도 있습니다." 실제로 변덕스런 기질, 직관에 의존하는 경향, 즉흥적인 통치 등과 같은 루스벨트 대통령의 스타일은 조직체제, 분명한 위계질서, 명확한 책임 영역 등을 신뢰하는 마셜의 스타일과 마찰을 일으켰다.

그러나 두 사람은 서로를 잘 알게 되면서 상대방의 전문성을 높이 평가해 주었다. 루스벨트는 마셜의 의회 장악 능력과 자신의 사심 없는 마음을 전달하는 설득력을 부러워했다고 한다. 물론 당대의 최고 정치가였던 루스벨트는 마셜의 능력을 최대한 이용했다. 한편 마셜의 관점에서 루스벨트는 어떤 프로그램에 대한 정치적 지지를 얻어내고 어려운 결정을 내린 후 밀어붙이는 데 매우 뛰어난 인물이었다. 그러나 마셜은 항상 대통령과는 일정한 거리를 유지하고자 했다. 그래야만 대통령의 심경을 흔들어놓을 수 있는 조언을 거리낌 없이 할 수 있기 때문이었다.

마셜은 군 생활의 인간적인 측면에 대해서도 많은 신경을 썼다. 그의 일과는 분 단위로 짜여 있었고 항상 바쁘게 생활했지만, 부하들과 자주 만나 대화를 나누고 축하할 만한 사람에게는 선물을 보내주었으며 상을 당한 사람에게는 조의를 표하는 걸 잊지 않았다. 마셜은 한때 모든 편지에 직접 답장을 해 주었다. (나중에는 일일이 답장을 할 수 없게 되자, 매일 편지를 선별한 후 부하에게 대신 답장을 쓰도록 했다.) 마셜은 장교들과 전선의 장병들을 독려하기 위해 국내외를 자주 여행했다. 그는 퍼싱 장군에게 대들었던 옛 시절을 떠올리면서 그들의 불만에 귀를 기울였다. 그는 두려움보다는 존경심으로 다른 사람들의 마음을 사로잡아야 한다고 생각했다. 그리고 장교들의 솔선수범에 높은 가치를 두었다. 그리고 어떤 명령이 왜 그렇게 내려졌고 왜 그것을 수행해야 하는가를 모든 사병들이 충분히 납득하는 것을 중시했으며, 군인정신과 사명감을 강조했다. 그는 한때 이렇게 말했다. "포고령이나 규정을 내리는 것은 이득보다는 손해를 가져온다. 사명감이란 개인의 마음속에서 우러나와 서서히 발현되어야 한다."

그러나 마셜은 지독한 업무 감독관으로도 악명 높았다. 일에 관해서라면 지나치다 싶을 정도로 자신에게 혹독했을 뿐 아니라, 주변 사람들에게도 그렇게 대했다. 그는 바보들에 대해서는 참을성이 없었다. 그는 이렇게 말했다. "나는 감상 따위의 사치를 받아줄 수 없다. 내게는 냉정한 논리가 필요할 뿐이다." 그는 스승인 퍼싱과 마찬가지로 준비가 부실하거나 이기적인 사람에게는 냉랭했지만, 자신의 의견과 다르더라도 철저히 준비하고 공손한 사람에게는 하나라도 배우려고 애썼다. 육군참모총장에 취임하고 첫 주가 지나서 그는 고위 참모들에게 자신과 반대되는 의견을 내놓지 않는다고 질책했다. 그는 승진을 위해 자신에게 아첨하는 장교들을 싫어한 반면, 중대하게 여겨지는 사안에 대해 강한 주장을 펼치는 장교들을 좋아했다. 그는 이렇게 말했다. "우리가 하는 일에 반대하는 유능한 사람들이 있다는 얘기를 들으면 나는 그들을 직접 만나 의견을 듣고 싶었다."

마셜은 지휘체계를 충분히 이해했고 그것에 반기를 들지 않았다. 그는 위계질서가 엄격한 조직 속에서 성장했고, 그런 조직의 필요성을 굳게 믿었다. 훌륭한 군인이라면 군기와 권위라는 원칙과 인간적 측면을 조화시킬 수 있어야 한다고 생각했다. 마셜은 이런 균형을 맞추고 유지하는 법을 사람들에게 보여주었다. 권위에 의해 위축되거나 좌절하지 않으면서도 그것을 존중하는 그의 능력은 동료 군인들, 그의 사령관, 일반인들 모두에게 실천적 메시지였다.

아마도 마셜은 군인으로서 지나치게 모범적이었기 때문에 전쟁의 가장 값진 선물을 잃어버렸는지도 모른다. 1943년 11월, 테헤란 회담(유레카 정상회담)이 열리던 시점에 연합국들은 오버로드 작전 Operation Overlord▪을 수행하기로 합의했다. 이 작전은 연합국이 독일의 서부 전선을 공격하기 위해 프랑스 해안에 병력을 상륙시키는 것이었다. 그런데 이 연합국의 병력을 지휘할 장군을 선임하는 문제가 남아 있었고, 합의에 따라 그 자리는 미국인이 맡기로 했다. 루스벨트는 마셜과 아이젠하워 두 사람 중에 한 명을 선택해야 했다.

루스벨트는 거듭 고심했다. 한편 거의 모든 사람들이 루스벨트가 마셜을 선택할 것이라고 생각했다. 마셜은 아이젠하워의 상관이었을 뿐 아니라 전쟁사에서 가장 중요하고 가장 유명하다고 할 수 있는 전투를 지휘할 권리가 있었기 때문이다. 그러나 루스벨트는 마셜을 군사고문으로 계속 곁에 두고 싶어 했고, 그가 오랫동안 전선에 동떨어져 있었다는 사실도 알고 있었다. 반면 그보다 더 젊은 아이젠하워는

▪ 노르망디 상륙작전의 연합국 암호명

이미 북아프리카와 지중해에서 야전 지휘관으로서의 기개를 충분히 보여주었다.

일련의 복잡한 사건들이 이어졌다. 루스벨트는 마셜에게 작전의 총사령관을 선택하는 문제를 맡겼다. 그러자 마셜은 자신은 그 선택을 할 수 없다고 말했다. 그것은 군 최고통수권자가 내려야 할 결정이었기 때문이다. 대부분의 관찰자들은 루스벨트 대통령이 마셜을 국내에 붙들어 두고 싶어 했고, 군인정신이 투철하고 겸손한 마셜이 그 결정에 승복한 것이라고 생각했다.

마셜이 그 결정에 실망했다는 사실은 두말할 나위가 없다. 실제로 그는 아이젠하워로 결정된 후에 몇 시간 동안 종적을 감췄고, 카이로에서는 대통령 일행에서 벗어나 세계일주를 해야겠다고 결심했다. 하지만 일반인들의 관점에서 볼 때 루스벨트는 어렵지만 올바른 선택을 했다. 그는 마셜에게 이렇게 말했다. "당신이 미국 밖에 나가 있으면 나는 밤에 잠을 제대로 잘 수 없을 것 같소." 마셜은 루스벨트의 결정에 대해 거론하지 않았고 수개월 동안 아이젠하워의 작전을 완벽하게 지원해 주었다.

마셜은 오버로드 작전을 직접 지휘하진 않았지만, 그 작전과 관련하여 적잖은 책무를 지게 되었다. 우선 미국 내의 군사적, 정치적 집단의 이해관계를 조율해야 했다. 그리고 전쟁 수행에 필요한 전반적인 관리를 책임지고 있었고, 여러 연합국의 관리들과 외교적 협상도 벌여야 했다. 그 중에는 자주 충돌했던 처칠도 있었고 그를 조카 정도로 대우했던 스탈린도 있었다. 영국의 지휘관들인 버나드 몽고메리 자작 Viscount Bernard Montgomery 과 알란 부르크 Alan Brooke 장군, 미국의 패튼 장군이나 맥아더 장군과 함께 전략을 논할 때, 마셜은 자부심 강한 이 지휘관들과 그들의 군대들 사이의 입장을 조율해야 했다. 유럽의 전투에서 승리를 거두기 한 달 전, 루스벨트 대통령이 뇌출혈로 사망하자 영부인 엘리너 루스벨트는 즉시 마셜과 장례절차를 논의했다. 한편 미국인을 상대로 성공적인 전쟁 수행에 가장 공로가 큰 인물에 대한 여론조사를 했을 때, 루스벨트보다 마셜이 우선적으로 꼽힌 것은 놀라운 일이 아니었다.

65세가 되자 마셜은 참모총장으로서 은퇴 준비를 했고, 은퇴 후에는 버지니아 주에 있는 연방 양식 Federal-style 의 하얀색 집에서 아내와 함께 정원을 손질하며 느긋하게 여생을 보내겠다는 계획을 세우고 있었다. 하지만 그에게는 조용한 은퇴 생활이 기다리고 있지 않았다. 은퇴 후 불과 몇 시간 만에 마셜은 트루먼 대통령으로부터 중국에 특사로 다녀오라는 요청을 받았다. 중국에 1년 동안 머물고 나서 그는 워싱턴으로 돌아와 국무장관직에 임명되었다. 그리고 1949년 큰 수술을 받고 장관직에서 물러났다. 하지만 1년 후 한국전쟁이 발발하자 국방장관으로서 또 다시 내각에 입성했다. 그는 한국전쟁 내내 이 민감한 자리에 있었다. 장관으로 재직하는 동안에는 명령 불복종으로 해임되어 귀국한 맥아더가 미국 대중으로부터 열렬한 환영을 받는 것을 목격했다.

전후 마셜의 외교 경력은 군인 시절의 경력만큼 성공적이지는 못했다. (오펜하이머를 비롯한 다른 여러 분야의 리더들과 마찬가지로, 마셜은 자신의 역할이 분명하고 선과 악이 뚜렷이 구분되는 상황일 때 명확한 이야기에 전념할 수 있었고, 당파 정치가 잠잠할 때 더 큰 성공을 거두었다.) 중국에서의 외교 활동은 별 성과를 거두지 못했다. 중국의 공산주의자들은 확실한 통치권을 확보하기 위해 더욱 기승을 부렸다.

그가 조직화하고 강화시키기 위해 그렇게 공을 들였던 육군의 규모는 급속도로 축소되었고 기강도 해이해졌다. 마셜은 미국이 이스라엘을 국가로 인정하는 것을 강하게 반대했지만, 트루먼 대통령은 그의 의견을 묵살했다. 한국전쟁도 바라는 대로 진행되지 않았다. 맥아더의 명령 불복종은 마셜에게 큰 고통을 안겨주었는데, 대중적으로 인기 있던 맥아더를 해임시킨 것에 대해 많은 비난을 받았다.

가장 잔인했던 것은 위스콘신 주 출신의 신참 상원의원인 조셉 매카시가 공격한 공무원들 중 마셜이 포함되었다는 사실이다. 매카시는 '미국의 승리로부터의 퇴각 – 조지 마셜의 이야기'라는 주제를 정해 놓고 마셜에게 공격을 퍼부었다. 그는 마셜을 피 묻은 맥베스에 비유하면서, '인류 역사상 그 유례를 찾아볼 수 없을 정도로 가장 거대한 음모와 가장 사악한 불명예의 일부'라고 비난했다. 마셜은 곧 대통령이 될 아이젠하워 장군에게 자신을 변호해 달라고 요청했지만, 당시 정의를 수호하기보다는 표 모으기에 급급했던 '아이크'는 도와주지 않았다. 마셜은 매카시의 독설에 맞서 이렇게 응대하는 수밖에 다른 도리가 없었다. "이 시점에서 내가 미국의 반역자가 아니라고 설명하더라도 나는 그것이 아무런 가치가 없는 일이라고 생각한다."

종전 후 트루먼 행정부와 그 안에서 마셜의 역할은 온갖 우여곡절로 점철되었지만, 당시는 제2차 세계대전의 승리에 비길 만한 거대한 업적이 달성된 시대이기도 했다. 그것은 전쟁으로 황폐화된 승전국과 패전국을 포함한 서유럽을 재건하는 일이었다. 이 재건 작업은 미국이 자금을 대고 주도하기로 했는데, 당시 미국은 그 작업을 추진할 의지와 재원을 가진 유일한 강대국이었다.

1947년 6월, 마셜은 하버드 대학 졸업식에 역사적으로 유명한 연설을 하면서 재건 노력의 방향을 이렇게 제시했다.

    미국은 당연히 세계 경제를 정상적으로 회복시키기 위해 무슨 일이든 해야 합니다. 그렇게 하지 않으면 어떠한 정치적 안정도 평화도 보장되지 못합니다. 우리의 정책 방향은 특정한 국가나 원칙이 아니라 기아, 가난, 절망, 혼란에 맞춰져 있습니다. 그 목적은 세계 경제를 회복시켜 자유로운 체제가 존재할 수 있는 정치적, 사회적 환경을 만들고자 하는 것입니다.

마셜은 조지 케난이나 딘 애치슨 같은 외교정책 전문가들과 함께 이 계획을 구상하고 연설문의 문안을 작성했는데, 이 노력은 곧 (트루먼의 승인으로) 마셜 플랜Marshall Plan이라고 명명되었다. 마셜 플랜이라는 명칭은 적절한 것이었다. 이 명칭은 미국 대통령보다 더 인기 있는 인물이 개입한 아이디어에 대해 양당의 지지를 얻어내고자 하는 의도도 깔려 있었다. 하지만 이 계획은 마셜의 개인적인 철학과도 관련이 있다. 그는 민주사회의 제도와 건설적인 목적을 위해 동원된 인력의 힘을 굳게 믿었던 실용적 이상주의자였던 만큼, 미국적인 본능이 가장 잘 발현되는 유럽재건 계획을 제안했던 것이다. 마셜이라는 모범적인 공무원의 이름을 통해 사람들은 직접적이고 협소한 이익을 넘어 보다 넓은 세계로 눈길을 돌렸다. 전쟁시에 미국인들이 자신들의 존재에 관한 답을 마셜에게서 찾을 수 있었듯이, 평화 시에는 자신들의 바람직한 위상에 관한 답을 마셜이라는 이름이 들어간 계획에서 찾게 되었다.

전쟁 후 마셜에게 큰 영예를 안겨준 '이야기'는 이렇다. 이제 전쟁이 끝났으니 복구 과정이 추진되어야 하며, 그러한 목적을 위해 승자와 패자 모두가 공동 노력을 기울여야 한다는 것이다. 마셜은 미국인들에게 미국의 국방을 위한 노력과 가치를 넘어서 보다 넓은 세계의 재건을 위해 열정과 재원을 투여해야 한다고 강조했다. 그가 제시한 이야기는 사람들에게 경쟁을 중단하고 자신을 뛰어넘어 세계의 시민으로 살아가자는 의미였기 때문에, '비전적'이라는 수식어가 붙어도 손색이 없을 만큼 세련된 것이어야 했다. 마셜 플랜이 광범위한 지지를 얻기 위해서는 보다 원시적인 이야기들을 물리쳐야만 했다. 예를 들면, 미국만의 힘을 찬양하는 이야기나 미국의 원칙들을 지지하지 않는 이들을 무조건 배척하는 이야기 등이 해당될 것이다. 어쨌든 마셜의 사심 없는 이야기가 그렇게 오랫동안 지속될 수 있었던 것은 그의 이름과 모범적인 삶 때문이었다.

1951년 공직에서 완전히 물러난 마셜은 매카시 광풍을 빠져나왔고, 그 후로도 계속해서 세인들의 존경을 받았다. 1953년에는 노벨평화상을 받았는데 이는 역사상 가장 파괴적인 전쟁 때문에 명성을 얻게 된 그로서는 독특한 경험이었을 것이다. 노벨위원회는 그에게 상을 수여하면서 "금세기에 가장 건설적인 평화활동을 수행한 인물"이라고 밝혔다. 그 후 그는 건강이 점차 악화되었고, 1959년 10월 월터 리드 육군병원에서 사망했다.

마셜은 내가 연구한 리더들 중에서 단연 돋보이는 인물이다. 그는 미국 군부 기관과 육군에서 직접적인 리더십을 발휘했고, 나아가 두 차례 장관직을 맡으면서 보다 넓은 사회에서 직접적인 리더십을 발휘했다. 그는 군부 내에서 맡은 직위 때문에 권력을 갖게 되었지만, 군부는 그의 역할수행 방식 덕분에 조직을 새롭게 정비할 수 있었다. 그의 메시지는 여러 계층의 대중에게 각기 다른 뉘앙스를 가지고 전달되었지만, 그의 성실성과 비당파성은 다양한 청중들의 마음을 사로잡았다. 또한 마셜은 간접적인 리더십에도 능력을 발휘했다. 예를 들면, 그의 서면 요약문은 상당한 영향력이 있었다. 하지만 그의 막강한 위력은 남을 설득하거나 서로 의견이 대립되는 경우 직접 대화를 하면서 드러났다.

미국 역사에서 마셜처럼 많은 국민들의 환호를 받고 심지어 다른 나라 사람들의 존경을 받았던 인물은 거의 없었다. 트루먼은 그를 가리켜 "미국 역사상 가장 위대한 군인"이라고 하면서 이렇게 덧붙였다. "그와 만나서 대화를 나눠볼수록 그가 이 시대의 위대한 인물임을 더욱 확신하게 된다." 전쟁장관인 헨리 스팀슨Henry Stimson은 그에게 이렇게 밝혔다. "내가 만나본 수많은 군인들 중에서 당신이 가장 훌륭한 군인입니다." 「타임」지는 그를 두 번이나 '올해의 인물'로 선정했다. 그리고 미국의 많은 군대 리더들과 외교관들이 자서전에서 마셜의 인품과 모범적인 삶이 자신들에게 미쳤던 영향을 기록했다.

1953년 아이젠하워 대통령은 마셜에게 전쟁 우방국인 영국의 새로운 군주인 엘리자베스 여왕 2세Queen Elizabeth II의 대관식에 미국 대표로 참석하라고 지시했다. 마셜이 웨스트민스터 사원을 걸어 들어갈 때, 대영제국을 대표하는 인사들이 모두 일어섰다. 그가 어리둥절해 하면서 무슨 일이냐고 묻자, 누군가가 미국에서 온 유명한 손님에게 경의를 표하는 중이라고 말해 주었다. 귀족 차림새의 처칠, 브루크Brooke, 몽고메리Montgomery 등 유명 인사들이 차례대로 대열을 이탈해 마셜과 악수를 나누었다.

마셜과 종종 갈등을 일으켰던 처칠은 마셜을 "우리들 중 가장 고귀한 로마인"이라고 했다. 전쟁이 끝나자 처칠은 마셜에게 "대단히 감사합니다"라는 간단한 메시지를 보냈다. 1945년 여름이 끝나갈 무렵, 좀 더 여유가 생겼을 때 처칠은 다시 마셜에게 편지를 보냈다. "대규모 군대를 지휘하는 일은 당신의 운명이 아니었나 봅니다. 하지만 당신은 그런 군대를 새로 조직하고 체계화시켜 그들에게 영감을 불어넣는 일을 했지요. …… 정신적으로 시달렸던 지난 세월 동안 저는 마음속으로 당신의 용기와 막강한 힘에 대해 존경과 찬사를 보내고 있었습니다. 그런 용기와 힘은 당신의 동료들에게 큰 위안이 되었습니다. 저도 그런 동료들 중 한 사람으로 영원히 기억되기를 바랍니다." 처칠과 마찬가지로 마셜은 다른 사람들의 찬사를 받을 만한 일을 몸소 실천했기 때문에, 전시뿐 아니라 평화 시에도 많은 미국인들에게 바람직한 영향을 줄 수 있었다.

제 9 장

교황 요한 23세
교회 정신을 재발견한 지도자

Pope John XXIII, 1881~1963

> 인간의 모든 문화는 공통점으로 가득하다. …… 그것들은 문화의 원천 어딘가에 깊숙이 숨어 있다.
>
> – 바츨라프 하벨 Vaclav Havel

12차례의 투표를 거쳐 교황으로 선출된 안젤로 주세페 론칼리는 이미 77세의 고령으로 교황직을 수행할 만한 인물로 보이지 않았다. 한 100년 쯤 영향력을 행사할 것으로 여겨졌던 전임 교황 비오 12세 Pius XII의 장기통치 후였던 터라, 대부분의 관찰자들은 신임 교황이 별 사건도 없고 특별한 유산을 남길 새도 없이 과도기로 지나갈 것이라고 예상했다. 자신을 교황 요한 23세라는 정식 명칭으로 사용했던 이 인물은 일기에 당시의 역설적인 상황을 이렇게 적어놓았다.

> 1958년 10월 28일, 로마 가톨릭교회 추기경들이 77살의 나를 예수 그리스도를 믿는 전 세계 신자들의 최고 리더로 선택했을 때, 모두들 내가 임시적인 혹은 과도기적인 교황이 될 것이라고 확신했다. 하지만 현재 나는 교황직을 맡은 지 4년이나 되었으며 전 세계인들이 지켜보는 가운데 앞으로 해야 할 큰일을 앞두고 있다. 나는 "죽음을 두려워하지 않고 삶을 거부하지도 않는다"고 했던 성 마틴 St. Martin이 된 듯한 느낌이 든다.

결국 요한 23세의 교황직은 5년을 채우지 못했지만, 그의 재임기간 중에 중대한 사건이 없지는 않았다. 1963년 6월 3일 사망하기 전까지 그는 교회에서 당연시되던 많은 관념들과 교회의 위상을 세계적으로 변화시킬 만한 구상을 내놓았다. 그는 제1차 바티칸 공의회 Vatican Council가 열린 지 80년 만에 제2차 바티칸 공의회를 개최하여 두 개의 중요한 회칙을 발표했다. 그는 서로 적대적인 강대국들 사이의 관계 개선을 위해 중요한 조치를 취했다. 그리고 가장 중요한 것은 로마가톨릭과 아무런 관계가 없는 사람들을 포함해 수많은 보통 사람들의 삶과 영혼을 감싸주었다. 테레사 수녀 Mother Teresa 나 넬슨 만델라 Nelson Mandela 같은 이 시대의 몇몇 위대한 인물들처럼 안젤로 론칼리도 국가와 종교를 초월한 진정한 사랑을 실천했다.

1800년대 말에 태어나 자랐던 다른 로마가톨릭 신자들과 비교해 볼 때, 론칼리가 교황에 오를 만큼 특별한 배경을 가진 것은 아니었다. 1881년 베르가모에서 태어난 그는 집안에서 13남매 중 장손이었다. 그의 집안은 소작농으로 매우 가난하게 살았으며, 친척들을 포함한 30명의 대가족이 한 집안에서 생활했다. 론칼리는 유년기에 아주 행복했고 부모님은 관대한 분들이었다고 회상했다.

집안 식탁에 언제나 빵은 없었고 옥수수죽만 있었다. 그런데 20명이나 되는 아이들이 수프를 기다리는 동안 걸인이 부엌 문간에서 어슬렁거리면 어머니는 항상 그를 위한 자리를 마련해 주었다. 어머니는 서둘러 그 사람을 우리 사이에 끼여 앉혔다.

어린 안젤로는 학교생활에 별 관심이 없었다. 안젤로는 삼촌 자베리오 Zaverio 와 지역 교구의 레부지니 신부 Father Rebuzzini의 영향을 많이 받았으며, 학교보다 교회에 가는 것을 더 좋아했다. 그는 매일 아침 미사에 참석했고 1889년 견진성사를 받았다. 훗날 그는 옛 시절을 회고하며 성직자의 길을 가지 않겠다고 생각한 적이 단 한 번도 없었다고 말했다. 그래서 12번 째 생일을 하루 앞두고 그가 베르가모 신학교에 입학했을 때 아무도 놀라지 않았다.

이제 안젤로는 속세로부터 차단되었다. 신학교는 보수적이고 전통을 중시했으며 반개혁적인 성향이 강했다. 신학교의 공식적인 목표는 젊은이들을 교회의 모범적인 성직자로 변모시키고 속세의 온갖 유혹으로부터 보호하는 것이었다. 14살이 되었을 때 안젤로는 평생 계속되는 일기를 쓰기 시작했다. 일기를 보면 그가 '영적 성장'의 과정을 얼마나 진지하게 생각했는지 엿볼 수 있다.

그의 일기의 첫 80페이지에는 베르가모 신학교 시절의 생각과 경험이 담겨 있다. 성서를 비롯한 주요 자료에서 인용한 문구들, 결심들, 통찰과 은총의 순간, 사소한 잘못이나 잠시 동안의 타락, 예수와 동정녀 마리아에 대한 사랑의 표현 등을 가득 적어 놓았다. 론칼리는 그의 의식에 떠오른 것을 기록했을 뿐 아니라, 평생 지속될 습관을 만들어가고 있었다. 그의 일기를 보면 깊이 생각하고 올바르게 행동하려는 진지한 젊은이의 초상화를 떠올릴 수 있다.

영적인 성장에 몰두하는 인물에게 익숙하지 않은 독자는 그 일기가 지루하고 심지어 무미건조한 기록으로 보일 수도 있다. 매일, 매주, 매달, 매년별로 적어놓은 행동지침을 읽는 것은 지루한 일이기 때문이다. 매일 해야 할 일로는 '적어도 25분 간 묵상하라', '독실한 토마스 아 켐피스 Thomas a Kempis 의 글 몇 구절을 라틴어로 읽어라' 등이 있고, 매주 해야 할 일로는 '신도회와 학습 모임에 꼭 참석하라', '예수 그리스도와 마리아의 수난을 기리기 위해 금요일과 토요일에는 단식하라' 등이 있으며, 매달 해야 할 일로는 '이 작은 규정집을 여러 번

읽되, 가능한 한 다른 사람들과 함께 있을 때 읽어서 내가 그것들을 잘 실천하는지 지켜보도록 하라' 등이 있으며, 매년 해야 할 일로는 '방학이 되어 신학교를 떠나 있을 때에는 주님과 함께 하는 나날을 보낼 수 있도록 영성 지도자와 상의하라' 등이 있다. 그리고 항상 지켜야 할 일로는 '친구들을 특별히 사랑하고 서로의 사랑은 주님으로부터 와야 하며 주님을 향하도록 하라', '남에게 손찌검을 하지 마라', '대화할 때 '너'라는 표현을 쓰지 말며, 방언 혹은 그 보다 더 나쁜 상스런 표현을 쓰지 마라. 만일 다른 사람들이 그런 말을 쓰면 대화를 하지 않겠다는 의사 표시로 그 자리를 피하라', '나쁜 친구는 독사처럼 멀리 하라', '조금이라도 불경한 내용이 담긴 책을 읽지 마라', '구경거리를 멀리 하라' 등이 있다.

이런 기록을 어떻게 이해해야 할 것인가. 교황 요한 23세에 대해 날카롭게 논평했던 철학자 한나 아렌트 Hannah Arendt는 일기 내용을 참지 못했다. 그녀는 그 일기를 이렇게 평했다. "묘한 실망감을 안겨주면서도 일련의 흥미를 끄는 책이다. …… 페이지마다 선한 행동과 악한 행동을 기술해 놓은 초등학교 교과서와 같다. 그리고 독실한 믿음과 규율에 대한 토로가 끊임없이 되풀이되지만 실제 사건은 거의 나오지 않는다." 이런 증거를 근거로 아렌트는 이렇게 결론을 짓고 있다. "교황 요한 23세가 누구이고 어떤 사람이었건 그는 총명하지도 않았고 관심을 끌 만한 성향을 지니고 있지 않았다. 학생 때는 지극히 평범한 학생이었고 성장해서도 특별한 지적, 학문적 관심을 갖고 있지 않았다."

론칼리가 철학적 논제를 깊이 논할 수 없었는지는 몰라도 아렌트의 말처럼 그를 가리켜 관심을 끌지 못하고 심지어는 약간 무디면서 단순한 인물이라는 평가는 타당하지 않다. 젊은 시절의 론칼리는 세상에 대해 호기심이 많았으며, 교회 지도자들이 상당히 위험하다고 여겼던 생각과 독서 때문에 고초를 겪었다는 증거도 있다.

우리는 그의 일기를 통해 론칼리가 청소년기에 존경받을 수 있는 인물이 되기 위해 진지하고 부단한 노력을 기울였다는 사실을 짐작할 수 있다. 위대한 종교 지도자들, 성인들, 독실한 신자들처럼 자신도 성장해서 존경받는 인물이 되고자 확고한 결심을 품었던 것이다. 이 머나먼 여정은 모든 신학생들이 겪는 과정으로 시작되지만, 그 대부분은 론칼리 자신이 홀로 걸어가야 하는 길이었다. '영적 성장의 훈련'을 스스로 수행해야만 하는 것이다. 1922년에 론칼리는 이런 글을 썼다. "영적인 삶이란 …… 영혼에 점차 드러나는 보다 고차원적인 원칙을 기준으로 사고와 행동 습관을 점진적으로 형성해 나가는 과정이다. 이는 일종의 정밀과학, 즉 성인의 과학으로서 실천하고 연구하는 삶이다."

세상에는 보다 높은 정신적 차원에 도달하기 위해 그런 노력을 기울이는 (수백만 명은 아닐 지라도) 수천 명의 신학생들과 일반인들이 있다. 하지만 이런 젊은이들의 대부분은 다른 운명을 맞게 된다. 그들은 이런 노력을 희망이 없고 근본적으로 잘못된 판단이라고 생각하고 중도에 포기하고 만다. 그러고는 보다 세속적인 목표를 추구하기 시작한다. 그들은 경건한 척 하면서도 속으로는 냉소적으로 변한다. (그들은 자신이 냉소적이라는 것을 인정하지 않는다). 아니면 처음에는 매우 까다로운 사람이 되어 힘들게 살다가 나중에는 주변 사람들의 삶도 불편하게 만든다.

론칼리는 중도에 포기하지도 않았고 냉소적인 성향을 갖지도 않았으며, 교리에 얽매인 편협한 사람이 아니었기 때문에 특별하다. 아렌트가 지적한대로 그는 마음의 평화를 얻어 다른 사람들에게 영감을 줄 수 있는 정신적인 인물이 되는 데 성공했다. 진정으로 그는 그리스도의 삶과 소박함과 신성한 인간성에서 영감을 얻었다. 론칼리는 알려지지 않고 존경받지 않는 것이 가장 바람직한 일이라고 믿었다. 그의 정신적 성숙을 위한 훈련은 10년이나 걸렸고, 그 후 매 10년에 걸쳐 그의 결심들은 하루가 다르게 갱신되었다. 그는 많은 사람들이 인생 초기에 열망하지만 극소수만이 도달할 수 있는 인물이 됨으로써 영적인 삶을 구현하고 주위 사람들에게 지대한 영향을 미치게 되었다.

론칼리는 독실하고 깨끗한 생활을 했지만 설교와 독서로 일관된 베르가모 생활을 지겨워했다. 그래서 로마에서 새로운 '자극'을 받을 수 있는 기회가 다가오자 그것을 기꺼이 받아들였다. 그는 로마에서 성 베드로 성당의 참사회원인 몬시뇨르 자코모 라디니 테데스치Monsignor Giacomo Radini Tedeschi를 만났다. 열정적인 교회 지도자인 테데스치는 가난한 이들을 위한 시설이나 무료급식소 등을 세우고 운영하는 일에 교회가 적극적으로 나설 것을 주장하고 있었다. 론칼리 역시 공동체를 위한 사회활동에 참여하고 싶은 욕구가 강했다. 베르가모에서 해방된 그는 배움에 대한 새로운 열정도 갖게 되었다. 그는 이렇게 기술했다. "나는 공부에 대한 필요성과 열정을 느낀다. …… 모든 것을 알아야 하고 모든 위대한 저술가들을 연구해야 하며 모든 과학적 현상을 배워야 한다는 갈망이 일어난다." 그리고 그는 "가톨릭 문화의 전진과 상승 운동"에 대한 자신의 주장을 적극적으로 펼쳤다.

하지만 그에게는 어떤 논란이 발생하면 자신의 입장을 억누르거나 중간 입장에 서고 강경한 의견을 수용하지 못하는 경향이 뚜렷이 나타나고 있었다. 1903년 12월의 일기에는 이렇게 적혀 있다.

> 나는 새로운 사상체계를 공부할 것이다. …… 나에 대한 비난은 경미하다. …… 하지만 무분별한 열정과 기만적인 외관이 크게 좌우하는 이런 토론에서 나는 강한 절제, 조화, 균형, 신중한 판단을 유입시키기 위해 노력하겠다. 조금 의심스런 사태가 벌어질 경우에는 교회의 정통성과 약간이라도 상반되는 위험한 제안을 하기보다 잘 모르는 사람처럼 침묵을 지켜야겠다.

론칼리는 중도 노선을 지향했고 모더니즘보다는 온건주의를 선호했다. 그는 1904년 초의 일기에 이렇게 적었다. "심판의 날에 우리는 무엇을 읽었느냐가 아니라 무엇을 했는지 질문을 받게 될 것이다. 얼마나 말을 잘했느냐가 아니라 얼마나 실천하는 삶을 살았는지 질문을 받게 될 것이다." 마침 그때 신임 교황 비오 10세가 전면에 등장했고, 모더니즘을 철저히 반대했던 신임 교황은 교회의 사회활동을 용납하지 않았다. 비오 10세가 가톨릭 내의 사회활동 단체를 해산시키자 그런 활동을 주도하던 라디니 테데스치는 인생에서 가장 고통스런 시기를 겪게 되었다. 론칼리는 그런 조치를 "마른 하늘의 날벼락" 같은 것이었다고 했다. 아이러니컬하게도 테데스치는 베르가모 지방 교구의 주교로 내려가게 되었고, 이제 24살이 된 론칼리는 테데스치의 비서로 임명되었다.

알프레드 슬론 2세가 하얏트와 제너럴모터스 사장으로 있으면서 미국 기업계에 대해 배웠고 조지 마셜이 퍼싱 장군의 고위 참모로 있을 때 군의 리더십을 터득했듯이, 안젤로 론칼리는 테데스치의 비서로 근무하면서 성직자로서의 리더십을 배우게 되었다. 영적인 성장을 위한 개인적인 훈련은 이제 보다 공적인 직책으로 보강되었다. 론칼리는 테데스치를 매우 좋아했고 그를 항상 "나의 주교님"이라고 불렀다. 그는 테데스치가 베르가모 교구를 위엄 있고 믿음직한 방식으로 운영하는 모습을 옆에서 꼼꼼히 지켜보았다. 테데스치는 변경된 자신의 직위에서 가톨릭의 사회활동을 다시 추진하기로 결심했다. 그는 교구 내의 모든 교회를 방문했고 근로자들의 권리를 옹호했다. 하지만 론칼리는 조심스럽게 이런 견해를 밝혔다. "그는 개혁을 적극 추진하기보다는 교구의 영광스런 전통을 지키면서 시대적 조건과 필요에 맞도록 그것을 재해석하는 일에 더 몰두했다."

이런 진술은 론칼리 인생에서의 중요한 통찰이었으며, 50년 후 그가 교황직을 수행할 때 영감의 원천으로 작용한다. 누구든 독실한 가톨릭 신자로 계속 남아 있다면 전통을 고수하면서 동시에 변모하는 역사적, 현대적 상황을 고려할 수 있다고 생각했다. 그는 혼란스런 개혁적 수사학 따위는 필요하지 않다고 보았다. 훗날 그가 정책의 시금석으로 내놓은 아지오나멘토 aggiornamento(갱신 혹은 최신화하기)는 변화 속의 지속성을 추구하려는 그의 노력이 반영된 것이다.

교회 내부에서 사회활동이나 사회주의와 관련된 새로운 개념의 수용 여부를 놓고 격렬한 논란이 발생하던 시기에 론칼리는 자신의 입장 문제로 심한 고초를 겪어야 했다. 새로운 지적 경향에 대해 비타협적인 태도를 견지해 온 비오 10세는 파센디 Pascendi라는 회칙을 발표하여 모더니즘에 물들어 있는 신자라면 누구든 즉시 파면시키겠다는 강한 의지를 보였다. 이 정책을 충분히 인지한 론칼리는 한 발 물러서서 개혁의 선례들이 많이 남아 있을 역사를 연구하기 시작했다. 그리고 곧 영감에 이끌린 것처럼 그는 수십 년간 계속될 성인 샤를 보로메오Saint Charles Borromeo 연구에 착수했다. 샤를 보로메오는 16세기 트렌트 공의회 직후 종교부흥을 주관했던 인물이었다.

그럼에도 론칼리는 모더니즘과 반모더니즘 충돌에서 무사히 빠져나오지 못했다. 프랑스 역사학자 루이 마리 올리비에 뒤센Louis Marie Olivier Duchesne의 글에 대해 논란이 벌어졌는데, 비오 10세의 측근이 뒤센이 쓴 『초기 교회의 역사 History of the Early Church』를 강하게 비판하면서 그 책을 금서목록에 올렸다. 그런데 베르가모 교구의 사제들이 뒤센을 옹호한다는 얘기가 알려지면서 비오 10세는 "뒤센의 『초기 교회의 역사』를 그렇게 퍼뜨리고 칭찬한 교구는 베르가모 말고는 없었다"고 불만을 표시했다. 론칼리는 비오 10세의 측근인 가에타노 데 라이Gaetano De Lai 추기경으로부터 성서 교육에 주의하라는 질책을 들었다. 론칼리는 성서를 가르치지 않았기 때문에 자신에 대한 질책이 부당하다고 생각했다. 하지만 그가 데 라이에게 항의하자 데 라이는 젊은 론칼리에게 질책의 진짜 이유를 밝혔다.

> 내가 입수한 정보에 따르면 자네는 뒤센을 비롯한 방종한 여러 작가들의 글을 읽었네. 또 어떤 때는 전통적인 가치와 과거의 권위를 말살하는 학파의 사상에 눈길을 돌린 적도 있었다지.

론칼리는 적잖이 당황했다. 그는 데 라이에게 보낼 답변을 여러 통 작성했다. 마침내 자신에 대한 모든 비난을 맹세코 인정할 수 없다는 한 통의 편지를 띄웠다.

저는 그런 책을 15~20페이지 이상 읽지 않았으며, 그것도 단지 참고삼아 들춰봤을 뿐입니다. …… 그리고 니콜라 투르치Nicola Turchi가 번역한 뒤센의 역사서는 단 한 줄도 읽지 않았으며, 손에 쥐어본 적도 없고 제 서가에 꽂혀 있지도 않습니다. …… 그리고 포고아조로Fogoazzoro의 『성인』을 금서가 되기 전에 잠시 살펴본 적이 있지만, 그밖의 모더니즘과 관련된 책, 팸플릿, 평론 등은 결코 읽은 적이 없습니다.

론칼리는 엄격한 가톨릭 당국과의 충돌을 경험하고 나서 몸가짐에 더욱 조심하고 자신의 신념을 함부로 표출하면 안 된다는 사실을 깨달았다. 당시의 교회 분위기로는 앞서 살펴본 마셜과 퍼싱처럼 직접적인 대결은 상상할 수 없는 일이었다. 수년 후 론칼리는 일기에 이렇게 고백했다. "나는 말을 너무 많이 하는 경향이 있다. …… 혀를 움직이는 데 더욱 신중해야겠다. 나의 의견을 표출하는 데 더욱 조심해야겠고 심지어 집안 식구들 앞에서도 함부로 말을 해서는 안 되겠다." 동시에 그는 다른 사람들을 무분별하고 무자비하게 매도하는 사람들에 대한 불만을 숨기지 않았다. "진실은 한 점 숨김없이 드러나야 한다. 하지만 나는 왜 그것이 시나이산의 폭풍우나 천둥처럼 표출되어야 하는지 이해할 수 없다. 예수님처럼 산상이나 호숫가에서 조용하고 침착하게 전하지 않고 말이다." 그는 잘못을 저지른 사람들을 완전히 파멸시키지 않고 교정할 수 있는 방안을 찾아야 한다고 생각했다.

론칼리는 이런 힘든 상황을 반추하면서 보다 조화로운 중용의 길을 추구했다. 그는 데 라이처럼 단호한 잣대를 휘두르는 사람들은 물론이고 뒤센과 같은 우상파괴주의자들과도 공감할 수 없었다. 대신 그는 전통적인 가치를 고수하는 태도를 지니면서 기존 관례에서 약간 벗어난 사람들도 인정해 주었다. 1938년 그는 이렇게 기술했다. "나는 내 방식대로 일할 수 있다. 이것은 교회의 방식이다. 즉 모든 사람들의 스승이 되면서 시대와 장소의 요구에 항상 호응하는 현대적인 스타일이다."

론칼리가 베르가모 근무를 마칠 때부터 세계적으로 큰 사건들이 연이어 일어나게 된다. 동시대 사람들과 마찬가지로 론칼리는 제1차 세계대전, 전 세계적인 경제공황, 이탈리아와 독일에서 대두한 파시즘, 제2차 세계대전 등에 의해 깊은 영향을 받았다. 20세기 초 수십 년 동안 론칼리는 여러 보직을 거쳤다. 제1차 세계대전 때는 의무대 하사관으로 복무하다가 나중에는 종군 신부가 되었다. 1920년대 초반에는 로마에 머물며 임시직 역사학자로 근무하거나 해외선교 지원단체의 책임자로 일하기도 했다. 당시 그는 오랜 세월 축적된 역량을 마음껏 발휘한 결과 영향력 있는 연설가 혹은 장래 리더감이라는 명성을 얻었다. 1925~1935년까지는 불가리아에서 대주교로 있었고, 제2차 세계대전 동안에는 터키와 그리스에서 일했다. 1944년 그는 파시스트 체제 붕괴 이후의 민감한 시기에 프랑스에 바티칸 대사로 부임하여 나치에 협력했던 주교들을 상대했다. 1952년에는 베니스 대주교직을 맡았는데 이 자리는 그의 마지막 보직으로 여겨졌다.

론칼리가 맡았던 여러 보직을 살펴보면 그가 바티칸의 위계질서 내에서 어떤 위치를 차지하고 있었는지 짐작할 수 있다. 분명히 그는 천재적인 인물로 여겨지지는 않았다. 그가 오랫동안 맡았던 불가리아의 대주교직은 한직이었다. 터키와 그리스에서 근무할 때는 발칸반도와 지중해에서 격렬한 전투가 벌어지고 있었기 때문에 상당한 외교적 수완을 발휘해야 했을 것이다. 바티칸 교황청이 매우 취약하면서도 중요한 지역인 파리에 론칼리를 대사로 파견한 것은 여러 파벌들과의 조화를 이루는 그의 능력, 즉 파국을 조정하는 능력을 인정했기 때문이었다. 그리고 만년에 그의 고향과 가까운 베니스의 대주교를 맡긴 것도 합당한 조치였다.

제2차 세계대전 직전부터 전쟁 기간 동안 가톨릭교회의 소극적이며 방관적인 태도를 감안하더라도 론칼리는 과연 어떤 입장을 취했고 어떤 활동을 했는가가 궁금해진다. 이에 관한 자료는 충분하지 않다. 론칼리는 무솔리니나 파시즘에 대해서는 별 걱정을 하지 않았지만, 히틀러가 등장해 전면전을 개시하고 유태인 말살 정책을 펴는 것에 대해서는 적잖이 당혹스러워했다.

결과적으로 볼 때 론칼리는 가톨릭교회의 전반적인 입장을 벗어나서 활동하지는 않았다. 그는 전쟁 동안 2만 4,000명 정도의 터키 유태인의 생명을 구했던 것으로 알려져 있다. 하지만 기록으로 보면 그는 자신이 할 수 있는 일의 범위를 넘어서려 하지 않았고, 독일 외교관 프란트 폰 파펜Franz von Papen이 그에게 주입시킨 방침을 너무 쉽게 믿어버렸다. 후에 그는 탄식하듯 이렇게 말했다.

> 나의 본성을 거슬러 더 결연한 노력을 기울일 수 있지 않았을까? 또 그렇게 해야만 했던 것이 아닐까? 주님의 뜻과 일치하는 것으로 여겨지는 평화와 침묵을 추구한다는 핑계로 칼을 잡지 않으려는 속마음을 감추려고 했던 것은 아니었을까?

그는 보통 자신의 종교적인 얼굴에서 위안을 찾거나 그 뒤에 숨으려고 했던 것 같다. "나는 정치를 얼마나 싫어하는가! 종교가 도구로 이용되는 국가에서 민족주의는 크나큰 저주이다. 우리 가톨릭 신자들은 종교에서 애국심의 동기를 발견하지만, 다른 사람들을 지배하겠다는 구실을 종교에서 찾지는 않는다."

이 시기에 론칼리의 심경은 어떠했을까. 대체로 그는 마음의 평화를 유지하고 있었다. "하나님이 주신 큰 선물인 낙천적 성품 덕분에 나는 영혼들을 구해내는 힘든 일에 불꽃처럼 온몸을 내던지는 대범하고 이타적인 고통으로부터 면제받을 수 있었다." 그는 늙는 것을 두려워하지 않았고 나이가 들면서 육체의 욕망이 쇠퇴하는 것을 기쁘게 여겼다. 하지만 그의 일기에 가끔 나타나는 문구를 보면 교회 권력층과의 관계가 만족스럽지 않았음을 알 수 있다. 불가리아에서 근무할 때 그는 "불가리아인들보다는 가톨릭교회의 중앙기관이 안겨준 많은 시련들"을 언급했다. 그는 이렇게 썼다. "그런 굴욕감과 모욕감은 전혀 예상하지 못했던 것이며 내게 깊은 상처를 주었다." 또 다른 시점에 그는 이렇게 기록했다. "나는 어떤 사안이 진척되는 상황을 비롯해 모든 것으로부터 완전히 소외된 느낌이다. 나는 어떤 대접을 받을 자격도 없는 사람이고 그것에 대해 초조해하지도 않는다. 하지만 현지 상황을 바라보는 나의 시각과 로마에서 판단하는 방식의 큰 차이는 나를 몹시 괴롭힌다. 그것은 정말 내가 짊어진 십자가다." 그리고 그는 이렇게 적기도 했다. "그리스에서의 사목司牧 활동은 많은 어려움에 직면해 있다. 그런 이유 때문에 나는 이곳을 더욱 사랑해야겠다."

그러면 교황직에 취임하기 직전 수 년 동안 머물렀던 베니스에서는 어떠했을까. 베니스에서 행한 첫 연설에서 론칼리는 자신이 "분열보다는 통합에 노력을 기울이겠다"고 강조했다. 그는 교구 내외를 많이 돌아다녔다. 여러 차례 장황한 교서를 쓰기도 했는데, 결과적으로 이것은 나중에 교황이 되었을 때 발표할 회칙을 준비하는 과정이 된 셈이었다. 그는 해외에서 30년을 보냈지만 예리한 감각과 효율성, 그리고 외교 수완을 발휘해 베니스도 훌륭하게 운영할 수 있음을 보여주었다.

교황 비오 12세가 사망한 후 추기경들이 교황을 선출하기 위해 로마에 모였는데 그들의 절반 정도는 77살의 론칼리보다 나이가 많았다. 추기경들은 변화를 원하지 않았고 많은 존경을 받았던 비오 12세의 전통 유지 정책이 지속되기를 바랐다. 그들은 론칼리가 유화적인 인물이기 때문에 안전을 보장할 수 있는 교황 후보라고 생각했다. 또한 많은 가톨릭 신자들이 지지할 것이며 그들의 주요 관심사, 즉 교황청의 권위와 가톨릭의 기존 교리를 위협하지 않을 것이라고 보았다. 론칼리 자신은 교황직을 위해 어떤 활동도 벌이지 않았던 만큼 교황으로 선출되자 정말 놀랐을 것이다. (그는 평생 교황직을 꿈꾼 적이 없었을지도 모른다.)

론칼리가 교황이 되고 나서 맨 처음 한 일은 자신의 이름을 짓는 것이었다. 이는 론칼리가 많은 전통주의자들이 원했던 예측 가능하고 녹록한 인물이 아니라는 사실을 보여준 대목이었다. 그는 전임자들이 선택한 이름들을 따르지 않고 600년 동안 사용되지 않던 요한이라는 이름으로 돌아갔다. 이름을 택하면서 그는 두 성인을 언급했는데, 한 사람은 "주님의 길을 인도한" 세례 요한과 또 한 사람은 사도 요한이었다. 또 그 이름을 선택한 다른 이유들도 덧붙였다. 요한은 자신의 아버지의 이름이었고 세례를 받은 교회의 이름이었으며 전 세계 수많은 성당의 이름이다. 그는 사도 요한의 말을 상기시켰다. "나의 자녀들아, 서로를 사랑하라." 그리고 자신을 선출한 이들을 놀리기라도 하듯이 요한이 역대 교황들이 가장 많이 선택한 이름이며 그들의 임기가 대개 짧았으며 유명하지 못했다고 했다. 그리고 그 이름을 가장 마지막에 사용한 교황은 아비뇽의 반교황antipapal Pope* 22세였다고 말했다.

고령에도 불구하고 신임 교황 요한 23세는 처음부터 적극적으로 활동하겠다는 의지를 분명히 밝혔다. 실제로 그는 젊은 시절보다 훨씬 자유롭게 자신의 본모습대로 활동할 수 있었고, 행정적인 일을 다른 사람에게 맡기면서 큰 그림에 집중할 수 있었다. 마침내 그는 오랫동안 짊어진 빚을 모두 청산한 느낌이 들었고, 바라던 대로 행동하고 억눌려왔던 자신의 의견을 마음껏 표출할 수 있게 되었다. 전임자와는 달리 그는 바티칸 교황청 밖으로 발을 내딛어 사원, 교구, 병원, 감옥 그리고 지역의 여러 기관들을 방문했다. 최근에 제정된 많은 의식儀式의 개혁을 지속하면서 52명의 추기경을 새로 임명했고, (그가 교황으로 선출될 때의 추기경 수와 같다) 10명의 성인을 시성했으며 8개의 회칙을 발표했고, 공산주의 체제하에 억류된 신부들의 석방을 위해 적극적인 협상 노력을 벌였다. 이제 교황의 이미지는 엄숙하고 범접하기 힘든 인물에서 뚱뚱하고 친절한 아저씨로 바뀌어 있었다. 교황 요한 23세의 따뜻하고 친근하며 개방적인 태도는 전 세계 신자들에게 깊은 인상을 심어주었다. 실제로 9억 명의 신자들에게 겸손하고 인정 많은 '전 세계적인 목자'로 인식되었고 자신도 그렇게 되

---

* 14세기 초부터 70년 간 가톨릭교회는 분열되어 교황청을 아비뇽으로 옮기는데, 이 시기의 교황을 반교황 antipapal Pope이라고 한다. – 옮긴이

기를 바랐다.

그런데 교황 요한 23세는 취임 후 곧 제2차 바티칸 공의회를 소집하여 논란을 불러일으켰고, 이를 계기로 큰 영향력을 행사하게 되었다. 이 바티칸 공의회는 1869~1870년에 개최된 이후로는 처음 열리는 것이며, 가톨릭교회 역사상 비슷한 회의로는 20번째였다. 교황은 이 공의회가 "거역할 수 없는 예기치 않은 명령처럼 보잘 것 없는 우리 마음에 떠오른 영감"이라고 말했다. 나중에 나온 연구결과에 따르면 이 아이디어는 그의 초창기 연구와 글, 그리고 전임 교황의 충동적 성향에서 그 기원을 찾을 수 있다고 한다. 하지만 교황 요한 23세가 직접 밝혔듯이 가능성을 현실화시키려는 결정은 자발적인 것이었는지 모른다. 어쨌든 바티칸 공의회라는 중요한 이야기는 확고한 의지의 힘이 실린 것이었다.

다양한 색깔과 신념을 가진 전 세계 교회 지도자들의 모임은 여러 가지 목적이 있을 수 있고 수많은 결과가 도출될 수 있다는 사실을 누구나 인식하고 있었다. 사실 거의 1세기 만에 개최되는 공의회에 확신을 갖지 못했던 많은 교회 지도자들은 교황의 계획에 불안감을 가지고 있었다. 교황은 공의회가 가톨릭 신앙의 재확인과 쇄신의 계기가 되어야 한다고 생각했으며, 교회 지도자들이 핵심적인 신념과 의식儀式, 실천 사항 등 신앙생활의 근본적인 이념들을 돌이켜보아야 한다고 느꼈다. 그리고 리더들은 현 시대의 다양한 요구와 세력을 이해하고 핵심 교리에 충실하면서도 그런 것들을 수용할 수 있는 방안을 강구해야 한다고 보았다.

교황은 가톨릭의 교리를 재구성하거나 새로운 금기사항을 내놓기 위해 공의회를 소집하지는 않았다. 그보다는 다른 가톨릭 리더들과 함께 진실을 현대적 의미로 재해석하면서 사목 활동을 위한 용어로 이러한 개념을 설명하는 방안을 논의하고자 했다. 그와 그의 가장 가까운 측근들은 공의회를 열심히 준비하면서 많은 위원회와 사무국을 설치하고 70가지의 토론 의제를 정했다. 그렇게 큰 규모의 공의회를 1963년까지 준비하기는 힘들다는 얘기를 들은 교황은 이렇게 대답했다고 전해진다. "좋아요, 그럼 1962년에 열도록 합시다."

이러한 종교부흥 활동에서 가장 중요한 기본 요소는 세계교회주의였다. 교황은 로마 가톨릭교회가 다른 가톨릭교회들뿐 아니라 다른 기독교 종파들의 형제들과도 긴밀히 협조해야 한다고 생각했다. 그는 교황청 내에 기독교 통합 사무국을 설립했는데, 이 기구가 교황청에서 영구적으로 존속하기를 희망했다. 그는 개신교 인사들과 만날 때는 교황의 보좌에 앉지 않고 그들과 눈높이가 같은 의자에 앉곤 했다. 그는 기독교계를 넘어서 일본의 신도神道나 유대교 리더들과 만나기도 했다.

교황 요한 23세는 교회 지도자들이 많은 사안에 있어 서로 의견이 다르다는 점을 깨닫게 될 것이라고 예상했다. 하지만 교황은 이런 점을 크게 염려하지 않았다. 오히려 그는 공의회에 참석하는 모든 주교들의 공개적인 토론과 질서정연한 논쟁으로 '신성한 자유'의 분위기가 조성되기를 원했다. 1차 공의회를 마무리하면서 그는 이렇게 말했다. "날카로운 의견 대립이 있었습니다. 이런 의견 차이가 때로는 당혹스럽기도 하지만 놀라운 일은 아닙니다. 사실 그것은 하나님의 뜻이기도 합니다. 왜냐하면 이런 과정을 통해 문제들이 보다 명확해졌으며 …… 하나님의 아들들의 자유가 드러난 것이기 때문입니다." 그는 대립되는 의견들이 쉽게 타협되지 않자 상반된 관점을 가진 그룹들로부터 동수의 인원을 뽑아 특별위원회를 구성했다. 또한 최고위원회는 다양한 위원회들의 활동을 서로 조정해 주면서, 공의회 전체의 공동 목표와 의도를 기준으로 그들의 방향을 명확히 설정해 주었다. 서로 상반된 견해를 지닌 그룹의 대표들이 논의할 장을 마련해 주고 토론과 협의과정의 체계를 세운 것은 실제로 도출된 결론만큼이나 중요한 것이었다. (이는 마거릿 미드가 비교문화적인 연구를 하면서 제시한 방안, 조지 마셜이 신참 장교들을 다루었던 방식, 알프레드 슬론 2세가 제너럴모터스와 다양한 이해관계가 얽혀 있는 이들을 상대한 방식 등을 떠올리게 한다.)

교황 요한 23세처럼 설득력 있고 치밀하게 구성된 메시지와 수단을 가진 인물은 많지 않다. (마셜 또한 그런 인물에 해당한다.) 교황은 교회 조직의 상층부에 있는 사람들이 꾸미는 관료적인 음모를 비난하면서 그리스도의 소박한 가르침으로 돌아가라고 요구했다. 교회는 인간의 본질적인 가치가 담겨 있는 근본으로 돌아가야 한다고 했다. 그는 교회 내부에는 특권을 가진 그룹이나 종파가 있을 수 없으며, 교황의 이탈리아에 대한 사랑은 필리핀에 대한 사랑과 다를 수 없다고 밝혔다.

교황 요한 23세는 수십 년 동안 자신이 고안해 온 이야기를 주장했다. 그는 전통과 현대화가 공존할 수 있다고 생각했다. 교회의 사상과 실천은 그리스도와 성인들의 삶에서 구현되었다. 하지만 오늘날의 교회는 핵무기, 냉전, 제3세계의 빈곤 등과 같은 현대의 여러 사건과 환경 조건을 이해하지 못하면 제대로 견뎌낼 수 없고 의미 있는 존재로 살아남을 수 없다고 보았다. 따라서 도덕적인 권위를 가지고 있는 교회가 이런 문제들을 다루고 또 가능하면 개선시키는 데 특별한 역할을 할 수 있다고 주장했다.

    교황 요한 23세는 교회의 범위를 넘어서 보다 광범위한 종교계를 상대로 메시지를 전하고자 했다. 그는 개인을 볼 때 우선 인간으로서 그 다음은 종교단체의 구성원으로서 보아야 한다고 생각했다. 어떠한 종교, 철학, 신조를 갖고 있든 누구나 이 세상에는 존재할 공간이 있다. 교황은 그들 모두에게 동포애를 느꼈다. 그가 발표한 회칙은 "선의를 가진 모든 사람들"을 대상으로 한 것이었다. 교황은 공의회에서 행한 연설이나 다른 연설과 글에서, 그리고 무엇보다도 두 번의 중요한 회칙에서 이런 관점을 표명했다. 1961년 5월에 발표한 회칙 「어머니와 리더 Mater et Magistra」에서 교황은 제3세계 국가에 대한 원조, 모든 근로자들의 최저임금 문제, 보다 공평한 경제정책, 개인들의 발전에 도움이 되는 여러 사회적 조치 등을 포함한 사회개혁안들을 다루었다. 1963년 3월에 발표한 회칙 「이 땅에 평화를」에서는 핵무기 경쟁의 종식, 국가 정책보다는 모든 인류를 위한 정책, 동서(자본주의와 공산주의 체제)간의 화해 등을 주장했다. 이런 아이디어를 대외적으로 천명했다는 것은 20세기 중반에 교황의 역할이 새롭게 전환되었다는 의미도 내포되어 있었다. 이 책에 제시된 기준에서 볼 때 교황의 직접적인 이야기는 매우 혁신적인 것이었다. 그는 그리스도 시대 이후 그리스도교 내에서 오랫동안 존재해 왔던 사상과 주제를 다시 거론하며 그것들을 새롭게 표현하고 새로운 의미를 부여했다. 이웃에 대한 사랑과 존중, 불운한 사람들에 대한 지원, 정치적·종교적 긴장 완화에 대한 호소는 보다 광범위하고 포용적인 인간 정체성을 추구하는 정신으로부터 나온 것이다. 이런 주제들이 복잡한 메시지를 추구하거나 현 상태를 유지하려는 사람들보다는 보통 사람들, 교육받지 않은 사람들에게 직접적인 호소력이 있었다는 것은 그리 놀라운 일이 아니다. 그렇다고 교황의 이야기가 오직 단순한 마음의 소유자들에게만 해당되는 것은 아니었다. 위대한 종교의 가장 효과적인 주제나 비유처럼, 그의 이야기는 지적 수준이 다른 여러 부류의 사람들에게 인정되고 나름대로 의미 있게 받아들여졌다.

교황 요한의 반대파들은 반대이야기를 쉽게 만들어낼 수 없었다. 왜냐하면 자칫하면 자신들이 편협하고 사랑에도 인색한 사람으로 비쳐질 수 있었기 때문이었다. 하지만 교회의 위계체제 속에서 많은 보수주의자들은 교황의 발언에 위협을 느꼈다. 훌륭한 가톨릭 신자, 훌륭한 기독교인, 훌륭한 인간의 개념이 확대되면 특정한 종교적 신념이나 일련의 실천적 관행을 굳게 믿어온 사람들의 독자적인 위상은 흔들릴 수밖에 없다. 교황은 포용적인 입장을 취함으로써 '핵심 가톨릭 신자들'의 권위를 박탈해버린 셈이 되었다. 더군다나 교황의 젊은 시절에도 그런 일이 있었지만, 사회정의를 향한 움직임은 교회의 전통을 침해하고 불안을 야기하는 급진적인 시도로 바라보는 시각이 우세했다. 반대이야기는 관행이나 위계체제에 혼란을 일으킬 수 있는 변화보다는 현 상태를 그대로 유지하는 것이 바람직하다고 주장했다.

교황 요한이 가진 리더십의 역량은 일상생활에서도 잘 드러났다. 도미니크회 수사인 이브 콩가르 Yves Congar는 교황에 대해 이렇게 회고했다. "세상과 사람들에 대한 교황 요한 23세의 개방적 태도는 그의 연설보다는 목회자다운 인간미나 매우 복음적이고 역동적인 행동과 제스처에서 더 많이 드러났다." 부드러우면서도 대범한 그의 태도는 교회의 많은 사람들에게도 힘이 되었다. 공의회에 참석한 한 주교는 이렇게 말했다. "예전에 은밀하게 말해 온 것들을 사람들은 이제 과감하게 화제로 삼았다."

교황 요한은 자신도 한 인간에 불과하다고 느꼈으며, 결코 특권층에 속해 있다고 생각하지 않았다. 사람들에게 직접 말하는 것을 좋아했기 때문에 그의 인품은 더욱 빛을 발했다. 그는 추기경을 상대한 것만큼이나 많은 주교나 일반인들과 접촉했다. 또한 누가 잘못을 저질렀다고 해서 그를 즉시 질책하지 않았다. 특정 종파에 소속되어 있느냐의 여부보다 더 중요한 것이 정직과 사랑이라고 보았다. 그는 세속적인 재물을 모으지 않았으며, 받았던 것을 모두 남에게 주었다. 실제로 사망했을 때 그가 지녔던 재산은 20달러도 채 안 되었다. 성인들의 삶이 그렇듯이 교황 요한은 살아 있을 때나 사후에나 많은 에피소드를 남겼다. 그것들의 진위를 모두 입증할 수는 없지만, 그런 이야기들은 전반적으로 가식이 없는 인간의 전형을 보여주고 있다. 그는 자기 자신과 다른 사람들의 평화를 유지했던 사람이었다. 20세기 다른 교황들의 삶에서는 그런 이야기들을 찾아볼 수 없다. 여기에서 교황이 했던 말을 몇 가지만 인용해 보자.

- 나는 항상 사람들에게 보통 사람이라는 것을 보여주려 한다. 눈은 둘이고 코는 하나이며(매우 크긴 하지만) 입 하나에 귀가 둘이라는 것 등을 말이다. 하지만 사람들은 내 앞에만 오면 굳어져 말을 하지 않는다.
- 죄수들 앞에서: 여러분들이 내게 올 수 없기 때문에 내가 여러분에게 왔습니다.
- 농사짓는 나이 든 여성에 대해: 그녀는 요르단 국왕만큼이나

내게 가까이 다가올 자격이 있다.
- 어떤 외교관에게 : 당신이 무신론자임을 압니다. 하지만 이 노인네의 축복을 받아주지 않겠습니까?
- 교황 앞에서 욕을 한 노동자에게 : 그렇게 말해야만 합니까? 우리들처럼 그냥 '젠장merde' 정도로 하면 안 됩니까?
- 교황청 정원 주변을 산책할 때 그의 모습이 사람들 눈에 띄지 않길 바라는 측근들에게 : 사람들이 왜 날 보면 안 되는가? 내가 잘못된 행동을 하는 건 아니잖은가?
- 교황청을 방문하여 매우 초조해하는 젊은 사제에게 : 이보게나, 뭘 그리 걱정하는가? 심판의 날에 예수님이 자네에게 '교황청과는 잘 지냈는가?'라는 질문을 던지지는 않을 걸세.
- 교황으로서의 막중한 책임에 엄청난 부담을 느끼고 있는 자신에게 : 지오반니, 자신에 대해 그렇게 심각하게 생각하지 말게!

교황 요한은 정치적 이해관계가 얽힌 사안에도 중요한 역할을 수행할 수 있었다. 베를린 장벽이 건설되고 쿠바 미사일 위기로 긴장감이 감도는 시대에, 교황은 첨예하게 대립하고 있는 초강대국의 두 지도자인 존 케네디와 니키타 흐루시초프Nikita Khrushchev가 인간적인 차원에서 만날 수 있다고 보았다. 교회는 거리와 이념을 초월해 힘을 발휘할 수 있는 세계 유일의 조직이었다. 흐루시초프의 대변인과 대면한 그는 이렇게 말했다. "주님께서 역사를 바꾸기 위해 이 비천한 몸을 이용하고 계십니다." 그는 미국의 언론인 노만 커슨즈Norman Cousins를 중재인으로 삼아 초강대국 지도자들의 대화 통로를 만들 수 있었다. 케네디와 흐루시초프는 교황 요한을 신뢰했고 존경했다. 러시아에 오랫동안 억류돼 있던 우크라이나 대주교 유시프 슬리프이Jusyf Slipyi가 석방될 수 있었던 것도 교황에 대한 믿음이 그만큼 컸기 때문이었다. 또한 교황의 노력은 동서간의 긴장완화에도 기여했으며, 교황 사망 직후에는 핵확산방지조약 체결이라는 결실로 이어졌다. 교황은 그런 활동을 하면서 전 세계가 아직 이해하지 못하고 있는 이야기를 전파하고 있었다. 즉 핵무기에 의한 인류의 파멸을 막고 항구적인 평화를 유지하려면 서로 적대적인 강대국 대표들이 협력해 그 방안을 강구해야 한다는 것이다.

교황 요한은 교회 내부에서 막강한 권력을 가진 이들의 지지를 받지 않고도 종종 자신의 목표를 달성할 수 있었다. 극단적인 보수 경향을 띤 가톨릭계 언론은 그의 발언이나 행동을 대부분 비난했다. 교황이 '무책임하다', '정치적으로 준비성이 없다'는 식이었다. 바티칸 교황청은 기존의 어떤 관료체제보다 보수적으로서, 수백 년 동안 검증되지 않은 방향으로 나아가려는 교황을 제지했다. 교황은 이런 경향을 잘 알고 있었기 때문에 가능한 한 그들을 달래고자 했고 필요할 때는 힘으로 제압했다. 초기에 연설할 때 그는 교황청 관리들을 의식한 듯 표현에 신중을 기했으며, 인사권을 행사할 때도 비교적 온건하고 보수적인 인물들을 우선적으로 기용했다. 그리고 피임기구 사용 문제나 여성 사제의 임용 문제 등에 관해서는 전통적인 원칙을 고수했다.

그러나 교황은 비판가들이 자신이 가장 중요시하는 목표를 저지하려고 하면 과감하게 그들과 정면으로 상대했다. 그는 비협조적인 성서위원회를 공격하면서 국무장관에게 서면으로 이렇게 지시했다. "이제 이런 비상식적인 일은 그만둬야 한다. 성서위원회는 각성하여 일을 제대로 수행해야 하며, 교황에게 시대적 요구에 기여할 수 있는 건의를 해야 한다. 그렇게 하지 못한다면 해체하여 주님의 뜻에 따라 다른 기관으로 대체해야 한다." 그리고 보수파들이 고의적으로 자신의 글을 왜곡시키자 원래의 텍스트를 직접 인용하기도 했다.

1962년 말, 교황 요한은 자신이 말기 암에 걸렸다는 사실을 알고 그간 추진해 온 일에 더욱 매진했다. 공의회 일을 계속하면서 국가간의 협상을 중재하는 일에도 적극적이었다. 그리고 이런 일을 추진하면서 종교계나 외교계의 비공식적인 인맥을 많이 활용했다. 그는 교회 내부의 일이나 국제 문제에 관한 자신의 노력이 수포로 돌아가지 않을까 염려했다. 1963년 2월 9일, 교황은 자신을 방문한 신부 로베르토 투치Roberto Tucci에게 이렇게 말했다.

신부님, 보시다시피 나는 살아갈 날이 얼마 남지 않았어요. 그래서 저의 모든 과업을 신중하게 점검해 보아야 할 것 같습니다. 내가 죽고 나서 교황을 선출하는 추기경단이 나에게 반기를 들지도 모르고, 내가 정성을 기울였던 목표를 파괴할지도 모르기 때문입니다.

자신의 위업에 대한 교황의 우려는 기우가 아닌 것으로 판명되었다. 교황 요한 23세의 사망 직후 한 추기경은 그를 가리켜 "지난 500년 동안의 교회 역사상 가장 큰 재앙"이라고 혹평했다. 차기 교황직은 요한 23세가 선택한 지오반니 바티스타 몬티니Cardinal Giovanni Battista Montini 추기경이 맡게 되었는데, 그가 바오로 6세 교황이다. 바오로 6세는 교회의 국제화 문제에 있어서는 전임 교황의 정책을 답습했지만, 교회의 실천방안과 교리 해석의 진보적인 경향은 크게 쇠퇴시키고 말았다. 이는 전통을 고수하려는 후임 교황들의 노력과 전 세계 많은 교회 지도자들의 본능적인 보수성 때문이었다. 심지어는 가장 포용적인 인물들의 주장조차도 특별대우를 원하는 이들의 반대에 직면해야 했고, 그 결과 진보적 경향은 수그러들 수밖에 없었다.

교황 요한 23세의 유산은 몸소 실천한 메시지를 통해서 가장 오랫동안 지속될 수 있음이 입증되었다. 교황 요한은 교회 지도자들이 엄숙하고 초연하고 성스러울 필요가 없다는 것을 세상에 보여주었다. 그는 평범한 사람들에게 친밀감을 느꼈고 그들과 감정을 교류할 수 있었다. 또한 가톨릭교회의 리더십이 다른 교회들은 물론이고 심지어는 무신론자인 공산주의 세력과의 협력을 차단할 필요가 없다는 것도 보여주었다. 그러면서 그는 다양한 종파들과 민족들과 적대적인 초강대국들이 서로 긴밀한 관계를 맺는 데 큰 기여를 했다.

교황 요한 23세의 단순성은 완전하고 순수하고 감동적인 것이었다. 에르네스토 발두치Ernesto Balducci는 『교황 요한 23세의 유토피아 The Utopia of Pope John XXIII』에서 이렇게 기술했다. "세계가 직관적으로 파악한 교황 요한 23세의 본질적인 현대성은 순수한 진실성에 있다. 이러한 진실성을 가지고 있었기 때문에 그는 어린아이의 승리이면서 우주비행사의 승리이기도 한 인생의 승리를 모두 이룰 수 있었다." 그는 처음에는 안젤로로서 나중에는 교황으로서 그리스도의 정신을 부활시키려 했다. 그리고 그로부터 영감을 얻은 많은 사람들이 그의 메시지와 정신을 부활시키려고 노력했다.

이 장을 포함한 세 개의 장에서 나는 현대의 세 제도권에서 활동한 리더들을 살펴보았다. 지리적으로는 미국 중부, 현대 로마 그리고 세계대전에 휩싸였던 지역들을 조망해 보았고, 제도권별로는 미국 기업, 육군 그리고 세계에서 규모가 가장 큰 종교조직을 다루었다. 세 리더들은 모두 여러 직책에서 시행착오를 통해 업적을 쌓고 가까운 동료들의 존경을 받으면서 점차 리더의 위치에 올랐다. 위계질서가 엄격한 조직의 구성원으로서 그들은 충분한 이유를 갖고 있을 때는 주저 없이 상관과 대립했다. 고위직에 오른 그들은 급변하는 역사 속에서 자신의 조직을 이끌어나갈 방향을 결정해야 했다. 그들은 모두가 조직의 전통 규범을 인정했지만 조직의 성격을 시대에 맞게 재규정했다. 그들은 조직 내에서 다른 사람들과 다소 경쟁하기도 했지만, 자신들만의 특정 분야를 보다 폭넓고 포괄적으로 정의하고자 했다.

알프레드 슬론 2세는 미국 기업계에서의 삶이 어떤 것인가를 기술했다. 조지 마셜은 잘 훈련되고 헌신적인 군대의 중요성을 설명했다. 교황 요황 23세는 개발도상국가들의 출현과 핵전쟁이 벌어지는 시대에 교회의 위상을 정립했다. 하지만 그들은 그러한 이야기를 제시했다는 사실보다는 그것을 몸소 실천함으로써 큰 영향력을 발휘했다. 슬론은 자신이 운영하는 기업에 대해 누구 못지않은 지식을 갖추었고, 직원들에게 항상 관심을 기울임으로써 효율적인 리더가 되었다. 마셜은 투철한 군인정신과 애국심과 비당파성 때문에 다른 이들에게 감화를 주었다. 교황 요한은 진실한 종교인의 삶을 현대인들에게 직접 보여주었다. 이들은 이런 방식으로 자신의 정체성을 조직과 융합시켰고, 조직의 본질을 구성원들과 광범위한 공동체에게 전파했다.

슬론, 마셜, 교황 요한 23세는 또 하나의 동일한 측면이 있다. 이들은 각자 위계질서가 분명하고 이미 확고하게 자리 잡고 있는 기관을 이끌었다. 조직 내의 지위 덕분에 그들은 자신들의 계획을 실행에 옮길 수 있는 권한이 있었다. 그리고 권한을 위임하거나 강압적인 태도를 취하지 않으려는 결정도 자발적인 것이었다. 그들의 이야기는 어느 정도 지위의 무게가 실린 것이었고, 그들의 실천은 비교적 큰 효과가 있었다. 이미 기존에 뿌리를 내린 조직에 속해 있었던 덕분에 그들은 경험 있는 측근들의 도움을 받을 수 있었고, 조직을 새롭게 재건하거나 매순간 조직의 존립을 걱정할 필요가 없었다. 또한 이들 기관들은 고유한 사회적인 특권을 가지고 있었다. 기업은 주주들로부터 자금을 끌어들일 수 있으며 법률적으로 여러 가지 보호를 받는다. 군사 기관은 전쟁 중에는 수많은 특권을 누릴 수 있으며, 그 합법성에 대해 의문시되지 않는다. 교회는 재정적인 자원을 소유하고 있으며 정신적으로 막강한 권한을 행사할 수 있다.

이런 면에서 세 리더들은 다음 두 장에서 살펴볼 리더들과는 상당한 차이가 있다. 엘리너 루스벨트나 마틴 루터 킹 2세는 공직에 선출되었거나 임명된 인물들이 아니다. 그들은 한 시대에 대한 해석, 이를테면 변호론이나 비전 덕분에, 또 그런 것들을 다른 사람들에게 전달하는 방식 덕분에 리더의 반열에 들 수 있었다. 엘리너와 킹은 이른바 자수성가한 비주류 집단의 리더라고 할 수 있다. 따라서 이들은 이 책에 등장한 다른 리더들과는 상당히 대조가 된다.

제10장

엘리너 루스벨트
대통령보다 더 대통령다웠던 퍼스트레이디

Eleanor Roosevelt, 1884~1962

리더의 특징은 무엇인가? 가장 강조되어야 할 리더의 특징은 자신의 세대와 후세대에게 삶의 의지를 고취시키고, 국가와 인류를 위해 드높은 가능성을 깨닫게 해주는 데 있다.

— 조지 볼 George W. Ball

이 책에서 지금까지 다루어온 리더들은 리더의 역할을 차지할 수 있는 경력을 선택했다. 미드와 오펜하이머 같은 학자들은 저마다 자신들이 선택한 분야에서 영향력을 발휘할 것으로 기대되었다. 그들은 각자 뛰어난 인류학자이자 물리학자로서 자신들의 입지를 구축했고, 그 지위를 이용하여 보다 광활한 '직접적인 리더십'의 무대로 옮겨갔다. 허친스는 일찍부터 고등교육계의 리더 역할을 추구했으며, 그러한 역할에서 한 치도 벗어난 적이 없었다. 이 세 리더들은 20대 초반 시절부터 '주류 계층'으로 편입되어 궁극적으로는 거기에서 최정상으로 향했다.

엘리너 루스벨트와 마틴 루터 킹 2세는 나름대로 야망을 지닌 인물들이었다. 그러나 그들은 자신들이 성장기를 보낸 사회에서 그때까지 존재하지 않았던 위치에 올랐던 만큼 야망을 실현하기가 그리 쉽지 않았다. 지금까지 존재하지 않았던 역할과 강력한 이야기, 그리고 대중적 지지를 그들은 오로지 스스로의 힘으로 만들어내야 했다. 정신의학자 로널드 하이페츠 Ronald Heifetz의 용어를 빌리면 그들은 공식적인 권위가 주어지지 않았음에도 리더십을 발휘하고자 했다.

엘리너와 킹은 모두 젊은 시절의 꿈을 이루지는 못했다. 20대 초반의 엘리너는 유능하고 야망 있는 남편 프랭클린을 충실히 내조하고 아이들을 훌륭하게 길러내는 현모양처가 되길 원했다. 20대 초반의 킹은 유명 대학의 교수직으로 옮기기 전에 자신의 아버지가 그랬던 것처럼 훌륭한 목사가 되려고 했었다.

제일 먼저 주지사의 아내로서 그 다음은 대통령의 아내로서, 그리고 마지막으로 홀로 된 여성으로서의 삶을 살면서 엘리너 루스벨트는 자신이 강하게 믿어왔던 신념들을 추진했다. 그녀는 미국인들, 특히 미국 여성들에게, 고위 공직을 맡지 않은 여성도 국내외의 정치 분야에서 큰 영향력을 행사할 수 있다는 사실을 몸소 보여주었다.

당대에 가장 걸출한 흑인이라는 명성을 얻었던 마틴 루터 킹 2세는 먼저 미국 흑인들의 역경에 관심을 집중시켰고, 더 나아가 미국과 전 세계에 빈곤계층의 현실을 일깨워주었다. 엘리너 루스벨트처럼 그는 자신이 제시한 이야기를 몸소 실천했고, 자신의 인생에서 경험했던 여러 사건들을 반추하면서 궁극적인 결론들을 도출해냈다.

엘리너와 킹이 지나온 길을 들여다보면 우리는 많은 친숙한 주제들과 대면하게 된다. 그러나 그들 역시 지금껏 존재하지 않았던 역할을 통해 리더십을 발현해낸 만큼, 당시의 다른 리더들과는 사뭇 다른 행적을 보이고 있다. 그들은 단순하게 이미 알려져 있는 이야기만을 구현하지는 않았다. 오히려 그들이 먼저 청중을 찾아냈고, 청중이 그들을 발견하자마자 섬세하고도 정교한 상호작용이 벌어졌다. 다른 리더들과는 달리 엘리너와 킹은 수시로 자신들을 재창조해야 했는데, 이는 한편으로는 당대의 복잡한 사건들에 대처하기 위해서였고 다른 한편으로는 자신들의 청중들 중에서 가장 호응도가 높은 사람들에게 반응하기 위해서였다.

결국 두 사람은 긍정적이든 부정적이든 강력한 반향을 불러일으켰다. 그들은 개인과 그룹의 정체성에 대해 명료하고도 도전적인 비전을 제시하였고, 더욱 강도 높게 소외계층을 비롯한 모든 시민이 존중받아야 할 존엄성을 지니고 있음을 인식시켰다. 나는 엘리너와 킹이 미국 사회의 주류 집단의 관심에서 벗어나 있던 비주류 집단 혹은 소외계층의 리더들이었다고 생각한다. 1960년대에 〈모두가 한 가족All in the Family〉이라는 텔레비전 시트콤에서 마음씨가 착하면서도 고집쟁이로 등장하는 아치 벙커Archie Bunker는 이 점에 대해 정곡을 찌르는 대사를 한 적이 있다. "엘리너 루스벨트가 그들을 발견하기 전까지, 우리는 유색인종이 존재하는지도 몰랐다."

엘리너 루스벨트는 당시로서는 보기 드문 유년시절을 보냈다. 1884년 정치적, 사회적으로 명망 있는 뉴욕의 부유한 집안에서 태어난 그녀는 동년배 세대의 다른 어떤 여성보다도 풍부한 기회를 가질 수 있었다. 하지만 엘리너의 어린 시절은 불행했고, 그러한 유년의 기억은 인생을 파멸시킬 정도는 아니었지만 그녀에게 씻을 수 없는 상처를 남겼다.

그녀의 부모인 안나 홀 루스벨트Anna Hall Roosevelt와 엘리엇 루스벨트Elliott Roosevelt는 외견상으로는 아무 문제도 없는 이상적인 부부처럼 보였다. 엘리너는 훗날 자신의 자서전을 이렇게 시작하고 있다. "나의 어머니는 내가 아는 어떤 여자보다도 우아하고 아름다웠다." 그리고 두 페이지 뒤에서 이렇게 덧붙인다. "아버지와 함께 하는 시간은 늘 행복했다. …… 그는 내 인생의 사랑 그 자체였다." 그러나 루스벨트 가문의 화려한 외양 뒤에는 온갖 병리가 숨겨져 있었다. 전기 작가인 블랜시 위센 쿡Blanche Wiesen Cook은 신랄한 문구로 이렇게 기술하고 있다. "그녀의 아버지를 비롯하여 젊은 숙부들과 숙모들의 빅토리아풍 세계의 이면에는 알콜 중독, 간통, 아동학대, 강간, 아동방치 따위가 은폐되어 있었다." 냉철하고 엄격한 어머니가 디프테리아로 세상을 떠났을 때 엘리너의 나이는 8살이었다. 선한 사람이었지만 자폐적이고 항상 고민에 빠져 지내던 아버지는 엘리너가 10살 때 사망했다. 고아가 되어버린 엘리너는 십대 소녀로 자랄 때까지 형제들과 함께 외할머니 밑에서 성장했다.

자신을 매력 없는 미운오리새끼라고 생각했던 엘리너는 형제들 사이에서 항상 열등감과 두려움에 시달리며 칭찬과 안전을 갈망했다. 훗날 그녀는 당시의 자신의 학업능력과 심리상태에 대해서 경멸조로 언급했다. "난 성인이 될 때까지 스스로 생각하는 능력을 갖지 못했다." 다른 사람들은 엘리너가 큰 키와 진지한 성품 때문에 어른처럼 보였으며, 종종 더 이상 아이가 아닌 듯이 대우를 받았다고 했다. 그녀의 어머니는 그녀를 '할머니'라고 부르곤 했다. 그러나 엘리너는 초등학교를 마칠 무렵 언어에 대한 재능과 도덕적 문제에 대한 관심, 그리고 리더십의 징후를 드러내기 시작했다.

엘리너의 미래 발전의 기초가 된 가장 중요한 사건은 1899년부터 1902년까지 영국의 런던 교외에 위치한 알렌스우드스쿨 Allenswood School에 다녔다는 사실이었다. 알렌스우드의 여교장이었던 마리 수브레스트 Marie Souvreste는 당대의 여러 사회문제들에 대해 확고한 견해를 지닌 뛰어난 인물이었다. 엘리너의 정직성과 직설적인 성격에 강한 매력을 느낀 70살의 수브레스트는 어린 엘리너를 보살펴주었고, 서로에게 이끌렸던 두 사람의 우정은 1905년 수브레스트가 사망할 때까지 계속되었다. 마치 어머니와도 같았던 수브레스트와 함께 유럽을 여행하면서 엘리너는 유럽식 문화생활을 배우게 되었고, 남성중심적인 사회에서 강인하고 독립적인 여성이 되려면 어떻게 자신을 다스리고 대처해 나가야 하는지 터득했다. 엘리너는 한 점 과장 없이 이렇게 단정지었다. "진보적인 사고와 강인한 성품을 형성할 수 있었던 당시의 3년 동안이 나의 성장을 위한 씨앗이 되었다."

수브레스트의 지도를 받으며 지낸 유학 시절은 엘리너에게 다른 데서는 얻을 수 없는 세속적이면서도 활력이 넘치는 정신을 심어주었다. 유학 생활을 마치고 미국으로 돌아온 엘리너는 곧장 사회활동에 뛰어들었다. 당시 미국은 진보의 기운이 충만한 시대였고, 그녀의 숙부인 시어도어 루스벨트는 진보적인 대통령으로서 각종 개혁 정책들을 활발히 전개하고 있었다. 루스벨트 일가가 살던 뉴욕 역시 사회개혁이 활발히 진행되고 있었다. 엘리너는 전국소비자연맹이나 청소년연합 등에 가입하여 도시거주자와 빈민가 사람들의 생활개선을 위해 일했다. 또한 리빙턴 가街의 이민자들을 위한 정착기관에 나가 이민자녀들을 가르치기도 했다. 이 시절을 회고하며 엘리너는 이렇게 말했다. "과거의 나는 진지한 여자였다. 영국에서 지내던 시절에는 자유롭고 무책임한 삶의 느낌을 처음 맛보았으나, 미국으로 돌아와 즉시 삶의 진지한 측면이 되살아났다."

그러나 공공부문에서의 활동이 아무리 매력적이고 보람을 느끼게 만들지라도 뉴욕 명문가 출신의 젊은 여성이 지속적으로 할 일은 아니라고 여겨졌다. 다른 사람들은 엘리너가 곧 사랑에 빠져 결혼을 하고 아이를 양육할 것으로 생각했고, 그녀 자신도 이를 굳이 부인하지는 않았다. 결국 이런 각본대로 엘리너는 먼 사촌이었던 프랭클린 루스벨트와 약혼을 하게 되었다. 프랭클린은 하버드대 대학생이었는데 다소 실속 없이 보이긴 했어도 매력적인 데가 있었다. 1905년, 두 사람은 결혼했고 프랭클린은 컬럼비아 대학 로스쿨에 들어갔다.

21살이 된 엘리너는 자신이 누구이며 어디에 속해 있는가에 대한 의문을 품어본 적이 거의 없었다. 그러한 의문은 자신이 안락한 주류층에서 벗어나 있는 주변인이라고 느끼는 사람들이나 제기해야 마땅한 것이었다. 엘리너는 개인으로서 그리고 프랭클린의 아내로서 이미 기성체제에 편입되었던 만큼, 인습타파를 생각하거나 시도한다는 것 자체가 생각하기 힘든 일이었다. 이제는 남편 내조만이 그녀가 해야 일이었다. "나는 열심히 그의 계획에 귀를 기울였다. 하지만 내가 무슨 역할을 할 수 있을 거라는 생각은 들지 않았다. …… 나는 그가 누군가에게 소속되어 있다는 느낌을 가졌으면 좋겠다는 생각을 했다." 어린 시절의 상처와 수브레스트와의 모험적인 여행은 먼 과거의 일처럼 느껴졌다. 루스벨트 가문의 귀족적 분위기에서 그녀는 그런 것들을 입 밖으로 꺼낼 수도 없었을 테고, 그런 생각조차 허용되지 않았을 것이다.

결혼 후 15년 동안 두 사람 사이에 놀라운 사건, 즐거운 일, 고민거리들이 없었던 것은 아니지만, 그러한 일들이 엘리너의 인생을 궁극적으로 바꾸어놓지는 못했다. 그녀가 세계적인 주목을 받고 찬성과 반박이 오가는 지위를 거머쥘 만한 징후는 아직 어디에도 나타나지 않았다. 그녀는 아이를 다섯 낳았는데 모두 건강하게 성장했다. 자신의 불행했던 어린 시절과 진지한 성격 때문에 아이를 키우는 데 능숙하진 못했지만, 실수를 통해 배우려고 노력했고 아이들이 올바르게 성장할 수 있도록 애썼다. 며느리로서 그녀는 명문가의 독재적 시어머니인 사라 델라노 루스벨트Sara Delano Roosevelt를 상대해야 했다. 사라는 돈이 많았으며 의견도 많았다. 사라는 엘리너에게 도무지 숨 돌릴 틈을 주지 않았지만, 엘리너는 평온한 가정을 위해 참고 노력했다.
그러고도 남아있는 에너지를 그녀는 남편에게 쏟았는데, 당시 프랭클린은 고속 승진을 거듭하고 있었다. 전기 작가 조셉 래시Joseph Lash에 의하면 프랭클린은 자신의 한 법률가 친구에게 숙부인 시어도어 루스벨트와 비슷하게 보이는 자신의 계획을 밝혔다. "먼저 주 의회의원이 되고 해군차관보를 지낸 다음 주지사에 나가고, 다시 운이 따라 주면 대통령에 도전해 볼 생각이다." 대부분의 리더들이 그렇듯이 프랭클린은 대단한 자신감과 운명 의식을 내비치면서 이 비전을 충실히 지켜 1910년 뉴욕 주의회 의원에 당선되었고, 그에 따라 가족은 올버니로 이사했다. 1912년 우드로 윌슨Woodrow Wilson이 미국 대통령으로 당선된 후 프랭클린은 해군차관보로 임명되었고 가족은 다시 워싱턴으로 이사했다. 엘리너는 내조에 충실한 정치가의 아내였고 점차 늘어가는 가족 구성원들을 지칠 줄 모르고 보살폈다. 그녀는 뉴욕의 하이드 파크 소재의 저택과 메인의 캄포벨로에 있는 여름 별장과 워싱턴에 있는 임시주택 등지로 가족들을 능숙하게 이동시켰다.

엘리너는 선택이 아닌 필요에 의해 그동안 공익을 위한 봉사활동을 보류해 왔지만, 1917년 미국이 제1차 세계대전에 나서면서 또 다시 봉사활동의 기회가 찾아오자 이를 놓치지 않았다. 그녀는 적십자 식당에서 일했고 해군 적십자를 조직했으며 해군성 작업실에서 직물 짜는 일을 감독했다. 가정에서는 음식 절약을 항상 실천했고, 그런 절약 정신을 다른 사람들에게도 널리 인식시켰다. 정치적인 사안들에 관한 그녀의 의견은 점차 진보적인 성향을 드러냈는데 먼저 여성 참정권을 옹호하기 시작했다. 돈을 주면 군복무를 대신해 줄 사람을 구할 수 있었던 시절을 그리워하면서 전쟁의 불편함을 투덜대는 가문의 보수적인 사람들에게 그녀는 처음으로 반대의견을 내놓으며 맞섰다. 조금 늦은 감이 있었지만 이렇듯 점차 강화되는 자신감은 아마도 리더의 조건인 권위에 도전하는 능력이 표출된 것이라고 볼 수도 있다.

1918년 11월 전쟁이 끝나갈 무렵, 엘리너는 내조에 충실하면서 비정치적인 예전의 자신의 역할로 돌아갈 준비가 되어 있었다. 그러나 드라마 같은 두 가지 사건이 발생하면서 결혼생활이 급변하게 되었고, 그 때문에 그녀는 독립적인 진로로 방향을 선회하여 결국 평생 독자적인 노선을 추구하게 된다.

첫 번째 사건은 엘리너의 비서이자 매력적인 젊은 여성이었던 루시 머서Lucy Mercer와 남편 프랭클린 사이에 오간 은밀한 편지 다발의 발견이었다. 미남이며 바람기가 있는 프랭클린이 그동안 몇 차례 집에 늦게 들어오긴 했어도 그녀는 남편을 철저히 신뢰하고 있었다. 그러나 이제 명백한 증거를 손에 쥐게 되면서 최악의 두려움은 현실이 되어버렸다.

그녀는 나중에 이렇게 털어놓았다. "내 세계의 밑창이 빠져버린 것 같았다. …… 나는 처음으로 정직하게 나 자신과 대면했다. 그 해에 난 그야말로 많은 성장을 했다." 이혼을 포함한 여러 가지 대안을 모색하는 고통스러운 내면의 갈등 끝에, 결국 남편 프랭클린이 머서와의 관계를 청산하는 데 동의하면서 엘리너 역시 결혼생활을 계속 유지하기로 마음먹었다. 그러나 이때부터 두 사람은 열정이 사라진 공허한 결혼생활을 유지하게 되었고, 오로지 생활의 편의를 위한 형식적인 관계에 머물렀다. 그리고 엘리너는 다른 사회적 관계와 활동을 위안으로 삼겠다고 결심했다. 그 후로도 프랭클린은 다른 몇몇 여자들과 계속 애정행각을 벌였고, 그로부터 25년 뒤에는 루시와 함께 밤을 지내다가 사망했다. 한편 구체적인 증거가 제시되지는 않았지만 일부 학자들은 엘리너가 여러 명의 레즈비언 여성들 및 한두 명의 어린 남자들과 친밀하게 지냈다고 믿고 있다.

첫 번째 사건이 개인적으로 고통스러운 것이었다면 두 번째 사건은 공개적인 관심을 불러일으켰다. 1921년 여름, 프랭클린은 지독한 소아마비에 걸렸는데 다시 걸을 수 있을지 의심스러울 정도였다. 그의 어머니를 포함한 대부분의 사람들은 이제 그가 정계를 떠나 하반신이 마비된 하이드파크의 지주 정도로 지내리라 예상했다.

엘리너는 엄청난 노력과 헌신으로 프랭클린의 재활에 정성을 다했다. 그녀가 당시의 상황을 밝혔던 말에는 의도하지 않은 아이러니가 내포되어 있었다. "그 병을 계기로 나는 남편의 인생, 나의 인생, 아이들의 양육과 관련하여 홀로서기를 할 수 있게 되었다."

그녀는 프랭클린이 결코 영원히 병자로 남아 있지는 않을 것이라고 확신했다. 정작 그녀는 정치인의 인생에 대해 상반된 생각을 가지고 있었지만 프랭클린의 성과만큼은 그대로 유지되기를 원했고, 또 그가 원한다면 정계에서 다시 활동할 기회가 오기를 희망했다. 엘리너는 프랭클린의 재활을 위해 루스벨트 가문과 10년 동안 친분을 쌓은 언론인 루이스 하우Louis Howe의 도움을 받았다. 하우는 프랭클린에게서 정치적 천재성을 읽어냈고, 아직 한창인 그 젊은 민주당원이 다시 재기할 수 있도록 지원을 아끼지 않았다. 하우는 또한 엘리너가 프랭클린의 유능한 제자이자 친구이며 지원자라는 사실도 알아보았다.

엘리너 루스벨트의 생애를 연구하기 전까지, 나는 그녀의 공인으로서의 빛나는 경력 대부분이 프랭클린의 뉴욕 주지사 시절1929~1933

과 대통령 재임 초기의 '예행연습'에서 시작되었을 것이라고 짐작했었다. 하지만 기록을 살펴보니 엘리너는 1920년대 초반에 실제적으로 전면에 등장해 있었음이 분명했다. 그런데 놀랍게도 이 시기는 그녀의 남편이 소아마비로 재활에 매달리며 정치적 사안들에서 멀리 떨어져 있었던 때였다. 엘리너가 공공봉사 분야에 해박해진 시기는 바로 1920년대였다.

물론 엘리너에게 정치판이 낯설지는 않았다. 루스벨트 가문은 오랫동안 뉴욕과 워싱턴의 정계에 관여하고 있었다. 엘리너는 줄곧 정치가의 아내였고 프랭클린의 주의회 의원 시절과 워싱턴에서의 차관보 시절, 낙선은 했지만 결과적으로 타격을 입지 않았던 1920년의 부통령 출마 시절에 정치를 옆에서 지켜보고 있었다.

서서히 시어머니의 영향권에서 벗어나면서 엘리너는 정치 활동에 몰두할 수 있게 되었다. 그리고 실제로 그런 모습을 보여주었다. 1920년대에 뉴욕의 한 인상적인 여성단체와 함께 일하면서 그녀는 건강에서부터 주거 및 여성근로자의 보호에 이르기까지 수많은 사안들에 관한 입법 안건들을 처리했다. 엘리너와 동료들은 자료를 조사하고 청문회를 개최하고 법안을 기초하는 데 많은 진보를 이루어냈고 서로 긴밀하게 협조했다. "업무와 우정을 공유하는 단순한 네트워크가 장애물이 쌓이고 참여하기 쉽지 않은 세계에서 변화와 평등을 위해 투쟁하는 많은 정치적 여성들에게 힘이 되었다."

엘리너는 여성들을 위한 중대한 변화는 여성들이 대체로 배제되어 왔던 정치적 절차를 통해서 이루어질 수 있다고 결론지었다. 미국 여성의 참정권은 1920년에 실현되었는데, 이때와 멀지 않은 시기에 엘리너는 인생의 중대한 두 가지 위기를 겪는다. 그리고 엘리너는 정치

냄새가 나지 않던 위민스시티클럽Women's City Club을 벗어나 서서히 뉴욕의 민주당 정치 무대로 이동했다. 초기에 그녀는 잡다한 업무를 거들며 여론조사 방법을 배웠다. 그리고 남편과 하우의 조언을 들어가며 (민주사회의 다른 리더들과 마찬가지로) 연설하는 방법에서부터 대의원들에게 어필하는 방법, 투표수를 헤아리는 방법 등을 터득했다. 그리 썩 맘에 드는 일은 아니었지만 자신이 직접 앞에 나서거나 권력자에 맞대응을 하는 방법까지도 익히게 되었다. "나를 포함한 대부분의 여성들에게는 하나의 문제를 심사숙고하여 찬성 혹은 반대의 결론을 내리기가 쉽지 않다. 그러나 여성들은 그러한 판단력을 반드시 갖추어야 하며, 그것만이 여자의 능력을 입증해낼 수 있고 원하는 것들을 쟁취할 수 있는 길이다."

관심과 동기가 중요했지만 그에 못지않게 능력도 필요했다. 전기 작가 도리스 컨스 굿윈Doris Kearns Goodwin에 따르면 엘리너는 "자신에게 조직능력, 탁월한 판단력, 실제적인 통찰력, 놀랄 만한 인내력 등 다양한 능력"이 있음을 깨달았다. 이런 능력은 이내 동료들에게 인정을 받기 시작하면서 그녀는 점차 각종 정치적 이슈나 비정치적인 일들에 참여하게 되었다. 역사학자인 엘리자베스 페리Elizabeth Perry는 이렇게 말했다. "뉴욕의 여성 정치 네트워크에서 경험을 축적한 결과 그녀는 충분한 자격을 갖게 되었고 잘 알려졌으며 존경받는 공인이 되었다." 1920년대에는 엘리너가 영향력 있던 자신의 남편보다도 뉴욕 정계에 더 많이 알려진 인물이 되었다는 주장도 있다.

이렇게 해서 엘리너는 정치 분야의 기초를 닦았고, 그럼으로써 당당히 정계의 주요 인사가 되어갔다. 여자의 내조가 중시되는 전통 속에서 성장했지만, 마침내 정치 무대에서 주연 배우의 역할을 맡게 된 것이다. 그녀가 동료들이나 회의적인 시각을 가진 시민들을 향해 외친 '혁신적인 이야기'는 여자들도 진보적인 민주정치에 주체적으로 참여할 수 있다는 것이었으며, 그녀 자신이 해가 거듭될수록 이런 이야기를 철저하게 실천했다.

역설적인 것은 엘리너가 정치적 목소리를 내면서 입지를 굳혀가던 시점에 프랭클린도 서서히 정계에 복귀할 준비를 하고 있었다는 사실이다. 프랭클린은 놀라운 속도로 회복되어갔다. 그는 1928년에 뉴욕 주지사로 당선되었고, 1930년에는 상당한 표차로 재선에 성공했으며, 분수령이 된 1930년의 대통령 선거에서는 압도적인 표차로 승리했다.

번영기1928, 공황기1932, 고립기1936, 전쟁 공포기1940, 전면 전쟁기1944 등 어느 시기에서나 프랭클린은 미국 유권자들에게 강하게 어필하는 카리스마를 드러냈고, 해외에서도 점차 영웅으로 인식되고 있었다. 허리 아래는 여전히 마비상태였지만 병마를 이겨냈고, 그 과정에서 얻은 자신감은 수많은 사람들에게 용기와 희망을 안겨주었다. 그는 정치 무대의 분석가였고 사람을 평가하는 날카로운 안목을 갖고 있었으며, 탁월한 웅변가이자 정치적 세력 균형에 뛰어난 직관을 지닌 리더였다. 이런 타고난 재능에다 10년 동안 미국 정치 현실의 면밀한 연구를 통해 그는 당대의 정상급 정치인이 되었다.

엘리너는 프랭클린의 이런 능력을 존경하고 그를 통해 인간사를 관찰하고 분석하는 방법을 배우긴 했지만, 그의 정치적 승리에서 큰 기쁨을 느끼지는 못했다. 엘리너에게 그의 승리는 두 번의 위기를 겪으면서까지 인생을 함께 하기로 선택한 평생 반려자의 것이라기보다 편의상 알고 지내는 타인의 일처럼 거리가 느껴지는 것이었다. 그 부분적인 이유는 엘리너가 정치적 재능을 가지고 있음에도 불구하고 정치판의 소동이나 항상 냉정을 유지해야 할 필요성, 그리고 불가피한 음모와 술책 등을 좋아하지 않았기 때문이다. 또 사생활이 보장되지 않는 정치가의 아내로서의 생활도 싫어했기 때문이다. 프랭클린이 대통령에 당선되자 엘리너는 이렇게 말했다. "나는 대통령의 아내가 되길 바란 적이 없어요. 그리고 지금도 그걸 원하지 않아요." 그러나 또 다른 이유도 작용하고 있었다. 엘리너는 그간의 결혼생활에서 깊은 상처를 받은 탓에 남편의 사회적 성취를 통해 행복을 찾을 수가 없었다. 몇몇 관찰자들은 엘리너가 더 이상 남편에게 집중시킬 수 없는 자신의 열정을 남편이 추진해 왔던 과업이나 두 사람이 함께 지원했던 목표를 이루는 데 쏟았다고 생각했다.

실제로 프랭클린이 대통령 업무에 진력하자 엘리너는 더욱 적극적으로 자신의 인생을 구축하기 시작했다. 1920년대 후반부터 1930년대 초반까지, 그녀는 강연을 하거나 글을 쓰고 종종 라디오에 출연하고 개인적으로 지지하는 운동을 지원하는 일들을 가장 중요하게 생각했다. 그녀는 뉴욕의 토드헌터스쿨Todhunter School에서 문학과 역사와 시사를 강의하기 시작했다. 아마 자신이 소녀 시절 알렌우드에서 배웠던 교훈들을 이 학교의 10대 소녀들에게 가르쳤을 것이다. 그리고 절친한 두 친구였던 낸시 쿡Nancy Cook과 매리온 디커맨Marion Dickerman과 함께 자신의 집을 직접 지었으며, 발킬크릭Val-Kill Creek에 소규모의 가구공장도 세웠다. 남편과 함께 항상 대중의 시선에서 벗어날 수 없었던 엘리너에게 그곳은 지리적으로나 정신적으로 재충전의 휴식처가 되어주었다.

프랭클린이 대통령에 당선될 즈음, 엘리너는 1910년의 젊은 엄마이자 가정주부와는 사뭇 다른 사람이 되어 있었다. 그녀를 잘 아는 사람들에게 그녀는 이제 노련한 정치가일 뿐 아니라, 더 이상 시어머니의 간섭을 받지도 않고 남편에게 매달리지도 않는 독립된 인물로 비쳐졌다. 그녀는 이제 그녀 자신의 인격과 소양으로 다른 사람들을 대하고 있었다. 여러 면에서 그녀는 루스벨트 가문의 여러 자손들 중의 한 사람이 아닌 수브레스트와 하우의 정신적 후계자가 되어 있었다. 이제 그녀에게 있어서 가장 큰 도전은 한편으로는 퍼스트레이디로 살아남아야 한다는 것이었고, 다른 한편으로는 자신의 원칙을 충실히 지켜내는 사람이 되어야 한다는 것이었다.

프랭클린은 미국이 최악의 경기침체 상태에 빠져 있던 1933년 3월 4일 대통령에 취임했다. 엘리너는 향후의 12년간은 차치하고 당장의 4년간도 어떻게 전개될지 종잡을 수가 없었다. 그녀는 독립적으로 살고 싶었지만 그러한 자유가 온전히 허용되기는 어려우리란 점도 깨달았다. 모두가 그녀에게 국가의 안주인이자 국가를 대표하는 인물로서 상징적인 역할을 수행하길 바란다는 점을 알았지만, 그러한 의례적인 역할에는 혐오감을 느끼고 있었다. 그녀는 더 이상 자신이 새로운 선택을 할 수도 없고, 중요한 문제에서 남편과 상반된 입장을 취하지 않을까 스스로를 우려했다. 그러나 다른 한편으로는 자신의 위상에 걸맞은 권한이 주어질 테니 그것을 나름대로 의미 있는 방향으로 쓸 수도 있을 거라고 기대했다.

엘리너는 초기에는 자신의 역할을 찾기 위해 많은 궁리를 했다. 공식적인 집필이나 방송도 고려해 보았지만 결국 포기했다. 그녀는 남편에게 비서를 시켜달라고 제안했지만 프랭클린은 현명하게 거절했다. 그녀는 몇몇 여기자들을 모아놓고 퍼스트레이디로서는 처음으로 위험을 각오하고 기자회견을 했는데 결과는 매우 성공적이었다. 그녀는 항상 경호원을 따돌리려고 애썼고 사생활의 자유를 느껴보기 위해 모험적인 여행에 나서기도 했다.

이러한 노력은 일반 대중에게 강력한 메시지를 던졌다. 위기에 봉착한 국가를 위해 어떠한 실험이라도 감행하겠다는 프랭클린의 의지만큼, 엘리너 역시 국가의 공식적인 행사에만 참석하는 얼굴마담이 되지 않겠다는 의지를 분명히 표현한 것이다. 애비게일 애덤스Abigail Adams 이후 가장 준비가 잘 된 (누군가는 '힐러리 클린턴 이전에 가장 준비가 잘 된'이라고 한 마디 덧붙이고 싶을지도 모르겠다) 대통령의 아내였던 그녀는 전국적인 차원에서 자신이 강력한 힘을 발휘할 수 있는 인물이 되어야겠다고 생각했다. 그런 역할을 찾는 과정에서 자신이 곤란한 상황에 처할 수 있다는 우려는 하지 않았다. 하지만 남편 프랭클린이 공식적으로 난처한 입장에 처할 만한 언행은 극도로 삼갔다.

1930년대의 엘리너 루스벨트는 각기 특징적인 메시지를 가진 네 가지의 뚜렷한 역할을 수행하여 주목할 만한 성과를 이루어냈다. 나의 용어로 말하자면 그녀는 직접적인 리더였다. 그녀의 '이야기'는 비전을 내포한 것은 아니었을지라도 자신의 정체성과 그러한 이야기를 전달하는 수단은 분명히 혁신적이었다.

엘리너는 여성들의 정치 참여를 적극적으로 지지했다. 때로는 공공연하게 그리고 때로는 배후에서 엘리너는 여성들이 정부의 요직에 임명되도록 로비를 벌였다. 그리고 여성들의 주장이 널리 알려지고 실행될 수 있도록 많은 힘을 쏟았다. 여성 근로자들이 증가하는 비율은 더뎠지만, 우체국에서부터 신설기관인 공공사업부Works Progress

Administration에 이르기까지 많은 여성들이 여러 정부기관에 임용되었다. 1936년 민주당 정책위원회에 여성들이 임용되자, 「뉴욕타임스」는 "수십 년 만에 여성들이 이룩해낸 가장 큰 성과"라고 논평했다. 엘리너의 첫 번째 메시지는 "정계는 반드시 여성들에게도 중책을 맡겨야 한다"는 것이었다.

그녀의 두 번째 역할은 진보적인 문제들을 다루는 데 공식적인 목소리를 냈다는 점이었다. 엘리너는 언론과 접촉하기가 수월했고 또 그것을 충분히 활용했다. 정기적인 기자회견 외에도 그녀는 기사를 쓰거나 책을 집필했다. 그녀가 수년 동안 '나의 일상My Day'이라는 제목으로 기고한 칼럼은 136개 신문에 실렸다. 당시에 그녀처럼 공식적으로 정치활동을 하는 여성은 없었다. 엘리너는 거의 자력으로 정치가의 아내에 대한 기존의 이미지를 완전히 바꿔놓았다. 정치가의 아내도 소외계층의 권리를 비롯한 여론을 충분히 이해하고 영향력을 행사할 수 있음을 보여주었다. 그녀의 두 번째 메시지는 "미국은 진보적인 국가가 되어야 한다"는 것이었다.

그녀의 세 번째 역할은 고충처리담당자로서 정부의 다양한 기관에 로비를 하고, 정부와 일반 국민 사이에서 가교 활동을 벌이는 것이었다. 엘리너는 사람들이 자신에게 보낸 우편물을 몇 통만 읽고도 대중들의 생각과 요구를 읽어냈고, 자신이 옳다고 믿는 활동에 대한 지원을 주저하지 않았다. 농업정책국의 의심스런 정책에 대한 얘기를 들은 후에는 직접 국장에게 전화를 걸어 따졌다. "농촌에서는 수천 명의 사람들이 굶고 있는데, 왜 그 많은 돼지들을 미시시피 강에 던져버리는 겁니까? …… 그 고기를 그들에게 주지 못하는 이유가 뭐죠?" 또한 그녀는 전국청년국National Youth Agency에서 아더스데일Arthursdale

이라는 모범 공동체에 이르기까지 여러 프로젝트에도 영향력을 행사했다. 메리 비어드Mary Beard 기자는 이렇게 썼다. "정말 놀라울 정도로 백악관은 대중의 재판정이 되었다. 현관 뒤에서 퍼스트레이디가 자기 앞으로 전달되는 모든 사건들을 심판했다." 엘리너의 세 번째 메시지는 "퍼스트레이디가 소외당한 미국인들의 권리를 찾아준다"는 것이었다.

엘리너의 네 번째 역할은 가장 중요하면서도 가장 민감한 것이었는데, 바로 남편의 비공식적인 조언자로서의 역할이었다. 엘리너는 남편의 사설 고문으로서의 역할에 큰 비중을 두지 않았다. 물론 프랭클린에게는 대부분의 국가적 사안을 다루는 고문단이 있었다. 엘리너는 자신이 중요하게 여기는 문제들에 대해 프랭클린에게 압력을 넣었을 수도 있는데, 실제로 프랭클린은 자신이 여러 이유 때문에 수용할 수 없었던 소수민족의 인권 등에 대한 엘리너의 공식적인 입장을 높이 평가했다.

국내 정책을 추진하는 데 실험이 곧 원칙이었던 프랭클린의 대통령 첫 임기 동안, 엘리너의 목소리가 백악관 내부 회의에서 강력한 영향력을 지니고 있었다고 볼 만한 이유는 충분했다. 그녀는 자신의 견해를 프랭클린에게 납득시키기 위해 공식적이거나 비공식적인 모든 기회를 이용하여 주기적으로 강하게 밀어붙이곤 했다. 첫 사설 고문단의 멤버였던 렉스포드 터그웰Rexford Tugwell은 그 상황을 생생히 전해 주었다.

엘리너가 남편과 마주 앉아서 그의 눈을 똑바로 쳐다보며 "프랭클린, 난 당신이 이렇게 했으면 좋겠어요……", "프랭크, 당신도 알다시피······." 하고 말하는 것을 본 사람이라면 그 경험을 잊지 못할 것이다. 그녀의 결단 때문에 얼마나 자주 그리고 폭넓게 미국의 정부 정책들이 방향 전환을 했는지는 일일이 거론할 수 없을 정도이다.

그녀는 특별한 직책을 맡지 않은 사설 고문 중 한 사람이었지만, 공익 부문에서 그토록 중요한 역할을 수행한 사례는 아마도 유래를 찾아보기 힘들 것이다. 엘리너는 자신의 네 번째 메시지를 다음과 같이 정의했다.

프랭클린이 완전히 순종적인 아내와 살았다면 더 행복했을 것이다. 그러나 나는 도저히 그럴 수 없었고, 그는 그 역할을 다른 사람에게서 찾아야만 했다. 그럼에도 불구하고 나는 때로 자극제 같은 역할을 했다고 생각한다. 물론 그런 자극제가 늘 인정되거나 환영받지는 않았지만 말이다. 나는 그가 목적을 이루는 데 일조했다.

60여 년이 지난 지금, 당시 엘리너 루스벨트가 얼마나 많은 존경을 받았는지 새삼 되새겨볼 필요가 있다. 지금까지의 거의 모든 여론조사에서 그녀는 가장 존경받는 미국 여성으로 뽑혔고 남녀 통틀어서도 가장 존경받는 미국인 중의 한 사람이었으며, 전 세계적으로도 가장 존경받는 여성으로 거론되곤 한다. 1939년 미국 국민들의 3분의 2 가량이 퍼스트레이디로서 그녀의 활동에 만족을 나타냈고, 워싱턴에서 가장 영향력 있는 인물 중의 한 사람으로 지목하곤 했다. 그녀가 사망할 때까지 이런 평가를 받았다는 것은 엘리자베스 여왕이나 장제스의 부인이나 다른 퍼스트레이디들처럼 단순히 유명했다는 사실만을 의

미하지 않는다. 그녀는 대통령의 헌신적인 아내로서의 역할뿐 아니라, 자신의 신념에 기초하여 생각하고 행동하는 독자적인 개인의 역할을 모두 훌륭히 수행해냈다. 그녀의 견해에 반대했던 사람들조차도 그녀의 업적에 대해서는 경의를 표했다. 그녀는 특정한 집단이나 특정한 문제에 대한 사람들의 신념에 지대한 영향을 미쳤으며, 선출직에 있지 않은 여성도 많은 역할을 할 수 있다는 사실을 널리 일깨워주었다.

물론 엘리너는 비난도 받았다. 어떤 때는 남편을 대신해서 비난을 감수해야 했고, 또 어떤 때는 그녀가 강력하게 표현한 견해와 태도에 반발하는 보수적인 시민들의 공세에 시달리기도 했다. 진보적인 정부에서 여자들도 해낼 수 있는 역할이 있다는 '이야기'는 여자는 가능한 한 정치에서 멀리 떨어져 있어야 하며 남편의 신념과 계획을 무조건 지지하고 보좌해야 한다는 기존에 널리 만연되어 있던 통념(반대 이야기)과는 상반된 것이었다. 그녀의 견해에 반대하는 사람들과 남편과 확연히 다른 입장을 취하는 데 반대하는 사람들, 그리고 여러 복합적인 이유로 그녀에게 반감을 느끼는 사람들 때문에 그녀는 비난을 많이 받는 대표적인 인물이 되었다. 하지만 그녀는 자신의 신념을 굳게 믿고 미국 정치 무대에서 여성의 역할에 대한 대중의 인식을 크게 바꾸어놓았다.

당시 유럽에서 벌어지고 있는 일련의 사건들은 서서히 루스벨트 부처의 관심을 끌기 시작했다. 국내의 경제회복과 사회재건도 시급했지만, 전체주의로부터 위협을 받는 세계의 민주주의를 지켜내는 것도 무시할 수 없는 중대한 사안이었다. 증폭되는 세계적인 위기 때문에 프랭클린은 3선에 이어 4선까지 당선되었고, 프랭클린 자신도 그 위기를 극복하기 위해 전력을 다했다. 제2차 세계대전의 발발로 프랭클린과 엘리너는 이전에는 공개적으로 드러낸 적이 없었던 협조적인 모습을 보여주었다. 초기의 평화 지향적인 경향에도 불구하고 엘리너는 국가의 전쟁 노력을 뒤에서 지원했고 남편의 정책을 열렬히 지지했다. 그녀는 개인적으로 주목받는 것을 싫어했지만, 남편이야말로 전쟁 중에 국가를 지도할 유일한 사람이라고 믿음을 표시했다. 그녀는 지칠 줄 모르고 아시아와 유럽의 군대들을 방문했고, 프랭클린이 미처 해내지 못하는 업무들을 대신 처리함으로써 그를 효율적으로 도와주었다.

하지만 엘리너와 프랭클린의 개인적인 관계는 프랭클린 생애의 마지막 몇 년 동안 오히려 더 희석되어간 듯하다. 엘리너는 기본적으로 항상 국내 문제에 관심이 많았는데, 여타의 문제들에 떠밀리거나 프랭클린을 접촉할 기회가 줄어들어 자신의 관심사가 소홀히 다루어질 것을 우려했다. 실제로 프랭클린은 점점 더 시간이 부족했고, 자신보다 더 진보적인 성향을 지닌 엘리너의 사회적 견해를 견뎌내는 데 힘들어했다. 그는 전쟁을 수행하느라 가족들과 함께 할 시간조차 갖기 힘들었고, 그의 아이들마저 그를 만나기 위해서는 따로 약속을 잡아야 할 정도였다. 앞에서도 언급했듯이 그는 계속해서 다른 여자들과의 교제를 즐겼다. 엘리너도 자신의 로비 활동을 자제하고 국내 문제에 대한 관심을 줄이면서 전쟁 노력에 집중했다. 그러나 국내외 소외계층에 대해서는 계속해서 관심을 기울이고 있었다.

이미 확고히 자리 잡고 있는 기관을 이끄는 리더는 자신이 설정한 의제나 활동방식을 지속적으로 추구할 수 있어야 한다. 그러한 권위를 갖추지 못한 리더는 사건들을 면밀히 통제할 수 없을 뿐 아니라,

자신의 청중이 계속 유지되길 바라거나 대중에게 변함 없는 영향력을 행사하려면 때에 따라 노선을 다소 급진적으로 변경할 태세를 갖추고 있어야 한다. 엘리너는 능숙한 정치 감각으로 자신의 지속적인 관심사와 새롭게 떠오르는 전쟁 과업을 연계시켰다. 그녀는 쉴 새 없이 전쟁 노력을 지원하면서도 두 주요 집단을 위해 자신의 에너지를 집중시켰다. 첫 번째는 모든 전쟁물자 생산에 여성들이 참여하도록 촉구했다. 그럼으로써 여성들이 자신들의 노력을 인정받으며 보수를 받고, 어머니와 주부라는 힘든 역할도 인정받을 수 있도록 애썼다. 두 번째는 흑인에 대한 군복무상의 차별 철폐와 흑인들이 가정, 직장, 공공장소에서 완전한 미국 시민으로서 대우받을 권리를 위해 투쟁을 벌였다. 엘리너의 이러한 두 가지 운동은 강한 저항에 부딪혔다. 특히 미국 고유의 배타적인 관점을 지닌 사람들에게서 반발이 거셌다. 그러나 역설적인 것은 전면전을 펼쳐야 한다는 사회적인 압력이 다른 어떤 요인보다도 이들 두 그룹의 권리를 신장시키는 데 크게 작용했다는 점이다. 엘리너가 이처럼 환영받지 못했던 두 가지 목표를 이루기 위해 끈질기게 노력했다는 점은 높이 평가할 만하다.

 1945년 프랭클린이 사망했을 때, 엘리너는 국가를 위해서는 슬픔을 표명했으나 개인적으로는 특별한 감정을 보이지 않았다. 그녀는 그의 사망 소식을 듣고 거의 무덤덤한 반응을 보였으며, 단지 "한때 나의 남편이었던 여기 누워 있는 이 사람을 힘과 의지의 상징으로 우러러보았던 모든 사람들이 느끼는 슬픔"에 대해서만 언급했다. 그러고는 이렇게 덧붙였다. "나는 나보다도 이 나라 국민과 세계인들에게 더 위로를 드리는 바이다." 그리고 갓 취임한 해리 트루먼 대통령이 엘리너에게 무엇을 해주면 좋겠냐고 묻자, 그녀는 이렇게 답변했다. "오히려 우리가 당신을 위해 할 일은 뭐 없나요? 이제 당신이 어려움을 떠안게 되었으니 말이에요."

프랭클린이 사망한 후, 엘리너는 그리워하던 더치스 카운티Dutchess County로 돌아가 가끔씩 해외여행을 하면서 자녀와 손자들과 함께 정기적으로 휴일을 보내는 지극히 개인적인 삶을 기대했다. 그녀는 한 기자에게 이렇게 말했다. "이야기는 끝났다." 헨리 모겐소 2세Henry Morgenthau, Jr.에 따르면, 그녀는 "이제 대통령의 미망인이 되었으니 아무도 내 말을 들어주지 않을 것"이라고 말했다고 한다. 그러나 엘리너가 퍼스트레이디로서의 긴장에 넘친 생활을 예상하지 못했듯이, 그녀는 향후 자기 인생의 마지막 17년 동안 자신이 맡을 역할과 영향력에 대해서도 완전히 잘못 생각하고 있었다.

조지 마셜이 은퇴 직후 극동지역 파견 임무를 위해 다시 불려나왔던 시기에, 엘리너 루스벨트는 트루먼 대통령으로부터 유엔에 파견할 첫 미국 대표부의 일원이 되어달라는 요청을 받는다. 대표부 중에는 그녀가 유일한 여성으로서, 그러한 선택을 받은 것은 큰 영예이자 도전이었다. 그녀는 이렇게 말하며 수락 의사를 표명했다. "내가 성공적인 대표부의 일원이 되지 못한다면 그것은 단순히 나 혼자만의 실패가 아니라 모든 미국 여성들의 실패로 간주될 것이다. 그러면 당분간 여성이 주요 공직에 임명되기는 어려워질 것이다." 엘리너는 몇 년간 그 임무를 충실하게 수행해냈고, 트루먼과 케네디 행정부 시절에 소련의 가공할 만한 대표였던 안드레이 비신스키Anderi Vishinsky와 수차례 대결을 벌이며 탁월한 협상가로서 두각을 나타냈다. 특히 그녀는 인권위원회 위원으로 유명해지는데, 그곳에서 인권선언을 관철시키기 위해 부단히 노력했다. 전 세계적으로 인권의 상징적 존재로 우뚝 선 그녀에게 유엔 대표들이 모두 기립하여 박수갈채를 보낼 때 그녀의 공헌은 확실하게 평가받았다.

엘리너는 공식적인 업무 외에도 다른 많은 활동을 벌였다. 미국 대중매체에 정기적으로 등장했던 그녀는 이제 라디오와 신문뿐 아니라 텔레비전에도 출연하기 시작했다. 그녀는 이스라엘의 국가 인정 문제나 1940년대 말과 1950년대 초에 열풍처럼 일어난 반공산주의 논란을 피해가지 않았다. 이러한 뜨거운 쟁점들을 놓고 뉴욕의 보수적인 추기경 프랜시스 스펠먼Francis Spellman과 극우 칼럼니스트인 웨스트부룩 페글러Westbrook Pegler와 공개적으로 대립하기도 했다. 역사학자인 윌리엄 채프William Chafe는 이렇게 기술했다. "트루먼 대통령에게 보낸 긴 편지를 통해 그녀는 행정부에 여러 안건을 제의했다. 시민의 권리를 보장하고 공정한 고용을 위한 위원회를 설치하며, 다른 국가들의 필요에 대처할 외교정책을 개발하고 국제관계에서 핵폭탄을 협상 수단으로 사용하지 못하게 하는 범세계적인 체제를 구축할 것을 간청했다." 이러한 사안들에 관한 주장을 그녀가 독점하고 있었던 것은 아니었다. 그녀는 로버트 메이너드 허친스나 마거릿 미드와 같은 진보적 사상가들과 생각을 공유하고 있었다. 엘리너는 자신이 쌓아온 명성에 명백한 확신과 끈기를 더하고 정치적 수완을 곁들임으로써 효과적인 직접적 리더가 될 수 있었다.

1920년대의 엘리너를 되돌아보면 과거에 퍼스트레이디였던 사람이 민주당의 시와 주, 국가적 차원의 정치에 그토록 깊숙이 관여하게 된 양상이 언뜻 연결이 되지 않는다. 그녀는 소식에 정통했고 널리 존경을 받았으며 누가 당을 이끌고 국가를 이끄는지 관심이 많았다. 그녀는 정치적으로 트루먼 대통령과는 뜨겁고 차가운 관계를 반복했고,

뉴욕의 태머니 홀Tammany Hall*의 보스들과는 항상 대립했다. 한 차례 부통령을 지낸 헨리 월러스Henry Wallace와는 서서히 소원해졌고, 아이젠하워와 닉슨에 대한 반감을 노골적으로 드러냈으며, 초기에는 케네디에 대해서도 회의적인 반응을 보였다. 그녀는 여기저기에 모습을 드러냈고 '민주적 활동을 위한 미국인들Americans for Democratic Action'이라는 당대의 새로운 개혁주의자 모임의 영향력 있는 멤버로서 그곳에 최초로 자금을 출연하기도 했다. 많은 정치인들이 그녀의 가르침과 지도를 받기 위해 모여들었다. 그녀는 민주당의 '정신'까지는 아니더라도 조언을 구하기에 부족함이 없는 훌륭한 선배 정치가였다.

그러나 제2차 세계대전 이후 엘리너의 정치 인생에서 중심을 차지한 인물은 일리노이 주지사였던 아들레이 스티븐슨Adlai Stevenson이었다. 1952년 스티븐슨이 처음 대통령에 출마했을 때 그를 지원했으며 1956년의 출마에서도 적극적으로 지지했고 1960년의 세 번째 민주당 대통령 후보 지명대회에서도 그를 밀어주었다. 그녀는 스티븐슨의 스타일에 동조했고 그의 글로벌한 뉴딜New Deal 메시지를 옹호했다. 실제로 엘리너가 그로톤-프린스턴Groton-Princeton 출신의 명문 인사인 스티븐슨에게 쏟은 열정은 그로톤-하버드Groton-Harvard 출신의 귀족 프랭클린 루스벨트에 대한 소원함과는 너무나 대조적이었다.

프랭클린이 사망한 후, 엘리너는 젊었을 때부터 추구했던 주요 메시지들을 지속적으로 표방하고 실천했다. 그러나 큰 차이점이 두 가지 있었는데, 하나는 이제 남편의 경력에 미칠 영향을 우려하지 않고 자신의 목소리를 낼 수 있다는 것이었고, 다른 하나는 점차 세계무대

* 1930년대 민주당의 장외 근거지로서 뉴욕 시정(市政)을 장악했던 기구의 속칭

로 자신의 에너지를 집중시킬 수 있다는 점이었다. 실제로 엘리너의 사회활동 후반기의 주요 관심은 상당히 변화되었으며, 국내뿐 아니라 국제적인 사안들에 대해서도 훨씬 많은 청중들을 모아놓고 연설을 했다. 엘리너는 계속해서 정치 분야에서의 여성 역할에 주의를 기울였고 진보적인 정책의 필요성을 역설했으며, 소외된 사람들에 대한 원조의 의무를 강조했다. 아울러 전 세계의 무장해제와 빈곤, 기아라는 새로운 문제들에 대해서도 언급했다. 프랭클린의 시절에도 그랬지만 모험을 두려워하는 정치 리더들과 현상유지를 선호하는 사람들에게 그녀는 눈엣가시 같은 존재였다.

엘리너는 75회 생일을 맞은 후부터 활동이 점차 뜸해졌고, 오랜 투병생활 끝에 1962년 가을 생을 마감했다. 마지막까지 그녀는 뉴딜의 가장 뚜렷한 상징으로 남았고, 여러모로 남편의 유업을 최선을 다해 실천한 사람이었다. 추모식에서 그녀의 친구인 스티븐슨은 아마도 많은 미국인들의 마음속에 있었을 질문을 던졌다. "그토록 많은 사람들의 존재에 영향을 주고 변화시킨 인물이 또 있었습니까? 우리 인생에서 이렇게 훌륭한 귀감이 있었습니까?" 한편 칼럼니스트인 레이먼드 클래퍼Raymond Clapper는 "우리 시대의 가장 영향력 있는 여성"이라고 명료하게 언급했다.

리더들은 다양한 모습으로 나타나며 또한 다양한 방식으로 사람들에게 영향을 끼친다. 몇 차례 공직에 나서라는 압박이 있었지만 엘리너는 공식적인 선출직을 항상 피했다. 그러므로 명령을 내리거나 공적인 권위를 행사하는 위치에 있지는 않았다. 그녀가 평생 사람들에게 미쳤던 영향력은 그녀의 설득력과 몸소 실천한 메시지에서 찾을 수 있다.

나는 엘리너가 지속적인 영향력을 발휘할 수 있었던 것은 명확하게 주장해 왔고 실천해 온 세 가지 메시지에 기인한다고 생각한다. 그녀는 처음부터 부와 특권을 가지고 있었지만 지극히 평범한 사람처럼 보였다. 외모가 평범했고 옷차림새도 평범했으며 연설할 때 약간 톤이 높긴 했지만 보통 사람 같았다. 리더는 반드시 그 지위에 어울리는 모습을 보여야 한다는 통념을 비웃기라도 하듯이, 그녀는 평범한 사람도 세상에 영향력을 미칠 수 있음을 확신시켜주었다.

내 인생 이야기의 유일한 가치는 특별한 재능을 전혀 갖지 못한 사람도 불가능해 보이는 장애물을 극복해낼 수 있음을 보여준 것이다. …… 특별한 재능이 없는 사람일지라도 폭넓고 충실하게 사는 방법을 발견할 수 있다. …… 나에게는 오직 세 가지 자산밖에 없었다. 나는 무언가에 항상 관심이 깊고, 모든 도전을 더 배울 수 있는 기회로 받아들이며, 내면에 강력한 열정과 자율성을 갖고 있다.

그녀는 한때 이렇게 말한 적이 있다. "소수가 아닌 다수를 위해 이해하고 헌신하고 올바르게 일하려는 사람들은 언젠가는 반드시 그렇게 할 수 있으리라고 믿는다." 26년간 지속되어온 엘리너의 일간지 칼럼 '나의 일상'처럼 평범함과 비범함이 적절하게 어우러진 것도 없다. 그녀는 매일 칼럼을 직접 준비했고 1945년 남편이 사망했을 때 단 4일만 게재하지 못했다. 칼럼은 종종 일상적인 일들을 다루었는데, 새로운 도시에 대한 인상을 기술하기도 했고 회의에서 일어난 평범한 일과 가족이나 친구들과의 가벼운 경험 등을 쓰기도 했다. 많은 내용들은 단순하고 친숙했으며 시간에 지남에 따라 진부하게 느껴지기도 했다. 가끔 예기치 않게 유명 인사나 악명 높은 사람과의 황홀한 만남에 대해 쓰기도 했고, 당면 문제들에 관한 통렬하고 기억에 남을 (그리고 논쟁을 일으킬 만한) 관점을 표출하기도 했다. 이런 칼럼을 쓸 수 있는 사람은 아주 드물다. 하지만 엘리너는 대통령과 국민들의 의식을 일깨우려는 생각을 품고 성실하게 칼럼을 써냈다.

칼럼은 엘리너에게 대중과 의사소통을 할 수 있는 독특한 통로를 제공했다. 많은 사람들이 그녀에게 편지를 보냈는데, 그녀는 직접 답신을 하거나 칼럼을 통해 회답했다. 전례가 없는 이 대중과의 자유 토론을 통해 엘리너는 당면한 문제에 대해 사람들의 주의를 환기시키고 미국의 여론형성에 참여하도록 독려하는 한편, 자신도 새로운 문제들을 인식하는 계기로 삼았으며 다른 사람들에게 전달할 메시지를 만드는 데도 활용했다. 그녀는 관심사에 대해 경청하고 관찰하고 배우는 능력을 평생 간직했는데, 이는 그녀의 성장에 큰 밑거름이 되었다. 프랭클린이 그녀를 가리켜 자신의 '눈이자 귀'라고 언급한 것도 단순히 치켜세우기 위한 빈말이 아니었다.

다른 사람들 역시 엘리너의 평범함 속에 숨겨진 비범함을 확인시켜 주었다. 칼럼니스트인 브루스 블리벤Bruce Bliven은 「뉴리퍼블릭New Republic」지에 이렇게 기고했다. "나는 모든 국민이 엘리너 루스벨트가 칼럼 속에서 묘사하는 그녀의 모습을 좋아한다고 생각한다. 다정하고 가식적이지 않으며 지칠 줄 모르는 활력을 지녔고 모든 부류의 사람들에게 폭넓은 관심을 갖고 있으며 그들의 복지를 진정으로 바라는 인물로서 말이다." 영국 남서부의 글로스터Gloucester 지방의 한 어부조차도 엘리너의 효과를 이렇게 표현했다. "그녀는 꾸밈이 없으며 터놓고 이야기하는 걸 두려워하지 않아요."

엘리너가 실천한 또 하나의 '혁신적인 이야기'는 여자들도 반항적이거나 대중의 반발을 사지 않고 독자적인 사고와 행동으로 자신의 삶을 꾸려갈 수 있다는 것이었다. 많은 사람들이 엘리너가 평생 활동하면서 제시한 신념이나 말 가운데 한두 가지에 의문을 제기했다. 그러나 그녀의 행동양식과 까다로운 대가족을 비롯한 다른 사람들을 존경하는 태도, 시대적 요구에 민첩하게 대처하는 능력 등은 회의론자의 마음을 돌려놓았고 적어도 신랄한 비판은 삼가도록 만들었다.

마지막 메시지는 비주류 집단의 리더에게 특히 적절한 것이었다. 그것은 손을 뻗어 불행한 사람들을 도와야 한다는 메시지였다. 엘리너는 진심으로 사람들을 보살폈는데, 특히 흑인이나 제3세계의 국민, 젊은이, 유대인, 여자 등과 같이 소외되고 권리를 박탈당한 사람들에게 많은 관심을 기울였다. 엘리너의 이러한 태도가 자연스럽게 형성된 것은 아니었다. 그녀가 속한 계층의 사람 중에는 속물도 많았고, 어릴 시절 편견에 치우친 그녀의 발언은 그녀의 성장과정을 여실히 보여주기도 한다. 그녀는 소외계층을 대변할 만한 입장에 있지 않았다. 그녀의 발언에 노블레스 오블리주 noblesse oblige ■가 배어 있었던 것도 어쩔 수 없었다. 그러나 다른 사람들의 메시지들을 경청해 온 엘리너는 곧 자신이 소속된 계층의 편협성과 당시의 반대이야기들을 극복해낼 수 있었고, 그럼으로써 자기 주장을 충분히 펼 수 없는 사람들을 위한 진정한 대변자가 되었다. 그녀의 통찰력은 대부분 그녀의 경험에서 우러나온 것이었다. 한 측근은 이렇게 기술했다. "개인적인 비

■ 〈귀족은 귀족다워야 한다〉는 프랑스어 속담 〈noblesse oblige〉에서 유래되었다. 고귀한 신분에 따른 윤리적인 의무를 뜻하는 말로서, 지도적인 직위에 있거나 여론을 주도하는 위치에 있는 사람이 마땅히 지녀야 할 도덕적·정신적 덕목을 가리키는 의미로 사용된다. – 옮긴이

극들을 극복해낸 엘리너는 고통과 위험의 순간이 사람을 마비시키고 파괴할지라도 한편으로 그것들은 인간을 자유롭고 강인하게 만든다는 사실을 깨달았다. …… 자비심과 이타심에 대한 그녀의 호소가 감상주의적인 간청과 달랐던 것은 이면에 그러한 심리적 통찰이 존재했기 때문이다."

어떤 리더에게나 자신의 경험으로부터 배우는 능력이 매우 중요한데, 특히 아무런 역할모델이 없고 지원 조직이 없는 사람에게는 더욱 그것이 필요하다. 조지 마셜이나 교황 요한 23세 같은 제도권 리더들과는 대조적으로 엘리너는 말 그대로 자신의 위치에서 스스로를 새롭게 창조해내야 했고 대중에게 펼칠 이야기를 구축해야 했다. 그녀는 자신의 일상적인 경험의 의미를 주의 깊게 살피고 자신의 언행에 대한 다른 사람들의 반응을 면밀히 관찰했으며, 자신이 터득한 것들을 공개적으로 표출함으로써 스스로를 창조해내고 이야기를 구축했다. 앞서 밝힌 대로 그녀는 수차례에 걸쳐 자신을 재창조했다. 대부분의 미국인들은 퍼스트레이디가 과거의 편견을 벗어버리고 폭넓은 시각으로 새로운 집단과 문제, 사건들의 시비곡직是非曲直을 적절히 다루어온 것을 높이 평가했다. 그녀의 행적은 많은 사람들에게 귀감이 되었다.

사람들이 엘리너를 진정한 리더로 생각하는 이유는 그녀가 지극히 자선적인 삶을 살았고 사회적 지위가 아닌 인도적 차원에서 사람들과 어울렸기 때문인데, 그녀의 이러한 태도는 1930년부터 1960년 사이에 여론에 강력한 영향을 미치는 요인으로 작용했다. 그녀는 단순히 설교만 한 것이 아니며 자신의 말을 행동으로 실천했다. 예를 들면, '미국 혁명의 딸들Daughters of the American Revolution'이라는 단체가 1939년 흑인 여성 콘트랄토contralto*인 마리안 앤더슨Marian Anderson, 1902~1993의 헌법기념관Constitution Hall에서의 공연을 거부하자 엘리너는 그 단체에서 즉시 탈퇴했다. 스티븐슨은 추모사에서 이렇게 술회했다. "그녀는 전 세계의 빈민가와 난민지역을 누비고 다녔다. …… 그녀의 행보는 관광이 아니었다. 사람들이 굶주리는 모습은 항상 그녀의 마음을 무겁게 짓눌렀다." 한 역사가는 이렇게 기술했다. "그녀는 도와달라는 호소에 섬세한 배려의 편지로 답장했고 연방기관에 적절한 대책을 마련해 줄 것을 요구했으며, 심지어 결과를 직접 확인해 볼 것을 요청했다. …… 멀리에서 도움을 호소했던 사람들은 자신들의 요구를 성실히 들어주는 그녀의 자애로움에 탄복했고, 그녀는 그들과 정서적인 유대감을 느꼈다."

다소 도덕주의자라고 할 수 있는 엘리너 교육자의 역할을 자임했지만, 설교자는 아니었고 신성한 척 하지도 않았으며 모든 사람들을 진정한 인격체로 대우했다. 진위가 불투명하지만 자주 등장하는 한 이야기는 그녀가 얼마나 남을 배려하는지 적절히 묘사하고 있다. 전쟁 중인 어느 날, 엘리너가 한 해군 식당에서 군인들과 함께 식사를 하고 있었다. 그런데 갑자기 한 젊은 수병이 욕설을 내뱉었다. 곧바로 식당에는 어색한 침묵이 흘렀다. 그러자 그녀가 끼어들었다. "아까 저 수병이 하는 말 들었지요? 그 '빌어먹을' 소금 좀 건네줘요."

엘리너 루스벨트의 핵심적인 이야기들은 지역적인 편협성을 뛰어넘어 전 인류를 끌어안는 포용적이고 거시적인 성격을 띤다. 그녀가 제시한 주요 이야기들에 드러나 있듯이 누군가를 감화시키는 데 특별

---

* 여자 성악가를 분류하는 소프라노, 메조소프라노, 알토 중 최저음인 알토

한 힘은 필요하지 않다. 누구나 사회가 요구하는 역할을 충실하게 해내면서 자신의 신념과 입장을 지킬 수 있다. 사람은 자신의 실수와 자기 집단의 편협성을 깨닫고 그로부터 배워야 하며, 혜택받은 사람은 불이익을 당하는 사람을 도와야 한다. 그녀는 이기주의와 편협성에 도전하면서 국민들이 좀 더 관용을 가질 것을 호소했고, 이는 종종 가치 있는 반응을 이끌어냈다. 그리고 무절제한 개인주의를 맹렬히 공박했는데, 그녀의 말과 태도 때문에 위협을 느꼈거나 분노했던 사람들 중에는 아이젠하워 대통령도 가끔 끼어 있었다. 그러나 전 세계 대부분의 사람들은 "인간은 본질적으로 보다 넓은 세계에 소속되어 있다"는 그녀의 인식에 깊이 공감하고 있었다.

엘리너가 사망한 후, 작가이자 사회운동가인 베티 프리단Betty Friedan은 현대 페미니즘운동의 시발점으로 간주되는 『여성의 신비The Feminine Mystique』라는 책을 펴냈다. 만일 미국 흑인사회의 마틴 루터 킹 2세와 같은 인물을 여성운동 분야에서 찾으려 한다면 엘리너보다는 후대의 인물에서 찾아야 할 것이다. 엘리너는 아주 천천히 페미니즘에 다가갔고, 여성의 참정권 같은 비교적 논쟁의 여지가 적은 사안들조차 급진적으로 추진하지는 않았다. 여성의 역할과 심성에 관한 그녀의 태도는 오늘날의 관점에서는 다소 낡은 것으로 여겨지며 심지어 당대에도 그런 면에서 도전을 받은 적이 있었다.

그러나 20세기 내내 여러 나라들에서 일어난 여성의 의식개혁 운동과 남성의 여성에 대한 인식 변화를 이끌어내는 데 있어 엘리너 역시 마거릿 미드나 마거릿 대처처럼 중대한 역할을 했다. 엘리너는 여성들을 상대로 여성 문제에 대해 이야기하면서 그들을 감화시켰다. 그녀는 리더십의 여러 차원들을 숙고한 뒤 이렇게 말했다. "리더가 되고자 하는 여성들은 결연히 일어서서 표적이 되어야 한다. 더 많은 여성들이 그렇게 할 것이며 더 많은 여성들이 그렇게 해야 한다. …… 모든 정치적 여성들은 무소의 가죽처럼 두터운 피부를 개발해야 한다." 아내와 어머니로서의 역할에 독립적인 인격과 자유로운 정신, 사회적 관심사를 적절하게 조율해낸 엘리너는 오늘날까지 쉽게 찾을 수 없는 모범으로 남아 있다.

제11장

마틴 루터 킹 2세
약자의 편에 서서 대중을 일깨운 리더

Martin Luther King, Jr., 1929~1968

> 위대한 리더는 일상을 비전으로 이어주는 교육자가 되어야 한다. 하지만 그는 자신이 선택한 길을 사회가 따라오도록 홀로 걸어가야 한다.
>
> — 헨리 키신저 Henry Kissenger

    마이클 킹 2세는 1929년 애틀랜타에서 영향력 있는 침례교 목사의 아들로 태어났다. 그의 아버지는 나름대로 운명에 대한 감각이 있었던 것 같다. 1934년 깊은 인상을 받았던 유럽과 중동 여행 후에 그는 자신과 아들의 이름을 마틴 루터 킹이라고 바꾸었다. 마틴의 어린 시절은 우여곡절이 적지 않았다. 그의 아버지는 걸핏하면 아들을 때렸고 어린 마틴은 두 번이나 자살을 시도했다. 하지만 마틴 루터 킹 2세의 회고는 귀족적이고 특권층에 속했던 엘리너 루스벨트의 경우와는 극적이면서도 역설적인 대조를 이룬다. "내 삶의 첫 25년 동안은 매우 편안하고 행복했다. 난 걱정거리가 전혀 없었다. …… 나는 계속 학교를 다녔고 일이나 다른 뭔가를 하기 위해 학교를 포기할 필요가 없었다."

    어린 시절 킹은 모범생이었다. 15살 때 그는 애틀랜타에 있는 유서 깊은 흑인 학교 모어하우스칼리지 Morehouse College 의 영재들을 위한 특별 프로그램에 등록한다. 킹은 법학이나 의학 중 어느 쪽을 전공할지 고민하다가 가족의 전통을 따라 목사가 되기로 결심했다. 그 후 펜실베이니아 주에 있는 크로지어 신학교 Crozier Theological Seminary 에 들어가 1951년 신학학사 학위를 받았고, 1955년 보스턴 대학에서 박사 학위를 받는다. 지적 호기심이 많았던 그는 당시의 유수한 개신교 신학자들인 폴 틸리히 Paul Tillich, 라인홀드 니버 Reinhold Niebuhr, 월터 로젠부시

Walter Rauschenbusch 등의 저작물에 흠씬 매료되어 지냈다. 또한 처음으로 간디의 저작물과 미국 자본주의 비판서도 접했다. 킹은 아직 개인 철학을 완전히 정립하지는 못했지만 하나님에 대한 개인적인 믿음과 사회운동의 연관성에 큰 관심이 있었다. 또한 감정 중심의 전통 흑인 교회에서의 자신의 경험과 근래 개신교 신학자들의 심오한 이론 사이에서 타협점을 찾으려고 했다.

젊고 잘 생긴 킹은 다양한 사회단체들을 상대할 수 있는 웅변가가 되었다. 그는 분명히 영향력 있는 목사로 성장할 것처럼 보였다. 1954년 킹은 앨라배마 주 몽고메리에 있는 덱스터 애비뉴 침례교회 Dexter Avenue Baptist Church 의 목사직을 수락함으로써 성장을 향한 첫걸음을 내딛었다.

1955년 12월 1일, 몽고메리에서 역사적 사건이 발생했을 때 아마 킹은 누구보다도 준비가 안 된 상태였을 것이다. 그것은 선량한 흑인 재봉사 로사 파크스 Rosa Parks 가 버스를 타고 가다가 기사로부터 백인에게 자리를 내주라는 요청을 거절하여 벌어진 사건이었다. 파크스는 곧 체포되어 시 당국의 흑백분리에 관한 법을 어긴 죄로 유죄판결을 받았다. 그 전 해에 대법원은 '브라운 대 토피카 교육위원회 Brown vs. Board of Education of Topeka' 사건 판결에서 학교 내 흑백분리 정책을 뒤집는 획기적인 결정을 내린 바 있다. 그래서 흑인 리더들과 그들을 지지하는 백인들은 파크스 사건을 시범 케이스로 삼기로 했다. 며칠 후 그들은 항소했고 몽고메리 버스 승차를 거부하는 운동을 벌였으며, 몽고메리 개선협회라는 조직을 설립해 킹을 초대 회장으로 임명했다. (킹의 동료 목사인 랠프 애버내디 Ralph Abernathy 의 추천이 있었다.)

우리가 앞서 직면했던 문제지만 어떤 젊은이가 리더 자리의 유력한 후보로서 물망에 오르는 이유는 하나의 수수께끼같다. 로버트 메이너드 허친스나 로버트 오펜하이머는 조숙한 자질이 보였다. 조지 마셜을 비롯한 다른 인물들은 결과를 염두에 두지 않고 상관에게 도전하는 용기가 장래의 리더감이라는 것을 여실히 드러냈다. 킹의 경우는 어떨까. 그가 몽고메리 개선협회를 이끌어갈 인물로 선택된 데는 여러 가지 이유가 있었다. 훌륭한 교육을 받았고 언변이 뛰어난 젊은이로 인정받았던 그는 지지자들을 선도하고 버스 보이콧에 대한 반발도 최소화시킬 수 있다고 기대되었다. 상대적으로 부유한 교회의 목사라는 사실도 전통적으로 보수적인 목사들의 지지를 얻어내는 데 유리할 것으로 여겨졌다. 또한 그 지역에서 새롭게 부상하고 있는 인물이라는 점도 이점이 될 수 있었다. 물론 그는 그곳의 다양한 청중들을 양극으로 갈라놓았던 정치적 논란에 휘말린 적도 없었다. 버스 보이콧이 실패하더라도 그는 기존의 리더들보다 피해를 적게 볼 것으로 예상되었다.

몽고메리 개선협회 회장으로 임명되던 날 밤, 킹은 버스 보이콧에 참여한 수천 명의 흑인 군중 앞에서 연설을 해야 했다. 하지만 연설을 준비할 시간이 별로 없었다. 따라서 연설 내용은 그 사건을 위해 특별히 준비했다기보다 오랜 세월 품어온 생각이 반영된 것이었다. 킹은 연설 첫머리에서 그곳에 모인 모든 사람은 미국 시민이며, 당연히 그들에게 주어진 모든 권리를 행사할 자격이 있다는 사실부터 강조했다. 그리고 그들이 버스 보이콧이라는 특수한 목적이 있기 때문에 모였음을 상기시켰다. 그는 사건의 정황을 설명하면서 파크스가 성실하고 훌륭한 기독교인이라고 언급했다. 군중은 반응을 보이기 시작하며 그의 한 마디 한 마디에 환호로 응대했다.

이제 인내심을 버리고 항의에 나서자고 선언하자 분위기는 더욱 고조되었다. "친구들이여, 여러분도 아시다시피 우리는 이제 쇳덩이 같은 억압의 발길질에 짓밟히는 것에 지쳤습니다." 길고도 우렁찬 군중의 환호 속에서 그는 계속해서 열변을 토했다. "우리는 이제 7월의 반짝이는 햇살 속에서 쫓겨나 11월의 혹독한 냉기 속에 서 있는 것도 지쳤습니다. 우리는 지금 지쳐 있기 때문에 여기에 모인 것입니다." 그는 승차거부 운동이 폭력을 무기로 삼지 않을 것이며, 유일한 무기는 항의라고 역설했다. 그리고 기독교적인 사랑과 정의가 똑같이 중요하다고 말했다.

연설이 절정에 이르자 그는 이렇게 말했다. "우리가 하는 일은 잘못된 것이 아닙니다. …… 우리가 잘못이라면 이 나라의 대법원도 잘못입니다. …… 우리가 잘못이라면 하나님도 잘못입니다." 군중은 열광의 도가니에 휩싸였다.

전기 작가 테일러 브랜치 Taylor Branch는 이 사건에 대해 이렇게 기록했다.

이제 보이콧이 시작되었다. 킹은 앞으로 시의성時宜性의 힘을 연구하겠지만, 연설은 그를 일약 공인으로 만들어버렸다. 그의 첫 번째 정치적 연설이 시작된 지 몇 분 만에 강력한 영적 소통의 힘이 그에게서 솟아나왔다. 그런 힘은 낯선 이들을 향해 거침없이 전달될 것이고, 그들은 모든 예언자들을 대할 때처럼 그를 사랑하면서도 비방하게 될 것이다.

수천 명의 흑인 군중에게 그만한 지지를 받은 것은 킹 자신에게 분명히 분기점이 되는 순간이었다. 그는 예전부터 연설이나 설교를 미리 준비한 후 신자들 앞에서 효과적으로 전달하는 데 자신감을 갖고 있었다. 하지만 계획된 준비 없이 그렇게 많은 군중 앞에 서본 것은 처음이었다. 또한 큰 정치적 이해관계가 걸려 있는 상황에 개입해 본 적도 없었다. 그는 후에 이렇게 회고했다. "나는 나이 드신 목사님들이 '입을 열어라, 그러면 하나님이 너를 위해 준비해 주실 것이다'라고 하신 말씀의 의미를 처음으로 이해하게 되었다."

그런 사례에 대해서는 이런 옛 격언도 통할 것이다. "기회는 준비된 혀에게 주어진다." 킹은 그런 상황에 처했던 적은 없었지만 성서나 다른 종교 자료, 그리고 미국의 중요한 문서들에 대한 해박한 지식을 가지고 있었다. 또 수천 번은 아니더라도 수백 번의 설교를 들어왔으며, 그 주제나 리듬을 마음속에 융화시켜 간직하고 있었다. 그가 여러 경험을 종합하여 과연 효과적인 연설을 할 수 있을지는 아무도 알 수 없는 일이었다. 그렇기 때문에 몽고메리에서 버스 보이콧을 위해 모인 군중에게 행한 연설은 그만큼 아슬아슬한 모험이었다. 만일 킹이 축적된 경험 없이 12월의 어느 날 저녁 느닷없이 그런 연설을 할 수 있었다면 그것은 기적이라고밖에 다른 표현이 없을 것이다.

킹은 이제 평생 지속될 길에 들어섰다. 그는 더 이상 목회 일로 성공하거나 대학교수직을 꿈꾸는 평범한 젊은 목사가 아니었다. 자신이 원하든 원하지 않든 그는 리더의 지위에 섰고, 사람들에게 방향을 제시하고 영감을 불어넣는 역할을 맡아야 했다. 그는 청중을 관찰하여 자신의 어떤 말과 행동이 영향력을 발휘하는지 알아두어야 했다. 그는 거의 1년 동안 몽고메리 버스 보이콧에 참여한 5만 명의 흑인들을 지휘하여 근로조건을 개선하고 흑인들에 대한 백인들의 태도를 변화시키기 위한 운동을 전개했다.

　당국이 법률위반을 이유로 사람들을 체포하며 운동을 무산시키려고 나섰을 때 킹은 가장 먼저 감옥으로 끌려갔다. 킹은 몇 시간 만에 풀려나지만 곧 자신의 집이 폭파되는 수난을 겪는다. 그의 지지자들에게 그는 이렇게 선언했다. "이 보이콧을 시작한 것은 내가 아닙니다. …… 나는 이 나라 방방곡곡에 다음과 같은 사실을 알리고자 합니다. 나를 막을 수는 있어도 이 운동을 막지는 못합니다. 나를 죽이십시오. 하지만 나를 죽인다면 아직 죽일 사람이 5만 명이나 더 있다는 사실을 기억하십시오." 당국의 표적이 되었다는 사실은 킹의 결심을 더욱 확고하게 만들었다. 잠정적인 도전으로 생각했던 것이 이제는 단호한 저항으로 발전했다. 1956년 그는 체포되었고 1921년부터 시행되어온 보이콧 금지령을 위반한 혐의로 유죄판결을 받았다. 그는 지지자들에게 이렇게 단언했다. "그들이 내게 이런 죄, 아니 어떤 죄를 뒤집어씌우든 나의 결심은 추호의 흔들림이 없을 것입니다."

　킹의 노력은 마침내 결실을 맺었다. 대법원이 버스에서의 흑백차별을 규정한 앨라배마 법률이 위헌이라는 결정을 내린 것이다. 흑인들은 기쁨의 환호성을 터뜨렸고 그런 결과를 끌어내는 데 킹이 큰 역할을 했다는 사실이 미국 전역에 널리 알려졌다. 1957년 그는 「타임」지 커버 인물로 실렸다. 킹은 의미심장하고 날카로운 어조로 그 결정이 흑인의 승리일 뿐 아니라, 모든 미국인의 승리라며 환영의 뜻을 표했다. 이 시기에 킹은 지난 1년을 돌이켜보며 "새로운 니그로(new Negro*)"를 위해 다음과 같은 몇 가지 교훈을 열거했다.

　* 요즘은 흑인을 가리켜 보통 black이라는 말을 쓰고 negro는 경멸적인 표현이 되었지만, 당시는 negro가 일반적으로 쓰이던 말이었다.

1. 우리는 뭉칠 수 있다.
2. 우리 리더들은 우리를 배신하지 않는다.
3. 비폭력적으로 저항하는 사람들에게는 상대방의 협박과 폭력이 위협으로 작용하지 않는다.
4. 우리의 교회는 투쟁적으로 변하고 있다.
5. 우리는 우리 자신을 믿는다. 몽고메리는 내가 '니그로'임을 자랑스럽게 만들었다.
6. 경제 현실의 개선은 우리 투쟁의 일부이다.
7. 우리는 새롭고 강력한 무기를 발견했다. 그것은 바로 비폭력 저항이다.
8. 우리는 이제 남부의 니그로가 정치적으로나 도덕적으로 성년이 되었음을 알았다.

흑인들에게 "잠시만 멈춰 달라"고 요청했던 소설가 윌리엄 포크너 William Faulkner를 언급하면서 킹은 이렇게 연설했다. "우리는 백인에게 승리하고자 하는 것이 아닙니다. …… 우리가 사고와 행동에서 비폭력 정신을 견지한다면 모든 이들의 자유에 기초한 모든 인종을 위한 사회가 생겨날 것입니다."

킹이 제시한 단순한 교훈들은 실제로 그렇게 단순하지는 않았다. 킹은 남부 흑인들을 대변하고 그들의 정체성을 규정하는 데 앞장섰다. 서로 맞물리는 일련의 '정체성 이야기'들을 창조해내면서 킹은 그들이 누구이고 무엇을 열망하며 그것을 추구하는 데 어떤 수단을 써야 할 것인지 말해 주었다. 게다가 그는 버스 보이콧에서 유발된 복잡한 사건들 같은 구체적 현실에서 이런 교훈들을 도출해내고 있었다. 폭력의 문제는 그가 계획하는 커다란 그림에서 중심을 차지하는 요소였다. 그는 다른 사람들이 폭력적으로 나올 수도 있고 교회도 더욱 투쟁적으로 나아가야 할 것이라는 점을 인식하고 있었다. 그러면서도 그는 비폭력 저항이라는 방침을 채택하면서 매일 몽고메리 보이콧 같은 항거를 전개함으로써 의식을 개선하여 목표를 달성할 수 있다고 주장했다. 이런 주제들은 오늘날의 미국인들에게 익숙한 것이지만 당시에는 매우 신선하고 비전 있는 것이었다.

우리는 킹의 말을 통해 정체성 이야기의 초안이 짜이는 과정을 엿볼 수 있다. 킹은 청중의 마음속에 자리 잡고 있는 인종, 폭력, 교회, 경제 현실 등에 대한 다양한 관심을 포착해내고 그것들을 한데 묶어 조리 있는 논리로 구성했다. 각각의 쟁점에 대해 그를 반대하는 사람들은 여러 가지 의문이나 반대이야기를 제기했다. 예를 들면, 흑인들이 통일성 있는 집단으로 인식될 수 있을까? 교회는 기존의 전형적인 역할을 변화시킬 수 있을까? 비폭력과 폭력의 대가로는 어떤 것이 있을까? 킹은 이런 의구심의 눈초리를 부인하거나 무시하지 않았다. 그는 그런 문제들을 다루면서 직접적으로 대면하는 청중뿐 아니라 잠재적인 청중이 이해할 수 있도록 해답을 제시했다.

킹은 몽고메리 흑인 지역사회에서 새로운 차원의 투쟁적인 사회활동을 전개했고, 이후 몇 년 동안 더 폭넓고 깊은 경험을 쌓아갔다. 조직운동가인 베이야드 러스틴Bayard Rustin의 후원 속에 그는 간디의 사상을 기초로 보다 심오하고 정교한 평화적 저항이론을 터득하게 된다. 한편 그는 새로 조직된 남부기독교지도자회의Southern Christian Leadership Conference(SCLC) 의장 자격으로 해외를 돌며 시각을 넓힐 수 있는 기회를 갖는다. 가나에서는 수상 크와메 은쿠루마Kwame Nkrumah를, 인도에서는 수상 자와할랄 네루Jawaharlal Nehru를 만났다. 그는 방문 국가에서 그들의 정치조직을 근거리에서 관찰했다.

킹은 자신을 전국 규모의 흑인운동 지도자로 인식하면서 민권운동에 참여하는 범위를 더 확대하고 수준도 높였다. 드와이트 아이젠하워 대통령과 리처드 닉스 대통령, 그리고 법무장관인 허버트 브라우넬Herbert Brownell에게 신랄한 어조의 서신을 띄우기도 했다. 그는 간이식당에서 연좌농성을 벌이는 등 계속해서 시위에 참여했는데, 이때 처음으로 감옥에 끌려가 하룻밤을 지새우기도 했다. 그에게는 폭탄 위협과 공격이 끊이지 않았다. 뉴욕에서는 정신이상자 여성에게 칼에 찔린 적도 있었다. 몽고메리에서 목회 활동을 서서히 줄여가던 그는 1960년에 애틀랜타로 건너가 그의 아버지와 함께 에베네저 침례교회Ebenezer Baptist Church에서 공동 목사가 되었다. 그리고 애틀랜타에 돌아오자 유권자 등록을 비롯해 인종차별과 흑백분리정책 철폐 등과 같은 평등권 캠페인을 대대적으로 벌이기 시작했다.

전국적인 리더로 부상하던 시기에 킹은 자신의 비전을 더욱 정교하게 다듬었다. 그 후 이것은 그의 연설과 저작물, 성장의 밑거름이 되었다. 점차 분명해지는 킹의 메시지에서 나는 4가지 주요 요소를 발견할 수 있었다.

첫 번째는 그의 인생에서 가장 깊고 폭넓게 자리 잡고 있던 주제인 기독교 신앙이었다. 킹은 성경, 그리스도의 삶, 예언자들과 성인들, 최근의 신학 관련 자료 등에 대해 해박한 지식을 가지고 있었다. 또 기독교적인 전통, 구약과 신약의 이야기 그리고 그가 역사상 가장 영향력 있는 인물이라고 여겼던 그리스도에게 깊은 공감을 느꼈다. 이집트 파라오의 억압에 대항하여 "나의 민족을 놓아주시오"라고 일갈

했던 모세도 자주 떠올렸다.

두 번째 요소는 교회, 특히 남부 흑인교회에서의 경험이었다. 100년이 넘도록 교회는 미국 남부 흑인사회의 요새라고 할 수 있었다. 사실 그들에게 교회는 권위 있고 신뢰할 수 있는 유일한 기관이었다. 친가와 외가 모두 목사 집안이었고 교회에서 성장해 온 킹은 그리스도의 정신이 몸속에서 굽이쳐 흐르고 있음을 느꼈다. 따라서 교회는 그의 타고난 연단이었고 신도들은 그를 뒷받침하는 청중이었다. 심지어 세속적인 환경에서 다른 사람들과 이야기할 때도 그는 목회자적 기질에서 멀리 벗어나지 않았다.

세 번째 요소는 다른 종교적 전통에서 차용해 온 아이디어나 주제들이었다. 교황 요한 23세와 마찬가지로 킹은 포용적인 비전을 품으며 다양한 지적·문화적 경향을 수용했다. 그는 이슬람, 가톨릭, 동양의 여러 종교적 전통에서 나온 사상이나 인물에 대해 거부감을 느끼지 않았다. 사티아그라하 Satyagraha, 즉 간디의 비폭력 저항 사상은 소외된 민중이 목적을 달성하는 데 가장 합법적이고 효과적인 수단이 될 수 있다고 생각했다. (20세기에 다른 많은 사람들도 그렇게 생각하고 있었다. 제14장 참조.) 간디는 개인적인 인간관계 차원에서 정립된 그리스도의 철학이 집단 간의 관계에서 어떻게 적용되는지 보여주었다. 킹은 간디가 한 말에서 큰 영감을 받았다. "비폭력의 순수한 메시지는 흑인들을 통해서 전 세계에 알려질 것 같다." 킹은 기나긴 싸움을 벌여야 하는 이 고통스런 방법에 때로는 실망했지만, 그리스도와 간디의 실천 사례에 대한 믿음은 한 번도 버린 적이 없었다.

킹의 비전에 담긴 네 번째 요소는 미국의 건국이념이다. 미국이 안고 있는 여러 문제점에도 불구하고 킹은 건국이념을 철저히 신봉했다. 킹은 독립선언서, 헌법, 권리장전, 노예해방 선언문 등 미국 역사 속의 폭넓은 주제나 구절들을 머릿속에 꿰차고 있었다. 스웨덴의 유명한 사회학자 군나 미르달 Gunnar Myrdal 처럼 킹은 미국 흑인들의 곤경이 미국 사회의 다양한 세력들과의 관계 차원에서 해결해야 할 독특한 딜레마라고 생각했다. 그는 노예제의 유산과 곳곳에 남아 있는 차별의 잔재들, 지배적인 백인들의 이중적인 태도, 다인종 국가에서 끊임없이 재현되는 충격적인 이야기를 충분히 이해하고 있었다.

이런 것들이 점차 윤곽이 뚜렷해지고 있는 킹의 철학이 담고 있는 요소들이었다. 그의 철학은 흑인들의 정체성에 관해 초창기에 정립한 내용을 점차 복잡하고 미묘한 환경 속에 대입시킨 것이다. 다양한 문화에 대해 백과사전적인 지식을 가졌던 마거릿 미드 같은 거장처럼, 킹은 이러한 요소들을 수많은 방식으로 응용하고 조합해낼 수 있었다. 그런 방식은 청중에게 힘을 불어넣었고 서로 깊은 공감대를 형성하였으며 궁극적으로 더욱 설득력 있는 이야기를 낳게 되었다. 기독교라는 렌즈를 통해 하나의 주제를 이끌어낸 뒤 그것을 미국의 역사적 혹은 현대적 사건에 응용했다. 점차 뛰어난 웅변가가 된 그는 다양한 청중의 정서에 영향을 미칠 수 있었으며, 자신 또한 청중의 반응에 더욱 민감해졌고 감동도 받았다.

비주류 계층의 떠오르는 리더로서 킹은 확고한 대중적 기반이나 기관이 없었다. 따라서 그것을 새로 조직하거나 아니면 단기간에 구축해야 했다. 킹은 그리 쉽지 않은 이런 일을 능숙하게 해냈다. 그리고 그는 낯익은 신자들, 낯선 신자들, 우호적인 인터뷰 기자, 적대적인 기자, 텔레비전 토크쇼 시청자들, 상류층 잡지 독자들 등 청중의 부류에 따라 이야기의 수준을 조절할 줄 알았다.

킹의 회고에 따르면 그는 처음에는 리더가 되기를 원하지 않았다. 하지만 1957년 경, 킹은 자신의 인생 문제를 혼자서 결정할 수 없음을 깨닫게 되었다. 이미 그를 넘어선 힘에 의해 그의 인생이 결정되어 버렸다. "나는 더 이상 내게 선택권이 없다는 사실을 깨달았다. 사람들은 내게서 리더십을 기대했다. 그들이 행동을 취하면서 그들의 세력은 더욱 커져갔다. 이제는 선택을 할 수 없게 되었고, 머물러야 할지 벗어나야 할지 결정할 권한도 없어졌다. 당연히 머무를 수밖에 다른 도리가 없는 것이다." 1957년의 기도 체험에 대한 그의 이야기는 16세기 종교개혁을 주도한 신학자 루터Luther를 연상시킨다. "나는 내면의 목소리가 이렇게 말하는 것을 들었다. 마틴 루터, 의로운 일을 위해 일어서라, 정의를 위해 일어서라, 진리를 위해 일어서라. 보라, 내가 너와 함께 있으리라." 몽고메리의 신도들에게 고별 설교를 할 때 그는 눈물을 흘리며 이렇게 말했다. "저는 지금 멈출 수 없습니다. 역사는 내게 거부할 수 없는 무언가를 떠맡겼습니다."

1960년이 되자 킹은 미국 흑인 지도자들 중에서도 선두에 서게 되었다. 그는 그때까지 중립적인 입장을 취했던 흑인 리더들과 뚜렷이 대비되었다. 당시 가장 유명하고 조직력을 갖춘 단체는 전국유색인종지위향상협의회National Association for the Advancement of Colored People(NAACP)와 도시연맹Urban League이었는데, 둘 다 보수적인 성향이 강했다. 백인사회의 기부에 의존해 온 이 단체들은 소송이나 기존의 합법적이고 공식적인 절차를 통해 변화를 추구했다. 전국침례교연합National Baptist Convention 같은 단체는 주로 설득을 활동 수단으로 삼았다. 흑인사회에는 영향력 있는 개인들도 있었는데, 몇몇을 거론하자면 대범한 성향의 뉴욕 하원의원 애덤 클레이턴 파월Adam Clayton Powell, 흑백 장벽을 깬 야구선수 재키 로빈슨Jackie Robinson, 세련된 연예인 해리 벨라폰테 Harry Belafonte 등이 있었다. 하지만 이들의 영향력은 단기간에 그치는 것으로 누적의 효과가 없었다.

킹이 이끄는 남부기독교지도자회의는 대결 구도로 목적을 이루려고 했기 때문에 이런 단체들과는 동행할 수 없었다. 전국유색인종지위향상협의회의 로이 윌킨스Roy Wilkins나 전국침례교연합의 잭슨J. H. Jackson 같은 리더들은 남부기독교지도자회의의 활동이 지금까지 그들이 추진해 온 안정적인 활동 방식과 상당히 대조적일 뿐 아니라, 자신들의 자금줄에도 잠재적인 위협이 된다고 보았다. 자금을 확보하는 데 남부기독교지도자회의가 실질적인 경쟁자이기도 하지만 흑인운동에 대한 불만을 조성함으로써 훼방꾼이 된다고 생각했다. 직접적인 대결 구도라는 남부기독교지도자회의의 '이야기'는 점진적인 변화, 타협, 합법적인 항의 등과 같은 그들의 '전통적인 이야기'와 경쟁하게 되었다. 여러 리더들 가운데 그래도 위협을 덜 받은 사람은 철도침대차운송협회Brotherhood of Sleeping Car Porters 회장인 필립 랜돌프Philip Randolph였다. 흑인 리더들 중 원로였던 랜돌프 역시 정치적 대결을 정책으로 삼았는데, 특히 가장 유명한 사건은 1940년대 초에 직업차별에 대해 투쟁을 벌인 일이었다.

킹의 개인적인 매력과 언론의 관심, 그리고 남부 지역 항의운동의 리더로서 거둔 성과 덕분에 그와 남부기독교지도자회의는 집중적인 조명을 받게 되었다. 흑인운동의 리더로서 부상한 킹 덕분에 남부기독교지도자회의는 풍부한 재정적인 지원을 받을 수 있게 되었고, 여러 가지 새로운 캠페인을 벌일 수 있었다. 더욱이 킹은 서로 의견 충돌을 일으킬 수도 있는 인물들을 뽑아 협조적으로 일하도록 유도하는 데도 수완이 있었다. 이런 그의 카리스마는 조직의 생존은 물론이고 가끔씩 필요했던 쇄신에도 큰 힘이 되었다. 하지만 킹은 조직의 행정적인 일에 서툴렀고 리더십의 관리적인 측면에는 관심이 없었다. 남부기독교지도자회의 내에서는 권력 다툼이 자주 벌어졌고, 자금이나 인사 배치와 관련하여 분란이 끊이지 않았다. 킹은 여러 가지 흑인문제들과 관련하여 다른 리더들과 불안한 휴전을 유지했을 뿐 그 이상의 관계를 맺지 못했다.

킹은 자신의 영향력이 점차 커지고 있음을 인식했고, 미국에서 가장 유력한 인사들이나 단체들과 대화를 나누었다. 킹의 영향력이 가장 뚜렷하게 드러난 것은 1960년 10월 킹이 다른 주의 면허증을 소지하고 운전했다는 날조된 혐의로 조지아 주의 철통 보안 시설인 레이즈빌 형무소에 투옥되었을 때의 일이다. 당시 대통령 후보였던 존 F. 케네디는 킹의 아내인 코레타Coretta에게 전화를 걸어 킹의 투옥에 유감을 표명하며 도움을 주겠다고 했다. 물론 이는 케네디의 계산된 모험이었다. 2분도 채 걸리지 않은 이 한 통의 전화와 그의 동생인 로버트 케네디Robert Kennedy가 담당 판사에게 건 전화는 킹의 아버지를 감동시켰다. 평생 공화당원이었던 킹의 아버지는 이를 계기로 케네디를 적극적으로 지지하기로 결심하고 선거 팸플릿을 만들어 수백만 흑인 유권자들에게 배포했다. 많은 관찰자들은 킹의 가족에 대한 케네디의 호의는 많은 흑인 유권자들에게 영향을 미쳤고, 그 결과 1960년 케네디가 근소한 차이로 대통령에 당선되는 데 결정적인 요인으로 작용했다고 생각한다.

케네디가 백악관의 주인으로 있었던 3년 동안에도 킹은 끊임없이 사회운동을 주도했다. 큰 목표들을 항상 염두에 두면서 여러 소규모

접전을 승리로 이끌려는 군대의 장군처럼, 킹과 그의 동료들은 시위 장소를 신중하게 선택했다. 1963년 킹은 350회 이상 연설했고 약 27만 5,000마일을 여행했다. 어떤 반대파들을 상대할 것인가도 그의 지지자들이나 운동의 원칙만큼 중요했다. 앨라배마 주 버밍햄의 경찰청장인 유진 '황소' 코너 Eugene 'Bull' Connor 같은 무자비한 관리들과 대치하는 것은 대단히 유익한 일이었다. 시위자들을 잔인하게 진압하는 코너의 행태는 흑인운동에 대해 약간이라도 동정심을 가진 사람들의 분노와 수치심을 유발시켰다. 킹은 계속해서 어디로 향해야 하고 누구와 대치해야 하며 얼마나 강도를 높일 것이고 어느 때 열기를 고조시키거나 식혀야 할 것인지 결정해야 했다.

그러나 킹의 운동은 남부의 인종차별적인 관리들과의 투쟁을 뛰어넘는 것이었다. 1960년대 초반 그의 과업의 상당 부분은 케네디 대통령과 법무장관인 로버트 케네디에게 압력을 가해, 그들이 시위대를 옹호해 주고 앨라배마 주의 조지 월러스와 미시시피 주의 로스 바넷 Ross Barnett과 같은 비타협적인 주지사들과 대립하도록 만드는 일이었다. 또 하나의 과업은 유익한 활동을 벌여 힘을 보태주는 민권운동 리더들과 협력하는 일이었다. 그런 리더들로는 유권자 등록 운동을 벌이는 로버트 모지스 Robert Moses, 인종평등협회 Congress of Racial Equality(CORE)의 제임스 파머 James Farmer, 학생비폭력조정위원회 Student Non-Violent Coordinating Committee(SNCC)의 존 루이스 John Lewis와 주요 간부들이 있었다. 나중에 킹은 말콤 엑스 Malcolm X나 스토클리 카마이클 Stokely Carmichael 같은 흑인 리더들과 대립하게 된다. 적극적인 폭력 행사를 지지하는 이들은 킹이 '엉클 톰 Uncle Tom' 같다거나 '구세주 De Lawd'▪ 같다고 조롱하면서 그의 비폭력적인 경향을 비난했다.

이러한 경쟁 세력들과 완전한 조화를 유지하는 것은 불가능했지만, 킹은 케네디 시절에는 비교적 합리적으로 운동을 이끌어갔다. 케네디 형제들은 기본적으로 흑인운동에 대해 반감을 표시하지 않았다. 하지만 그들은 정치적인 의도를 품고 있었기 때문에 킹과 긴장관계를 유지하려고 했고 조심스럽게 처신했다. 킹은 동료들과 함께 빌리 그레이엄Billy Graham 목사와 간디로부터 영감을 얻으며 시위와 항의 활동을 치밀하게 계획했다. 그들은 인종차별 철폐와 흑인 유권자 등록 같은 장기적인 목표를 추구하면서도 연설의 어조나 전술의 방향은 매우 유동적인 태도를 보였다. 1960년대 초 앨라배마 주의 몽고메리, 조지아 주의 올버니, 앨라배마 주의 버밍햄 등에서의 다양한 항의 활동은 그런 대로 성공적인 편이었다. 킹의 지지자들은 압박전술을 새로운 영역으로 확대하는 것이 타당하다고 느꼈다.

흑인사회와 미국의 정치적 항의 연대기에서 킹이 유례없는 위치를 차지하게 된 것은 1963년 있었던 사건들의 결과였다. 그 중 한 사건은 개인적이고 비공식적인 성격이 짙었는데 킹의 간접적인 리더십을 보여준 것이었다. 다른 사건은 지극히 공적인 것으로 직접적인 리더십의 전형을 보여주었다.

개인적인 사건은 4월 킹이 버밍햄의 형무소에 갇혀 있는 동안 발생했다. 킹은 '백인 목사들, 흑인들에게 시위 철회 촉구'라는 헤드라인이 실린 기사를 우연히 읽게 되었다. 자칭 진보적이라고 주장하는 이 목사들은 시위는 비생산적이며 흑인들은 이제 인내심을 보여주어야

■ 마크 코넬리Marc Connelly의 퓰리처상 수상작 『푸른목장The Green Pastures』(1930)에 등장하는 신적인 인물. 구약을 각색한 이 작품은 미국 남부를 배경으로 하나님을 비롯한 등장인물들이 모두 흑인이다. – 옮긴이

한다고 말했다. 그들은 점진적이고 투쟁 없는 변화를 추구해야 한다는 '전통적인 이야기'를 지지하고 있었다. 킹은 그들이 자신의 주장을 완전히 곡해한 것에 대해 매우 당황했다. 그는 훗날 '버밍햄 감옥으로부터의 편지'라고 일컬어지는 서신을 수일에 걸쳐 작성한다.

여러 측면에서 이 서신은 힘과 영향력이 절정에 달했던 시기에 킹의 입장을 충분히 대변해 주었다. 킹은 자신이 버밍햄에 있게 된 이유부터 설명하기 시작하는데, 그 이유는 그곳에 정의가 살아 있지 못하기 때문이라고 밝혔다. 그는 거리낌 없이 자신을 사도 바울과 비교하기도 했다. 그리고 그 목사들의 마음을 꿰뚫고 들어가 그들이 어디에서 왔으며, 그들이 "왜 행동부터 취해야 하는가? 협상이 더 나은 방법이 아닌가?" 등의 의문을 품게 된 연유를 설명했다. 그러고 나서 그들이 권유한 무한한 인내가 왜 이치에 맞지 않는지 청중에게 (결국에는 전 국민에게) 설명했다. 킹은 쌓이고 쌓인 분노를 모두 터뜨리면서 흑인들은 너무도 오랜 세월 동안 고통을 참아왔음을 토로했다.

우리는 340년이 넘는 세월 동안 신이 부여한 헌법적인 권리를 기다려왔습니다. 아시아와 아프리카 국가들은 정치적 독립이라는 목표를 향해 제트기처럼 빠르게 움직이고 있지만, 여전히 우리는 간이식당에서 커피 한 잔 얻어 마시는 데도 마차의 속도로 더디게 기어가는 실정입니다. 인종차별이라는 날카로운 화살의 고통을 느껴보지 못한 사람들은 '기다리라'는 말을 쉽게 할 수 있을 것입니다. 하지만 악의적인 폭도들이 당신의 부모님을 사정없이 때리고 아무렇지도 않게 당신의 형제자매들을 물에 빠뜨려 죽이고, 증오심에 불타는 경찰관이 당신의 가족들에게 욕설을 퍼부으며 발로 차고 매질하고 심지어 죽이기까지 하는데도 처벌받지 않는다면 …… 당신의 6살짜리 딸에게 텔레비전 광고에 나온 놀이공원에 갈수 없는 이유를 대느라 혀가 꼬이고 더듬거려야 할 때, 그래서 결국 놀이공원은 흑인 아이들을 들여보내주지 않는다는 말을 들은 어린 딸의 눈에서 눈물이 가득 고일 때 …… 당신은 왜 우리가 더 이상 기다릴 수 없는지 이해할 수 있을 것입니다.

이렇게 절망감을 쏟아낸 후 킹은 다시 조용한 어조로 자신의 입장을 정리했다. 하나님의 법에 대한 전통적인 관점을 인용하면서 그는 정당한 법과 부당한 법의 차이를 설명했다. 그리고 우연히 동의할 수 없는 법을 발견하고 적대적인 도전을 표출하는 쪽과 부당한 법에 대해 유화적이면서 공개적인 불복종을 드러내는 것의 차이를 대비시켰다. 그는 백인 교회가 그의 비폭력 운동을 적극적으로 지지해 주지 않는 것에 실망감을 드러냈다. "우리는 고통스런 경험을 통해 자유가 압제자에 의해 자발적으로 주어지지 않는다는 사실을 깨닫게 되었습니다. 그것은 억압받는 사람들이 요구해야만 하는 것입니다." 그는 목사들이 버밍햄 경찰을 칭찬하는 것을 개탄스러워 하면서, 그들은 오히려 "가장 비인간적인 처사에도 놀라운 자제력"을 보여준 흑인 시위대들에게 찬사를 보내야 한다고 했다. 그리고 남부 전체가 그곳의 진정한 영웅들, 즉 간이식당 앞에서 연좌농성을 벌이고 있는 하나님의 소외된 자손들을 제대로 인정해 줄 것을 촉구했다. 그는 아메리칸 드림 중에서도 가장 훌륭한 꿈을 위해, 그리고 유대 그리스도 전통의 가장 신성한 가치를 위해 앞장서서 건국의 아버지들이 헌법과 독립선언서를 만들면서 깊게 파놓은 민주주의라는 위대한 호수로 미국을 인도

해야 한다고 말했다.

이 편지는 20페이지나 되었다. 편지를 통해 킹은 간접적인 리더로서의 역할을 선보이며 미국인들의 영웅주의와 인내심의 한계라는 그림의 배경과 구조를 제시했다. 편지을 읽어보면 킹이 가진 사상의 다양한 요소들이 어떻게 조합되어 흑인의 과거와 미래 지침이라는 조리 있는 이야기가 탄생했는지 선명히 파악할 수 있다. 오늘날에도 다양한 부류의 사람들이 이 글을 읽으며 미국적인 정신의 핵심을 되새기곤 한다.

1963년 8월 28일에 벌어진 워싱턴 행진은 킹의 일생에서 공식적으로 가장 큰 기회였다. 서로 반목하던 민권운동 단체의 리더들의 공동으로 추진한 이 행사는 기념비적인 사건이었다. 민권운동 단체들은 대대적인 평화 시위를 통해 의회와 대통령에게 압력을 행사하여 투표권 법안 통과와 공공시설에서의 인종차별 철폐 및 기타 민감한 사안들을 관철시키고자 했다. 시위 참여 인원은 20만 명에 달했는데, 수백만 텔레비전 시청자들이 미국 역사상 초유의 사건이었던 전국적인 흑인 항의시위를 지켜보았다. 킹에게는 8분간의 연설 시간이 주어졌다.

마지막 연사로 나선 킹은 미리 준비한 원고를 보고 읽었는데, 건국의 아버지들과 링컨이 흑인을 포함한 모든 미국인들에게 발행한 '약속어음'에 대해 언급했다. 충격적일 만큼 일상적인 표현으로 그는 이렇게 간단히 말했다. "우리는 이 어음을 현금으로 바꾸기 위해 이 나라 수도에 모였습니다." 버밍햄에서 있었던 폭력사태를 돌이켜보고 국민이 인식하고 있는 민권 법안의 전망을 가늠해 보며 그는 이제 행동할 때가 왔다고 말했다. 그는 투쟁과 인종분리주의를 주장하는 입장과 가혹한 시련을 견뎌내야 한다는 입장의 중간에 놓여 있는 자신의 비폭력적 정책에 대해서도 설명했다. 연설은 지나치게 낙관적이거나 감상적으로 흐르지 않으면서 단호하고 고양된 정신을 느끼게 해주었다.

킹의 연설은 "미국 역사상 자유를 위한 가장 위대한 시위"라는 시작 대목부터 환호를 받았다. 하지만 연설문이 막바지에 이르자 그는 원고를 보지 않고 연설하기 시작했다. 8년 전 몽고메리에서 대중을 향해 처음으로 터뜨렸던 목소리, 그리고 이제 저녁 뉴스를 지켜보는 모든 미국인들에게 익숙한 그 목소리를 되살리며 그는 세계를 향해 이렇게 말했다. "나에게는 꿈이 있습니다. 그 꿈은 아메리칸 드림에 깊숙이 뿌리내리고 있습니다." 그리고 그 꿈은 이 나라 곳곳의 사람들을 감동시킨 성서와 예언자의 말씀에서 나온 것이라고 했다. 그는 흑인 영가의 후렴구로 연설을 끝내며 그 꿈의 실현을 이렇게 알렸다. "드디어 자유라네! 드디어 자유라네! 전능하신 하나님 감사합니다. 드디어 우리는 자유를 얻었다네!"

킹의 연설은 즉시 훌륭한 연설이라는 평가를 받았다. 킹이 백악관에 초대되어 각료실에 들어갈 때 케네디 대통령은 그를 축하하면서 연설의 상징적인 구절이 된 "나에게는 꿈이 있습니다"라는 말을 흉내 냈다. 다음 날 「뉴욕타임스」의 선임기자인 제임스 레스턴James Reston은 이렇게 논평했다.

> 군중에게 자신의 꿈을 힘껏 외치는 마틴 루터 킹 2세의 리드미컬하고 우수 어린 목소리를 워싱턴은 오랫동안 잊지 못할 것이다. …… 킹 목사는 그 누구보다도 명쾌하게 오늘날의 모든 주제들을 다루었다. 그의 연설에는 링컨과 간디의 상징과 성경의 운율이 풍부하

게 배어 있었다. 투쟁적이고 슬퍼보였던 그는 군중에게 기나긴 여정이 값진 것이었음을 느끼게 해 주었다.

언론의 찬사까지 받으며 흑인은 물론이고 백인까지 포함된 전 국민의 마음을 사로잡는 것은 결코 쉬운 일이 아니다. 킹의 독보적인 업적은 1963년 「타임」지에 '올해의 인물'로 선정되고 1964년에 노벨평화상을 받으면서 확실하게 인정받았다. 이제 어떤 단체 혹은 어떤 청중과 킹 사이의 긴장된 관계는 그 성격이 어떻든 간에 별로 중요하지 않게 여겨졌다.

얼마 동안 킹은 몽고메리 보이콧이나 남부 흑인운동의 범위를 뛰어넘는 이야기를 창안해냈고 그것을 실천하는 것처럼 보였다. 인종을 초월한 킹의 이야기는 1,900만 흑인들과 거의 2억 명의 다른 인종들을 단합시키고 새로운 변화를 가져올 수 있을 것 같았다. 이제 강한 자부심을 가지고 있는 많은 미국인들은 시야를 넓혀 자신들과는 매우 다른 사람들의 경험을 이해할 수 있을 것 같았다. 그리고 킹이 이끄는 단체를 비롯한 많은 단체들이 킹이 선언했던 그 꿈의 영원한 수탁자가 될 수 있을 것처럼 보였다.

그러나 워싱턴 행진 직후, 예전에는 표면으로 드러나지 않았던 문제와 불화와 혼란의 씨앗이 전국에 걸쳐 싹트기 시작했다. 우선 1963년에 충격적인 케네디 대통령 암살 사건이 발생했다. 그리고 잔인한 살인 사건들이 연이어 일어났다. 인종평등협회의 직원 제임스 체니James Chaney와 학생비폭력조정위원회의 직원인 앤드루 굿맨Andrew Goodman과 마이클 쉬워너Michael Schwerner는 미시시피에서 살해당했고 1964년 6월, 버밍햄에서는 교회에 가는 흑인 어린이들이 피살되었으며

1964년 9월, 앨라배마에서 일했던 디트로이트 출신 가정주부인 비올라 리우조Viola Liuzzo 같은 민권운동가들이 살해당했다1965년 3월. 그 후 앨라배마 주의 셀마와 몽고메리에서는 몇 차례 시위가 벌어졌지만 별 성과가 없었고, 유혈 대결로 인한 정치적 여파를 판별하기도 더욱 어려워졌다.

린든 존슨 대통령 치하에서 1965년 투표권 법안을 비롯한 여러 민권 법안이 통과되었고, 공공지역에서의 노골적인 인종차별은 금지되었다. 하지만 도심 빈민지역의 상황은 계속 악화되었으며, 매년 유혈과 절망으로 얼룩진 소요 사태가 끊이지 않았다. 많은 흑인들이 킹의 평화주의적인 운동이 효과가 없음을 깨닫고 과격한 노선을 따르기 시작했다. 흑인들은 1965년 암살당하는 말콤 엑스를 비롯해 점차 발언의 수위를 높여가는 스토클리 카마이클과 엘드리지 클리버Eldridge Cleaver, 그리고 인종분리주의와 흑인 파워를 강조하는 리더들을 추종했다. 급진적인 반대이야기는 간디 사상에서 탈피하라고 킹에게 압박을 가했다. 설상가상으로 베트남 전쟁이 한창 진행되고 있었고 많은 참전 미군들이 죽어가고 있었다. 그리고 참전 군인들 중에는 흑인 비율이 상당히 높았다. 많은 사람들이 작지도 않고 외진 땅도 아닌 미국이 분란에 의해 산산조각이 나고 있다는 느낌을 받았다.

킹은 이런 사건들에 큰 충격을 받았다. 한 세기를 뒤흔드는 국가적·국제적 사건들 앞에서 용감하지만 소규모적인 그의 활동은 점차 큰 비중이 없어 보였다. 한 논평가는 킹이 "시대에 추월당했다"고 말했다. 어떻게 그런 변화가 초래되었는지 확실히 알 수는 없지만, 1967~1968년의 킹은 1963년의 킹과는 상당히 다른 면모를 보여주었다. 남부지역 문제와 그 지역에서의 운동에만 초점을 맞추고 있다는 거센 비판에 직면하고, 젊은 흑인과 백인들의 호전적인 경향에 자극을 받은 킹은 북부에서 활동을 벌이기로 했다. 그는 인종차별 문제를 뛰어넘어 빈곤과 경제적 불평등의 문제에도 손대기 시작했다. 계층구조에 따른 사회운동을 생각하면서 그는 빈곤한 사람들의 시위를 주도했다. 하지만 시카고에서의 초기 활동은 그리 성공적이지 못했다. 그는 그곳에서 주택, 복지, 교육, 경찰 탄압, 흑백차별 등과 같은 여러 가지 문제를 다루고자 했다. 점차 악화되고 있는 북부 빈민지역을 재건하는 일은 남부의 악의적인 경찰과 대치하는 것과는 완전히 달랐다.

킹은 미국의 국내 문제를 넘어서 동남아시아에 대한 미국의 대외정책에 대해서도 맹렬히 비판하기 시작했다. 1967년 4월, 그는 맨해튼의 리버사이드 교회 연단에서 베트남 전쟁을 공개적으로 비난했다.

> 우리는 그들의 가장 소중한 안식처인 가정과 마을을 파괴했습니다. 우리는 그들의 땅과 작물을 파괴했습니다. 우리는 그 나라의 유일한 비공산 혁명세력인 통일불교사원Unified Buddhist Church을 말살시키는 데 협력했습니다. 우리는 사이공 농민들의 적을 지원했습니다. 우리는 그곳의 여성들과 아이들을 더럽히고 남성들을 죽였습니다. 이게 무슨 해방군입니까? …… 우리가 최신무기를 그들에게 시험할 때 그들은 무슨 생각을 하겠습니까? 이것은 독일이 유럽의 강제수용소에서 새로운 약과 새로운 고문법을 시험했던 것과 다를 바 없습니다.

1967년 그의 목소리는 1955년이나 1963년의 목소리와는 달랐다. 이런 방향 전환은 그때마다 위험성을 내포했다. 킹은 자신의 본거지

근처에서 활동함으로써 명성을 쌓았고 성공도 거두었다. 그곳에서 그는 상황을 속속들이 파악하고 있었고 사명의 도덕적 차원에서 큰 도전에 부딪히지도 않았다. 하지만 최남부 지역에서 한 발자국씩 멀어질 때마다, 인종과 관련된 사안에서 다른 사안으로 건너뛸 때마다 킹은 지지를 잃었을 뿐 아니라 전반적인 활동조차 위태롭게 되었다. 더욱이 정치적인 초점이 변하던 시기에 킹은 FBI의 강한 비난에 직면하게 되었다. 수년 전부터 그의 사생활을 감시해 왔던 FBI는 그의 성생활이 문란하다는 소문을 퍼뜨리고 공산당의 사주를 받고 있다는 주장을 했다.

심경의 변화 때문이었는지 다른 리더들과 추종자들의 압력 때문이었는지 외부 세계의 사건들 때문이었는지 아니면 이런 요인들이 복합적으로 작용했는지, 킹은 이제 온전한 개혁파에서 과격파로 선회하고 있었다. 그는 이렇게 말했다. "수년 동안 나는 한 곳에서 얼마간의 변화를, 또 다른 곳에서 얼마간의 변화를 일으키는 방식으로 사회의 기존 체제를 개혁하기 위해 노력했다. 하지만 나의 생각은 완전히 달라졌다. 나는 이제 사회 전체의 재건설, 즉 가치의 혁명을 일으켜야 한다고 생각한다."

킹은 이런 혁명을 이끌 준비가 되어 있었지만, 자신의 진영에서 그 일을 추진하기 위한 추종자들이 있을지는 확실치 않았다. 예전에 투쟁 활동을 벌일 때는 투쟁의 목표 영역을 잘 알고 있었고 운동원들과 개인적으로 친밀한 관계를 유지했으며, 필요에 따라서는 자신이 펼칠 이야기를 재구성할 수 있었다. 이제 그는 미지의 영역으로 향하고 있었다. 사실 베트남 전쟁에 대한 엄청난 반발이 일어나긴 했지만 그것은 주로 중산층에서 터져 나온 것이며, 그 주도자들은 대부분 각성한 민주당원들이었다. 그리고 점차 보수화되는 1970년대와 1980년대에 킹이 전국적으로 만연되어 있다고 진단한 사회적·경제적 병폐는 지속성 있는 정치 세력에 의해 다루어진 적이 없었다.

이러한 현실은 리더들이 자신의 청중과 너무 동떨어질 수 있다는 사실을 상기시킨다. 1960년 혹은 1963년의 킹은 자신의 메시지를 충분히 받아들일 수 있는 청중을 상대했다. 하지만 1967년과 1968년의 킹은 불안한 선택에 직면했다. 자신들의 문제를 감당하기에도 벅차서 대외정책에 관심을 쏟을 수 없는 기존의 청중에게 좀 더 집중하거나, 아니면 킹 자신의 이야기 창조와 실천 능력을 충분히 발휘하여 완전히 새로운 청중을 끌어 모아야만 했다.

킹이 만년에 겪은 사건들을 보면, 리더들이 계속해서 성공가도를 달리기는 쉽지 않다는 사실을 알 수 있다. 오펜하이머나 마셜이 애국심을 의심받아 공격받은 일, 교황 요한 23세의 반대파들이 바티칸 공의회를 무산시키려고 했던 일, 엘리너 루스벨트가 만년에 자신의 방향을 대외정책으로 전환하게 된 일 등을 살펴보면 리더들은 어느 한 시기에 그때까지 쌓아온 공적에 흠집을 내거나 실패를 겪게 된다는 사실을 알 수 있다. 게임이 위험할수록 비전이 대범할수록 실패가 거듭될 확률도 높아진다. 킹은 흑인운동 초기에 많은 실패와 좌절을 겪었지만, 이제는 그보다 훨씬 더 심각한 변화가 초래될 수 있는 상황에 직면하고 있었다. 리더들을 서로 구분짓는 데 기준으로 삼을 수 있는 것은 운명이 역전되는 빈도수가 아니라, 리더가 리더십에 불가피하게 딸려 있는 불변의 상수들을 다루는 방식과 그로 인한 피해로부터 회복하는 방식이라고 할 수 있다.

킹은 항의운동 초창기부터 자신의 목숨이 길지 않을 것이라는 사실을 알고 있었다. 그는 자신의 암살 가능성에 대해 자주 언급했고 운명을 받아들일 각오가 되어 있는 것 같았다. 특히 지난 몇 년간 연이어 살인, 폭탄 위협, 폭파, 암살기도, 흑인들과 진보적인 백인들의 피살 등 많은 사건들이 터진 후에는 더욱 그런 인상을 주었다. 케네디 대통령이 암살당했을 때 그는 이렇게 한마디 던졌다. "이런 일이 내게도 일어날 거야."

1968년 4월 3일, 킹은 멤피스 시 청소부들의 파업을 지지하기 위해 애틀랜타를 출발했다. 멤피스에서 그날 저녁 행한 연설에서 그는 이렇게 선언했다. "앞으로 무슨 일이 일어날지 저는 모릅니다. 앞으로 우리는 어려운 나날을 겪게 될 것입니다. 하지만 지금 저는 그것을 걱정하지 않습니다. 왜냐하면 저는 그 산에 갔다 왔으니까요. …… 그리고 약속의 땅을 보았기 때문입니다. 저는 여러분과 함께 그곳에 가지 못할지도 모릅니다. 하지만 오늘밤 여러분에게 이것만은 밝혀두고 싶군요. 우리는 모두 한 종족으로서 그 약속의 땅에 도달할 것입니다."

다음날, 킹은 우파 성향의 부랑자인 제임스 얼 레이James Earl Ray에게 암살되었다. 그의 영웅인 간디처럼 그가 동질감을 느꼈던 동시대의 리더 케네디처럼 그리고 킹의 본거지에서 정치적인 유대를 확대하고 있었던 케네디 대통령의 동생 로버트 케네디처럼, 킹은 자신이 물리치려 했던 증오의 희생자가 되고 말았다.

사망 후 그는 미국의 영웅으로서 미국의 인종차별의 상처를 치유하려 했던 온건파로서 추앙을 받았다. 마지막 몇 달 간 급진적인 경향을 띠었던 그의 행적은 잊혀졌다. 멤피스 파업을 취재했던 기자 리처드 렌즈Richard Lentz는 현실보다는 희망이 짙게 반영된 이런 기사를 내놓았다.

따라서 킹이 그의 고향인 남부의 오랜 숙적이었던 백인 인종차별주의자들과의 숙명적인 투쟁 중에 사망했다고 보는 것이, 킹의 가장 급진적이고 야심찬 활동 목표였던 보다 큰 사회와의 투쟁이나 연방정부로 대표되는 광범위한 사회와의 투쟁 중에 사망했다는 것보다 더 타당하다.

킹은 비전을 담은 강력하고 효과적인 메시지를 제시했을 뿐 아니라, 그것의 실현을 위해 몸소 발벗고 나섰다. 그는 남부 흑인공동체의 심장부이자 목회 활동의 중심지 출신으로서 그곳의 거의 모든 흑인들이 겪고 있는 핍박을 체험하며 성장했다. 킹은 시련과 고통을 넘어서고 그로 인해 더욱 강건해진 정신을 무기삼아 흑인과 기타 소외층이 미국에서 당연히 누려야 할 권리이자 사실상 몇 번이고 보장을 받았던 권리를 찾기 위한 방안을 제시했다. 그는 흑인과 백인이 서로 조화롭게 살아가는 '아름다운 공동체'를 만들 수 있다고 지속적으로 사람들을 설득했다. 그는 동시대인들이 충분히 이해할 수 있는 방식으로, 엘리너 루스벨트가 그랬듯이 이타심과 인간성을 자극하는 방식으로 많은 종교와 주류문화와 하위문화에서 사상의 가닥들과 메시지들을 엮었다. 그리고 점차 강해지는 감화력과 설득력이 실린 연설과 글을 통해 다양한 부류의 청중과 간접적 혹은 직접적인 교류의 통로를 만들었다.

킹은 용기가 있었다. 그는 몽고메리에서 한 흑인 기자에게 이렇게 말했다. "어떤 큰 뜻에 헌신하게 되면 나의 안전은 목표가 되지 않습니다. 개인적으로 일어난 일은 중요하지 않습니다. 나의 뜻과 나의 종족은 목숨을 바칠 가치가 있는 목표입니다." 비폭력주의는 그의 내면의 깊숙한 곳에 자리 잡고 있는 본능이었다. 1961년 12월 한 회의장에서 공격을 받았을 때, 그는 범인과 마주하고 "신생아처럼" 손을 아래로 늘어뜨렸다. 큰 상해를 입거나 죽음을 당할 수 있는 순간에도 그렇게 침착한 모습을 보여준 것은 그를 직접 알거나 그의 인품을 아는 모든 사람들에게 강력하면서도 믿음직한 메시지로 작용했다.

하지만 그런 용기는 모범적이지 않은 행동과 관련지을 수도 있다. 킹은 소박한 사람이었지만 다른 한편으로 자부심이 강했고 거드름을 피우기도 했다. 그리고 거리낌 없이 과거의 유명한 종교 지도자들과 자신을 동일시하곤 했다. 또한 종교 지도자로서 온당치 않은 위험하고 부질없는 개인적 행동을 하기도 했다. 그의 대학원 논문은 상당 부분이 표절된 것이다. 또 FBI가 킹의 명성을 무너뜨리기 위해 집요한 추적을 하면서 그가 많은 여성들과 관계를 맺었다는 증거가 드러나기도 했다. 킹은 가족은 물론이고 자신의 신조에 충실하지 못한 것에 대해 죄의식을 느꼈다. 오늘날이나 과거의 같은 정치적 인물들도 그와 유사한 애정행각을 벌인 적이 있지만 그런 사실들이 킹에게 면죄부가 되지는 못하며, 설혹 다른 목사들과의 동지애를 유지한다는 차원에서 그런 행위를 저질렀다고 해도 잘못은 잘못일 따름이다. 다행히도 킹의 개인적인 단점은 그의 폭넓은 정치적·사회적 목표와 충돌하거나 그런 목표에 장애물이 되지 않았다. 그는 자신이 펼칠 이야기의 가장 핵심적인 요소들을 중단 없이 실천해 나갔다.

아무런 권위가 부여되어 있지 않고 오로지 자신의 신념에서 우러나온 연설과 행동을 통해 다른 사람들을 선도할 수 있는 능력에 전적으로 의존하는 리더십을 발휘하기는 대단히 어려운 일이다. 엘리너 루스벨트와 마찬가지로 킹은 미국에서 전무후무한 지위를 차지할 수 있었다. (킹의 사후에는 친구인 랠프 애버내디 Ralph Abernathy 목사가 남부기독교지도자회의를 맡았지만 킹의 리더십에 필적할 만한 역량을 발휘하기에는 역부족이었다.) 킹은 미국에서 흑인의 역할에 대한 의식을 일깨우고 20세기 흑인의 삶에 대한 정의를 내리는 데 큰 기여를 했다. 하지만 그가 내린 정의는 그의 사후에 오래 지속되지 못했다. 그의 메시지는 순전히 킹 자신에게서 우러나온 것으로 조직 내에 영속적인 뿌리를 내리지 못했기 때문이다.

엘리너 루스벨트와 마찬가지로 킹의 삶 속에서도 개인적인 사건들과 그가 이끌었던 단체 내에서 벌어진 사건들, 그리고 보다 넓은 사회에서 일어난 사건들이 서로 상호작용을 하고 있었다. 남부 흑인지역에서의 비교적 순탄했던 성장기는 결과적으로 그의 인격을 형성시키는 발판이었을 뿐 아니라, 그가 기꺼이 시도했던 모험의 동기이자 훗날 부딪혀야만 했던 한계의 요인이었다. 20세기 초반에는 흑인의 지위에 대한 인식이 점차 확대되고 있었다. 킹이 영향력 있는 지위로 올라서기 전에 군대 내 인종차별 금지와 '브라운 대 토피카 교육위원회' 판결 등이 있었다. 하지만 많은 영웅과 악당이 출현했다가 사라졌음에도 흑인들의 목표는 아직 완전한 통일성을 이루지 못했다.

킹이 남긴 전설의 핵심에는 정체성을 찾고 있는 한 집단의 요구를 충족시키고 그들의 성장을 위해 최선을 다했던 한 재능 있는 개인의 삶이 생생히 펼쳐져 있다. 킹은 자신의 시대에 대해 숙고하면서 흑인들뿐 아니라 보다 광범위한 차원의 소외계층에게도 정체성을 심어주었다. 그의 메시지는 교육받지 않은 마음의 소유자들에게 익숙한 영역을 넘어선 것이었다. 엘리너 루스벨트처럼 그는 미국인들에게 사회집단 간의 통상적인 계층분류와 계층 간의 충돌을 그만두고 포용적인 사회관을 수용하며, 불운한 이들의 삶을 개선시키기 위해 노력해 줄 것을 요청했다. 킹은 자신의 사후에도 유지될 수 있는 조직이나 집단을 만들지는 못했다. 따라서 그의 사망 이후 킹의 목표를 재창조하고 그의 뒤를 잇는 새로운 리더나 집단을 찾는 일이 필요하게 되었다. 어쨌든 이런 새로운 형태는 이 비주류 집단의 뛰어난 리더인 킹이 쌓은 기초를 토대로 구성된다.

리더라고 하면 보통 대학처럼 익숙한 기관이나 가톨릭교회 혹은 미 육군처럼 광범위한 조직에서 리더십을 발휘한 인물을 떠올리게 된다. 아마 이 시대의 본질적인 리더라면 국가의 리더일 것이다. 예를 들면, 1943년 세계적으로 중대한 사안을 결정짓기 위해 테헤란에 모였던 세 정상들 같은 인물들 말이다. 다음 두 장에서 나는 그런 국가 지도자들을 살펴볼 것이다. 제12장에서는 한 시대를 주름잡았던 마거릿 대처에 초점을 맞출 것이고, 제13장에서는 제2차 세계대전 동안 한 국가뿐 아니라 국제적으로 큰 방향을 제시했던 여러 리더들을 고찰해 볼 것이다.

이 책의 주요 목표는 비교적 규모가 작은 동질적인 집단에서 발휘된 리더십에서부터 보다 규모가 크고 이질적인 집단에서 발휘된 리더십에 이르기까지 리더십의 본질을 추적해 보는 것이다. 이제 국가적인 리더십의 단계로 옮겨가기 전에 이미 걸어온 광범위한 지평을 되돌아보고 남은 여정을 가늠해 보기 위해 재현부_reprise_의 형식으로 잠시 숨을 돌려보자.

재현부

특별한 수식어가 딸리지 않은 '리더'라는 말은 일반적으로 도시, 종족, 국가 등과 같은 어떤 정치적 실체의 수장을 맡고 있는 인물을 말한다. 정치적 실체는 서로 다른 분야나 지위에서 활동하지만 모두 같은 집단에 속해 있다는 믿음을 공유하고 있는 개인들로 구성되어 있다. 따라서 현대 국민국가에 속해 있는 개인들은 직업과 배경이 다양하지만 같은 신념과 제도를 공유하고 있다고 할 수 있다.

가장 보편적인 형태의 국가는 같은 인종적 유산을 가진 개인들로 구성되어 있지만, 미국을 포함한 많은 국가들은 다양한 배경을 가진 개인들로 이루어져 있다. 이처럼 지리적으로 동일한 실체 안에서 서로 갈등하는 집단들이 각기 자신들만의 정치체제를 원하는 경우 분쟁이 발생한다. 미국의 남북전쟁이 좋은 예이다. 마찬가지로 어떤 한 인종 집단이 곳곳의 정치적 실체에 흩어져 살면서 하나의 정치체제에 속하기를 원할 때에도 분규가 일어난다. 그 대표적인 예가 분쟁이 끊이지 않는 발칸반도다.

앞으로 두 장에 걸쳐 나는 규모가 크고 때로는 이질적인 개인들로 구성된 집단을 상대로 리더십을 발휘해야 했던 인물들에 초점을 맞출 것이다. 이런 인물들은 그 자리에 선출되었든 임명되었든 청중에게 자신의 의사를 전달할 방안을 찾아야 한다. 아니면 적어도 자신의 권위를 세울 수 있고 도움을 받았던 특정 계층에게라도 호소할 수 있어야 한다. 청중의 구성이 보다 이질적이고 대규모일수록 전달할 '이야기'를 짜는 일은

더욱 어려울 수밖에 없다. 또 그럴수록 이야기가 유치할 정도는 아니더라도 비교적 간단한 것이 되어야 한다.

　한 국가의 리더가 직면한 과업의 구도를 살펴보려면 지금까지 다뤄온 인물들의 사례들을 재검토해 보는 게 도움이 될 것이다. 나는 처음에 마거릿 미드와 로버트 오펜하이머를 다뤘다. 이 두 인물이 영향력 있는 지위를 얻을 수 있었던 근본적인 이유는 기존의 학문 분야에서 활동영역을 넓혔기 때문이었다. 마거릿 미드가 경력의 출발점으로 삼은 직업은 먼 이국땅을 답사하며 연구하는 인류학자였다. 그리고 인간의 본성에 대한 연구가 미국의 여성과 남성을 포함하게 되면서 그녀의 리더십은 전문가 집단을 넘어서서 광범위한 대중을 상대하게 되었다. 마찬가지로 로버트 오펜하이머는 처음에 물리학자로 경력을 시작했다. 제2차 세계대전의 여러 사건들로 인해 그는 (여전히 전문가들로 이루어진) 과학자 집단을 지휘하는 직책을 맡게 되었다. 전쟁이 끝난 후에는 자신의 아이디어들을 국내외의 일반 대중에게 널리 알리고자 했지만 절반의 성공밖에 거두지 못했다.

　그 다음에 다룬 리더들은 규모와 이질성 면에서 제각각인 제도권 기관들을 지휘했던 인물들이었다. 로버트 메이너드 허친스는 서로 다른 학문 분야의 전문가들로 구성된, 폐쇄성이 강한 기관인 미국 대학을 이끌었다. 그 다음은 현대적인 '계급(제도권)'에 속한 세 인물들을 살펴보았는데

알프레드 슬론 2세는 기업을, 조지 마셜은 군대를, 교황 요한 23세는 전 세계에서 가장 큰 종교 조직인 가톨릭교회를 지휘했다. 이런 기관들은 이질적인 개인들로 구성되었는데, 특히 군대나 교회는 그런 면이 더욱 두드러졌다. 하지만 이들은 충성심이라는 공동의 끈으로 묶여 있었다. 그리고 그밖의 다른 경험의 영역은 오로지 막강한 리더의 역량에 달려 있었다. 이 리더들이 제시한 비전은 해당 기관의 전통적인 '정체성 이야기'에 기반을 두어야 했고, 기관 내 이해관계가 얽혀 있는 주요 압력단체들이 인정할 수 있는 것이 되어야 했다. 그리고 그들이 현재라는 역사적 순간에 그런 단체에 소속되어 있는 의미를 이해하는 데 도움이 되는 비전을 제시해야 했다.

엘리너 루스벨트와 마틴 루터 킹 2세는 전혀 다른 도전에 직면했다. 두 인물은 원래부터 자체적인 기준과 자화상을 가진 청중 자체가 존재하지 않았다. 또 제도권 기관처럼 리더의 지위를 얻을 수 있는 예정된 경로도 없었다. 그들에게는 과거의 사례도 없었고, 훗날 밝혀지지만 미래의 사례라는 것도 없다. 대신 개인의 경험과 시대의 사건들이 어우러지면서 엘리너와 킹은 연설과 실천을 통해 사회의 비주류 집단에게 큰 영향력을 행사할 수 있는 지위로 성큼 올라서게 되었다. 사실 이들 집단은 한 국가만큼이나 다양한 개인들로 이루어져 있었다. 하지만 이런 집단은 사회의 주변 계층이라는 사실과 문화적 경험을 공유하고 있다는 점에서 단합되

어 있었다. 엘리너와 킹이 제시한 비전은 20세기에 여성과 흑인도 보람 있는 삶을 영유할 수 있음을 일깨워 주었다.

개인이 한 국가나 종족의 리더가 되는 경로는 다양하며, 리더로 등극한 인물이 발휘하는 능력이나 전략도 각양각색이다. 전통적으로 리더가 되는 경로는 두 가지가 있다. 한 가지는 세습 절차에 따른 것으로 현 리더의 장자 혹은 장녀가 새 리더가 되는 경우이다. 다른 한 가지는 폭력 행사에 따른 것으로 가장 힘이 세거나 호전적인 인물이 새 리더가 되는 경우이다. 근대와 현대에는 또 다른 세 가지 경로를 통해 리더가 결정되고 있다. 우선 대부분의 서구 국가들에 해당하는 경우로 국민의 선거에 의해 선출되는 방식이다. 대부분의 비민주 국가에서 행해지는 것으로는 소수의 엘리트가 비밀리에 리더를 정하는 방식도 있다. 그리고 나머지 하나는 불안정한 국가에서 흔히 발생하는 것으로 혁명적인 정치세력이 힘으로 권력을 쟁취하는 방식이다. 때때로 이런 정치세력의 리더는 비교적 전문화된 영역이나 학계에서 나오기도 한다. 예를 들면, 체코 공화국 대통령이었던 바츨라프 하벨은 기성 극작가였으며, 독일의 루드비히 에르하르트 Ludwig Erhard 총리는 원래 경제학자였다. 국가의 리더는 종종 주요 제도권에서 나오기도 한다. 우드로 윌슨 Woodrow Wilson 대통령은 처음에 역사학자였다가 후에는 대학총장이었고, 이탈리아의 총리 실비오 베를루스코니 Silvio Berlusconi 는 성공적인 기업인이었으며, 드와이트 아이젠하

워 대통령은 장군이었고, 이란의 아야톨라 호메이니Ayotallah Khomeni는 종교 지도자였다. 국가 지도자가 되는 가장 일반적인 경로는 정치계에서 성장하는 것이다. 대부분의 미국 대통령들과 서구 국가들의 총리들은 꽤 이른 나이에 정치에 입문했고, 지방정부나 중앙정부에서 공직자 생활을 거쳤다. 과두정치 체제의 국가에서는 대부분의 리더들이 행정부 내의 여러 직책을 동시에 차지하는 경향이 있다. 혁명을 통해 권력을 쟁취한 리더들도 정치적인 배경을 가지고 있다. 하지만 그들의 정치적 배경이라는 것은 주로 폭력적이고 불법적이며 은밀한 활동과 관련이 있다. 대체로 그들은 공식적인 정치조직보다는 투옥되어 있던 경력이 화려하다. 20세기 전반의 스탈린Stalin, 히틀러Hitler, 마오쩌둥Mao Zedong, 그리고 20세기 후반의 피델 카스트로Fidel Castro, 사담 후세인Saddam Hussein, 무하마르 카다피Muammar Qaddafi는 자신들이 만들었거나 탈취한 정치세력을 조종해 리더의 지위를 얻었다. 로널드 하이페츠Ronald Heifetz의 말을 다시 한 번 인용하면, 그들은 합법적인 권위를 얻기 오래 전부터 이미 리더로 부상했다.

리더가 권력을 잡았던 방식이 향후 권력을 행사하는 방식까지 예고해주지는 않는다. 리더는 초기에는 특정한 방식으로 영향력을 행사하다가도 나중에는 다른 방식으로 전환하기도 한다. 가장 악명 높은 사례가 히틀러다. 그는 선거를 통해 독일 총리가 되었지만, 총리가 되고 나서는 자

유선거가 다시는 개최되지 않으리라는 점을 분명히 했다. 독재자는 태어나는 것이 아니라 만들어진다. 드물지만 이와는 상반된 사례들도 있다. 예를 들어, 프랑스의 샤를 드골은 포고령을 통해 통치권을 행사했지만 곧 대통령선거제를 도입했다. 스페인의 프란시스코 프랑코 Francisco Franco 는 독재자였으면서도 자신의 사후에 입헌군주제가 정착되기 위한 발판을 마련해 놓았다. 한 번도 정직한 선거를 통해 당선되지 않았으면서도 그 지위에 올라가기 위해서 남다른 능력을 보여준 리더들도 있다. 예를 들면, 마오쩌둥은 둘째가라면 서러워할 정도로 최고의 조직가이자 뛰어난 논쟁가였고, 스탈린은 선동과 음모의 대가였다. 네 번이나 대통령으로 당선된 프랭클린 루스벨트 같은 리더들은 후보로 지명되거나 선거에 승리하기 위해 갖춰야 할 자질 외에도 공직생활을 하면서 탁월한 통치술을 보여주었다.

마지막으로 고려해 볼 사항은 정치 지도자들이 대중의 정체성에 대한 인식을 변화시킬 수 있는 범위이다. 대부분의 환경에서 리더들은 대개 그들의 전임자들이 천명했던 것과 동일한 이야기를 제시하고 동일한 가치를 구현시키는 데 만족한다. 이런 '평범한' 리더들을 최근의 미국 대통령에서 찾아보자면 제럴드 포드 Gerald Ford 나 조지 부시 Geroge Bush 대통령이 떠오르는데, 이들이 주로 하는 일은 관리와 유지가 전부였다. '혁신적인' 리더는 사회에 이미 존재했지만 최근에 잊혀졌거나 축소된 주제 혹

은 이미지를 수용하여 다시금 우리의 의식 속에서 부활시키는 역할을 한다. 그런 리더로는 드골이나 로널드 레이건을 들 수 있다.

가장 드문 정치 지도자는 예전에는 입에 오르내린 적이 없는 새로운 이야기나 이미지를 창조해내어 대중이 그 위력을 깨닫게 하는 데 성공하는 인물이다. 하지만 그만한 비전과 변화를 창출하는 리더십을 갖추기는 쉽지 않다. 첫 번째 이유는 새로운 정치적 아이디어를 얻기가 어렵기 때문이다. 게다가 이질적인 개인들로 구성된 일반 대중을 상대하려면 전문가의 마음보다는 교육받지 않은 마음에 호소해야 한다. 물리학 혹은 시학 분야의 전문가들은 신선한 비전을 찾아보고 그런 새로운 관점을 창조하는 인물에게 높은 점수를 주지만, 한 국가의 일반 대중은 본질적으로 보수적인 성향을 띤다. 20세기에는 레닌이나 마오쩌둥 같은 몇몇 정치 지도자들이나 마하트마 간디나 장 모네 같은 몇몇 혁신적인 사상가들만이 비전 있는 이야기를 창조해냈고, 또 그 이야기를 소규모의 추종자 집단을 뛰어넘어 널리 전파시키는 데 성공을 거두었다.

제12장

마거릿 대처
명확한 정체성으로 영국을 이끈 카리스마

Margret Thatcher, 1925~

> 전투 너머는 결코 볼 수가 없다. 전투는 절정에 도달한 사건이며, 장벽처럼 미래의 모든 비전을 차단해버린다.
>
> — 윈스턴 처칠 Winston Churchill

마거릿 대처는 영국 총리직을 3번 역임했는데, 이는 20세기 영국사에서 가장 오랫동안 총리직을 연임한 사례였다. 대처는 영국 주요 정당의 최초의 여성 당수가 되었으며, 총리로 선출된 뒤에는 제2차 세계대전 후의 영국 사회의 진로를 근본적으로 바꾸어놓는 독보적인 위업을 이루어냈다. 지나온 여러 장에서 살펴본 리더들처럼 대처는 다양한 배경과 걱정거리와 목표를 가진 개인들로 구성된 국민을 상대해야 할 과업을 안고 있었다. 그녀는 영국인이라는 정체성의 비전을 제시하면서 동포들에게 자신을 따르도록 촉구했다. 한편 그녀는 이런 비전을 따르지 못하는 사람들은 가차 없이 도태시키는 냉정함도 보여주었다. 지금까지 살펴본 대부분의 리더들과는 대조적으로 그녀의 비전은 포용적이기보다는 배타적이었다. 그녀는 타협과 화해를 추구하기보다는 '우리'와 '그들'이라는 이분법을 선호했다. 이런 전략은 놀랄 만큼 오랜 기간 동안 효과가 있었다. 하지만 이렇듯 분할을 전략으로 삼는 성향은 결국 자신의 몰락을 자초한 주요 원인이 되었다.

사회활동 기간 내내 마거릿 대처(원래 이름은 마거릿 로버츠 Margaret Roberts)는 평범함과 비범함이 기막히게 뒤섞여 있는 인물로 비쳐졌다. 그녀는 1930대에 지극히 평범하다고 할 만한 어린 시절을 보냈다. 그녀의 아버지 알프레드 Alfred 는 영국 중부의 그랜탐이라는 작은 도시에서 비교적 큰 규모의 식료품점을 운영했다. 그는 독실한 감리교 신자였으며, 참사회원이나 행정관 등의 여러 정치적 직책을 맡기도 했다. 그는 선량하고 성실하면서도 독립심이 강한 인물로 알려져 있다. 아들을 두지 못했던 알프레드는 마거릿을 끔찍이 사랑했다. 어린 마거릿은 아버지처럼 뭐든지 열심히 했고 항상 자신의 목표를 높이 세웠던 모범생이었다. 그러나 그녀는 분명히 로버트 메이너드 허친스나 마거릿 미드처럼 지적으로 조숙한 면은 보이지는 않았다.

어린 시절의 경험에서 비롯된 것으로 보이는 가장 특이한 점은 대처가 어머니인 베아트리체Beatrice의 존재를 인정하지 않았다는 사실이다. 그녀는 공식석상에서 항상 아버지만을 언급했고 그럴 때마다 늘 칭찬 일색이었다. 1979년 그녀는 총리로 선임되었을 때 이렇게 말했다. "네, 물론 제가 이 자리에 서게 된 것은 전적으로 저희 아버지 덕분입니다. 아버지는 지금 제가 신봉하는 모든 신념을 심어주셨습니다. 그리고 그것은 제가 선거를 치르면서 가치관으로 삼았던 것이기도 합니다."『인명록Who's Who』에서 대처의 전기 항목을 보면 어머니의 이름이 나오지 않는다. 1988년 이런 사실에 대해 의문이 제기되자 그녀는 놀라는 척 하면서 이렇게 말했다. "저는 어머니를 아주 사랑해요. 하지만 15살 이후로는 서로 얘기할 화제가 없었죠. 그건 어머니 잘못은 아니에요. 어머니는 가사 일에 시달렸고 항상 집에만 계셨으니까요." 그녀의 학교 친구는 대처가 어머니를 경멸했지만 아버지는 매우 사랑했다고 밝힌 적이 있다.

다른 리더들의 삶에서도 이와 유사한 경우를 찾아볼 수 있다. 파블로 피카소Pablo Picasso는 이름에서 아버지의 성을 버리고 어머니의 성을 따랐다. 찰스 다윈Charles Darwin은 다른 사람들에게는 가족을 잃은 적이 없다고 했지만, 사실 그의 어머니는 8살 때 사망했다. 마이클 킹은 자신과 아들의 이름을 마틴 루터로 변경했다. 아마 그들은 성장기에 결코 지워지지 않는 당혹스럽고 고통스러운 경험을 겪어서 진실을 숨기고 싶었는지도 모른다. 대처의 경우도 어머니와 크게 다른 적이 있거나 어머니가 어떤 나쁜 짓을 저질렀을 수도 있다.

그렇지만 그보다 더 가능성 있는 것은 피카소처럼 대처도 같은 여자인 어머니의 평범함을 참을 수 없었는지도 모른다. 그녀는 항상 어머니의 이름을 '마사 Martha'라고 하는 게 낫겠다며 경멸했다. (프로이트 추종자라면 마사라는 이름이 마거릿과 유사하다는 사실을 지적할 수도 있을 것이다.) 만일 대처가 아버지의 관심사나 정치적 성향을 추종하면서 비범하고 특별한 여성이 되고자 했다면, 위대한 국가 건설을 주도하는 '영국의 중산층 여성'으로 우뚝 서고자 했다면 자신에게 내재된 평범함부터 씻어내야 했을 것이다. 그렇기 때문에 가정생활에 안주해 있는 평범함 자체였던 어머니의 존재를 참을 수 없었을지도 모른다.

고등교육을 제대로 받지 못한 알프레드는 재능 있는 그녀의 딸을 대학에 보내야겠다는 결심이 확고했고, 그녀는 예정된 코스를 밟아 옥스퍼드 대학에 들어갔다. 소머빌칼리지 Somerville College 에서 대처는 두 가지 다른 경력을 추구했다. 그녀는 훗날 노벨상을 받아 유명해진 도로시 호지킨 Dorothy Hodgkin 과 함께 화공학을 공부했다. 지위 상승의 꿈을 가진 젊은 여성에게 화공학은 도전해 볼 만한 분야로 생각되었다. 대학을 졸업한 후에는 화공학과 관련된 직장 두 곳을 잠시 다니기도 했다.

그러나 대학에 다닐 때에도 대처는 정치에 대한 열정을 품고 있었다. 아버지로부터 물려받은 정치에 대한 관심은 더욱 예리해졌고 어느 정도 방향도 설정되어갔다. 대처는 오스트리아 출신의 사회주의 비판가인 프리드리히 폰 하이에크Friedrich von Hayek를 비롯한 유명한 보수파 사상가들의 저작물을 두루 섭렵했고 그들의 철학을 신봉하게 되었다. 또한 그녀는 아버지의 도움으로 웅변가와 토론가의 자질을 키워나갔다.

대처가 평생 동안 견지했던 정치적 입장은 그녀의 인생에서 가장 중요한 시기의 경험이 많이 반영된 것이다. 그녀는 제2차 세계대전 동안 정치에 깊이 빠져들었다. 전쟁 기간 중 영국은 홀로 사악한 나치 독일에 대항하여 민주적 가치를 수호한 나라였다. 당시는 힘들었지만 자부심이 충만해 있는 시대였다. 단호하면서도 용기를 불어넣는 처칠의 리더십으로 영국은 여전히 막강하며 훌륭한 가치를 수호하는 국가임이 분명해졌다.

제2차 세계대전 동안 성년기를 거치며 보고 들은 경험은 대처가 세계 속에서 영국의 위상을 파악하는 데 결정적으로 작용했다. 또한 자신의 믿음에 대한 조금도 흔들림 없는 태도 역시 그런 경험에서 기인했다. 만일 그녀가 1930년대 영국 총리 네빌 챔벌레인Neville Chamberlain의 패배주의 시대나 1950년대와 1960년대 영국의 국제적 영향력이 약화되던 시기에 성년기를 보냈다면 대처의 정치적 기세는 미약했거나 아예 사그러들었을 것이다.

대처는 자신의 전공에 맞는 직업을 과감히 버린 후 법학 학위를 취득했다. 1953년 12월에는 변호사 시험에 합격했다. 다른 분야에서와 마찬가지로 대처는 법학 분야에서도 우수하긴 했지만 탁월한 학생은 아니었다. 그녀는 대체로 2위 그룹에서 1등을 차지하는 정도였다. 그렇지만 법학을 공부한 경험은 훗날 그녀가 정치 경력을 쌓아가는 과정에서 아주 유용하게 작용했다. 법학을 통해 정치와 경제 문제, 그리고 정부의 행정적인 절차를 이해할 수 있었기 때문이었다. 하지만 과학 교육을 받았던 경험도 결코 잊지 않았다. 그녀는 어떤 사안에 대한 자신의 입장을 주장하고 논리를 펼칠 때 종종 자신이 배운 과학적인 방법을 적용하곤 했다.

대처의 배우자 선택은 프랭클린 루스벨트나 빌 클린턴이 그랬던 것처럼 사전에 계산된 측면이 있었던 것 같다. 1951년에 그녀는 사업에서 크게 성공한 중년의 이혼남이었던 데니스 대처 Dennis Thatcher와 결혼했다. 자신보다 사회적 지위가 높은 사람과 결혼함으로써 대처는 보수당과의 연계를 공고히 하면서 신앙도 감리교에서 영국국교회로 개종했다. 그리고 이제 생계에 대해 걱정할 필요가 없었다. 그렇지만 데니스는 돈과 명성 이상의 것을 대처에게 안겨주었다. 외조에 충실했던 데니스는 대처가 확실한 각광을 받도록 배려하면서 자신은 뒤편으로 물러나 조용히 조언을 하는 역할에 만족했다. 1953년 대처 부부는 쌍둥이를 낳았다. 결혼 초기였던 이때 대처는 한동안 시간을 내어 쌍둥이 마크 Mark와 캐롤 Carol을 돌보기도 했다.

그런 와중에서도 대처는 선거를 통해 정계에 뛰어들 결심을 하고 있었다. 학창 시절부터 그녀는 인맥 형성과 파악에 뛰어난 수완이 있었기 때문에 하원에 출마할 기회를 엿보고 있었다. 그러다가 1950년대 말에 보수 성향이 강한 런던 교외의 핀치리에서 입후보 자리를 얻게 되었다. 사회적 지위가 한창 상승 중이던 이 지역 주민들은 대처의 능력과 확고한 신념을 높이 평가했고, 그 덕분에 대처는 다수의 지지로 연속해서 하원의원에 당선되었다.

1960년대에 대처는 보수당에서 떠오르는 스타가 되었다. 젊고 매력적이고 침착하고 상황 파악이 빠르며, 논리가 정연하고 단호하면서도 신중한 그녀의 면모는 정치적 동지들과 일반 대중에게 깊은 인상을 주었다. 그녀는 케이스 조지프Keith Joseph를 비롯한 보수당의 중견 정치인들의 지도를 받으며 성장했다. 1963년 초, 보수당 당수인 알렉 더글러스 홈Alec Douglas-Home은 자신의 아내에게 이렇게 말했다. "마거릿 대처는 우리 모두의 두뇌를 합쳐놓은 것 같아. 앞으로 그녀를 주시할 필요가 있겠어." 1965년과 1970년 사이에 대처는 예비내각shadow cabinet*의 여러 각료직을 역임했다. 그리고 1970년 보수당이 집권하자 신임 총리 에드워드 히스Edward Heath에 의해 교육부 장관으로 임명되었다. 이런 여러 각료직을 거치면서 그녀는 업무의 세세한 부분들을 파악했고 능숙한 일처리 능력을 보여주었다. 무엇보다 중요한 사실은 특별한 평지풍파를 겪지 않았음에도 이때의 그녀는 가혹한 비난을 극복하는 법을 이미 터득하고 있었다는 점이다.

대처는 재능을 널리 인정받고 찬사를 받았지만 정계에서 얼마나 높이 오를 수 있을 것인지는 아직 미지수였다. 보수당 지도부는 귀족계급 출신의 남성들로 넘쳐났다. 이들은 수십 년 동안 서로 잘 알고 지내왔으며, 기질상 인습타파와는 거리가 먼 수구 성향을 지니고 있었다. 더글러스 홈, 버틀러R. A. Butler, 퀸틴 호그Quintin Hogg, 해롤드 맥밀란Harold Macmillan 같은 기성체제 타입establishment type의 인물들과 대처는 거의 모든 측면에서 공유하는 것이 없었다. (배경으로 따지자면 대처는 히스를 닮았는데, 그 역시 평범한 가정에서 출세한 인물이고 '진정한' 기성체제 타입이 아니었다.) 대처는 우선 여성에 중산층 출신이고

* 야당이 집권을 예상하고 만든 내각 – 옮긴이

사립이나 공립이 아닌 국립 고등학교를 다녔으며, 가족 중 처음으로 대학을 다니며 고전적인 학문보다는 실용적인 학문을 공부한 사람이었다. 무엇보다 중요한 사실은 그녀가 보수적 가치들을 철저히 신봉했다는 점이다. 하지만 당시 많은 인물들이 그런 가치관을 준수하기보다는 타파하는 것을 더 중요하게 여겼다. 실제로 그녀는 히스가 진정한 보수주의의 원칙을 배반한 인물이라고 생각하게 되었다.

이렇듯 아웃사이더에 대한 시선이 곱지 않은 정치 풍토에서 대처의 입장에서는 여러 가지 여건에 자신을 맞춰야만 했다. 첫째, 아웃사이더는 위협적이어서는 안 되고 몸가짐에 신중을 기해야 했다. 야당과 여당의 내각 직책을 10년 동안 역임하면서 대처는 훌륭한 팀 플레이어였고, 보수당 리더들에게 공개적으로 도전하지 않았다. 이미 여성이라는 사실만으로도 그녀는 충분히 주변적인 인물이었다. 따라서 현재의 처지에서 한 발 더 나아갈 필요도 없었고 아마 그렇게 할 수도 없었을 것이다. 둘째, 적절한 상황이 조성되어야 기회를 잡을 수 있다는 점이었다. 히스처럼 약하고 무능한 총리로는 더 이상 안 된다는 분위기가 팽배해 있는 상태에서 1974년 그가 선거에서 패배했을 때가 바로 그런 상황이었다. 셋째, 차기 리더를 꿈꾸고 있다면 타이밍에 대한 탁월한 감각이 필요했다. 대처는 자신의 정치적 입지에 대해 매우 현실적인 생각을 가지고 있었다. 1974년 그녀는 이렇게 밝혔다. "앞으로 세월이 좀 지나야 여성 당수나 여성 총리가 나올 겁니다. 제 생애에 그런 일이 있을 것 같지는 않군요." 그러나 1975년 기회가 왔을 때 그녀는 그것을 놓치지 않았다. 당수를 뽑는 선거에서 여러 강력한 후보들이 똘똘 뭉쳐 있는 상황을 지켜본 대처는 과감하게 모험을 걸었다. 자신도 후보가 되겠다고 선언했던 것이다. 그리하여 영향력이 상당히 약화된 히스와 2차 투표에서 보수당 당수가 되었다.

여당인 노동당을 이끄는 제임스 캘러핸James Callaghan에 맞서는 야당 당수로서 그녀는 신중한 노선을 취했다. 그녀는 한편으로는 포용적인 입장을 견지하려고 애썼다. 당내 라이벌인 리더들이 자신에게 등을 돌리지 않도록 관심을 기울였고, 그녀의 리더십에 반발하는 경향이 있는 사람들에게는 공손하게 대했다. 그러나 동시에 대처는 영국과 전 세계에 자신의 정치 철학을 선보였다. 그녀의 철학은 노동당 출신이든 보수당 출신이든 당대의 어떤 정치가의 철학보다도 온건하지 않았다.

그리하여 대처리즘Thatcherism이라는 용어가 만들어졌다. 영국 내에서 대처리즘의 골자는 사회주의 정책이 실패했으므로 민영화와 민간 주도 사업을 장려하고 정부의 간섭을 줄여야 한다는 것이었다. 노동조합과 공무원에 대한 인내심도 한계에 도달했다는 사실도 분명히 반영되었다. 영국 밖에서 대처는 타협을 모르는 냉혹한 전사로 인식되었다. 1970년대 중반에 대처가 두 차례 강경한 논조로 연설을 한 후, 러시아인들은 그녀에게 '철의 여인Iron Lady'라는 별명을 붙였다. 이 별명은 칭찬하려는 의도는 아니었지만 영국 내에서는 대처에게 큰 도움이 되었다. 영국인들은 러시아인들을 별로 좋아하지 않았고, 여성 정치가가 강하게 보일 필요가 있다고 생각했다. 더군다나 철Iron이라는 단어는 처칠을 연상시켜 대처의 이미지에도 유익했다.

역사를 돌이켜보면 확실히 분수령이 되는 선거들이 있다. 미국의 대통령 선거로는 1860년의 에이브러햄 링컨 대 스티븐 더글러스, 1932년의 프랭클린 루스벨트 대 허버트 후버, 1980년의 로널드 레이건 대 지미 카터 등의 사례가 있다. 1979년의 영국 선거도 그 반열에 오를 만한 사건이었다. 캘러헌 정부는 제2차 세계대전 말 이후로 '합의'를 정책의 기조로 삼았고, 이에 대해 근본적인 도전을 받은 적이 없었다. 몇몇 예로, 사회주의적인 기구에 대한 지지나 관용적 태도, 노동조합에 대한 양보, 과거의 식민지들에 대한 정부 개입의 완화 및 부상하는 유럽공동체와의 연대 강화, 규제 없는 재정정책 등이 있다. 보수당 총리들인 맥밀란, 더글러스 홈, 히스가 노동당 총리들인 해롤드 윌슨 Harold Wilson이나 캘러헌과는 약간씩 다른 정책을 펼치긴 했지만, 이들의 차이는 1945~1980년 동안 미국의 역대 공화당 대통령들과 민주당 대통령들의 차이에 비하면 그리 크지 않은 것이었다.

1979년 선거전에서 마거릿 대처는 사회의 통념에 반기를 들었다. '노동당으로는 안 된다'라는 문구가 적힌 포스터는 큰 효과가 있었다. 그녀는 영국이 "길을 잃은 듯 보이는 대국"이라고 말했다. 선거전에서 보여준 열정, 캘러헌에게 내민 과감한 도전장("당신은 더 이상 행동할 용기가 없습니다. 적어도 사퇴할 용기는 남아 있지 않습니까?"), 구체적인 공약 등을 무기삼아 대처는 이제 극적인 방향전환이 필요하다는 점을 유권자들에게 인식시키는 데 성공했다. 캘러헌은 유권자들에게 대처 혁명의 위험성에 대해 경각심을 불러일으키려 했다. "과연 우리가 모든 것을 뿌리째 뽑아버리는 위험을 감수해야만 한단 말입니까?" 아마 대다수의 유권자들은 이 질문에 '그렇습니다'라고 대답했을 것이다.

그렇지만 1979년 대처와 보수당이 집권했을 때 선거전 때 공약했던 변화가 실현될 수 있을지는 확실하지 않았다. 사실 많은 리더들이 자신의 주장을 온갖 미사여구로 펼치곤 하지만 그것을 행동으로 옮기지는 못한다. 왜냐하면 자신의 주장을 실천할 용기가 부족하고, 선출된 공무원들이나 장관들 그리고 기존의 관료들에게 정책 방향을 바꾸도록 효과적으로 설득할 수 없기 때문이다. 실제로 영국 공무원들의 무사안일한 태도와 보수당 지도부의 집단주의는 대처가 새로운 영국을 건설하는 일이 쉽지 않음을 예고하고 있었다.

대처가 계획한 진로에서 가장 믿음직한 동료라면 아마 자신감이었을 것이다. 선거 직후 그녀는 이렇게 선언했다. "나를 정말로 흥분시키는 재미있는 사실은 어린 시절 작은 도시의 그 소박한 집에서 배웠던 것들이 선거에서 나를 승리로 이끌었다는 점이다." 대처는 아버지로부터 배운 성실성, 자조정신, 창의성, 예의 등과 같은 덕목이 영국의 병을 치유할 수 있다고 확신했다. 대처는 자서전에서 노골적이긴 하지만 의미심장한 표현으로 이렇게 밝혔다. "채텀Chatham은 이런 유명한 말을 했다. '나는 이 나라를 구할 수 있으며 다른 누구도 그것을 할 수 없다.' 나를 채텀과 비교하는 것은 좀 주제넘은 일이다. 하지만 솔직히 말하자면, 나의 활력은 그와 비슷한 내적 확신에서 우러나온 것이다." 처칠 이후로 사기가 저하된 영국 국민에게 그런 자신감을 불어넣고 그것을 몸소 실천했던 정치가는 대처 외에는 없었다. 그녀는 누구와도 대결을 벌일 준비가 되어 있었으며, 자신이 정한 높은 기준에 도달하기 위해 매진할 자세를 갖추고 있었다.

일반적인 기준으로 볼 때 대처는 미래형 리더에 딱 맞는 인물이다. 이런 유형은 어릴 때부터 자신을 운명적인 인물로 인식하고 높은 지위에 있는 인물에게 도전할 수 있는 능력을 보여준다. 하지만 남성의 세계에 몸담고 있는 여성으로서 대처가 도전과 파멸 사이의 아슬아슬한 노선을 걸어야만 했다는 사실은 주목할 만하다. 엘리너 루스벨트와 마찬가지로 대처 역시 자신의 도전적인 경향을 다른 사람들에게,

그리고 자신에게조차 아주 서서히 드러냈다.

하지만 일단 총리가 되자 대처는 자신의 전임자들과는 완전히 다른 리더가 될 것임을 분명히 했다. 그리하여 신념이 합의를 지배하게 되었다. 그녀는 자신의 목표와 임무를 명확히 밝혔다. 그리고 '새로운 시작', '국민의 위임사항', '경천동지의 변화' 등에 대해 얘기했다. 그녀는 자신과 자신의 정책에 헌신적인 인물들을 내각의 요직에 앉혔는데, 특히 경제 및 재정 분야에는 반드시 그런 인물을 기용했다. 타고난 활동가였던 대처는 거의 간섭에 가까울 정도로 정부 내 모든 부서의 일과 계획에 깊이 관여했다. 그녀는 일찍 일어나 늦게까지 일했고 브리핑 내용이 충실하길 원했으며, 휘하의 보좌진도 자신처럼 적극적으로 일하도록 요구했다. (이런 면에서 그녀는 수동적인 레이건보다는 활동가였던 카터나 클린턴과 더 비슷하다.)

대처는 국내뿐 아니라 국제무대에서도 비타협적인 인물이라는 평판을 얻었다. 그녀는 자신의 입장을 미리 정해놓고 그것을 명확히 밝힌 후에는 비판이나 조언을 대개 무시해버렸다. 국제 정상회담에서 그녀는 항상 논란의 중심에 있었다. 오랫동안 노동당 정치인으로 활동했던 로이 젠킨스 Roy Jenkins는 1985년에 이렇게 논평했다.

> 영국 입장의 대변자로서 그녀는 자신이 다른 사람들의 기분을 얼마나 상하게 했는가에 대해서는 전혀 개의치 않는 장점을 가지고 있다. 나는 신임 총리가 된 그녀가 반대파에게 둘러싸여 있는 광경을 본 적이 있다. 웬만한 사람 같았으면 견디기 힘들었을 그 상황에서 그녀는 눈 하나 깜짝하지 않았다.

대처의 연설 대필자인 로널드 밀라Ronalc Millar가 1980년에 남긴 인상적인 구절은 대처의 태도를 완벽하게 포착해낸 것이었다. "그 분은 돌아서는 법이 없었다."

대처의 총리 취임 후 처음 몇 년 간은 성공과 실패가 혼재된 시기였다. 대처는 높은 실업률을 유발하는 통화억제가 정치적으로 받아들여질 수 있는 정책임을 입증했다. 영국 국민은 저인플레와 균형예산이라는 목표를 위해서는 실업을 감당할 각오가 되어 있는 듯이 보였다. 또한 복지국가에 대한 국민들의 기대도 생각보다 그리 크지 않았다. 일부 산업을 민영화하고 노조 세력을 억제하는 일도 가능했다. 미국과 마찬가지로 유권자 층이 재편되는 현상도 일어났다. 노동당에서 보수당으로 돌아선 사람들은 가정과 애국심이라는 '오래된' 가치관을 보수당이 수용한 것에 공감했고, 공공주택의 구매 기회까지 얻을 수 있었다.

그러나 대처는 이러한 방향 전환에 대한 대가를 치러야 했다. 소위 많은 웨트wet(합의를 중시하는 보수당 정치가)들이 사임하겠다고 으름장을 놓았고, 하루가 멀다 하고 내각개편이 이루어졌다. 대처는 이런 변동에도 개의치 않았다. 그녀는 이렇게 주장했다. "나는 무자비한 사람이 아니에요. 하지만 할 일은 해야 하잖아요." 자신을 전적으로 지지하는 사람들만을 기용한다는 비난에 대해서는 이렇게 대답했다. "총리로서 저는 내부에서 논쟁을 벌이면서 시간을 낭비하고 싶지 않아요." 인종 갈등이 더욱 악화되는 가운데 대처는 자신의 정책 때문에 가장 큰 타격을 받은 빈민층과 이민자들을 이해하지도 않았고 동정하지도 않았다.

대처의 스타일은 큰 불씨가 되었다. 그녀는 호통을 치면서 일하는 것을 즐기는 듯했다. 그리고 항상 승리하기를 원했을 뿐 아니라, 반대파에게 굴욕감을 안겨주면서 공개적이고 극적인 승리에 만족감을 느끼는 것 같았다. 저술가 데이비드 하웰David Howell은 이렇게 지적했다.

> 많은 보수당원들이 낡은 합의 체제를 허물고 진정한 보수당의 원칙에 의거해 강력한 새 체제를 세우려고 했고 …… 상황이 분명히 올바른 방향으로 전개되고 있음에도 계속해서 모든 사안을 양극화시켜 전 과정을 연속된 하나의 격변으로 몰아가려는 대처의 스타일은 분란을 초래했고 변화에 대한 통일된 지지를 어렵게 만들었다.

급진적인 정책과 도전적인 스타일 때문에 대처는 유권자들에게 인기를 얻지 못했다. 1981년 12월 여론조사에서는 23퍼센트만이 대처가 국정을 잘 운영하고 있다고 대답했다. 이것은 그때까지 영국의 현직 총리가 받은 지지율로서는 가장 낮은 것이었다.

역사의 분수령이 되는 선거가 있듯이, 한 정치가의 경력과 한 국가의 정치 풍향을 바꾸어놓을 만한 획기적인 사건이 일어나기도 한다. 이 책에서 다루고 있는 시기에 일어난 다른 사건들을 예로 들면, 프랭클린 루스벨트의 대통령 취임 후 첫 100일 간, 브리튼 전투Battle of Britain* 당시의 처칠의 조치, 이스라엘 골다 메이어Golda Meir 총리 재직 중에 벌어진 6일 전쟁, 대규모 파업을 감행한 항공관제사들을 해고한 레이건의 조치, 부시의 성공적인 걸프전 수행 등이 있다. 하지만 현대사에서 포클랜드 전쟁을 계기로 운명이 역전된 대처만큼 극적인 경험

---

* 1940년 10월 영국 공군이 영국 상공에 출격한 독일 공군을 격퇴한 전투로, 그 결과 히틀러의 영국 상륙작전이 좌절되었다. – 옮긴이

을 한 리더는 찾아보기 힘들다.

  1982년 4월 1일, 아르헨티나 군대는 오랫동안 영국령으로 남아 있던 포클랜드 제도를 침공했다. 사실 포클랜드 제도는 영국에게 유명무실한 지역이었기에 영국 정부는 그곳을 아르헨티나 정부에게 넘겨주는 방안을 여러 차례 고려해 본 적도 있었다. 한편 아르헨티나는 그곳을 말비나스 제도 Malvinas Islands 라고 부르며 영유권을 주장해 왔다. 하지만 영국 국민은 부패하고 독재적인 아르헨티나 정권이 그 제도를 무력으로 점령한 데 매우 분개했다. 그러자 대부분의 영국 정치가들은 필요하다면 무력을 써서라도 제도를 되찾아야 한다고 주장했다.

  결국 대처의 결단력 있는 리더십으로 영국은 포클랜드 제도를 다시 수중에 넣었다. 대처는 이 전쟁을 선과 악의 대결이라고 칭하면서 침략을 즉시 막아내겠다고 선언했다. 그녀는 전쟁에 필요한 자금과 인적 자원의 동원을 위해 신속하면서도 강력한 지휘권을 행사했다. 심지어는 법무장관과 함께 무릎을 꿇고 해도를 살펴보는 등 작전에 적극적으로 참여했다. 그녀는 제너럴 벨그라노 General Belgrano 호의 격침을 승인하기도 했는데, 그로 인해 아르헨티나의 수병 368명이 수장되었다. 구축함 셰필드 Sheffield 호의 침몰로 영국 병사들이 희생되었을 때도 그녀는 '아르헨티나의 완전한 항복'이라는 자신의 목표에서 한 발도 물러서지 않았다. 그녀는 훗날 이렇게 말했다. "그 전쟁 때처럼 열정과 긴장감을 갖고 살았던 적은 없었다." 가침내 그녀는 포트 스탠리에 최후의 일격을 가함으로써 아르헨티나 군의 항복을 받아냈다.

  전기 작가인 휴고 영 Hugo Young 은 이렇게 기술했다. "포클랜드 전쟁은 대처 행정부에 생명력을 불어넣은 사건이었다. 전쟁의 승리로 국내의 시련은 씻은 듯이 사라졌고 차기 선거는 물론이고 먼 미래까지도 보수당은 승리를 보장받게 되었다." 첼트넘 Cheltenham에서 있었던 연설에서 대처는 처칠식의 어조로 이렇게 선언했다. "우리는 더 이상 후퇴하는 국가가 아닙니다. 우리는 경제와의 전쟁에서 살아남았고, 8,000마일 떨어진 곳에서 시험받아 진실이 입증된 새로운 자신감을 갖게 되었습니다. …… 영국은 지난 수 세대 동안 영국의 추진력이었던 정신에 불을 붙였고, 이제 그 불은 예전처럼 활활 타오르기 시작했습니다." 대처는 자서전에서 이렇게 적었다.

> 영국의 대외정책은 오랫동안 후퇴해 있었다. …… 종전 후 내가 가는 곳마다 영국이라는 이름은 예전과는 다른 의미를 지니고 있었다. …… 몇 년의 시간이 흐른 후, 한 러시아 장군은 내게 당시 소련은 영국이 결코 포클랜드 전쟁에 나서지 않을 것이라고 확신했다는 얘기를 했다. 그리고 우리가 전쟁을 하더라도 패배할 것이라고 예상했다고 했다. 우리는 두 가지 추측이 모두 틀렸다는 사실을 입증했고, 그들도 그 점을 잊지 않았다.

대처는 젊은 시절에도 그랬듯이 자신의 성공을 최대한 이용했다. 성공의 상징적 가치를 충분히 알고 있던 그녀는 포클랜드 전쟁의 승리 역시 자신이 추진하는 모든 정책을 정당화시킬 수 있는 이미지로 활용했다. 잠시나마 포용적인 입장을 취하면서 그녀는 나름대로 정의한 단합이라는 이름으로 모든 사람을 포용했다. "중요한 것은 모든 사람들이 함께 한다는 것입니다. 우리는 우리가 해야 할 일을 알고 있었고 그곳에 가서 그 일을 해냈습니다." 내각에서 그녀는 모든 각료들의 절대적인 지지를 요구했고 그것을 얻어냈다. 그리고 유권자들의 전폭적인 지지에 힘입어 1983년 6월의 총선에서는 1945년 이후 최다 득표율을 기록하며 압도적인 승리를 거두었다. 대처는 당시의 선거 승리를 이렇게 평했다. "이번 승리는 영국 역사상 민주적 사회주의에 가장 치명적인 일격이었습니다. …… 대규모적인 국유화, 엄청나게 늘어난 공공비용 지출, 막강한 노조, 일방적인 핵무장 해제 등과 같은 좌파의 정책은 이제 다시는 국민의 지지를 얻을 수 없을 것입니다."

대처는 의회에서 안정적인 의석수를 확보했기 때문에 새로운 자신감을 가지고 자신의 정책을 추진했고, 그 결과 더 큰 성과를 올릴 수 있었다. 그녀는 국내 석탄 광부들이 1984년과 1985년 내내 벌였던 파업을 방관함으로써 자칫 큰 소요 사태로 번질 수 있는 위험을 감수했다. 상황의 막바지에 이르렀을 때 그녀는 선동적인 노조 리더인 아더 스카길Arthur Scargill과 그 휘하의 맥 빠진 일행을 굴복시키는 데 성공했다. 그렇게 해서 미국의 레이건 대통령이 그랬듯이 대처도 영국에서 노조 세력을 상당히 약화시켰다. 산업의 민영화 정책은 실패도 있었지만 지속적으로 추진되었다. 국제관계에서도 대처의 영향력은 점차 커졌다. 항상 자신을 핵심 인물이라고 생각했던 그녀는 레이건과 '각별한 관계'를 유지함으로써 큰 도움을 받았으며, 세계의 모든 리더들도 인정할 수밖에 없었던 위치를 차지하게 되었다.

포클랜드 전쟁, 재선, 골칫거리였던 광부 노조 문제 등과 같은 일련의 사건들을 해결하면서 대처의 세계관은 모든 사람들에게 명백해졌다. 그녀에게는 하나의 대전제가 있었는데, 그것은 사람은 '옳은 편'과 '그른 편'으로 구분된다는 것이었다. 총리 초기에 대처는 종종 잘 모르는 인물이 있으면 측근에게 이렇게 묻곤 했다. "그 사람은 우리 편인가요?" '우리'라는 말은 상황에 따라 여러 가지 의미로 해석될 수 있겠지만 여기서의 의미는 그 인물이 대처 및 대처 지지자들과 동일한 관점을 가지고 있느냐, 아니면 근본적으로 상반된 견해를 가지고 있느냐 하는 것이었다. 한때 그녀는 이렇게 말했다. "제가 정계에 몸담고 있는 것은 선과 악의 투쟁이 있기 때문입니다. 그리고 저는 궁극적으로 선이 승리한다고 믿고 있습니다."

'교육받지 못한 마음'의 작용인 이런 이분법적인 관점은 다른 여러 영역에서도 드러났다. 내각의 각료에 대해서도 대처는 항상 (히스처럼 합의적인 입장을 지닌) 웨트wet인가, 아니면 (자신처럼 자유방임적인 사회적·경제적 관점을 가진) 드라이dry인가를 구분했다. 또 어떤 인물이 보수당원이라는 사실보다는 그가 '올바른' 보수당원인가를 더 따졌다.

영국 국민을 바라볼 때도 대처는 '우리/그들'이라는 관점을 기준으로 삼았다. 그녀가 공감했던 집단은 영세사업가들, 자수성가한 개인들, 기술 분야 종사자들이었다. 그녀가 적이라고 여겼던 집단은 정부 관료들, 노조원들, 대학교수들과 지식인임을 자처하는 이들이었다. 그녀는 첫 번째 집단에 해당하는 사람들이 성실하게 일하고 자신의 개인주의 철학에 동조하는 반면, 두 번째 집단은 게으르고 집단 이데올로기에 열광한다고 생각했다. 그런데 이런 호감과 반감은 일방적인 것은 아니었다. 저술가인 줄리안 반스Julian Barnes는 이렇게 논평했다.

> 진보주의자들이나 세도가들이나 대도시인들에게 그녀는 편협한 구멍가게 주인의 사고방식을 가진 사람으로 비쳐졌다. …… 하지만 그녀를 지지하는 사람들에게 그녀는 꾸밈이 없는 연설가이자 현실적이고 자립의 미덕을 실천한 비전의 사상가이면서, 자신들이 너무

도 오랫동안 빌린 시간과 돈에 의지해 살아왔음을 일깨워준 존경할 만한 애국자였다.

대처 인생의 여러 사실들을 놓고 보면, 그녀의 철학과 현실 사이에는 불가피하게 긴장이 있을 수밖에 없었다. 그녀의 배경이 '우리'라는 집단의 구성원으로서의 자격을 부여해 주었지만, 사실 그녀는 '그들'과 더 많은 것을 공유하고 있었다. 한때 그녀는 다양한 이념을 두루 섭렵했던 부유한 대학생이었다. 그리고 '큰' 정부의 공공연한 비판자이면서도 언제나 공직생활을 해 왔다. 하지만 레이건과 마찬가지로 그녀는 '우리'라는 덕목을 몸소 실천해 왔고, 자신이 '그들'과는 인격과 세계관이 근본적으로 다르다는 점을 대중에게 알리는 데 성공했다. 대처가 위선자라는 비난을 면할 수 있었던 것은 배경이 지극히 평범하다는 것과, 그녀의 주장에 배어 있는 확고한 믿음이 복합적으로 작용했기 때문이었을 것이다.

이런 여러 측면에서 대처는 1980년대에 또 다른 유능한 정치가였던 로널드 레이건과 놀라울 정도로 유사하다. 두 사람 모두 개인적으로 신봉했던 향수 어린 간단한 메시지를 제시했다. 그들은 이런 메시지를 분명한 어조로 설득력 있게 전할 수 있었고, 사소한 모순이 생기기도 했지만 삶 속에서 몸소 실천하는 모습을 보여주었다. 레이건과 대처가 그들의 후임자들과 어떻게 다른지를 주목해 볼 필요가 있다. 부시, 클린턴, 존 메이저는 무엇을 지지했는지 분명하지 않았다. 또한 어떤 입장을 취했을 때 온몸으로 그것을 실천하려는 모습을 보여주지 않았다.

자신의 명확한 메시지를 통해 대처는 노동당 사회주의자들과 보수당 동료들, 다시 말해서 '그들'로 대표되는 집단의 리더십 때문에 영국이 실패를 겪었다고 주장했다. 하이에크 사상의 진정한 신봉자였던 그녀는 어떤 형태의 집단행동도 용납하지 않았다. 사실 대처는 사회라는 것은 존재하지 않으며 개인만이 존재하다고 주장했는데, 이 말은 거의 모든 곳에서 눈살을 찌푸리게 만들었다. 그녀는 자유기업 정신이 발휘되고 자발적인 자선이 활발했던 빅토리아 시대와 세계대전 당시의 애국심에 대한 향수를 갖고 있었고, 현대 복지국가라는 집단적 비전을 경멸했다. 궁극적인 기회균등까지는 아니더라도 일반적인 기회균등을 옹호했던 대처는 개인은 자신이 벌어들인 것을 간직할 권리가 있다고 생각했다. 말하자면 그녀는 사회진화론의 신봉자였다. 의욕이 넘치는 사업가들 앞에서 연설하면서 대처는 이렇게 말했다. "제가 여러분에게 해 줄 수 있는 말은 여러분 각자 자신을 위해 자유롭게 일할 수 있는 환경을 만들라는 것입니다. 여러분이 그렇게 할 수 없다면, 유감스럽게도 제가 도와줄 일은 아무 것도 없습니다." 그녀는 정부가 최소한 "일과 기술과 노력, 그리고 무엇보다도 성공을 장려해야 한다"고 주장했다. 그러면서 영국이 일, 발명, 과학, 민주주의 등에서 과거에 이룩한 성공을 자랑스럽게 언급했다. "이런 업적을 쌓았는데 누가 영국이 위대한 미래를 거머쥘 수 없다고 하겠습니까? 우리 친구들은 그런 미래가 과연 올 것인지 궁금해하고 있습니다."

이런 상황에서 영국의 적을 판별하는 것은 아주 쉬웠다. 내부의 적은 그녀의 철학에 반기를 들고 사회주의적인 반대이야기를 주장하는 세력이었고, 외부의 적은 영국식 삶의 방식을 위협하는 세력이었다. 대처는 영국이 미국과는 각별한 관계를 유지할 필요가 있지만 영연방국가들, 유럽, 전 세계 다른 국가들과는 거리를 둘 수밖에 없는 특별한 국가로 생각했다. 총리 재직 기간 내내 그녀는 유럽과의 경제적, 사회적, 정치적 관계를 형성하는 데 매우 조심스런 태도를 취했다. 그녀는 유럽공동체의 중앙집권적이고 관료주의적이고 사회주의적인 경향을 못마땅하게 여겼고, 강력한 통합 유럽을 주장하는 여러 리더들, 특히 프랑스나 독일의 지도자들에게 반기를 들었다. (이런 면에서 그녀의 성향은 장 모네보다는 드골 쪽에 더 가깝다고 볼 수 있다.) 자서전에서 그녀는 그런 주장을 강하게 비판했다. "유럽 정계에서 자크 들로르 Jacques Delors (유럽위원회 의장)는 가장 현명한 사람인데 그를 비롯한 여러 현명한 사람들이 유서 깊은 민족, 다양한 언어, 천차만별인 경제 여건과 같은 울퉁불퉁한 기초 위에 바벨탑을 세우겠다는 아이디어는 참으로 위험한 것이다."

대처의 세계관은 하나의 '지배적인 이야기' 안에 여러 계층이 포용될 수 있음을 잘 보여준다. 깊은 관심을 보이지 않은 사람들에게는 단지 영국과 영국의 영광스런 과거를 찬양하며, 자유시장경제에 대한 공세에 경멸을 표하는 것으로 충분했다. 하지만 대처와 그녀의 측근들은 보다 관심이 깊은 이들을 만족시키기 위해 이야기를 좀 더 치밀하게 구성했다. 그렇게 탄생한 이야기는 지적 수준이 다른 여러 차원에서 수용될 수 있었다. 미국의 레이건 시대에도 그랬듯이 대처 시대에도 국가가 한때 올바른 진로로 나아갔지만 지난 반세기 동안 여러 악당들이 그런 진로를 위협했다는 전설이 탄생했다. 그리고 신보수주의자임을 자처하는 상당한 규모의 지식인 집단이 등장해 이 이야기를 세밀하게 구성하여 미래의 청사진을 제공했다.

냉전 기간 동안에는 서방 세계에 사는 누구에게나 소련은 분명히 가장 큰 적이었다. 대처는 영국이나 유럽의 사회주의에 대해서 반감을 표했듯이 소련의 공산주의에 대해서도 전혀 공감하지 않았다. 그런 대처가 미하일 고르바초프Mikhail Gorbachev와 관계를 맺은 최초의 서방 지도자였다는 사실은 주목할 만하다. 그녀는 고르바초프와 만나 몇 시간 동안 논쟁을 벌인 후 그를 좋아하게 되었고, 그를 가리켜 "함께 거래할 수 있는 사람do business with him"이라는 유명한 말로 자신의 의향을 표명했다. 대처가 고르바초프를 다른 소련 지도자들과는 다르다고 생각했다는 것과 그와 지속적인 관계를 유지했다는 것은 소련의 (붕괴 정도는 아니더라도) 변화를 일으키는 데 중요한 요인이었다. 이렇게 해서 명백한 보수적 기치를 내세운 인물이 전 세계 정치적 동맹 관계의 판도 변화를 촉진시키는 역할을 했던 것이다. (이는 리처드 닉슨이 1970년대 초 중공과 수교를 맺었던 경우와 유사하다.)

대처에게는 상대했던 적들이 강하지 못했다는 사실도 유리한 점이었다. 보수당 당수 에드워드 히스는 나약했고, 노동당 지도자 닐 키녹Neil Kinnock은 소신이 불투명했으며, 아르헨티나 리더인 레오폴도 갈티에리Leopoldo Galtieri 장군은 무능했고, 광산 노조 리더인 아더 스카길은 거칠고 무모했다. 고르바초프조차도 그녀에게는 결국 행운이었다. 하지만 대처가 총리직을 맡은 후 처음 몇 년 동안 적을 선택하는 방법을 터득했고, 그들을 능숙하게 다루어 자신의 목표를 달성하는 데 이용했다는 사실을 간과할 수는 없다.

남편은 재력가였고 자신은 막강한 지적 능력의 소유자였음에도 대처는 자신이 제시한 이야기를 실천하는 데 별 어려움을 겪지 않았다. 그녀는 열렬한 애국자이자 해박한 지식을 가진 정치가였으며, 자신의 믿었던 목표를 위해서 쉴 새 없이 일했던 일꾼이었다. 어떤 면에서 그녀는 5살 난 아이의 마음이 지닌 관점을 버린 적이 없다. 그녀는 철저한 흑백논리로 세상을 바라보았고 애매모호한 것을 참지 못했다. 보수당의 리더들의 정책 결정 방식이었던 '합의'에 냉담했으며, 심지어는 합의주의자들을 매국노라고 몰아붙였다.

흥미로운 점은 대처가 정치나 경제 안건을 폭넓고 상세하게 이해하고 있었으면서도 자신의 단순한 세계관을 고수하는 데 어려움을 느끼지 않았다는 사실이다. 대처는 레이건처럼 게으르지도 않았고 획일적인 태도를 보이지도 않았다. 방문객이나 반대자들은 그녀의 해박한 지식과 정확한 기억력, 예리한 질문, 그리고 논쟁에서 정보를 이용하는 능력에 입을 다물지 못할 정도였다. 그녀는 토론을 좋아했으며, 토론할 때 정보를 풍부히 수집하여 논리적으로 주장을 펴는 사람을 존경했다. 그리고 감상적이거나 위선적인 언사를 참지 못했다. 그녀는 최소한 두 분야 이상에서 전문가였다. 하지만 정계에서 좀처럼 보기 드문 수완을 발휘해 자신이 가진 전문 지식과 정치 감각을 확실히 구분할 수 있었고, 둘을 서로 혼동하지 않으면서 필요할 때마다 어느 것을 동원해야 할지 정확히 알았다. 또 그녀의 지적 능력이 대중의 입장을 파악하는 감각에 방해가 되지 않았다. 포클랜드 전쟁에서 재정 정책 분야에 이르기까지, 대처는 정치 지도자가 어떻게 전문 지식과 단순명료한 메시지를 생산적으로 조합할 수 있는지 보여주었다.

대처에게는 개인적인 용기도 있었다. 마운트배튼Mountbatten 백작이 피살되었을 때 그녀는 직접 비극의 현장인 북아일랜드를 방문했다. 브라이튼Brighton 당 회의장에서 폭탄 테러로 거의 목숨을 잃을 뻔 했을 때도 그녀는 사태 수습 후 즉시 단호한 태도로 회의를 지속하여 각료들과 국민에게 믿음직한 모습을 보였다. 말만 앞세우는 이들과는 달리 대처는 원칙을 위해서라면 죽음까지도 각오했고, 실제로도 그런 사례가 여러 번 있었다.

대처가 지닌 대부분의 단점은 바로 그녀의 장점에서 기인한 것이었다. 그녀는 모든 일을 스스로 지휘하려 했고 좀처럼 권한을 위임하지 않았다. 하루에 겨우 4시간씩 수면을 취하면서 깨어 있는 내내 세부 안건들에서 눈을 떼지 않았다. 그녀의 자신감은 반대자들 사이에서 불관용, 완고함, 훈계로 쉽게 변질되었다. 심지어는 지지자들에게도 독단적이고 냉정하며 분열을 조장하고 배려가 부족하다는 인상을 주었다. 텔레비전에 출현하면 일반 대중은 그녀가 '우두머리 행세를 한다'고 느꼈다. 우유부단과 심사숙고를 용서하지 않았던 그녀는 한때 한 장관을 해임하면서 이렇게 말했다. "그의 결점은 두 번씩 생각하는 거예요." 같은 맥락으로 이런 주장도 했다. "구약성서에 나오는 예언자들은 앞에 나아가 합의를 요구한 적이 없다." 그녀는 마음 내키는 대로 사람에게 모욕을 주는 것으로도 악명이 높았다. 그녀의 절친한 동료이자 장관이었던 케네스 베이커 Kenneth Baker 는 그녀를 이렇게 평했다. "그녀는 지배 성향이 강하고 자신감이 넘쳤으며 지독히 고집이 세다. …… 넓은 관점과 좁은 편견이 묘하게 혼합되어 있는 인물이다." 한 관리는 이렇게 말했다. "그녀는 내각에서 '잘은 모르겠지만'이라는 말을 한 번도 하지 않았던 유일한 인물이었다."

마지막으로 대처가 여성이라는 문제를 짚어보아야 한다. 마거릿 미드나 엘리너 루스벨트에 비해 대처는 서구 사회에서 그 어느 때보다도 여성의 역할이 재검토되던 시대에 높은 지위에 올랐다. 그녀는 분명히 이런 시대적 조류의 덕을 보았다. 영국이 오래 전부터 여성 군주를 받들어온 국가라고 하더라도, 여성해방운동이 일어나기 전이었다면 대처가 정계 고위직에 선출되기는 힘들었을 것이다. 초기에 대처는 정계에 몸담은 여성으로서 적절한 대접을 받았는데, 비교적 사회적으로 지향 목표가 분명한 각료직이 주어졌으며 예측 가능한 국내 문제를 주로 다루었다. 하지만 그녀는 여성 각료로 취급되는 것을 원하지 않았고, 자신이 제2의 성性이라는 그룹에 편입되는 것을 결코 용납하지 않았다.

사실 리더로서 대처의 위상은 인도의 인디라 간디Indira Gandhi(대처가 추앙한다고 밝혔던 유일한 인물), 이스라엘의 골다 메이어, 파키스탄의 베나지르 부토Benazir Bhutto 등과 같은 타고난 정치가들의 전통 속에서 보다 제대로 평가될 수 있다. 실제로 남성의 전유물로 여겨지는 모든 정치판에서 대처는 상대편 남성 정치가들을 쓰러뜨릴 수 있었다. 그녀는 토론에 더 뛰어났고 더욱 강경한 입장을 내세웠으며 더 분석적이었고, 전쟁시에는 누구보다도 단호했다. (정치학자 존 스토싱거John Stoessinger의 말에 따르면 20세기 여성 리더들은 한 번도 전쟁에 패해 본 적이 없다고 한다.) 대처는 거의 대부분이 남성이었던 자신의 적들과 상대하면서, 그들이 경멸하는 여성들보다 오히려 그들이 더 여성적이라고 생각했다.

경험상 정계에서 내가 상대했던 많은 남성들은 자기네들이 여성의 속성이라고 치부했던 여러 성향을 보여주었다. 예를 들면, 허영과 결단력 부재 따위가 그것이다. …… 만일 어떤 여성이 아무런 특권도 요구하지 않고 오로지 자신의 인격이나 행동에 의해 평가받고자 한다면, 이는 심각하고 용서 못할 일탈로 여겨질 것이다.

그러나 대처는 여성운동가는 아니었고 여성 문제에 대해서 공감을

표하지도 않았다. (어쩌면 자신이 남성의 세계에서 거침없이 성공을 거
둠으로써 모든 여성들의 목표를 진척시킨 점을 언급하고 싶었을지도 모
른다.) 그럼에도 마거릿 대처가 많은 측면에서 매우 매력적인 인물이
었음을 지적하지 않는다면 나의 부주의로 남게 될 것이다. 남성이든
여성이든 리더라면 카리스마적인 자질에서 혜택을 얻지만, 특히 남성
의 영역인 정치 세계에서 여성 리더는 나름대로 지니고 있는 매력의
덕을 보게 된다.

총리 초선 시절에 대처가 자신의 목표를 달성할 수 있을지는 확실
하지 않았다. 포클랜드 전쟁에서 승리하고 총리에 재선된 후 그녀의
영향력은 최고조에 달했다. 그녀는 초선 시절보다 더 유연한 입장을
취하지도 않았고, 함께 일하는 사람들을 더 부드럽게 대하지도 않았
다. 하지만 그녀는 국내외 정치 판도가 자신에게 유리하게 돌아가고
있음을 알았으며, 또 자신이 그런 상황으로 유도하기도 했다. 1987년
3선에 성공한 후, 그녀는 앞으로도 계속해서 총리직을 맡을 수 있겠
다고 생각했다. 그녀는 한 인터뷰 기자에게 이렇게 말했다. "나는 나
자신이 하나의 기관이 되었다고 생각해요. 나는 나와 동일한 사명감
과 믿음, 비전, 힘, 명확한 목적을 가지고 그 기치를 높이 세우며 전진
할 인물이 나타날 때까지 이 자리를 지킬 겁니다."

승승장구하는 대처에게 타협은 없었다. 닉슨이 1972년 선거에서
압도적인 승리를 거둔 후 취한 행동처럼, 대처는 자신이 보여준 증명
이 완벽한 것이기를 바랐다. 그녀는 대중의 선택을 받은 인물이라기
보다는 마치 취약한 게릴라 단체의 우두머리처럼 행동했다. 절대적인
충성을 보여주지 않는 장관은 용서하지 않았다. 반대파들은 그녀와
대결하는 것을 두려워했다. "그들은 그녀를 무서워했다. 그녀는 그들

보다 더 대담했고 더 무자비했으며 더 비이성적이었다."

그러나 1990년 11월 22일, 3선 성공 후 3년 만에 마거릿 대처는 보수당 당원들의 압력으로 사임했다. 이 갑작스런 운명의 역전을 어떻게 설명할 수 있을까. 몇몇 눈에 띄는 요인들을 지적해 보면, 국민들 사이의 심화되는 빈부 격차, 유럽 지도자들 중 유일하게 유럽공동체의 창설을 저지하려는 시도, 지방정부에 대한 끊임없는 공세, 교육문제를 비롯한 지역적 사안들에 대해 중앙정부의 통제를 강화하려는 단호한 조치, 특히 모든 시민들에게 부과하는 '역누진 인두세' 정책의 강제 추진 등이 있다.

그러나 대처가 좀 다른 부류의 인물이었다면 이러한 오판과 실책도 용인되었을 것이다. 양당의 정치인들은 그녀가 정치적 현실과 괴리되어 있다고 생각했다. 그녀는 모든 사안에 대해 자신의 주장이 절대적으로 옳다고 확신했기 때문에 제왕처럼 행동했고, 국민들의 재신임을 얻고 시간이 흐르면 또 다시 선거를 치러야 하는 당의 지도자라는 점을 망각했다. 실제로 그녀는 어떤 사안에 대해 일단 마음을 정하면 더 이상 다른 사람들을 설득할 필요가 없다는 듯이 행동했다. 대처 내각에서 오랫동안 각료로 있었던 제프리 하우Jeoffrey Howe는 이렇게 분개했다. "자신의 의견을 국민의 주권과 동일시하며 반대를 절대 용납하지 않는 태도가 그녀를 무너뜨렸다."

대처는 자발적으로 총리직에서 물러나지 않았으며, 그러면서 침착성을 유지하지도 못했다. 더 이상 당을 통제할 수 없다는 사실이 분명해지자 사임했다. 그녀는 회고록에서 자신을 밀어냈던 사람들을 상당히 경멸했는데, 자신이 후계자로 밀었던 신임 총리 메이저Major에게만 그 수위를 약간 낮췄을 뿐이었다. 많은 사람들이 대처가 총리직을 계속 유지하지 못한 이유를 성격 탓이라고 생각했지만, 대처 자신은 그것을 자신의 원대한 정책을 제대로 이해하지 못한 리더들과 추종자들 탓으로 돌렸다.

총리직에서 물러난 후 수년 동안 대처는 양당 모두에게 철저한 반대파가 되어 국내외 문제에 대한 조언과 비판을 거리낌 없이 내놓았다. 우리는 그녀가 보스니아의 만행에 대해 전 세계가 나서서 조치를 취하도록 촉구하는 모습에서는 큰 인물다운 기질을 볼 수 있지만, 예전 동료들을 비난하는 모습에서는 심술궂고 편협한 또 다른 성격을 엿볼 수 있다.

대처가 영국 총리로서 장기 집권하면서 이룬 업적의 영향력이 얼마나 오래 갈 것인지 판단하기는 아직 이르다. 우리는 그녀가 영국 정치의 방향을 근본적으로 바꾸어놓았는지, 아니면 20세기 초부터 시작되어 21세기까지 계속 진행되는 어떤 과정에서 잠시 우회로를 선택한 것인지는 앞으로 수십 년이 지나보아야 알 수 있을 것이다. 대처가 생명력이 강한 정당의 리더였지만, 그녀가 마틴 루터 킹 2세, 엘리너 루스벨트, 교황 요한 23세 그리고 여타의 혁신적 리더들과 같은 반열에 올라 있는 것은 분명하다. 그녀는 자신의 유산이 계속 유지될 수 있을지 확신할 수 없었다. 퇴임 후 이를 감지한 그녀는 이렇게 얘기했다.

정통성 있는 재정정책, 낮은 수준의 규제와 과세, 최소한의 관료주의, 강력한 국방, 국익이 위협받을 때는 언제 어디서나 과감히 일어나는 용기 …… 이런 쟁점들을 제시하면서 나는 남성들의 마음의 창까지 활짝 열어젖혀야 한다는 것을 믿지 않았다. 한때 이런 문제들에 대한 나의 주장은 관철되고 있는 것 같았다. 이제 나는 그런 주장이 궁극적으로 인정받지 못하리라는 것을 알고 있다.

하지만 '대처 시대'라고 칭할 만한 역사적 시대와 대처가 영국에 미친 일시적인 영향력에 대해서는 논할 수 있을 것이다. 대처가 세운 많은 구체적인 목표들 중에서 획기적인 성공을 거둔 것은 없다. 그녀는 불황과 인플레를 막지 못했고 공공지출과 국민의 조세부담을 경감시키지 못했으며, 새로운 세입원을 확보하지도 못했고 높은 실업률을 낮추지 못했다. 임기 동안에 지역 및 인종 갈등은 더욱 심화되었다. 정책을 추진하는 데도 일관성이 부족했다. 그녀는 저당세抵當稅 경감을 지지하고 금리 인상에 반대했는데, 이는 '웨트 wet(기존의 보수당 정치가들)' 정책에 해당되었지만 사실은 자신의 강력한 지지자들의 이권을 위해 취한 정책이었다.

그러나 영국인들의 국가관, 선택 방향, 그들의 세계적인 위상 측면에서 대처는 큰 진보를 이루어냈다. 그녀는 제2차 세계대전 이후로 영국 정치를 지배했던 사회주의 바람을 막는 데 성공했다. 개인 기업가, 혁신적인 중소기업, 보다 넓게는 시장 주체들에게 힘을 실어주었다. 그리고 한때 막강했던 노조와 국영기업과 지방정부가 국가의 근간이라는 합의된 관점을 타파했다. 미국의 프랭클린 루스벨트나 로널드 레이건처럼 대처 또한 정책 토론의 방식을 바꾸어놓았다. 미국의 전 국무장관 헨리 키신저는 대처를 이렇게 평가했다. "그 변화가 얼마나 큰 것인가 하면, 현재 영국 노동당의 공식적인 강령은 1975년에 대처가 보수당 강령으로 물려받은 것과 별반 다르지 않다."

이 책에서 논의하고 있는 기준에서 볼 때, 대처는 효율성을 갖춘 직접적인 리더였다. 그녀는 동시대인들의 사고와 감정과 행동을 변화시켰던 리더였다. 더욱이 그녀는 영국에 수십 년 동안 잠자고 있던 신념과 가치를 다시 활성화시켰던 만큼 혁신적인 리더로도 불릴 만하다. 하지만 그녀는 이러한 방향 전환을 하면서 극도로 단순하고 분열적인 성향을 띤 교육받지 않은 마음을 그 수단으로 삼았다. 즉 영국과 다른 국가들 사이의 차별이나 보수당과 노동당의 차이를 지나치게 강조했다. 아울러 그녀를 전적으로 지지하는 사람들과 어떤 식으로든 그녀를 비난하는 사람들을 철저히 구별했다. 그녀가 자신에게 비판적인 사람들과 소통 가능한 경로를 만들고자 했다면, 1980년대 말에 발생한 정치적 소용돌이를 헤쳐나올 수 있었을 것이다. (이는 로널드 레이건이 두 번째 임기 중 이란-콘트라 사건의 위기를 타고난 유화적 태도로 극복한 것과는 대조적이다.) 하지만 대처가 그렇게 강한 성품을 갖고 있지 않았다면, 그녀는 권좌에 오르지 못했을지 모르고 설사 집권하더라도 국민들의 관심과 에너지를 자신이 원하는 방향으로 유도하지 못했을 것이다. 결국 그녀에게 성공을 안겨준 요인들은 실패를 초래한 요인들이기도 했다.

    민주사회에서 리더가 성취하는 것에는 뚜렷한 한계가 있다. 거의 모든 쟁점들은 토론과 투표 과정을 거쳐야 한다. 다양한 유권자층을 고려해야 하며 또 그들을 만족시켜야 한다. 선거 전망을 가늠하기 위해서는 항상 변덕스러운 유권자들을 주시하고 있어야 한다. 어떤 리더나 집단이 한쪽 방향을 고집하면 항상 반발이 있기 마련이며, 그런 반발은 종종 개혁의 힘을 완전히 상쇄시킬 만큼 위력적이다. 역사학자 아더 슐레진저 2세Arthur Schlesinger Jr.가 내놓은 미국 역사의 30년 주기설이나, 토머스 제퍼슨Thomas Jefferson이나 마오쩌둥이 10년 혹은 20년마다 혁명의 필요성을 강조했던 점을 들먹이지 않더라도, 민주사회에서 어떤 경향에는 항상 '시기적 측면'이 존재한다는 사실을 이해하기는 어렵지 않다.

전체주의 체제조차도 여러 해에 걸쳐 밀고 당기는 과정을 겪으며 어떤 시기에 이르면 붕괴되고 만다. 하지만 그런 체제는 수명을 다할 때까지 끈질기게 한 방향으로만 치닫는다. 스탈린이나 마오쩌둥이나 프랑코의 수십 년 간의 통치는 서구 민주사회에서는 유례를 찾아보기 힘들다. 민주사회에서 그런 대규모 동원 체제는 전쟁이나 공황 같은 국가적 위기상황에서나 가능한 일이다. 그런 상황에서 국민들은 다시금 안전을 보장받고 경제적 위기가 해소될 때까지 자신들의 권리와 개인적인 관심사를 잠시나마 미뤄둔다. 대처는 한동안 그런 위기의식을 효과적으로 이용했지만, 그런 위기관념이 사라지자 곧 그녀의 효율성 있는 리더십도 더 이상 영향력을 발휘하지 못하게 되었다. 그럼에도 불구하고 후세대들은 그녀가 국가와 세계 지도자로서 이룩한 업적들을 충분히 평가할 수 있을 것이다.

제13장

세계 지도자들의 시대

사람들이 공포에 질려 무엇을 해야 할지 모르고, 미래에 대해 패배주의적인 생각을 가지고 있을 때 리더가 출현한다. 그래서 진정한 리더가 말을 건네면 그들은 용기를 되찾게 된다.

— 윌리엄 리스 모그 William Rees-Mogg

프랭클린 루스벨트는 정치 분야에서 학자이자 전문가가 되었고, 아인슈타인은 이론물리학 분야에서 학자이자 전문가가 되었다.

— 토머스 패리시 Thomas Parrish

우리를 인간으로 만들어주고 궁극적으로 문명화된 인간으로 만들어준 발명품이 서서히 축적되어온 과정을 돌이켜보고 그려보건대, 가장 두드러진 것은 인간이 자신의 소속 집단, 즉 자신의 혈족, 부족, 국가와 종교, 세계 속의 위상 등에 대한 개념을 정립하면서 멀리 떨어진 다른 집단의 사람들을 포함시키는 능력도 발달시켜왔다는 점이다.

— 마거릿 미드

1943년 말, 유레카 정상회담에 모인 미국의 프랭클린 루스벨트 1882~1945, 영국의 윈스턴 처칠 1874~1965, 소비에트연방공화국의 이오지프 스탈린 1879~1953은 뛰어난 리더 집단이었다. 이들은 각자 적의 군사적 공격으로 전례 없는 압박을 받고 있는 세계의 주요 대국을 이끌고 있었다. 제2차 세계대전의 상세한 결말은 알 수 없었지만, 1943년 11월 말이 되자 그들은 승리를 쟁취할 수 있을 것으로 확신했다. 조만간 추축국에 속한 적국들을 물리칠 수 있을 것이며 진주만, 런던, 레닌그라드에 대한 무차별적 공격에 대해 응분의 대가를 치르게 할 것이었다. 전에는 함께 모인 적이 없었던 이 막강한 리더들은 이란의 수도에 모여 전쟁 막바지에 취할 결정들과 종전 후 평화를 구축하는 방안에 대해 논의했다.

이 회담 동안 스탈린과 처칠과 루스벨트는 서로에 대해 잘 알게 되었고, 인물 됨됨이에 대한 개인적인 의견도 갖게 되었다. 제1장에서 밝혔던 대로 그들은 아돌프 히틀러와 추축국을 효과적이고 결정적으로 격퇴하는 방안을 모색했다. 그들은 1944년 봄에 서유럽의 대서양 쪽에서 침공을 감행하기로 합의했으며, 지중해와 극동지역의 전선 구축에 대해서도 결정을 내렸다. 또 전후 시대에 대비하여 영토 관련 문제 및 사법적인 선택 의제들을 검토했다.

사실 이 회담에서는 구체적인 합의사항이 많지 않았으며, 보다 운명적인 결정들은 1945년 상당한 논란이 일었던 얄타회담에서 이루어진다. 그럼에도 유레카 회담을 통해 세 리더들은 서로의 관심사에 대한 공감대를 형성할 수 있었다. 회담 후, 연로하지만 여전히 원기 왕성한 세 리더들은 각기 자신의 나라로 돌아가 전쟁을 지휘하고 평화를 맞이할 준비를 했다.

테헤란에서 열린 정상회담은 리더들에게 기대되는 전형적인 역할을 잘 보여주는 사례였다. 그들은 각자 대국의 수반이라는 확고한 입지를 구축하였고, 전쟁 중에는 용감하게 군대를 지휘했으며 전 국민을 동원할 수 있었다. 이 세 사람을 합치면 그들이 장악하고 있는 인력과 자원의 위력은 전례 없이 막강한 것이 된다. 알렉산더Alexander, 샤를마뉴Charlemagne, 칭기즈칸Genghis Khan, 나폴레옹 같은 전설적인 리더들이나, 독일과 일본 리더들 중에서 그 누구도 그들의 힘을 능가할 수는 없었다. 이제 그들은 엄청난 이해관계가 걸린 협상을 벌였는데 그 목표는 두 가지로, 우선 자국의 주권을 보호하는 것과 전 세계에 항구적인 평화를 건설하자는 것이었다.

이 세 리더들만으로도 하나의 독특한 부류가 되겠지만, 이들은 강력한 리더들로 이루어진 한 세대를 대표하는 인물들이기도 하다. 민주국가의 리더로는 루스벨트와 처칠 외에 1940년 이후로 자유프랑스군의 리더로 자처해 온 찰스 드골1890~1970이 있다. 추축국에 해당하는 전체주의 국가의 리더로는 독일의 아돌프 히틀러1889~1945, 이탈리아의 베니토 무솔리니1883~1945, 일본의 도조 히데키1884~1948가 있다. 전쟁 국가의 리더로 뭉뚱그려 분류할 수 있는 다른 리더로는 중국의 장제스1887~1975와 마오쩌둥1893~1976이 있다. 또 이들 세대에는 스탈린이 있고, 그들보다 일찍 사망했던 소련의 창건자인 레닌V. I. Lenin, 1870~1924도 있다. (또 다른 두 리더인 마하트마 간디와 장 모네는 다음 장에서 논의할 것이다.) 이 리더 세대에 어떤 인물을 포함시키느냐 빼느냐의 여부는 자의적으로 내린 결정이다. 예를 들어, 도조와 레닌을 이 부류에서 뺄 수도 있고 스페인 독재자 프란시스코 프랑코를 포함시킬 수도 있었을 것이다. 어쨌든 여기에서 선정된 10명의 리더는 이 책의 연구 목적에 비추어 20세기의 대표적인 리더로 간주할 수 있을 것이다.

제12장까지 나는 창조된 이야기와 삶을 기준으로 대표적인 리더로 볼 수 있는 9명의 인물을 살펴보았다. 상징적인 저작물을 통해 리더십을 발휘했던 마거릿 미드부터, 비교적 폐쇄적인 기관의 리더였던 로버트 메이너드 허친스, 그리고 10년 넘게 한 국가를 이끌었던 마거릿 대처에 이르기까지 다양한 리더들을 고찰했다. 이 리더들은 테헤란에 모였던 리더들만큼의 책임감을 짊어지지는 않았고 그만한 영광을 얻지도 못했지만, 나름대로 리더십의 기본적인 기준을 충족시켰

다. 즉 이들은 많은 개인들의 사고와 감정과 행동에 적지 않은 영향을 미쳤다. 사실 리더십의 어떤 특징은 테헤란의 세 거두보다도 특출하지 않고 덜 유명한 리더에게서 찾아볼 수 있다는 주장이 제기될 수도 있다.

이런 리더들을 검토하면서 나는 두 가지 중요한 목표를 달성했다. 첫째, 포괄적인 리더십 연구는 (내가 해 온 것처럼) 각 분야의 대표적인 인물들뿐 아니라, 앞서 언급한 10명의 인물들처럼 한 세대의 전형적인 리더들도 살펴볼 필요가 있다. 둘째, 이 연구 과정에서 많은 암시적 주제들이 출현했는데, 한 세대의 세계적인 리더들을 살펴보는 일은 이런 주제들을 검증해 볼 기회가 되었다. 즉 9명의 대표적인 인물들의 특징을 분석하는 일에 덧붙여, 이런 주제들이 10명의 세계적인 리더들에게도 적용되는지 알아볼 수 있었다. 그리고 마지막으로 이 10명의 리더들을 검토하는 과정에서도 지금까지 전혀 드러나지 않았던 주제들도 등장했다.

이 장에 관한 시각에 대해서는 또 다른 두 가지 측면을 언급할 필요가 있다. 제1장에서 지적한 대로 나는 각 분야에서 고도의 창조성을 발휘한 인물들에 대한 연구를 끝낸 후 리더십에 대한 연구에 착수했다. 리더십의 '징후'를 탐색하면서도 나는 이전의 연구 저작물인 『열정과 기질』에서 도출된 일반 개념들을 종종 참고하곤 했다. 이런 점에서 마거릿 미드와 로버트 오펜하이머는 특히 유사한 면이 있다. 왜냐하면 그들은 전문 분야에서 간접적인 리더였다가(아인슈타인과 피카소의 유형), 궁극적으로 직접적인 리더(대처와 마셜의 유형)가 되었기 때문이다.

마지막으로 강조하고 싶은 것은 이 연구가 계량적 연구가 아니라는 점이다. 나는 각 리더가 얼마나 반항적 기질을 지녔고 경력에서 얼마나 많은 성공과 실패를 거듭했으며 각자의 이야기가 어느 정도나 단순하고 복잡한가를 측정할 도구를 가지고 있지 않다. 개별적 특이성에 기초하여 전형적인 인물들을 연구했던 하워드 그루버 Howard Gruber와 에릭 에릭슨의 방식을 따르면서도, 나는 이런 리더들 사이에서 반복되어 나타나는 주제들을 찾아보았다. 나는 여기에서 나온 잠정적인 일반론들이 언젠가는 보다 확고한 공통성 연구 nomothetic로 자리 잡기를 바란다.

동시에 여기에서 제시한 주제들이 단편적인 인상들이 아니라는 점을 지적하고 싶다. 엠마 라스킨과 나는 각 인물에게서 각각의 주제에 관한 정보를 얻고자 했다. 하지만 10명의 인물들을 10여 가지의 주제로 논한다면 이 책이 까다로운 연구보고서처럼 보일 것이다. 따라서 이 장에서는 철저한 분석보다는 두드러진 사례를 중심으로 설명해 나갈 것이다. 그리고 주요 주제와 관련된 자료를 좀 더 자세히 살펴보고자 하는 독자들은 부록 II를 참조하기 바란다.

현대의 창조자들은 어떤 일이든 맡은 일을 충실히 수행하는 것을 중요한 미덕으로 여겼던 부르주아 가문 출신이었다. 이들과 부모와의 관계는 사랑으로 충만한 것은 아니었어도 편안하고 무난한 것이었다. 직업을 선택하게 된 결정적인 동기는 분명하지 않지만, 이들은 한 분야에서 적어도 10년 동안 종사하면서 발군의 실력을 발휘했고, 나중에는 그 분야의 변경에서 축적된 실력을 응용하여 창조적 업적을 이루어낸다.

여기서 다루는 10명의 리더들*은 이런 창조자들과는 아주 대조적이다. 유럽에서 동시대에 성장기를 거쳤음에도 그들의 배경은 훨씬 다양하다. 아주 단순한 기준으로 보면 이 리더들은 특권층과 소외층이라는 두 그룹으로 나뉜다. 루스벨트와 처칠은 대대로 정치에 깊이 관여해 온 귀족 가문 출신이다. 드골과 레닌은 중상류층이었고 학자 집안이었다. 흥미로운 사실은 드골 가문은 애국심이 깊었던 반면, 레닌 집안은 차르 체제tsarist regime에 반발했고 실제로 그의 형은 혁명에 가담한 죄로 교수형을 당했다.

이와는 대조적으로 전체주의 국가 리더들의 가문은 사회에서 소외된 계층에 속했다. 히틀러의 아버지는 사생아였고 하급 세관원이었다. 무솔리니의 아버지는 대장장이였고 언론에 손을 대기도 했다. 스탈린의 아버지는 가난한 구두수선공이었다. 중국의 두 리더들의 가문은 훗날 중국 내전에서 서로 대립하는 계층에 속했다. 좌파인 마오쩌둥의 아버지는 빈농이었다가 결국에는 부유해지지만, 우파인 장제스의 아버지는 상인이었다.

대부분의 장래 리더들에게 아버지와의 관계는 매우 중요했거나 심각한 문제를 안고 있었다. 스탈린은 아버지로부터 심하게 매질을 당하며 자랐다. 히틀러는 사랑하는 어머니를 습관적으로 구타하는 폭군 같은 아버지를 경멸했다. 마오쩌둥은 아버지와의 사이가 매우 좋지 않았고, 중국의 전통인 자식으로서의 도리를 저버리고 이른 나이에 집을 나갔다. 이런 전체주의 국가들의 리더들이 아버지에게 반항했던 반면, 전체주의적 기질을 지녔던 드골이나 레닌은 아버지를 본받고 정치 성향을 따르고자 했다. 다른 장에서도 언급된 바 있지만, 이 리더들의 거의 대부분이 어렸을 때 아버지를 잃었다. 야망이 있었던 이

■ 이 장에서는 특별한 언급이 없는 경우, 리더 혹은 리더들이란 모두 여기에서 다루는 10명의 리더들을 가리킨다.

젊은이들은 아버지가 없었기 때문에 갑자기 자신과 가족의 생계를 책임져야 했으며, 삶에 필요한 윤리적(혹은 비윤리적) 규범을 스스로 만들어야 했다.

대부분의 리더들은 학교생활도 그리 원만하지 못했다. 교육 수준이 높은 가정에서 자란 미드, 오펜하이머, 허친스는 우등상을 휩쓸었고 학자로서 성공할 만한 재원으로 인정받으며 순탄한 학교생활을 했던 반면, 대부분의 세계적인 리더들은 학교생활을 못할 정도는 아니더라도 불편하게 느꼈다. 히틀러는 낙제생이었고 그토록 들어가고 싶었던 미술학교에 입학하지 못했다. 스탈린은 어머니의 희망에 따라 티플리스 신학교에 들어갔으나 그곳에서 마르크스 사상을 퍼뜨리다가 퇴학당했다. 무솔리니는 학교 성적은 좋았지만 성격이 난폭했고 두 차례나 동급생을 칼로 공격했다. 마오쩌둥도 비슷한 경우로 성격 때문에 학업에 대한 재능을 살리지 못했다. 처칠이 학교생활에 잘 적응하지 못하고 학업도 신통치 않았다는 것은 널리 알려진 사실이다. 루스벨트는 학업에는 문제가 없었지만 기본적으로 젊은 학자 생활보다는 성적에 연연하지 않는 귀족적인 생활을 추구했다. 10명의 리더들 가운데 드골과 레닌만이 학업을 계속했다면 학자가 될 수도 있었던 모범생이었다. 사실 이들이 정치적 격변기에 살지 않았다면, 우리는 그들을 간접적인 리더로 기억했을지도 모른다. (독일 사회주의자 칼 마르크스 Karl Marx 나 프랑스의 보수파 사상가 샤를 모라스 Charles Maurras 가 자신들의 저작물로 명성을 얻었듯이 말이다.)

전문 지식의 습득에 관해서 직접적인 리더들은 창조자들과는 극명하게 대조된다. 이미 언급한 대로 (미드와 오펜하이머를 포함하여) 대부분의 창조자들은 적어도 10년 동안 한 전문 분야나 학문을 깊이 연구하여 결국에는 창조적 성과를 거둔다.

세계적인 리더들은 사회적으로 조직화된 학문 분야에서 체계적인 과정을 밟지 않았다. 대신 모험적인 기질을 지녔던 그들은 보다 넓은 인간사의 세계를 탐험하고 정복하고자 했다. 그들이 선택한 진로는 대개 군대(드골, 장제스, 도조, 프랑코, 처칠), 언론계(무솔리니, 처칠, 레닌), 정계 등이었다. 정계 진출의 사례로는 기존체제를 따른 경우(처칠, 루스벨트)도 있고, 혁명을 시도한 경우(히틀러, 마오쩌둥, 스탈린, 레닌)도 있다. 여기에서 볼 수 있듯이 일부 리더들은 두세 가지의 진로를 추구하기도 했다. 이들 거의 모두가 제1차 세계대전에 어떤 식으로든 관여했다. 하지만 창조자들은 하나같이 전쟁에 관여하거나 참가하지 않았다.

이들의 국내외 여행 경험도 주목할 만한 점이다. 처칠은 전 세계 곳곳을 여행했는데, 20대에는 종군기자로서 쿠바, 인도, 수단, 남아프리카로 취재여행을 다녔다. 장제스는 일본과 소련을 여행한 적이 있으며, 도조는 베를린에서 군사훈련을 마쳤고, 레닌은 처음에 스스로 여행하다가 유럽으로 망명했다. 프랭클린 루스벨트는 (그의 아내와 마찬가지로) 그 유명한 유럽여행을 다녔다. 해외여행을 거의 하지 않았던 리더들도 있다. 스탈린은 테헤란 정상회담과 비엔나 체류를 제외하곤 오직 소련 내에서만 움직였으며, 마오쩌둥은 중국을 많이 돌아다녔으나 해외에는 나가본 적이 없다. 히틀러는 젊은 시절에 독일과 오스트리아만을 여행했을 뿐이었다. 그리고 1940년 프랑스를 패배시켰을 때 파리를 처음 방문했다. 전기 작가인 앨런 불록 Alan Bullock 은 이렇게 지적했다. "히틀러가 서방 국가를 방문한 적이 없고 외국어를 전혀 못하는데도 민주주의 국가들의 여론을 잘 파악하고 있었다는 사실은 참으로 놀라운 일이다."

　미드와 오펜하이머가 그랬듯이 젊은 시절의 해외여행은 낯선 문화와 이념에 새롭게 눈뜨는 계기가 된다. (이런 점에서 간디가 유럽과 남아프리카에서 20여 년을 지냈다는 사실이 두드러져 보인다.) 인간은 대조적인 관점에 자주 노출되면 획일적인 관점, 즉 단순하고 종종 배타적이기도 한 '이야기'를 유지하기가 어려워진다. 따라서 여행을 많이 하지 않은 리더들은 모든 것을 자국민의 관점에서 파악하려고 한다. 사실 국민의 대부분은 외국인을 무조건 배척할 정도는 아니더라도 어느 정도 편협한 관점을 지니고 있다.

　물론 해외여행을 하려면 그만한 재력이 뒷받침되어야 한다. 처칠이나 루스벨트는 해외여행을 하기 위해 굳이 돈을 모을 필요가 없었다. 하지만 여행의 기회가 있는데도 포기하는 것은 한 가지 특징을 보여준다. 이것은 자신의 세계관을 흔들어놓을 수 있는 여행 경험을 일부러 하지 않으려는 태도이다. 이 시대의 전체주의 국가 리더들인 히틀러, 스탈린, 마오쩌둥이 여행 기회가 상당히 많이 있었음에도 불구하고 외국에 거의 발을 들이지 않았던 것은 우연이 아닐지도 모른다. 반면 동시대의 다른 리더들은 그 기회를 충분히 활용했고, 그럼으로써 더욱 유연한 태도를 갖게 되었다.

　내가 이전에 연구했던 창조자들도 경력 초기에는 순탄한 과정을 보내지 못했다. 그들 거의 모두가 나름대로 실패를 겪었다. 예를 들면, 프로이트는 40살 전까지 여러 직업을 전전한 후에야 평생의 직업을 찾게 되었다. 하지만 현대의 창조자들 중에서 이 세계적인 리더들만큼 엄청난 혼란과 예기치 않은 기회와 삶의 반전을 겪은 이들은 찾아보기 힘들다.

이 리더들의 파란만장한 일대기는 이미 많은 책을 통해 소개되었다. 그들이 인생에서 겪었던 수많은 우여곡절을 여기에 상세히 기술하는 것은 불가능한 일이며, 설사 가능하더라도 그들의 명성을 감안할 때 불필요한 일이다. 하지만 일련의 사례 혹은 참고로서 특기할 만한 전기적 사실들을 요약하고자 한다.

이오지프 스탈린은 그루지아 공화국 출신으로서 1912년과 1913년 사이에 혁명 활동으로 5번이나 체포되었지만 항상 탈출에 성공했다. 그는 볼셰비키 파에서 유력한 인물로 부상하면서 폭력적이고 불법적인 행동을 많이 저질렀다. 1920년대 초 레닌의 통치기간 동안에 뛰어난 조직가였던 스탈린은 많은 직책을 거쳤다. 그 덕분에 그는 충성스런 당 기구를 조직할 수 있었고, 레닌의 사후에 그것을 이용하여 레온 트로츠키Leon Trotsky를 비롯한 적들을 무너뜨렸다. 그리고 그 후 20년간 독재 권력을 휘두르며 통치했다. 통치기간 동안 그는 모든 반대파를 숙청했고 독일과 잠정적인 동맹을 맺었다가 나중에는 연합국과 동맹을 맺었으며, 소련을 강력한 공업국으로 만들기 위해 애썼다.

마오쩌둥은 중국 공산당의 혁명활동 초기부터 개입했다. 1919년 그는 이렇게 적었다. "세계는 우리 것이고 국가는 우리 것이고 사회는 우리 것이다. 우리가 말하지 않는다면 누가 말을 할 것인가? 우리가 행동하지 않는다면 누가 행동할 것인가?" 1920년대 초, 베이징의 억압 정권에 대항하기 위해 라이벌인 국민당과 손을 잡은 그는 1920년대 말에 거의 모든 동지들이 죽임을 당하는 걸 목격했다. 그 후 살아남은 수백 명의 공산당원들은 농촌에서 농민들을 규합하여 새로운 혁명 운동을 시작했다. 20년에 걸쳐 서서히 세력을 쌓으면서 그들은 많은 충돌과 위기에도 살아남았고 마침내 1949년 중국 전역을 장악했다. 마오쩌둥은 한때 이렇게 말했다. 농민들이 "폭풍처럼 일어날 것이다. 그 힘은 너무도 순식간에 일어나기 때문에 어떠한 세력도 그것을 억누를 수 없을 것이다." 그 후 27년 동안 그의 정권은 점차 독재 통치를 강화해 갔다. 이 과정에서 그는 많은 혼란을 통제하기도 했지만, 때로는 주기적으로 변화와 혁명을 내세워 그런 혼란을 의도적으로 불러일으키기도 했다.

베니토 무솔리는 어린 시절 말썽꾸러기였는데 어머니에게 이렇게 말한 적이 있다. "언젠가 나는 전 세계를 벌벌 떨게 할 거예요." 어느 정도 재능도 있었던 그는 신문사를 설립했고 노조를 만들었으며 총파업을 주도했고, 공산주의와 사회주의에 대항하는 세력을 조직했다. 빈번히 폭력적인 운동에 가담해 온 그는 파시즘 fascism이라는 새로운 정치 운동을 일으켜 1922년 10월 로마로 입성했다. 권력을 잡은 후에는 엄격한 정부 체제를 구축하여 전 세계 국가들로부터 찬사를 받았다. 하지만 곧 영토를 확장하려는 야욕에 불타올라 히틀러와 정략적인 협정을 맺으면서 자신과 국가의 파멸을 초래했다.

윈스턴 처칠은 항상 인습타파를 즐겼던 인물이었다. 이른 나이에 전쟁, 언론, 정치 등 대영제국의 다양한 영역에서 상당한 업적을 쌓았기 때문에 그는 이미 20대에 유명인사가 되었다. 제1차 세계대전 당시 고위직에 있었던 그는 자신이 '해군 항공의 아버지'라고 주장했다. 큰 논란이 일었던 활동이나 결정에 깊이 개입하여 많은 적을 만들기도 했던 그는 1922년 "나는 이제 공직도 없고 의원직도 없고 당도 없고 심지어 맹장도 없다*"고 말했다. 많은 정치 운동을 전개했고 1930년대에는 히틀러의 등장에 대한 경각심을 일깨웠으나 큰 효과가 없었다. 1940년에 프랑스가 나치에게 무너진 후, 처칠은 영국 국민을 이끌 수 있는 유일한 인물로 급부상했다.

샤를 드골의 경력은 여러 측면에서 처칠과 비슷하다. 드골은 타고난 군인이었으며 정치가였고 저술가였다. 그 역시 1930년대에 독일의 군사 전술을 예견하기도 했지만 인정을 받지 못했다. 그가 리더로 급부상한 것은 프랑스 패배 후였다. 제2차 세계대전 동안에 그는 영국 런던에서 방송을 통해 프랑스 국민의 항전을 촉구했고 이어 북아프리카에서는 군대를 직접 지휘하며 자유프랑스군을 이끌었으나, 전쟁 후에는 국민들로부터 적절한 지지를 받지 못했다. 결국 "많은 일을 겪은 후 현실로부터 동떨어진 피곤한 노인"의 처지가 되어 회고록이나 쓰면서 지내야 할 은퇴생활을 시작했다. 하지만 1958년 알제리 전쟁 기간 중에 프랑스 국민은 다시 그에게 눈을 돌렸고, 이후 10년 동안 프랑스를 통치했다. 처칠이 위대한 영국이라는 기치를 드높이려고 했던 것처럼, 드골은 프랑스의 자긍심을 되살리기 위해 온힘을 쏟았다. 그 과정에서 그는 다른 국가 리더들이나 국내의 국제통들과 대립해야만 했다. 1960년대 말 학생운동이 거세지자 드골은 또 다시 자발적으로 공직에서 물러났다.

■ 1922년 10월 처칠은 맹장수술을 받았다. - 옮긴이

장제스는 서구 문물을 배우고자 했던 중국 지도자 쑨원孫文으로부터 처음 영향을 받았다. 청년 시절에 장제스는 마르크스와 레닌 사상을 접했으며 소련에서 군사훈련을 받았다. 중국이 오랫동안 제국주의적 역사 때문에 낙후되었다고 생각한 그와 그의 국민당은 국민을 단합시키고 현대화시키고자 했다. 그는 20년 넘게 공산주의자들과 생사를 건 투쟁을 벌였다. 제2차 세계대전 동안에 구축된 통일전선으로 이 투쟁은 잠시 중단되기도 했지만 결코 타협을 보지는 못했다. 중국이 연합국들에 의해 주요 강대국으로 인정되고 있었지만, 장제스 정부는 만연된 부정부패와 민심 이탈로 와해되고 말았다. 1949년 그는 측근들과 함께 조그마한 섬 타이완으로 도주해야 했다.

여기서 언급된 리더들 중에서 가장 덜 알려진 인물인 도조 히데키는 제2차 세계대전의 대부분 기간 동안 일본 총리이자 군부 지도자였다. 그는 도쿄의 육군사관학교에서 훈련을 받았으며, 제1차 세계대전 후에는 베를린에서 근무했는데 그곳에서는 유능한 행정관, 훌륭한 야전지휘관, 엄격한 원칙주의자라는 명성을 얻었다. 1930년대 중반에는 만주에서 관동군 사령관을 지낸 후 도쿄로 돌아와 육군차관직을 맡았다. 자신의 경력 후반부 내내 도조는 일본 리더들 가운데 가장 호전적인 태도를 취했다. 그는 독일이나 이탈리아와 반反소련 협정 체결을 지지했으며, 1941년에는 보다 온건했던 고노에 후미마로 총리를 몰아냈다. 그는 아시아의 '새로운 질서'를 포고하면서 1941년 12월에 진주만 공격을 최종 승인했다. 자신을 파시스트 리더라고 자처했던 도조는 초기에 일본의 미국에 대한 군사 공격이 성공을 거두자 의기양양했다. 1943년과 1944년에 일본의 패색이 짙어지기 시작했을 무렵 그는 상공장관뿐 아니라 참모총장이 되었고, 사실상 독재 권력을 휘둘렀다. 하지만 1944년 4월에 내각의 전 각료와 함께 해임되었다. 그가 끝까지 반대했던 일본의 항복 후에는 패전 책임을 지고 자살을 기도했다. 다시 건강을 회복한 후 전범 재판에서 사형 판결을 받아 1948년 교수형에 처해졌다.

아돌프 히틀러는 젊은 시절에 엽서 스케치, 카펫 등을 판매한 적이 있고 여러 잡다한 직업을 전전했다. 한 차례 병역을 기피하기도 했지만, 입대하여 제1차 세계대전 때 독일을 위해 열심히 싸웠다. 1920년대 초에는 독일의 전쟁 패배와 전후의 사회 불안에 좌절감을 느끼고 국가사회당(나치) 초기의 당원이 되었다. 반란이 실패로 돌아가 투옥되었을 때는 『나의 투쟁』을 집필했다. 이 책은 파시스트 힘에 관한 개인 철학, 국민의 신비성, 독일의 순수성과 위대함, 반유대주의, 궁극적인 세계 지배의 목표 등이 담겨 있는 특이한 자기고백서이다. 독일의 정치체제가 와해된 후인 1933년 그는 합법적으로 총리직에 올랐다. 그 후 대의정치의 잔재를 없애버리고 스탈린만큼이나 무자비하게 반대파를 숙청했으며, 주로 포고령과 개인숭배를 이용해 통치했다. 1930년대에 군사력을 대규모로 증강시켜 제2차 세계대전 초기에는 연속적으로 놀라운 군사적 승리를 거두었으나, 1943년 초 서서히 전세가 역전되면서 유대인을 비롯한 다른 비非아리안계 인종을 무자비하게 말살하기 시작했고, 결국에는 자신의 추종자들과 많은 독일 국민까지 파멸시켰다.

나는 제10장에서 엘리너 루스벨트를 살펴보면서 프랭클린 루스벨트가 미국 정계에서 거물급 지위로 급성장했다는 사실을 언급했다.

그는 20대에 주의회 의원을, 30대에 해군차관보를, 40대에 부통령 후보로 나섰다가 실패하고 뉴욕 주지사를 지낸 후 미국 대통령직에 네 번 당선되었다. 한 가지 측면으로 보자면 그의 정치 경력은 다른 세계적 리더들에 비해 순탄한 편이었다. 하지만 루스벨트는 그 어떤 리더 못지않은 큰 개인적 고통을 겪었다. 1921년 40살이 채 안 된 나이에 소아마비에 걸린 것이다. 그가 다시 걸을 수 있을지, 다시 공직생활을 할 수 있을지 상당 기간 불투명했다. 그러나 사랑하는 이들의 보살핌과 상당한 재정적 뒷받침에 힘입어 루스벨트는 그 기간 동안 재기의 힘을 축적할 수 있었다. 그는 이미 가지고 있던 자신의 막강한 정치적 능력을 더욱 갈고 닦아 보다 진보적이고 포용적인 목적을 위해 이용할 준비를 갖추었다. 그의 개인적 용기는 미국인들에게 자극이 되었을 뿐 아니라, 난국을 헤쳐 나가는 데 필요한 자신감의 원동력이었다. 이런 자신감으로 그는 유례없는 경제공황을 극복하고 본토에서 멀리 떨어진 곳에서 벌어지고 있었지만 궁극적으로 모든 문명을 위협했던 전쟁에 슬기롭게 대처할 수 있었다.

레닌은 변호사나 학자가 되기를 원했을지도 모르지만, 여러 사건들로 인해 정치 세계에 휩쓸리게 된다. 1886년 1월, 아버지가 뇌출혈로 갑자기 사망하고 1887년 5월 그의 형이 차르 알렉산더 3세Tsar Alexander III의 암살 음모로 교수형에 처해지자 그는 칼 마르크스가 주창한 혁명적인 사상의 열렬한 신봉자가 된다. 러시아 볼셰비키 운동의 리더로서 그는 러시아 내의 봉기와 국제적 혁명을 일으키는 데 전투적인 노선을 견지했다. 타고난 이론가이자 논쟁가이며 정치 리더였던 레닌은 엘리트 정당을 창설하는 방안을 마련한 후, 1900년대 초 그런 강력한 조직을 구축했다. 그는 이렇게 선언했다. "우리에게 혁명가들의 조직을 달라. 그러면 우리가 러시아를 전복시킬 것이다."

서유럽으로 망명했을 때도 그는 러시아혁명을 위해 헌신적인 노력을 기울였으며, 동시에 유럽 대륙에서 공산당을 활발한 정치세력으로 키우는 데 앞장섰다. 제1차 세계대전이 한창 진행 중이던 시기에 그는 밀폐된 열차에 몸을 숨기고 스위스에서 상트 페테르스부르크로 돌아왔다. 그의 의기양양한 귀향은 전쟁으로 찢긴 제정 러시아에서 한창 무르익었던 혁명의 분위기에 기폭제가 되었다. 그는 사회주의자들의 군대와 제정 군대를 패배시킨 후 새로운 소비에트사회주의공화국연방 USSR 을 독재 통치했다. 하지만 곧 심각한 병에 걸리면서 향후 정권의 노선을 확고하게 세워두지 못했다. 1924년 사망 후, 그의 유산은 변덕스런 동지였던 스탈린에 의해 예기치 않은 방향으로 변질되어 갔다.

정치적 리더십에 관련된 분야에서 쌓은 경력과 인생의 역동적인 체험은 한 국가의 리더를 탄생시키는 데 매우 중요한 요소로 작용하는 것 같다. 하지만 분명히 그런 개인사만으로는 충분하지 않다. 국가 지도자를 탄생시키는 방정식에는 행운이라는 요소가 항상 개입되기 마련이다. 이 인물들이 모두 20년 일찍 태어났거나 20년 늦게 태어났더라면 결코 국가 지도자가 되지 못했을 것이다. 실제로 1919년 30살의 히틀러나 1909년 30살의 스탈린은 중요한 정치조직의 리더감으로 인식되지 못했을 것이다. 드골과 처칠은 젊은 시절에 재능을 인정받았지만 제2차 세계대전이 발발하지 않았다면 자신의 회고록에 1940년대 초반의 이야기를 그리 길게 쓰지는 못했을 것이다.

하지만 이 10명의 리더들의 전기를 살펴보면 내가 앞서 여러 인물들에 대해 기술하며 밝혔던 한 가지 요소가 반복해서 나타난다. 그것은 자신이 특별한 존재라는 확신을 가지고 권력자들과 동등한 입장에서 맞서려고 했다는 사실이다. 실제로 이들은 자신이 소속된 전문 분야의 권위자들뿐 아니라, 어떤 기관이나 정치조직의 총책임을 맡고 있는 리더들에게도 과감히 도전했다. 그런 실례로 독자는 조지 마셜이 퍼싱 장군과 루스벨트 대통령에게 반발한 사건이나 마거릿 대처가 자신의 소속 정당 리더들과 대립했던 경우를 떠올릴 수 있을 것이다. 전체주의 국가의 리더들 중에서 히틀러는 1920년대 초 수천 명의 군중 앞에서 열변을 토했고, 1923년에는 정부 전복을 기도하는 과감성을 보였다. 스탈린은 레닌에게 겉으로는 충성을 다하면서 뒤에서는 권력기반을 다지며 트로츠키를 제거할 계략을 꾸몄다. 무솔리니는 로마에서 행진을 벌이며 국왕과 군대와 교회에 반기를 들었으며, 마오쩌둥은 산간 오지에서 수십 년간 활동하며 국가 전체를 접수하려는 준비를 갖추었다. 레닌은 특유의 대범함으로 경쟁 세력인 사회주의 정당 리더들과 대결했고 결국 러시아에 소비에트 정권을 세웠다. 장 제스는 러시아 공산주의자들로부터 배운 기술을 이용하여 중국에서 공산주의 세력을 분쇄시키고자 했다. 도조는 1941년 10월 쿠데타를 주도해 고노에 총리를 실각시켰다.

　서구 국가들의 리더들도 이런 반항적인 기질을 갖고 있기는 마찬가지였다. 처칠은 당대의 거의 모든 정치적 사안에서 반대파의 도전에 시달렸지만 결코 자신의 확고한 신념을 굽히지 않았고, 그럼으로써 비난의 표적이 되기도 했다. 드골은 양차 대전 사이의 평화 시에 기존의 정치적·군사적 통념에 반발했고, 국민의 지지를 잃었다는 생각이

들었을 때 두 번씩이나 권력에 등을 돌렸다. 프랭클린 루스벨트는 젊었을 때는 상당히 유순했는데, 이는 굳이 반항할 필요를 느끼지 못했기 때문이었다. 하지만 소아마비를 극복하면서 정치 인생에서 과감한 도박을 감행할 수 있는 용기를 얻게 되었다. 그리하여 그는 자신의 정치 스승인 뉴욕 주지사 알 스미스 Al Smith와도 결별했고, 대통령 선거 후에도 여러 차례 유사한 정치적 모험을 벌였다. 다른 리더들과 마찬가지로 루스벨트는 선례를 따르는 것을 좋아하지 않았다. 실제로 그는 상당 기간 동안 선례를 스스로 만들어갔다. (사상 처음으로 대통령 후보지명 수락 연설에서부터 3선에 도전하기로 결정한 것에 이르기까지 다양하다.) 다른 리더들처럼 그 역시 그런 방식을 편안하게 여겼는데, 예리한 통찰력의 소유자였던 영국 학자 이사야 벌린 Isaiah Berlin은 루스벨트에 대해 이렇게 말했다. "그는 20세기, 아니 어느 세기에서도 보기 드문, 미래를 두려워하지 않았던 소수의 정치가들 중의 한 사람이었다."

리더들이 집권 전이나 후에 보다 강력한 인물에 주저 없이 도전했다거나 선례를 따르지 않았다는 설명에 대해 일부 독자들은 너무 당연한 것을 거론하고 있다고 생각할지도 모르겠다. 어떤 리더든 전례가 없었던 시대적 상황에 처하게 되면 독창적인 대처 방식을 보여줄 것이라고 예견되기 때문이다. 하지만 반드시 그렇지도 않다. 허버트 후버는 대공황 초기에 미국의 리더였고, 네빌 챔벌레인 Neville Chamberlain과 폴 레이노 Paul Reynau는 제2차 세계대전이 시작되었을 때 각각 영국과 프랑스의 리더였다. 그런데 이들은 시대 상황에 적절히 대처하지 못한 사례로 기억될 뿐이며, 후임자들과는 상당히 대조적이었다.

이제 그보다는 좀 더 중요한 문제를 검토해 볼 필요가 있다. 어떤 인물이 국가 리더로 등극하기도 전에 권위에 도전하고 자신이 통치자와 동등하다고 생각하는 것이 과연 자연스러운 일이었을까. 혹은 이해할 수 있는 일이었을까. (이는 마거릿 미드나 골다 메이어 같은 여성 리더에게도 해당되는 질문이다.) 처칠이나 루스벨트의 경우는 이 질문에 '예스'라는 대답이 쉽게 나올 수 있다. 왜냐하면 두 인물은 자국에서 오랫동안 리더십을 발휘해 온 가문 출신이기 때문이다. 하지만 실업자인 히틀러가 어떻게 독일의 리더가 되어 국가의 부활을 꿈꿀 수 있었을까. 혹은 무법자인 레닌이나 스탈린이 어떻게 세계에서 첫 번째 공산국가의 리더가 될 이상을 품을 수 있었을까. 또 그 방식에는 차이가 있지만 장제스, 마오쩌둥, 무솔리니, 도조, 드골은 어떻게 자신을 미래의 경쟁력 있는 리더로 생각할 수 있었을까.

이런 수수께끼에 대한 명확한 실마리는 오래 전부터 그런 문제를 연구해 온 에릭 에릭슨의 저작물에서 찾을 수 있다. 특히 마틴 루터와 간디에 관한 전반적인 연구와 20세기 정계 및 사상계의 많은 리더들에 관한 제한적인 연구에서 두드러지게 드러나 있다. 에릭슨의 정신분석학적 관점에 따르면, 모든 개인들은 심리사회적 정체성의 측면, 즉 자신이 누구이고 어디서 왔으며 자신에게 무슨 일이 일어날 것인가에 대해 밝혀내고자 한다. 그리고 정체성 위기를 겪는 개인은 때로 자신뿐 아니라 사회에서 다른 많은 사람들을 괴롭히고 있는 포괄적인 문제를 해결할 방안을 찾아내기도 한다.

이런 관점에서 20세기 전반의 세계 주요 국가들의 환경을 생각해 보자. 제정 러시아, 전쟁으로 얼룩진 독일, 혼란에 빠져 있는 이탈리아, 제정 이후의 중국은 모두 황폐해 있었다. 이런 국가에 살고 있던 많은 젊은이들은 혼란과 소외감을 느꼈으며, 그들의 걱정은 세계적인 차원은 아니었어도 가족과 자신의 세대와 국가의 현실에서 유발된 것이었다. 개인의 갈등과 불확실성이 국가의 그것과 교차할 때, 특히 예상되는 해결 방안이 동일시될 때 국가 지도자가 탄생할 여건이 조성된다.

물론 고통을 겪는 많은 젊은이들은 환경을 극복하기 위해 개인적인 해결책을 마련하느라 상당한 노력을 기울인다. 미래의 국가 지도자가 평범한 젊은이들과 다른 점은 폭넓게 사고하는 능력과 의지를 가지고 있다는 것이다. 그의 능력에는 말하고 쓰고 분석하며 다른 사람들의 마음을 움직일 수 있는 재능과 지능이 포함되어 있다. 또 그의 의지에는 원대한 야망과 더불어 개인적인 상처나 숙명 의식으로 불붙기도 하는 권력욕이 포함되어 있다. 나는 이런 미래의 리더는 국내의 정세를 주시하다가 상당한 불만을 품게 되고 결국에는 마음속으로 자신이 현재의 리더들보다 더 잘 할 수 있겠다는 생각을 가졌으리라고 본다. 이때의 그는 미래 리더의 자격으로 현재 권좌에 올라 있는 가부장적 인물들의 언어, 입장, 결정, 조치 등에 대해 도전하고 있는 셈이다. 결과적으로 그는 현재의 리더들과 자신을 동일시하는데, 이는 그들을 닮고 싶어 하는 의미가 아니라 자신이 리더가 되고 싶다는 의미를 내포하고 있다. 그가 제시한 해결 방안은 순전히 그의 환경에서 나온 것으로서, 앞선 시기나 다른 시대에 성장한 기성세대 리더들이 내놓았던 방안보다도 훨씬 강력하고 타당하게 여긴다. 그리고 실제로 그는 그런 리더들과 말이나 행동으로 맞설 기회가 생기면 자신에게서 힘과 용기, 심지어 만용까지 솟구치는 열정을 느끼게 된다.

이 책에서 내가 제시한 분석은 에릭슨의 접근법을 보완한 것이다.

리더들은 '이야기'를 제시하고 그것을 실천한다. 한 국가를 이끌어가는 직접적인 리더는 교육받지 않은 마음이 이해할 정도로 간단한 이야기를 제시해야 한다. 20세기 리더들은 간단한 이야기가 큰 성공을 거둘 수 있었고, 특히 격변기에는 더욱 그렇다는 많은 증거들을 남겨 놓았다.

20세기에는 정치적으로 많은 이야기가 출현하였으며, 각 이야기는 다양한 내용으로 다양한 대중들 사이에 뿌리내리기 위해 경쟁을 벌였다. 이 시기의 고유한 이야기라면 파시즘이 있다. 반계몽주의적 태도를 견지했던 무솔리니의 파시즘 이야기에는 국가와 국민이 삶의 지배적인 세력이며 모든 개인은 그것들에 절대적으로 충성해야 한다는 원칙을 담고 있다. 속간 束幹, fasces* 의 상징 아래에 똘똘 뭉친 파시스트 국가의 국민들은 당당하게 일어나 개인주의, 민주주의, 국제 공산주의 그리고 겉으로는 그럴 듯하게 보이지만 국가의 힘을 약화시키는 다른 모든 이념의 위협을 물리치고자 했다. 파시스트 체제에서 절대 권력자의 개념은 매우 중요했다. 무솔리니의 말에 따르면 리더란 "깨끗한 청소를 할 수 있을 만큼 무자비하고 정열적인 인물"이다. 집권하자마자 무솔리니는 이렇게 선언했다. "우리는 이탈리아인입니다. 오로지 이탈리아인일 뿐입니다. 이제 강철과 강철이 만났으니 우리 가슴에서는 단 하나의 외침만이 터져 나올 뿐입니다. 이탈리아 만세!"

무솔리니가 파시즘이라는 당의 강령을 창안해냈다면, 히틀러는 독일에 그 씨앗을 뿌려 끔찍한 결실을 거두었다. 나치의 이야기는 이탈

---

* 파시즘의 어원이 되는 라틴어로서, 다발로 묶은 나무 막대에 도끼를 붙인 것을 말한다. 고대 로마 집정관이 들고 다니던 것으로 도끼는 국가의 권위를 상징하고 나무 다발은 국민의 통일을 상징했다. 무솔리니는 고대 로마의 영광을 재현하자는 의미로 이것을 정권의 상징으로 삼았다. - 옮긴이

리아의 파시즘보다 훨씬 전체주의적이었다. 독일은 대국에 그쳐서는 안 되고 세계에서 가장 강한 국가가 되어야만 했다. 독일인들은 함부로 취급당하지 않는 것으로 만족할 수는 없었다. 그들은 세계 최우수 인종이므로 다른 모든 인종들을 지배해야만 했다. 그 지위를 확보하는 과정에서 독일인들이 피를 흘리는 것은 희생이 아니라 특권으로 여겨졌다. 그들의 절대권력자는 무조건적인 충성을 받아야 하며 모든 일에 대한 책임을 졌다. 1937년 히틀러는 이렇게 역설했다. "국가사회당 프로그램의 주요 계획은 개인이라는 자유주의 개념과 인류라는 마르크스주의 개념을 폐지하고, 그것들을 공통된 혈통으로 맺어지고 한 토양에 뿌리를 박고 있는 국민공동체 개념으로 대체하는 일이다." 히틀러는 '단순한 이야기'와 '허풍 big lie'이 리더십에 매우 중요하다고 강조하며 이렇게 덧붙였다. "리더십의 기술은 국민의 관심을 단 하나의 적에게 집중시키면서 이런 집중력이 결코 흐트러지지 않도록 하는 것이다. 천재적인 리더라면 여러 다른 적들이 한 부류에 속하는 것처럼 보이도록 해야 한다."

히틀러와 무솔리니의 파시스트적 해결책이 통할 수 있었던 것은 그들 자신과 동포들의 삶이 순탄치 않았기 때문이다. 무질서한 상황 속에서 누군가는 좀 더 광범위하고 포괄적인 질서를 세워야만 했다. 히틀러는 그 혼란의 시대에 대중을 저버리지 않았고, 대중도 맹세하고 지킬 수 있는 신념을 주장했다. 무솔리니의 입장은 그리 복잡하지는 않았지만, 쾌락을 추구하고 태만한 성격 탓에 파시즘의 목적이 절대적 확신 속에 실천될 수는 없었고 열광적으로 추구되지도 않았다. 파시스트적 성향이 있었던 도조나 장제스조차도 자신들의 체제 내에서 어느 정도 유연한 태도를 취했다. 그러나 어떠한 의심이나 모순도 히틀러의 마음을 흔들어놓지는 못했다. 그는 파시즘 이야기와 그 이상을 총체적으로 실현시키기 위한 준비를 갖추었다. 그리고 무솔리니와는 달리 스포츠, 종교, 예술, 경제활동 등을 비롯해 요람에서 무덤에 이르는 국민의 모든 삶을 아우르는 종합적인 관점을 제시했다. 히틀러의 이야기는 5살 난 아이의 마음속에 떠오를 수 있는 모든 질문들에 대해 확실한 대답을 제시할 수 있었다.

여러 면에서 공산주의는 파시즘과 극단적으로 대립하는 입장에 섰다. 기존의 경제체제와 종교를 수용하기는커녕 최소한의 관용적인 태도도 보이지 않았고 정면으로 도전장을 내밀었다. 독립적인 국가에 대해 찬사를 보내기보다는 국민국가를 시대착오적인 개념이라고 생각했다. 그들은 국가 간의 경계를 초월하여 전 세계 노동자들이 단합해 악랄한 부르주와 계급에 대항해야 한다고 주장했다. 레닌과 마오쩌둥은 그들의 저작물에서 이러한 사항들을 강조했고, 스탈린도 그런 주장에 대해 입에 발린 칭찬을 늘어놓았다. 하지만 이 사상은 대부분의 사람들에게 낯설게 여겨졌고, 특히 사상 안에 분명하게 명시되어 있는 농민과 노동자들에게조차 이질적으로 느껴졌다. 따라서 마르크스 사상, 마르크스-레닌 사상, 스탈린 사상, 마오쩌둥 사상의 복잡 다양한 내용들은 엘리트 공산당원들 사이에서만 논의되었을 뿐, 교육을 제대로 받지 못한 폭넓은 청중들 사이에서는 거의 언급되지 않았다. 레닌은 '플로레타리아의 혁명적이고 민주적인 독재'에 대해 기술했지만, 실제로 대중 앞에서 선동을 할 때는 굳이 이 말을 자주 사용하지 않았다.

사실 공산주의 사상은 적대시되던 파시스트 사상과 구별하기 어려울 정도까지 단순화되었다. 전쟁 전에 공산주의는 국내외 제국주의의 지배 세력을 전복시키자는 주장으로 노동자와 농민의 지지를 얻었다. 스탈린은 국제적 공산화에 소련이 선봉장 역할을 해야 한다는 레닌의 공언을 완전히 저버렸다. 그는 1930년대 중반 파시스트들이 스페인을 무너뜨렸을 때 방관자적인 태도를 취했다. 그리고 전쟁 중에는 동포에게 러시아 본토를 방어하자고 호소했을 뿐, 공산주의의 목표 따위는 전혀 언급하지 않았다. 독일과 소련이 이념상 적이라기보다는 전체주의를 추구하는 비슷한 국가였다는 점을 고려한다면, 1939년 독-소 불가침 조약의 파장을 충분히 이해할 수 있을 것이다. 처음에는 혁명적인 공산주의를 수용했다가 나중에는 그것을 방어하기 위해 가장 잔혹한 수단에 의존했던 스탈린의 분열적인 정신 상태는 히틀러와 상당히 가까운 것이었다. 물론 두 사람 모두 이 점을 인정하지 않겠지만 말이다.

전제주의 리더들은 자신의 메시지를 전달하는 데 상당한 노력을 기울였다. 그들은 언론을 장악했고 대규모 선전기구를 조직했다. 주목할 만한 사실은 이들이 자신의 이야기가 살아남으려면 젊은 세대가 그것을 수용하고 실천해야 한다고 믿었다는 사실이다. 따라서 파시즘이든 나치즘이든 공산주의든 국가의 이념을 전파하기 위해 교육제도를 적극적으로 활용하기 위한 전례 없는 정책을 추진했다. 이런 측면에서 전체주의 정권은 보다 민주적인 정권과 아주 대조적인데, 민주적인 정권 아래에서는 (유감스러운 일이기도 하지만) 리더십을 발휘하는 데 교육제도가 큰 관심의 대상이 되지 않는다.

좌파나 우파의 전체주의로부터 민주국가의 절차로 눈길을 돌려 보면, 보다 정교한 일련의 이야기를 찾아볼 수 있다. 영국의 입헌군주제, 프랑스의 의원내각제, 미국의 의회-대통령제에서 정부는 전체주의적으로 해결 방안을 모색하지 않는다. 권력은 찬탈보다는 자유선거를 통해 얻어지고 각종 사안들은 토론 과정을 거치며, 상반된 관점은 환영받지 못하더라도 적어도 원칙적으로 허용된다. 일반적으로 다수결의 원칙이 적용되지만, 그렇다고 소수의 권리가 무시되지는 않는다. 정부 내 다양한 조직 사이에 힘의 균형이 유지되며, 정부의 간섭을 받지 않는 언론이 자유로운 비판을 주도한다.

민주국가의 리더들 중 그 누구도 이런 민주 체제의 원칙에 반기를 들지 않았다. 그런 관점에서 보면 이들 민주국가 리더들은 체제를 수호하고자 했던 정치적 보수파들이었다. 하지만 역설적으로 전쟁 때문에 이들은 평화 시에 주어지는 것보다 훨씬 강한 권력을 행사할 수 있었다. 정치 논평가인 윌리엄 패프 William Pfaff 는 이렇게 설명했다.

> 일반 대중은 유화책과 협력이 모두 실패로 돌아간 후에야 처칠과 드골에게 눈길을 돌렸다. …… 민주정부가 대개 그렇듯이, 수동적으로 여론에만 의존하는 정부는 인명 희생이 요구되는 장기적인 위협에 제대로 대처하지 못한다. 심지어 심각한 인명 손실의 위험을 감수해야 장기적으로 더 많은 인명을 구할 수 있다는 합리적인 주장이 제기될 때조차도 적절한 조치를 취하지 못한다.

1940년 총리가 된 처칠, 1941년 일본의 진주만 공격 후의 루스벨트, 프랑스 함락 후 그리고 1958년에 대통령이 된 드골은 여러 측면에서 이전 민주정부의 무능으로 생긴 공백의 수혜자들이었다고 볼 수 있다. 그들은 주로 독재정권에서나 있을 법한 권한을 부여받았다. 자제심과 차기 선거를 치러야 한다는 부담만이 그들이 행동하는 데 제약이 되었다. 이런 점에서 보면 테헤란 회담에서 루스벨트와 처칠은 스탈린에 비해 불리한 조건에 처해 있었다고 볼 수 있다.

 루스벨트와 처칠과 드골은 파시즘과 공산주의라는 새로운 이상향을 추구하기보다는 서구에서 수세기에 걸쳐 쟁취된 자유를 수호하려고 했다. 루스벨트는 '민주주의의 무기', '네 가지 자유' 등을 거론했고, 처칠은 '민주주의를 위해 세계를 안전하게 만들자'고 했다. 그리고 드골은 자신이 자유프랑스의 리더임을 자처했다. 그러나 이런 이상주의적 호소의 바탕에는 민족주의와 국수주의가 깔려 있었다. 처칠은 독일 공군의 침공을 '브리튼 전투'라 명명하면서 동포들에게 '피, 수고, 눈물, 땀'을 요구했으며, 나중에는 '철의 장막의 횡포'에 대해 경각심을 가져야 한다고 주장했다. 드골은 끊임없이 '위대한 프랑스'를 내세우며 과거의 영광을 되찾자고 목소리를 높였다. 루스벨트는 '미국 국민을 위한 뉴딜'을 공표하고 '침략자를 고립시켜 놓겠다'고 약속하면서 아메리칸 드림의 특성을 강조했다.

 앞선 장들에서 나는 처음에 자신의 소속 분야에서 전문가들만을 상대하던 리더들이 어떻게 새로운 이야기를 구성하여 보다 폭넓은 집단에게 전달할 수 있었는가를 설명했다. 알프레드 슬론 2세는 미국인들의 기업관에 영향을 미쳤고, 마틴 루터 킹 2세는 미국 흑인들의 지위에 대한 사고의 혁명을 일으켰다. 마거릿 미드는 미국인들이 자신들과 다른 나라 사람들에 대해 가지고 있던 인식의 지평을 넓히는 데 기여했다. 이런 각각의 이야기는 '나'에 대한 의식을 재정립했을 뿐 아니라 '우리'라는 의식을 확장시켜 놓았다.

 국가 리더들은 새롭고 포괄적인 이야기를 창조하면서 큰 도전에 직면하곤 한다. 결국 그들의 일차적인 임무는 자국 내에서 정통성을 유지하는 것인데, 위험한 이야기는 반발심을 불러일으키게 된다. 루스벨트와 링컨은 미국이라는 가족의 개념을 확장해 흑인까지도 포함시킴으로써 증오의 대상이 되었다. 드골은 아프리카 식민지들을 프랑스로부터 독립시켜 제국주의의 오명을 벗으려고 하면서 수많은 암살 기도에 시달려야 했다.

과도한 정신적 스트레스의 시기, 특히 전쟁의 시기에는 맹목적이고 국수주의적인 이야기가 우세하게 된다. 논평가인 마이클 코다Michael Korda는 이렇게 지적했다. "위대한 리더들은 단순화의 명수라고 할 수 있는데, 이들은 항상 논쟁, 토론, 의심의 핵심을 짚어내 모든 사람이 이해하고 기억할 수 있는 해결책을 내놓는다. …… 그것은 직접적이지만 강력한 메시지다." 마오쩌둥도 비슷한 말을 했다. "유일한 해결책은 모든 인민이 이해할 수 있을 만큼 간단한 개념을 제시하는 것이다." 교육으로 다듬어지지 않은 이런 이야기는 특별하고 신성한 국가의 위상에 초점을 맞추고 국민의 결속을 강조한다.

이렇듯 (제3장에서 기술했던) '스타워즈' 이야기의 변종은 계속해서 출현한다. 그 내용은 선과 악이라는 두 집단이 존재하고 인종적·민족적 배경이 같은 '우리'는 굳게 단결하여 승리해야 한다는 것이다. 특별한 이유로 국가라는 산하에 들어갈 수 없는 개인이나 집단은 종종 악의적으로 일방적인 매도를 당한다. 예를 들면, 제2차 세계대전 당시 '인종의 도가니'라는 미국에서조차 일본계 미국인들은 단지 인종적 배경 때문에 수용소에 억류되었다. 집단 정체성의 근거를 생물학적으로 설명하는 것은 지나친 측면이 있지만, 실제로 이질적인 집단과 대적하는 경우 유사한 배경을 가진 사람들끼리 더 쉽게 뭉치는 것은 분명한 현상이다.

과장된 표현일지는 몰라도 제2차 세계대전의 리더들은 자신과 자국민이 처한 위기상황 때문에 특별한 시나리오를 제공받은 셈이었다. 따라서 그들은 국민을 단결시키고 전쟁 수행에 필요한 인력 동원을 위해서는 어떠한 명령도 내릴 수 있었다. 하지만 그들의 성공은 중요한 두 가지 요소에 달려 있었다. 하나는 그 시나리오를 얼마나 명확하게 발표할 수 있느냐 하는 것이고, 다른 하나는 그 시나리오에 따라 얼마나 자신감 있게 실천을 할 수 있느냐 하는 것이었다.

대부분의 리더들은 훌륭한 글을 쓸 수 있었지만, 말을 하는 데 더 탁월한 능력을 보여주었다. 리더들의 그런 면은 우드로 윌슨 대통령의 말을 떠올리게 된다. "나는 리더십에 대한 강한 본능과 웅변적 기질을 가지고 있다. …… 나의 문학적 재능은 다른 자질에 비하면 부차적인 것이라서 글을 쓰는 능력은 연설하고 행동을 조직하는 능력의 시중꾼이라는 생각이 든다." 실제로 리더들이 통달했던 단 하나의 분야를 들자면 바로 대중 연설 분야였다. 그들은 다양한 청중에게 직접적이고 설득력 있는 연설을 할 수 있었다. 루스벨트, 처칠, 드골은 모국어의 대가였던 만큼, 사후 수십 년이 지난 지금도 그들의 말이 자주 인용되고 있다. 무솔리니는 멋진 목소리와 과장된 제스처로 사람들에게 깊은 인상을 주곤 했던 열정적인 웅변가였다. 마오쩌둥은 생기 넘치는 이미지로 군중을 자극했으며, 레닌의 열변은 러시아혁명에 불을 붙이는 역할을 했다. 여기서 살펴보는 여러 리더들 가운데서 스탈린만이 뛰어난 웅변가가 아니었다. 물론 나치의 기습 공격 후 행한 연설은 국민의 애국심을 불러일으켜 독일을 물리치는 데 도움이 되긴 했지만 말이다.

히틀러는 당대의 가장 탁월한 웅변가였다. 그는 제1차 세계대전이 발발하기 수년 전 작은 그룹 내에서 자신이 선동적인 연설에 재능이 있음을 깨달았고, 1920년대 초에는 대규모 군중을 사로잡는 능력도 있음을 알게 되었다. 그때부터 그는 "리더가 되는 것은 대중을 움직일 수 있다는 것을 뜻한다"는 자신의 공언을 증명하기 위해 많은 노력을 기울였다. 그는 이상주의, 힘, 증오, 행동에 호소함으로써 군중을 열광의 도가니 속으로 몰아넣었다. 그는 영화 속에나 나올 것 같은 여러 상징들을 사용했는데, 갈고리십자무늬swastika, 구스 스텝goose step*, '하일 히틀러Heil Hitler' 경례법, 국가國歌인 호르스트 베셀Horst Wessel 등이 선전용이나 의식교육용 책자에서 광범위하게 이용되었다. 한때 히틀러의 동지였던 오토 스트라세Otto Strasser는 히틀러의 천재적인 웅변술에 대해 이렇게 기술했다. "히틀러는 지진계같은 섬세함으로 사람 마음의 진동을 잡아냈다. …… 그는 전 국민을 상대로 그들의 가장 절실한 욕망, 인정하고 싶지 않은 본능, 고통과 개인적인 반항심을 대변하는 확성기 역할을 할 수 있었다." 학자 찰스 린돔Charles Lindholm도 같은 맥락으로 기술했는데, 그의 설명은 많은 독일인들과 히틀러를 이어준 '정체성의 연결고리'를 이해하는 데 도움이 된다. "히틀러는 연설할 때 청중을 관객 삼아 고통과 붕괴와 상실, 그리고 장엄한 정체성의 선언과 사악한 외부 세력의 투영을 통해 궁극적인 구원에 이르는 극적인 드라마를 연출하였다."

리더들이 대중에게 어떤 목표를 위해 죽음을 각오하라고 할 때는 믿음직한 모습을 보여주어야만 한다. 그리고 대중에게 역설하는 이야기를 설득력 있게 실천해야 한다. 나는 전체주의 국가의 이상과 방법

* 무릎을 굽히지 않고 다리를 높이 들어 올리며 걷는 행진 – 옮긴이

이 근본적으로 히틀러, 무솔리니, 스탈린, 마오쩌둥의 개인적인 경험에서 우러나온 것임을 밝혔다. 레닌이 처음에 방향 전환을 하게 된 계기는 기질 때문이 아니라 지적인 관심 때문이었는지도 모른다. 하지만 그 역시 다른 인물 못지않은 전체주의적 인물이 되었다. 루스벨트, 드골, 처칠, 도조, 장제스 등은 군사훈련을 받았던 경험이 있었기 때문에 자국의 군대를 지휘하는 일이 그만큼 자연스러웠다.

리더들은 각자의 위치에서 쉴 새 없이 일했으며, 동포들은 그들의 헌신적인 노력을 높이 평가해 주었다. 당시는 리더의 사소한 개인적 실수가 언론에 의해 묵인되고 용서되는 시대였기 때문에 이들은 실제보다 더 위대한 인물로 비쳐졌다. 예를 들어, 제2차 세계대전 동안 모든 가족을 잃은 한 여성의 경우를 보자. "그녀가 의존할 데라곤 스탈린뿐이었다. 그녀 세대의 모든 사람들처럼 이 여성도 스탈린과 그의 체제가 없었다면 결코 독일의 공격을 막을 수 없었을 것이라고 확신했고 그런 생각은 상당히 옳았다. 스탈린은 위대한 애국 전쟁의 화신이었다." 루스벨트가 자신의 소아마비가 드러나는 사진을 결코 찍지 않았다는 사실, 스탈린의 작은 몸집이 사진가들에 의해 감춰졌다는 사실, 그리고 처칠의 음주 습관과 위협적인 태도가 결코 언론에 보도된 적이 없다는 사실을 고려한다면 이런 해석들이 보다 현실감 있게 느껴질 것이다. 히틀러의 경우는 금욕적인 생활 때문에 과대평가되었다. 무솔리니의 여성 편력은 어느 정도 알려졌는데, 그런 점이 오히려 그의 매력으로 작용하기도 했다. 그러나 사람들에게 희생을 요구할 때 그의 방종은 신뢰성을 감소시키는 요인이 되었을 것 같다.

개인적인 용기 또한 중요한 실천적 요소이다. 드골 장군은 제1차 세계대전 때 세 번이나 부상을 당했고, 다섯 번이나 감옥을 탈출하려다가 실패했다. 제2차 세계대전 때는 독일과의 평화협정을 거부해 그의 목에 현상금이 걸리기도 했다. 무솔리니 역시 전쟁에서 부상을 입었다. 루스벨트가 소아마비를 극복하면서 보여준 용기는 널리 알려졌고, 그래서 존경을 받았다. 마오쩌둥, 도조, 장제스도 전쟁이라는 시험을 치렀으며, 마오쩌둥의 대장정 Long March 은 경이적인 업적이었다. 제2차 세계대전 중 소련이 위기에 직면했을 때 정부 인사들은 모스크바를 빠져나가고 있었지만, 스탈린은 크렘린에 남아서 궁지에 몰리고 있는 국민들에게 가시적인 버팀목의 역할을 했다. 흥미로운 사실은 히틀러는 연설할 때는 그렇게 대범한 모습을 보여주었지만, 자신의 군대가 패배했을 때는 그들을 외면했고 오직 승리했을 때만 공개적으로 그들 앞에 나타났다. 그러다가 결국에는 독일 국민이 자신의 리더십을 제대로 따라오지 못한다면서 불만을 터뜨렸다.

처칠은 개인적인 용기의 화신이었다. 브리튼 전투의 발발 순간부터 그는 동분서주했다. 군사령부와 대공포대에서 일하면서 폭탄 피해 현장을 방문하기도 하고, 방송을 통해 이따금씩 국민에게 용기를 북돋아주기도 했다. 그는 전쟁 동안 군인들을 격려하고 가족들에게 희망을 불어넣기 위해 총 15만 마일을 여행했는데, 그 과정에서 부상과 죽음의 위험을 무릅쓰기도 했다. 정신과 의사인 앤서니 스토르 Anthony Storr 는 이렇게 말했다.

그 암담했던 시절에 영국에게 필요한 것은 예리함과 균형감각을 갖춘 리더가 아니었다. 영국은 예언가, 영웅적인 이상가 그리고 모든 걸 잃어버린 것처럼 보일 때 승리를 꿈꿀 수 있는 인물이 필요했다. 윈스턴 처칠은 그런 인물이었다. 그가 지닌 용기의 역동적인 힘은 그의 진정한 자아가 머물렀던 로맨틱한 환상 세계에서 나오는 것이었다.

아무도 처칠이 자신의 이야기를 철저히 믿고 있다는 사실을 의심하지 않았다. 어떤 식으로 정의를 내리든 이 장에서 기술한 인물들이 성공적인 리더였다는 점은 분명하다. 가문의 도움을 받았든 받지 않았든, 이들은 역사상 유례없이 긴장이 감돌고 중요했던 시대에 자국의 정부에서 가장 중요한 직책에 올라 자신의 임무를 수행했다. 이들은 내가 이전에 연구했던 7명의 창조자들만큼이나 유명해졌고, 이 책에서 살펴본 다른 리더들보다는 훨씬 더 많이 알려졌다. 또 삼척동자도 알 정도의 역사적 인물이 되었고, 앞으로 100년 동안은 그 명성을 잃지 않을 것이다.

하지만 이들은 이 책의 또 다른 주제를 구체적으로 드러냈다. 시간이 좀 흐르면 거의 모든 리더들이 어느 한계를 넘어서서 자신의 원칙을 무너뜨린다는 사실이다. 이 리더들은 실제보다 더 부풀려진 이미지 때문에 결국 자만의 구렁텅이로 빠져든 것인지도 모른다. 이런 예는 특히 패전 국가들의 리더에게서 분명하게 드러난다. 일본 군대를 총지휘했던 도조는 교수형을 당했고 히틀러는 자살했으며 무솔리니는 총살되었다. 그렇게 해서 제국 건설이라는 그들의 화려한 꿈은 산산조각이 나고 말았다. 장제스는 공산주의자들과 사투를 벌였으나 패배하여 작은 섬으로 도망갔는데, 그곳은 한 국가로서 존속될 수 있을지도 불투명한 곳이었다. 처칠은 제2차 세계대전이 종식된 후 즉시 총리직에서 물러나야 했고, 동시에 그의 '천년' 대영제국의 비전도 사라졌다. 드골은 자발적으로 리더 역할을 포기했다. 처칠과 마찬가지로 그는 또 다시 권력의 무대로 등장하지만, 국민의 지지를 잃었다고 느끼자 두 번째로 공직에서 물러났다.

세 명의 공산주의 리더들은 자연사할 때까지 리더의 자리를 지킬 수 있었다. 레닌의 통치 기간은 너무 짧아서 자신의 포부를 펼치지도 못했고, 살아 있었다면 반대했을 스탈린의 공포정치에 대한 방지책도 내놓지 못했다. 하지만 스탈린과 마오쩌둥은 너무 오랫동안 통치한 결과 끔찍한 대가를 치러야만 했다. 그들 주변에는 사랑하는 친구나 믿을 만한 조언자보다는 아첨꾼이 들끓었다. 그리하여 그들은 살육을 자행하고 국민에게 많은 고통을 안겨준 데 대해 지금까지도 비난을 받고 있다. 이제 소련은 해체되었고 중국 공산주의도 겨우 명맥만을 유지하고 있을 뿐이다. 루스벨트는 전쟁이 종식될 즈음 사망할 때까지 대통령직을 유지했으며, 사후에 미국의 가장 위대한 대통령들 중 한 사람으로 인정을 받게 된다. 하지만 대통령직에 3선, 4선까지 계속 도전하기로 한 그의 결정에 미국인들은 거부감을 느꼈으며, 그 결과 대통령 임기를 두 번으로 제한하는 헌법수정안이 가결된다. 그리고 대대적으로 과시되던 뉴딜정책도 1930년대에는 필요한 것이었을지 몰라도, 장기적인 문제에 효율적인 해결책을 제공하지 못하는 반사적인 정부 개입의 상징처럼 여겨지게 되었다. (미국의 로널드 레이건 대통령과 뉴트 깅리치 하원의장이 루스벨트의 리더십을 높이 평가하면서도, 그의 유산을 청산하기 위해 노력했다는 것은 주목할 만한 사실이다.)

위대한 리더의 실패를 이야기하는 것은 아마 인간의 불완전성과 유한성을 드러내는 일일 것이다. 그러므로 위대한 리더라는 개념 자체도 과장된 것이라는 반박을 불러일으킬 수도 있다. 하지만 이런 현상에 주의를 기울이다 보면 아직 충분히 실현되지 않은 인간의 약속이 있었음을 떠올리게 된다. 때로는 그 약속의 실현은 젊은 리더에게 달려 있지만, 그의 이상주의는 얼마 후 외부 압력과 권력의 유혹 앞에서 **용해되어버린다**. 또 어떤 때 그 약속의 실현은 청중에게 달려 있지만, 그들은 처음에는 희생의 요구에 응하다가 장기적으로는 이타적인 태도를 유지하지 못한다. 또 거창하게 제시된 어떤 야망이 실린 이야기에는 불가피한 반발을 불러일으킨다. 미국의 전 국무장관 헨리 키신저는 이런 말을 했다. "모든 정치적 혁명은 대중이 이런저런 새로운 시도에 휩쓸려 녹초가 되면 곧장 끝이 난다." 흥미로운 점은 이러한 반발이 정치적 리더십 영역에서뿐 아니라, 예술 및 과학의 창조성 영역에서도 발생한다는 사실이다. 따라서 스탈린, 루스벨트, 처칠로 대표되는 리더 세대의 뒤를 잇는 리더들이 출현하지 않았듯이 피카소, 스트라빈스키, 아인슈타인의 뒤를 잇는 거장들이 나타나지 않고 있는 것으로 보인다.

제 3 부
리더가 요구받는 자질

제14장

장 모네와 마하트마 간디
국가의 경계를 넘어선 리더십

Jean Monnet, 1888~1979

Mahatma Gandhi, 1869~1948

문화의 가장 낮은 단계에서 국가적인 증오는 가장 강하고 가장 격렬하다. 하지만 그런 증오가 완전히 사라지는 단계가 있는데, 그때는 국가를 초월하여 이웃 국민들의 행운과 고통이 마치 자기 일인 것처럼 느껴진다.

— 요한 울프강 폰 괴테 Johann Wolfgang von Goethe

금세기 유럽은 민주국가들의 편협함과 상상력 부족으로 두 번이나 비극적인 대가를 치렀다.

— 바츨라프 하벨

마거릿 미드에서 이오지프 스탈린에 이르는 여러 리더들의 탐색으로 우리는 리더십의 전 영역을 충분히 검토한 것 같다. 나는 직접적인 리더와 간접적인 리더, 혁신적인 리더와 비전적인 리더, 그리고 다양한 정체성 이야기와 실천 사례 등을 살펴보았다. 하지만 이 시점에서 연구를 종결짓는다면 미래에 중요한 역할을 할 수 있는 또 하나의 리더십 유형을 빠뜨리는 셈이 될지도 모른다.

이 장에서 나는 장 모네 1888~1979와 모한다스 간디 Mohandas K. Gandhi, 1869~1948*를 살펴볼 것이다. 이들은 국가의 경계를 중시하지 않는 형태의 리더십을 발휘하는 데 헌신한 사람들이다. 모네는 주로 국제적인 정부 형태에 관심을 두었고, 간디는 전 세계 사람들 사이의 관계에 관심이 있었다. 서로 성향은 매우 달랐지만 두 인물은 전통적인 정치적 실체와 방식에 도전하여 새로운 정치 풍토를 조성하는 능력이 탁월했다는 공통점을 갖고 있다. 모네와 간디의 검토는 마지막 장으로

---

* 간디는 위대한 정신적 리더라는 명성을 얻으면서 이름에 '마하트마 Mahatma', 즉 '위대한 영혼 great soul'이라는 별명이 붙게 된다.

들어가는 관문이 될 것이다. 마지막 장에서는 이 연구의 주요 결과들을 요약하고 20세기의 리더십을 특징 지웠던 제한 조건들과 기회들을 살펴보며, 미래에 효율적 리더십을 달성하기 위한 방안을 검토할 것이다.

장 모네는 1888년 프랑스의 유명한 포도주 생산지인 코냑 Cognac 에서 부유한 집안의 아들로 태어났다. 모네의 집안은 포도주 판매업에 종사했다. 평범한 학생이었던 모네는 대학에 진학할 생각이 없었다. 그 대신 그는 10대 말에 유럽, 아프리카, 미국, 캐나다 등을 많이 여행했고 20대 초에는 영국에 잠시 거주한 적도 있었다. 그는 전통을 중시하는 집안 출신이고 여유와 예절을 강조하는 선조들의 생활양식을 버린 적이 없었지만, 젊은 시절 여행하면서 접한 이국 사람들의 색다른 생활양식과 사고방식에 큰 영향을 받았다. 자신의 생애를 회고하면서 그는 이렇게 말했다. "나는 금기라는 것을 몰랐기 때문에 대범할 수 있었다. 공식적인 절차의 중요성을 알지 못했다. 나는 어떤 것을 변화시킬 필요가 있다면 누구든지 그것을 지적할 권리를 가지고 있다는 미국식 교육을 받았다."

제1차 세계대전이 발발했을 때 모네는 프랑스와 영국의 공조 활동에 참여했는데, 주로 군수물자를 공동 구매하고 배분하는 일을 했다. (그는 신체조건 때문에 전투에는 참가할 수 없었다.) 그는 자원의 공동관리를 용이하게 할 수 있는 새로운 형태의 연결 대차대조표를 개발했다. 그 경험을 통해 모네는 당사국들이 공평한 몫을 얻어낼 수 있는 구체적인 경제계획을 공동으로 추진한다면 동맹관계가 강화될 수 있다는 점을 배웠다. (모네의 대차대조표는 알프레드 슬론이 제너럴모터스를 맡았을 때 새롭게 만든 조직도와 목적은 달라도 그에 비길 만큼 혁신적인 것이었다.)

모네는 대체적으로 자신이 국제외교 분야에 소질이 있으며 다양한 사람들 간의 관계를 맺어주고 유지해 주는 능력이 있음을 깨닫게 되고, 또 그런 면을 인정받게 된다. 그는 공평한 내부통으로서 권력의 중심부에서 수월하고 능란하게 처신할 수 있었다. "나의 장점은 젊은 이의 순진함이었다. 나는 총리의 위상을 제대로 인식하지 못했다. …… 내게 그는 다른 사람과 똑같이 보일 뿐이었다. 나는 권력자들이 당황하고 있을 때나 갈팡질팡할 때 그들 앞에 나타났다." 미래의 혁신적인 리더들에게서 찾아볼 수 있는 자신감과 대범함을 보여준 젊은 모네는 리더들을 부를 때 마땅히 붙여야 할 '각하'라는 칭호를 쓰지 않았다.

모네는 거의 평생 동안 국가 간의 관계를 증진시키는 데 정열을 바쳤다. 1918년, 그는 모든 민주국가들의 단합을 촉구하는 연설을 했다. 그리고 1919년부터 1923년까지는 새롭게 창설된 국제연맹의 사무차장을 지냈다. 그 후에는 잠시 가족사업을 맡았다가 월스트리트에서 활동했으며, 나중에는 전 세계 기업들을 구제하는 데 뛰어난 수완을 발휘하기도 했다. 극악무도한 히틀러의 등장과 함께 또 다른 세계 대전의 가능성을 감지한 그는 프랑스와 영국의 군비 증강에 온힘을 기울였다. 그는 두 국가의 연합 문제를 심사숙고했으며 실제로 1940년 6월에는 이중국적, 단일통화, 모든 자원의 공동관리 등을 포함한 국가 연합을 제의하기도 했다.

그는 처음에는 영국군수물자위원회British Supply Council의 유일한 프랑스 위원으로 런던에서 활동했고, 프랑스 함락 후에는 워싱턴으로 건너가 자유프랑스군의 리더인 샤를 드골 장군과 공조하려 했다. 하지만 두 사람은 이념상 적수가 될 수밖에 없었다. 모네는 항상 국제협력, 국가의 평등 그리고 국경통제 완화 등을 위해 일했던 반면, 드골은 프랑스의 자주성과 독립성, 우월성을 내세우며 국가의 권익을 앞세웠다. 그럼에도 불구하고 모네는 드골이 1943년 알제리에서 프랑스 국민해방위원회 위원장이 될 때 그를 도왔고, 그 후 20년 동안 여러 차례 그에게 힘을 보태주었다.

제2차 세계대전의 종식으로 모네가 막강한 영향력을 발휘할 수 있는 시대가 도래했다. 모네는 제1차 세계대전 말기에 발생했던 외교적·경제적 실책을 잘 알고 있었던 만큼, 향후에는 그런 일을 미연에 방지해야 한다고 생각했다. 특히 그는 패전국들에 대해 대단히 가혹한 보복이 가해질 것이라고 예상했다. 각국의 리더들과 국민들이 전쟁으로 녹초가 되어 있던 시기에, 지난 십수 년간 유럽의 재편과 부흥을 꿈꿔온 모네에게는 유럽 재건과 항구적인 평화를 위한 아이디어가 풍부했다. 1947년 그는 프랑스 산업과 농업의 현대화 계획을 내놓았다. 이 계획은 미국의 국무장관인 조지 마셜이 제안한 유럽 재건의 청사진과 일맥상통하는 것이었다. 모네는 수십 년 동안 맺어온 나름대로의 인간관계를 적절히 활용하면서, 까다로운 프랑스와 영국과 미국 간의 관계를 공고히 다져 대서양 연대를 지속시키고자 상당한 노력을 기울였다.

1950년 모네는 유럽 리더들에게 또 다른 신선한 아이디어를 내놓았다. 슈만 플랜Schuman Plan이라고 알려지는 이 아이디어는 최초의 초국가적인 기구인 유럽석탄철강공동체European Coal and Steel Community(ECSC)를 탄생시키게 된다. 이 기구는 독일을 정치적으로나 경제적으로 유럽의 가족으로서 자연스럽게 포용하는 위험스런 과정을 평화롭게 성공시켰다. 이 새로운 경제 기구는 서유럽 국가들이 시장, 노동, 부를 건설적이고 협력적으로 공유할 수 있음을 입증해 주었다. 모네는 이 공동체가 단지 석탄과 철강 사업에만 관련된 것이 아닌 새로운 유럽의 시작을 의미한다는 것을 알았다. 이와 유사한 구상으로 모네는 유럽방위공동체European Defense Community를 창설하려고 했으나 성공하지 못했고, 핵에너지 사용 문제를 다뤘던 세 번째의 초국가적 기구 유라톰Euratom은 부분적인 성공을 거뒀을 뿐이었다.

ECSC의 이사장직은 그가 맡았던 가장 중요한 공직이었는데, 그 자리의 임기를 마친 후에는 유럽연합실행위원회Action Committee of the United States of Europe를 조직했다. 이 기구는 훗날 서유럽의 경제 판도를 변화시키게 될 유럽경제공동체European Economic Community 혹은 유럽공동시장Common Market 의 전신이 되었다.

1958년 권력의 무대로 다시 돌아온 모네는 드골과 다시 마찰을 빚는다. 드골은 계속해서 모네를 비판했고 그의 유럽 단일화 계획을 비웃었다. 드골은 특유의 격앙된 어조로 이렇게 말했다. "단테Dante, 괴테Goethe, 샤토브리앙Chateaubriand은 각자 뛰어난 이탈리아인, 독일인, 프랑스인이었기 때문에 유럽에 소속되어 있는 것이 의미가 있다. 만일 그들이 국적도 없고 에스페란토 같은 언어로 작품을 썼다면 결코 유럽에 큰 기여를 하지 못했을 것이다." 또 다른 자리에서는 이렇게 목소리를 높이기도 했다. "이제 모네 씨가 명령을 내리던 시대는 지났다." 드골은 항상 프랑스와 독일을 주축으로 하는 유럽을 생각했던 반면, 모네는 어떠한 유럽 계획에도 영국을 반드시 포함시켜야 한다고 주장했다. 드골은 모네의 많은 구상들을 철회시키거나 지연시켰다.

예를 들면, 드골은 새롭게 부상하는 유럽공동시장에서 영국이 주도적 역할을 맡는 것에 반대했고 유럽이사회에서 거부권을 고집했으며, 다국적 핵 세력의 개념을 과소평가했다. 모네가 새롭고 보다 포용적인 이야기를 제시할 때마다 드골은 항상 국가의 독자성을 강조하는 명확한 반대이야기로 대응했다.

그럼에도 불구하고 모네는 드골보다 생명력이 강했다. 드골보다 더 오래 살았다는 의미에서도 그렇지만, 유럽공동시장이 현실화되고 단일한 유럽공동체가 발전하여 1993년 마스트리히트 조약에 의한 유럽연합 European Union 으로 거듭나는 데 단초를 세운 사람이 바로 모네라는 점에서도 그렇다. 케네디 대통령은 모네에게 자유상 Freedom Prize 을 수여하면서 이렇게 치하했다.

> 수세기 동안 황제나 왕이나 독재자들은 힘으로 유럽을 통합하려고 했습니다. 다행인지 불행인지 몰라도 그들은 모두 실패했습니다. 하지만 귀하의 영감 덕분에 유럽은 20년도 채 안 되는 기간에 과거 1,000년 동안 이루어낸 것보다 훨씬 더 가까이 통합의 목표에 다가설 수 있게 되었습니다. 귀하와 귀하의 동료들은 이성이라는 모르타르와 경제적·정치적 관심이라는 벽돌로 그것을 구축해낸 것입니다. 귀하는 건설적인 아이디어의 힘으로 유럽을 변모시켰습니다.

케네디의 찬사는 정확하고 타당한 것이었다. (아마 이 문구는 모네의 절친한 친구이자 당시 미 국무차관이었던 조지 볼 George Ball 이 작성했을 것이다.) 젊은 시절부터 모네는 유럽의 미래가 국가들 간의 긴밀한 유대에 달려 있다고 생각했다. 20세기 전반에 비극적인 사건들이 발생하면서 이런 직관은 확신으로 굳어졌다. 모네 자신은 이 구상을 자조 섞인 어조로 '하나의 좋은 아이디어'라고 했는데, 그르지 않은 말이었다. 모네가 '하나의 유럽', '하나의 세계'라는 추상적 개념을 주장했던 다른 사람들과 구별되는 점은 그가 자기과시 없이 수십 년 동안 그 개념을 현실화시키기 위해 끈질기고 쉴 새 없이 일했고, 어떤 낙관주의자가 예측한 것보다 훨씬 큰 성과를 거두었다는 사실이다. 그는 한때 이렇게 말했다. "모든 계획에는 항상 꿈이 있다. 그 꿈이 지속될 수 있다면 언젠가는 현실이 된다."

이제 모네가 활동했던 곳에서 지구를 반 바퀴 돌아 모한다스 간디를 조명해 보자. 간디는 1869년 아라비아 해를 끼고 형성된 인도의 포르반다Porbandar에서 태어났다. 모네의 조상에 비해 부유하지도 않았고 세계에 대한 인식도 뒤떨어졌던 간디의 남성 조상들은 대대로 지방정부에서 일을 해 왔다. 프랑스 코냑 지방의 분위기가 상업적인 것들에 치중되어 있었다면, 간디의 집안에서 중요시했던 사안들은 윤리적이고 종교적인 것이었다. 모네와 마찬가지로 어린 시절의 간디도 학업에 열의를 보이지는 않았지만 도덕적인 문제를 생각하는 데 남다른 조숙함을 보였으며, 특히 자신의 도덕적 실수를 용납하지 않았다. 독실한 힌두교 신자가 되기 위해 노력했던 그는 젊은 시절에 저질렀던 몇 가지 과오에 대해 심하게 자책했다. 그는 임종 직전이었던 아버지의 침대 곁을 떠나 자신의 젊은 아내와 성관계를 가졌던 자신을 결코 용서할 수 없었다.

간디는 머나먼 여행길에 올랐던 모네의 경우보다 더욱 주변의 인정을 받지 못했던 유학길에 올랐다. 그는 지역 지도자의 충고조차 무시하고 법학 공부를 위해 영국으로 떠났다. 완전히 이질적인 문화적 체험과 그곳에서 행해지는 다양한 정치적, 사회적, 정신적 실험은 간디에게는 엄청난 충격이었고 그의 발전에도 깊은 영향을 미치게 된다. 영국에서 조용한 관찰자로 머물러 있던 간디는 한때 어떤 사람이 독특한 사회적 이념을 신봉한다는 이유로 처벌을 받게 되자 앞에 나서서 강력하게 항의하기도 했다. (간디는 인습타파주의적 관점에는 전혀 공감하지 않았음에도 그런 행동을 취했다.) 이국땅에서 어떤 도덕적 입장을 내세운 사건은 젊은 법학도에게는 하나의 분기점이 되는 경험이었다. 그는 인도로 돌아와서 지방 변호사나 관리가 될 생각이었지만, 그 계획은 남아프리카공화국에서 발생한 한 소송 사건을 도와달라는 요청을 받아들이면서 실행되지 못한다. 1893년 그는 또 다시 가족을 뒤로 하고 남아프리카공화국으로 여행했고, 그곳에서 20년을 머물게 된다.

남아프리카공화국 시절에 간디는 훗날 세계적인 인물로 부상하는 데 발판이 된 기초 이론과 실천사상을 개발했다. 네덜란드와 영국의 식민기지였던 그곳에서 간디는 인도인들과 흑인들에 대한 부당한 대우에 항의하면서 주목받는 인물로 부상했다. 간디는 자신과 다른 인도인들이 원하는 자리에 앉을 수 없고 가고 싶은 곳에 갈 수 없으며, 정치 및 경제 활동을 자유롭게 할 수 없다는 사실에 모욕감을 느꼈다. 그래서 그는 본격적인 항의운동에 착수했다. 회의를 개최하고 조직을 만들었으며 출판물을 간행하고 각종 사례를 문제 삼으면서 청원서를 제출하고 합법적인 해결책이나 방안을 찾았다. 이런 활동 과정에서 간디는 일반인들뿐 아니라 백인 권력자들에 의해 구타를 당하거나 끊임없이 공격을 받았으며 투옥되기도 했다.

간디가 전 세계 곳곳에서 활동한 다른 사회운동가들과 다른 점은 자신의 혁신적인 철학과 독창적인 실천방안들을 점진적으로 발전시켰다는 사실이다. 헨리 데이비드 소로Henry David Thoreau나 존 러스킨John Ruskin 같은 서양 작가들의 작품들, 러시아 소설가인 레오 톨스토이Leo Tolstoy의 삶과 작품들로부터 큰 영향을 받고 동서양의 다양한 종교 저작물을 두루 섭렵했던 간디는 산업문명의 혜택과 세속적 쾌락을 모두 포기하고 금욕적인 생활을 했다. 마침내 남아프리카공화국으로 가족을 불러들인 그는 식사, 계획, 일 등의 일상생활을 금욕주의적 원칙에 맞추었고, 1910년 요하네스버그 인근에 설립한 실험공동체인 톨스토이 농장에서 지지자들과 함께 실천적인 삶을 살기 시작했다. 간디에게는 '이야기' 자체만으로는 충분하지 않았다. 생활 속에서 온몸으로 실천하는 것이 그의 메시지의 핵심이었다.

가장 중요한 사실은 간디가 폭력적 대결을 피하고 새로운 형태의 항의운동을 전개하기 시작했다는 점이다. '사티아그라하satyagraha'라고 알려지는 이 운동 방식은 차별당하는 사람들이 부당한 법률을 따르지 않고 비폭력적으로 저항하면서 체포에서 죽음에 이르는 어떤 결과도 감수하는 것이다.

1914년 말, 간디는 남아프리카공화국에서 자신이 할 일을 다 했다고 느꼈고 고국에서 오랜 세월 고통받아온 동포들의 호소가 절실해지자 제1차 세계대전 발발 직후 인도로 돌아왔다. 프랭클린 루스벨트와 마거릿 대처, 그리고 여타의 리더들과 마찬가지로 간디 역시 동포를 도울 수 있는 사람은 자신뿐이라고 느꼈다. 간디의 경우는 그것이 곧 조국의 독립을 돕는 일이었다. 당시 인도 사람들은 점차 독립을 준비해야 한다고 느꼈지만, 강력하고 끈질긴 영국과의 관계를 단절할 수 없는 현실에 처해 있었다. 절친한 정치적 동지와의 약속에 따라 간디는 그 다음 해에는 대중 앞에 전혀 나서지 않고 인도 전역을 돌아다니며 오랫동안 접하지 못했던 조국의 현실을 직접 느끼게 된다. 간디는 제2차 세계대전 때는 영국의 전쟁 수행을 도왔다. 하지만 전쟁 말기에는 인도가 영국의 식민지가 되어서도 안 되고 그렇게 남아서도 안 된다는 결론에 도달했다.

모네의 기본 지침은 유럽 국가들이 단합을 추구해야 한다는 것이었고, 간디의 기본 지침은 인도가 영국과 대등한 국가가 되어야 하며 식민지가 되어서는 안 된다는 것이었다. 모네가 국제주의적 이상을 꿈꾸었다면, 어떤 점에서 간디는 민족주의적 사상을 추구했다고 볼 수 있다. 하지만 영국 리더들을 제외한 다른 국가 사람들은 간디가 색다르지만 훨씬 보편적인 방식을 선보이고 있다는 사실을 알았다.

평화적 저항인 사티아그라하 방식에서도 드러나듯이, 간디는 인류가 분열보다는 통합되어 있다는 믿음에 평생을 바쳤다. 적대적인 양측이 직접 대면할 기회가 있다면 서로의 인간성을 인정하고 강화해가는 비폭력적인 방법으로 서로 간의 차이를 해결할 수 있다고 생각했다. 단지 인도의 독립만이 간디가 평생 헌신했던 목표는 아니었다. 간디와 전 세계 그의 추종자들이 사명으로 삼았던 것은 모든 인류가 보다 인간적인 관계를 맺고 살아가는 세계였다. 그는 정적이었던 로드 어윈Lord Irwin에게 이렇게 노골적으로 말한 적이 있다. "나는 인도 총독이 아닌 한 인간으로서의 당신을 만나고 싶군요."

모네는 주로 막후에서 활동했기 때문에 그의 이름이나 행적은 유럽의 엘리트 집단 밖에서는 잘 알려져 있지 않다. 모네와 대조적으로 간디는 매우 대중적이고 주목을 끄는 방식으로 활동했다. 그는 자신이 주창한 운동의 업적을 평가받는 데 관심이 없었지만, 그의 이름과 사상과 모습은 20세기 내내 널리 회자되었다. (그리고 리처드 아텐보로Richard Attenborough 감독의 1982년작 전기 영화가 예기치 않은 성공을 거둠으로써 간디의 업적은 후대에도 더욱 널리 알려질 것 같다.)

1918년 간디는 인도 중서부 도시인 아흐메다바드에서 조직적인 활동을 주도함으로써 인도 땅에서 자신과 자신의 사상을 시험해 보았다. 이 활동의 직접적인 계기가 된 사건은 공장 노동자들과 소유주들 간의 분규였는데, 간디는 양측을 개인적으로 잘 알고 있는 상황이었다. 이 분규에 참여한 간디는 노사 간의 건설적인 타협을 유도해냈는데, 그 과정에서 단식을 포함한 여러 투쟁 방법을 고안해냈다. 이런 활동을 벌일 때 간디의 목표는 구조화되고 때로는 의례화된 투쟁에 참여한 양측이 똑같이 성숙해지고 서로의 이해관계가 적절히 반영될 수 있는 타협안에 도달하는 것이었다.

여러 이유 때문에 아흐메다바드의 사태는 평화적으로 해결되었다. 하지만 간디가 그 후 30년 동안 참여한 모든 활동이 그처럼 원만한 결론에 도달하지는 않았다. 그 다음 해에는 로래트 법Rowlatt bill ■에 대한 항의가 폭력을 초래했고, 결국 1,000여 명 이상이 죽임을 당하는 암리트사르 대학살로 이어졌다. 1919년과 1920년 킬라파트 사태 때 간디는 무슬림과 힌두 세력을 규합하려 했으나 큰 성과를 거두지 못했다. 1922년에는 영국 당국에 반발하는 일련의 저항운동을 하던 중 선동죄로 재판을 받게 되었다. 그 재판이 전례 없이 중요하다는 사실을

■ 제1차 세계대전 중 고조된 인도의 민족주의 운동을 억압하기 위해 영국이 1919년 3월 시행한 법. 정식 명칭은 〈무정부 혁명 범죄 단속법Anarchical and Revolutionary Crimes Act〉인데, 로래트 법은 이 법안의 기초보고서를 작성한 위원장의 이름에서 비롯되었다. - 옮긴이

잘 알았던 담당판사 로버트 브룸필드 Robert Broomfield 와 간디는 의미 있는 대화를 주고받았다. 브룸필드는 이렇게 말했다. "당신은 내가 재판했던 사람들, 혹은 앞으로 재판할 사람들과는 전혀 다른 부류에 속한 사람이라는 걸 무시할 수는 없습니다. 또 당신의 수백만 동포들은 당신을 위대한 애국자이자 위대한 리더라고 생각한다는 사실도 간과할 수 없습니다." 그럼에도 불구하고 간디는 6년의 징역형에 처해졌다. 그는 브룸필드의 말에 이렇게 대답했다. "저에 대한 판결에 관해서 말씀드리면 다른 어떤 판사도 이 정도로 가벼운 판결을 내릴 수는 없었을 것입니다. 재판의 모든 절차에 관해 말씀드리면 저는 최고의 예우를 받았다고 생각합니다."

감옥으로부터 석방된 후 간디는 다시 정치에 뛰어들었다. 1930년에 간디는 그의 가장 유명한 시위인 '소금 행진 Salt March'을 주도하는데, 추종자들과 함께 바닷가로 행진하여 대단히 상징적인 행동을 보여주었다. 그들은 최근 소금에 부과된 세금에 항의하기 위해 바닷가에 서서 모래를 한 움큼씩 움켜쥐었다. 간디는 자신은 물론이고 수천 명의 그의 추종자들도 체포될 것이라고 예상했다. 하지만 당국이 시위대를 그렇게 무자비하게 진압하리라고는 생각하지 못했다. 무장경찰은 전진하는 수백 명의 시위 행렬을 무자비하게 구타했고, 시위자들은 손 하나 까딱하지 못하고 힘없이 바닥에 쓰러졌다. 유나이티드 프레스 기자인 웹 밀러 Webb Miller 는 다음과 같은 유명한 특보를 전했다.

싸움도 없었고 투쟁도 없었다. 시위대는 단지 앞으로 걷다가 맞아서 쓰러질 뿐이었다. 경찰은 주저앉은 사람들의 배와 고환을 마구 걷어차기 시작했고, 다음에는 그들의 팔과 다리를 잡고 질질 끌어서

도랑에 내동댕이쳤다. …… 들것 운반자들은 무기력하게 피를 흘리며 누워 있는 이들을 몇 시간이고 계속 실어 날랐다.

현대 언론의 빠른 속도 덕분에 이러한 평화 시위대의 유혈 진압은 곧 전 세계에 알려졌다. 영국은 저항 세력을 억누를 수는 있었지만, 인도에 대한 도덕적 지배권을 영원히 상실하게 되었다.

마침내 간디는 영국뿐 아니라 문명권의 다른 국가들에게도 자신의 의사를 분명히 전달한 셈이었다. 그 후 인도의 독립 문제는 일련의 잠정적이고 지리한 단계를 거치다가 제2차 세계대전이 발발하면서 급물살을 타게 되었다. 세계적인 명성과 도덕성 때문에 간디는 인도가 식민지에서 벗어나는 과정에 깊숙이 참여해야 했다. 하지만 실질적인 정치적 리더십은 간디가 후원했던 자와할랄 네루에게 주어졌다. 1930년대 중반 간디는 공적인 생활에서 물러나 젊은 시절 남아프리카 공화국에서 그랬듯이 인도의 한 마을에서 지극히 소박하고 귀감이 되는 생활로 돌아갔다.

1947년 말, 인도가 공식적으로 독립하자 간디는 다시 공적인 생활로 복귀하여 무슬림-힌두 세력 간의 긴장을 완화하는 데 총력을 기울인다. 그는 마치 수십 년 더 젊어진 것처럼 열정적으로 연설하고 글을 쓰고 으름장을 놓고 협상과 단식을 벌였다. 하지만 두 세력 간의 분쟁은 너무도 뿌리 깊고 살벌한 것이어서 누군가가 독립을 축하한다고 하자, 그는 이렇게 씁쓸한 말을 던졌다. "오히려 조의를 표해야 하는 것 아니오?" 결국 간디는 이런 살육전에 희생되고 말았다. 1948년 1월, 간디와 함께 신앙생활을 하던 광신적 힌두교도인 나투람 비나야크 고드세 Nathuram Vinayak Godse 가 기도원으로 향하는 그를 총으로 살해했던 것이다.

간디의 업적은 인도에서 줄곧 존경을 받아왔으며, 유혈 분쟁이 계속되는 가운데서도 20세기 인도의 걸출한 리더로 인정받았다. 하지만 간디의 가장 큰 공헌은 인도를 넘어서는 것이었다. 감동적인 저작물과 개인적 용기의 실천을 통해 간디는 부당함에 저항할 때 폭력적이지 않으면서 명예를 지키고, 심지어 당사자들 모두에게 힘이 되는 결정을 도출할 수 있는 방안을 전 세계인들에게 제시했다.

간디에게 찬사를 보냈던 수많은 인물들 중에 두 명의 리더들(한 사람은 직접적인 리더, 다른 한 사람은 간접적인 리더)은 수백 만 사람들이 느낀 바를 가장 잘 표현했다. 마틴 루터 킹 2세는 간디가 "자유를 위해 투쟁하는 억압받는 사람들에게 도덕적으로나 실천적으로 바람직한 방법"을 제공해 주었다고 밝혔다. 알베르트 아인슈타인은 핵무기의 개발과 사티아그라하의 개발이 묘하게도 동시에 나왔다는 사실을 주목하며 이렇게 지적했다.

> 간디는 통상적인 정치적 술수와 책략의 교활한 게임이 아니라 도덕적으로 뛰어난 실천으로도 엄청난 군중을 모을 수 있다는 사실을 보여주었다. 극심한 도덕적 부패가 만연한 이 시대에 그는 정계에서 차원 높은 인간관계를 위해 앞장섰던 진실한 정치가였다. …… 후세대는 그런 인간이 실제로 땅 위를 활보한 적이 있었다는 사실을 믿지 못할 것이다.

그리고 킹은 이 두 거인들을 결합시켜 예리한 관점을 피력했다. "20세기에 인간은 두 번 생각했다. 한 번은 아인슈타인과 함께, 다른 한 번은 간디와 함께. 아인슈타인의 생각은 물리 세계에 대한 인식을 바꿔놓았고, 간디의 생각은 정치에 대한 인식을 바꿔놓았다."

모네와 간디의 차이점은 뚜렷하다. 모네는 부유하고 세속적인 유럽인으로서 경력상 많은 선택의 기회를 가졌다. 그는 일찍부터 유럽 국가들 간의 유대를 공고히 다지는 데 헌신하기로 결심했고, 가능하다면 그 관계를 북미까지 확대시키고자 했다. 그는 거의 막후에서 활동했다. 모네가 내부활동가였다면 간디는 항상 외부활동가였다. 남아프리카공화국에서 간디는 막강한 영국의 골칫거리였던 속국의 국민이자 억압받는 비주류 집단의 구성원으로서 부당한 대접을 체험했다. 그는 미래가 불투명한 인도의 공무원직을 포기하고, 나중에는 남아프리카공화국에서의 성공적인 변호사직도 버리고는 공개적으로 소박하고 금욕적인 삶을 선택했다. 막후에서 활동하기보다는 비폭력 저항이라는 공개적이고 공격에 취약한 방식을 고안했다. 그리고 용기의 표상이었던 그는 단식 투쟁과 무장 세력의 공격으로 여러 차례 죽을 고비를 넘겼다.

20세기의 이 두 리더를 한 데 묶으면서 나는 그들의 이런 차이점들을 과소평가할 생각은 없다. 하지만 이 책의 주제들을 감안해 볼 때, 간디와 모네가 서로 닮아 있고 상호보완적인 측면이 있다는 사실에 더 주목할 필요가 있다. 우선 이들 각자가 창조해낸 기초적이고 명확한 목표가 실린 이야기를 살펴보아야 한다. 모네는 한때 이렇게 주장했다. "나는 단 하나의 좋은 아이디어를 갖고 있는데 그것만으로 충분하다." 앞서 언급한 대로 모네는 유럽 국가들 간의 유대를 평화적으로 강화시킬 수 있고 또 그래야만 한다는 사명에 평생을 바쳤다. 그는 이렇게 설명했다.

회고해 보건대, 환경이 어떻게 변하든 내가 어디에 있었든 내 생각의 방향은 항상 동일했던 것 같다. 내가 관심을 쏟았던 일은 오로지 사람들을 단합시키고, 그들을 갈라놓은 문제를 해결하고, 그들을 설득해 공통된 관심사를 찾도록 하는 일이었다. …… 나는 항상 통합과 집단적 행동에 이끌렸다. 그 이유를 대라면, 나라는 인물이 원래부터 그렇게 만들어졌다는 것 외에는 달리 설명할 수가 없다.

모네의 아이디어는 비록 간단하긴 하지만 수백 년 동안 수백 만 사람들이 내세웠던 개념들, 즉 반대이야기들과는 상반된 것이었다. 유럽은 때로는 평화적으로 때로는 전쟁을 벌이며 서로 경쟁을 벌여온 국가들의 집합체라고 볼 수 있다. 가끔씩 유럽을 통합시키려는 시도가 있어왔지만, 그 방법은 항상 군사적 개입이 동반된 것이었다. 예를 들면, 샤를마뉴, 나폴레옹, 히틀러 등은 승리라는 비전을 통해 이런 목적을 달성하고자 했다. 모네는 평화와 통합이라는 두 아이디어를 서로 결합시킴으로써 그런 교육받지 않은 유럽 통합의 비전에 반기를 들었다. 마거릿 대처나 찰스 드골 같은 리더들이 강력하게 반대한 경우만 보아도, 이 아이디어가 얼마나 받아들이기 어려웠던 것인지 쉽게 짐작할 수 있다. 하지만 모네의 업적 덕분에 사람들이 그런 아이디어에 익숙해지고 위험을 느끼지 않게 되면서 요즘에는 모두가 자유무역 경제공동체나 국경통제 완화 등을 당연한 것으로 여기게 되었다. 전기 작가인 프랑수와 뒤셴François Duchêne은 이 책과 동일한 관점에서 모네의 획기적인 업적을 요약했다. "모네는 역사에 뚜렷한 족적을 남긴 철저한 국제주의자였다. …… 그는 잠깐의 기회를 이용하여 역사상 가장 드문 업적을 달성했다. 그는 새로운 주제를 도입하는 데 성공을 거두었던 것이다."

간디의 핵심 아이디어 혹은 그의 체계화된 이야기 역시 간단하면서 매우 오래된 것이었다. 그는 인간은 같은 종種에 속해 있고, 종종 서로 격렬한 투쟁을 벌이는 것은 근본적으로 부당한 일이며, 갈등이 발생하면 평화적으로 해결해야 한다고 역설했다. 어떤 인간 집단이 다른 집단을 정복하는 것도 옳지 않으며, 인간들은 두려움 없이 서로를 평등한 존재로 대우하는 법을 배워야 한다고 했다. 이런 사상은 그리스도를 비롯한 위대한 종교 지도자들이 수없이 되풀이 얘기했던 내용이다.

간디가 현대 산업국가의 다른 인물들과 구별되는 점은 이 사상을 진지하게 추구했다는 사실이다. 노예제나 식민주의는 원칙적으로 잘못된 것일 뿐 아니라, 관행상으로도 대단히 잘못된 것이므로 반드시 철폐되어야 한다고 생각했다. 간디는 장기적인 적대관계를 평화적인 방법으로 해결할 것을 촉구하고, 여러 가지 문제들을 원만하고 건설적으로 처리할 수 있는 상세한 방안을 마련했다. 실제로 그의 이야기에서 비전적인 측면은 사티아그라하를 효율적으로 만들었던 그 상세한 절차에 있었다.

간디의 사상은 식민주의자들뿐 아니라 식민지 국민 사이에서도 상당한 저항에 부딪혔다. 처칠은 인도의 독립에 대한 생각을 비웃었고, 인도 국민이 비폭력적으로 독립을 이룰 수 있다는 개념에 코웃음을 쳤다. 그러나 간디의 메시지는 영국에도 알려졌고 인권 침해가 심한 다른 국가들에게는 더욱 강한 자극을 주었다. 간디의 평화적 저항운동은 미국 남부지역의 민권운동부터 중국의 천안문 대학살에 이르기까지 대단한 영향력과 저력을 발휘했다. 하지만 간디의 비전은 적대관계에 있는 당사자들 사이에 기본적으로 인간의 존엄성이 존재한다는 사실을 전제로 한 것이었다. 간디는 박해받는 유대인들이 당당하고 평화롭게 죽음을 맞는다면 히틀러의 증오심이 사라질 수 있다는 왜곡된 믿음을 갖기도 했다.

간디와 모네는 자신들의 핵심 아이디어에 대해 굳건한 믿음을 가졌다. 동시에 아이디어를 추구하고 실현시키는 방안에 대해서는 유연한 태도를 지녔다. 두 사람 모두 혁신을 가져올 수 있는 불안정한 시기를 환영했다. 자신의 생각을 실험해 보는 걸 좋아했으며, 공개적으로 시행착오를 겪는 것도 두려워하지 않았다. 목표를 추구하는 데 흔들림이 없으면서도 필요할 때는 진로를 수정함으로써 다른 사람들에게도 유연한 자세를 갖도록 자극했다.

지금까지 나는 메시지나 이야기의 중요성을 많이 강조했고, 그것을 성취하기 위한 수단이나 방법에 대해서는 그만큼 큰 비중을 두지 않았다. 하지만 모네와 간디의 경우에 그 방법을 경시하는 것은 큰 실수가 될 것이다. 실제로 우리는 리더들이 제시한 메시지의 내용뿐 아니라 그것을 달성하기 위해 시도했고 갈고 닦았던 방법에서도 배울 점이 적지 않다. 사실 모네와 간디의 사상을 깊이 들여다보면 그들의 방법이 곧 메시지였음을 알 수 있다.

모네가 거의 반세기에 걸쳐 개발한 접근법은 전적으로 간접적인 것이었다. 그는 주목받는 것을 싫어했다. 그는 뛰어난 웅변가가 아니었고 정치적 접전을 혐오했다. 그는 항상 자신의 목적을 달성하는 데 골몰했던 무형의 존재이자 투명인간이었다. 그는 신임하는 동료들로 소규모 그룹을 조직해 그들과 함께 막중한 책무를 수행했다. 모네와 그의 팀은 은밀하게 활동했다. 모네는 전문적인 분석력이 뛰어났고 여러 면에서 완벽주의자였지만, 분석이나 문서작성 등의 일은 다른 사람들에게 맡기고 자신은 사건들의 전반적인 양상, 즉 큰 그림에 집중했다.

모네는 그와 그의 팀이 창안해낸 아이디어들을 권력자들에게 납득시키는 데 많은 시간을 할애했다. 그리고 그는 이런 아이디어들이 실행된다면 그 공은 결국 권력자들에게 돌아가게 될 것임을 분명히 했다. 그는 이렇게 주장했다. "정치가들이 나의 말에 귀를 기울이게 하려면 적절한 때에, 예를 들면 그들이 갈팡질팡하고 있을 때 아이디어를 제시하고 아무런 대가도 요구하지 않는 것이다." 실제로 모네는 자신의 공로를 인정받으려는 시도를 하지 않았다. 왜냐하면 그런 명성 자체가 궁극적으로 목표 달성에 필요한 자신의 능력을 약화시킬 것이라고 생각했기 때문이었다. "이 사람들은 결국 모험을 걸기 마련이다. 그래서 그들에게는 찬사가 필요한 것이다. 내 평생의 과업에서는 찬사가 필요하지 않다." 그 대신 그는 자신이 제시한 아이디어를 과감히 추진했던 정치가들이 그 공로를 인정받을 수 있도록 애썼다.

모네의 리더십은 간접적인 것이지만, 이 책에서 살펴본 다른 간접적인 리더들의 경우와는 좀 다르다. 스트라빈스키, 아이슈타인, 초창기의 미드와 같은 창조자들의 영향력을 언급하면서 나는 이들이 주로 상징적인 작품들, 예를 들면 작곡, 과학 논문, 인류학 저작물 등을 통해 활약했다는 사실을 지적했다. 모네는 인물이라는 매개체, 즉 직접적인 리더들을 이용해 활동했다고 볼 수 있다. 이론적으로 볼 때, 모네가 자신의 사상을 글로 표현하는 방식을 택했다면 여타의 리더들이 그것을 이용하게 함으로써 영향력을 발휘할 수도 있었을 것이다. 하지만 모네는 그런 방식보다는 정치가들과 협력관계를 유지하면서 대화를 통해 자신의 아이디어를 전달하는 방식을 택했다. 대화로 전달하는 방식은 누구에게나 편안했고 아이디어를 보완할 수 있었으며 무엇보다도 리더에게 공을 돌리는 데도 자연스러웠다.

전문가로서 모네의 정체성은 딱히 뭐라고 규정하기가 어렵다. 그 자신도 한때 이렇게 밝혔다. "나는 스스로 만들어내지 않은 직업을 가져본 적이 없다." 그는 앞으로 발생할 정치 및 경제 상황과 그 문제들을 다룰 방안에 대해 궁리했고, 그런 상황에 대처하기 위해 새로운 정책을 세우는 데 어떻게 리더들을 효율적으로 이용할 것인가를 놓고 생각을 가다듬었다. 자신의 독특한 역할에 대해 모네는 농담조로 이렇게 말했다. "권력의 중심부에서는 치열한 경쟁이 벌어지기도 하겠지만, 내가 일하고 싶은 미래를 준비하는 분야에서는 그런 소모적인 경쟁이 없다."

모네 자신의 증언을 보면 그가 어떤 방식으로 활동했는가를 충분히 짐작할 수 있다. 자서전에서 그는 57살이던 1945년 전쟁이 종식될 당시의 심경을 이렇게 토로했다.

> 지금까지 나의 인생은 현대의 제반 문제들의 결정 과정에 참여한 활동으로 점철되어 있다. …… 나는 계속해서 공적인 일에 관여해 왔다. 하지만 나의 일은 전형적인 정치가들의 일과는 달랐다. 정치가들은 끊임없이 복잡한 상황에 직면하는 정부 내에서 계속 새로운 선택을 해야 하지만 난 그럴 필요가 없었다. 내 인생에서 중요했던 모든 분기점에서 내가 이루어낸 일은 오직 하나의 선택, 단 하나의 선택에서 나온 결과였다. 그리고 이렇듯 단 하나의 목표에 집중한 덕분에 나는 집중력을 흐트러뜨리는 위험과 여러 유형의 권력 유혹

에 빠지지 않을 수 있었다. …… 모든 국정을 책임진 사람들은 광범위한 문제를 살필 수 있어야 한다. 정치가라면 그런 능력을 필수적으로 갖춰야 하지만, 그 능력 자체가 여러 사건들을 통제하는 힘을 제한하게 된다. 만일 한 가지 아이디어에만 집중한다면 다른 것들에 대해서는 신경 쓸 여유가 없어진다. …… 오랜 세월 동안 나의 역할은 권력을 가진 사람들에게 영향을 미쳐서, 기회가 생기면 그들이 제대로 권력을 행사할 수 있도록 하는 것이었다. …… 내가 만난 모든 위대한 정치가들은 모두 자기중심적이었는데, 그럴 만한 충분한 이유가 있는 것 같다. 정치가가 그런 경향을 갖고 있지 않으면 정치적으로 큰 업적을 달성해내지 못할 것이다. 나는 그런 일을 해낼 수 없을 것이다. 겸손해서가 아니라 나는 한 가지 목표에 집중하면서 동시에 내 자신의 이익을 추구할 수 없기 때문이다. 내게 목표는 항상 같았다. 즉 사람들을 설득하여 서로 협력하도록 유도하는 일이었다. 서로의 의견 차이를 극복하고 그들을 갈라놓은 어떤 경계든 넘어서서 모두가 공동의 이익을 추구할 수 있다는 사실을 그들에게 깨닫게 해 주는 일이었다.

프랑스인다운 기질 때문인지 모네는 합리성을 대단히 중시했다. 사람들이 이성적으로 이해관계를 인식할 수 있다면 합의에 도달할 수 있고 공동의 선善을 추구할 수 있다는 것이 모네의 관점이었다. 그는 정확한 언어 표현을 대단히 중요하게 여겼는데, 이는 정책을 정확한 문구로 설명하는 것이 성공과 실패의 요인이 된다고 믿었기 때문이었다. 그는 사람들의 본성을 바꿀 수는 없어도, 당면한 문제와 문제 해결에 방해가 되는 구조를 이해시키고 문제를 해결할 수 있는 새로운 대안이나 구조를 그들에게 납득시키는 것은 가능하다고 보았다. 그는 항상 타협보다는 해결책을 찾았으며, 모든 실패를 기회로 전환시키려고 애썼다.

모네는 인간과 제도가 만나는 영역에서 활약했다. 우정을 소중히 여기고 수십 년 이상 그것을 지켜온 그는 우정은 협력에서 나온다고 말했다. 그는 협상에 참여한 인물들을 자세히 관찰하면서 그들을 설득하는 법을 터득했다. 그리고 그들 사이에 유대감을 구축하기 위해 쉴 새 없이 성심성의껏 일했다. 그는 자신의 아이디어를 되풀이하여 설명하는 데 전혀 싫증을 내지 않았으며, 협정 문서를 작성할 때는 수도 없이 재검토를 거쳤다. 하지만 그는 어떤 합의가 실행되려면 사람들 간의 신뢰가 필수적이라는 사실을 알고 있었다. 동시에 어떤 합의든 개인을 뛰어넘어야 한다는 사실도 알았다. 그는 이 부분에 대해서는 예리한 견해를 피력했다. "인간이 없다면 아무것도 이루어지지 않는다. 하지만 제도가 없으면 아무것도 존속하지 못한다." 그는 새로운 제도가 도입되는 순간에 뿌리 깊은 관습은 대체로 수정된다는 사실을 알았다. 항상 질서를 열망했으며 자신의 삶이나 활동에서도 질서를 세우려고 했다. 하지만 국제적인 문제의 경우는 "어느 정도 혼란 없이는 진보가 불가능하다"는 사실도 깨달았다. 그리고 자신의 배경과 시대를 돌이켜보면서 주요 국가들의 위대한 리더들이 수행했던 독보적인 역할을 높이 평가했다.

간디 또한 실천 방법에 대해 많은 궁리를 했는데, 특히 감옥에서 외부 세계와 단절되었을 때 생각할 시간이 많았다. 그 역시 친밀한 동료들로 이루어진 소규모 그룹의 협력에 의존했다. 이들은 간디를 지지하는 대규모 추종자 집단을 지휘하는 역할을 했다. 간디 본인 역시 조직화된 항의운동 세력인 비폭력 저항운동가들을 강화시키고 유지하는 데 상당한 노력을 기울였다.

앞서 지적했듯이 모네가 신중하게 선택한 몇몇 리더들과 막후에서 활동했던 반면, 간디는 완전히 공개된 무대에서 활동했다. 간디는 조국의 동포들을 평범한 인간들로 구성된 집단이라고 보았는데, 그들을 가리켜 "내가 대표하는, 말 없고 반쯤 굶어 죽어가는 수백만 인간들"이라고 표현하기도 했다. 간디 철학에서 목표는 분명하게 표현되고 수호되어야 하며 실천되어야만 했다. 그래서 간디는 자신과 자신의 추종자들이 달성하고자 하는 목적과 비폭력 저항운동의 방향에 대해 공개적으로 분명하게 천명했다.

비폭력 저항운동의 실천 과정은 매우 정교했다. 저항운동가들은 다른 사람들의 상반된 관점을 인식하면서도 그들을 인격체로 존경해야 한다. 그리고 일단 서로 대립하지 않고 합의에 도달하려는 노력을 시도해야 한다. 이 과정이 실패로 돌아간다면 저항운동가들은 법 준수 거부, 파업, 단식, 기타 공개적인 시위를 단행하여 항의의 의미와 목적을 대외적으로 알릴 수 있다. 일단 시위가 시작되면 운동가들은 엄격한 규율을 따라야 한다. 비폭력 저항운동은 모든 상황에 적합한 방식은 아니었으며 항상 성공하지도 않았다. 타협을 배제하지는 않았지만 기본 원칙은 계속 준수되어야만 했다. 일단 강력한 저항 방식이 결정되면 운동가들은 많은 것을 희생할 각오를 해야 하며, 심지어는 자신의 목숨도 바칠 수 있어야 했다.

모네와 간디가 활동한 영역은 그야말로 극과 극이었다. 모네는 일반인들에게 다가가지 않았으며, 자신의 이상을 추구하는 데 막강한 정치가들과의 막후 교류에 전적으로 의존했다. 더욱이 그는 정치가들 중 많은 이들과 개인적인 친분을 맺고 있었다. 그는 자신의 구상을 설명하기 위해 공개석상에 나선 적이 거의 없었다. 인간사에서 비합리성과 감정이 상당한 작용을 한다는 사실을 알고 있었음에도 그는 이성을 신봉했다.

간디는 모네와는 극명한 대조를 이룬다. 그는 오로지 보통 사람들에게서 일체감을 느꼈지만, 고위직 인사나 권력자에게는 본능적으로 불편함이나 적대감을 느꼈다. 그의 무대는 항상 공개된 장소였으며, 이따금씩 후퇴해 있는 경우는 주로 강제로 투옥되었을 때뿐이었다. 간디의 접근법에도 나름대로 이성적인 면이 있었지만, 근본적으로 신앙과 인간관계의 영적인 차원에 근거를 둔 것이었다. 간디에게 진정한 힘은 영적인 것이지 군사적인 것이 아니었다. 간디와 모네는 결국 인간의 영적인 한계와 이성의 한계에 직면해야만 했다.

당대에 두 사람만큼 자신이 공표한 메시지와 방법을 철저히 실천한 사람은 없었다. 모네의 독자적 역할과 신뢰성은 정재계 인물들 사이에서 널리 인정을 받았다. "그는 인상적인 태도나 화려한 언사보다는 조심스런 처신으로 사람들에게 신뢰를 주었다." 그를 지켜본 어떤 이는 이렇게 말했다. 그는 미래에 자원, 통화, 사람이 자유롭게 교류되는 날이 오기를 희망하면서 많은 국가와 지역을 종횡무진 누비고 다녔다. 그는 무한한 인내심을 갖고 협상을 벌였고 한 번의 패배가 끝이라고 생각하지 않았으며, 그의 삶의 원동력이었던 진보적이고 포용적인 아이디어를 계속 고수했다.

모네 못지않게 간디는 비주류 집단의 리더로서 자신의 삶에서 배태된 메시지와 방법에 집중했다. 진리를 구하려는 수십 차례의 실험 과정을 포함한 기나긴 자기성찰의 결과, 그는 자신의 삶과 20세기 초 인도인들의 삶, 그리고 점차 신념이 굳건해지면서 전 세계 소외계층의 삶에 의미 있는 목표를 세우게 되었다. 간디는 거의 반세기 동안 자신의 꿈과 신념을 위해 밤낮으로 실천하는 삶을 살았다. 그는 이런 엄격한 실천 방법을 동료들에게 전수했고, 스스로 모범을 보임으로써 수백만의 헌신적인 추종자들에게도 그것을 알려주었다. 그는 실수를 범하면 즉시 그것을 시인했다. 그중 한 사례가 그 유명한 '히말라야 실수'였는데, 당시 그는 추종자들이 아직 적절한 준비가 갖춰지지 않았는데도 비폭력 저항운동을 전개하라고 요구했던 것이다. 실제로 그는 용기 있는 행동에서뿐 아니라 유머와 친절한 마음씨에서, 그리고 실수를 기꺼이 시인하고 다른 사람의 실수를 용인하는 태도에서도 자신이 헌신하는 주요 사상을 실천하는 모습을 보여주었다.

이 책에 기술한 다른 위대한 리더들과 마찬가지로 모네와 간디도 자신의 꿈을 완전히 성취하지는 못했다. 모네의 만년에는 유럽경제공동체가 성공적으로 발족하지만 그 후로 많은 우여곡절이 있었다. 유럽 각국의 인구와 제도를 하나로 통합하기 위해 합의된 마스트리히트 조약은 여러 국가에서 비준되기가 수월하지 않았다. 역설적으로 소련의 붕괴로 남유럽과 동유럽, 그리고 일부 서유럽 국가들에서는 해묵은 민족주의 감정에 불이 붙기 시작했다.

인도 땅에 국한시켜 보자면 간디의 유산은 뚜렷한 성과를 올리지는 못했다. 인도에서 간디의 말과 교훈은 준수되기는커녕 위반되는 일이 훨씬 많았다. 힌두 집단과 무슬림 집단 간의 긴장은 계속 고조되었고 국내에서 싸움이 빈번하게 일어났을 뿐 아니라, 이웃한 파키스탄이나 중국과는 간혹 국경 분쟁이 발생했다. 앞서 지적한 대로 간디 개인의 모범적인 실천은 전 세계 각지에서 자국민과 자신의 인권을 위해 활동하는 이들에게 계속해서 힘의 원천이 되었다. 간디의 사상은 미국의 민권운동이나 남아프리카공화국에서 평화롭게 진행된 인종차별 정책의 변화(간디가 그곳에 처음 도착한 지 100년이 지난 시점이다)에 기여하기도 했다. 하지만 비폭력 저항운동이 전혀 시도되지 않았거나, 설사 시도되었다 하더라도 효과를 거두지 못했던 사례는 성공 사례에 비해 너무도 많다.

국가 간의 경계를 초월하거나 다른 민족에 대한 고정관념을 타파하기 위해서는 청중이 그런 새로운 메시지를 귀담아 듣고 실천할 마음가짐이 있어야 한다. 간디와 모네는 수천 년은 아니더라도 수백 년 동안 지속되어온 태도를 변화시키기 위해 노력했다. 이런 이유 때문에 그들은 자신의 메시지를 가능한 한 간단한 형태로 표현했고, 위기의 시기든 평화의 시기든 수십 년 동안 흔들림 없이 그것을 고수해 왔다. 그들의 메시지가 담고 있는 복합적인 요소와 비전이 중요하긴 했지만, 먼저 청중의 관심부터 끌어야 그런 비전들도 점차 널리 이해될 수 있었을 것이다.

나의 개인적인 견해로는 모네와 간디의 통찰력과 감수성이 널리 평가된다면 이 세계는 항구적인 존속이 가능할 것이다. 어쨌든 우리는 모네의 이성에 대한 믿음과 간디의 영적인 문제에 대한 이성적인 접근법을 융화시킬 필요가 있다.

모네와 간디는 여러 세밀한 부분에서 다른 리더들과 닮았지만, 많은 측면에서 리더십의 개념을 확대시켰던 인물들이다. 첫째, 그들은 생소한 이야기를 창조하여 교육받지 않은 마음(일반 대중)에게 광범위하게 전파시키는 데 어느 정도 성공을 거둘 수 있음을 보여주었다. 자신을 서로 경쟁하는 국민국가들에 속한 시민이라고 인식하는 유럽인들에게 모네는 이렇게 말했다. "우리는 모두 유럽인입니다. 우리는 보다 커다란 선善을 위해 뭉쳐야 합니다." 간디는 식민지 지배자들과 식민지 국민에게, 그리고 권력층과 소외계층에게 이렇게 역설했다. "무엇보다 중요한 것은 우리 모두가 인간이라는 사실입니다. 그리고 우리는 그런 적나라한 의미를 기초로 관계를 형성해야 합니다." 이렇게 정체성 의식을 확대시키는 두 가지 접근법은 비전을 제시하고 창조적 변화를 가져오는 리더십의 전형적인 방식이라고 할 수 있다. 모네는 보통 사람들보다는 주로 리더들을 상대했지만, 사실 그의 계획이 광범위한 대중이 납득할 수 없는 것이었다면 결국 구체화되지는 못했을 것이다.

또한 모네의 경우는 간접적 리더십의 형태가 다양하다는 사실을 보여주었다. 대부분의 간접적인 리더들이 책이나 과학적 논문 등의 상징적인 작품을 창조함으로써 리더십을 발휘했는데, 모네는 주로 영향력 있는 정치가들과의 직접적인 대화라는 과정을 거쳐 일반 대중에게 간접적인 리더십을 발휘했다. 결과적으로 모네의 원대한 아이디어는 교육받지 않은 유럽인들의 마음에 영향을 미치기 시작했다. 하지만 그의 아이디어는 중간에 한 단계 이상의 과정을 거쳐야만 했다.

마지막으로 모네와 간디는 단 하나의 이상만을 끈질기게 고수한다면 통상적인 정부 채널을 통하지 않고서도 광범위한 차원에서 성공을 거둘 수 있음을 보여주었다. 모네나 간디는 자신의 업적에 대한 공식적인 찬사를 원하지 않았고 공직을 바라지도 않았다. 실제로 정부 체제 밖에서 활동했다는 사실은 오히려 다양한 성과를 이루는 데 도움이 되었다. 모네는 특권층 내부의 막후 활동가로서, 간디는 끝까지 외부활동가로 남아 있었다. 이 두 인물 외에도 나는 이미 정부 체제에 속하지 않은 인물들이 행사한 영향력에 대해 알아보았다. 예를 들면, 마틴 루터 킹 2세와 엘리너 루스벨트도 공식적인 직책을 기피했으며 어떤 제도적 기반 없이 자신의 이야기를 창안했다. 이 4명의 인물들은 확실히 공통점을 가지고 있다. 하지만 킹과 엘리너가 특정한 비주류 집단에게 아주 뚜렷한 영향을 미쳤던 반면, 간디와 모네는 광범위한 인류를 상대함으로써 역사의 보편적인 진로를 변화시키고자 했다. (킹과 엘리너 루스벨트는 생애 후반부에 이 방향을 택했다.) 간디와 모네는 단 하나의 아이디어를 제시한 후, 변화하는 상황 속에서도 그것을 끈기 있게 그리고 대단히 세심하게 추진했다. 그런 만큼 그들의 업적은 21세기에도 계속해서 강력한 영향력을 발휘하게 될 것 같다.

제15장

과거의 교훈과 미래의 리더십

> 우리는 자신을 변화시키는 것보다 더 빠르게 세계를 변모시키고 있다.
>
> — 윈스턴 처칠 Winston Churchill

이제 연구가 완성단계에 접어들었으니 이 광범위한 구상을 종합적으로 재검토해 보기로 하자. 재검토를 진행하는 동안 나는 지금까지의 서술 방식이었던 주제에 따른 접근법을 버리고 좀 더 체계적인 방식을 따라보기로 했다. 이 재검토는 전형적인 리더들의 삶의 특징을 기술하는 것으로 시작하려고 한다. 나는 이 연구에서 뚜렷하게 드러난 패턴들을 '이상형 ideal type'*이라는 용어로 정리할 예정이다. 그 다음에는 모든 리더십의 유형에서 두드러지게 나타나는 6가지 특징과 관련된 사항들을 살펴본다. 또 보다 폭넓은 관점으로 리더십을 파악하기 위해 이 책에서 집중적으로 살펴본 11명의 리더들을, 나의 초기 연구 대상이었던 6명의 '창조자들'(나의 앞의 책 『열정과 기질』을 참고하기 바란다)과 제2차 세계대전 당시의 10명의 리더들과 대비시켜 설명할 생각이다. 이러한 비교는 이 책의 서두에서 밝힌 아인슈타인부터 유레카 정상회담에 참석한 리더에 이르는 리더십의 유형들을 조명해 줄 것이다.

마지막으로 리더십과 관련하여 당면한 이슈들에 초점을 맞출 것이다. 나는 이 연구에서 제기된 3가지 핵심 질문을 생각해 보고, 미래의 리더십에 영향을 미칠 6가지 시대적 추세를 살펴볼 것이며, 결론적으로 향후 리더들의 과업 수행에 도움이 될 만한 교훈을 정리해 보겠다.

* 이상형이 모든 리더들에게 똑같이 적용되는 것은 아니다. 이상형은 어떤 리더 부류에서 가장 빈번하게 나타나는 특징들을 다룬 것이며, 그럼으로써 그 부류의 특성을 이해하려는 것이다.

전형적인 리더

전형적인 리더는 어릴 때 두 분야에서 특별한 재능을 드러낸다. 하나는 언변이 뛰어나다는 것이고, 또 하나는 다른 사람들에 대한 관심과 이해심이 깊다는 점이다. 학업 성적이 뛰어나지 않으면 그는 굳이 교사나 학자, 어느 분야의 전문가 등을 직업으로 선택하지는 않는다. 전형적인 리더를 옆에서 지켜본 사람들은 특별한 재능보다는 일반적인 열정과 재능에 대해 언급한다. 그가 장래에 큰일을 해낼 인물이라는 것을 부인하는 사람은 없지만, 어떤 분야에서 활약을 할 것인지는 아직 분명하지 않다.

이런 구도에 들어맞지 않는 특이한 경우도 있는데, 그 특이함은 젊은 시절에 학문에 대한 열정이 남달랐던 인물에게서 찾아볼 수 있다. 예를 들면 미드, 오펜하이머, 레닌 같은 인물들은 초기에는 학자나 전문가의 길을 걸으려고 했던 것 같다. 하지만 이들은 특정 분야에 계속 머물기보다는 광범위한 청중을 상대하는 것이 자신의 목표를 성취할 수 있고 지역사회를 만족시킬 수 있음을 점차 깨닫게 된다.

전형적인 리더의 초기 성향 중에서 가장 두드러진 점은 권위 있는 인물에게 두려움 없이 적극적으로 도전한다는 사실이다. 때로 이런 갈등은 불쾌감을 유발하지만 반드시 그렇지만도 않다. 그는 자신을 권위 있는 인물과 동일시하거나 동등하다고 생각한다. 따라서 그런 인물과 직접 상대하는 것을 당연하게 여기거나 혹은 가능한 일이라고 생각한다. 더욱이 리더십이 발휘되어야 할 쟁점들을 스스로 검토해본 후, 현재의 리더보다 자신이 생각해낸 구상이 훨씬 효율적이고 고무적이라고 믿는다. 아마도 이런 자신감은 그의 해결책이 체험을 통해 얻어진 것으로서 앞선 시대나 다른 장소에서 제시된 방안보다 더 타당성이 있다는 확신에서 우러나온 것으로 보인다. 많은 미래의 리더들이 그렇듯이 전형적인 리더는 어렸을 때 아버지를 잃는다. 그렇기 때문에 다른 사람들은 친아버지나 후견인이 그들을 대변해 주는 반면, 그는 자신의 입장을 스스로 표명할 능력을 갖게 된다.

이런 우월감과 도전적인 태도는 위험을 초래한다. 청년 시절에 권력자에게 도전했던 많은 인물들이 심각한 타격을 입거나 투옥당하거나 심지어 살해당한다. 하지만 전형적인 리더십을 지닌 인물들은 모험가이며 싸움에서 쉽게 물러서지 않는다. (군대, 교회, 대기업처럼 고도로 관료화된 조직에 속한 인물들은 이 패턴에 해당하지 않는다. 이런 조직에서 미래의 리더는 종종 입을 다물고 차례를 기다려야만 한다. 하지만 조지 마셜, 교황 요한 23세, 알프레드 슬론 2세와 같은 인물들은 낮은 지위에 있었던 시절에도 필요할 때는 자신의 의견을 거침없이 표출했다.) 로버트 오펜하이머처럼 자신의 주장을 펼치는 데 모호한 태도를 보이는 인물은 그런 대담한 사람들의 공격을 받기 쉽다.

전형적인 리더의 또 다른 초기 성향도 주목할 만하다. 그는 도덕적인 사안에 특별한 관심을 보인다. 또한 남들과 경쟁을 벌이는 경향이 있으며 책임자의 지위에 오르고 싶어 한다. 때때로 권력 자체가 사람을 도취시키기도 하지만, 이 책에서 살펴본 대부분의 리더들은 어떤 목표를 달성하기 위해 권력을 추구했다.

궁극적인 열망이 무엇이든 전형적인 리더는 처음에는 자신의 가족과 이웃과 지역 주민 등 자신의 생활 반경에 있는 사람들과 개인적인 관계를 형성해 나가기 시작한다. 이런 인맥의 규모가 빠르게 커지는 현상이 바로 미래 지도자감의 징표가 된다. 야망 있는 리더는 성년에 도달하면 수십 명이 아니라 수백 명의 사람들을 상대하게 된다. 전형적인 리더의 인맥 그룹은 그가 속한 분야의 사람들로 이루어질 수도 있고, 여러 분야들에서 일하는 이질적인 사람들로 구성될 수도 있다. 일반적으로 미래의 리더는 이런 이질적인 사람들과의 관계를 지속한다. 이런 점에서 그는 전형적인 창조자들과는 다르다고 할 수 있다. 창조자들은 일단 관계를 맺은 사람들이 차기 프로젝트와 관련이 없을 때는 관계를 단절하는 경향이 있다. 전형적인 리더는 리더의 지위를 가진 사람들과 자신을 동일시한다. 그래서 그들을 모방하기도 하고 때로는 도전하기도 한다. 전형적인 리더는 다른 사람들과 다양한 형태의 교류를 하지만, 어떤 문제 때문에 서로 대립하는 당사자들을 모두 만족시키는 설명이나 해결책을 내놓는 재주를 보여준다.

전형적인 리더는 젊은 시절 해외여행을 통해 견문과 시야를 넓힌다. 이런 선택은 미래의 독재자들이 대체로 자국을 벗어나지 않으려는 공통된 패턴과는 대조적이다. 독재자들이 해외여행을 하지 않는 이유는 색다른 환경을 체험하면 자신이 공들여 세워놓은 계획이 복잡하게 엉키고 갈등을 겪게 될까 두렵기 때문이다.

창조자들을 연구하면서 나는 그들이 10년 정도 걸려 한 분야를 통달하여, 마침내 획기적인 업적을 이루어냈음을 밝혔다.(『열정과 기질』) 많은 직접적인 리더들은 학문이나 예술 분야에서 활동하지는 않았고, 따라서 그런 분야를 통달하는 데 요구되는 일상적인 노력을 기울일 필요가 없다. 하지만 어떤 리더도 공적인 활동에 필요한 지식을 갖고 태어지는 않는다. 전형적인 리더도 전문 분야의 지식이든 의사소통 기술이든 조직적인 정치든 효율적인 활동에 필요한 능력을 갖추기 위해 견습기간을 필요로 한다. 그리고 그 기간은 10년 혹은 그 이상이 걸린다.

　성공적인 리더십은 천부적인 재능과 야망만으로 달성되지는 않는다. 시대적 상황 때문에 리더십을 발휘하게 된 마틴 루터 킹 2세나 엘리너 루스벨트처럼, 전형적인 리더는 청중이 정체성에 대한 기본적인 질문을 던지고 그 답을 찾고자 할 때 그들의 목소리에 귀를 기울여야 한다. 전형적인 리더는 그런 청중을 자신의 전문 분야에서, 혹은 뚜렷이 드러나지 않는 폭넓은 집단에서 발견한다. 그가 이런 기본적인 질문에 대한 답을 찾아내어 그것을 감동적으로 표현할 수 있고, 자신의 생활 속에서 몸소 실천한다면 그는 리더의 지위에 올라설 태세를 갖춘 셈이다.

　전형적인 리더는 자신의 분야, 제도, 청중의 윤곽이 분명하지 않을수록 자신이 추구할 삶을 창조하고 그 의미들을 깊이 숙고해 보고 나서 그 결과로 도출된 '이야기'를 다른 사람들과 공유할 수 있어야 한다. 효과적인 이야기는 환경에 따라 달라질 수 있다. 따라서 그는 자신의 이야기를 수정하고, 반대이야기와 싸우며, 미래의 이야기나 반대이야기를 예측하고, 심지어는 완전히 새로운 이야기를 창조할 준비를 항상 갖추고 있어야만 한다. 또 이야기가 포용적이냐 배타적이냐, 전통적이냐 혁신적이냐, 말로 전달할 것이냐 어떤 상징물을 통해 제시할 것이냐에 대한 입장을 구체화시켜야 한다. 이야기의 효율성을 관찰할 때는 교육받지 않은 마음의 형태와 한계를 염두에 두어야 한다. 리더들이 창조한 이야기 중에는 정체성을 다룬 것이 가장 높은 평가를 받는다. 일반적으로 이런 '정체성 이야기'는 리더 자신이 살아오며 겪은 개인적인 경험에 뿌리를 두고 있다. 그러나 효율적인 리더의 이야기는 보다 큰 무대에서도 전개될 수 있는 특징이 있다. 그 이야기는 그의 가족과 측근뿐만 아니라 기관 따위의 대규모 조직, 나아가 이질적인 사람들로 구성된 정치적 실체로부터 점차 인정을 받게 된다.

리더십은 결코 무한정 보장되지는 않으며, 항상 수정되어야 하는 특징을 지닌다. 전형적인 리더는 자신이 선호하는 이야기, 청중의 반응 그리고 사회에서 벌어지는 예기치 않은 사건들 간의 상호작용을 지켜본다. 리더들은 인생 경력에서 성공하고 실패하고 복귀하고 재기하는 과정을 여러 차례 되풀이한다. 어떤 시기에 혹은 어떤 상황에서 효과적으로 작용했던 것은 다른 상황에서 효과가 없다. 따라서 전형적인 리더는 자신의 주장을 자주 바꿀 만큼은 아니더라도 어느 정도 유연성을 가지고 있어야 한다. 특히 변화하는 환경에 맞추어 이야기를 조정할 수 있는 자질은 높이 평가할 만한 능력이다. 하지만 그 과정에서 기본적인 원칙을 고수해야 하며 강한 신념을 가진 인물로 남아 있어야 한다. 아니면 적어도 그런 이미지를 잃어서는 안 된다. (빌 클린턴 대통령은 이런 조건을 갖추지 못했다.)

리더들은 자신의 카리스마를 창조하거나 통제할 수 없다. (물론 이미지메이커가 그런 일을 돕고 있긴 하다.) 하지만 어떤 인물들은 이른 나이 때부터 개인적인 매력을 발산하여 눈에 띄기 마련인데, 이것 또한 전형적인 리더에게 해당되는 특징이다. 그런 매력은 대개 신체적인 것이다. 리더들은 키가 크고 잘 생겼으며 우아하게 보인다. 이런 신체적인 장점을 가지고 있지 않다면, 적어도 윤곽이 뚜렷한 얼굴이나 꿰뚫어 보는 듯한 눈을 가지고 있다. 그리고 오펜하이머가 지닌 마음의 힘이나 교황 요한 23세의 영적인 힘, 심지어 엘리너 루스벨트의 수수함에서 느껴지는 편안함 역시 청중을 사로잡는 요소가 되기도 한다. 그럼에도 리더는 늘 청중을 압도할 수 있는 방안을 찾는다. 리더들은 자신이 지닌 카리스마의 힘을 인식하고 그 힘을 좀먹는 행동이나 이야기는 피한다. 예를 들면, 드골은 다른 사람들과 일정한 거리를 두는 행동으로 카리스마를 발산했으며, 싸움에 말려들지 않으려고 항상 몸가짐에 조심했다.

전형적인 리더의 경력에 영향을 미치는 다른 요소들 중 하나는 기관이나 조직과의 관계이다. 이런 것들은 리더의 권력과 지지의 기반이 된다. 실제로 확고한 조직의 수장은 어떤 보장된 권위를 가지고 이야기를 발표할 수 있으며, 마땅히 사람들이 그것에 귀를 기울일 것이라고 기대할 수 있다. 어떤 기관의 수장이든 사람들의 주의를 끌 수 있다. 조직을 관리하고 쇄신하는 데는 특별한 능력이 필요하다. 만일 전형적인 리더가 이런 문제에 직접 관여하기를 원하지 않고 오직 이야기 전파에만 집중하고 싶다면 다른 사람들에게 그 일을 위임하여 조직의 기반을 유지하도록 해야 한다. 물론 전형적인 리더가 조직의 기반 없이 활동하기 시작했다면 간디나 킹의 경우처럼 그것을 만들어야 한다. 그렇지 않으면 그의 주요 메시지는 많은 반대이야기에 부딪혀 금세 사라질 위험이 있다.

전형적인 리더에게 필요한 또 하나의 특징은 자기성찰의 시간을 가져야 한다는 점이다. 창조자들은 대체로 홀로 지내고 아주 가끔씩 필요할 때에만 다른 사람들과 어울리지만, 전형적인 리더는 정반대의 상황에 놓여 있다. 집중해야 할 영역이 너무 많다 보니 그는 자신의 행적을 돌이켜보거나 한 발 물러서서 상황을 재평가해 볼 기회를 놓치기 쉽다. 하지만 자기성찰의 시간을 갖지 않는 리더는 대중의 대변자라는 사실을 망각할 위험이 있다. 그래서 다른 사람들 혹은 자신이 통제할 수 없는 세력의 도구로 전락할 수 있다.

자기성찰이 중요한 이유는 전형적인 리더라면 큰 그림을 보고 있어야 하기 때문이다. 그는 그 그림에서 불변의 특징들과 여러 변화를 충분히 파악하고 있어야 한다. 그의 측근들이 아무리 능력이 뛰어나도 전형적인 리더의 통찰을 대신하기에는 무리가 있다. 그는 남다른 관점으로 상황을 이해할 수 있고 또 청중과 특별한 관계를 형성할 수 있었기에 그런 특별한 지위에 올랐던 것이다. 유명한 정치 지도자이자 리더십 연구가인 존 가드너는 '정돈된 마음'을 유지하는 것이 바람직하다고 했다. 이는 매일 벌어지는 일시적인 사건들로 마음이 흐트러지지 않는 상태를 말한다. 정돈된 마음을 가지면 시야를 가리는 장애물을 지속적으로 제거하여 정말로 중요한 사안들이나 시대적 경향만을 명확히 파악할 수 있다.

어떤 성공을 이뤄내든 누구나 결국에는 자신의 약점과 한계에 직면한다. 전형적인 리더의 경우, 목표가 워낙 원대하고 큰 부담을 짊어지기 때문에 그만큼 실패의 위험도 크다고 할 수 있다. 많은 사례들에서 알 수 있듯이 리더의 실패는 그 자신도 어쩔 수 없는 것이다. 반대파들은 항상 생기기 마련이고, 다른 이야기가 더욱 폭넓은 지지를 받을 수 있으며, 인기나 권위에 필요한 세세한 조건들도 예기치 않게 변할 수 있다. 사실 리더의 업적이 클수록 그에 대한 압박은 더욱 강해진다. 대단한 업적은 그만큼 강한 반발을 낳기 때문이다. 효율적인 리더가 젊은 나이에 일찍 사망하면 자신의 업적이 심각하게 도전받는 광경을 목격하지 못할 수도 있지만, 대부분의 경우는 그런 참담한 현실에 직면하게 된다.

전형적인 리더는 확실한 실패에도 물러서지 않는다는 점도 주목할 만하다. 강인하고 끈질긴 기질을 가진 그는 오르막길이 있으면 내리막길이 있다는 사실을 알고 있다. 때로 그는 오히려 실패를 통해 더욱 분발하며 새로운 열정을 품고 현장으로 복귀한다. 어떤 이들은 패배나 실패 후 후퇴하고 말지만, 전형적인 리더는 장 모네처럼 모든 패배를 기회로 삼는다. 이처럼 아무런 성과 없는 경험을 긍정적으로 여기는 사고방식은 추종자들에게 보내는 하나의 중요하고 믿음직한 메시지 역할을 한다.

하지만 위기를 기회로 삼을 수 있는 능력을 가졌음에도 불구하고, 전형적인 리더가 자신의 주요 과업을 달성하지 못한 실패자로 낙인찍히는 경우도 있다. 비극적인 최후를 맞이한 영웅처럼 전형적인 리더는 종종 자신의 몰락을 자초하기도 한다. 엄청난 야망을 품고 큰 모험을 감행할 수 있는 리더는 목표를 너무 높게 정하고 다른 사람들을 혹사시킨다. 그리고 자신이 양성해야 할 사람들을 홀대한다. 역설적인 사실은 후세에 대해 관심이 별로 없었던 창조자들은 사후 수백 년 동안 영향을 미치는 데 반해, 강렬한 야망을 가진 리더들은 살아 있는 동안에 결국 자신의 업적을 훼손시킨다는 점이다.

리더의 실패 원인으로는 여러 가지가 있다. 변화하는 상황, 예기치 않은 역사적 대변동, 너무 포용적이거나 너무 배타적인 이야기, 다른 사람들에 대한 지나친 요구 등에서 비롯될 수 있다. 이 책에 등장하는 리더들은 나름대로 주목할 만한 성공을 거두었으며 그렇기 때문에 연구해 볼 가치가 있다. 하지만 어떤 식으로든 이들은 전부 실패를 경험했다. 과업이 좌절된 사례도 있고 지위를 잃었던 사례도 있으며, 아니면 두 가지 모두를 겪은 사례도 있다. 아마 평범한 관리자형 리더는 자신의 직접적인 후계자들에게 성공한 인물로 비쳐질 수 있다. 하지만 이런 성공은 그가 어떤 중요한 변화를 일으키지 않았기 때문에 가능한 것이다. 이와는 대조적으로 전형적인 리더는 임기를 마친 후에는 즉시 비효율적인 인물로 인식되기 시작한다. 하지만 먼 훗날 그는 장기적인 성과를 일궈낸 일련의 사업들을 실행한 리더였다는 사실을 인정받을 수도 있다. 그렇게만 된다면 이런 리더들이 지니고 있던 낙관론이 증명되는 셈이 될 것이다.

리더십의 6가지 상수

서두의 여러 장에 걸쳐 나는 효율적인 리더십에 관한 연구를 진행하는 데 지침이 되었던 6가지 핵심적인 특징들을 소개했다. 이제 6가지 특징에 따른 주요 결과들을 정리해 보겠다.

이야기

리더는 핵심적인 이야기나 메시지를 가지고 있어야 한다. 그 이야기가 교육받지 않은 마음을 움직일 수 있는 것이라면 이질적인 사람들로 이루어진 대규모 집단에게 효력을 발휘할 수 있다. 여기서 교육받지 않은 마음이란 공식적인 교육을 받지 않은 어린아이의 내면에 자연스럽게 형성될 법한 마음을 말한다. 이야기는 개인의 정체성과 '우리'와 '그들'을 구분하는 집단의 정체성 의식을 다루어야 한다. 물론 이야기는 그런 의식의 범위를 확장하거나 축소할 수 있다. 이야기는 그 배경을 설명해야 하며 구성원들에게 미래에 대한 대안을 제시해야 한다.

드문 경우지만 상당히 새롭고 변형된 이야기가 한 분야를 넘어서 보다 큰 규모의 집단을 설득하는 데 성공하기도 한다. 그 이야기가 리더의 핵심적인 과업이고 오랫동안 전파될 수 있으며 위기가 아닌 상황에서 자리잡을 기회가 있다면 성공 가능성은 훨씬 높아진다. 전쟁이나 경제 불황 따위의 위기상황에서는 이야기가 신속히 해명되어야 하고, 그래서 단순화되는 경향이 있다. 마틴 루터 킹 2세처럼 리더들이 이미 알려진 이야기들을 새롭게 재구성하는 능력을 갖추고 있으면 유리하다. 이를테면 종교나 역사에서 이끌어낸 이야기 혹은 어떤 조직에서 한때 널리 알려졌던 이야기를 차용할 수 있다.

  이 연구에서 다른 대부분의 리더들은 포용적인 이야기를 내놓았다. 그런 이야기는 개인들 자신이 광범위한 공동체의 일원임을 자각하도록 유도했다. 심층적으로 분석해 본 11명의 리더들 가운데 로버트 메이너드 허친스와 마거릿 대처는 이런 공통성에 예외가 되는 인물들이다. 두 사람은 '내부 그룹/외부 그룹'이라는 관점을 지향함으로써 영향력을 얻었으며, 또 그렇게 함으로써 만족감을 느꼈던 것 같다. 그리고 제2차 세계대전 리더들은 포용적 관점에 못지않게 배타적 관점이 필요한 상황에 처해 있다는 사실을 알았다.

  언뜻 보기에는 포용적인 이야기가 전반적으로 선호되는 것 같다. 포용적인 이야기는 보다 많은 사람들에게 소속감을 느끼게 해 주고, 리더에게는 자신이 너그럽고 도덕적으로 찬사를 받을 만하다는 자부심을 갖게 해 준다. 하지만 실제 상황은 상당히 복잡하다. 어떤 이야기가 너무 포용적이면 특권 의식을 가지고 있는 집단에게 특별한 지위를 부여해 주지 못한다. 그래서 이런 집단은 결국 리더와 그의 포용적인 메시지를 반대하게 된다. 그들에게는 그 이야기가 지나치게 포용적으로 여겨지기 때문이다. 예를 들면, 간디가 인도라는 비전에 이슬람 세력까지 포함시키려고 하자 힌두교도들은 분노했다. 사실 리더의 노선을 근거리에서 살펴보면 항상 포용적인 세력과 배타적인 세력이 서로 경쟁하고 있음을 알 수 있다. 간디조차도 반대 세력이 필요했다. 그는 자신이 전달하는 이야기에 영국의 제국주의자들까지도 건설적으로 포함시키려고 노력했다는 점에서 단연 돋보인다.

리더들이 역설하는 다양한 종류의 이야기들은 서로 많은 유사성이 있다. 하지만 각 리더는 자신의 경험에 근거해 창조한 특별한 이야기로 명성을 얻게 된다. 그것은 정체성 이야기가 될 수도 있고 기타 본질적인 문제를 다루는 이야기가 될 수도 있으며, 어떤 분야에 한정되거나 분야를 초월한 이야기가 될 수도 있다. 부록I에 이 책에 나온 리더들이 제시했던 이야기들이 실려있다.

청중

아무리 감동적인 이야기도 들어줄 청중이 없으면 무용지물에 지나지 않는다. 큰 특징이 없는 평범한 이야기도 귀를 기울이는 청중이 있다면 어느 정도 효과를 거둘 수 있다. 리더와 청중은 상호작용을 하는 관계이다. 특히 비주류 집단의 리더의 경우, 청중의 욕망이나 요구와 리더의 이야기 사이에는 역동적인 상호작용이 이루어진다. 더욱이 비주류 집단의 리더는 새로운 이야기를 창조해야 하며, 종종 급변하는 상황에 맞추어 그것을 수정해야만 한다. 반대로 기존의 위계질서가 확고한 조직을 이끄는 리더는 예기치 않은 새로운 노선을 강요하지 않는다면 청중을 이끌어가는 데 별 무리가 없다.

리더는 대규모 청중을 상대로 할 때는 수월하게 작은 변화를 일으킬 수 있고, 자신의 전문 분야에 소속된 구성원들처럼 동질적인 집단을 상대로 할 때는 많은 노력 없이도 큰 변화를 일으킬 수 있다. 리더에게 가장 큰 도전이라면 이질적인 사람들로 이루어진 대규모 집단을 상대로 중요하고 지속적인 변화를 일으키는 일이다. 리더는 많은 뉘앙스가 내포된 다양한 말로 설명할 수 있는 메시지를 개발해야 하지만, 우선은 전문 지식을 배제한 채 교육받지 않은 마음부터 상대할 수 있어야 한다. 간디와 모네의 사례에서 알 수 있듯이, 성공의 비결은 한 가지 핵심 메시지를 고수하면서도 그것을 제시하는 방법을 선택할 때 유연성을 지니고 그 메시지가 지적 수준에 따라 다양한 방식으로 이해되고 있는 현실에 대해 개방적인 태도를 갖는 데 있다.

이런 점에서 전통적인 창조자는 비교적 일하기가 쉬운 편이다. 그는 획기적인 작품을 창조하더라도 굳이 청중의 관심을 끌기 위해 애쓸 필요가 없다. 일단 완성된 작품은 그 작품 자체가 스스로를 대변하는 셈이고, 다른 사람들이 그것을 홍보해 줄 수도 있다. 여러 분야를 통솔하는 리더에게는 그런 사치가 주어지지 않는다. 이야기는 고립된 상태에서는 창조될 수 없다. 그리고 다른 사람들이 그 이야기를 전파시키는 일을 돕는 동안, 어느 정도까지는 리더가 몸소 그것을 실천해야만 한다.

조직

때로 리더는 대규모 청중에게 직접 연설하고 청중과 유대감을 형성함으로써 얼마간의 성공을 거두지만, 지속적인 리더십을 확보하기 위해서는 결국 어떤 제도적인 혹은 조직적인 기반을 필요로 한다. 리더가 교회, 기업, 정당 따위의 조직에 이미 소속되어 있다면 그의 임무는 그 조직을 원활하게 이끌어가는 것이다. 어떤 조직의 수장으로 임명된 인물은 자신의 직위를 이용하면 주목을 끌 수 있겠지만, 조직의 구성원들에게 지나친 요구를 하게 되면 그런 권위 있는 자리에 계속 머물러 있기는 쉽지 않다. 그리고 보통 비주류 집단의 리더들의 경우처럼, 리더가 기반으로 삼을 조직이 없다면 그런 조직을 만들고 키워 나가야만 한다. 20세기 전체주의 국가 지도자들은 과거에 자신들이 구축했고 철저히 통제해 온 강력한 정치 조직의 후원이 있었기 때문에 큰 성공을 거두었다. 한편, 드골이나 처칠과 같은 서방 국가의 리더들은 위기의 시기에 전면에 등장했지만 위기가 사라지자 점차 통솔력을 상실하게 되었다.

학문을 비롯한 전통적인 분야의 리더들은 고도로 세분화된 조직에 크게 의존하지 않는다. 이런 분야는 한편으로 외부의 개입 없이도 스스로 조직을 만들기도 하며, 다른 한편으로는 그 분야의 현재 상황이 어떻든 아이디어의 실질적인 힘과 독창적인 연구 성과만으로도 상당한 영향력을 발휘할 수 있다. 하지만 리더가 자신의 창조물을 좀 더 운명적인 길로 인도하고자 한다면 직접적인 리더십이 필요해진다. 제4장과 제5장에서 살펴본 사례에서도 알 수 있듯이, 독립심이 강한 학자들에게 직접적인 리더십을 발휘하기란 대단히 어려운 일이다. 야심 있는 직접적인 리더였던 로버트 메이너드 허친스 역시 새롭고 영속적인 조직을 창설하려고 했지만 성공을 거두지 못했다. 마거릿 미드가 조직에 뜻을 두지 않은 것은 개인적으로 현명한 결정이었는지 몰라도, 그 때문에 그녀의 사후에 '미드 학파'가 결성되지 못했다.

실천

창조적인 리더는 성인聖人이 될 필요는 없지만, 자신이 주장한 이야기는 반드시 실천해야 한다. 실제로 어떤 리더들은 (성 아우구스티누스St. Augustine 처럼) 과거에 역경이나 반대이야기를 극복한 후에 더욱 큰 신임을 얻었다. 하지만 리더가 자신이 내세우는 이야기와 모순되는 처신을 하거나 위선적인 모습을 보일 때, 장기적으로 그 이야기는 설득력을 잃게 된다.

이야기는 리더의 개인적인 경험에서 우러나온 것일 수도 있는데, 이 경우의 이야기는 표출되기 전에 이미 그가 일상 속에서 실천해 왔던 것일 수도 있다. 실제로 몇몇 사례에서는 리더의 실천 자체가 주요 이야기 기능을 하기도 했다. 조지 마셜과 교황 요한 23세는 자신들이 신봉했던 삶의 방식에 대해 언급하곤 했는데, 그들은 목소리보다 행동으로 사람들을 더 감화시켰다.

실천은 진실성이라는 문제를 야기한다. 어떤 이야기의 진실성을 따져볼 수 있듯이, 리더가 자신의 이야기를 실천하느냐의 여부도 따져볼 수 있다. 거짓말 탐지기로 일일이 조사해 볼 수도 없는 상황에서 실천의 진실성 여부를 파악하는 것은 쉽지 않다. 그리고 가짜는 한 둘이 아니다. 게다가 오늘날에는 리더가 믿음직스런 이미지를 갖추도록 도와주고 그에 대한 대가를 챙기는 이들이 적지 않다. 이런 난제에 대한 명쾌한 해결책이 없기 때문에 나는 에이브러햄 링컨의 믿음을 따르기로 했다. 즉 누구든 모든 시기에 모든 사람들을 속일 수 없다는 믿음 말이다. 자신의 메시지를 실천하지 않은 리더의 실체는 결국 밝혀지기 마련이다. 반대로 자신의 메시지를 명확히 전달하지 못했지만 모범적인 삶을 영위한 리더 역시 언젠가는 제대로 평가를 받을 날이 온다.

직접적인 리더십과 간접적인 리더십

대부분의 창조적 리더들은 자신이 만든 상징적인 작품을 통해 간접적으로 영향력을 발휘한다. 반면 대부분의 정치 지도자들은 청중에게 자신의 이야기를 직접 전달한다. 하지만 리더들은 다른 대안을 선택하기도 한다. 미드나 오펜하이머 같은 간접적인 리더들은 자신이 소속된 분야 내에서 직접적인 리더십을 발휘하려고 했다. 그리고 체코 공화국의 바츨라프 하벨이나 세네갈의 레오폴드 세다르 셍고르Léopold Sédar Senghor 같은 직접적인 리더들은 다른 사람들에게 영향을 미쳤던 정치적·예술적 작품을 창조하기도 했다.

직접적인 리더십은 혼란스럽고 위험하지만 단기적으로는 상당히 효율적이며 효과적이다. 하지만 리더가 점차 자기성찰의 시간을 갖지 못하고 한 발 물러나 큰 그림을 볼 기회를 잃으면 종종 현명한 판단을 그르치게 된다. 하지만 간접적인 리더는 자신의 행적을 돌이켜보고 수정할 시간적 여유가 있다. 그리고 그의 영향력은 비교적 천천히 나타나지만 상당한 지속성을 갖게 된다. '혼합 모델'도 있다. 예를 들어, 장 모네는 자신이 직접적인 리더십을 쌓거나 획득하기보다는 기존의 정치적 리더십을 이용하여 자신의 정치적 목적을 달성했다.

어떤 리더십 형태가 다른 리더십 형태로 이동했다면 그 방향은 항상 간접적인 리더십에서 직접적인 리더십 쪽으로였다. 연구 결과, 직접적인 이야기와 간접적인 이야기의 실천이 서로 유사한 경우에 이런 변동이 쉽게 이루어졌다. 미드와 슬론은 자신의 소속 분야에서 리더십을 발휘하다가 보다 이질적인 집단으로 옮겨가 리더십을 발휘하는 데 큰 무리가 없었다. 이것이 가능했던 이유는 그들이 이야기 내용을 크게 변화시킬 필요가 없었기 때문이었다. 대조적으로 오펜하이머나 허친스 같은 리더들은 초기에 너무 전문적인 이야기를 내세웠기 때문에 비전문적인 청중을 상대로는 성공하기가 어려웠다.

리더십의 이동 범위가 크지 않더라도 어쨌든 리더는 선택을 해야 한다. 전문 분야의 급변하는 요구와 필요를 충족시키는 동시에, 이질적인 구성원들로 이루어진 교육받지 않은 청중의 소박하지만 변덕스러운 요구까지 충족시키는 것은 거의 불가능하기 때문이다. 결국 리더는 전문 분야 혹은 폭넓은 사회 둘 중 하나에 자신의 운명을 걸어야 한다. 이런 선택을 한 후에도 리더는 자신이 포기한 영역에서 어느 정도는 효율적인 리더십을 발휘할 수 있을지 모른다. 하지만 그에 따르는 영광은 밝은 빛을 발하지 못하는 것 같다.

전문 지식의 문제

오늘날 거의 모든 분야마다 대부분의 리더들과 청중이 이해하기 힘든 중요한 전문 지식이 축적되어 있다. 미드나 오펜하이머처럼 어떤 분야의 전문가로서 출발한 인물들만 그런 지식을 계속해서 접할 수 있다. 그들은 특별한 상황에 필요하다면 언제든지 그것을 활용할 수 있다.

어떤 전문 분야에 소속된 개인은 뛰어난 업적을 거두지 않는 한 신임을 얻기가 쉽지 않다. 미드와 오펜하이머는 동료들이 그들의 업적을 인정해 주지 않았다면 각자의 분야에서 직접적인 리더로 활약할 수 없었을 것이다. 허친스는 전통적인 학문 분야에서 깊이 있는 교육을 받지 않았기 때문에 교수회의에 참석할 때마다 항상 아웃사이더로 취급받았다.

전문가들이 직접적인 리더십에 개입하게 되면 점차 전문 지식을 보유하기가 어려워진다. 그리고 같은 분야의 전문가들 중에서 보다 엄격한 원칙주의자들은 그들을 대중적인 인물 혹은 한때의 전문가라며 무시할 수도 있다. 물론 대부분의 직업 정치가들은 정치적 절차나 조직에 대해서는 상당한 지식을 갖추고 있어도 전통적인 전문 분야에는 문외한인 경우가 많다. 그래서 현실은 역설적이다. 직접적인 리더가 대개 직접적인 지식이 부족한데 반해, 간접적인 리더는 직접적인 지식을 기반 삼아 활동할 수 있다는 사실이다. 직접적인 리더십을 열망하는 사람에게는 전문 지식을 습득하고 유지하는 것이 절실한 문제이다. 특히 전문 분야에서 얻어진 양질의 최신 정보를 바탕으로 이질적인 집단을 통솔하려는 사람들에게는 그 문제가 대단히 중요하다.

이 연구로 제기된 질문들

이 광범위한 연구에서는 많은 질문이 제기될 수 있다. 내가 그런 질문들을 제기하지 않으면 아마 독자들이 그렇게 할 것이다. 하지만 내가 생각해 본 많은 쟁점들 중에서 여기서는 세 가지 주제로 논의를 국한시키고자 한다.

리더십의 개념

이 책에서 정의한 리더십의 개념은 독창적인 것이 아니다. 그리고 나는 리더십의 어떤 특징들은 강조했지만 중요하게 여겨지지 않았던 특징들은 간과했다. 어떤 면에서 이 책의 관점은 전통적인 것으로 보일 수도 있다. 이 책은 리더라고 불리는 개인에 초점을 맞추고, 리더가 자신의 권한과 설득력 때문에 얻게 된 막강한 영향력을 다루었다.

나는 개인이 중요하고, 특히 몇몇 개인들은 대단히 중요하다는 생각을 가지고 있다.

나는 리더십에 대한 다른 관점의 타당성을 의심하지는 않는다. 예를 들면 권력, 정책, 대중, 리더의 개성(제1장 참조)에 초점을 맞춘 관점도 있을 수 있다. 나는 리더십을 집단적인 현상으로 보는 현대의 수정주의적 관점을 따르지는 않았다. 이를테면 리더보다는 청중에 의해 리더십이 발현된다는 주장, 비교적 '말이 없는' 혹은 '회의에 참석하지 않는' 사람들의 역할이 더 중요하다는 주장, 리더십에 대한 논의 자체의 타당성에 문제를 제기하는 해체주의 혹은 포스트모더니즘의 주장 등이 그런 관점에 해당한다. 나는 '위대한 인물'에 초점을 맞춘 리더십 이론에 반대하고, 막연한 '역사의 힘'을 강조하는 사람들의 생각에도 공감하지 않는다. 진지한 역사 연구는 사회적·경제적 요소들과 함께 인간 자체를 대상으로 삼아야 한다. 아울러 가장 설득력 있는 연구는 이런 요소들의 지속적인 상호작용을 조명하는 일이다.

이 책의 연구는 동시대인들에 의해 대개 리더로 인정받았던 인물들에 집중되었다. 그들 대부분은 리더십을 발휘하는 데 필요한 전통적인 수단을 확보하였거나 아니면 그에 상응하는 효율적인 대체 수단을 창조했다. 이 책과는 완전히 다른 방식으로 정의된 리더들도 내가 정의한 리더의 개념, 즉 '많은 사람들의 사고, 감정, 행동에 영향을 미친 인물'이라는 개념을 충족시킬 수 있을지는 아직 의문으로 남아 있다.

이 책에서 제시한 개념은 어떤 측면에서는 전통적이지만, 또 다른 측면에서 보자면 인습타파적인 것이기도 하다. 특히 리더십을 리더들의 마음과 추종자들의 마음속에서, 또 그 사이에서 생겨나고 되풀이되는 인지적 과정으로 파악하는 것은 전례가 없다. 리더가 메시지를 제시한다는 개념은 분명히 익숙하지만, 각종 이야기와 반대이야기가 다윈의 적자생존 방식으로 경쟁한다는 것은 새롭고 논란이 될 만한 주장이다. 간접적인 리더십이 상징적 작품의 창조를 통해 발휘되며, 직접적인 리더십이 이야기 제시와 실천을 통해 발휘된다고 구분하는 것도 새로운 개념이다. 나는 창조적 인물이 발휘하는 영향력과 전통적인 조직이나 국가의 지도자가 발휘하는 영향력 사이에 가교를 놓아보고자 했다. 마지막으로 5살 난 아이가 지닌 마음의 힘에 대한 개념을 강조하고, 그런 교육받지 않은 마음이 전통적 분야를 초월하는 여러 형태의 리더십에 부여하는 제약조건들을 설명한 것은 현대의 리더십을 연구하는 데 상당히 기여하리라 생각된다.

연구 결과의 타당성

유한수의 구체적 사례들이 주어지면 전반적으로 적용되는 무한수의 일반론을 도출할 수 있다는 것이 논리의 전제이다. 그리고 어떤 일반화도 그것에 부합되지 않는 사례가 나타나면 폐기해야 한다는 것도 또 다른 논리의 전제가 된다. 이렇게 논리적 조건들이 까다롭다는 사실을 고려한다면, 앞서 제시한 전형적인 리더상과 리더십의 6가지 상수에 대한 여러 일반론 등을 포함한 나의 리더십 이론을 어느 정도나 믿을 수 있는 것인가.

이 연구가 엄밀한 의미에서 과학적으로 수행되지 않았다는 사실을 다시 한 번 강조하고 싶다. 『열정과 기질』에서 지적한 바 있지만, 나는 하워드 그루버와 같은 학자들의 특이성 연구 idiographic 와 딘 케이스 시몬톤 Dean Keith Simonton 과 같은 학자들의 공통성 연구 nomothetic 사이를 연결하고자 했다. 창조성에 관한 이전 연구에서 나는 7명의 현대적인 창조자들을 대상으로 특이성과 공통성을 도출했다. 이번 연구에서도 11명의 리더들을 대상으로 리더십의 공통성 및 비교 특징들을 이끌어냈다. 그리고 그 과정에서 10명의 '세계 지도자들'을 간략하게 살펴보았고, 이전에 연구했던 창조자들의 특이성과 가끔씩 비교해 보면서 공통성을 검증해 보았다.

내가 제시한 사례는 분명히 어느 한 쪽으로 치우쳐 있다. 나는 주로 자발적이고 포용적이며 혁신적인 리더들을 다루었고 그렇지 못한 리더들은 주목하지 않았다. 내가 다룬 리더들은 모두가 어떤 특수한 상황 속에서 활동했는데, 다른 환경에서 활동한 다른 리더들의 경우는 여러 면에서 그들과 많이 다를지도 모른다. 그리고 내가 다룬 리더들이 모두 현대의 인물들이고 주로 미국과 서유럽 출신이라는 점도 주목할 수 있을 것이다. 만일 다른 시대나 문화권의 리더십에 대해 공통성을 도출하려면 아마 연구도 다른 방식으로 이루어져야 할 것이다.

직접적이든 간접적이든 아니면 모네처럼 두 유형이 혼합된 경우든, 다른 리더들에 대한 연구는 내가 도출한 일반론을 훼손시킬 수 있고 새로운 이론을 출현시킬 수 있을 것이다. 학문은 이렇게 발전하는 것이 아닌가! 나는 그런 반박이나 수정을 두려하기보다 오히려 환영한다. (실제로 나는 리더들에 대해 도출한 나의 일반론이 도발적이라고 생각했던 학자들과의 교류를 통해 상당한 자극을 받았다.) 나는 이 연구에서 개발된 방법과 적용 기준들이 이런 방식의 비교연구에 유용하게 이용되기를 바란다. 또 다른 부류의 리더들을 동일한 잣대로 살펴본다면 보다 확고한 이론이 나타날 수 있을 것이다.

리더십의 도덕적 차원

'리더'라는 말은 보통 긍정적인 의미로 사용된다. 그래서 우리는 흔히 리더가 된 사람을 칭찬하기도 하고, 때로는 "우리 리더들은 어디에 있는가?"라는 질문을 던지며 그들의 존재를 찾는다. 하지만 나는 리더십을 연구하면서 이런 긍정적인 관점을 염두에 두지는 않았다. 실제로 '이야기'를 제시하고 그것을 실천하며 다른 사람들에게 영향을 미치는 것은, 우리가 찬사를 보내는 리더들뿐 아니라 히틀러나 스탈린 같은 독재자들에게도 해당되는 현상이다.

이처럼 이 책에 나오는 리더십의 체계는 가치중립적인 것이지만, 나 자신이 리더십의 도덕적인 측면에 관심을 두고 있었다는 사실을 부인할 수는 없겠다. 따라서 나는 이 책에서 '선택된 리더들', 즉 민주국가에서 활약한 리더들을 보다 집중적으로 살펴보았다. 또 11명의 리더들 대부분은 자신들이 상대한 주요 집단을 분열시키기보다는 포용할 수 있는 이야기를 제공했다는 공통된 특징이 있다. 여기서 기술된 11명의 리더는 나름대로 내게 존경스러운 면을 지니고 있다. 자신의 권력과 지위를 이용하여 사람들을 이간질시킨 리더들은 엄청난 파괴를 초래했다. 이 연구는 본질적으로 친사회적인 관점을 선택한 인물들을 살펴보고, 그들이 이루어낸 업적과 그 과정에서 부딪혔던 도전을 검토해 보려는 나름대로의 노력이었다. 그 베일에 싸여 있는 과정을 밝혀낸다면 우리가 장차 책임 있는 리더십을 확보할 수 있다고 생각한다. 그런 의미에서 리더십에 대한 상세한 지식을 갖추는 일은 도덕적으로 보다 바람직한 형태의 리더십을 추구하는 것과 일맥상통한다. 하지만 본질적으로 낙관적인 이런 관점을 무비판적으로 받아들이기 전에, 마키아벨리Machiavelli와 히틀러가 리더십에 대해 가장 영향력 있는 저서를 남겼다는 사실을 잊어서는 안 될 것이다.

리더십에 영향을 미치는 6가지 추세

앞에서 밝혔던 리더십의 6가지 특징(상수)은 리더십의 영속적인 특징이라고 잠정적으로 생각할 수 있다. 하지만 미래를 생각해 보면 리더들이 성공을 이루는 방식에 영향을 미치거나 그 진로를 변화시킬 수 있는 또 다른 요소들을 추가로 고려하지 않을 수 없다. 나는 20세기 초반부터 인식되기 시작해 최근까지 지속되고 있는 6가지 주요 시대적 추세를 짚어보고자 한다. 이런 추세는 모든 독자들에게 익숙한 것이지만, 미래의 리더십에 큰 영향을 미칠 수 있는 만큼 관심을 집중할 필요가 있다.

지구 파괴의 가능성

두 차례의 세계대전 동안 전쟁은 엄청난 파괴의 위력을 보여주었다. 그리고 이제 핵무기의 등장으로 지구 전체가 단 며칠 안에 완전히 파괴될 가능성이 제기되었는데, 이는 인류의 기록 역사상 전례가 없었던 위기이다. 국가 지도자들은 그 가능성을 염두에 두어야 한다. 그들은 핵무기를 위협용으로 이용하거나 이런 무기의 확산을 억제하는 정책을 추진할 수 있을 것이다. 핵무기에 의한 전멸의 가능성은 정치 지도자들뿐 아니라 다른 분야의 리더들에게도 영향을 미치고 있다. 그리고 핵무기보다는 직접적인 파괴력이 약하더라도 점차 심각해지고 있는 생태적, 환경적 재난으로 발생할 수 있는 지구 파괴의 가능성도 리더들에게 영향을 미치고 있다. 어떤 방식으로든 지구 파괴의 가능성은 종종 진지한 정체성 이야기의 묵시적인 주제가 되고 있다.

즉각적이고 단순화된 의사소통

오늘날 개인들은 세계 곳곳의 소식을 신속하게 접하고 있을 뿐 아니라, 인터넷을 통해 전 세계의 사람들과 활발하게 교류할 수 있게 되었다. 지금까지 사람들은 정보의 자유로운 교류와 확산의 중요성을 종종 강조해 왔다. 그렇지만 정보의 양적 증가가 질적 증가를 의미하지는 않는다. 실제로 정보의 유통 경로가 많아질수록 질이 떨어진 정보나 가짜 혹은 실속 없는 정보를 얻게 될 확률이 높아진다. 또한 그럴듯한 정보만을 골라 교육받지 않은 마음을 사로잡으려는 경향도 만연하게 된다. 이렇게 깊이가 없고 단순화된 정보가 범람하는 현실에 휩싸이면 큰 그림을 볼 수 있는 '정돈된 마음'을 갖기가 더욱 어려워진다.

사생활 침해

활발한 정보 교류와 더불어 사생활의 권리에 대한 인식도 점차 사라지고 있다. 정부 기관이나 민간 기관은 모든 개인들의 신상 정보를 손쉽게 얻을 수 있게 되었고 공인들의 경우 공적 생활과 사생활의 경계를 더 이상 보장 받을 수 없게 되었으며, 일반인들도 사생활의 권리를 무시당하고 있다.

세계적인 정보망이 형성되고 정보의 독점화가 사라지는 현상은 리더와 청중의 삶에도 영향을 미치고 있다. 많은 개인들이 자신들의 메시지를 신속하게 그리고 직접적으로 전달할 기회를 갖게 되었지만,

수많은 메시지가 서로 경쟁을 벌임으로써 양질의 특정한 메시지를 널리 확산시키기가 더욱 어려워졌다. 이제 공격과 반격, 이야기와 반대이야기의 대립은 흔한 일이 되었다. 개인 생활의 은밀한 정보조차 당사자의 사전 승락 여부와 상관없이 순식간에 폭로되는 일이 잦아짐으로써 리더들은 신비한 이미지를 유지하기가 더 어렵게 되었다. 제2차 세계대전의 리더들이 오늘날의 미국이나 서방 세계 정치가들의 경우처럼 자신의 허물이 만천하에 공개되는 일을 겪어야만 했다면 과연 그들의 신상에 어떤 변화가 일어났을까.

사생활이 보장되지 않는 현실은 또 하나의 큰 대가를 요구한다. 영웅에 대한 환상에서 깨어난 청중은 리더들에 대해 존경심을 갖지 않게 되었고 많은 유능한 젊은이들이 공직에 청운의 뜻을 품지 않을 뿐 아니라, 심지어 아예 그쪽으로는 눈길을 돌리지 않는다.

하지만 현재의 리더나 미래의 리더를 꿈꾸는 이들은 극심한 사생활 침해에 대해 마냥 휘둘리고 있을 필요는 없다. 개인은 정보 공개를 거부할 권리를 가지고 있으며, 심한 경우에는 명예훼손에 대해 법적인 조치를 취할 수도 있다. 내 생각에 현재의 미국 정치 지도자들은 사적인 질문들에 대해 너무 관대한 경향이 있다. 그런 질문에는 "그것은 당신이 상관할 일이 아니다"라고 공손하게 잘라 답변하는 쪽이 그들에게 대항할 효율적인 반대이야기를 창조하는 출발점이 되지 않을까 싶다.

국가를 초월하는 집단 등장

여러 측면에서 볼 때 국민국가의 전성기는 지나간 것 같다. 지난 한 세대 동안 피부로 느낄 수 있었던 뚜렷한 하나의 현상은 다국적 기업의 등장이었다. 이밖에도 항공, 생태계, 전염병, 인구 증가와 이동, 인권, 핵사찰과 방사능, 연료, 군비축소, 무역 등을 포함한 많은 쟁점들은 더 이상 한 국가 내부에서만 다뤄질 수 없다. 그래서 지난 수십 년 동안 이런 문제들과 관련된 수천 개의 조직이 창설되어 상당한 영향력을 행사하게 되었다. 개중에는 국가적인 것도 있고 국제적인 것도 있는데 상당수는 비정부 조직이었다. 국제 적십자사나 세계은행 같은 대규모 조직을 비롯하여 현대화된 수많은 전문 기구들이 출현했다. 국제적 과학기구, 전자게시판, 상업기구, 그리고 산아제한, 자원분배, 질병통제, 환경보존, 인권보호 등과 관련된 기구도 출현했다.

새롭게 등장한 위협과 지금까지 접할 수 없었던 기회에 대한 반응으로 설립된 이런 조직들은 일반적 유형의 리더를 영입하기가 어려운 것 같다. 어떤 조직은 위계체제가 분명하지 않은 수평적인 구조로 이루어져 있고, 또 어떤 조직은 이렇다 할 리더가 없다. 시간이 좀 지나면 이런 비정부 조직에 기존의 리더십 체제가 자리를 잡게 될지, 아니면 새로운 형태의 집단지도 체제와 새로운 청중이 탄생할지 아직 분명하지 않다. 정치 자문가인 맥스 캠플먼Max Kampelman은 이런 불안정한 현실에 대해 이렇게 지적한다. "모든 것이 서로 연결되고 있다. 그렇지만 정치 세계에서 우리는 아직도 중세시대에 머물러 있다."

민족주의와 근본주의의 반발

오랫동안 장수해 온 국가적인 조직들의 힘이 약화되면서 거기에 반발하는 강력한 세력들이 등장했다. 모네가 불붙인 유럽통합 운동은 거의 모든 유럽 국가들에서 일어난 민족주의 바람에 의해 거센 저항에 부딪혔다. 그리고 동유럽에서는 '인종적 순수성'을 자부하는 악랄한 인종주의가 갑자기 등장해 그 길을 막아섰다. 미국에서는 핵무기 감축, 인권, 생태계 보호 등 앞서 언급한 국제적 쟁점들을 원칙적으로 무시하거나, 그런 문제들은 주권 국가나 종교단체가 나서서 다뤄야 한다고 생각하는 사람들이 반대목소리를 높였다.

비전통적 조직들이 정체성에 대한 새롭고 유연한 관점을 제시해야 하는 것과 마찬가지로, 이런 혁신적인 조직에 반발하는 세력은 집단 정체성의 가장 본질적인 요소들을 이용한다. 근본주의 지도자들이 전통적인 종교적, 정치적, 사회적 진실이 그대로 지켜져야 한다고 주장할 때, 그들은 좀처럼 변화가 일지 않는 마음에 직접 호소하려는 의도를 갖고 있다. 교육받지 않은 마음의 힘을 고려한다면 기존의 믿음을 퇴치하기는 결코 쉬운 문제가 아니다.

점차 증대되는 전문 지식

거의 모든 분야에서 지식은 놀라운 속도로 축적되고 있으며, 전문가들은 항상 자기 분야의 최신 지식을 습득하고 있어야 한다. 특히 정부 내에서는 이런 경향이 뚜렷하다. 150년 전만 해도 대부분의 리더들은 적은 수의 보좌진과 함께 각종 현안들에 대해 상세히 파악하면서 업무를 수행할 수 있었다. 오늘날에는 대학, 병원, 시청과 같은 비교적 작은 조직과 관련된 정부 기관도 전문가, 기술자, 자문가, 행정 책임자 등 다양한 분야의 인물들을 필요로 한다. 심지어 정치 분야 이외의 다른 분야에는 문외한인 정치가들조차도 정치자금 모금에서부터 표적집단에 이르기까지 정치 분야의 세분화된 전문가들에게 의존하고 있다. 따라서 이제는 대부분의 사람들이 전문가 없이는 아무 일도 할 수 없다는 데 동의한다. 하지만 "모든 전문직은 대중을 상대로 음모를 꾸미는 세력이다"라는 조지 버나드 쇼Geroge Bernard Shaw 의 경구처럼, 전문가들에 대한 지나친 의존은 역효과를 일으키기도 한다.

　전문 지식을 받아들여 그 중요성을 판단하고, 그것을 비전문적 리더들과 일반 대중에게 전달하는 일은 대단히 어렵다. 따라서 그 과정에는 긴장감이 흐르기 마련이다. 누구나 가장 좋은 정보를 획득하여 그것을 충분히 이해하고 분석한 후 현명한 결정을 내리고 싶어 한다. 그렇지만 리더와 청중은 그런 정보를 습득하는 데 필요한 전문 지식을 갖추고 있지 않다. 그리고 간혹 그런 능력이 있더라도 다른 사람들이 쉽게 이해하고 널리 전파될 수 있도록 정보를 단순화시키는 문제가 남는데, 이것 또한 엄청나게 힘이 드는 일이다. 그렇기 때문에 종종 사안들이 왜곡되는 결과를 낳기도 한다. 사회학자인 다니엘 벨Daniel Bell은 최근의 미국 정계를 돌이켜보며 이렇게 논평했다.

　　리더십은 판단 감각이다. 판단은 관련된 쟁점을 파악하고 일을 어떻게 처리할 것인가에 대해 결정을 내리는 일이다. 그 결과로는 레이건처럼 극도로 단순화시키는 방식을 취하는 경우도 있고, 반대로 듀카키스Dukakis(1988년 대선에서 조지 부시와 겨뤘던 민주당 대통령 후보)처럼 기술관료의 방식을 취하는 경우도 있다. 요즘은 복잡한 현실 속에서 균형 잡힌 판단 감각을 지닌 인물을 찾아보기 힘들다. 이는 모든 사회가 안고 있는 문제인 것 같다.

　전문 지식의 필요성이 증대되고 있지만 전문가와 일반 사회와의 연속성은 약화되고 있다. 전문가들은 자신의 분야에 심혈을 기울여야 하기 때문에 공동의 선善과 사회적 쟁점에 눈을 돌릴 시간이 없다. 전문가들은 점차 사회에 대한 의무감을 갖지 않게 되었으며, 자신의 전문 분야를 넘어선 폭넓은 분야에도 관심을 두지 않게 되었다. 현대 전문가들의 정체성 의식은 지역사회나 국가 혹은 그보다 넓은 세계에 뿌리를 두고 있지 않으며, 100년 전과는 달리 법, 의학, 학파, 성직과 같은 윤리적 색채가 짙은 분야와도 별 관련이 없다. 특히 전문가들은 대단히 유동적이고 그들이 일하는 기관도 그런 성격이 짙은 만큼, 그들은 지식을 공유하는 극소수의 사람들 사이에서만 관계를 형성하거나 아예 관계를 맺지 않는다.

이런 긴장감은 그리스 시대에도 존재했다. 역사학자 키토H. D. F. Kitto는 이렇게 지적했다. "고도로 훈련된 전문가는 폴리스에서 자연스러운 지위를 차지하지 못했다. 5세기 경의 다양화된 삶의 영역에서도 그런 특별한 인물이 나타나곤 했지만, 당시에도 그런 인물의 출현은 결집력을 약화시켰고 폴리스의 자연스러운 경계를 무너뜨렸다." 고대 그리스와 동시대의 인물인 공자는 그 문제를 다른 방식으로 언급했다. "위대한 지도자의 고문들은 얼음처럼 차가워야 하지만, 지도자 자신은 신의 광기와 같은 불꽃을 품어야 한다." 전문가의 마음과 5살 난 아이의 마음을 조화시키는 일은 해가 갈수록 더욱 어려운 과제가 되고 있다. 하지만 내 생각에 한편으로는 전문 지식을 지속적으로 활용할 수 있고 다른 한편으로는 비전문가들과 의사소통을 할 수 있는 능력을 갖춘 리더를 찾거나 양성하지 못한다면, 이 세계는 더욱 혼란에 빠져들게 될 것이다. 유능한 리더의 필요성은 시대착오적인 개념이 아니라 과거 어느 때보다 더 중시되고 있는 문제이다.

효율적인 리더십을 위한 교훈

마지막 장에서 나는 리더십에 관한 6가지 영속적인 특징상수과 6가지 시대적 추세를 살펴보았다. 특히 6가지 시대적 추세는 앞으로도 리더십의 역할을 크게 변화시키거나 상당히 복잡하게 만들 것이다. 만일 이 책이 새로운 리더 훈련이라는 목적을 위해 기술한 사회학 논문이었거나 마키아벨리의 관점을 지향한 글이었다면, 아마 그 6가지 추세와 6가지 특징을 조합시켜 36가지 논제를 검토했을지도 모르겠다. 하지만 이 책에서는 리더들의 훈련과 그들의 성공을 위해 필요한 3가지 정도의 교훈으로 결론을 맺는 것이 이 연구의 본래 의도에 부합하리라고 본다.

리더십의 영속적인 특징에 대한 기억

효율적인 리더가 되기 위해서는 리더십의 영속적인 특징들을 인식하고, 현실적으로 그것들을 다루어야 한다. 야망의 정도, 청중의 규모, 메시지의 독창성 면에서 리더들은 각자 제각각이지만, 그들 모두가 6가지 리더십의 영속적인 특징을 피해갈 수는 없다. 분명하고 설득력 있는 이야기를 구성하여 효과적으로 전달하고, 청중의 변덕스런 기질과 속성을 파악하고 자신의 열정 혹은 다른 사람의 도움으로 조직을 세우고 관리하며, 자신의 생활 속에서 이야기의 주요 내용들을 몸소 실천하고, 직접적인 리더십을 발휘하거나 혹은 간접적인 수단으로 영향력을 행사하며, 점차 증대되는 전문 지식에 압도당하기보다는 그것을 이해하고 이용할 방법을 찾을 수 있는 리더는 성공을 거둘 수 있다.

이러한 사항들이 모두 리더십 훈련 과정에 포함되어야 한다. 또한 현직에 있는 리더와 그의 측근들도 이 사항들을 면밀히 주시하고 있어야만 한다.

새로운 시대적 추세에 대한 예측과 대처

미래 세계를 이끌어갈 리더들은 새롭고 복잡해지는 시대적 추세를 인지하고 거기에 대처할 수 있는 방안을 준비해 두어야 한다. 리더십에 영향을 미치는 그러한 추세는 시간, 장소, 상황에 따라 다양한 양상으로 전개될 것이다. 나는 오늘날의 리더들이 이런 추세를 직접 대면해야 한다고 생각한다. 이를테면 즉각적인 혹은 점진적인 지구 파괴의 가능성, 풍부하고 신속한 정보 교류와 극도로 단순화된 의사소통 방식, 사생활 권리에 대한 의식의 실종, 국경을 초월한 조직이나 기업의 급증, 이런 불안한 상황에 거세게 반발하는 민족주의나 근본주의의 출현, 전문 지식의 엄청난 증가, 전문가들의 불확실하고 폐쇄적인 삶과 그에 따른 그들의 사회적 의무감 결여, 결과적으로 전문 지식을 걸러 비전문가인 청중에게 전달해야 하는 리더의 복잡한 과업 등의 문제들을 다루어야 한다.

이런 추세들은 각 분야마다 다른 양상으로 나타나겠지만, 야망 있는 리더들은 그것들을 충분히 파악해 둘 필요가 있다. 예를 들어, 내가 가장 잘 아는 분야인 초·중등 교육계의 리더들도 이런 요소들을 하나하나 고려해야 한다. 물론 교육가들이 그것들을 검토하는 방식은 기업이나 군대의 리더들과는 상당히 다르다. 초·중등 교육계 리더들은 지식 기반이 점차 방대해지는 현실에 직면하여 무엇을 가르쳐야 하는가를 고민하게 되고, 신속하지만 피상적인 의사소통 방식에 따라 커리큘럼과 교수법을 구성하고 싶은 유혹 때문에 갈등하게 될 것이다. 이와는 대조적으로 기업가는 다국적 기업의 증가와 전문 지식의 확산에 특별한 관심을 기울이게 될 것이다. 그리고 군대 지도자들은 지구 파괴의 가능성, 많은 국가적 조직들의 와해, 인종주의 세력들의 출현 따위의 문제에 주의를 기울일 것이다. 어쨌든 리더를 교육시키는 프로그램이라면 분야의 특성과 청중을 감안하여 이런 6가지 추세를 살펴보아야 한다.

문제, 역설, 부작용의 인식

 미래의 바람직한 리더십을 연구하는 사람들은 리더뿐 아니라 청중 혹은 일반 시민을 교육시키는 방안도 고안해야 한다. 이 교육은 리더십의 여러 상수와 변수뿐 아니라, 리더 역할을 복잡하게 만드는 긴장의 요인들도 검토해야 한다. 하지만 그 과정에서 리더십의 중요성을 감소시켜서는 안 된다. 효율적인 리더십과 관련된 주요 쟁점들을 폭넓게 살펴본다면 유능한 미래의 리더들을 양성할 수 있다.

 분명히 우리 사회는 리더들의 교육을 경시하지는 않았다. 전문성을 갖춘 학교나 군사학교 등 많은 교육기관들이 리더 양성을 그들의 목표로 삼고 있다. 정치 리더십, 비즈니스 리더십, 지역사회 리더십에 관련된 책과 기사들이 끊임없이 쏟아져 나오고 세미나, 워크숍, 방송 등을 통해 그런 주제들이 자주 다뤄지고 있는 것을 보면, 확실히 사회적으로 리더십이 중요하게 여겨지고 있을 뿐 아니라 미래의 리더를 양성해야 한다는 믿음이 확산되고 있음을 알 수 있다.

 분야별로는 특수한 리더십 처방이 다양하게 쏟아져 나오고 있지만, 규모가 좀 더 큰 사회는 리더십의 중요성과 그 효율적인 방식에 대해 무지한 편이다. 어떤 사람들은 리더십을 인간의 생각, 행동, 감정에 영향을 미치는 본질적인 사고방식이라기보다는 마치 연설을 돋보이게 하려고 가미하는 멋진 문구 같은 장식처럼 생각한다. 또 다른 사람들은 리더란 스스로 만들어낸 (혹은 조롱하는) 규칙에 따라 활동하는 신비한 카리스마를 풍기는 영웅이라고 여긴다. 내가 보기에 이 책에 나온 많은 개념들은 아직 널리 알려지지 않았고, 그것들이 알려지더라도 개인들에게 그 개념의 결과들을 충분히 이해시킬 방도가 거의 없다는 사실은 보다 넓은 사회에서 리더십에 관한 지식이 푸대접을 면하기 어렵다는 점을 보여주는 역설처럼 느껴진다.

평등주의와 자유방임 교육을 선호하는 미국인들의 경향도 상황을 악화시키고 있다. 고대의 많은 문명권에서는 리더십을 확인하고 양성시킬 수 있는 환경을 조성하는 것이 사회적 책임이라고 여겨졌다. 유럽과 아시아에서는 전문성을 갖춘 유명 학교와 유서 깊은 행정기관이 리더십에 필요한 조건들과 복잡한 요소들에 통달하는 인재들을 배출하는 검증 수단이었다. 마거릿 미드는 미국인들이 리더를 원하지 않는다는 사실을 지적하곤 했다. 우리는 리더십이 자연스럽게 생기고 우연히 양성될 수 있는 것으로 짐작하고 있는데, 이는 리더십의 필수 요건들을 충족시킬 수 있는 인물들의 수를 극도로 제한하고 있는 셈이다. 그것은 사회의 비주류 집단이나 약세 기관에서 리더가 출현할 가능성을 더욱 어렵게 만드는 요인이 된다.

리더십에 대한 통념을 풍자적으로 표현하자면 보통 두 가지 극단적인 경우가 있는 것 같다. 그 하나는 '별 것 아니다(누구나 리더가 될 수 있다)'라는 것이고, 다른 하나는 '감히 도달할 수 없다(리더는 타고나는 것이고 카리스마가 있어야 한다)'라는 것이다. 하지만 이제 우리는 리더십이 누구든 상당한 노력을 기울이면 통달할 수 있는 주제이자 획득할 수 있는 역할로 인식할 필요가 있다.

그렇지만 효율적이고 책임 있는 리더십을 원한다면 다수의 '합법적인' 리더들을 양성하는 것만으로는 부족하다. 잠재적 리더를 위한 가장 훌륭한 리더십 훈련은 모든 사람들을 위한 리더십 훈련이 이루어져야 한다는 점이다. 이것은 모든 사람들을 특정한 기관의 특정한 리더로 훈련시킨다는 의미가 아니라, 국민에게 리더로서 필요한 자질과 리더십의 옳고 그른 면을 가르쳐준다는 의미이다.

나는 이런 가르침을 '리더십의 문제와 역설에 대한 인식'이라고 부른다. 나는 이 책의 독자들이 리더십을 가까이 접하기를 바라는데, 그러면 곧 많은 문제와 역설을 깨닫게 될 것이다.

- 치밀한 사고가 요구되는 전문 지식의 필요성과, '교육받지 않은 마음'을 움직이기 위한 대중적인 의사소통의 필요성 사이에는 긴장이 존재한다.
- 많은 사람들이 개인의 정체성이나 집단의 정체성을 찾는 데 도움을 줄 수 있는 설득력 있는 이야기를 창조할 필요가 있다.
- 이야기는 공동체 의식을 확산시킬 수도 있고 분열시킬 수도 있다.
- 어떤 집단의 구성원들에게 보다 포괄적인 지식을 전파시킬 수도 있겠지만, 한 사람의 권위 있는 리더를 상대하는 것이 훨씬 수월할 수도 있다.
- 모든 리더들은 성취할 수 있는 것이 제한되어 있고 성공뿐 아니라 실패를 경험하기 마련이며, 그들 중 거의 대부분이 궁극

적으로 극복할 수 없는 장애물에 부딪히게 된다.
- 리더가 조종할 수 있는 청중이 있을 수 있고 리더에게 영향을 미치는 청중도 있을 수 있으며, 리더와 협력하여 메시지를 만들어내는 청중이 있을 수도 있다.
- 리더의 권위를 이용하거나 침해하기보다는 그들의 짐을 덜어주며 도와줄 필요도 있다.
- 청중을 직접 상대하는 직접적인 리더십, 상징적 작품의 창조 혹은 정치 지도자들의 교육 등을 통해 영향력을 행사하는 간접적인 리더십, 그리고 두 가지를 효율적으로 혼합시킨 형태의 리더십 중에서 하나를 선택해야 한다.
- 합리적 접근법과 영적인 차원에 기반을 둔 방식 사이에는 긴장이 존재한다. 따라서 두 가지 방식의 이야기를 혼합하는 것이 바람직할 수 있다.

이밖에도 다른 문제와 역설이 있을 수 있는데, 그 중에는 이 책에서 언급된 것도 있고 그렇지 않은 것도 있다. 누구도 모든 문제와 역설을 이해하고 통달할 수는 없다. 하지만 이런 사항들을 어느 정도 알아 두면 리더십의 문제와 역설뿐 아니라 가능성과 현실성을 분별할 수 있다.

이 지식은 직장이나 학교나 지역사회에서 우리가 자주 상대하는 리더들의 리더십을 평가할 때도 이용할 수 있다. 하지만 보다 폭넓은 정치 무대로 눈길을 돌려봐도 이 지식은 유용할 것이다. 내가 이 책을 쓰던 1995년 초, 미국인들은 역사상 가장 악의적인 정치 캠페인을 목격했다. 그런 정치적 수사修辭는 이 책에서 소개한 개념인 '교육받지 않은' 것으로 간주할 가치조차 없다. 리더십의 지식이 만병통치약은 아니더라도 우리는 앞서 언급한 여러 문제와 역설을 충분히 이해한다면 무분별하고 부정적인 정치 캠페인의 속성을 간파해낼 수 있을 것이다. 우리가 놀랄 만큼 단기간에 육체적 건강을 증진시키는 법을 터득했듯이, 바람직한 정치 환경을 조성하는 방법을 단기간에 깨치지 못할 이유는 없다.

자신의 지식으로 남을 조종하려는 사람들과 남에게 권한을 부여하는 사람들 사이에서는 항상 긴장감이 흐른다. 정계의 모사꾼은 항상 우리에게 이런 불안한 현실을 상기시키곤 한다. 그러나 나는 리더십의 문제들이 널리 이해된다면 장기적으로 무책임한 리더십은 등장하기 힘들 것이고 득세하지도 못하리라 믿는다. 그리고 앞으로 이런 쟁점들을 깊이 인식하여 대중에게 널리 알릴 방법을 고안한 사람들이 새로운 리더십의 세계, 즉 억압적이지 않고 대중에게 더 많은 권한을 부여하며 건설적인 목적을 효율적으로 달성하는 리더십의 세계를 구축해 주기를 희망한다.

Leading Minds

부록 I
주요 영역별로 살펴본 11명의 리더들

	초기 분야	분야 내에서의 입장	분야 내에서의 정체성 이야기
마거릿 미드 1901~1978	인류학	포용적	우리 인류학자들은 전 세계의 문화를 기록하는 특권을 가지고 있으며, 그 과정에서 문화에는 우월성이 없다는 것을 입증할 수 있다. 우리는 통찰력으로 문화의 본질을 꿰뚫어보고 그것을 우리 국민에게 쉬운 언어로 전달한다.
로버트 오펜하이머 1904~1967	물리학자 (전문가, 연구소장)	포용적(모든 사람들이 맨해튼 프로젝트에 참여해야 한다.)	우리 과학자들은 대단히 중요한 이 전쟁에서 중추적 역할을 수행할 만한 기술을 가지고 있다. 우리는 서로의 차이를 덮어 두고 이 과업을 은밀하게 추진해야 한다.
로버트 메이너드 허친스 1899~1977	제도권 리더 (법대 학장, 대학 총장)	초기에 포용적이었다가 점차 배타적으로 변함	우리 교육자들은 이기적인 활동가나 편협한 전문가보다는 교양을 갖춘 시민을 길러낼 수 있는 대학을 재건해야 한다. 우리는 허례허식, 진보주의, 무분별한 다원주의, 과학 숭배 따위를 피해야 한다.
알프레드 슬론 2세 1875~1966	자동차 기업	회사 내에서는 포용적, 대외적으로는 경쟁적	우리는 기업계에서 하나님의 일을 수행하고 있다. 제너럴모터스는 사업을 하는 최선의 방법을 알고 있으며, 가장 효율적인 기업 가족을 만들어냈다. 우리는 기업 내에서 적극적으로 다른 사람들을 돕는다.
조지 마셜 1880~1959	미국 육군	포용적이지만 높은 기준을 추구	우리 군인들은 사심 없는 전문가가 되어야만 한다. 우리는 정치를 피해야 하고 만일의 사태에 대비해야 하며 모범적인 행동으로 다른 사람들의 귀감이 되어야 한다.

교황 요한 23세 1881~1963	가톨릭교회	포용적	가톨릭 신자들과 기독교 신자들은 그리스도의 순수한 가르침으로 돌아가야 한다. 우리는 관료적, 정치적 내분을 피해야 한다. 가장 중요한 것은 영적인 삶이다.
엘리너 루스벨트 1884~1962	참정권을 얻은 미국 여성들	포용적	우리 여성들은 국가의 정치에 적극 참여할 수 있으며 당연히 그래야만 한다. 그리고 옳다고 믿는 것을 지키기 위해 단호히 일어서야 한다.
마틴 루터 킹 2세 1929~1968	미국의 흑인들, 특히 교회 신자들과 민권 운동에 참여한 사람들	포용적	우리 흑인들은 권리를 되찾기 위해 결연히 일어나 비폭력적으로 저항해야 한다.
마거릿 대처 1925~	본질상 이질적인 사람들로 구성된 정치 분야	해당 사항 없음	해당 사항 없음
장 모네 1888~1979	본질상 이질적인 사람들로 구성된 정치 분야	해당 사항 없음	해당 사항 없음
마하트마 간디 1869~1948	본질상 이질적인 사람들로 구성된 정치 분야	해당 사항 없음	해당 사항 없음

	분야 내에서의 반대이야기	분야 내에서의 비정체성 스토리
마거릿 미드	어떤 문화는 다른 문화보다 우수하다. 문화를 서로 비교하는 것은 불가능하다. 따라서 우리는 모든 문화를 통속화시키는 것을 경계해야 한다.	1. 청소년기를 인종차별적이고 진화적인 관점으로 파악하거나 격변의 시기라고 보는 것은 잘못된 것이다. 2. 학제적 연구는 중요하다. 3. 가족과 아동을 연구할 필요가 있다. 4. 문화는 기질과 성性의 조합에서 발견되는 것과 같은 다양한 패턴에 따라 조직될 수 있다. 5. 사모아 사람들은 청소년기를 즐겁게 보낸다. 미국인들은 그들의 사례를 통해 배울 수 있다.
로버트 오펜하이머	과학자들은 어떤 정치적 혹은 군사적 활동에 개입해서는 안 된다. 과학자들은 정부의 견제 세력이 되어야 하며, 모든 과학적 연구는 모두 공개되어야 한다.	1. 양자역학과 상대성이론을 비롯한 새로운 물리학 이론들은 중요하다. 2. 물리학자들은 핵무기를 개발함으로써 죄가 무엇인지 알게 되었다.
로버트 메이너드 허친스	최선의 교육 방법이라는 것은 없다. 우리는 많은 선택과목들과 다양한 교육철학에 대해 개방적인 태도를 가져야 한다. 새롭게 등장한 전통주의 학풍과 정통주의를 경계해야 한다.	1. 봉급 삭감 따위의 희생을 감수해야 한다. 2. 미국의 교육은 방향을 잃었다.
알프레드 슬론 2세	기업을 경영하는 데는 많은 방법들이 있다. 제너럴모터스는 가부장적이고 독점주의적 경향이 있으며, 다른 대기업들과도 별반 차이가 없다.	1. 중앙집권화와 분권화를 결합시킨 조직도를 만들 수 있다. 2. 마케팅, 협력, 조사, 기획과 관련된 참신한 아이디어는 분석가들로 구성된 전문적인 팀이 가장 효과적으로 창출해낸다.
조지 마셜	군대는 특별한 정보를 비밀리에 다루며, 특별한 배려와 권리를 누릴 만한 자격이 있다. 하지만 그렇다고 해서 군인들이 일반인들보다 훨씬 높은 기준의 행동규범이 필요한 것은 아니다.	군사력을 강화하고 현대화시켜야 하며 불필요한 부분들을 제거해야 한다.

교황 요한 23세	가톨릭은 다른 종교와 교류해서는 안 된다. 우리는 성직 계급제도를 굳게 지켜야 한다. 영성靈性은 이상적인 것이며, 모든 사람들이 성취할 수 있는 것은 아니다.	1. 권력은 교황청이 아니라 주교들과 사람들에게 주어져야 한다. 2. 역사를 통해서 배우되, 역사에 구속되어서는 안 된다. 3. 전통적인 교리를 현대의 상황에 맞게 재해석해야 한다. 4. 죄를 지어도 훌륭한 가톨릭 신자, 훌륭한 인간이 될 수 있다.
엘리너 루스벨트	여성의 도리는 뒤에서 조용히 남성을 도와주고 지지해주는 것이다.	1. 지위나 배경을 막론하고 누구나 참여할 권리가 있다. 2. 여자도 리더십을 발휘할 수 있다.
마틴 루터 킹 2세	미국 사회에서 정상적으로 평등권을 얻는 것은 불가능하다. 따라서 우리는 폭력도 불사할 각오를 해야 한다.	1. 교회의 전통, 미국의 역사, 간디의 사상을 이해하고 서로 융합시킬 필요가 있다. 2. '남부기독교지도자회의$_{SCLC}$'는 인종 문제에 대하여 새로운 방향을 제시했다. 3. 점진주의$_{gradualism}$의 시대는 끝났다.
마거릿 대처	해당 사항 없음	해당 사항 없음
장 모네	해당 사항 없음	해당 사항 없음
마하트마 간디	해당 사항 없음	해당 사항 없음

	분야 내에서의 다른 반대이야기	분야 내에서의 **직접적·간접적 리더십**
마거릿 미드	1. 인종 간의 차이, 문화의 진보, 혼란스러운 사춘기에 관한 전통적인 이야기들은 가치가 있다. 2. 학제적 연구는 위험하다. 3. 가정생활과 아동발달에 관한 연구는 다른 분야의 학자들에게 맡겨야 한다. 4. 문화 패턴에 대한 일반론을 도출하는 것은 바람직하지 않다. 5. 사모아 사람들을 대상으로 미드가 관찰한 내용은 그 진위가 의심스럽다.	두 형태 모두: 직접적 리더십과 간접적 리더십을 모두 발휘
로버트 오펜하이머	1. 이 새로운 개념들이 아직 기정사실이 된 것은 아니다. 2. 우리는 핵무기를 개발하면서 우리의 역할을 과장해서는 안 된다.	간접적인 리더로 출발하여 맨해튼 프로젝트를 계기로 직접적인 리더가 됨
로버트 메이너드 허친스	1. 교수들의 특권에 대해 따지지 마라. 2. 미국의 교육 체계는 훌륭하며 근본적인 개혁이 필요하지 않다.	두 형태 모두 발휘: 뛰어난 웅변가이자 저술가
알프레드 슬론 2세	1. 조직도, 시장의 다양성, 세밀한 계획과 분석에 대한 헨리 포드의 반감 2. 듀란트의 자유방임적 태도 3. 능숙한 분석가들은 회사에 기여하기보다는 주로 문제를 일으키는 사람들이다.	조직에 대한 구상을 통해 간접적인 리더로 출발, 나중에 유능한 직접적인 리더가 된다.
조지 마셜	1. 군대의 전통적인 관행을 변화시키려는 시도를 경계하라. 2. 연공서열이 지켜져야 한다.	간접적인 리더십 요소인 요약 능력도 탁월했지만, 대체로 직접적인 리더십을 발휘했다.

교황 요한 23세	1. 교황청이 계속 전권을 쥐고 있어야 한다. 2. 전통이 모든 것을 지배해야 한다. 3. 가톨릭 교의는 절대적이며, 이를 위반하는 사람은 처벌을 받아야 한다.	직접적인 리더
엘리너 루스벨트	1. 특권을 가진 일부 여성들만이 미국의 문제에 관여할 수 있다. 2. 퍼스트레이디는 대통령 뒤에서 내조에만 충실해야 한다.	주로 직접적인 리더
마틴 루터 킹 2세	1. 사회를 변화시키기 위한 효율적인 방안으로 교회, 미국 역사, 간디 사상을 융합시키는 것은 가능하지 않다. 2. 흑인들은 지위 향상을 위해 '전국유색인종지위향상협회NAACP'와 같은 기존 조직이나 소송 등의 기존 수단을 활용해야 한다. 3. 흑인들은 폭력적인 수단을 쓸 준비를 해야 한다.	간접적인 리더보다는 직접적인 리더에 가깝다
마거릿 대처	해당 사항 없음	해당 사항 없음
장 모네	해당 사항 없음	해당 사항 없음
마하트마 간디	해당 사항 없음	해당 사항 없음

	분야 내에서의 실천	최종적인 분야	분야를 넘어선 후의 입장
마거릿 미드	훌륭함	미국의 대중, 특히 중산층	포용적
로버트 오펜하이머	연구소나 기관에서는 탁월한 리더십을 발휘했지만 사람들의 기대만큼 위대한 과학자는 아니었고, 위압적인 태도를 지녔다.	미국의 정책입안자들과 교육 수준이 높은 미국의 대중	인간관계는 원만하지 않았으나 포용적
로버트 메이너드 허친스	겉으로는 자신의 교육철학을 실천하는 듯 보였지만, 정말로 토론을 좋아했는지 남의 말에 귀를 기울였는지 확고한 입장을 가지고 있었는지 분명하지 않다. 그는 단지 자신의 관심사에만 활기를 불어넣고자 했는지도 모른다.	교육 수준이 높은 미국의 대중	어떤 면에서는 포용적, 어떤 면에서는 배타적
알프레드 슬론 2세	직원들이나 거래업자들에게 바람직한 행동의 모델	미국의 대중과 다른 산업국가들의 시민	포용적이지만 경쟁적
조지 마셜	모범적: 삶 자체가 주요 이야기다.	미국과 세계의 대중	제2차 세계대전 후 여건이 악화되었지만 항상 포용적이었다.
교황 요한 23세	탁월함	전 세계 시민	포용적: 가톨릭교계 밖에서 더 높은 평가를 받았다.

엘리너 루스벨트	점차적으로 탁월한 실천을 보여주었고, 지위나 격식에 얽매이지 않았다.	국내외 소외계층과 그들을 돕는 사람들	포용적
마틴 루터 킹 2세	탁월함	미국 국민	포용적
마거릿 대처	해당 사항 없음	영국 국민과 우방국들	대체로 배타적
장 모네	해당 사항 없음	유럽의 리더들과 정책결정자들	포용적
마하트마 간디	해당 사항 없음	인도 국민과 영국과 전 세계	포용적

	정체성 이야기	반대이야기
마거릿 미드	인간으로서 우리는 다른 많은 문화권들이 추구하는 사안들을 연구함으로써 우리 자신의 삶에 대해 보다 현명한 결정을 내릴 수 있다.	우리 미국인들은 특별한 존재이므로, 다른 문화에서 배울 것이 없으며 오히려 그 폐해를 경계해야만 한다.
로버트 오펜하이머	과학자, 정책입안자, 일반인 등 모두가 새롭게 도래한 핵의 시대에 협력해야 한다. 또한 가능한 한 적과도 공조하여 파괴적인 무기를 통제하고 핵에너지를 바람직한 용도로 사용하려는 노력을 기울여야 한다.	과학자들은 정치에 개입해서는 안 된다. 소련은 우리의 영원한 적이며, 어떤 대가를 치르더라도 그들과 맞서야만 한다. 냉전 체제는 무한정 지속될 것이다.
로버트 메이너드 허친스	교육을 받은 미국인들은 민주주의의 수호자들이다. 그레이트북스로 대표되는 우리의 지적 유산은 그런 교육을 위한 가장 좋은 방안이다.	그레이트북스는 편협하고 지적 수준도 높지 않다.
알프레드 슬론 2세	비즈니스는 우리 모두의 복지를 보장해 줄 수 있으므로, 마땅히 미국인들의 삶에서 중심이 되어야 한다.	시장이나 이익이 삶의 전부는 아니다. 삶에는 정신적인 차원이 있다. 비즈니스는 보다 풍요로운 생활을 가져다줄 수 있지만, 침체기에 빠질 수도 있고 물질주의를 조장하여 우리의 삶을 파괴할 수도 있다.
조지 마셜	우리 미국인들은 필요하다면 전쟁을 치르더라도 우리의 가치들을 수호해야 하지만, 그 가치들을 보다 넓은 세계와 공유하기 위한 노력을 게을리 해서는 안 된다. 또한 세계대전의 희생자들을 도와야 한다.	미국인들은 반드시 승리해야 한다. 우리는 특별하며 다른 국가와 비교될 수 없다. 우리는 우리를 공격했던 적들에게 아무런 지원도 해 줄 필요가 없다.
교황 요한 23세	우리는 우선 인간이고, 그 다음으로 종교적 존재다. 우리는 이 세상을 재앙으로부터 구해내고 항구적인 평화를 정착시키기 위해 서로 협력해야 한다.	종교적인 분열은 중재될 수 없다. 냉전은 불가피하며 계속 유지되어야 한다.

엘리너 루스벨트	모든 사람들이 협력하여 소외계층, 즉 여성과 흑인과 제3세계 국가의 국민들을 도와야 한다. 또한 극단적일 필요는 없지만 어느 정도 투쟁도 각오해야 한다.	우리 사회는 적자생존의 원칙이 적용되고 있는데, 그것은 어쩔 수 없는 일이다.
마틴 루터 킹 2세	인종차별은 철폐되어야 한다.	인종 간의 차이는 항상 존재하며 무시할 수도 없고 축소시킬 수도 없다. 언젠가는 그 정도가 줄어들 수 있겠지만 아직은 때가 아니다.
마거릿 대처	영국은 패배주의와 사회주의의 그늘 아래서 길을 잃었다. 우리는 사회주의자들, 노동조합원들, 기존의 보수당 정치가들로부터 주도권을 되찾아 과거의 영광을 회복시켜야 한다.	영국의 제국주의는 잘못이었다. 사회주의와 노동계급이 주장하는 방식이 결점은 있어도 현실적으로 최선의 선택이다.
장 모네	유럽은 통합되어야 하며, 미국과는 긴밀한 관계를 유지해야 한다.	유럽 국가들은 나름대로 유구하고 영광스런 역사를 가지고 있으며, 위험하고 불확실한 미래를 위해 그런 역사를 그냥 던져버릴 수는 없다.
마하트마 간디	우리 인도인들은 지위와 품격 면에서 다른 모든 인류와 동등하다. 우리는 가능한 한 반대 세력과 협력해야 하지만 필요하다면 대항할 각오를 해야 한다.	식민지 지배자와 피지배자 사이에는 본질적인 불평등이 존재한다. 힘이 곧 정의이다. 대항을 하려면 폭력도 불사하겠다는 마음가짐을 가져야 한다.

그밖의 다른 이야기들

마거릿 미드	1. 문화에는 패턴이 있으며, 미국 문화 또한 패턴이 있다. 인간의 본질은 통일성과 다양성 차원으로 파악될 수 있다. 2. 미국인들은 다양한 생활양식을 실험해 보려는 태도를 가져야 한다.
로버트 오펜하이머	1. 지식과 실천의 세계는 비밀, 권력, 지식, 과학에 관한 역설로 가득하다. 그리고 우리는 그것들을 마음껏 즐겨야 한다. 2. 인간의 지식은 아직 박약하고 제한적이다.
로버트 메이너드 허친스	1. 현명한 사람들은 중대한 사안들을 깊이 생각한 후 그 결과를 밝혀야 한다. 2. 시민의 자유는 중요하다. 3. 미국은 국제적 분쟁(제2차 세계대전 이전)에 개입하는 데 신중해야 한다.
알프레드 슬론 2세	1. 자동차는 생활의 중심이다 2. 비즈니스를 방해하는 것은 무엇이든 나쁘다.
조지 마셜	1. 냉전이 우리의 모든 행동을 지배하게 해서는 안 된다. 2. 이스라엘을 국가로 인정하는 것은 시기상조이다.
교황 요한 23세	1. 영적인 삶을 영위하며 타인을 존중해주는 것이 가능하다. 2. 가난한 이들을 도와야 한다.
엘리너 루스벨트	1. 뉴딜 정책의 이념은 미국 사회에서 지속되어야 하며 전 세계로 확산되어야 한다. 2. 평범한 여성도 훌륭한 업적을 달성할 수 있다.
마틴 루터 킹 2세	1. 불공평의 원인은 경제적 문제에 있다. 자원의 재분배가 필요하다. 2. 전 세계의 소외된 이들은 서로 뭉쳐야 하는데, 미국의 호전적 외교 정책이 그 걸림돌이 되고 있다. 3. 개혁가들은 북부 빈민가에 관심을 쏟아야 한다.
마거릿 대처	1. 국가주의가 세계주의보다 더 바람직하다. 2. 가능한 한 많은 산업과 기능을 민영화하라. 3. 냉전 체제를 유지하고 모든 침략자들을 단호하게 물리쳐라. 하지만 소련의 미하일 고르바초프와는 협상할 수 있다.

장 모네
1. 화합은 경제 분야에서 시작된다. 이성을 굳게 믿어라.
2. 리더들과 협력하고, 업적에 대한 공을 그들에게 돌려야 한다.
3. 단 하나의 목표를 끈기 있게 추구해야 한다.

마하트마 간디
1. 산업혁명은 본질적으로 파괴적이다. 따라서 우리는 그 이전의 마을 공동체 생활로 돌아가야 한다. 우리에게는 공중위생에 대한 인식이 필요하다.
2. 갈등은 양 당사자 모두를 강하게 만든다.
3. 소외된 모든 사람들은 단결해야 한다.
4. 개혁 작업은 완전히 공개적으로 추진되어야 한다.
5. 삶에서 영적인 차원이 가장 중요하다.

그밖의 다른 반대이야기들

마거릿 미드
1. 모든 문화는 등급을 매길 수 있다. 또한 문화를 서로 비교하는 것은 무익한 일이다.
2. 삶의 방식에 대해 언급하려는 과학자들을 경계해야 한다.
3. 가정생활이나 개인의 삶을 실험해 보자는 발상은 위험하다.

로버트 오펜하이머
1. 역설은 피하고 명료한 논리, 방향, 해결책을 찾아라.

로버트 메이너드 허친스
1. 기관이나 재단은 본질적으로 엘리트주의에 물들어 있고 신뢰하기 어렵다.
2. 우리 사회에 필요한 것은 우리를 곤경에 빠뜨리는 진보주의자들이 아니라 보수적인 사상가들과 이념들이다.
3. 미국은 적극적인 외교정책을 펼쳐야 한다.

알프레드 슬론 2세
1. 자동차 산업 이외의 다른 산업들의 출현과, 미국의 3대 자동차 회사들과는 성격이 전혀 다른 경쟁사들의 등장에 대비해야 한다.
2. 노동조합과 경영진 간의 관점 차이는 대단히 크다.
3. 마르크스 사상은 고전적인 경제 분석보다 더 깊은 통찰을 보여준다.

조지 마셜
1. 냉전은 다른 모든 사안들보다 우선되어야 한다.
2. 이제 이스라엘은 국가로 인정받을 만하다.

교황 요한 23세
1. 종교계 리더들은 정치에 참여해서는 안 된다.
2. 진정한 영성(靈性)을 부인하는 냉소적인 입장도 인정될 수 있다.
3. 빈곤층은 자신들의 처지를 운명으로 받아들여야 한다.

엘리너 루스벨트
1. 뉴딜 정책은 종식되어야 한다.
2. 비범한 사람만이 훌륭한 업적을 달성할 수 있다.

마틴 루터 킹 2세
1. 문제의 원인이 경제에 있다고 보는 사람은 마르크스주의자이며, 그런 생각은 대단히 위험하다.
2. 미국은 특별한 국가이고, 세계의 경찰이 되어야 한다.
3. 남부 사람들은 잘 알지 못하는 북부 도시의 상황에 개입해서는 안 된다.

마거릿 대처	1. 국가주의는 시대착오적이며 위험한 발상이다. 2. 정부가 많은 기능들을 담당하는 것이 바람직하다. 3. 냉전 체제를 포기하고, 고르바초프를 경계하라.
장 모네	1. 화합은 사회적 쟁점에서 비롯된다. 영적인 고찰이 이성적인 고찰보다 더 중요하다. 2. 막후에서 활동하는 것은 바람직하지 않다. 3. 단 하나의 목표만을 추구하는 것은 비현실적이다. 특히 상황과 정책의 우선순위가 변화하는 국제 사회에서 단 하나의 세계주의적인 목표만을 고수하는 것은 더욱 그렇다.
마하트마 간디	1. 누구도 시간을 되돌릴 수는 없다. 과학에서 배워야 한다. 2. 갈등은 제로섬 게임일 뿐이다. 3. 출신이 제각각인 소외된 사람들이 일체감을 갖기는 현실적으로 어렵다. 4. 당신의 치부를 만천하에 드러내지 말고 막후에서 활동하라. 5. 영적인 것보다는 이성과 분석을 믿어라.

	직접적·간접적 리더십	분야를 넘어선 후의 실천	분야 내의 이야기와 분야를 넘어선 이야기의 조화
마거릿 미드	두 형태 모두	훌륭함	훌륭함
로버트 오펜하이머	두 형태 모두: 직접적인 리더십을 행사하는 데 더 많은 문제가 있었다.	이중적인 성격의 소유자였고, 국가에 대한 불충 혐의에 대해 적절히 대처하지 못했으며, 오만한 태도 때문에 많은 사람들에게 불편을 주었다.	분야 내의 이야기를 변덕스럽고 겁이 많은 대중을 상대로 제대로 전달하는 일이 쉽지 않았다.
로버트 메이너드 허친스	두 형태 모두 시도했으나, 말년에는 어느 것도 제대로 행사하지 못했다.	널리 알려진 인물이었지만 설득력이 약했고, 일반인들은 그에게 동질감을 느끼지 못했다.	처음에는 적절한 조화를 이루었지만, 다양한 세계적인 쟁점들을 다루면서 교육 문제들을 간과하기 시작했다.
알프레드 슬론 2세	직접적인 리더십	평생 많은 업적을 이루었지만, 1960년 이후에는 시대의 흐름을 따라가지 못했다.	훌륭함
조지 마셜	직접적인 리더십	훌륭함: 이야기보다 행동이 더 중요한 역할을 했다.	훌륭함
교황 요한 23세	직접적인 리더십	탁월함	뛰어난 조화
엘리너 루스벨트	직접적인 리더십	평범하지 않은 성장배경과 지위에도 불구하고 설득력이 매우 뛰어났다.	뛰어난 조화

마틴 루터 킹 2세	직접적인 리더십	자신의 분야에서 활동할 때만큼 효율적이지 못했다.	처음에는 뛰어난 조화를 이루었지만, 이야기를 변경하면서 그 정도가 약화되었다.
마거릿 대처	직접적인 리더십	대단한 설득력	고위직을 맡기 전까지 자신의 계획을 공개하지 않았지만, 정치생활 초기부터 조화를 이루었다.
장 모네	자신의 목표를 위해 리더들을 매개체로 이용할 때는 간접적인 리더십을, 그들과 함께 일할 때는 직접적인 리더십을 발휘했다.	훌륭한 실천가: 편협하지 않은 세계주의자로서 하나의 목표만을 끈질기게 추구했다.	해당사항 없음
마하트마 간디	두 형태 모두	대단한 설득력	장기적인 목표를 추구하는 데 놀라울 정도로 일관성을 유지했고, 이야기는 상황에 따라 유연하게 조정하였다.

실패한 영역

마거릿 미드	영속적인 조직을 창설하지 못했고 실용적인 프로그램을 개발하지 못했다. 사모아에 관한 분석은 여러 결함이 있는 것으로 지적되었다. 1970년대와 1980년대에 사회가 보수적인 경향을 띠면서 그녀의 진보적인 사상은 설득력을 잃었다. 사생활은 순탄치 않았다.
로버트 오펜하이머	무기 사용을 억제하도록 정책 입안자들을 설득하는 데 실패했다. 반공주의자들이 주도한 현대판 마녀사냥의 표적이 되어 비밀 취급 부적격자로 판정받고 공직에서 은퇴해야만 했다. 그의 경험은 과학자가 바람 잘 날 없는 정계에서 살아남기가 쉽지 않음을 여실히 보여준다.
로버트 메이너드 허친스	자신이 세운 많은 계획들을 교직원들에게 납득시키지 못했다. 시카고 대학을 떠난 후에는 효율적인 제도나 프로그램에 착수하지 못했다. 일반 대중과 교직원들은 그에게 공감할 수 없었다. 그가 자신이 원하지 않는 조건 하에서도 토론을 원했는지 의심스럽다. 말년에 그가 제시한 메시지는 다른 사람들이 제시한 것과 별 차이가 없었다.
알프레드 슬론 2세	일본의 성공이나 정보화 사회의 도래를 예견하지 못했다. 제너럴모터스와 미국 사회, 그리고 다른 산업국가들 간의 격차를 제대로 인식하지 못했다.
조지 마셜	노르망디 상륙작전의 총사령관으로 선발되지 못했다. 제2차 세계대전 이후 그의 외교정책은 전쟁 시기에 비해 별 성과를 거두지 못했다. 조셉 매카시 상원의원으로부터 공격을 받았지만 아이젠하워 대통령의 지지를 받지 못했다. 그가 강화시켰던 군대 조직은 급속도로 약화되었다.
교황 요한 23세	가톨릭교회 내에서 심한 반발을 불러일으켰다. 그의 뒤를 잇는 교회 리더들은 교황 요한의 계획을 계속 추진하지 않았다. 그의 중재로 가능했던 흐루시초프와 케네디 간의 협력도 그들이 공직에서 물러난 후에 지속되지 못했다.
엘리너 루스벨트	제2차 세계대전 동안 그녀가 내놓은 국내의 안건은 대부분 묵살되었다. 전후에는 점점 더 당파적인 경향을 보였다. 보다 젊고 영향력 있는 인물들이 소외계층을 대변하게 되면서 그녀의 역할이 축소되었다. 가정에서 어머니 역할에 충실하지 못했음을 인정했고 결혼생활에서도 극도의 스트레스를 겪었다. 사생활이 순탄했던 적이 없었다.

마틴 루터 킹 2세	보다 호전적인 세력에게 민권운동의 주도권을 빼앗겼다. 연방수사국FBI의 집요한 인신공격을 받았다. 북부 도심의 문제를 해결하려는 노력이 좌절되었다. 민권운동을 지지했던 흑인들은 그가 다루기 시작한 다른 국가와 국민의 문제에 관심이 없었다. 논문 표절과 복잡한 여성 편력의 증거가 드러났다.
마거릿 대처	남의 의견을 고려하지 않고 항상 자신의 생각대로 정책을 추진했다. 결국 공직 말기에는 정치적 실패를 자초했다. 정책 토론의 성격을 변화시켰지만, 영국을 위해 세운 많은 목표들 중 상당 부분을 달성하지 못했다.
장 모네	많은 국가 지도자들의 지지를 얻지 못했다. 변화에 대한 기존 체제의 심한 저항에 직면해야만 했다. 그가 구상한 조약들 중 아직도 비준되지 않고 있는 것이 있다. 종족주의가 재부상하면서 '하나의 유럽'이라는 정신이 확고히 뿌리를 내리지 못하고 있다.
마하트마 간디	인도는 예나 지금이나 갈등이 끊이지 않고 있다. 그의 사상은 인도 밖에서 더 성공적이었다. 가정생활도 원만하지 못했다. 간디의 사상은 현실보다는 이상에 더 가까웠다.

Leading Minds

부 록 II
제2차 세계대전의 리더들

	가족	교육
장제스 1887~1975 (중국 저장성 출생)	부유한 가정에서 성장했다. 아버지는 상인으로 냉정한 사람이었다. 사랑을 독차지했던 그의 형이 사망한 후에야 어머니의 관심을 받았다.	가정교사에게 교육을 받았다. 일반 학과목에는 별 관심이 없었으며, 일본과 소련에서 군사학교를 다녔다.
윈스턴 처칠 1874~1965 (영국 옥스퍼드셔 출생)	아버지는 영국 귀족이었고 어머니는 미국인이었다. 집안은 정치적으로 명망이 있었지만 부유하지는 않았다. 부모님과의 관계는 소원했는데, 특히 아버지와 사이가 매우 좋지 않았다.	여러 학교를 전전했으나 어디에서도 제대로 적응하지 못했으며 학습 속도도 뒤처졌다. 결국 육군사관학교를 졸업했다. 훗날 독학으로 상당한 지식을 쌓았다.
샤를 드골 1890~1970 (프랑스 릴 출생)	보수적인 경향이 강한 중산층 가톨릭 집안 출신이었다. 가족은 화목했지만 부모는 엄격했다.	예수회 교육을 받았다. 모범적인 학생이었고 수학과 역사에서 뛰어났다. 명문 생시르 육군사관학교에 다녔다.
아돌프 히틀러 1889~1945 (오스트리아 브라우나우 출생)	공무원이었던 아버지는 권위적이었고 어머니는 너그러웠다. 부인과 아들에게 무심했던 아버지는 히틀러가 14살 때 사망했다.	학교생활은 착실하지 못했다. 미술학교에 들어가길 원했으나 낙방했고 고등학교를 졸업하지 못했다.
블라디미르 일리치 율리야노프 레닌 1870~1924 (러시아 볼가 출생)	안정적이고 사려 깊은 부모 밑에서 성장했다. 아버지는 1886년 레닌이 16살 때 사망했다. 1887년에는 사랑하는 형이 처형당하자 정치혁명 운동에 뛰어들었다.	김나지움(독일의 중등교육 기관)에서 우수 학생이었고 법학을 전공했다.
마오쩌둥 1893~1976 (중국 후난성 샤오산 출생)	아버지는 벼농사를 지어 성공한 농부였다. 아버지와 사이가 좋지 않고 간혹 구타를 당했다. 불교 신자였던 어머니는 자상했다.	어릴 때는 서당에서 유교사상을 배웠다. 16살에 신식 소학교에 입학하지만 끝마치지 못했다. 결국 정상적인 학교 교육을 받게 되는데, 그 과정에서 저명한 서구 사상가들의 작품들을 두루 섭렵했다.

베니토 무솔리니 1883~1945 (이탈리아 바라노 디 코스타 출생)	대가족이었다. 아버지는 교육을 받지 못한 대장장이였고 사회주의자였다. 1905년 교사였던 어머니의 사망으로 비탄에 잠겼다. 아버지는 1910년에 사망했다.	괴팍하고 반항적인 학생이었으며 동급생을 칼로 찌르기도 했다. 하지만 역사, 지리, 이탈리아학에 뛰어났다.
프랭클린 델라노 루스벨트 1882~1945 (미국 뉴욕 출생)	부유하고 사려 깊은 부모 슬하에서 성장했다. 어머니는 의지가 대단히 강한 여성이었다. 아버지는 1900년에 사망했다. 외아들이어서 응석받이로 자랐지만, 장차 사회에 공헌할 인물이라는 기대를 받았다.	가정교사를 두고 사립학교에 다녔다. 착실했지만 뛰어난 학생은 아니었다. 하버드 대학과 컬럼비아 대학 법학과 대학원에 다녔다.
이오지프 스탈린 1879~1953 (그루지아 고리 출생)	교육 받지 못한 가난한 부모 밑에서 성장했다. 아버지는 상습적으로 부인과 아들을 구타했다. 어머니는 아들에게 헌신적이었지만, 그는 이를 고마워하지 않았다.	기억력이 뛰어나고 장래가 촉망되는 학생이었지만, 결국 지식인이 되지는 못했다. 신학교에서 퇴학을 당하기도 했다. 그의 학문적 소양이 독선적인 연설과 저작물에 잘 드러나 있다.
도조 히데키 1884~1948 (일본 도쿄 출생)	서구식 군국주의로 전향한 군인 집안의 장남으로 태어났다. 어머니도 일을 하면서 생활비를 보탰다. 부모의 사랑을 받으며 성장했다.	공부에 흥미가 없었고 육군사관학교에 다녔다.

	개성과 기질	청년 시절의 해외여행
장제스	건강이 좋지 않을 때 외에는 항상 활기가 넘쳤다. 위기상황을 만들어 내는 것을 좋아했고 일에 매우 집중했다. 점차 금욕주의적 생활태도를 유지했다.	일본 유학
윈스턴 처칠	열정적이고 장난기가 있었으며 다소 무절제한 면도 있었다. 전쟁은 그에게 새로운 의욕과 활기를 불어넣었다. 우여곡절이 많은 전쟁을 치르면서 자신이 특별하다는 인식을 갖게 된다.	유럽, 미국 여행 쿠바, 인도, 수단에서 전투에 참가했다.
샤를 드골	고집이 세고 자기중심적이었다. 학교에서는 동급생들로부터 특별한 대우를 받았는데, 신장이 남들보다 컸다는 사실도 그 이유 중의 하나였다. 자신과 조국 프랑스를 동일시했고, 사관학교에 다닐 때는 자신이 위대한 과업을 수행할 것이라고 공언했다.	벨기에 유학 독일, 폴란드, 중동 지방에서 장교로 복무했다.
아돌프 히틀러	자신이 예술가라고 생각했다. 친구를 잘 사귀지 못했지만, 일반 대중과는 호흡이 잘 맞는다고 느꼈다. 장차 세계를 제패하겠다는 꿈을 품었다.	독일, 오스트리아에 잠시 체류한 적이 있다.
블라디미르 일리치 울리야노프 레닌	활기찬 성격에 보스 기질을 지녔다. 주변 사람들의 존경을 받았지만 그들과 개인적으로 일정한 거리를 두었다. 언제나 논쟁을 벌이는 걸 좋아했다. 자신이 혁명의 리더로서 타고난 능력을 갖고 있으며, 대중을 지배할 자격을 갖추었다고 느꼈다.	1895년 서유럽을 여행했고, 1900년대 초에는 그곳에서 망명생활을 했다.

마오쩌둥	자신이 자부심과 결단력이 강하고 저돌적인 아웃사이더라고 생각했다. 사회의 패자들에 대한 동정심을 가졌다.	중년에 모스크바를 방문하기 전까지 중국을 떠난 적이 없다.
베니토 무솔리니	젊은 시절에는 외톨이였고 독서를 좋아했다. 자주 싸움을 벌였고 남을 괴롭혔다. 시대의 영웅이 되려는 욕망에 사로잡혀 있었다.	병역 기피자로서 스위스, 독일에 잠시 체류했다.
프랭클린 델라노 루스벨트	학창 시절 학교 당국과 교사들의 총애를 받았으나 친구는 별로 없었다. 성장하면서 활발하고 사교적인 성격으로 변했다.	어린 시절 유럽 각지를 여행했다.
이오지프 스탈린	어린 시절부터 자신의 의견에 반대하는 사람을 참지 못했기 때문에 친한 친구를 사귀지 못했다. 성격이 잔인하고 복수심이 강했다. 당국에 대항했던 농민 저항에 관한 이야기를 좋아했다. 그의 어머니는 그가 장차 위대한 일을 할 수 있다는 확신을 심어주었다.	1913년 한 달 동안 오스트리아 빈에 머물렀다. 그 후 1943년 테헤란 정상 회담에 참가하기 전까지 소련을 떠나지 않았다
도조 히데키	활발하고 경쟁심이 강했으며 자신감이 넘쳤다. 둔하거나 결단력이 없는 사람을 참지 못했다. 신경질적인 기질도 있었다.	시베리아에서 군복무를 했고 스위스와 독일에서 유학했다.

	권위에 도전하려는 적극성과 모험심	초기의 분야
장제스	소년기에는 규칙을 싫어했다. 만주 법원을 비판했고 학교에서 시위를 주도하기도 했다. 혁명적인 지도부와 정부 관리들에게 도전했다.	군대. 군사 잡지에 글을 기고하기도 했다.
윈스턴 처칠	학창 시절부터 항상 반항적이었다. 전시나 평화 시나 모험심이 강했다.	군대, 언론, 정치
샤를 드골	자신은 특별한 존재이며 프랑스의 화신이라고 주장했다. 독일 침공 후에도 프랑스의 패배를 인정하지 않았으며, 비시 정권 하에서 궐석 재판으로 사형선고를 받는다. 타협보다는 공직 은퇴의 길을 선택했다.	군복무 중에 심한 부상을 입었다. 역사 교사로 재직하기도 했다.
아돌프 히틀러	기존의 성경 해석 방식에 대해 목사에게 항의했다. 독일 정부의 리더들을 비난했다. 당대의 많은 사람들과 토론 및 논쟁을 벌였다. 자신을 과신하고 타인을 무시하는 성향 때문에 1923년 폭동과 같은 무모한 모험을 감행했다.	독서, 글쓰기, 그림으로 소일하며 10년 동안 방황했다. 군에 입대한 후, 민족주의와 군인 정신에 충실했다.
블라디미르 일리치 율리야노프 레닌	가족 내에서 독불장군이었다. 논쟁을 벌이고 대립하는 것을 좋아했다.	변호사로서 농민 계급을 옹호하였다.
마오쩌둥	학교에서 옛 선현의 글을 암송하라는 교사의 지시를 거부하곤 했다. 아버지에게도 반항했다. 결국에는 동료든 적이든 사람들과 대립하려는 기질이 드러났다.	베이징 대학에서 도서관 사서로 일했다. 문맹 노동자들에게 글을 가르치기 위해 교육기관을 설립했다.

베니토 무솔리니	청년 혁명가로서 경찰관들을 상대로 싸웠다. 심지어는 신의 아성을 무너뜨리고자 했다.	젊은 시절 벽돌공으로 일했다. 혁명운동으로 스위스에서 추방된 후 이탈리아 군에 입대했다.
프랭클린 델라노 루스벨트	어린 시절에는 권위에 도전하지 않았고 그럴 이유도 없었다. 청년 시절에는 고위 공직을 맡게 될 것이라고 확신했다. 고의로 반대 의견을 제시하여 사람을 시험해 보는 것을 좋아했다. 소아마비를 앓고 난 후부터 더욱 사색적이고 실험적인 성향을 갖게 되었다.	1910년 뉴욕 주 상원의원으로 당선되기 전에 잠시 변호사로 활동했다.
이오지프 스탈린	권위 자체를 증오했고, 평생 그것에 대항하겠다는 생각을 품었다. 현실의 적이든 가상의 적이든 모든 적을 남김없이 제거하기를 원했다. 제1차 세계대전 후 레닌과 트로츠키의 뜻을 따르지 않았다.	신학교에서 추방당한 후 마르크스주의자가 되었고, 결국 직업 혁명가가 되었다.
도조 히데키	젊은 시절 동료들과 자주 말다툼을 벌였다.	사관학교 출신의 군인

	초기의 정치 경력 및 조직과의 관계	언어 구사 능력
장제스	젊은 나이에 쑨원이 지휘하는 국민당에 들어가 혁명운동과 암살 활동에 참가했다. 쑨원이 사망한 뒤에 국민당 리더가 되었고, 그 후 평생 동안 공산당과 투쟁을 벌였다.	젊은 시절부터 글 솜씨가 뛰어났고, 한때 군사 잡지의 필자로 활동했다.
윈스턴 처칠	1911년에 해군장관이 되었으며, 그 후에도 여러 장관직을 역임했다. 당적을 바꾸고 의원직을 상실하는 등 정치적으로 많은 우여곡절을 겪었다. 능력을 인정받았지만 신뢰를 얻지는 못했다. 정당 생활은 원만하지 못했다.	나름대로의 훈련을 통해 뛰어난 웅변가와 저술가가 되었으며 노벨문학상을 수상하기도 했다.
샤를 드골	육군대학 졸업 후 군대 내 고위직에 배속되었다. 자유프랑스군을 조직했고, 1944년 나치 패배 후에 프랑스 임시정부의 수반이 되었다.	완벽히 다듬어진 원고와 뛰어난 암기력이 돋보였던 웅변가였다. 젊은 시절에는 글의 문체가 창조적이었으나 나이가 들면서 서사적으로 변했다.
아돌프 히틀러	초기 나치당 당원으로 당원 모집과 선전 활동에 참여했다. 후에 새로운 지지 기반을 확보함으로써 당을 재건했다. 경제적 위기를 이용하여 국가 지도자가 된다. 행정에 관심이 없었지만, 기존의 조직들을 통제하여 무소불위의 독재권력을 행사했다.	이성보다는 주로 감성에 호소했던 천재적 웅변가였다. 하지만 글 쓰는 것을 좋아하지 않았는데, 자신의 책은 직접 쓴 것이 아니라 구술로 대필시켰던 것 같다.
블라디미르 일리치 울리야노프 레닌	1892년과 1893년에 마르크스주의자들의 혁명운동에 참여한다. 연설, 글쓰기, 리더십의 능력이 출중했다. 볼셰비키를 이끌고 온건파인 멘셰비키와 대립했다. 엘리트주의에 따른 지배체제에 확신을 두었고, 마음이 맞는 소수의 행정가들과 협력했다.	공격적인 선동가이자 토론가였지만, 소책자 집필자나 저술가로서 더 뛰어난 재능을 보였다.

마오쩌둥	1911년 쑨원이 이끄는 혁명군에 입대했다. 1920년대 중국 공산당 창설 멤버였다. 농민을 위한 교육기관을 운영했으며, 일찍부터 농민과 노동자 계급 내에서 강한 리더십과 카리스마를 보여주었다. 국민당과 사투를 벌였으며, 공산당의 다양한 정치 및 군사 조직을 이끌었다.	대화 기술이 뛰어났고, 시와 정치적 문학 작품을 많이 남겼다.
베니토 무솔리니	1902년 혹은 1903년경부터 혁명 운동에 참여했다. 일찍부터 언론계에서 활동하다가, 1913년 사회주의자로서 처음 공직에 출마한다. 파시스트당 체제를 확립했다. 그리고 여러 선거에서 승패를 거듭한 후 마침내 1921년 국가 지도자가 되었다.	연설은 많이 하지 않았지만, 권위 있고 유창한 웅변가였다. 언론에 많은 글을 기고했다.
프랭클린 델라노 루스벨트	제1차 세계대전 전후에 정계에서 꾸준히 성장해 왔다. 항상 충실한 민주당원으로 활동했고, 당과 협조적인 관계를 유지했다.	글쓰기에 재능이 있었지만 열성을 보이지는 않았다. 뛰어난 연설가였는데, 특히 라디오 대담은 사람들에게 깊은 인상을 주었다.
이오시프 스탈린	혁명가로서 오랜 수감 및 수배 생활을 했다. 1911년 레닌의 심복이 되었다. 레닌에 의해 수차례 지위를 박탈당했고 결점을 지적받기도 했지만, 조직관리 능력과 예리한 통찰력 덕분에 당에서 권력을 유지할 수 있었다. 자신의 비밀조직을 만들어 레닌의 후계자가 되기 위한 입지를 다졌다. 행정적 수완을 정치권력으로 전환시키는 데 능숙했다.	글쓰기는 뛰어나지는 못했지만, 자신의 주장을 명확하게 표현할 수 있었다. 유능한 토론가였지만, 훌륭한 대중 연설가는 되지 못했다. 가능한 한 대중 앞에서 나서지 않는 것이 신비감을 더해 줄 것이라고 생각했다. 1941~1942년 독일 나치의 공격 기간 중에 국민들을 효과적으로 결속시켰다.
도조 히데키	군사행정가로서 뛰어난 수완을 발휘했다. 1930년대 초에는 선전활동과 공공정책에 관여했다.	열정적인 웅변가였다.

	중심이야기	반대이야기
장제스	외래 요소들을 몰아내어 독립적이고 단합된 중국을 건설하자. 중국은 혁명군이 필요하다. 이런 큰 목표를 달성하기 위해 개인의 자유는 희생되어야 한다.	공산주의와 중국은 국제적인 변화의 일부다. 농민들의 천재성이 곧 천하에 빛을 발할 것이다. 장제스는 중국 인민의 마음을 읽지 못하는 엘리트주의자이자 부패한 독재자이다.
윈스턴 처칠	무엇보다 가장 중요한 것은 개인의 자유와 권리. 영국과 대영제국은 위대하다. 영국 인종에게는 특별한 천재성이 있다. 종종 투쟁이 필요할 때도 있다.	국제주의, 사회주의, 공산주의는 바람직한 것이다. 처칠은 과대망상에 빠진 사람이고 전쟁광이며 제국주의자이며 군주제 지지자이다.
샤를 드골	전쟁을 효율적으로 수행하기 위해 기계화된 전력이 필요하다. 프랑스는 국제적인 위상과 연합국들과 동등했던 예전의 지위를 되찾아야 한다. 초국가적인 정치 체제를 경계해야 한다. 프랑스는 강력한 중앙정부와 대통령이 필요하다.	장 모네의 유럽통합론은 주목할 만한 가치가 있다. 드골은 시대착오적인 맹목적 애국주의자이며 허풍선이이고 독재자이다.
아돌프 히틀러	게르만족은 특별하고 우수한 민족으로 전지전능한 리더를 필요로 한다. 유대인, 공산주의자, 국제주의자는 모두 사악한 세력이다. 내부와 외부의 반대파를 물리치는 데는 분열 책략이 효과적이다. 투쟁과 전쟁은 인간의 지상과제이다.	합리성, 국내외 사안 처리에 있어 적절한 균형, 민주적인 절차가 대단히 중요하다. 국제주의, 공산주의, 반反아리안주의가 무조건 배척되어서는 안 된다. 히틀러는 편집광적인 독재자이다.
블라디미르 일리치 울리야노프 레닌	러시아는 레닌주의와 러시아의 요소가 가미된 마르크스주의가 필요하다. 일반 노동자들은 혁명의 선봉장이 되어야 하지만, 지식인들 중심의 당 지도부가 중추적인 역할을 수행해야 한다. 혁명당원들이 주도하는 무장투쟁은 필연적인 것이다.	정부에 필요한 것은 대결이 아니라 개혁적 변화이다. 레닌은 모사꾼이다. 그는 진정으로 국민을 위한 인물이 아니라 한낱 지식인일 뿐이다.

마오쩌둥	오직 사회주의만이 정당한 목표이자 목숨을 걸 만한 대의명분이다. 삶은 투쟁으로 점철되어 있다. 천재성은 바로 민중에게 있다. 지식인들을 경계해야 하며, 프롤레타리아 계급이 이 세계의 주도권을 쥐어야 한다. 지식은 경험에서 나온다. 삶에서 핵심적인 사안은 권력이다.	유교나 불교 등의 전통 사상뿐 아니라 봉건주의, 온건주의, 파시즘 모두 나름대로의 가치가 있다. 장제스가 이끄는 국민당을 지지해야 한다. 마오쩌둥은 부패하고 전쟁을 좋아하며 지식인에 반대하는 인물이다.
베니토 무솔리니	이탈리아 정치에서 새로운 대중은 가장 중요한 요소이다. 유혈 투쟁으로 이룩한 파시즘에 최고 권력을 부여해야 한다. 로마의 정신을 복원하고 독일과는 동맹관계를 맺어야 한다. 개인은 국가에 종속된 존재이다.	군주제, 민주주의, 온건주의, 언론의 자유, 가톨릭 사회주의, 그리고 농민과 노동자들의 특별한 역할 등은 나름대로 타당성이 있는 입장이다. 무솔리니는 위선자이고 폭력배다.
프랭클린 델라노 루스벨트	정부는 특히 위기 시에 행동주의를 지향해야 한다. 미국은 연합국들과 힘을 합쳐 파시즘에 대항해야 한다.	정부 개입은 본질적으로 악이다. 미국은 고립주의 정책을 펴는 것이 바람직하다. 루스벨트는 탐욕스럽게 권력만을 추구하는 인물이다.
이오지프 스탈린	마르크스–레닌주의 사상은 사회를 위한 최선의 길잡이다. 세계 혁명이 수행되기 전에 먼저 국가 내에서 사회주의가 건설되어야 한다. 소련은 산업 강국으로 성장해야 한다. 어떠한 고난에 직면하더라도 집단농장화를 추진해야 한다. 당과 지도부를 반대하는 모든 세력은 제거되어야 한다. 제2차 세계대전 동안 마르크스주의는 느긋한 행보를 취할 필요가 있다.	민주주의, 점진적 사회주의, 파시즘 등의 정부 형태들은 나름대로 장점을 가지고 있다. 국제적인 혁명 활동이 수행되어야 한다. 스탈린은 농민과 노동자들에게 등을 돌린 강압적 테러리스트다.
도조 히데키	일본인은 우수한 인종이고 천하무적이다. 독일은 훌륭한 동맹국이다. 미국은 무능하고 제대로 훈련이 되어 있지 않기 때문에 전쟁을 계속 수행할 수 없다. 전쟁 노력과 군국주의를 지지해야만 한다.	최선의 정책은 온건하고 비적대적인 것이다. 중국과의 전쟁이 유럽이나 미국과의 전쟁보다 더 중요하다.

실천, 업무 습관, 사생활

장제스	금욕적인 생활을 했고 절도 있는 태도와 예의를 중요시했다. 정치적으로 영향력이 막강했던 쑹메이링宋美齡과 재혼하여 함께 활동했다. 사망 후에는 아들이 그의 뒤를 이어 권좌에 올랐다.
윈스턴 처칠	일벌레였으며 다른 사람들에게도 요구를 많이 하는 스타일이다. 집중력이 대단히 강했으며 활기가 넘쳤다. 대담한 성격과 언변은 한때 반감을 많이 사기도 했지만, 결국 그런 기질 때문에 전쟁으로 위기에 처한 영국을 구해낼 수 있었다. 결혼생활은 안정적이었지만 자녀들과의 사이는 좋지 않았다. 그림과 사냥을 취미로 삼았다.
샤를 드골	대중과 일정한 거리를 두었고, '위대한 프랑스'를 평생 정치활동의 모토로 삼았다. 평범한 정치를 경멸했으며, 국민이 자신을 원하지 않는다고 생각하면 과감히 은퇴했다. 그의 큰 키는 오만함의 상징처럼 여겨졌다. 용감한 군인이었고 언어 사용에 있어 완벽주의자였다. 정치에 관여하지 않았던 부인 이본느Yvonne와 안정적인 결혼생활을 유지했다.
아돌프 히틀러	정치생활 초기에는 아주 특이하고 자유분방하게 생활했다. (하지만 금욕적인 생활은 지속했다.) 부하들에게 절대 복종을 요구했고, 점차 개인적으로 가까운 추종자 집단에 의존하는 경향을 보인다. 사생활은 거의 없었다. 자살 직전 자신의 정부와 결혼했다. 제1차 세계대전 때 독일군 병사로서 용감하게 싸웠으나, 제2차 세계대전 중에는 개인적 희생이나 용기를 보여주지 못했다.
블라디미르 일리치 울리야노프 레닌	러시아의 리더가 되겠다는 야망을 품고 계획을 철저히 세워 끊임없이 노력했다. 소속 집단 내에서 토론을 주도했고 동료들의 존경을 받았다. 정치적 동지였던 나디아 크루프스카야Nadya Krupskaya와 결혼했다. 노년까지 공부, 체스, 산책의 습관을 버리지 않았다.
마오쩌둥	처음에는 엄격하고 용맹스런 삶을 영위했으며, 대장정 동안 많은 사람들에게 영감을 불어넣었다. 하지만 나중에는 개인숭배를 조장하며 점차 포악한 독재자가 되어갔다.

베니토 무솔리니	자신을 근면한 사람이라고 했으나, 실제로는 근무 시간을 잘 지키지 않고 방탕하게 생활했다. 처음에는 큰 업적을 쌓을 것이라는 국내외의 기대를 받았지만 결국 말만 앞세우는 인물로 판명된다. 변덕스러웠고 청중을 놀라게 하는 것을 좋아했다.
프랭클린 델라노 루스벨트	소아마비를 앓고 난 후 더욱 강인해졌다. 성실했으며, 개인적인 용기와 대담성은 다른 사람들의 귀감이 되었다. 권한 위임에 능숙하지 못했고 사람을 다루는데도 어려움을 겪었다. 측근들을 반목시키는 것을 즐겼다. 아내 엘리너 루스벨트는 정치적 동지였지만, 루시 머서와의 스캔들이 드러나면서 관계가 소원해졌다. 자녀들과 가깝게 지내지 않았다.
이오지프 스탈린	금욕적으로 생활했으며 고난을 담담히 받아들였다. 모든 갈등을 인신공격으로 몰고 갔기 때문에 대인관계가 원만하지 못했다. 두 번 결혼했으나 사생활이 거의 없었다. 두 번째 부인은 자살했고 외동딸은 소련을 떠났다.
도조 히데키	1909년에 결혼했다. 결연한 의지는 점차 무모한 충동으로 변질되었다. 개인숭배의 유혹에 빠졌다.

궁극적인 성공과 실패

장제스	20년 동안 중국을 이끌었다. 제2차 세계대전 당시 공산당과 맺은 국공합작으로 일본에 대항했다. 결국 공산당에게 패배해 타이완으로 후퇴할 수밖에 없었다.
윈스턴 처칠	중년까지 많은 성공과 실패를 거듭했다. 제2차 세계대전 당시 영국의 총리이자 연합국들을 대표하는 리더로서 큰 활약을 했다. 정치적 성공은 한계가 있었지만, 은퇴 후 문학적으로 큰 성공을 거두었다.
샤를 드골	암울했던 제2차 세계대전 시기에 프랑스의 불굴의 정신을 상징하는 인물이었다. 프랑스가 과거에 점령했던 식민지들의 독립을 추진했으며, 프랑스가 유럽의 주요 국가라는 지위를 되찾는 데 큰 역할을 했다. 하지만 결국에는 국민의 지지를 잃었다.
아돌프 히틀러	엄청난 역경과 많은 실패를 겪은 후 독일의 리더가 되었고, 서유럽 국가들의 대부분을 정복했다. 무모한 소련 침공은 연합국에 패배하는 계기가 되었다. 결국 독일 국민이 자신을 따라오지 못한다고 생각하고는 총체적인 자멸을 결심한다.
블라디미르 일리치 율리야노프 레닌	많은 희생을 대가로 볼셰비키 혁명을 성공시켰다. 그러나 집권 후 건강이 악화되어 자신의 후계 다툼에 관여하지 못했다.
마오쩌둥	역사상 최대 규모의 농민혁명을 이끌었고 30년 동안 중국을 지배했다. 대약진 운동, 문화대혁명 등의 정책은 파국적 결과를 초래하여 수많은 희생자를 낳았다. 중국에서 공산주의의 유산은 여전히 불확실하다.
베니토 무솔리니	초기에는 파시스트당의 열정적인 리더로서 존경을 받았다. 로마제국의 영광을 재현하려고 했지만 정치적, 군사적 힘을 강화하려는 노력을 적극적으로 기울이지 않았다. 히틀러와의 동맹으로 파멸을 자초했다. 결국 자신의 지지자들에 의해 배반을 당했다.

프랭클린 델라노 루스벨트	소아마비를 극복했다. 전례 없이 대통령 4선에 성공했으며 제2차 세계대전 당시 연합국이 승리를 거두는 데 주도적 역할을 했다. 매사를 개인적인 친분에 지나치게 의존하는 경향이 있었으며, 스탈린을 근본적으로 잘못 판단함으로써 냉전의 여건을 조성했다.
이오지프 스탈린	수많은 사람들을 희생시켜 한 세대 동안 러시아의 얼굴을 바꿔놓았다. 하지만 결국 그가 수립한 공산국가는 불명예를 안고 역사 속으로 사라졌다.
도조 히데키	일본의 참전을 선동했고 초기에는 승리를 거두기도 했다. 그러나 상황이 일본에게 불리하게 돌아가자 사임을 강요받았다. 전쟁 패배 후 자살을 시도했으나 실패했고, 결국 전범 재판에서 사형 판결을 받아 교수형에 처해졌다.

Leading Minds

부록 Ⅲ
참고문헌

Abse, L. *Margaret, Daughter of Beatrice*. London: Jonathan Cape, 1989.

Adler, M. J. *Reforming Education: The Opening of the American Mind*. Edited by G. Van Doren. New York: Macmillan, 1988.

Adonis, A., and T. Hames, eds. *A Conservative Revolution: The Thatcher-Reagan Decade in Perspective*. Manchester: Manchester University Press, 1993.

Adorno, T. W., E. Frenkel-Brunswick, D. Levinson, and R. N. Sanford. *The Authoritarian Personality*. New York: Harper, 1950.

Allende, I. *The Stories of Eva Luna*. New York: Bantam, 1991.

Allison, G. *Essence of Decision: Explaining the Cuban Missile Crisis*. Boston: Little, Brown, 1971.

Arendt, H. *Men in Dark Times*. New York: Harcourt Brace Jovanovich, 1968.

Aristotle. *Introduction to Aristotle*. Edited by R. McKeon. New York: Random House, 1947.

Armstrong, D. *Managing by Storying Around*. New York: Doubleday, 1992.

Ashmore, H. S. *Unseasonable Truths: The Life of Robert Maynard Hutchins*. Boston: Little, Brown, 1989.

Astin, L., and C. Leland. *Women of Influence, Women of Vision*. San Francisco: Jossey-Bass, 1991.

Astington, J. *The Child's Discovery of Mind*. Cambridge, Mass.: Harvard University Press, 1993.

Ball, G. W. "Kennedy up Close." Review of *President Kennedy: Profile of Power*, by Richard Reeves, *New York Review of Books*, February 3, 1994, pp. 17-20.

―――. *The Past Has Another Pattern*. New York: Norton, 1982.

Barber, J. *The Presidential Character*. 3d ed. Englewood Cliffs, N. J.: Prentice-Hall, 1985.

Barnes, J. "The Maggie Years." *New Yorker*, November 15, 1993, pp. 82-89.

Barnett, L. "J. Robert Oppenheimer." *Life*, October 10, 1949, pp. 121-38.

Bateson, M. C. *With a Daughter's Eye: A Memoir of Margaret Mead and Gregory Bateson*. New York: Morrow, 1984.

———. Personal communication with author, August 5, 1994.

Bauer, P. J. "Application of World Knowledge: Examples from Research on Event Memory." Paper presented at the biennial meeting of the Society for Research in Child Development, New Orleans, La., April 1993.

Bayly, J. Review of *Lenin's Tomb* by D. Remnick. *New York Review of Books*, August 12, 1993, p. 4.

Bell, D. "A Conversation with Daniel Bell." *Harvard Gazette*, October 28, 1992, pp. 5-6.

Bennis, W., and B. Nanus. *Leaders: The Strategies for Taking Charge*. New York: Harper and Row, 1985.

Berger, J. *A New Deal for the World: Eleanor Roosevelt and American Foreign Policy*. New York: Social Science Monographs, Columbia University Press, 1981.

Berkov, R. *Strong Man of China: The Story of Chiang Kai-shek*. Boston: Houghton Mifflin, 1938.

Berrington, H. Review of *The Fiery Chariot: A Study of British Prime Ministers and the Search for Love. British Journal of Political Science*, 4 (1974): 345-69.

Bettelheim, B. *The Uses of Enchantment*. New York: Knopf, 1976.

Birke, L., and J. Silvertown, eds. *More than the Parts: Biology and Politics*. London: Pluto Press, 1984.

Blake, R. "A Volatile Greatness." Review of Churchill, by N. Rose, *Times Literary Supplement*, April 22, 1994, p. 26.

Blake, R., and W. Louis. *Churchill*. London: Norton, 1993.

Bland, L., J. Bland, and S. R. Stevens, eds. *George C. Marshall: Interviews and Reminiscences for Forrest C. Pouge*. Lexington, Va.: George C. Marshall Research Foundation, 1991.

Bloom, A. *The Closing of the American Mind*. New York: Simon and Schuster, 1987.

Bloom, B., with L. Sosniak. *Developing Talent in Young Children*. New York: Ballantine Books, 1988.

Bok, D. *The Cost of Talent*. New York: Free Press, 1993.

Bolman, L., and T. Deal. *Reframing Organizations: Artistry, Choice, and Leadership*. San Francisco: Jossey-Bass, 1991.

Bouc, A. *Mao Tse-tung: A Guide to His Thought*. Translated by P. Anster and L. Davis. New York: St. Martin's, 1977.

Bowlby, J. *Attachment and Loss*. 3 vols. New York: Basic Books, 1969-1980.

Boyer, P. *By the Bomb's Early Light: American Thought and Culture at the Dawn of the Atomic Age*. New York: Pantheon, 1985.

Branch, T. *Parting the Waters: America in the King Years*. New York: Touchstone Books, 1989.

Brinkley, D., and C. Hackett, eds. *Jean Monnet: The Path to European Unity*. London: Macmillan, 1991.

Brodsky, J. *Less Than One: Selected Essays*. New York: Farrar, Strauss, and Giroux, 1986.

Bromberger, M., and S. Bromberger. *Jean Monnet and the United States of Europe*. Translated by E. P. Halpern. New York: Coward-McCann, 1969.

Brown, J. H. *Gandhi: Prisoner of Hope*. Cambridge, England: Cambridge University Press, 1972.

Brown, Rex. Personal communication with author, August 2, 1993.

Brown, Roger. Social Psychology. Glencoe: Free Press, 1965.

———. *Social Psychology*. 2d ed. New York: Free Press, 1986.

Bruner, J. S. *Actual Minds, Possible Worlds*. Cambridge, Mass.: Harvard University Press, 1986.

———. Personal communication, December 3, 1993.

Bryman, A. *Charisma and Leadership in Organizations*. London: Sage, 1992.

Bullock, A. *Hitler: A Study in Tyranny*. London: Penguin Books, 1962.

———. *Hitler and Stalin: Parallel Lives*. New York: Knopf, 1991.

Burns, J. M. *Leadership*. New York: Harper and Row, 1978.

Buruma, I. "A Lethal Thing of Beauty." Review of *The Sieve of Time,* by L. Riefenstahl. *Times Literary Supplement,* October 9, 1992, pp. 3-5

Butow, R. J. C. *Tojo and the Coming of the War*. Princeton, N. J.: Princeton University Press, 1961.

Byrne, J. A. *The Whiz Kids: The Founding Fathers of American Business-And the Legacy They Left Us*. New York: Currency/Doubleday, 1993.

Byrne, R. W., and A. Whiten. *Machiavellian Intelligence: Social Expertise and the Evolution of Intellect in Monkeys, Apes, and Humans*. Oxford: Clarendon Press, 1988

Callaway-Thomas, c., and L. Lucaites. *Martin Luther King, Jr., and the Sermonic Power of Public Discourse*. Tuscaloosa, Ala.: University of Alabama Press, 1993.

Cannon, L. *President Reagan: The Role of a Lifetime*. New york: Simon and Schuster, 1991.

Carr, W. *Hitler: A Study in Personality and Politics*. London: Edward Arnold, 1978.

Cassirer, E. *The Philosophy of Symbolic Forms*. 3 vols. New Haven, Conn.: Yale University Press, 1953-1957.

Chafe, W. H. "Biographical Sketch." In J. Hoff-Wilson and M. Lightman, eds., *Without Precedent:* The Life and Career of Eleanor Roosevelt. Bloomington: Indiana University Press, 1984, pp. 3-27.

Chandler, A. D. *The Essential Alfred Chandler: Essays toward a Historical Theory of Big Business*. Edited by T. L. McCraw. Boston: Harvard Business School Press, 1991.

———, ed. *Giant Enterprise: Ford, General Motors, and the Automobile Industry*. New York: Harcourt Brace and World, 1964.

Chandler, A., Jr., and S. Salsbury. *Pierre S. du pont and the Making of the Modern Corporation*. New York: Harper and Row, 1971.

Chevalier, H. *Oppenheimer: The Story of a Friendship*. New York: George Braziller, 1965.

Chou, E. *Mao Tse-tung: The Man and the Myth*. New York: Stein and Day, 1980.

Clark, R. W. *Lenin: The Man Behind the Mask*. Boston: Faber and Faber, 1988.

Cohen, D., and S, MacKeith. *The Development of Imagination: The Private Worlds of Childhood*. London: Routledge and Kegan Paul, 1991.

Cohen, M., and J. March. "Leadership in an Organized Anarchy." In W. E. Rosenbach and R. L. Taylor, eds., *Contemporary Issues in Leadership*. Boulder, Colo.: Westview Press, 1984, pp. 18-30.

Colby, A., and W. Damon. *Some Do Care,* New York: Free Press, 1992.

Collier, P., and D. Horowitz. *The Rockefellers: An American Dynasty*. New York: Signet, 1976.

Cook, B. W. *Eleanor Roosevelt*. Vol. 1. New York: Penguin Books, 1992.

Cooke, A. B. *Margaret Thatcher: The Revival of Britain*. London: Aurum Press, 1989.

Cousins, N. *The Improbable Triumuirate: John F. Kennedy, Pope John, Nikita Khrushchev*. New York: Norton, 1972

Craig, G. "Above the Abyss." Review of *Hitler and Stalin, by Alan Bullock, New York Review of Books,* April 9, 1992, pp. 3-5

Crapanzano, V. Personal communication with author, August 24, 1993.

Cray, E. *General of the Army: George C. Marshall, Soldier and Statesman*. New York: Norton, 1990.

Crozier, B. *De Gaulle*. New York: Scribners, 1973.

Csikszentmihalyi, M. *The Evolving Self.* NEw York: HarperCollins, 1993a.

———, Personal communicationwith author, Augwst 23, 1993b.

———, Personal communication with author, September 23, 1994.

cutler, P. Personal communication with author, September 23, 1994.

Damasio, A. *Descartes' Error: Emotion, Reason, and the Human Brain.* New York: Putnam, 1994.

Damon, W. *The Social World of the Child.* San Francisco: Jossey-Bass, 1977.

———. *Social and Personality Duvelopment.* New York: Norton, 1983.

———. *The Moral Child.* New York: Free Press, 1988.

Davidson, E. *The Making of Adolf Hitler.* New York: Macmillan, 1977.

Davis, N. P. *Lawrence and Oppenheimer.* New York: Simon and Schuster, 1968.

De Gaulle, C. *The Complete War Memoirs of Charles de Gaulle.* New York: Simon and Schuster. 1964.

———. *Memoirs of Hope: Renewal 1958-62, Endeavor 1962-.* Trans. T. Kilmartin. London: Weidenfeld and Nicolson, 1971.

Degler, C. *In Search of Human Nature.* New york: Oxford University Press, 1991.

Devillers, P. *Mao.* Trans. by T. White. New York: Schocken, 1967.

Dewey, H. *The Quest for Certainty.* New York: Minton, Balch, 1929.

Dobzhansky, T. *Mankind Evolving: The Evolution of the Human Species.* New Haven: Yale University Press, 1962.

Donald, M. *The Origins of the Modern Mind.* Cambridge, Mass: Harvard University Press, 1991.

Duchene, F. *Jean Monnet: The First Statesman of Interdependence.* New York: Norton, 1994.

Dzuback, M. A. *Robert M. Hutchins: Portrait of an Educator.* Chicago: University of Chicago Press, 1991.

Eckholm, E. "New Views of Female Primates Assails Stereotypes." *New York Times,* September 18, 1989, p. C1.

Edinger, L., ed. *Political Leadership in Industrialized Societies: Studies in Comparative Analysis.* New York: Wiley, 1967.

Edmonds, R. *The Big Three: Churchill, Roosevelt, and Stalin in Peace and War.*

New York: Norton, 1991.

Egan, K. *Teaching as Story Telling: An Alternative Approach to Teaching and Curriculum in the Elementary School.* Chicago: University of Chicago Press, 1989.

Eisenstadt, M., A. Haynal, P. Rentichnick, and P. de Senarchens. *Parental Loss and Achievement.* New York: International Universities Press, 1989.

Ekman, P. *Telling Lies.* New York: Norton, 1985.

Encycolpaedia Britannica. Fifteeenth Edition. Chicago: Encyclopaedia Brittanica and the University of Chicago, 1974, 1993.

Erickson, P. D. *Reagan Speaks: The Making of an American Myth.* New York: New York University Press, 1985.

Erikson, E. H. *Childhood and Society.* New York: Norton, 1950.

———. Young Man Luther New York: Norton, 1958.

———. "Identity and the Life Cycle," *Psychological Issues,* 1, no. 1 (1959): 1-171.

———. *Gandhi's Truth.* New York: Norton, 1969.

Feldman, D. H. *Beyond Universals in Cognitive Development.* Rev. ed. Norwood, N.J: Ablex, 1994.

Feldman, D. H., with L. Goldsmith. *Nature's Gambit.* New York: Basic Books, 1986.

Fiedler, F. C. *A Theory of Leadership Effectiveness.* New York: McGraw-Hill, 1967.

Fischer, K., H. Hand, M. Watson, M. Van Prarys, and J. Tucker. "Putting the Child into Socialization: The Development of Social Categories in Preschool Chidren." In L. Katz, ed., *Current Topics in Early Chldhood Education.* Norwood, N.J.: Ablex, 1984, pp. 27-72.

Fischer, L. *The Life of Mahatma Gandhi.* New York: Harper and Brothers, 1950

Frank, R. H. *Choosing the Right Pond.* Oxford: Oxford University Press, 1985.

Freedman, D. G. *Human Sociobiology: A Holistic Approach.* New York: Free Press, 1979.

Freeman, D. *Margaret Mead and Samoa: The Making and Unmaking of an Anthropological Myth.* Cambridge, Mass.: Harvard University Press, 1983.

Freidel, F. *Franklin D. Roosevelt: A Rendezvous with Destiny.* Boston: Little, Brown, 1990.

Freud, S. *A General Introduction to Psychoandalysis.* New York: Washington Square Press, 1952.

———. *Group Psychology and the Analysis of the Ego.* In J. Rickman, ed., *A General Selection from the Works of Sigmnd Freud.* Garden City, N.Y.: Doubleday/Anchor, 1957; orignally published in 1921.

Friedan, B. *The Feminine Mystique.* New York: Norton, 1963.

Fromm, E. *Escape from Freedom.* New York: Holt, 1941.

Furuya, K. *Chiang Kai-shek: His Life and Times.* Translated by C. Chang. New York: St. Jogn's University, 1981.

Gandhi, M. *Hind Swaraj, or Indian Home Rule.* Weale, N.H.: Greeleaf Books, 1938.

———. *Autobiography: The Story of My Experiments with Truth.* New York: Dover, 1963.

Gardner, H. *THe Shattered Mind: The Person after Brain Damage.* New York: vintage, 1975.

———. *Developmental Psychology: An Introduction.* Boston: Little, Brown, 1982.

———. *The Mind's New Science: A History of the Cognitive Revoltion.* New York: Basic Books, 1985.

———. *The Unscholed Mind: How Children Think and How Schools Should Teach.* New York: Basic Books, 1991.

———. *Creating Minds: An Anatomy of Creativity Seen through the Live of Freud, Einstein, Picasso, Stravnsky, Eliot, Graham, and Gandhi.* New York: Basic Boos, 1993a.

———. *Frames of Mind: The Theory of Multiple Intelligences.* New York: Basic Books, 1993b; originally published in 1983.

Gardner, J. "The Narure of Leadership." Leadership Papers. *The IndePenden Sector* 1(January 1986).

———. *On Leadership.* New York: Free Press, 1990.

———. Personal communication, December 3, 1993.

———. Personal communication, March 15, 1995.

Garrow, D. *Baring the Cross: Martin Luther King, Jr., and the Southern Christian Leadership Conference.* New York: Morrow, 1986.

———, ed. *Martin Luther King Jr.: Civil Rights Leader, Theologian, Orator.* Vol. 3. Brooklyn, N.Y.: Carlson, 1989.

Geertz, C. *Works and Lives: The Anthropologist as Author.* Stanford, Calif.: Stanford University Press, 1988.

"The General." *Time,* January 3, 1944, pp. 15-18.

Gerth, H., and C. W. Mills. *From Max Weber: Essays in Sociology.* New York: Oxford/Galaxy Books, 1958.

Gideonse, H. D. *The Higher Learning in a Democracy: A Reply to President Hutchins' Critique of the American University.* New York: Farrar and Rinehart, 1937.

Gilbert, M. *Churchill's Political Philosophy.* Oxford: Oxford University Press, 1980.

———. *Churchill: A Life.* London: Heinemann, 1991.

Goldberg, S. *Why Men Ryle.* La Salle, Ill.: Open Court, 1993.

Goleman, D. "Studying the Secrets of Child Memory." *New York Time,* April 8, 1993, sec, C, pp. 1, 11.

———. "Amid Ethnic Wars, Psychiatrists Seek Roots of Conflicts." *New York Times,* August 2, 1994, sex. C, p. 1.

Goodchild, P. *Oppenheimer: The Father of the Atom Bomb.* London: British

Broadcasting Company/Ariel Books, 1983.

Goodwin, D. K. "The Home Front." *New Yorker,* August 15, 1994a, pp. 38-61.

———. *No Ordinary Time: Franklin and Eleanor Roosevelt-The Home Front in World War II*. New York: Simon and Schuster, 1994b.

Gregory, M. S., A. Silvers, and D. Sutch, eds. *Sociobiology and Human Nature.* San Francisco" Jossey-Bass, 1978.

Gritti, J. *Jean XXIII dans l'opinion puvlique.* Paris: Editions du Centurion, 1967.

Grosser, A. "La politique exterieure de l'Europe communautaire: tendances et perspectives." In G. Majone, E. Noel, and P. Van den Bossche, eds., *Jean Monnet et l'Europe d'Aujourdhui.* Baden-Baden: Nomos Verlagsgesellschaft, 1989, pp. 191-200.

Groves, L. *Now It Can Be Told: The Story of the Manhattan Project.* New York: Harper, 1962.

Gruber, H. *Darwin on Man.* Chicago: University of Chicago Press, 1981.

Hackett, C. P. "Jean Monnet, Europe, and the United States." In G. Majone, E. Noel, and P. Van den Bossche, eds., *Jean Monnet et l'Europe d'Aujourdhui.* Baden-Baden: Nomos Verlagsgesellschaft, 1989, pp. 163-90.

Hahn, E. *Chiang Kai-skek: An Unauthorized Biography.* New York: Doubleday, 1955.

Halberstam, D. *The Powers That Be.* New York: Knopf, 1979.

———. *The Fifties.* New York: Villard, 1993.

Hall, G. S. *Adolescence.* New York: Appleton, 1904.

Harlow, H., and M. K. Harlow. "Effects of Various Mothe-Infant Relationships on Rhesus Monkey Behaviors." In B. M. Foss, ed., *Determinants of Infant Behavior.* Vol. 4. New York: Barnes and Noble, 1969, pp. 15-36.

Harris, L. "Di and Li: Life and Letters of Diana and Lionel Trilling." *New Yorker,* September 13, 1993, pp. 90-91.

Havel, V. "How Europe could Fail." *New York Review of Books,* November 18,

1993, p. 3.

———. "Transcendent Democracy: The Jackson H. Ralston Lecture." Address delivered at Stanford University Law School, September 29, 1994.

Hebb, D. O. *The Organization of Behavior*. New York: Wiley, 1949.

Hebblethwaite, P, *John XXIII: Pope of the Council*. London: Geoffrey Capman, 1984.

Heiferz, R. *Leadership without Easy Answers*. Cambridge, Mass.: Harvard University Press, 1994.

Hibbert, C. *Benito Mussolini: A Biography*. London: Longman Green, 1962.

Hitler, A. *Mein Kampf,* Trans. R. Manheim. Boston: Houghton Mifflin, 1962.

Hoffer, E. *The True Believer*. New York: Harper, 1951.

Hoffmann, B. *Einstein*. St. Albans, England: Paladin, 1975.

Hoff-Wilson, J., and M. Lightman, eds. *Without Precedent: The Life and Career of Eleanor Roosevelt*. Bloomington: Indiana University Press, 1984.

Hogan, R., G. Curphy, and J. Hogan. "What We Know about Leadership." *American Psychologist* 49 (1994): 493-503.

Hollander, E. P. *Leadership Dynamics*. New York: Free Press, 1964.

Howard, J. *Margaret Mead: A Life*. New York: Simon and Schuster, 1984.

Howell, D. "Whose Revolution? Review of *A Conservative Revolution*," edited by A. Adonis and T. Hames. *Times Literary Supplement,* 1993.

Hoyt, E. *Warlord: Tojo against the World*. Lanham, Md.: Scarborough House, 1993.

Hutchins, R. M. *The Higher Learning in America*. New Haven, conn: Yale University Press, 1936.

———. "Dark Hours in Our History." Commencement address, University of Chicago, June 10, 1941. Reprinted in *Vital Speeches of the Day* 7 (July 1, 1941a): 69-70.

———. "The Proposition Is Peace: The Path to War Is a False Path to Freedom." Speeech delivered in Rockefeller Memorial Chapel, Chicago,

Illinvois, Marh 30, 1941b. Reprinted in *Vital Speeches of the Day* 7 (April 15, 1941): 389-92.

Iremonger, L. *The Fiery Chariot: A Study of British Prime Monisters and the Search for Love*. London: Secker and Warburg, 1970.

Isaacson, W., and E. Thomas. *The Wise Men*. London: Faber and Faber, 1986.

Jacobs, T. *A History of General Motors*. New York: Smithmark, 1992

Jaeger, W. *Paideia*. 3 vols. Trans. G. Highet. New York: Oxford University of Chicago Press, 1943-45.

Jaszi, O. *The Dissolution of the Habsburg Monarchy*. Chicago: University of Chicago Press, 1966.

Jean Monnet: Proceedings of centenary Symposium Organized By The Commission of the European Communties, Bressels, 10 November 1988. Luxembourg: Office for Official Publications of the European Communtities, 1989.

Jensen, M. C. "The Modern Industrial Revolution, Exit , and the Failure of Internal Control Systems." *Journal of Finance*, 48, no. 3 (1993): 831-80.

Joes, A. J. *Mussolini*. New York: Franklin Watts, 1982.

Kagan, J. "The Concept of Identification." *Psychological Issues,* 65, no. 5(September 1958): 296-305.

Kakutani, M. "Books That Make a Case for Shades of Gray." *New York Times*, June 18, 1993, sec. C, pp. 1, 24.

Keating C. F. "Dominance and Deception in Children and Adults: Are Leaders the Best Mosleaders?" *Personality and Social Psychology Bulletin*, in press.

Kegan, R. *The Evolving Self*. Cambridge, Mass.: Harvard University Press, 1982.

Kelly, M. "David Gergen: Master of the Game." *New York Times Magazine*, October 31, 1993, pp. 62-63.

———. "Bill Clinton's Climb." *New York Times Magazine*, July 31, 1994, p. 20.

Kennan, G. F. "In Defense of Oppenheimer." *New York Review of Books*, June

10, 1994, p. 8.

Kerr, D. H. *Beyond Education: in Search of Nurture. Seattle,* Wash: Institute for Educational Inquiry, 1993.

Keynes, J. M. *The General Theory of Employment, Interest, and Money.* London: Macmillan, 1936.

Kimball, B. *The " True Professional Ideal" in America.* Oxford: Blackwell, 1992.

King, M. L., Jr. *A Testament of Hope: The Essential Writings and Speeches of Martin Luther King, jr.* Edited by J. M. Washington. San Francisco: HarperCollins, 1986.

———. *I Have A Dream: Writings and Speeches That Changed the World.* San Francisco: HarperSanFrancisco, 1992.

Kinzer, s. "The Nightmare's Roots: The Dream World Called Serbia." *New York Times,* May 16, 1993, p. E1.

Kissinger, H. A. "The Right to Be Right." Review of *The Downing Street Years,* by M. Thatcher. *New York Times Book Review,* November 14, 1993, pp. 1, 63-65.

———. *Diplomacy.* New York: Simon and Schuster, 1994.

Kitto, H. D. F. *The Greeks.* London: Penguin, 1951.

Kohlberg, L. "Stage and Sequence: The Cognitive-Developmental Approach to Socialization." In D. A. Goslin, ed., *Handbook of Socialization Theory and Research.* New York: Rand McNally, 1969

———. *The Psycholgy of Moral Development.* New York: Harper, 1974.

Kolbert, E. "Test Marketing a President." *New York Times Magazine,* August 30, 1992, pp. 18-20, 68-2.

Korda, M. "How to Be a Leader." In W. E. Rosenbach and R. L. Taylor, eds. *contemporary Issues in Leadership.* Boulder, Colo.: Westview Press. 1984, p. 61.

Kouzes, J. M., and B. Z. Posner. *Credibility: How Leadrs Gain and Lose It, Why People Demand It.* San Francisco: Jossey-Bass, 1993.

Kraemer, G. "A Psychobiological Theory of Attachment." *Behavioral and Brain*

Sciences, 15, no. 3 (1992): 493-510.

Kummer, H. *Primate Societies.* Chicago: University of Chicago Press, 1971.

Küsters, H. "Jean Monner and the Eurorpean Union: Idea and Reality of the Integra-tion Process." In G. Majone, E. Noel, and P. Van den Bossche, eds., *Jean Monner et l'Europe d'Aujourdhui.* Baden-Baden: Nomos Verlagsgesellschaft, 1989, pp. 45-60.

Lamb, D. *The Africans.* New York: Vintage Books, 1987.

Lash, J, P. *Eleanor: The Years Alone.* New York: Norton, 1972.

———. *Eleanor and Franklin.* New York: Signer, 1973.

———. *Love, Eleanor: Eleanor Roosevelt and Her Friend.* Garden City, N.Y.: Doubleday, 1982.

Lattimore, O. *China Memoirs: Chiang Kai-shek and the War against Japan.* Tokyo: University of Tokyo Press, 1990.

Ledwidge, B. *De Gaulle.* New York: Dover, 1987.

Lenin, V. I *Essential Works of Lenin: "What Is to Be Done?" and Other Writings.* Ed. H. M. Christman. Yew York: Dover, 1987.

Lentz, R. *Symbols, the News Magazines, and Martin Luther King.* Baton Rouge: Louisiana State University Press, 1990.

Levi-Strauss, C. *Structural Anthropology.* New York: Basic Books, 1963.

Lewis, F. "We the Decent People, Saying 'No.'" *International Herald Tribune,* August 28, 1993.

Little, G. *Political Ensembles: A Psychosocial Approach to Politics and Leadership.* Melbourne: Oxford University Press, 1985.

———. *Strong Leadership : Thatcher, Reagan, and an Eminent Person.* Melbourne: Oxford University Press, 1988.

Loh, P. P. Y. *The Early Chiang Kai-shek: A Study of His Personality and Politics, 1887-1924.* New York: Columbia University Press, 1971.

Lohr, S. "IBM Chief Making Drastic Cuts." *New York Times,* July 28, 1993, pp. 1, 6.

―――. "On the Road with Chairman Lou." *New York Times,* June 26, 1994, pp. 1, C2.

Lukacs, J. "Benito Mussolini: Back from the Dead." *New York Times Magazine,* July 24, 1994, pp. 14-17.

Luria, A. R. *The Higher Cortical Functions in Man.* New York: Basic Books, 1966.

Lyken, D., M. McGue, A. Tellegen, and T. J. Bouchard. "Emergenesis: Gentic Traits That May Not Run in Families." *American Psycholgist,* 47, no. 12 (1992): 1565-77.

Lyttle, R. *Il Duce: The Rise and Fal of Benito Mussolini.* New York: Atheneum, 1987.

Macfarquhar, R., T. Cheek, and E. Wu. *The Secret Secret Speeches of Chairman Mao.* Cambridge, Mass.: Harvard University press, 1989.

Machiavelli, N. The Prince *and* The Discourses. 1 vol. Trans. L. Ricci and C. E. Detmold. New York: Random House Modern Library, 1950.

Majone, G., E. Noel, and P. Van den Bossche, eds. *Jean Monnet et l'Europe d'Aujourd'hui.* Baden-Baden: Nomos Verlagsgesellschaft, 1989.

Malcolm X. *Malcolm X Speaks: Selected Speeches and Statements.* Edited by G. Breitman. New York: Pathfinder, 1989.

Mamali, C. S. "The Gandhian Mode of Becoming: Machiavellianism and Gandhianism as Conflicting Modes of Becoming." Unpublished paper, Iowa City, Iowa, 1993.

Mandler, J. M. *Stories, Scripts, and Scenes: Aspects of Schema Theory.* Hillsdale, N.J.: Erlbaum, 1984.

Maney, P. *The Roostvelt Presence: A Biography Delano Roosevelt.* New York: Twayne, 1992.

"Man of the Year, Martion Luther King, Jr." *Time,* January 3, 1964, pp. 13-27

"Man of the Year, Pope John." *Time,* January 4, 1963, pp. 50-54

Marshack, A. *The Roots of Civilization.* Mt. Kisco, N.Y.: Moyer Bell, 1991.

Marshall, G. C. *The War Reports*. Philadelphia: Lippincott, 1947.

Mayer, M. *Robert Maynard Hutchins: A Memoir*. Edited by J. H. Hicks. Berkeley: university of California Pres, 1993.

Mayle, P. D. *Eureka Summit: Areement in Principle and the Big Three in Thehran, 1943*. Newark: University of delaware Press, 1987.

McCullough, D. *Truman*. New York: Simon and Schuster/Touchstone, 1992.

McDonald K., "Biology and Behavior." *Chronicle og Hogher Educatio* (September 14, 1994): A10-11.

McDowell, E. "New Samoa Book Challenges Mead's Conclusions." *New York Times*, January 31, 1983, pp. 1, C21.

McFarland, L. J., L. E. Senn, and J. R. Children, eds. *Twenty-First-Century Ldadership: Dialogues with 100 Top Leaders*. New York: Leadership Press, 1993.

McLuhan, M. *Understanding Media*. New York: McGrawHill, 1964.

McNeal, R. H. *Stalin: Man and Ruler*. London: Macmillan, 188.

Mead, M. *Male and Female: A Study of the Sexes in a Changing World*. New York: 1949.

———. *Sex and Temperament in Three Primitive Societies*. Nw york: Morrow/Quill, 1963; originally published in 1935.

———. *Anthropology, a Human Science: Selected papers 1939-1960*. Princeton, N.j.: Van Nostrand, 1964a.

———. *Continuities in Cultural Evolution*. New Haven, Conn.: Yale University Press 1964b.

———. *Coming of Age in Samoa*. New York: Dell, 1968; originally published in 1928.

———. *Blackberry Winter: My Earlier Years*. New York: Morrow, 1972.

Mead, M., and R. Metraux. *Aspects of the Present*. New York: Morrow, 1980.

Mehta, B. *Maharma Gandhi and HIs Apostles*. New York: Viking Press, 1977.

Miller, M., and L. Hays. "Gerstner's Nonvision for IBM Raises a Management

Issue." *Wall Street Journal,* July 29, 1993. sec. B, p. 1.

Millis, W., ed. *The War Reports of General of the Army George C. Marshall, General of the Army H. H. Anold, Fleet Admiral Ernest J. King,* New York: Lippincott, 1947.

Miroff, B. *Icons of Democracy.* New York: Basic Books, 1993.

Monner, J. *Memoirs.* Translated by R. Mayne. Garden City, NY:Doubleday, 1978.

Montgomery, B. L. *The Memoirs of field-Marshal Montgomery.* New York: Dell Books, 1958.

Morgan, T. *FDR: A Biography.* New York: Simon and Schuster, 1985.

Morris, R. *Evolution and Human Nature.* New York: Seaview/Putnam, 1983.

Mosley, L. *Marshall: Hero for Out Times.* New York: Hearst Books, 1982.

"Mrs. Roosevelt Takes News Calmly." *New York Times,* February 16, 1933, pp. 1-2.

Mussolini, B. *My Autobiography.* London: Hutchinson, 1939.

Nanda B. R. *Gandhi and His Critics.* Delhi: OXford University Press, 1985.

Nelson, K. *Event Knowledge: Structure and Function in Development.* Hillsdale, N.J.: Erlbaum, 1986.

―――. "Emergence of Autobiographical Memory at Age 4." *Human Development,* 35, no. 3 (May-June 1992): 172-77.

Neustadt, R. *Presidential Power: The Politics of Leadership from FDR to Carter.* New York: Macmillan, 1980.

New York Times. Chronicle article on Margaret Thatcher. October 19, 1993, p. B2.

Nisbett, R., and L. Ross. *Human Inference.* Englewood Cliffs, N.J.: Prentice-hall, 1980.

Noble, B. P. "The Debate Ove *la difference." New York Times,* August 15, 1993, Business section, p. 6.

Nye, J. *Bound to Lead: The Changing Nature of American Power.* New York: Basic Books, 1990.

Oliner, S. P., and P. M. Oliner. *The Altruistic Personality: Rescuers of Jews in*

Nazi Europe. New York: Free Press, 1988.

Oppenheimer, J. R. *Uncommon Sense*. Edited by N. Metropolis, G. Rota, and D. H. Sharp. Boston: Birkhauser, 1984.

———. *Some Reflections on Science and Culture*. Chapel Hill: University of North Carolina Press, 1960.

Paine, T. *Common Sense*. Edited by I. Kramnick. New York: Penguin, 1976.

Pais, A. *Subtle Is the Lord: The Science and the Life of Albert Einstein*. New York: Oxford University Press, 1982.

Paris, P. *Black Religious Leaders: Conflict in Unity*. Louisville, Ky.: Westminster/John Knox Press, 1991.

Parrish, T. *Roosevelt and Marshall: Partners in Politics and War*. New York: Morrow, 1989.

Paxton, R. "Radicals." Review of *The Birth of Fascist Ideology: From Cultural Rebellion to Political Revolution*, by Z. Sternhell. *New York Review of Books*, June 23, 1994, pp. 51-54.

Payne, R. *The Life and Death of Mahatma Gandhi*. New York: Dutton, 1990

Pearson, J. *Citadel of the Heart: Winston and the Churchill Dynasty*. London: Macmillan, 1991.

Perlmutter, A *FDR and Stalin: A Not So Grand Alliance, 1943-1945*. Columbia, Mo.: University of Mossouri Press, 1993.

Perry, E. E. " Training for Public Life: ER and Women's Political Networks in the 1920's." In J. Hoff-wilson and M. LiGhtman, eds., *Without Precedent: The Life and Career of Eleanor Roosevelt*. Bloomington: Indiana University Press, 1984, pp. 28-45.

Petrello, L., and B. Bass, eds. *Leadership and InterPersonal Behavior*. New York: Holt, Rinehart, and Winston, 1961.

Pfaff, W. "Passive Government Disarms Democracy." *International Herald Tribune*, June 11, 1993, p. 6.

Piaget, J. "Piager's Theory." In P. Mussen, de., *Handbook of Child Psycholgy*. Vol. 1. New York: Wiley, 1983.

Pogue, F. C. *George C. Marshall: Education of a General, 1880-1939*. New York: Viking Press, 1963.

———. *George C. Marshall: Ordeal and Hope, 1939-1942*. New York: Viking Press, 1965.

———. *George C. Marshall: Organizer of Victory, 1943-1945*. New York: Viking Press, 1973.

Pope Hohn XXIII. *Journal of a Soul*. Translated by D. White. Garden City, N.Y.: Image Bools, 1980.

Postbrief, S. "Deeparture from Incrementalism in U.S. Strategic Planning: The Origins of Nsc-68." *Naval College Review* (March-April 1980): 34-57.

Preston, P, *Franco: A Biography*. London: Harper Collins, 1993.

Propp, V. *The MorpHology of the Folk Tale*. Austin: University of Texas Press, 1968.

Rabi, I. I., R. Serber, V. Weisskopf, A. Pais, and G. T. Seaborg. *Oppenheimer*. New York: Scribners, 1969.

Rees-Mogg, W. " Our National Malaise." *London Times,* January 28, 1993, p. 20.

Reston, J. "'I have a dream...' Preoration by Dr. King Sums Up a Day the Capital Will Remember." *New York Times,* August 29, 1963, pp. 1, 17.

Rhodes, R. *The Making of the Atomic Bomb*. New York: Simon and Schuster, 1986.

Riddell, P. "What We Did and Why We Fell." Review *The Downing Street Years,* by M. Thatcher. *Times Literary Supplement,* October 29, 1993, p. 28.

Rieben, H. "La naissance de l'idée européene de Jean Monnet." In G. Majone, E. Noël, and P. Van den Bossche, eds., *Jean Monnet et l'Europe d'Aujourdhui*. Baden-Baden: Nomos Verlagsgesellschaft, 1989, pp. 21-28.

Rieben, H., M. Nathusius, and F. Nicod. *Jean Monnet, Robert Schuman, Correspondence, 1947-1953*. Lausanne: Foundation Jean Monnet Pour

L'Europe, Centre de Researches Europeennes, 1986.

Riga, P. *John XXIIII and the City of Man.* Westminster, Md.: Newman Press, 1966.

Roland, C., H. Friedlander, and B. Müller-Hill, eds. *Medical Sciences Without Compassion: Past and Present.* Arbeitspapiere-Atti-Proceedings, no. 11, fall meeting, Cologne, September 28-30, 1988.

Roosevelt, E. *You Learn by Living.* New York: Harper and Brothers, 1960.

———. *The Autobiography of Eleanor Roosevelt.* New York: Da Capo Press, 1992.

Roosevelt, F. D. *Nothing to Fear: The Selected Addresses of Franklin Delano Roosevelt: 1932-1945.* Edited by B. D. Zevin. Cambridge, Mass.: Riverside Press, 1946.

Rosenbach, W. E., and R. L. Taylor. *Contemporary Issues in Leadership.* Boulder, Colo.: Westview Press, 1984.

Rosenberg, M. "Quixotic Prophet." Review og *Unseasonable Truths,* by H. Ashmore. *Chicago Tribune,* August 2, 1989, sec. 14, p. 33.

Rosener, J. "Ways Women Lead." *Harvard Business Review,* 68 (Nov.-Dec. 1990): 119-25.

Rosnow, R., A. Skleder, M. Jaeger, and b. Rind. "Intelligence and the Epistemics of Interpersonal Acumen: Testing Some Implications of Gardner's Theory." *Intelligence, in press.*

Royal, D. *The Story of J. Robert Oppenheimer.* New York: St. Martin's, 1969.

Rubin, J. S. *The Making of Middle-Brow Culture.* Chapel Hill: University of North Carolina Pres, 1992.

Rushton, J. P. "Genetic Similiarity, Human Altruism, and Group Selection." *Behavioral and Brain Sciences,* 12, no. 3 (September 199): 503-18.

Rustow, D. A., ed. *Philosophers and Kings: Studies in Leadership.* New York: Braziller, 1970.

Ryan, A. "Yes, Minister." Review of *The Downing Street Years,* by M. Thatcher. *New York Review of Books,* December 2, 1993, pp. 7-12.

Sapolsky, R., and R. Jay. "Styles of Dominance and Their Physiological Correlates among Wild Baboons." *American Journal of Primatology,* 18 (1989): 1-13.

Sartre, J. P. *The Words.* New York: Braziller, 1964.

Schaefer, R. *Narrative Actions in Psychoanalysis.* Worcester, Mass,: Clark University Press, 1981.

Scharf, L. "ER and Feminism." In J. Hoff-Wilson and M. Lightman, eds., *Without Precedent: The Life and Career of Eleanor Roosevelt.* Bloomington: Indiana University Press, 1984, pp. 226-54.

Schmemann, S. "A Poet Sings Fondly of an Old Enemy." *New York Times,* July 24, 1993, p. 4

Schiffer, I. *Charisma: A Psychoanalytic Look at Mass Society.* Toronto: University of Toronto Press, 1973.

Schram, S. *Chairman Mao Talks to the People.* New York: Pantheon, 1974.

Selman, R. *The Growth of Interpersonal Understanding.* New York: Academic Press, 1980

Selman, R., and L. H. Schultz. *Making a Friend in Youth: Developmental Theory and Pait Therapy.* Chicago: University of chicago Press, 1990.

Service, R. *Lenin: A Political Life.* 2 vols. London: Macmillan, 1991.

Shaler, G. *The Mountain Gorilla.* Chicago: Aldine, 1963.

Shils, E. "Robert Maynard Hutchins: Formaer Controversial President of the Univet-sity of Chicago and His Educational Philosophy." *American Scholar,* 59, n0. 2 (1990): 211-35.

———. "Do We Still Need Academic Freedom?" *American Scholar,* 62, no. 2 (1993): 187-99.

Shirer, W. L. *Gandhi: A Memoir.* New York: Simon and Schuster, 1979.

Simmons, A. "President's Essay: Citizen Groups Are Essential Partners in the New Global Governance." *1993 Report on Activities of the MacArthur Foundation.* Chicago: The MacArthur Foundation, 1994, pp. 2-6.

Simonton, D. K. *Genius, Creativity, and Leadership: Historiometric Inquiries.* Cambridge, Mass.: Harvard University Press, 1984.

―――. "Putting the Best Leaders in the White House: Personality, Policy, and Performance." *Political Psychology,* 14, no 3 (1993): 537-48.

―――. *Greatness: Who Makes History and Why.* New York: Guilford Press, 1994.

Skowronek, S. *The Politics Presidents Make: Leadership from John Adams to George Bush,* Cambridge, Mass.: Harvard University Press, 1933.

Sloan, A. P., Jr. *My Years with general Motors.* Garden Cith, N.Y.: Anchor Books, 1972

Sloan, A. P., Jr. with Boyden Sparkes. *Adventures of a White-Collar Man.* New York: Doubleday, Doran, 1941.

Smelser, N. *Theory of Collective Behavior.* New York:Free Press, 1962.

Smith, A. K., and C. Weiner. *Robert Oppenheinmer: Letter and Recollection.* Cambrige, Mass.: Harvard University Press, 1980.

Smith, D. M. *Mussolini.* New York: Knopf, 1982.

Smith, H. *The World's Religions.* San Francisco: Harper Collins, 1991.

Staw, B., and R. Sutton. "Macro Organizational Society." In J. K. Murnighan, ed., *Social Psychology in Organizations: Advances in Theory and Resarch.* Englewood Cliffs, N.J.: Prentice Hall, 1992, pp. 350-84.

Steichen, E. *The Family of Man.* New York: Simon and Schuster, 1955

Stern, P., with H. Green. *The OppenheiMer Cass: Security on Trial.* New York: Harper and Row, 1969.

Stoessinger, J. Personal communication, December 6, 1944.

―――. *Why Nations Go to War.* Sixth edition. New York: St. Martin's, 1993.

Stoler, M. A. *George C. Marshall: Soldier-Statesman of the American Century.*

Boston: Twayne, 1989.

Storr, A. *Churchill's Black Dog, Kafka's Mice, and Other Phenomena of the Human Mind.* New York: Grove Press, 1988.

Sutton, R., and D. C. Galunic. "Consequences of Public Scrutiny for Leaders and Their Organization." Unpublished paper, Stanford University, 1994.

Swedberg, R. "The Idea of 'Europe' and the Origin of the European Union-A Sociological Approach." *Zeitschrift fur soziologie,* 23, no. 5 (1994): 378-87.

Swift, G. *Waterland.* New York: Vintage, 1983.

Tead, O. *The Art of Leadership.* New York: Whittlesly House, 1935.

Terrill, R. Mao: *A Biography.* New York: Harper and Row, 1980.

Thatcher, M. *Margaret Thatcher: The Downing Street Years.* New York: Harper Collins, 1993.

Thompson, K. W. *Winston Churchill's World View: Statesmanship and Power.* Baton Rouge, La.: Louisiana State University Press, 1983.

Toland, J. *Adolf Hitler.* New York: Doubleday, 1976.

Tsanoff, R. *Autobiographies of Ten Religious Leader: Alternative in Christian Experience.* San Antonio, Tex.: Trinity University Press, 1968.

Tucker, R. C. *Stalin in Power: The Revolution from Above, 1928-1941.* New York: Norton, 1990.

Turiel, E. "The Social Construction of Social Construction." in W. Damon, ed., *Child Development Today and Tomorrow.* San Francisco: Jossey-Bass, 1989, pp. 86-106.

united States Atomic Energy Commission. *In the Matter of J. Robert Oppenheinmer.* Cambridge, Mass.: MIT PRess, 1970.

Volkogonov, D. *Stalin: Triumph and Tragedy.* Ed. and trans. H. Shukman. London: Weidenfeld and Nicolson, 1991.

von Simson, W. "Reflections on Jean Monnet's Skillful Handling of Member States and People during the First Years of the Community." In G.

Majone, E. Noel, and P. Van den Bossche, eds., *Jean Monnet et l'Europe d'Aujourdhui* Baden-Baden: Nomos Verlagsgesellschaft, 1989, pp. 29-36.

Walsh, J. "Where Have All the Leaders Gone?" *Time,* July 12, 1993, pp. 17-21.

Walsh, M., and B. Davies, eds. *Proclaiming Justice and peace: Documents from John XXIII to John Paul II*. London: Collins Liturgical Publications, 1984.

Ware, S. "ER and Democratic Politics: Women in the postsuffrage Era." In J. Hoff-Wilson and M. Lightman, eds., *Without Precedent: The Lift and Career of Eleanor Roosevelt*. Bloomington: Indiana University Press, 1984, pp. 45-60.

White, E., ed. *Sociobiology and Human Politics*. Lexington, Mass.: Lexingtion Books, 1981.

Wigginton, F. P., *The Popes of Vatican Council II*. Chicago: Franciscan Herald Press, 1983.

Willianms, P., and M. Harrison. *De Gaulle's Republic*. Westport, conn.: Greenwood press, 1960.

Willianms, W. *Mismanaging America: The Rise of the Anti-analytic Presidency.* Lawrence University Press of Kansas, 1990.

Will, G. *Certain Trumpets: The Call of Leaders*. New York: Simon and Schuster, 1994a.

———. "What Makes a Good Leader?" *Atlantic Monthly,* April 1994b, pp. 63-80.

Wilson, E. *To the Finland Station*. London: Fontana, 1960.

Wilson, E. O. *Sociobiology*. Cambridge, Mass.: Harvard University Press, 1975.

Winner, E. *The Point of Words: Children's Understanding of Metaphor and Irony*. Cambridge, Mass.: Harvard University Press, 1988.

———. *Giftedness and Its Myths*. New York: Basic Books, in press.

Wittgenstein, L. *Philosophical Investigations*. Trans. G. E. M. Auscombe. Oxford, England: Blackwell, 1958.

Wofford, H. *Of Kennedy and Kings: Making Sense of the sixties.* New York: Farrar, Straus, and Giroux, 1980.

York, H. *The Advisors: Oppenheimers, Teller, and the Superbomb.* Stanford, Calif.: Stanford University Press, 1989: originally published in 1976.

Young, A. "Interview with Andrew Young." *New York Times,* May 11, 1994, pp. C1-2.

Young, H. *The Iron Lady: A Biography of Margaret Thatcher.* New York: farrar, Straus, and Giroux, 1989.

Young, H., and A. Simon. *The Thatcher Phenomenon.* London: BBC Books, 1986.

Zalesnik, A., and M. Kets de Vries. *Power and the Corporate Mind.* Chicago: Bonus Books, 1985.

Zizola, G. *The Utopia of Pope John XXIII.* Maryknoll, N.Y.: Orbis Books, 1979